读了还想读的

大隋史

读了还想读的

第一卷

从不凡少年到开皇之治

陈若松　著

中国经济出版社
CHINA ECONOMIC PUBLISHING HOUSE
·北京·

图书在版编目（CIP）数据

读了还想读的大隋史．第一卷，从不凡少年到开皇之治 / 陈若松著．-- 北京：中国经济出版社，2024. 10.（2025.3 重印）
ISBN 978-7-5136-7888-9
Ⅰ．K241.09
中国国家版本馆 CIP 数据核字第 2024VJ0736 号

责任编辑　龚风光　张意妮
责任印制　马小宾
封面设计　柒拾叁号

出版发行　中国经济出版社
印 刷 者　三河市嘉科万达彩色印刷有限公司
经 销 者　各地新华书店
开　　本　710mm × 1000mm　1/16
印　　张　19
字　　数　246 千字
版　　次　2024 年 10 月第 1 版
印　　次　2025 年 3 月第 3 次
定　　价　138.00 元（全三卷）
广告经营许可证　京西工商广字第 8179 号

中国经济出版社　**网址** www.economyph.com　**社址** 北京市东城区安定门外大街 58 号　**邮编** 100011
本版图书如存在印装质量问题，请与本社销售中心联系调换（联系电话：010-57512564）

序　言

“哼哼……乐平公主……”

在接过诏书的那一刻，杨丽华不禁苦笑，她实在难以接受这强加在自己身上的公主身份，更不知道该如何面对自己的父亲。

或许在普通人看来，获封公主是莫大的尊荣，应该感到高兴才是，但杨丽华却不这么认为，对她而言，受封公主无异于“降职”。因为在此之前，她曾是母仪天下的皇太后。

从太子妃、皇后到皇太后，再到最后成为公主，杨丽华的人生堪称传奇，在中国历史上恐怕再也找不出第二个，而造就她传奇命运的正是她的父亲杨坚，以及杨坚所缔造的大隋王朝。

说到隋朝，它究竟是一个怎样的朝代？

可能大多数人首先想到的隋朝是一个短命的王朝。它立国只有三十七年，当历史的车轮还未能在它身上留下深刻印记时，它就轰然崩塌了，以至于少有传奇人物和精彩故事能够供后人评说。

但隋朝又是一个强盛的王朝，它结束了中国自西晋末至南北朝近三百年的分裂局面，建立了一个幅员辽阔、民族众多、高度集中的大一统帝国，它全盛时期的疆域和人口足以媲美汉朝、唐朝。

隋朝还是一个文明的王朝，它所创立和发展的三省六部制、科举制、州县制等在当时堪称先进，是中国历史和文明的进步，对后世王朝及周边国家都产生了深远影响。

总而言之，隋朝是一个短命但并不缺少存在感的王朝，它如一道流星划破黑暗了三百年的夜空，在极短的时间内释放出了自己的全部光亮，也燃尽了自己的全部生命，纵使你来不及抬头仰望，但却能感受到它璀璨的光芒。

目录

序　章
隋前三百年

我们常说隋朝结束了中国自西晋末年以来长达近三百年的分裂局面。那么隋朝统一前的三百年究竟是怎样一个时代？为什么能够持续这种分裂的局面如此之久？要真正了解隋朝，就不能忽略这段大分裂时期的历史。

“自此三国统一于晋。”这是《三国演义》的结尾，或许也可以作为《隋唐演义》的开局。三国的故事可谓家喻户晓，后世很多人都为最后司马氏得天下的结局愤愤不平，也因此对晋朝没有什么好感。但纵观历史，其实谁家得江山并不重要，重要的是国家统一，天下太平。可偏偏司马氏所建立的晋朝统一时间太短，没有给人民带来什么幸福。自公元 280 年灭吴，至永嘉之乱（公元 311 年），西晋统一不过三十年，此后中国便陷入了长达二百八十多年的分裂。

西晋仓促灭亡，与短命的隋朝倒是有些相像，但它灭亡的原因远比隋朝的要复杂得多。其中，最重要的一点就是统治阶级内部的奢侈腐败。晋武帝司马炎即位之初也曾像隋文帝一样厉行节俭，但是在统一天下后就逐渐骄奢淫逸起来，最典型的表现就是纵欲无度。

《晋书》记载，司马炎在灭吴后将吴王孙皓的数千宫人收入后宫，使后宫嫔妃突破万人。因为妃嫔实在太多，司马炎得了选择焦虑症，每天都不知道该宠幸谁，索性把选择权交给了一只羊。于是他乘着羊车在宫苑里任意行驶，羊在哪儿停下，就在哪儿过夜。妃嫔们对皇帝的这一做法很无奈，只能想尽办法去引诱那只“羊大仙”。于是争相用竹叶插门、用盐汁洒地，想通过美食把羊车引过来。这就是“羊车望幸”的由来。如此帝王，冠以“荒淫”二字也不为过。

有了司马炎做表率，晋朝的贵族们便纷纷效仿，整个统治阶层都以奢侈争富为荣。当时有个土豪叫石崇，自认为天下最富，他听说国舅王恺很有钱，家里洗个锅都要用糖水，心想自己作为首富怎么能落后呢？于是他给家里的仆人下了一道令：“以后家里生火烧饭都用蜡烛，咱有的是钱！”这简直就是赤裸裸地炫富，也亏他能想得出来，如果当时有纸币，他可能就直接用纸币烧饭了。

王恺听说后，心想石崇这是公然跟我斗富啊！我堂堂国舅怎能示弱？于是他给下人下令：“把家里的紫丝[①]编成屏障，立在门前大路上，让往来之人都看看什么叫有钱。”于是王家门前惊现一道四十里的紫丝屏障。石崇听说后，也在自家门前立了一道屏障，而且是用彩缎编成的，绵延五十里，比王恺家的更贵更长。

两人斗到这个时候，王恺有些吃不消了，只得请外甥司马炎帮忙。司马炎听说后竟然觉得很有趣，当即赐给了他一株二尺高的珊瑚树，让他继续跟石崇斗。王恺心想皇帝果然阔气，这次总该能斗赢石崇了吧！于是他设宴请石崇来观赏珊瑚树，想让他知道什么是真正的土豪。结果石崇根本不把珊瑚树放在眼里，一把打碎了珊瑚树。看着王恺心疼的表情，他淡定地说了两个字：“我赔！”王恺心想你赔得起吗？但很快他就发现自己错了，石崇居然立刻命人带来了六七株珊瑚树，有的竟高达三四尺。王恺顿时傻了眼，这才认输。

通过“羊车望幸”和“石崇王恺斗富”这两个故事，不难看出西晋王朝内部的奢靡腐败，但仅此并不足以使一个才统一不久的强大王朝覆灭。西晋的迅速崩溃还有更深层的原因。

其实司马炎带头奢靡纵欲以及他支持斗富，本质上都是在维护士

① 紫丝：一种紫色丝绸制成的织物，紫色是一种象征皇权和贵族地位的颜色，常被用于制作宫廷服饰和贵族服装。

族官僚阶层的利益。为什么这么说呢？这是因为西晋以及之前的曹魏政权都是以士族为阶级基础而进行统治的。司马氏依靠士族官僚的支持取代了曹魏政权，建立了中国历史上第一个由世家大族完全控制的大一统王朝。因此它所制定的一系列政治经济措施，都是围绕着保护士族利益和巩固自身专制统治为前提而展开的。如九品中正制是保证士族世代为官的政治特权，而荫亲属制则保证了士族的经济利益。这些措施都是为了取得士族对司马氏政权的有效支持，因此司马炎支持士族奢侈斗富也就不奇怪了。

但司马炎自己也认识到，士族作为一个特权阶级，它强盛的阶级势力固然有利于巩固统治，但若是任由其势力不断扩大和膨胀，又会构成对司马氏政权的潜在威胁。司马炎自己就是通过“禅代”夺了曹家的江山，自然清楚阶级势力过于强大的危机，他也担心士族中再出现一个“司马氏”，使自己“禅代”的故事重演。此外他认为曹魏政权不长久的一个重要原因就是缺乏宗室藩屏的保障，不然也不会被自己轻易取代了。

基于这些原因和考虑，司马炎采取了一系列具有针对性的措施，其中最重要的便是大封宗室子弟为王。泰始元年（公元265年），西晋建国之时，司马炎分封了二十七个同姓王，以郡为国。之后又不断扩大宗室诸王的权力，诸王可自行选用封国中的文武官员，收取封国的租税。而且诸王大多担任地方军事长官和刺史，掌握封国内的军政大权。这就造成了地方权力过大的局面。

我们知道分封制是把双刃剑，它在一定程度上确实能够起到维护统治的作用，这也是西晋灭亡后，琅琊王司马睿能够延续晋朝国祚，建立东晋的一个重要原因；但分封也会使地方权力过大，削弱中央集权，滋生内部叛乱。西汉七国之乱就是如此，而西晋的情况更为严重，也更为糟糕。西汉连续有文帝、景帝、武帝这样的明君出现，但西晋却没这么好的运气。司马炎死后，他的儿子司马衷即位，就是晋惠帝。惠帝是著名的痴呆皇帝，脑子不太好使，朝政大权随即落入皇后贾南风之手。于是一出“后宫干政，诛戮异己”的闹剧就上演了。在除掉太傅杨骏、太宰司马亮等辅政大臣后，贾南风得以专擅朝政，这时她又将矛头指向了太子司马遹。因为并非亲生，贾南风对威望甚高的司马遹一直十分忌惮。于是她设计诬陷司马遹谋反，趁机废掉了他的储君之位，后又将其残忍杀害。这些行为最终导致了她的灭亡，也为西晋亡国埋下了种子。

照理说汉初也出现过吕后专政、诛戮功臣这样的情况，但为何西汉没有因此衰亡呢？西晋灭亡在很大程度上要归结于贾南风个人能力的问题。隋唐名臣、书法家虞世南评价她“贾后天性凶狡，以凶狡之性，役下愚之质，犹纵烈火而燎于原野”。意思是说贾南风既凶顽狡诈，又极其愚蠢，最后自己把自己作死。这个评价可谓恰当，贾南风有不亚于吕后的野心和残暴手段，但却没有吕后的威信和能力。废杀太子一事既显示了她的“凶”，又显示了她的“愚”，于是终食恶果，被觊觎皇位的赵王司马伦所杀。当初司马炎分封子弟、众建诸侯，为的就是维护司马氏政权。贾南风弄权干政，废杀储君，正好给了诸王攻杀她的理由。

贾南风死后，政权又回到司马氏手中，但此时才是大乱的开始。这就要说到西晋又一个不如汉初的地方了，那就是它没有能控制政局的顾命大臣。汉初在吕后死后有陈平、周勃这样的老臣诛灭诸吕，迎立汉文帝，恢复统治秩序。而西晋顾命的辅政大臣不具有相当的威望与才干，所以在贾南风死后没有人能够收拾残局，司马伦虽然控制了洛阳，甚至一度称帝，但终因不得人心而败死。此后诸王争夺皇权，互相攻伐，最终酿成“八王之乱”。

持续的内乱严重透支了西晋的国力，这给了胡人乘虚而入的机会。自汉朝以来，就不断有胡人向中原迁徙，在汉魏多代皇帝的宽容接纳政策下，汉地的胡人逐渐增多，势力不断壮大。到西晋时期，匈奴、鲜卑、羯、羌、氐等民族已入居关中及泾水、渭水流域，对西晋首都洛阳形成包围之势。在西晋强盛时期，胡人还算安分守己，而今西晋内部陷入动乱，胡人趁机起兵反晋，最终攻破洛阳、长安。至此西晋灭亡，大批汉人被迫南迁，琅琊王司马睿在王导等北方士族的拥护下渡江建立东晋，偏安于江南。而北方和西南则被游牧民族占领，五胡纷纷建立政权，前后多达几十个，其中有十六个国家实力较强，因此历史上称这一时期为东晋十六国。

此后北方经历了前秦（匈奴人建立）的短暂统一，随后又陷入分裂。公元 439 年，鲜卑拓跋部所建立的北魏政权再次统一中原，才给北方带来相对持久的安定。而此时南方的东晋政权已被刘裕篡夺，晋朝彻底灭亡，历史进入南北朝时期。南朝以刘宋为始，历经齐、梁、陈共四个政权，皆定都建康（今南京）。北朝自北魏后，分裂为东魏、西魏，又演化为北齐、北周。

关于北魏的灭亡，其原因也很复杂，如果要往前追溯，就得说到孝文帝改革了。这场改革影响了中国历史，也改变了北魏的命运。当时北方已经被胡人统治了近二百年，胡、汉民族矛盾及阶级矛盾越来越突出。公元 471 年，孝文帝拓跋宏即位，在冯太后的主持下进行汉化改革，一定程度上缓和了民族矛盾，促进了民族的融合。但孝文帝死后，北魏的统治者日趋腐化，吏治逐步败坏，阶级矛盾日益突出，不断有农民起义爆发。与此同时，由于孝文帝改革而利益受损的部分鲜卑贵族也因不满而发动叛乱，其中最具代表性的就是“六镇之乱”。

北魏建立之初，为了应对北面的柔然政权，沿首都平城（今山西大同）北由西向东依次设置了六个军事据点，合称六镇。北魏前期，柔然是其主要敌人，北魏将主要军事力量集中在六镇，每镇设置镇都大将，镇将由鲜卑贵族担任，而戍防的士卒多是各部落的牧民和中原豪强地主的高门子弟。随着北魏一统北方，柔然在北魏的打击下日益衰落，已无法对北魏造成太大威胁，六镇的军事地位开始下降。孝文帝改革后，都城由平城迁至洛阳，六镇远离了政治中心，更是失去了作为首都屏障的地位。此外孝文帝实施门阀制度，六镇子弟无论立了多大的战功，都被排斥在门阀以外，不能踏入北魏政府的高层政治舞台。而且六镇的鲜卑人还保持着原来的鲜卑族语言、习俗，与孝文帝的汉化改革格格不入，这些都加剧了六镇与北魏中央的矛盾，最终导致“六镇起义”。

“六镇起义”带来一系列连锁反应，进一步加剧了阶级矛盾，虽然起义最终被镇压，但北魏政权已经摇摇欲坠。边镇豪强集团利用当时的混乱局面，各自发展势力，对北魏都城洛阳造成严重威胁。而这时的洛阳城中也不平静，孝文帝之后，宣武帝英年早逝，其子孝明帝年幼即位，政权落入胡太后手中。这位胡太后也像贾南风一样喜欢干政弄权，而她的残暴比贾南风有过之而无不及。她为了把持朝政，不惜毒杀亲生儿子孝明帝元诩，另立年仅三岁的元钊为帝。原就蠢蠢欲动的边镇豪强尔朱荣遂以此为由攻入洛阳，在河阴屠杀了包括胡太后、元钊在内的北魏皇族、官僚等数千人。至此北魏名存实亡。

尔朱荣本打算称帝，但因杀戮过重而失去人心，只得扶持孝庄帝元子攸，在背后遥控指挥。孝庄帝不甘心做傀儡，用计诛杀了尔朱荣，但这并不能改变北魏行将灭亡的命运。势单力薄的孝庄帝很快就被尔朱荣的侄子尔朱兆所杀。之后尔朱荣的部下、晋州（今山西临汾）刺史高欢攻入洛阳诛灭尔朱氏，另立元修（孝武帝）为帝，从此控制北魏朝政。而元修同样不愿做傀儡，他在试图反抗高欢失败后，逃往关中投奔了宇文泰。高欢遂又另立元善见（孝静帝）为帝，并迁都邺城（今河北邯郸）。

至此北魏一分为二，即邺城的东魏和长安的西魏（都自称“魏”），两魏各有一权臣把持朝政，即高欢、宇文泰。这两人分别出自六镇中的怀朔镇和武川镇，六镇势力构成了他们的统治基础。多年以后，高欢之子高洋、宇文泰之子宇文觉分别篡夺东魏、西魏政权，建立齐朝和周朝（史称北齐、北周），与南方的陈朝政权形成三足鼎立之势，这就是南北朝晚期的天下格局。

自西晋末至南北朝，中国的分裂持续了二百多年，曾有人试图完成统一，但都没有成功，这一伟大的历史使命最终落在了杨坚的身上。

第一章
杨坚身世

没有人天生就是皇帝，杨坚也不例外，他建立隋朝的时候已经四十一岁，虽然在中国历代的开国皇帝中算不上老，但也谈不上年轻。其实在杨坚前四十年的人生中，皇位跟他几乎是没有任何关系的，从他开始对皇位产生想法，或者说从他有资本觊觎皇权算起，到最后开国建隋，中间最多也不过一年的时间，可以说他这个皇位来得有点突然。因此清代史学家赵翼评价说："古来得天下之易，莫有若隋文帝者。"意思就是说杨坚这皇位得来的太容易了，古今没人比得上。为什么古人会有这种看法呢？这与杨坚的出身有着莫大的关系。

杨坚虽不是天生的帝王，但他确实有着极不平凡的出身，可以说是天生的贵族。据《隋书》等史书记载，杨坚出身于关中高门弘农杨氏，是东汉太尉杨震的十四世孙。杨震是东汉时期的大儒，被称为"关西孔子"，在当时的影响力可想而知。我们今天看他的名头可能不是那么响，对他的事迹也不熟悉，但说起他的孙子杨修应该就无人不晓了。杨家作为东汉时期的名门望族，族中人才辈出，号称"四世三公"，杨修只是其中很不成器的一个。

传至魏晋南北朝，弘农杨氏依然是世家大族。经过几百年的发展，其家族人数没有一万也有几千，而且遍布各地，因此很难确定杨坚是否真的是杨震子孙。由于魏晋至隋唐的社会十分重视门阀，很多寒族出身的人在发达后便自称出自某某高门，以此来获得更高的声望。他们一般都是伪托同姓中的高门，比如姓杨的都说自己出身弘农，姓李的都说自己出身陇西，在当时的情况下也很难辨别真假。所以后世一些学者就对杨坚弘农杨氏的身份提出了质疑。这一质疑不是没有道理的，至少有两点依据：一、《隋书》《新唐书》等正史对杨坚家族世系的记载有出入，《隋书》记载杨坚是杨震的八世孙杨铉的后代，而《新唐书·宰相世系表》记载杨铉是杨震的十九世孙，中间差了十一代，二书必有一误；二、杨坚母亲吕苦桃出身寒族。如果杨坚家真属于弘农杨氏，那么在当时那个非常注重门第的时代，他的父亲不大可能与吕苦桃这样的寒族女子结婚。

综合以上两点来看，杨坚弘农杨氏的身份很值得怀疑。不过杨坚是否出自弘农杨氏并不太重要，因为这重身份并没有给他的成长带来什么直接帮助，杨坚能够发迹，主要依靠的还是他父亲杨忠的身份地位。

了不起的爸爸

杨忠，字揜（yǎn）于，小名奴奴，弘农华阴人（存疑），生于北魏正始四年（公元 507 年）。史书上记载他身长七尺八寸，身材魁梧，容貌俊美，而且还有一脸漂亮的胡须。从形象上看，杨忠应该是位实打实的“高帅”，放到现在绝对讨女孩子喜欢。但杨忠没有靠脸吃饭，在南北朝的乱世中，长得好看并不是什么优势，智谋和武力才是一个人生存和发展的本钱。而杨忠不仅人长得帅，还武艺高强、器量深重，有将帅之才，可以说是“才貌双全”。但就是这样一个人物，早年的经历却十分坎坷。

史书上说杨忠出自武川镇，四世祖杨元寿曾任武川镇司马。但这件事同样存疑，因为他早年的经历与武川镇甚至其他五镇都没有什么关系。他十八岁时，正逢“六镇起义”，却没有参与其中，反而莫名其妙地流落到了泰山一带（可能是去旅游），却不巧遇上南梁军队来攻打山东，结果被俘虏到了江南。南梁军人一看他身材高大威猛，武力又不凡，就把他编入了军队，这是杨忠军旅生涯的起点。但他并不愿待在“敌国”军中，始终想着回到故国去。五年后，也就是北魏孝庄帝永安二年（公元 529 年），他终于获得了北归的机会。当时北魏的北海王元颢因尔朱荣之乱逃至南梁，在梁武帝的支持下率军北伐魏国，杨忠因是北魏人，又勇猛善战，便被元颢召入军中随从作战。在南梁名将陈庆之的协助下，元颢很快攻入洛阳，杨忠因功被授予直阁将军，这可以说是他人生发迹的开始。

然而好景不长，仅三个月后元颢便兵败身死，尔朱荣重新控制了洛阳，杨忠再一次成了俘虏。这时他骁勇善战的才能又发挥了作用，尔朱荣堂弟尔朱度律听说他很勇猛善战，把他召到了帐下充当统军。这件事说明一个道理：在那样一个乱世里，只要你有谋略或武力，就不愁没饭吃，哪怕是被俘虏了，敌人都舍不得杀你，还会想尽办法笼络你。

第二年，尔朱荣被不甘做傀儡的孝庄帝元子攸所杀，尔朱度律之子尔朱兆率领轻装骑兵从并州进入洛阳，杨忠追随而来，并为其出谋划策。后来尔朱氏废杀孝庄帝，先后拥立长广王元晔、节闵帝元恭继位，杨忠因为有功被赐封爵位“昌县伯善战”，授任都督。这是他第一次有了自己的爵位，离统治阶层更近了一步。

三年后，尔朱氏被高欢攻灭，节闵帝被废杀，杨忠再次失去了依托，但这时的他已经有了新的追随对象——独孤信。独孤信也是位大帅哥，人称“独孤郎”，他比杨忠年长五岁，出生于北魏六镇中的武川镇，曾参加过由怀朔镇军人葛荣领导的起义，葛荣兵败战死后，他投降了尔朱荣，成为尔朱荣手下的得力干将。后来杨忠投降尔朱氏，多次奉命跟随独孤信征战，立下不少战功，与独孤信结成了亲密伙伴。

尔朱氏覆灭后，高欢把持北魏朝政，孝武帝元修不甘受其操控摆布，在洛阳起兵反抗，失利后逃往关中，独孤信、杨忠追随而去，最终归附了宇文泰。这次入关是杨忠人生的转折点，他自此在关中立稳脚跟，并逐步成为西魏（以及后来的北周）统治集团的重要成员。杨忠之所以能取得这样的成就，除了他个人的勇武及战功外，还得感谢他的领导兼好哥们儿独孤信。

前面说到，独孤信出生于武川镇，而西魏的实际掌权者宇文泰也出自武川，两个人是同乡，从小一起长大，又一起参加了葛荣领导的起义，失败后都投降了尔朱荣。后来宇文泰被尔朱荣派往关中镇压当地的起义，他凭借武川军团及自己的个人能力，逐步控制了关陇地区。而今北魏分裂，东西对峙，宇文泰势必要与高欢一争高下，可以说正是用人之际，对于发小独孤信的投奔，当然是一百个欢迎。这样一来，独孤信就一跃成为西魏政权的核心领导者之一，作为小弟的杨忠自然也跟着发达起来。

此后，杨忠继续追随独孤信东征西讨，在与东魏的战争中屡建功勋。公元 534 年，东魏荆州（今河南泌阳）刺史辛纂占据了西魏的穰（ráng）城（今河南邓州），杨忠奉命跟随独孤信前去征讨，很快就收复了穰城，并斩杀了辛纂。而高欢不甘心失败，不久又派高敖曹、侯景等部将率大军来攻，独孤信自知寡不敌众，也就没有抵抗，率着杨忠等人跑到了南梁。这时距离杨忠从南梁北归不过五年时间。他这次在南梁一待便是三年，直到公元 537 年才在梁武帝的准许下与独孤信回到西魏。

按理说两人兵败叛逃他国，回来后应该被问责才对，但两人不仅没有获罪，反而更受重用了。独孤信被封为骠骑大将军，杨忠则被宇文泰留在身边效力。不得不说，宇文泰的眼光和胸襟很不一般，他知道杨忠勇猛善战，是不可多得的军事人才，留他在身边既是对他的肯定和信任，也有培养和提拔他的意思。而杨忠也没有令宇文泰失望，他在宇文泰身边把自己的才能表现得淋漓尽致。

相传有一次，杨忠跟随宇文泰到龙门打猎，林中忽然蹿出一只猛兽，当所有人都惊慌失措时，杨忠竟然独自上前与猛兽搏斗，他左手紧抱兽腰，右手拔出兽舌，瞬间就把猛兽解决了。宇文泰见杨忠这么勇猛，喜欢得不得了，给他赐了个表字“揜（yǎn）于”。“揜于”就是猛兽的意思，杨忠单人降伏猛兽，可以说是“超级猛兽”了。从此之后，杨忠更受宇文泰赏识，他跟随宇文泰作战，数年之内立功无数，官爵不断晋升，做到了骠骑大将军、襄城县公。连他已经去世的母亲盖氏也跟着沾光，被追封为北海郡君。

至此杨忠已是西魏赫赫有名的战将，这时的他才三十几岁，人生正当年，能取得这样的成就可以说是非常了不起了。如果说还有什么不足，那就是缺少个继承人。说来杨忠与妻子吕苦桃结婚已经十年了，却只生了个女儿，这在那个没有计划生育的时代其实是有些不太正常的（可能是打仗太忙）。要说生女儿也没有什么不好，只是他的事业和一身的官爵都需要有人来继承，这在古代显然不能指望女儿，所以他心里还是比较着急的。

呱呱落地

终于在西魏大统七年（公元 541 年）的一天，三十五岁的杨忠得到一个他期盼已久的喜讯：怀胎十月的吕苦桃在同州（今陕西大荔）般若寺生下一个男婴。

同州一带，与东魏就隔了一条黄河。当时东强西弱，东魏年年来打西魏，一过河就到了同州。为了能够迅速应敌，宇文泰就把同州作为军事指挥中心，许多将领长年驻扎在这儿，他们的家眷也大多在此。

所以西魏的很多贵族子弟都出生在同州，这决定了他们不能娇生惯养，必须从小面对残酷的战争，而且是敌强我弱、经常挨打的战争。

在这样的环境下，杨忠对儿子寄予了厚望，期盼他能坚实刚强，将来为国效力，改变被东魏欺负的局面，所以为他取名“杨坚”。

伟大人物的出生一般都不平凡，杨坚也一样。相传他母亲吕苦桃生他时，有紫气充满了庭院。紫气是古人心中的祥瑞之气，被认为是帝王、圣贤等出现的预兆。传说老子过函谷关前，就有紫气从东而来，所以老子是圣人。现在紫气在杨坚诞生的时间、地点出现，岂不预示着杨坚也将成为帝王或者圣贤？

其实这种说法多半是后人杜撰的，主要是为了给这些伟大人物添上一些传奇色彩，显示出他们的与众不同，以证明他们是天命所归。在那个讲究君权神授、天人合一的时代，这种塑造传奇的做法是很有必要的。所以“紫气充庭”这件事可信度不高，就算真有紫气出现，多半也是自然现象。

“紫气充庭”还只是杨坚传奇人生的开始，接下来发生的事情则更匪夷所思。就在杨坚出生后不久，有一个名叫智仙的尼姑从河东（今山西一带）来到同州般若寺，找到吕苦桃说：“这娃不得了，不能在凡间生长。”言下之意就是给她带去养。吕苦桃还真就同意了，让智仙将杨坚带到了寺院里的别馆抚养。想来这智仙也不是普通人，在当时应该很有名望，能给人看相算命、占卜吉凶，要不然吕苦桃也不能放心把儿子交给她。但不管怎么说，杨坚毕竟是她的骨肉，这才刚出生，还没断奶呢，怎么忍心让孩子天天见不到母亲？所以没过多久她就去了别馆，想要抱一抱杨坚，也免得将来孩子认生啊！

然而这一抱不要紧，竟把她吓了一跳，直接把小杨坚给摔到地上了。这是怎么回事？原来杨坚这孩子突然头上长角，然后遍体生鳞。这形态哪是人啊，难怪吕苦桃被吓成这样。这一幕正好被从外面回来的智仙看见了，智仙很生气，冲着吕苦桃说：“你吓到我儿子了，致使他晚得天下。”这句话很有意思，翻译一下就是：杨坚是我儿子，他将来会得天下，你把他吓着了，他的龙体因此受损，推迟了当皇帝的时间。吕苦桃一听这还得了，这是未来的天子啊，赶紧抱起来，再一看杨坚头上已经长出五只角，像五根柱子一样插入头顶，而且目光外射，炯炯有神。这是什么？是真龙天子的特征，就差把“我是皇帝”四个字写脸上了。还别说，杨坚身上还真有一个字，不过是写在手上的，是一个“王”字。

故事讲到这里，很多人应该就明白了，这又是后人的杜撰，哪有人是头上长角、身上长鳞的？的确，这个故事比“紫气充庭”更不可信，但它也不全然都是虚构。至少有几点是真实的。第一，杨坚确实出生于寺院，并在寺院中长大；第二，杨坚的相貌确实比较奇特，额头大，下颌长。

先说寺院的事，为什么说可信呢？首先这是被记载在正史当中的，史家没有虚构的必要；其次从日后的事情来看，整个隋朝皇室都是礼佛的，很有可能来源于此；最后，魏晋南北朝是中国佛教最兴盛的时代，全国各地、各阶层的人都普遍信佛，南朝梁武帝萧衍就是位佛教徒，曾经几度出家，还精心研究佛教理论，开创出僧人必须吃素的法律。皇帝尚且如此，何况是普通人。所以在当时社会环境下，一个人生长于寺院并不奇怪。而且以杨忠的身份地位，他完全有可能出钱建一座寺院，再请来些僧侣常住，既表示信佛，也可以庇佑家人。此外杨坚还有个鲜卑小字，叫作“那罗延”，翻译过来就是金刚力士，是印度上古之神，也是佛教里的人物。这一切都表明，杨坚与佛寺有着很深的渊源。

然后再说相貌，《隋书》的记载有夸张成分，但还是有一定依据的，从杨坚日后的经历来看，“相貌非常”应该是当时人对他的一个普遍印象。这有很多事例可以证明，比如隋朝建立之初，陈朝后主陈叔宝派使者出使长安，他听说隋朝的皇帝长相奇怪，就让使者给他画个像带回来。后来陈叔宝看到了杨坚的画像，却说："我不想看这个人！"然后就把画扔掉了。估计也是被杨坚奇特的相貌吓着了。连远在江南的陈叔宝都知道杨坚相貌不凡，看来这事八成是真的。

总而言之，杨坚的出生确实有些不平凡，但也没有史书上说的那么离奇。

童年

就这样，杨坚在般若寺度过了自己的童年，在智仙的抚育和教导下，掌握了基本的文化知识。在他八岁那年，西魏发生了一件大事，统治者宇文泰创建了影响中国历史几百年的府兵制。

府兵最早起源于北魏时期鲜卑人当兵、汉人务农的政策，是建立在均田制的基础上的。当时西魏在经济、人口、兵力上远不如东魏，在战争中一直处于弱势，高欢倚仗强大的军队连年来侵犯。为了改变这种被动挨打的局面，宇文泰决定扩充军队、改革兵制，他采用鲜卑族原有的部落组织作为编制新军的蓝本，于大统十四年（公元548年），建立起八柱国、十二大将军、二十四开府的府兵组织系统。

柱国全称"柱国大将军"，八柱国的设置模仿了鲜卑拓跋部的八部制，其中宇文泰为全军统帅，西魏宗室元欣则只是挂虚名，并无实权，真正分统府兵的只有六柱国，分别是：李虎、李弼、独孤信、赵贵、于谨、侯莫陈崇。每个柱国统兵八千，下辖两个大将军，杨忠就是大将军之一，归属于独孤信。

不要小看了这个大将军的身份，在军政合一的西魏时代，八柱国、十二大将军不光是军队的统帅，同时也是国家的领导核心，他们背后是当时关中地区最显赫的二十个大家族。这些家族彼此联姻，结成了共同利益集团，历史上称之为“关陇集团”。“关陇集团”影响了中国几百年的历史，西魏、北周、隋、唐四代国君都出自其中。

这次兵制改革，正式确立了杨忠在西魏政权中的地位，使他成了名副其实的贵族。而作为贵族子弟，杨坚有着诸多特权，比如进入当时的“贵族学校”——太学。

太学是国家最高学府，最早创建于汉武帝时期，是政府设立的传授学术的学校，主要招收贵族子弟，教授儒家经典。从两汉到魏晋南北朝，太学在为国家培养人才方面一直扮演着重要角色。但是西魏建立之初，长安是没有太学的，以宇文泰为核心的统治集团成员大都是武川镇军人出身，其中很大一部分是鲜卑贵族，他们以武为生，文化水平普遍不高，可以说都是粗人，很少重视对子女的文化教育。宇文泰很快就意识到这个问题的严重性：军人是能够得天下的，可怎么治理天下呢？要想使国家长治久安，必须大兴教育，培养文化人才，尤其是培养好统治阶层的接班人。不然就算将来得了天下，也难免被那些士族嘲笑没文化。

所以宇文泰仿照汉魏制度，在京师长安兴办太学，拜儒学大师卢诞为国子祭酒（校长），令贵族子弟进入太学读书。这时的杨坚已经十三岁，正是读书的好时候，所以直接被宇文泰选入太学，跟一帮贵族子弟学习儒家文化。

在太学期间，杨坚表现出了与众不同的一面。照理说这个年纪的孩子大多应该活泼开朗、顽皮好动才对，可是杨坚却有着超越年龄的深沉和严肃，他刚入学的时候，都不怎么跟人说话，也不跟人玩耍，整天一副老成持重的样子。而且他不仅在学校这样，在家也是如此，搞得连他至亲的人都不敢跟他开玩笑。这可能是在寺院待久了的缘故吧。不过杨坚学习倒是很用功的，成绩也不错，经常受到老师们的表扬，也因此得到了同学们的尊重。这应该算是他的过人之处了。

至于杨坚在太学具体学了什么，我们今天已经很难知晓了，但推测应该是儒家修身、齐家、治国、平天下的一套理论方法，这对他日后的成长肯定是有帮助的，毕竟他把国家治理得还不错。不过他在太学最大的收获并不是学到了多少知识，而是认识了一帮与他一样出身贵族的同学。这些同学将在他未来的仕途以及走向帝王的道路上起到至关重要的作用。

第二章
从政之路

少年得志

杨坚在太学读了一年书，一年后，十四岁的杨坚就走上了“工作岗位”，他的第一份工作是京兆郡功曹参军。

这是个什么官？

首先说京兆郡。魏晋实行州、郡、县三级地方行政制度，郡是中间一级。但京兆郡比较特殊，它是设在都城长安的郡，地位相当于州，长官称为京兆尹。

那功曹参军又是什么？

是京兆郡下面的一个部门。当时的京兆郡（包括其他州）设有十三曹，各曹长官均称为参军，隶属京兆尹，分管各项事务，功曹参军就是主管考查记录官员业绩的。

杨坚只有十四岁啊！刚刚度过童年，这个年纪放到现在应该在上中学。

他凭什么？凭他有个厉害的爹！

杨忠的身份地位就不说了，就说南北朝那个时期，它是没有科举制的，选拔官吏靠什么呢？只能靠出身。所以作为大将军杨忠的长子，杨坚当上这个职位太正常了。不过他这个职位并不是直接靠杨忠得来的，而是当时的京兆尹薛善授予他的。薛善为什么会征辟一个十四岁的孩子来做自己的下属呢？当然还是因为杨忠，但也不排除少年杨坚确实优秀，在同学中出类拔萃，得到了薛善的赏识。

不管怎么说，杨坚从此步入仕途，踏上了从政的道路。根据他的职位，当时的人见了他应该称他为"杨参军"。起初大家也确实是这么叫的，但没过多久就改称谓了，这倒不是因为杨坚职位的变动，而是因为他改姓了。

姓氏是祖宗给的，杨坚怎么轻易就给改了呢？经过他父亲同意了吗？

事实上，这姓氏恰恰就是因为他父亲杨忠才改的。换句话说，是因为杨忠先改了姓，作为儿子的杨坚才跟着改的。这又是为什么？

因为宇文泰，是他赐予了杨忠新的姓氏。而且不只杨忠，八柱国、十二大将军中凡是汉姓的都赐鲜卑姓，如李虎赐姓大野氏、李弼赐姓徒何氏、赵贵赐姓乙弗氏、杨忠则赐姓普六茹氏，就连刚刚即位的魏恭帝也由元氏改为了拓跋氏。宇文泰为什么要这么做呢？是要搞鲜卑化吗？

恰恰相反，宇文泰是推崇汉化的，无论是官僚制度还是文化教育，都是学习汉人的一套。他之所以改汉姓为鲜卑姓，更多的是为了缓和民族矛盾，照顾鲜卑人的感情。

作为一个由鲜卑族建立的国家，西魏的核心领导者大都是鲜卑人，而且当时只有鲜卑人才能当兵，汉人只能务农，社会地位是相对较低的。可是现在像杨忠这样的汉人成了大将军，进入统治阶层，手下还统领着众多鲜卑士兵，难免会有鲜卑人不服。而且宇文泰搞汉化改革，必然会受到部分鲜卑人的抵触，就像当初孝文帝改革一样。那怎么办呢？宇文泰不愧是位英主，他把汉人中的重要军官改为鲜卑姓，把原来因为孝文帝改革而改汉姓的鲜卑贵族恢复原姓，让他们所统领的士兵也以他们的鲜卑姓为自己的姓氏。这样一来，那些鲜卑士兵就更有认同感和归属感，甚至是优越感了。这对于加强团结和推动汉化都是有利的。

总而言之，现在杨坚改叫普六茹坚了。这其实是莫大的荣誉，说明宇文泰没把他们杨家人当作外人，而是当成鲜卑贵族一样看待。不管杨坚愿不愿意，他都随他父亲接受了这个鲜卑姓氏，在往后二十多年里，“普六茹坚”之名都将伴随着他。

改姓之后不久，杨坚就升了职，确切地说是正式凭借他父亲杨忠的功勋获得了官爵。西魏恭帝二年（公元 555 年），他被授为散骑常侍、车骑大将军，仪同三司、成纪县公。

没错，这一连串的官爵都属于这个十四岁少年，包括加官、军衔、待遇级别、爵位等。一年后，他又升为骠骑大将军、开府仪同三司。这意味着他可以以自己的名义自置幕府以及选用幕僚了，而且享受三师三公（太师、太傅、太保，太尉、司徒、司空）级别的待遇，也就是正一品。

至此杨坚迈入了高级干部行列，他也因此有更多机会接触到西魏核心人物，其中就包括宇文泰。有一次宇文泰见了他，不禁大为惊异，居然感慨道：“此儿风骨，不似代间人。”就是说他不像是世间的凡人。这个评价太高了，简直把杨坚吹上了天。不知道宇文泰是客套还是真的这么想，反正杨坚很高兴，眼前这人可是西魏的实际统治者，能得到他的赏识，将来的仕途还不一帆风顺？

杨坚想法很好，可是他没想到的是宇文泰竟然没过多久就病死了，享年五十岁。赏识自己的大人物不在了，未来的仕途可就不好说了。不过杨坚现在没时间想这些，他发现随着宇文泰的死，这个国家的政权正在发生重大变化。

宇文泰去世之后，他的儿子宇文觉继承了他的官职和爵位，成为新的当权者。宇文觉是宇文泰的第三子，也是嫡长子，他的母亲是孝武帝元修的妹妹冯翊公主，可以说出身尊贵无比，所以能够越过两个哥哥而继承父位。但宇文觉有一个最大的不足，那就是太年轻，他当时只有十五岁，比杨坚还小一岁，要承担这么重的担子实在太困难了。宇文泰自然也明白这一点，所以临终前嘱托自己的侄子宇文护来辅政。

权臣宇文护

宇文护时年四十四岁，正是年富力强的时候，而且他跟着宇文泰南征北战二十多年，立下不少战功，威望和能力都不缺，完全可以控制住局面。最重要的是，宇文护姓宇文，对宇文泰来说这是自家人，让他辅佐自己年幼的儿子最叫人放心。

和杨坚一样，宇文泰的想法也很好。但问题是，宇文护会甘心去辅佐一个十五岁的少年吗？他难道没有野心？

事实证明，宇文泰这次看走了眼，宇文护是一个极有野心的人，他想做的不是宇文觉的管家，而是另一个宇文泰，也就是这个国家的真正掌权者。

但是现在，他的上头除了宇文觉，还有一个傀儡皇帝，这使他的地位很尴尬，总不能越过宇文觉，直接去操控皇帝吧，可如果不这样，怎么才能成为另一个宇文泰呢？想来想去只有一个办法——让宇文觉当皇帝。这样自己不就顺理成章变成第二个宇文泰了吗？

宇文护说干就干，他先是逼迫西魏恭帝禅位，然后扶持宇文觉即位为天王，建立了周朝，最后让宇文觉封自己为大司马、晋国公，地位相当于柱国。至此西魏灭亡，北周建立。此时东魏已经被高欢之子高洋篡夺，建立北齐，南梁也由陈朝取代，天下形成了北周、北齐、南陈三足鼎立的局面。

宇文觉成为“天王”，就等同于皇帝了，但他却没有皇帝的权力，实权掌握在宇文护手中。现在的宇文护真正成了另一个宇文泰，宇文觉反而成了傀儡。这种局面与西魏时期十分相似，不同之处就在于宇文护没有当初宇文泰那么大的势力。宇文泰有八柱国、十二大将军作为统治基础，可宇文护却没有，他之所以能掌权，只是凭借宇文泰的遗命。但是现在他想像宇文泰一样掌控一切，这就引起了一帮老臣的不满，尤其是那些跟随宇文泰打天下的柱国和大将军，无论资历、功劳还是官位，他们都高于宇文护，凭什么受宇文护驱使？

北周初年的政局并不安稳，可以说是暗流涌动。十七岁的杨坚初入官场就要面对如此复杂的政治形势，对他来说既是机遇也是挑战。不过这时候的杨坚并没有太多心思去关心政治，他有更重要的事情要做，那就是他的终身大事。

十七岁放到现在还未成年，但在古代已经是可以结婚的年龄了。尤其是在分裂动荡的南北朝，人的平均寿命很短，早婚是普遍现象。而且一个国家的强弱与它的人口是密切相关的，所以统治者们也会提倡早婚早育。

杨坚作为家中长子，担负着传承家族血脉的重任，杨忠当然希望他能早点成家，也免得像自己一样三十五岁才得子。但以杨家如今的地位，能配得上杨坚的女孩儿并不多，究竟谁家女孩儿能够成为他的妻子呢？当然有女孩儿能配得上，这个女孩儿的父亲其身份、地位不低于杨忠，而且还是杨忠的老领导兼老战友，他就是独孤信。要说以杨忠和独孤信的关系，这门亲事几乎是顺理成章的，不过独孤信可是一位非常负责任的父亲，他给女儿择婿不只是看重家世，还要看这个人怎么样。好在杨坚是出了名的相貌奇特、气质不凡，独孤信一眼就相中了他，当即决定把最疼爱的小女儿许配给他。

说来独孤信共有七个女儿，各个都嫁得不凡，大女儿嫁给了宇文泰的长子宇文毓，四女儿嫁给了李虎的第三子李昞（两个哥哥已经去世，实际相当于长子）。现在小女儿又嫁给了杨忠的长子杨坚。这三个女婿都是人中之龙，而且日后都成了皇帝（包括追封的），真不知道是独孤信眼光毒，还是运气好。

独孤家的七女儿叫独孤伽罗，这名字也来源于佛教，是“香炉木”（沉香木）的意思，与杨坚的“那罗延”的小名倒是很般配。独孤伽罗时年只有十四岁，正是豆蔻年华，放到现在可能还是个不谙世事的小女生，但她的出身和家庭教育决定了她比一般人更早成熟。

独孤伽罗其实是个“混血儿”，她的父亲独孤信是鲜卑人，而母亲崔氏是汉人，出自当时的大士族清河崔氏。清河崔氏是当时首屈一指的汉族政治文化门阀，世代重视德业儒教和文化传承。在这样的家庭熏陶下，伽罗从小“雅好读书，识达今古”。她身上既有父系游牧民族的独立英气，又有母系汉文化的博雅谦和，本身便是民族大融合的时代产物，是汉化了的鲜卑人。

面对这样一位出身高贵又极有主见的新婚妻子，杨坚既是疼爱又是尊重，爱至深时甚至与她相约“誓无异生之子”。意思是终生只爱她一人，绝不与别的女人生孩子。这誓言放到现在那是一对夫妻的基本要求，可在当时却是非常难得的，尤其是像杨坚这种身份地位的人，一般很少有不纳妾的。就说他爹杨忠，还有老丈人独孤信，哪个不是一妻多妾？杨坚许下这样的誓言，那是需要很大决心的。

但话又说回来，在那个男权社会里，男人对女人说的话是完全可以不算数的，毕竟也没人监督，他就算将来反悔不执行，伽罗也拿他没办法。可杨坚就是杨坚，他真能说到做到，这样的“好男人”在那个时代绝对是稀罕物种。

初入仕途，又得配佳人，杨坚可谓人生得意，但命运往往喜欢捉弄人，就在夫妻俩婚后不久，他们的家庭突然遭遇剧变，准确来说是独孤家遭了大难，独孤信死了，而且死于非命。

前面说过，宇文泰死后，宇文护把持朝政，由此引来众多元勋老臣的不满，其中反对最强烈的是柱国大将军赵贵。

赵贵与宇文泰、独孤信等人一样，都出生于武川镇，在宇文泰创业的过程中立下了汗马功劳，也因此成为柱国大将军，官封太傅，名列李虎、李弼之后，独孤信、于谨、侯莫陈崇之前。由于当时李虎已经去世，李弼也年迈病重，关陇集团尚存的元老中，地位最高的人就是赵贵与独孤信了。

眼见一个后辈独掌朝政，作威作福，赵贵心里十分不平，萌生了除掉宇文护的想法。但他知道自己一个人的力量有限，恐怕难以成事，于是便想拉上独孤信。独孤信对宇文护专权也很不满，就参与到了赵贵的谋划中。二人约定了起事的时间，可到行动那天，独孤信突然制止了赵贵，其中的原因我们已经不得而知了，可能是独孤信觉得宇文护势力太大，事情难以成功，怕引来灭族之灾吧。没有了独孤信的支持，赵贵也不敢独自行动，诛杀宇文护的谋划就这么停止了。

但事情并不算完，不久之后，赵贵与独孤信密谋的事被人知道了，这个人叫宇文盛，他向宇文护告发了赵贵。宇文护早就看这些老臣不顺眼，完全是自己专政的阻碍，现在有这样的机会，正好可以除掉他们。于是他趁赵贵入朝时将其捉拿，并以谋反罪处死，其他参与者也都被杀，只有独孤信被罢免官职，软禁在家。宇文护当然不是不想杀独孤信，只是独孤信威望太高，若是公然杀他，恐怕会引起民愤，甚至是兵变。但宇文护终究是不放心他，于是派人逼迫他自尽，独孤信就这样死在了家中，他的几个儿子也因此受到牵连，都被罢免了官职。好在几个女儿都已出嫁，而且夫家各个势力强大，这才保住了她们的平安。

杨坚刚刚结婚，蜜月还没度完呢，老丈人竟然被人害死了，而且明明知道仇人是谁，却没有办法报仇，杨坚的心情可想而知。面对伤心流泪的妻子独孤伽罗，他只能好言安抚，并尽自己所能去保护她，免得她再受伤害。

两大柱国先后被杀，宇文护在通往权臣的道路上又向前进了一步，此时朝中已经没有人能够与之抗衡了。他遂以周王宇文觉的名义加封自己为大冢宰，凌驾于于谨、侯莫陈崇及十二大将军之上，取代了原先宇文泰的地位，然后又自比周公，声称辅政七年。事情到了这个地步，所有人都明白了，宇文护这是要挟天子以令诸侯啊！

面对宇文护膨胀的野心，忧心的不只是杨坚，还有大批功勋元老，以及被宇文护所挟的“天子”——周王宇文觉。

虽然只有十几岁，但宇文觉已经相当成熟，他志向豪迈，性格坚毅刚决，眼见宇文护独断专行，凡事都不与自己商量，心里很是不满，便盘算着怎么才能自己当家作主。但他毕竟年轻，和宇文护相比势力太弱，想要夺回军政大权谈何容易？

正当宇文觉为此忧心时，司会（古代考核各官府政绩、接受贡赋的官）李植、军司马（大司马的属官）孙恒、宫伯（宫内侍卫长）乙弗凤、贺拔提等人突然秘密来见他。原来这些人也对宇文护不满，而且看出了宇文觉的心事，所以就来劝他说：“宇文护自打诛杀了赵贵以来，威势和权力日益强盛，文臣武将都争相依附他，国家大事小情都由他来决定。宇文护恐怕不会老老实实当您的臣子，希望您早点儿做打算！”

这话的意思很明白，就是让宇文觉除掉宇文护。宇文觉何尝不想，听了几个人的话之后连连点头。但他还是担心，就凭你们这几个人，能成事吗？万一失败怎么办？他的表情时明时暗，乙弗凤、贺拔提看出来了，又鼓动他说：“以先王（宇文泰）的英明，尚且把朝政委任给李植、孙恒，现在您把对付宇文护这事儿交给他俩，有啥可担心的呢！而且宇文护经常自比周公，我听说周公摄政七年，陛下难道就这么当七年傀儡？！”

话说到这个份儿上，宇文觉终于下决心了，他和李植等人谋划，决定选一批忠诚勇猛的武士，在后园训练擒拿术，想要趁宇文护进宫的机会活捉他。

然而还没训练几天，事情就暴露了。原因是李植觉得计划不保险，想要拉拢宫伯张光洛，结果张光洛嘴上答应，暗地里却向宇文护告发。宇文护很生气，但他却不动声色，只是把李植调为梁州刺史，孙恒调为潼州刺史。宇文觉并不知道李、孙二人被调离京城的原因，总想着把他们召回来，他向宇文护提起这事。宇文护一听，竟然泪流满面地说："天下至亲莫如兄弟，若是兄弟互相猜疑，世间还有什么可信之人？叔父嘱托我帮您治理国家，如果您能独立料理朝政，名扬天下，为兄就是死也无憾。只是陛下您现在年纪尚小，而李植、孙恒等又为人奸诈，我担心还政给您后，大权会落入这些奸臣之手，到时候非但对陛下不利，就连国家也将灭亡，我将来有何面目去见地下的叔父呢？我既然是陛下长兄，又是大司马，难道还能有什么想法吗？万望陛下三思，切勿听信谗言，疏远骨肉。"

这番话说得感人肺腑，有理有据，宇文觉无言以对，只好说不再召回李、孙二人。但他也知道堂兄的话根本靠不住，于是又和乙弗凤等人商议对策。乙弗凤也很着急，想着赶紧行动，免得夜长梦多，于是献计说："陛下可以假意设宴招待群臣，到时候趁宇文护身边没有护卫，让武士把他抓住。"

这一计策可以说相当高明，颇有"康熙智擒鳌拜"的意思。但问题是这事不能让宇文护提前知道，不然就等于自掘坟墓。偏偏却被宇文护知道了，向他告密的又是张光洛。那张光洛又是怎么知道的呢？

八成是乙弗凤亲口告诉他的，想着让他跟自己一起干，殊不知人家张光洛早就把他卖了，而且卖了两回。

知道了宇文觉的密谋后，宇文护彻底火了，心说我一把鼻涕一把泪地在你面前演了半天忠臣，说了半天好话，你竟然完全没听进去，还想着害我，这分明是不尊重我的演技。不行，必须得给你一点儿颜色瞧瞧！

于是他召集亲信贺兰祥、尉迟纲等人商量怎么对付宇文觉。这个贺兰祥是宇文泰的外甥，本是十二大将军之一，前不久赵贵被杀，他就升任了柱国，对宇文护可以说是一百个感激，听宇文护说了事情经过后，当即劝他废掉宇文觉，并杀其同党。

宇文护听从了贺兰祥的建议，立刻派兵守住宫门，同时派尉迟纲进宫，以商议国事为名召乙弗凤等人出来。尉迟纲当时是禁军统领，这事很容易办到。接到通知的乙弗凤根本不知道外面发生了什么，稀里糊涂地就去了，结果刚到宫门口就被生擒活捉了。

接着，宇文护又下令撤销宫廷宿卫。宇文觉这才发现情况不对，赶紧让宫人操起兵器自卫。但这些人哪能抵挡得住禁军呢，很快便被打散。贺兰祥随即进入宫内，逼迫宇文觉退位。之后宇文护召集众臣商议怎么处置宇文觉，名为商议，实际上都是他一个人说了算，谁也不敢说半个“不”字。总之最后的结果是贬宇文觉为略阳公，迎立宇文泰长子（庶出）宇文毓为王，并将乙弗凤、李植、孙恒等人悉数杀死。一个多月后又将宇文觉毒死。

至此一场宫廷政变结束了，宇文护兵不血刃地完成了“皇帝”的废立，从此独揽朝政。这时朝中的文武大臣就不得不开始站队了，要么投靠宇文护，做他的鹰犬，要么死忠于宇文毓，与权臣抗争到底。那杨坚会怎么选择呢？他的妻子与宇文护有杀父之仇，自然不会投靠他，但如今宇文护的势力强大，如果公然与他作对，下场可想而知。

杨坚进退维谷，一时不知道该怎么办。就在这个时候，朝廷忽然下来一封诏书，授他为右小宫伯，也就是皇宫里的副侍卫长。诏书虽然是以周王的名义下达的，但谁都知道这是宇文护的意思，因为宫伯的直接领导不是皇帝，而是天官大冢宰，也就是宇文护。

那宇文护为什么要这么做呢？

无非是想拉拢杨坚，进一步说是拉拢杨坚的父亲杨忠及整个杨家的势力。虽然宇文护大权在握，但他也知道自己树敌很多，若想要长久执政，甚至将来自立为王，必须要得到更多关陇贵族的支持，而杨坚父子就是很好的笼络对象。

杨坚当然清楚宇文护的用意，面对这一任命，他又陷入了两难，如果接受，则意味着接受了宇文护的拉拢；如果不接受，则是公然与宇文护为敌，无疑会得罪他。

十七岁的杨坚面临着人生的重要选择，他不敢轻易下决定，于是就向经验老到的父亲征询意见。杨忠听后只说了一句话："两姑之间难为妇，汝其勿往。"媳妇夹在婆婆和小姑之间，是最为难的，你不要轻易投靠谁。

杨坚听从了父亲的建议，一方面接受宇文护的任命，另一方面表现得不冷不热，只是和他维持正常的上下级关系，除此之外再无过多来往。

宇文护见他不肯依附自己，心里很不高兴，但他还犯不上去加害一个无权无势的少年，只不过杨坚刚起步的仕途难免要蒙上一层阴影了。本来宫伯作为宫廷侍卫长，与皇帝朝夕相处，应该是很容易得到升迁的。事实上他的同事们确实都升迁很快，也就只有他原地踏步，在右小宫伯的职位上一干就是八年。

仕途的挫折并没有掩盖杨坚的光芒，他的非凡相貌和深沉性格很快引起了周王宇文毓的注意。有一次宇文毓派出一个名叫赵昭的人去给杨坚看相。赵昭是当时有名的相面专家，看人从没有走眼过。这次见了杨坚，回来跟宇文毓说："（杨坚）不过能做个柱国而已。"宇文毓信以为真。但赵昭私下里却跟杨坚说："你将来会成为天下之君，一定要大诛杀而后才能稳定局势，好好记住我的话。"

杨坚虽然对他的话表示怀疑，但心里还是很高兴的，毕竟现在正是他人生失意时，有这么一句鼓励的话，起码是个心理安慰。何况说这话的人还是一个预言家，万一真让他说中了呢？毕竟在这个乱世里，改朝换代就像是换衣服一样，至于皇帝则更是走马灯一样地换。这不还没两年，身为皇帝的宇文毓就步了他弟弟的后尘，被宇文护给毒死了。而且宇文毓死得很冤，他并没有像宇文觉一样谋划诛杀宇文护，只是接受了宇文护带有试探意思的“还政”，就被他无情毒杀了，享年二十四岁。

至此宇文护已经连续杀害了三个皇帝（包括天王）：西魏恭帝拓跋廓（元廓）、孝闵帝宇文觉、周明帝宇文毓。而且前后历时不过三年，等于是一年一个，这使得皇帝成了当时北周最危险的职业。因此宇文护自己也不敢当皇帝，至少眼下是不敢，所以他又拥立了宇文泰的第四子宇文邕（yōng）为帝，史称周武帝。宇文邕时年十八岁，史载他“性格深沉，识见宏远”，这点倒是和杨坚相似，也注定了他不会是一位平庸的帝王。

宇文邕上台后，朝政大权依然掌握在宇文护手中，杨坚还是没有太多升迁的希望，只是由右小宫伯迁为了左小宫伯（当时以左为尊）。直到五年后，也就是公元 565 年，他终于晋升为大将军，并得到了一份新的职务——随州刺史。

随州就是现在的湖北随州，在当时北周国土的最东边，紧邻着北齐，隶属襄州（今湖北襄阳）总管府。说起来随州与杨坚还颇有渊源，这地方原本属于南梁，大统十五年（公元 549 年），正是杨坚的父亲杨忠率兵攻克随州（当时叫随郡），将其纳入了西魏国土。后来杨忠因功受封柱国大将军、随国公，“随”成了他名义上的封地。如今杨坚又出任随州刺史，成了随州实际上的长官。父子二人与“随”可以说十分有缘。而这只是杨坚与“随”缘分的开始。

从长安到随州，中间要经过襄阳，时任襄州总管的宇文直是宇文泰的第六子，宇文邕的同母弟，同时也是宇文护的亲信。杨坚经过襄阳，于情于理都要去拜访自己的上司。而宇文直也很客气地派人去回访他。他派去的人名叫庞晃，此人虽然是宇文直的手下，但跟他并不完全一条心，而且这人能力很强，善于识人。他一见杨坚，就知杨坚不是寻常人，当时就和他交上了朋友。

没过多久，杨坚离任回长安，再次经过襄阳，庞晃又来迎接他。两个人喝着酒，醉得差不多的时候，庞晃突然对杨坚说：“我看你相貌非常，名在图箓（图谶 chèn，符命之书）之上。你当上皇帝的那一天，千万别忘了我。”

杨坚当他是醉话，就笑着回了一句：“怎么净瞎说呢？”过了一会儿，有只公鸡在庭院里鸣叫，杨坚估计也是听着烦，就跟庞晃半开玩笑地说：“你不是说我能当皇帝吗，看到院子里那只鸡了没，你拿箭射它，射中了有赏，等我真当皇帝了，你就拿着我赏你的东西来找我。”

庞晃二话不说，拿起弓箭就射鸡，结果还真射中了。杨坚很是高兴，拍掌大笑说：“这是天意，你能感应天意而射中。”于是信守承诺，把两个婢女赏赐给了他，从此与他结为至交。

经过这件事，杨坚越来越相信自己将来能有大作为，但他还不敢往当皇帝这方面想。毕竟当今皇帝好端端地在宫里待着呢，而且还有一个权势熏天的宇文护把持朝政，这俩人只要有一个在，皇位就不可能落到他杨坚身上。何况宇文护恨杨坚及杨忠不肯依附自己，一直在打压他们父子，杨坚能够自保就已经不错了。

实际上，杨坚也没有时间和精力去考虑这些，因为回到长安后不久，他的母亲吕苦桃就病了，而且是大病，已经卧床不起。杨坚是家里的长子，又一向孝顺，于是就在母亲病榻前昼夜侍奉，一直坚守了三年。三年后吕苦桃去世，不久杨忠也病逝了，杨坚接连失去了双亲。从此之后，他将独自面对人生的各种艰难险阻，并承担起作为一家之主的责任和重担。

第三章 从军平齐

北周武帝天和三年（公元 568 年），二十八岁的杨坚继承了父亲杨忠的爵位，成为北周王朝的“随国公”。

“国公”是王爵之下的最高爵位，是北周建国之初所创，除了宇文护（晋国公）这样的皇亲外，只有少数有大功的元勋及其后代才能获得这一称号。但同样身为国公，宇文护的权势与杨坚相比，简直是一个天上，一个地下。杨坚深切地感受到，只要这个人还在，自己的政治前途就是一片黑暗，绝没有任何盼头。

杨坚当然不甘心这样被压制，但以他现在的力量，完全没有与宇文护抗衡的可能。纵观整个北周，能够有机会除掉宇文护的，就只有当今的皇帝宇文邕了。

可宇文邕似乎并没有这个意愿，他对宇文护的态度与他两个哥哥完全不同，他不仅任由宇文护专权，而且极力讨好宇文护。在他即位之初就下诏规定，凡是诏诰文书皆不能直呼宇文护的姓名，而要尊称他为大冢宰或晋国公。

这意味着什么？意味着宇文护已经享有了近乎皇帝的地位和尊荣。而且不只是他自己，他的母亲也受到特殊待遇。

宇文护自幼丧父，母亲阎姬在早年被北齐俘虏，直到保定年间（公元 561—565 年）才被放回。阎姬刚回到北周，宇文邕就对她竭力奉承，把宫里的好东西都赏赐给她，并且每到时节更换之时，就率领皇族亲戚向她行家人之礼，如同对待太后一般。

对于宇文邕的做法，宇文护当然非常高兴，他就喜欢这种懂事的傀儡，省了自己再去导演一出废立之戏，毕竟他已经创下了废杀皇帝数量最多的纪录，而这必定不是什么好事儿，难免自己会在历史上留下污名，如果能长期控制一个听话不搞事的皇帝，他是非常乐意的。宇文邕就看似是这样一个皇帝，至少宇文护是这么认为的。

其实又何止是宇文护，几乎整个北周的官员们都觉得当今皇帝太过软弱，完全没有他两个哥哥的雄心和魄力。照这样下去，周朝天下迟早是宇文护的。

然而杨坚却不这么认为，他曾担任宫伯多年，和宇文邕有过多次接触，看得出来，宇文邕并不是一个懦弱无能的人，他之所以纵容奉承宇文护，绝不只是为了苟求活命，必然还有更深远的打算。

正因如此，杨坚始终和宇文护保持着距离，即使被他排挤针对，多年来难以出头，也从未想过依附他。而事实证明，杨坚的这份坚守是值得的，宇文邕确实不是软弱可欺之辈，他和宇文护之间终究要有一场生死决斗。

宇文邕的谋划

建德元年（公元 572 年）三月，这场决斗开始了，开始得悄无声息，事先没有任何征兆。当时宇文护从同州（今陕西大荔县）晋国公府邸返回长安，宇文邕收到消息后，亲自在宫殿里迎接他，向他行家人之礼，表现得毕恭毕敬。宇文护对他的表现十分满意，就与他一同去拜见叱奴（鲜卑姓）太后，也就是宇文邕的母亲。

两个人在路上走着，宇文邕对宇文护说：“太后年纪已经很大了，但老是喜欢饮酒。以往我和兄弟们屡次劝谏，她都未曾采纳。如今兄长入朝，希望你能前去劝谏太后。”说着就从怀中掏出一篇《酒诰》（《尚书》中的一篇，为周公所作的禁酒令）交给宇文护，让他以此劝说太后。

宇文护没有别的优点，就是为人特别孝顺，对待自己的母亲可以说是极尽孝道，也因此喜欢那些孝敬父母的人。他见宇文邕这般孝顺，处处为母亲着想，心里很高兴，就答应了下来。

过了一会儿，宇文护同宇文邕来到叱奴太后所居住的宫殿，随行的侍卫都留在了外面，只有他们两人进入殿内向太后行礼问安。随后太后给宇文护赐座，准备和他聊聊家常、叙叙旧。这本是以往的惯例，宇文护并不觉得有什么奇怪，于是就坐了下来，至于宇文邕，则是恭敬地侍立在他身后。

宇文护平时飞扬跋扈惯了，完全不觉得让皇帝立在自己身后有什么不妥。他依照宇文邕的嘱托，取出《酒诰》对着太后朗读起来。刚读到一半时，身后的宇文邕突然举起手中玉珽（古代天子所持的玉笏）朝他头上猛地一击。宇文护猝不及防，登时跌倒在地，痛苦地挣扎着。宇文邕见他没有死，急忙令身边的宦官何泉用刀砍杀他，何泉平时就畏惧宇文护，一听到他的名字就瑟瑟发抖，现在要去杀他，更是心慌手颤，连砍几刀都没有击中要害。

危急时刻，宫门内突然蹿出一人，正是宇文邕的同胞兄弟宇文直。宇文直原本是宇文护的亲信，后来因为作战不力而被免官，心里开始恨宇文护，于是就叛离了他，并且与宇文邕结盟，密谋诛杀宇文护。当时他就藏在门内，暗中观察着殿内的形势，见宇文护倒地，随即跳出来举刀砍他，终于将他杀死。事后宇文邕诛杀了宇文护的几个儿子及亲信，彻底铲除了宇文护的势力。

至此，掌控北周政权长达十五年的权臣宇文护倒台，周武帝宇文邕亲自掌握了军政大权。这是北周历史上的大事，也对杨坚的命运产生了重大影响。从此之后，权臣与皇帝争权的政治乱象不复存在，一切都步入正轨，杨坚终于不用再受宇文护的压制，可以全身心地投入宇文邕的怀抱了。

但问题是，宇文邕会重用他吗?

于情于理，宇文邕都不能亏待杨坚。首先，杨坚的个人能力突出，被公认为青年一代的才俊，必能成为国家栋梁；其次，杨坚政治立场坚定，多次拒绝过宇文护的拉拢，是个难得的忠臣；最后，杨坚作为杨忠之子、独孤信的女婿，身后有两个关陇大家族的势力，是羽翼还未丰满的宇文邕必须要团结的对象。

基于这些原因，宇文邕对杨坚尤为重视，重视到什么程度？建德三年（公元 574 年），宇文邕下诏命皇太子宇文赟（yūn）迎娶杨坚长女杨丽华为太子妃。宇文赟时年十六岁，杨丽华十三岁，都刚好到结婚的年纪。今天来看，他们的这场婚姻意义重大，可以说是改变了历史的走向，当然也改变了杨家的命运，从此杨坚多了一重身份——皇亲国戚。

杨坚成为皇帝亲家后，身份地位已不可同日而语，自此他逐渐进入权力中心，成为北周政坛的风云人物。

但俗话说树大招风，如今的杨坚就是一棵大树，而且是长相奇特的树。在与皇帝结亲之后，他的麻烦也随之而来，朝廷里不断有人说他相貌非常，将来会怎么样。这些言论绝不是夸赞杨坚，而是把他往火坑里推。

有一次，齐王宇文宪（宇文泰的第五子）对宇文邕说："普六茹坚相貌非同寻常，这个人恐怕不会一直安分地做臣子，陛下你应该早点把他除掉。"

宇文邕听了心头一紧，宇文宪是他亲弟，这话不得不重视。于是他找来当时的相士来和，向他询问杨坚的命数。这位来和是位专家级相面大师，不仅善于看相，而且还著书立说，把自己相面的理论方法编成了一本书，叫《相经》。这样一个人物，自然就成了权贵们争相结交的对象，当时北周有身份地位的人几乎都请他看过相。这点宇文邕十分清楚，所以他见到来和后，直接就问："朝中大臣你都认识，你觉得随国公这人怎么样？"

来和还真就给杨坚看过相，当初杨坚因父亲去世，对前途有些迷茫，虽然很多人都说他相貌奇特，将来必有大作为，但那些人毕竟都是非专业的，不完全可信。于是他就登门去拜访了来和，想听听专家的意见。结果来和说："你的眼睛像启明星一样，没有什么是照不到的，所以你将来会拥有天下。"当时杨坚听了精神一振，又对未来充满了希望。

如今面对同样的问题，来和却给出了完全不同的答案，他对宇文邕说："随国公是个守节的忠臣，可以镇守一方。如果让他当个将军，他必能攻无不克。"

宇文邕对他的话深信不疑，一下子就放了心，于是又召见宇文宪说："普六茹坚不过是个将才，不用担心。"宇文宪听说是来和说的，也就无话可说了。但事情并不算完，没过多久，内史王轨又对宇文邕说："皇太子不是能承担社稷大任的料，普六茹坚有反相。"

言下之意是杨坚将来会篡夺宇文赟的皇位。宇文邕听了很不高兴，对他说："一切都是命中注定的，能怎么办？"意思就是全由天命了。他虽然这么说，但心里还是有所担忧，就又召来和问道："有人说随国公有反相，你怎么看？"

来和回答说："随国公是节臣，并无异相。"

宇文邕这才彻底放心，也就没有为难杨坚。但杨坚听说这些事儿后却非常害怕，他知道皇帝虽然暂时打消了疑心，但难保日后不会再生疑，说不定哪天就派人送来一杯毒酒。为免招杀身之祸，他自此处处小心谨慎，极力掩藏锋芒。直到一年多后，他迎来人生另一件大事——从军伐齐。

北魏灭亡以后，北方已经分裂了四十多年，北周跟北齐（包括东魏、西魏）长期敌对，互相之间打了大小不下几百场仗，由于东强西弱，北周并没有真正占得什么便宜。如今宇文邕才亲政不久，就要出兵攻打北齐，他哪来的雄心和胆略呢？

事实上，宇文邕是一位雄才大略的帝王，这从他成功诛杀宇文护就能窥见一二。而且他在亲政之后连续做了三件大事，使北周的面貌焕然一新，已有足够的力量与北齐抗衡。是哪三件事呢？

第一，加强集权。宇文邕早就意识到大冢宰权力过大，在诛杀了宇文护后，就下诏规定六府不必听命于大冢宰，以此分化大冢宰的权力，使之成为虚职。同时又改诸军军士为侍官，表示军队从属于皇帝和国家化，从而加强了皇权。

第二，改革府兵制。西魏至北周初的府兵都是鲜卑人，汉人是没有当兵资格的，而鲜卑人口有限，无法满足更大规模战争的需要。于是宇文邕取消兵源的民族限制，规定境内一切男丁都可以从军，并且当兵者可以终身免除租调和徭役，其家庭在三年内也可以不交纳租调和服徭役。如此一来，汉人纷纷投军，北周的军力得到大幅提升。

第三，抑制佛道。之前说过，南北朝是中国佛教最兴盛的时期，其实这不难理解，越是在乱世中，佛、道等宗教越是容易得到发展，因为出家可以躲避沉重的兵役徭役，还能得到安身的场所和精神的寄托。而南北朝的乱世持续了数百年，给了佛教极大的发展空间。当时南朝、北朝遍地佛寺，僧众有数百万之多。根据杨衒之（也作：杨炫之）《洛阳伽蓝记》的记载，北魏末年的洛阳就有佛寺七十余座，著名的少林寺就是孝文帝时期建造的，云冈石窟、龙门石窟也是北魏时期开始开凿的。由此不难想象南北朝时期的佛教之盛。

但是如果信佛的人太多，就会给国家带来一系列问题。首先是国家直接掌控的人口减少，继而兵源及服役者减少；其次寺院掌握大量土地田产，而且不上缴赋税，与国争利；最后僧徒良莠不齐，容易聚众生事，严重时会威胁到国家统治。

基于这些原因，宇文邕决心大力禁佛。他不顾群臣反对，冒着死后下地狱的风险颁布诏令，规定："禁佛、道二教，经书、佛像尽毁，并令沙门、道士还俗为民。禁诸淫祀，礼典所不载者，尽除之。"诏令下达后，北周境内的佛寺纷纷被拆毁，僧人、道士也都被勒令还俗。历史上称这一事件为"建德毁佛"或"周武帝灭佛"。

这三件事情完成之后，宇文邕已经有了足够的底气与北齐一战。但战争是敌我双方的事，它的成败不仅取决于自身的力量，也要看敌人的强弱。那么如今的北齐是一个什么状况呢？

北齐

从表面上来看，北齐的国力不输于北周，甚至在经济、人口上还远远超过北周。这主要是地理位置决定的，北齐占据中原，拥有今天河南、山东、河北、山西、北京、天津的大部以及江苏、安徽、湖北的北部地区。这些都是当时的经济发达地区，土地肥沃，人口稠密，兵员充足。在冷兵器时代，一个国家军事力量的大小，主要取决于经济和人口，从这两方面来讲，北齐是强于北周的。

而实际上，北齐也就只有经济、人口等表面实力强于北周，除此之外都远远不如北周。其中差距最大的就是统治者本人的素质和能力。在君主专制时代，一个国家的兴亡很大程度上取决于统治者个人的治国水平，周武帝自不必说，可以称得上是一代明君。相比之下，北齐的皇帝就差得远了。

北齐自公元550年建立，到公元575年，二十余年间传了五位皇帝，这些皇帝有三大共同点：一是短命，寿命无一超过三十五岁；二是荒淫，多数沉溺于酒色，奢侈享乐；三是残暴，大多喜怒无常，草菅人命。

首先说北齐的开国皇帝高洋。高洋是高欢的次子，上面还有一个同胞的兄长高澄。高欢死后，高澄继承了他的爵位，继续把持东魏政权，并积极筹备禅代，但他还没来得及称帝就被人给暗杀了，死时还不到三十岁，儿子都很年幼，大权就落到了高洋手中。不久高洋逼迫魏帝禅让，自立为帝，建立了北齐。

高洋即位之初也算得上是位明君，他南征北战，开疆扩土，使北齐国力达到顶峰。但好景不长，高洋很快就骄傲自大，变得不思进取，甚至纵酒好色，暴虐无道。几年后（公元 559 年）他就因酗酒过度而死，终年三十一岁。他死后，只有十五岁的长子高殷即位，第二年就被高演（高欢的第三子）篡位杀害。

高演虽说是得位不正，但还算得上是一个合格的皇帝，在位期间也能够勤于政事、任贤用能，但不幸的是，他只做了一年皇帝就病死了，终年二十七岁，临终传位给自己的弟弟长广王高湛。这也是没有办法的事，因为他的儿子实在太年幼，如果即位，免不了又被人篡位杀害，毕竟他自己就这么干过。

高湛是高欢的第九个儿子，与高澄、高洋、高演是一母所生。与几个哥哥相比，他的昏庸有过之而无不及，他即位后除了宠信奸佞、滥杀无辜大臣外，主要就干了两件事：一是酗酒；二是纵欲。后来为了能够一心一意享乐，避免被国事打扰，他索性于公元 565 年传位给年仅十岁的太子高纬，自己做了太上皇。不久就因酒色过度而死，终年三十二岁。

高纬就是北齐如今的皇帝，他从小就言语迟钝，不喜欢与大臣见面，更不轻易与人交谈，而且他的性情极其胆小懦弱，如果有人多看了他几眼，他立刻就会大发雷霆，轻则怒斥一通，重则贬官治罪，搞得大臣奏事时都不敢抬头看他，只能埋头说个大概，然后就连跑带逃地退出去。

如果仅是迟钝懦弱也就罢了，偏偏他还很奢靡、荒淫、残暴，简直是“完美”地遗传了北齐历代帝王的所有毛病，以至于他的很多行为都无法用正常人的思维来理解，比如他下面做的几件事：

一、齐鸡开府。北齐实际上有两个都城，分别是首都邺城和别都晋阳（今山西太原），一个是政治文化中心，一个是军事中心。出于统治的需要，北齐的皇帝经常会在两都之间来回跑。高纬即位后，分别在两都大兴土木，广建宫殿，极尽奢华，而这还不算什么，他竟然把宫里的宫女、太监都封上官，连他的马、猴、鸡、狗等宠物也都根据性别不同分别加上爵号，比如公鸡叫开府斗鸡，母鸡叫郡君斗鸡，由此创造了“齐鸡开府”的典故。

二、自寻烦恼。高纬自我感觉非常好，他认为自己没有任何忧愁，所以得到了“无愁天子”的称号。照理说无愁应该是好事，多少人都求之不得，可高纬觉得这样的生活很没意思，于是他“自寻烦恼”，在园林里建贫穷村庄，自己穿上破衣装扮成乞丐住在里面。他又设置了穷人市场，专门跑去进行买卖交易。高纬还仿照西部边境城邑的样式筑造一些城池，让卫士穿着黑衣扮成羌兵，摆成阵势，呐喊着进攻，表演攻城，他自己则率领近侍“抵御”。

三、蜇人取乐。高纬有个同父异母的兄弟名叫高绰，在定州（今河北定州）任职。一次，有人告发高绰在定州淫暴百姓，残害妇女儿童。高纬听说后命人把高绰押解到了邺城，但他却没有治高绰的罪，反而给他去掉枷锁，问他在定州有什么好玩的事。高绰说：“把蝎子和蛆混在一起，看它们互相啃咬最开心。”高纬觉得这主意不错，于是派人连夜搜寻蝎子，一晚上就捕到了两三升。不过他没有按照高绰说的把蝎子和蛆混在一起，而是来了个升级版，把蝎子放进一个大浴盆，然后绑个人放进去，和高绰一起“欣赏”活人被毒蝎蜇咬。看着浴盆里的人被蜇得痛苦翻转，高纬一边拊掌大笑，一边埋怨高绰说：“这么好玩的事，为什么不早点儿告诉我！”于是封高绰为大将军，整日和他一起游玩淫暴。

四、亲佞远贤。“亲贤臣，远小人，此先汉所以兴隆也；亲小人，远贤臣，此后汉所以倾颓也。”这是诸葛亮告诫刘禅的话，高纬用实际行动证明了它的正确性。他不仅宠信小人，远离贤臣，而且还听信小人谗言，杀害贤臣。当时他有三大宠臣：穆提婆、高阿那肱、韩凤，合称北齐“三贵”。这三人不学无术，最大的本事就是嫉贤妒能。当时北齐有位名将叫斛律光，此人官至丞相，是高纬的老丈人，曾多次率军击败北周军队，深为北周人所忌惮。但穆提婆等人非常忌恨他，屡次在高纬面前进谗诬告他，高纬竟然听信，将斛律光杀害，并屠戮满门。这种自毁长城的行为让北齐上下人心浮动，而北周这边却是军心大振，宇文邕甚至为此大赦天下以示庆贺。除了斛律光外，北齐宗室兰陵王高长恭也是将才。高长恭是高澄的第四子，论辈分是高纬的堂兄，他不仅长相俊美，而且骁勇善战，曾在邙（máng）山之战中头戴面具，率领五百骑兵突破北周军包围，成功解围金墉城，由此威名大震，被士兵讴歌赞颂，成就了《兰陵王入阵曲》。而随着高长恭的声望越来越高，高纬对他的猜忌也越来越重，最终将其毒杀。

总而言之，北齐几乎没出过一个明君，高纬更是昏君中的“集大成者”。在他执政的十年间，北齐朝政一日比一日腐败，江山摇摇欲坠。

宇文邕正是看到了北齐内部的病变，才自信能够伐齐。于是北周建德四年（公元 575 年），他与齐王宇文宪等少数人秘密策划，最终决定亲自统军东征。

伐齐

当年七月，宇文邕正式下诏伐齐，并公布各军将领人选。早在宇文泰时期，西魏就仿照《周礼》设立了天子六军，每军设一总管。宇文邕以陈王宇文纯、荥阳郡公司马消难、郑国公达奚震为前三军总管，越王宇文盛、周昌公侯莫陈琼、赵王宇文招为后三军总管，统兵进攻洛阳金墉城。又命齐王宇文宪率二万人进攻黎阳（今河南省浚县、清丰一带）。

六军是伐齐的主力，他们的总管要么是宇文邕的兄弟，要么是当时北周的名将。但伐齐光有主力是不够的，还需要助攻、应援、后勤等部队。而这些部队的将领也都是名将或皇亲贵胄，其中就有杨坚。

当初来和说杨坚是将才，宇文邕觉得很有道理，毕竟他爹杨忠那么能打善战，他应该也不会差到哪儿去。因此他决定重用杨坚，给他一个领兵的机会，让他与广宁郡公薛迥率水军三万自渭河进入黄河，作为助攻部队。

当年八月，宇文邕带领着北周六万主力部队进入北齐境内。为了严明纪律，他下令禁止砍伐树木、践踏庄稼，违令者斩。这些措施得到了民心。战争初期的进展很顺利，北周军队连续攻克了洛阳周边的几个重镇，但在围攻金墉城时却遭受挫折，许久不能破城。

金墉城是洛阳西北角的一个小城，始建于曹魏时期，这座城虽然小，但城垣却非常宽厚坚实，而且北靠邙山地势险要，是洛阳的军事要塞。

如今金墉城久攻不下，而北齐的增援部队已经接连赶来，北周部队面临腹背受敌的危险。这时恰逢宇文邕又生了病，不能指挥战斗，于是就率军连夜撤退。

这次伐齐最终无功而返，北周的将士一时间都很灰心丧气。但宇文邕并未因此失去信心，他已开始总结失败的原因。

首先，伐齐的时机是否合适？他觉得并无不妥，因为北周经过改革之后国力大幅提升，而北齐那边皇帝昏庸暴虐，政治腐败，国力日渐衰微，在这样的形势对比下，出兵伐齐没有问题。

其次，用人是否不当？这次伐齐的主力部队由他亲自指挥，所选用的将领也都是忠臣名将，没有人违反军纪，更没有人临阵脱逃，可以说一切都按照他的计划在进行。

最后，进军方案是否有问题？以往北周也曾伐齐，每次都是进攻洛阳，北齐对此早有防备。而且洛北山城金墉城城小而坚固，攻打起来十分困难。此次伐齐之前，就有将领建议不要攻洛阳，改攻北齐别都晋阳，但宇文邕没有采纳。如今看来，攻打洛阳的策略确实有问题。

宇文邕不愧是英主，他知错就改，于第二年冬天再次率军伐齐，兵锋直指晋阳。这次杨坚仍然奉命随军参战，不过他的角色已不再是助攻者，而是六军总管之一。这既是他个人努力的结果，也源于宇文邕对他的信任。

北周建德五年（公元 576 年）十月，北周的军队再次东进，在渡过黄河后，便对北齐重镇晋州展开攻势。晋州的治所在平阳郡，也就是今天的山西临汾市，这里是晋阳西南面的门户，地位至关重要。北周大军到达后，驻屯在汾水附近，以主力六军进攻平阳，并分遣几路兵马扼守各处要塞，以阻击北齐的援军。一切部署完毕，宇文邕亲自到城下督战，周军士气大振，平阳城破近在眼前。

晋阳距离平阳大约五百里，平阳这边战斗刚打响，晋阳那边就收到了求救的消息。这时高纬正好在晋阳，不过他不在城中，而是正和宠妃冯小怜在晋阳北边的祁连池狩猎。

当时从平阳来报告军情的人由早上到正午，一连来了三拨，但都被北齐右丞相高阿那肱拦下不让见高纬，他的理由是："皇上正在打猎寻乐，边地一点儿小打小闹只不过是常事，这么着急干什么！"原来在他眼里国家战事还没有皇帝打猎重要。有这样的丞相，北齐不亡真的是难啊！

到了晚上，前线的使者又来了，这次直接报告说"平阳已经失陷"。高阿那肱这下慌了，赶紧去报给皇帝。高纬一听也挺着急，就准备回晋阳拟订对策。但这时他的爱妃冯小怜说话了："人家还没有尽兴，再陪我猎一圈嘛！”

高纬这个皇帝当得也是难，本来自己就昏庸，身边还有一群拖后腿的大臣和妃子。一边是军情紧急，一边是美人，他怎么办呢？这事要放到明君身上，肯定二话不说，扭头就走。如果放到一般皇帝身上，可能会先安抚妃子，说一些日后补偿的好话，然后再走。但高纬两者都不是，他居然果断答应了冯小怜，又陪着她猎了一圈。这种爱美人不爱江山的行为，颇得周幽王真传。

好在冯小怜猎完一圈就歇着了，高纬这时才腾出手来调兵遣将，准备收复平阳。他亲率十万大军南下，并以右丞相高阿那肱为各军统领，率前军先行进。

皇帝归皇帝，将士归将士。高纬虽然昏庸，但北齐的军人真不是吃素的，仅以战斗力而言，丝毫不逊于周军。

面对声势浩大、兵锋正盛的十万齐军，宇文邕也捏了把汗，他知道不能硬碰硬，于是避敌锋芒，主动率军撤退，只留大将梁士彦率一万人镇守平阳。

高纬一看周军跑了，象征性地派人追击了一下，然后命令大军围攻平阳，想把失去的城池夺回来。

齐军昼夜强攻，各种攻城器械使了个遍，几天下来，平阳城的楼堞都被抹平了，城墙就剩下一米多高。眼看城池摇摇欲坠，而援军却迟迟不来，城内的周军开始害怕了，他们觉得到这个份儿上，这城已经守不住了。

我们知道打仗最重要的就是士气，一旦士气没了，军队也就垮了。周军现在就是士气最低落的时候，如果不激励一下，恐怕平阳城很快就要失守了。

梁士彦当然也明白这个道理，所以他激励士卒说：“今天我们就要死守在这儿了，我作为主帅，应该死在你们的前面！”

士卒们一听，无比振奋，心说主帅都豁出去了，我们还怕个啥？

于是都奋勇向前，呼声动地，个个以一当百。齐军人数虽然多，但也顶不住这种不要命的冲击，逐渐退却了。

趁着这个工夫，梁士彦赶紧带人修缮城墙，城里男女老少全都上阵，昼夜抢修，终于用三天的时间修好了城池。

这时齐军也已经休整完毕，又来继续攻城。这次他们学聪明了，不再强登城墙，而改为挖地道的方式。

事实证明，挖地道的确经济实用，齐军只用了半天工夫就挖通了地道，然后城墙就坍塌了，露出几米宽的口子。

齐军见机会难得，赶紧沿着缺口往城里冲，而这时他们的皇帝陛下突然发来命令："暂停！"

齐军将士很纳闷，正进攻呢怎么喊停了，难道周军的援兵来了？

其实他们想多了，周军援兵暂时还来不了，高纬的玩性来了才是真的。刚才高纬站在远处见到齐军即将入城，觉得很有仪式感，心想这么光辉的时刻怎么能少了我的爱妃呢？于是他下令暂停入城，并派人召冯小怜来。

对于这位"无愁天子"，我们已经无力吐槽，估计他是单机游戏玩儿多了，习惯性地按暂停键，却不知道现在是联网模式，他停了人家可不停。就在他等冯小怜来的这段时间，周军加紧用巨木封堵城墙缺口。等冯小怜化好妆过来，城墙已经被补好，齐军想进城也进不了了。

对此高纬很失望，这不是让自己在小怜面前丢脸吗？冯小怜也很失望，自己大老远跑来看齐军入城，怎么城还没破？她很不开心，想着不能白来一趟吧！这时她听人说平阳城西有一块巨石，石上有圣人留下的遗迹，于是来了兴致，闹着要去看看。高纬有点犹豫，心想要看巨石必须得过汾水，而汾水桥离城太近，万一被周军暗箭伤着怎么办？想来想去，他决定在更远的地方现造一座桥，从那过河。可是一时间上哪儿找来造桥的材料呢？高纬灵机一动，命人把攻城器械拆毁造桥，然后带着冯小怜过桥去看巨石。

看着自己的天子如此荒诞，齐军将士既失望又无奈，他们心里不禁要问：皇帝您到底是来打仗的，还是来谈情说爱的？

对高纬来说，这两者并不冲突，他可以一边跟冯小怜谈情说爱，一边看齐军将士攻城，反正平阳城就在这里，哪儿也跑不了，何必着急呢？

高纬不急，但有人急，梁士彦苦苦坚守平阳，已经快撑不住了，不得不派人向宇文邕求救。宇文邕见齐军在平阳城消耗得也差不多了，于是率军东渡黄河，准备与齐军决战。

同年十二月，周军八万多人逼近平阳，但在行至城南十多里时却被一道深沟阻挡。原来齐军为防周军救援平阳，早在这里挖了沟堑，并派遣重兵守在沟北。

面对眼前的深沟，宇文邕犯起了难，如果强行渡沟，即使能突破齐军防线，自己也必然伤亡惨重，但如果不渡沟，就无法解救平阳，平阳一旦丢失，此次伐齐必将无功而返。

正当宇文邕发愁时，怪异的一幕出现了，齐军不知怎么的，竟然主动把沟给填平了。宇文邕百思不得其解，齐军这是什么意思？不仅宇文邕搞不懂原因，齐军将士也不明白，高纬皇帝不知道发什么神经，好不容易挖好的沟竟然又让人给填上，这是要给周军铺路吗？

高纬当然不会傻到为敌人铺路，他之所以命人把沟填上，主要是想和周军决战。之前他见周军逼近平阳，心里也有点着急，就问众臣要不要跟周军打。齐军将领都说不能打，但高纬的宠臣们却说："宇文邕是天子，陛下您也是天子，他那么远跑来打咱，陛下您怎么能躲在沟堑后面示弱呢？"

高纬一听觉得很有道理，不能让敌人小瞧了自己，于是命人将沟壑填平，然后率领大军与周军决战。宇文邕一看齐军主动来打，心里别提多高兴了，立刻整军应战。于是齐、周之间一场二十万人规模的大战在平阳城南展开了。这是两个国家的战争，也是两个皇帝的较量。

当时宇文邕、高纬都身临前线督战。但高纬在观战的同时仍不忘谈情说爱，他让冯小怜陪在自己身边，一起欣赏这旷世之战。冯小怜哪见过这种场面，心里非常紧张，没过多久，齐军的左翼稍稍后撤了一些，这本是战争的常态，但冯小怜不懂，她以为齐军败了，吓得大喊道："我们败了！"高纬的宠臣穆提婆一听，也跟着喊："陛下快跑！陛下快跑！"

高纬本就不懂军事，再加上性情胆小懦弱，听到兵败竟然吓得直哆嗦，也顾不上求证，带着冯小怜就跑路。北齐的大臣们一看皇帝跑了，这不是打击士气吗？赶紧就去追。追是追到了，可是劝不住啊！高纬铁了心保命，谁的话也不听，一不留神就跑到了洪洞县。

他这一逃跑，齐军没了主心骨，士气骤然衰落，很快就被士气高涨的周军击溃。之后宇文邕挥师向北，乘胜追击齐军。高纬听说身后有追兵，也不敢在洪洞县多留，赶紧带着还在梳妆的冯小怜继续逃跑，总算是回到了晋阳。

照理说到了晋阳应该就安全了，毕竟这里是北齐别都兼军事中心，防御工事非平阳可比，哪那么容易攻克！而且齐军主力还在，只要众志成城，绝对是能够守得住的。可是高纬不这么想，他被周军打怕了，只要听说周军追来就想跑。这不宇文邕还没打到晋阳呢，他就想着弃城跑到朔州（今山西朔州）去，并且打算投奔突厥。好在一帮大臣苦苦劝谏，才勉强把他留住。但他还是偷偷把太后、太子送到了朔州。

几天之后，宇文邕率军突破了齐军防线，兵临晋阳城下。这时高纬再也坐不住了，赶紧召来晋阳守将高延宗（高澄的第五子）说："晋阳交给皇兄你了，朕去也！"高延宗是一个将才，知道晋阳能守得住，但前提是皇帝不能先跑，不然军心就散了，于是苦口劝谏他。但高纬在穆提婆等人的怂恿下执意要走，竟然连夜带着大臣、妃子们冲出了城门。他本打算去往突厥，但很多人不愿随从，纷纷跑路。高纬没有办法，在大臣的劝谏下改变计划，转而跑到了邺城。

到了这个时候，齐军将士已经对高纬彻底失望了，于是拥立高延宗称帝，在高延宗的率领下坚守晋阳。高延宗不愧是高长恭的弟弟，身先士卒，在城下大胜周军，还险些击杀了宇文邕。

周军将士经此一败，大都有退兵的打算，但宇文邕却听从宇文忻的建议，以衰兵之师攻敌不备，果然败中取胜，生擒了高延宗，攻克了晋阳。

取得晋阳后，伐齐就已经成功了一半，但宇文邕并不满足，他知道必须一鼓作气，不能给齐军喘息之机，于是决定进军邺城。为了确保万无一失，他向已经归降的高延宗询问攻邺的计策。高延宗回答说："如果是任城王高湝（高欢的第十子）守邺，那我不知道怎么破城。如果是高纬自己守邺，那陛下你兵不血刃就能破城。"这个回答耐人寻味，换句话说：高纬无能，只要周军开到邺城，那么不用攻城，他自己就跑了。宇文邕听后信心倍增，立刻率军开赴邺城。

这时的邺城里，高纬正在为怎么守城而烦恼，手下大臣给他出各种主意，他都不肯采纳。为了逃避责任，他索性禅位给太子高恒，自己做了太上皇。有这样的天子，北齐的命运也就可想而知了。

不久周军至邺城，刚开始攻城，高纬就吓得不行，果然像高延宗所说的那样带着妻儿弃城跑了。于是周军顺利攻下邺城，不久就在青州（今山东益都县）俘获了准备逃往陈朝的高纬及其家眷，一并押至邺城。

在古代，一个政权如果都城沦陷、统治者被俘，那基本上就可以宣布它灭亡了。但北齐毕竟是个大国，地方势力很强，虽然皇帝没了，但仍然有人自发地组织抵抗，并企图复国，其中势力最大的就是任城王高湝和广宁王高孝珩（高澄的第二子）的联军。为了彻底平定北方，宇文邕命齐王宇文宪和杨坚率军讨伐二人。

战争的胜负结果没有太大悬念，虽然高湝、高孝珩都堪称上将，高湝甚至还在高纬逃亡过程中被传诏立为皇帝，但所谓兵败如山倒，北齐大势已去，人心已散，任谁都无力回天了。

在消灭高湝等人的部队后，周军又肃清了各地的反抗势力，彻底灭亡了北齐。当时北齐有五十个州、一百六十二个郡、三百八十个县、两千多万人，户口数超过了北周与陈朝之和，至此全部归入北周。

北齐的覆灭意义重大。首先，这是北魏灭亡近半个世纪后，中国北方的再次统一。其次，这次统一不同于北魏，北魏时南朝强盛，南北势均力敌，分裂的局面无法打破。但如今南朝已经衰落，而北朝统一后空前强盛，实力已经远远超过南朝，因此人们开始相信，大一统的时代即将来临。

第四章 第一国丈

北周建德六年（公元577年），北周攻灭北齐，统一了北方，前后用时不到半年。

在周灭齐的过程中，杨坚作为周军六大总管之一，在宇文邕的直接领导下全程参与了各大战役，又和宇文宪平定高湝、高孝珩势力，可以说功不可没。因此，同年二月，杨坚被宇文邕任命为定州（今河北定州）总管。

定州地处河北中部，下辖中山、常山、博陵、北平、巨鹿五个郡，曾是北齐防御突厥的要地。如今宇文邕在定州设置总管府，统辖定、冀、瀛等州十几个郡，又进一步提升了它的地位。所以杨坚这次出任定州总管，算得上是被委以重任了。因此他非常高兴，率领军队浩浩荡荡开赴定州，由城西门而入。但没想到的是，他这次入城竟然给自己带来了不小的麻烦。

早在东魏、北齐时期，定州城的西门就一直紧闭不开。高洋在位时，有人请求将西门打开，以方便百姓出入，但高洋却不同意，还说了一句很奇怪的话："将来会有圣人开启它。"他的话很快在定州传开，被百姓们奉为"真理"。此后二十多年间，定州西门就再未开启。

杨坚并不知道这件事，他只是正巧从西门入城，城门也很自然地就开了，完全没有什么异样。但定州的百姓们不淡定了，这二十多年西门一直不开，杨坚一来就开了，莫非他就是高洋所说的"圣人"？

要知道"圣人"在当时是不能随便叫的，不是道德品质高就能称圣人，那得是孔子或者帝王级别的人才能当得起。所以这种传言对杨坚是不利的。

果不其然，经定州百姓这么一议论，长安那边很快就被惊动了。本来杨坚就有“相貌非常”的舆论压力，现在再加上这件事，便彻底被推上了风口浪尖上。

宇文邕很是震惊，他心里想怎么哪儿都有杨坚的事？难道他真有天命不成？事实当然不是，定州西门之所以不开，是因为突厥在西北方，一旦入侵就会威胁到西门。宇文邕也知道这些，可是杨坚身上确实有太多奇异之处了，让人不得不生疑。为了以防万一，也为了平息舆论，他于次年初改任杨坚为南兖州（今安徽亳州）总管。

杨坚接到诏书，心里很不高兴。从定州到南兖州，看似是平调，实则是降职，因为当时定州的战略地位远高于南兖州。

杨坚因此心情低落，很不情愿地收拾行装，准备去南兖州。他刚要出发时，突然有一个下属来见他，正是他的老朋友庞晃。

当时庞晃正担任常山郡（今河北正定）太守，是杨坚的直系下属，他听闻杨坚被调离定州，就赶来为他送行，并乘机对他说：“燕、代这两个地方是精兵聚集之处，如果现在兴兵，是可以图谋天下的。”

庞晃的意思很明白，燕赵自古多感慨悲歌之士，精兵聚集，士卒骁勇，在这里起兵必能夺取天下。

杨坚也知道定州的重要性，因此才对被调离的事耿耿于怀。但他也知道只有定州是不足以成大事的，而且以他现在的实力，完全没有抗衡宇文邕的可能，所以他断然不会因为一时的气愤而造反。

不过他还是很感激庞晃的，这家伙当初在襄阳就说他能当皇帝，现在又来劝他起事，当真是他的超级粉丝。于是他握着庞晃的手说：“时机还不成熟啊！”

庞晃没有再说什么，他觉得杨坚反正是当皇帝的命，早点儿晚点儿也没关系。

就这样，杨坚带着他的不甘和初生的野心离开了定州。在南兖州任上，他是失意的，这里不仅远离朝廷，而且也没有什么用武之地，就像是被放逐了一般。但这种情况并没有持续太久，短短几个月后，他就迎来了人生的重大转折。

北周建德七年（公元578年），周武帝宇文邕在灭齐一年后率军出长安，准备北伐突厥，但在行至云阳宫（今陕西淳化县）时突然病重，随即返回长安，当夜便病逝了，终年三十六岁。

宇文邕称得上是南北朝时期数一数二的明君，他在位十八年，亲政六年，在有限的时间里建立了统一中原的伟大功绩。他的英年而逝将改变北周的命运以及中国历史的走向，也将改变杨坚的人生。

宇文邕死后，太子宇文赟即位，时年二十岁，是为周宣帝。这位年轻天子所继承的是一个没有权臣把持朝政、统一了北方的强大国家，以及宇文邕尚未完成的大一统事业。他能否实现父亲的宏愿？又会把国家治理成什么样呢？

俗话说“龙生龙，凤生凤”，宇文邕作为一代雄主，按理说他的儿子应该不会太差才对。但事实上，宇文赟和他父亲相比，简直是差了十万八千里。

周宣帝宇文赟

早在宇文赟还是太子的时候，就有大臣指出他不是当皇帝的料。当时王轨还拿这事儿劝宇文邕除掉杨坚。

起初宇文邕不大相信王轨等人的话，这是因为很多大臣为了讨好他，都称赞宇文赟聪明睿智，但后来发生的事让他看清了儿子的本质。

那是公元576年的二月，当时宇文邕准备讨伐吐谷浑（在今青海一带），命时为太子的宇文赟巡抚西北，并命王轨等人随行辅佐。宇文赟本就好淫乐，没有了宇文邕的监督，更是放纵起来，竟在军中跟自己的宠臣郑译、王端等人整日宴乐，不理军务。王轨把这一切看在眼里，回京后就向宇文邕告了状。

宇文邕十分震惊，就命人查证，结果确如王轨所言。他勃然大怒，命人杖打宇文赟及郑译等人以示惩戒。

从此以后他对宇文赟管教十分严苛，一见他有过错就棍打鞭抽，甚至还威胁他说："自古以来被废的太子还少吗？我难道不能立其他儿子？！"于是遣东宫官属记录他的言语动作，每月汇报。

面对这样一个严父，宇文赟既怕又恨，为了避免被废黜，他开始了自己的表演，在人前表现得规规矩矩，在人后仍然贪乐好淫。

宇文邕知道他不争气，但没办法，自己的其他儿子大都太年幼，如果改立太子，一旦自己有什么不测，将来幼子即位，难免被人操控甚至篡位。所以他只能严加管教宇文赟，在自己有生之年把他培养好。

宇文邕管教儿子的方式虽然粗暴，但也是因为爱子深切，希望他能成材。可惜宇文赟并不能理解父亲的良苦用心，他只记得自己经常被父亲责骂、鞭打甚至监视、威胁，所以他对父亲只有怨恨，巴不得他早死。

如今宇文邕真的死了，这世上再也没有人能够管束宇文赟了。宇文赟觉得自己就像是遇到大赦一样，心里激动得不行，面对父亲的遗体，他不仅没有一点儿悲伤的情绪，反而摸着自己身上的杖痕，大骂说："死得太晚了！"

可叹宇文邕一世英名，死后竟然被亲生儿子这样对待。而且宇文赟骂父还不算，竟又跑到后宫，遍视父亲的妃子，见到喜欢的就逼迫临幸。这种荒唐行为简直是对宇文邕的莫大侮辱，他如果泉下有知，恐怕要气得活过来。

可能宇文赟真是怕宇文邕突然活过来，几天之后就把他埋了。要知道古代皇帝的丧期是很长的，很少有不到一个月就下葬的。而宇文赟不管这些，他只想早点服完丧，然后开始自由飞翔，纵情享乐！

好淫归好淫，但宇文赟并不傻，他知道自己年轻没有威望，又刚刚即位，皇权并不稳固。所以刚掌权他就对郑译、刘昉、于智等心腹委以重任，让他们参与朝政，分割大臣的权力，然后又谋划除掉那些有可能威胁自己皇位的人，首当其冲者就是他的叔叔齐王宇文宪。

早在宇文邕当政时，宇文宪就已经是北周战功赫赫的名将了，他曾多次率军伐齐，与齐将斛律光、高长恭等互有胜负，可以说势均力敌。后来高纬自毁长城，北齐便再也没有人是宇文宪的对手了。所以在他的辅助下，宇文邕只用短短数月就攻灭了北齐。当时河北、河南等地的齐军听到“齐王”之名就望风而降，这也加快了北周统一北方的步伐。

但所谓功高震主，宇文宪自知功勋和威望太高，担心引来杀身之祸，所以在平齐之后就萌生了退隐的打算，后来宇文邕命他随军北伐突厥，他以患病为由推辞。宇文邕知道弟弟心里想什么，所以也就没有强求，临终时又在遗诏中明确禁止宇文赟滥杀皇族。

但宇文赟完全没有遵从遗诏的意思，他忌惮宇文宪威望高，担心自己驾驭不了，因此起了杀心。他先是假意授予宇文宪太师（皇帝的老师）之位，以此试探他。宇文宪已无心权位，所以坚辞不受。但宇文赟仍然不放心，派人把他召入皇宫，寻机给缢杀了。

事后宇文赟怕无法向群臣交代，就编造罪名说宇文宪谋反，并借机诛杀了与宇文宪亲近的许多大臣。

可怜宇文宪无辜被杀，与当初高长恭被害何其相似。说起来命运有时的确不公平，同样是一代枭雄，凭什么宇文泰的子孙各个人杰，而高欢的子孙却大多荒淫？不过，他们也有共同之处，那就是短命，不管是自己作死还是被人所害，都活不过四十岁。这似乎也注定了他们的江山不能长久。

除掉了宇文宪，宇文赟还是不安心，又担心其他几个叔叔对自己皇权不利。虽然他们不像宇文宪那样功高震主，但都是自己的长辈，而且都有战功，留在京城始终是个威胁。

所以在不久之后，他又将仅存的五位叔叔赵王宇文招、陈王宇文纯、越王宇文盛、代王宇文达、滕王宇文逌（yōu）等分别安置到地方，让他们远离京城。

这一措施让宇文赟彻底坐稳了皇位，与此同时，北周宗室的力量也大为削弱，长安城里几乎没有能管事的宗室了。而宇文赟本人又好猜疑，不相信文武大臣，只愿重用与自己亲近或有血缘关系的人。面对朝中出现的职位空缺，他一方面用自己的心腹填补，另一方面选用一些外戚和年轻的宗室（兄弟、侄子）。于是他的岳父杨坚就被召回京城，封为上柱国、大司马。

时隔两年，杨坚终于回到了长安，与之前相比，他的身份、地位以及所面临的政治形势都已经大不相同了。如今他的女儿杨丽华已被封为皇后，他成了皇帝的岳父、北周的国丈，加上他大司马的官衔，可谓是一人之下、万人之上了。

正所谓“高处不胜寒”，现在的杨坚就站在了北周政权的高处，高到可以伸手触及天子的衣裙，但也可能被天子一脚踹下去。之前宇文宪等人的死给他敲响了警钟，在权力面前，这位新天子是六亲不认的，他连自己的亲叔叔都能杀，何况是个没有血缘的岳父？所以杨坚必须小心谨慎，不能表现出对皇权有任何威胁，以免步宇文宪等人的后尘。

起初宇文赟对杨坚还算不错，给了他足够的尊重。不仅是对杨坚，宇文赟对待国事也很认真，在即位的第一年里，他虽然时常纵欲享乐，但也干了不少正事。

首先是平定了原北齐范阳王高绍义的叛乱。高绍义是高洋之子，于北齐灭亡后逃至突厥。北周建德七年（公元 578 年）六月，宇文邕、宇文宪先后死去，高绍义以为天赐良机，率突厥兵南下占据了范阳

（今河北涿州）。宇文赟听说后，派遣柱国宇文神举率兵征讨，不久就收复了范阳，平定了叛乱。

其次是讨伐陈朝，收复江北。此前陈朝趁北齐灭亡之际，出兵占领了江、淮的大片土地，当时宇文邕遣兵伐陈，收复了淮北。如今宇文赟任命上柱国、郧国公韦孝宽为行军元帅，再次率军伐陈，一举攻克了广陵（今江苏扬州），收复了所有原北齐的土地，彻底将陈人赶到了长江以南。

最后就是设立东京六府，加强对关东地区的控制。北周灭北齐后，在相州设立了六府（邺城所在地），用以统辖关东地区。宇文赟觉得相州距长安太远，不便于控制和巡幸，而且关东地区的政治、经济、军事、文化中心自古以来都是洛阳，只是因为北魏以后洛阳久经战乱，残破不堪，又处于东西交界，东魏才迁都邺城的。如今北方已经统一，是时候恢复洛阳的地位了。于是宇文赟下诏升洛阳为东京，与长安东、西并列，并重新建造洛阳宫，将相州六府移至洛阳，规定河阳、幽、相、豫、亳、青、徐七总管统一听命于六府。这一设置，为后来隋唐实行两京制奠定了基础。

宇文赟的这番作为，颇有他父亲宇文邕的遗风，像是个明君的苗子，至少比北齐那几个皇帝强得多。然而还不到一年，他这苗子就长残了，或者说现出了原形。总之他接下来干的几件事让人很失望。

第一件事是杀害郯国公王轨。

王轨是北周重臣，深受宇文邕的信任，说他深谋远虑、智勇兼备也不为过。早些年他就看出了宇文赟不是个当皇帝的料，多次劝宇文邕废太子，但没有被采纳。现在宇文赟当了皇帝，最嫉恨的就是他。

某天宇文赟指着脚上的鞭痕对宠臣郑译说："我这伤痕咋来的？"

郑译回答说："那还不都是因为乌执轨（王轨的鲜卑姓）。"然后又顺带把王轨劝宇文邕废太子的事说了一遍。

宇文赟一听恨得不行，遂不顾群臣的抗议，于北周建德八年（公元 579 年）二月将王轨杀害。

之前宇文赟杀宇文宪，还可以说是为了稳固皇权，不得已而为之。可如今他因私恨杀害王轨，这就不能不说是心胸狭隘、挟私报复了，因此群臣对他很失望。

第二件事是不听规谏，实行暴政。

宇文赟是在父亲的皮鞭下长大的，从小就嫉恨父亲，什么都想跟他对着干：宇文邕生前禁佛，宇文赟就恢复佛教；宇文邕制定的法律比较严苛，宇文赟就把它废除，实行更宽容的新律。

本来刑法宽容并不是什么坏事，但问题是宇文赟推行不久就后悔了，原因是总有大臣给他提建议，劝他勤于政事，不要沉湎于酒色。他不胜其烦，就想用威权震慑群臣。于是又重新颁布了更严苛的刑法，并密令左右心腹伺察群臣，但凡小有过失便施以重刑。

对此，群臣很失望，杨坚也觉得严刑峻法不合适，于是就劝谏宇文赟说："法令严酷，不是教化约束臣民的好办法，可能会适得其反！"而宇文赟完全听不进去，任杨坚怎么说都不肯改。

第三件事是狂妄自大，目中无人。

按理说皇帝本就是天下最大，为什么还说宇文赟自大呢？这还真不是冤枉他，是有事实依据的。

也不知道宇文赟是怎么想的，反正他觉得皇帝这个称号不够大，而且当皇帝也不过瘾。怎么办呢？他又不能上天去当玉皇大帝，于是就传位给太子宇文阐，改元"大象"，自己做太上皇。

这样一来宇文赟成了皇帝的爹，确实是比皇帝还大，但他这个太上皇不是荣誉称号，是掌握实权的，而且也不称"太上皇"，而称"天元皇帝"（不久又改为"天元大皇帝"）。

为了表示他这个"天元皇帝"比一般的皇帝更高级，他对当时的礼仪制度作了一系列调整，比如：

一是不自称"朕"，而自称"天"，制诏改称"天制诏"，敕改为

“天敕”，饮食用樽、珪等器物。

二是自比昊天上帝（老天爷），戴通天冠，加金附蝉，不许大臣戴金蝉、绶等。

三是住的地方改叫“天台”，群臣要来天台求见，必须斋戒三日，沐浴一日。

四是严刑峻法，谁不听话捶谁，以一百二十杖为最低标准，称为“天杖”。

五是所有称谓中不许出现“天”“高”“上”“大”等字。那要是姓高怎么办？改姓“姜”呗。那高祖怎么说？改称“长祖”呗（宇文邕的庙号就是高祖）。

既然上不了天，那就自己造个“天”，这可能是宇文赟的励志格言。

他光是“造天”还不够，还把穿的、戴的、用的都加倍。《周礼》规定：天子的冠冕有十二旒（liú），但他觉得少，得加到二十四旒；皇帝出行一般驾四匹马拉的车，他也嫌少，得驾八匹；皇帝通常有一个皇后，他还觉得少，得有五个。

于是，他在天元大皇后杨丽华之外，又加封了四个皇后，称号反复变更，最后定为：天大皇后朱满月（宇文阐的生母）、天中大皇后陈月仪、天左大皇后尉迟炽繁、天右大皇后元乐尚。

光给自己加皇后还不过瘾，他又为七岁的小皇帝宇文阐娶了郧州总管司马消难的女儿，也称为皇后。所以这时候，北周政权一共有两个皇帝、六个皇后，搞得群臣一脸懵。

所谓“一山不容二虎”，现在宇文赟的后宫“五虎”并立，互相争宠是免不了的。但宇文赟并不反感这种现象，他觉得女人们为他争风吃醋很有成就感，所以很乐意见到她们互相争吵。

但也不是所有后妃都喜欢争宠，至少杨丽华就很从容，她性格柔顺，待人和善，反而得到了其他四位皇后以及后宫中的九嫔、侍御们的喜爱和敬重。这下宇文赟不高兴了，心想别人都在争宠，就你这么淡定，岂不是让我很没面子！

他怎么看杨丽华怎么不顺眼，时常无缘无故地斥责她，甚至威胁说要给她定罪。他以为杨丽华会很害怕，向自己低头服软，不料杨丽华始终从容安详，没有丝毫屈服的意思。这让他更加愤怒，于是扬言要赐杨丽华死罪，令她自杀，并威胁说："我一定要杀你全家！"

杨丽华听后仍然不服软，但她身边的侍女吓坏了，赶紧跑到随国公府，把事情告诉了杨坚。杨坚一听也很害怕，之前宇文赟搞出五个皇后，把他这个唯一国丈变成了第一国丈，他就已经很郁闷了，现在宇文赟又威胁要杀他女儿。难道杨家真要毁在宇文赟手中吗？这可怎么办呢？

正着急时，他的妻子独孤伽罗站出来了，对他说："你在家待着不要动，我去救女儿！"说着就出门奔向皇宫。到了宫门前一头闯进去，然后伏地请罪，叩头流血，直言自己教女无方。

宇文赟本也无心杀杨丽华，一看自己岳母都来求情了，干脆就顺坡下驴，收回了命令。

但是杨家的危机并未就此解除，面对权势和威望越来越大的岳父杨坚，宇文赟逐渐有了危机感。早在他做太子时，就听说过杨坚"相貌非常"的传言，当时不以为意，但现在他自己当了皇帝，杨坚又当了国丈，这就不能不担心了。他设立五个皇后，一方面是为了凸显"天元大皇帝"的与众不同，另一方面也是为了牵制杨丽华，削弱她正宫皇后的权力。在这五个皇后中，除了宇文阐生母朱满月之外，其他几人都是贵族出身，背后都有一个势力强大的家族支撑，这无疑是在压制杨坚的地位和影响力。

但即使这样，宇文赟仍然不放心，于是他决定试探一下杨坚，如果他真有异心，那就格杀勿论。

就在独孤伽罗出宫后不久，宇文赟命人召杨坚入宫，并密令左右卫士说:“待会儿杨坚过来,你们看他如果脸色有异常,立刻就地格杀。”

过了一会儿,杨坚来了,他虽然心里紧张害怕,但毕竟是经历过大风大浪的人,在宇文赟面前表现得从容自若,没有丝毫破绽。宇文赟见他没有异常,也就没有杀他。

杨坚成功躲过一劫,但心里久久不能平静,他知道宇文赟这人喜怒无常,虽然今天没杀他,但保不准明天、后天也不杀他。与其每天在京城战战兢兢,不如暂时到地方躲一躲。可是以他现在的身份,想要出京谈何容易?如果自己主动提出申请,那么一定会加重宇文赟的猜疑,他会想:你出去想干什么?造反吗?

所以杨坚只能通过其他人向宇文赟提出这事。这个人必须受宇文赟信任,说话要有分量。谁合适呢?

要不说“朋友多了路好走”,杨坚的人际关系在关键时刻就派上了用场,他的一位老同学正是合适人选,这个人叫郑译。没错,就是跟宇文赟一起挨过宇文邕板子的郑译,也是宇文赟最亲信的臣子。

郑译

郑译出身于荥阳郑氏,也是当时的士族子弟,与宇文家有姻亲关系,所以从小就生长在宇文泰身边,很得到他喜爱。长到一定年龄后被宇文泰送到了太学读书,然后就认识了比他小一岁的同学杨坚。

就人品而论,郑译实在是不怎么样,他早年做宇文赟的太子宫尹(辅佐太子的官)时,不仅不把宇文赟往好里带,反而怂恿他纵欲享乐,还天天讨好他说:“你啥时候当皇帝啊?”宇文赟感动得泪流满面,后来真当了皇帝,第一个回报的就是他,将他连升数级,委以重任。

他不乘时做个贤臣、报效国家，反而鼓动宇文赟诛杀宇文宪、王轨等重臣，可以说没干过什么好事。

郑译人品不好，杨坚不是不知道，所以跟他走得并不近。但人品归人品，同学归同学，两人的情谊还是在的。而今郑译深受宇文赟宠信，在宇文赟面前说话最好使，杨坚自然就把出京的希望寄托在了他的身上。

某天，两人在宫中的长巷里碰了面，杨坚见这里幽深僻静，四下无人，就悄悄对郑译说："我早就想出京去镇守一方了，这你应该是清楚的。希望你能够帮我留心这样的机会。"

郑译是聪明人，他知道眼前的这位老同学不是凡人，日后必有大作为。现在老同学受皇帝猜忌，想出去避避风头，这时候如果帮他一把，将来他得志了必会报答自己，何乐而不为呢？

于是郑译答复说："您德高望重，天下归心。我也指望将来托您福呢，对您托付的事怎么敢不尽心？我很快就向皇帝启奏。"

杨坚感激涕零，于是回去等候消息。

还别说，郑译这老同学确实够义气，对杨坚托付的事情非常上心，没过多久他就抓住机会把它给办成了。

当时，宇文赟想要征讨陈朝，并打算让郑译领兵，就把他召来说了这事。郑译乘机说："我能力有限，请您任命一个元帅。"宇文赟问："那你认为谁合适？"郑译回答说："若要平定江南，没有贵戚大臣是不行的。我觉得可以让随国公杨坚去，让他担任寿阳总管，负责前线军事。"

宇文赟想了想，觉得留杨坚在朝廷里始终让人不放心，不如让他到前线去打仗，打赢了他功高震主，可以找理由杀他，打不赢更好说，直接问罪。

于是大象二年（公元 580 年）五月四日，宇文赟任命杨坚为扬州总管，并命郑译从长安发兵，与杨坚相会于寿阳，共同讨伐陈朝。

接到这个任命，杨坚不禁松了口气，自己终于可以远离这个要命的皇帝女婿了。可真等他准备要走的时候，又开始犹豫了。两年前他才自亳州回到长安，好不容易混出了一点样子，现在又要离开。谁知道什么时候能回来，回来的时候朝廷是什么样，万一皇帝驾崩，甚至是改朝换代了呢？

杨坚还真不是杞人忧天，他这么想是有缘由的。当初很多人都说杨坚相貌非常，杨坚也觉得自己与众不同，就经常找一些相士给自己看相，来和就是其中之一。这一来二去，杨坚也不知是从来和等人那里学了些看相技巧，还是无师自通，反正他也学会了给人看相，虽然初学乍练，但基本常识还是懂的。他曾细心观察过宇文赟，觉得他是个短命相，恐怕活不长。所以前不久他跟一个心腹说："天元皇帝实在没有积德，我看他那相貌应该不怎么长寿。加上他法令严苛，沉湎于声色，恐怕更活不长久。"

杨坚说得头头是道，可见还是会看人的，但可能是因为水平有限，他只能看出宇文赟命不长久，却不知道他具体什么时候死。他想万一自己离京后宇文赟归天了，那朝政将由谁来接管？肯定不是小皇帝宇文阐呢，他才只有八岁，必然是要有大臣来辅政的。如果真有那么一天，朝廷必将面临权力的重新分配，若届时自己不在京城，岂不是会错失很多机会？

所以，是走是留，杨坚犹豫不决。

第五章
辅佐朝政

杨坚在去留之间犹豫了半晌，最终还是决定先留在京城静观其变。

但有皇帝诏书在此，岂是他说不去就不去的？必须得找个正当理由才行。

对此杨坚已经有了主意，那就是装病。

于是他对外宣称突发脚疾，须留京城养病，不能远行。

早不病晚不病，偏偏在被任命为扬州总管的时候病，对于杨坚的说辞，宇文赟会相信吗？八成是不会信。但这个时候他已经没有心思去管杨坚了，因为他正准备摆驾到离宫去避暑。

自打即位以来，宇文赟在各地建了许多离宫，没事就爱去逛逛。当时正是农历五月，长安城的温度相当高，宇文赟不愿受这个罪，于是就打算到自己的避暑胜地天兴宫去享受。

五月初十，宇文赟做好了出行准备，于当晚乘坐车驾出城前往天兴宫，当夜就住到了宫内。但是第二天他又回来了，准确地说是被人抬上马车给拉回来了。因为他突然得了重病，已经生活不能自理。

皇帝患病在任何时候都是大事，更何况病得还不是地方。所以宇文赟刚出事，他随行的宦官和宫女们就赶紧把他往长安送，生怕在路上有个三长两短。

当天晚上，宇文赟好歹是活着回到了长安，但这时的他已经奄奄一息，只剩最后一点儿残存的意识，估计也是感觉自己大限将至，怕死后朝廷出乱子，赶紧叫人来交代后事，草拟遗诏。

诏书是皇帝意志的表达，历来都是有专人负责起草的。在北周的官制中，担任这项职责的是御正，按级别高低又分为御正上大夫、御正中大夫、小御正下大夫等。此次宇文赟所传召的正是御正中大夫颜之仪和小御正下大夫刘昉。

为什么会是这两个人呢？因为他们是所有御正中最受宇文赟信任的。

颜之仪原本是南朝人，世代以儒学传家，后来南梁爆发内乱，西魏乘机攻陷江陵（今湖北荆州），颜之仪和弟弟颜之推等被俘到长安，成了西魏以及现在的北周人。周武帝尊奉儒学，知道颜之仪有大学问，对他十分欣赏，就让他给儿子宇文赟当老师，教他读书学习。宇文赟虽然平时纵情声乐不思进取，但沉下心来读书的时候还是很认真的，对这位老师也是相当尊重，这就建立了信任的基础。后来宇文赟当了皇帝，分割朝中重臣的权力，大量任用出身较低的亲信来参与朝政。而颜之仪本是南朝人，在北周没有什么势力，所以被他看中，被任命为御正中大夫，负责起草诏书。

至于刘昉，也是在周武帝时被选入东宫辅佐宇文赟的，他与郑译等人臭味相投，经常陪着宇文赟游戏玩乐，十分受宠。但因出身太低，所以只能当个小御正。

颜之仪与刘昉听说皇帝病危，登时慌了神，赶忙跑到宇文赟卧室听候遗命。

然而两人到了榻前，却见宇文赟已经病得不行了，连话都说不出来。

皇帝不开口，谁知道遗诏怎么写？颜之仪焦急万分，心里祈祷着皇帝能够清醒过来，至少来个回光返照，把遗言说出来。

两人等了好一阵，仍不见皇帝有什么动静。这时刘昉突然生出一个大胆的想法：既然皇帝已经不能开口说话，那遗诏怎么写不就全由他和颜之仪说了算吗？所谓遗诏，无非就是交代接班人问题，如今北周已有小皇帝宇文阐，接班人不存在争议。但是宇文阐只有八岁，没有掌控朝政的能力，所以让谁来辅政才是遗诏的关键。换句话说，北周王朝的命运现在就捏在他和颜之仪手中，他们决定让谁辅政，谁就能掌控北周政权。

想到这里，刘昉再也按捺不住了，他急忙跑出大殿，派人把好友郑译等人召来商议辅政人选。

后来的事情证明，这是一场影响中国历史的密谋，没有人知道郑译、刘昉等人具体谈了什么，只知道他们最后达成了协议：假传遗诏，让杨坚辅政。

问题是，他们为什么会选择杨坚呢？

其实这不难理解。首先，当时北周有资格辅政的大臣并不多，除了一些亲王外，就只有身为国丈的杨坚了。但这些亲王又大多不在朝中，在这种情况下，身在长安的杨坚就成了他们的首选目标。

其次，在朝廷所有有资格辅政的大臣当中，杨坚又是最没资格的，因为他不姓宇文，也不是鲜卑人。但正因如此，倘使杨坚辅政，那么他一定会对拥立他的人感恩戴德，这正是刘昉、郑译等人想要的。

再次，就私人关系而言，杨坚与郑译是同学，情谊在那摆着，像辅政这种好事，当然要给自己人。

最后，杨坚是出了名的“相貌非常”，刘昉、郑译当然也知道，他们也觉得杨坚这人不一般，一定能成大事，现在既然要冒诛九族的风险假传遗诏，那就干脆找一个能干大事的人来领头，这样才能增加成功率。

总而言之，刘昉、郑译是小人，他们首先考虑的不是国家利益，也不是伦理道德，而是自己的前途命运，对他们来说，谁能使自己的利益实现最大化，就让谁来辅政。于是杨坚就成了这个幸运者。

刘昉等人达成一致后，立刻派人去随国公府召杨坚入宫，为了掩人耳目，只说是皇帝召见。此时杨坚正在家里“养病”，已经听说了宇文赟得病的事，心里正在嘀咕着，宫里突然就来人了，通知他即刻进宫见驾。杨坚不知所以，登时吓了一跳，心想我都告病不出门了，怎么还召我入宫？而且皇帝不也病了吗，俩病人见面有啥好聊的，不会是想杀我吧？

杨坚越想越怕，觉得这次召见并不简单，但他别无选择，只能提心吊胆地随来人入了宫。到了宫里，没见着宇文赟，却见到了郑译、刘昉，这让他很意外。

郑、刘二人也顾不上向他解释，赶紧把目前的情况说了一遍，然后就劝他做辅政大臣。杨坚当时就愣住了，这幸福来得太突然，简直是天上掉馅饼，他完全没有思想准备，有点被砸懵了。虽然他以前也想过当权臣甚至是帝王，但那也只是想想而已，现在竟然玩儿真的！等等，这事是真是假还不好说，万一有什么阴谋呢？

杨坚一向老成持重，没有把握的事绝不轻易去干，于是坚决推辞说："我杨坚何德何能，辅政的事怎么敢当？"

刘昉、郑译知道他这是欲迎还拒，赶紧又再劝说。但杨坚还是一直推辞，坚持说："不敢当，不敢当！"

刘昉这下着急了，心想我们几个冒着这么大的风险让你辅政，你居然推来推去，既然如此那就只能使用激将法了，于是对杨坚说："这辅政大臣你要当就赶紧当，你要是再说不当，我刘昉就自己当了。"

这一招还真好使，杨坚见他们把话都说到这个份儿上了，估摸这事儿八成是真的。如果再继续推辞下去，恐怕这大好机会就真的要落到别人身上了，于是他半推半就，"勉为其难"地答应了。

见杨坚允诺，刘昉、郑译长松了口气，赶紧带着他到皇帝寝宫去，名义是侍疾。就是说皇帝病了，召杨坚来侍奉。

然而几人来到"天台"，却发现宇文赟已经驾崩了。几人怕消息传出去会影响计划，于是严令封锁死讯，秘不发丧。随后刘昉、郑译等人商量草拟遗诏，打算让杨坚入总朝政、都督中外诸军事，也就是把国家的行政权、军事权都交给他。

当时在场的人对此大都没有异议，唯有颜之仪不同意，他的理由是：“皇帝没有指定让杨坚来辅政，你们这是矫诏，绝对不行！”

刘昉知道说服不了他，干脆自己来拟诏，然后署上姓名，其他御正也都跟着署名，只有颜之仪不肯署。刘昉又急又恼，威胁说你不签就弄死你。但颜之仪就是不肯屈服，并且厉声斥责说：“天元皇帝归天，小皇帝年幼，辅政这样的大事，应该由皇族成员来担当。如今赵王宇文招（宇文泰的第七子）年纪最大，辈分最高，他既是皇帝至亲，又有才德，符合大家的期望。你们备受朝廷恩惠，应当考虑尽忠报国才是，怎么能把天下的权柄授予他姓之人呢？我颜之仪大不了一死，绝不能欺骗先帝的在天之灵！”

颜之仪慷慨陈词，说得刘昉、郑译无地自容。二人虽然善使阴谋手段，但面对颜之仪这样油盐不进、软硬不吃的直臣，还真拿他没办法。最终刘昉只能找人模仿颜之仪的笔迹，代他签字，并加盖了天子印玺。

“遗诏”造好了，接下来就是发挥它作用的时候了。于是刘昉、郑译等人带着诏书跑到军营，宣称天元皇帝病危，下诏令所有军队听从随国公杨坚的调度。

各军将领见到“遗诏”，并没有提出异议，都表示服从命令。毕竟杨坚是皇后的父亲，由他辅政也没有什么奇怪的。

至此杨坚掌握了京城内的兵权，但这还不够，京城外还有各藩王的势力，同样不容小觑，如果他们坚决反对杨坚辅政，以亲王名义起兵叛乱，那结果就很难预料了。所以必须想办法把诸王召入京城，置于自己的控制之下。正好当时赵王宇文招的女儿被宇文赟封为千金公主，将要入突厥和亲，杨坚便以此为名，征召赵、陈、越、代、滕五王入朝。

要做成这件事并不简单，需要皇帝的符和玺作为凭证，而这两样东西都在颜之仪手里。于是杨坚向颜之仪索要，不料颜之仪果断拒绝，义正词严地说："这是天子的东西，你要它干什么？"

杨坚听言大怒，当即就要命人把他拉出去砍了。颜之仪真是条汉子，面对死亡竟然面不改色。杨坚其实也只是一时气恼，想吓唬他而已，颜之仪在民间威望很高，当然不能轻易杀害，为了防止他再阻挠自己，就把他贬为西边郡守，然后自己掌握符玺，征召五王入朝。

这件事办成之后，杨坚就没有了后顾之忧，于是决定公布宇文赟死讯，开启自己的辅政之路。但这时又来了一个问题，自己应该以什么身份来辅政呢？或者说应该给自己加封什么官职才合适？杨坚一时没有主意，而刘昉、郑译商量后建议他做大冢宰，并由郑译为大司马，刘昉为小冢宰，分管军权和行政权。

杨坚一听不大高兴，心说你俩野心不小，还想分我的权。要是真按照你们说的来，那我杨坚岂不成了你们的傀儡？

其实刘昉、郑译本来就是这么想的，让杨坚在台前主持朝政，他们俩在幕后遥控指挥，等于说是三人共掌北周大权。这算盘打得不可谓不精。

杨坚当然不会让他们分割自己的权力，但如果不这么安排，又有什么更好的办法呢？想来想去，他决定向一个人请教。

这个人叫李德林，原是北齐人，以儒学闻名天下。当初宇文邕攻下邺城后，第一件事就是派人到李德林家中，宣慰他说："我平齐的最大收获，就是得到了你啊！"由此可见李德林的学识威望之高。后来李德林随宇文邕来到长安，被委以重任。但宇文邕死后，他被宇文赟疏远，前途开始变得灰暗，因此有些郁郁不得志。

杨坚十分欣赏李德林，之前刚掌军权的时候就曾派人去拜访他，对他说："朝廷令我总管军政大权，这么大的担子要是没有贤才辅佐，是不能成就大业的。我想让你和我一起干，你千万别推辞。"李德林听后非常高兴，爽快地答应了。现在杨坚果真遇到了麻烦，是时候让李德林发挥所长了。于是他把李德林召来，问他这事该怎么办。李德林说："你应该做大丞相、假黄钺（yuè）[1]、都督内外诸军事，不然的话难以压服众心。"

杨坚一听大喜，心说李德林果然高明，竟然想到把汉魏的官职移植过来。丞相自古以来就是百官之首，是总揽行政权的，再加上假黄钺的生杀大权、都督内外诸军事的最高军权，集三权于一身，岂不与皇帝无异了！

杨坚获得了满意的方案，终于可以放手大干了。五月二十日，他正式为宇文赟发丧，然后让小皇帝宇文阐移居"天台"，尊奉天元大皇后杨丽华为皇太后，朱满月为帝太后，其他三后皆勒令出家。同时又下诏封汉王宇文赞（宇文邕的次子）为上柱国、右大丞相；杨坚则为假黄钺、左大丞相，并以原先宇文阐居住的正阳宫（东宫）为丞相府，令百官都听命于左丞相。

诏令是颁布了，但效果怎么样呢？文武大臣会乖乖听命于杨坚吗？事实上这些大臣也很纠结，一方面杨坚不是皇族，辅政的合法性不足；另一方面杨坚已经掌控了朝政和军队，不支持他就等于是叛乱。因此大多数人都在观望，既不明确支持，也不表示反对。

杨坚知道现在人心很乱，想投奔自己的有，想谋害自己的也有。为了避免步高澄、宇文护等人的后尘，他把老部下司武上士（中级武官，隶属大司武）卢贲调来身边做护卫，然后一面准备前往正阳宫丞相府就任，一面密令卢贲部署好禁兵随行，又派人把文武百官都召来，说道："想要求取富贵的都跟我来！"

百官听言窃窃私语，然后纷纷开始站队，有上来追随杨坚的，也有想留在宫里的。这时卢贲率领禁兵赶到，将宫殿团团围住，他的意思很明确：要么追随丞相，要么追随阎王，你们选吧。

百官惊恐失色，觉得还是命更重要，于是都追随杨坚而去。

---

① 黄钺：以黄金为饰的斧，古时帝王所用，或赐给专主征伐的重臣。（编者注）

不久杨坚率众到了东宫，然而宫门外的卫士却拦着不许进，说什么东宫乃是太子居住的地方，丞相为何来此？

卢贲解释说皇帝有诏令，以东宫为丞相府，丞相现在来就任了。

卫士心里纳闷儿，哪有把东宫当丞相府的？这不是僭越吗？所以坚持不放行。

卢贲这下不高兴了，心说你们怎么这么不识时务？于是怒目呵斥他们。

卫士心中畏惧，这才让出道来。继而杨坚率众进入东宫，设立丞相府机构，以卢贲执掌丞相府宿卫，郑译为丞相府长史，刘昉为司马，李德林为府属。

这样一来，刘昉、郑译就成了杨坚这个大丞相的附属，统一受他管制，也就不可能再对他有任何威胁了。

杨坚高兴了，可刘昉、郑译却傻眼了，不是说好的联合创始人吗？怎么变成给杨坚打工了？当得知这是李德林出的主意时，他们心里恨得不行。但如今大家同在杨坚这条船上，一荣俱荣，一损俱损，在这风急浪高的时刻，可不能窝里斗，不然船翻了大家都得玩儿完，所以他们有怒气也只能忍着。

至此，北周朝廷形成了杨坚和宇文赞共同辅政的局面。但宇文赞当时还不到二十岁，既少威望也无根基，虽有辅政之名，却不能行使权力，百官和军队都需听命于杨坚。之所以这么安排，主要是为了安抚人心，毕竟杨坚不是宇文家族的人，如果独自辅政，难免会使人不服气。现在把宇文赞这个皇叔抬出来，朝臣们心理上能过得去，也就没有什么话好说了。

杨坚想得怪周全，可宇文赞不这么想啊，他觉得自己是皇帝的亲叔叔，现在又封了大丞相，那就应该是辅政大臣，是要处理朝政的。所以他接到诏书后就住到了宫里，每天跟自己的小侄子宇文阐同帐而坐，接受百官朝拜。

对于宇文赞的这一做法，杨坚有些哭笑不得，这孩子是不是傻？给点儿颜色就想开染坊了？

其实宇文赞确实不怎么聪明，甚至还有些愚笨，要不然当初宇文邕也不会坚持不肯废掉宇文赟的太子之位了。宇文赟虽然荒淫，但至少脑子还算灵光，而宇文赞的智力就堪忧了。

不过傻归傻，宇文赞的皇叔身份毕竟在那摆着，影响力还是有的，他待在宫里对杨坚来说总归是个隐患，必须想办法把他弄出去。这事儿本身不难，难的是不能使用暴力，得让他乖乖自己走。杨坚知道自己不擅长这个，而刘昉最会干这种事，所以这个任务就落到了刘昉的身上。

刘昉果然有办法，他知道宇文赞是出了名的好色，所以就使用美人计，把一个打扮娇艳的美女献给了他。

宇文赞哪能经得住这诱惑，本来智商就不高，现在直接归零了。趁着这个机会，刘昉忽悠他说："大王是先帝的弟弟，众望所归。如今皇帝年幼，怎么能担大任？！只是现在先帝刚刚驾崩，人心还不稳定。你暂且先回到宅邸去，等事情安定后，我们再迎你入宫当天子，这是万全之计！"

宇文赞还真就信了，直接照他说的回了王府。他这一走，宫里就只剩下一个八岁的小皇帝，没有任何处理国事的能力，于是丞相府就取代皇宫，成为唯一可以发布政令的地方，也就等同于朝廷了。

杨坚顺利扫清了辅政的障碍，接下来要做的就是培养亲信，壮大丞相府的势力，以便改天换日。而要达成这一目标，必须大量招揽人才，尤其是那些能够治国安邦的栋梁之材，所以这时的杨坚开始忙着求贤了。

而他的妻子，独孤伽罗也没有闲着，她是杨坚最忠实的支持者，深知自己的丈夫既然踏上了这条路，就再也没有回头的机会，只能一条道走到黑了，要么改朝换代，要么落得个和宇文护同样的下场，而她当然希望是前者。所以她积极鼓励并帮助杨坚，为他出谋划策、举荐可用之材。首先举荐来的，是一个名叫高颎（jiǒng）的人。

高颎，又名高敏，字昭玄，西魏大统七年（公元541年）生，渤海（今属河北）高氏人，与北齐皇室同宗。其父高宾原本在北齐为官，因遭人诬陷而投奔北周，被时任大司马的独孤信招为幕僚，并赐姓独孤，所以高颎又叫独孤颎。

基于这样一层关系，高颎经常往来独孤家。独孤伽罗对他自然不陌生，深知他聪敏有谋略，是能做大事的人，因此就推荐给了杨坚。

杨坚也听说过高颎的才名，早就想招入丞相府了，于是派人去拜访他，传达招揽之意。结果毫无悬念，高颎欣然应承，答复说："我愿意受丞相驱使。即使丞相的大业没有成功，我也不怕灭族。"

意思是我高颎豁出命跟着你杨坚干了，你看着给个什么官吧。

对于这样的表态，杨坚非常满意，自然不会亏待他，于是任命他为相府司录，让他负责总录一府之事，地位仅次于长史和司马。

高颎对于这一职位也很满意，从此追随杨坚，成为杨坚最得力的助手。

随着各方人才的纷纷加入，丞相府的势力愈加强大，根基也愈加稳固。而这时赵、陈、越、代、滕五王接连奉诏到达长安，离开封地的他们就如同失去了牙齿的老虎，对杨坚已经构不成太大威胁，可以留着慢慢收拾。

这样宗室的问题也暂时得到了解决，接下来杨坚要面对的就是那些手握重兵的地方总管了。这些人大多是北周的元老重臣，既有威望，又有实力，他们的态度将决定杨坚能否坐稳辅政大臣的位子。所以杨坚要做的就是先辨别哪些人支持自己，哪些人反对自己，然后把那些反对者清洗掉。

尉迟迥和韦孝宽

杨坚首先盯上的是相州总管尉迟迥，有三个理由决定了杨坚必须拿掉他。

第一，相州太过重要。

相州就是邺城所在的州，也是整个关东地区的核心，虽然它的地位已经逐渐被洛阳取代，但作为北齐旧都，仍然是一处战略要地。如果有人在这里起兵反叛，很有可能造成关东大乱。而尉迟迥作为相州总管，统辖相、卫、冀等九个州的郡县，拥兵十余万，在北周所有总管中实力最强，有跟朝廷叫板的资本。

第二，尉迟迥身份特殊。

尉迟迥生于北魏熙平元年（公元 516 年），已经快七十岁了，是西魏、北周当之无愧的元老级名将，曾率军为北周攻取蜀地（今四川一带，原属南梁），因功被封为蜀国公。他善于用兵，威望也高，有一呼百应的能力。除此之外，他还有一重特殊身份——宇文泰的外甥、宇文赟的岳父爹（天元左皇后尉迟氏的祖父），与宇文氏关系密切、感情深厚，恐怕不会任由杨坚专权。

第三，尉迟迥有叛乱倾向。

此前宇文赟还活着的时候曾派东京司宪中大夫（监察一类的官员）杨尚希出使山东、河北等地。最近杨尚希回到长安，给杨坚带来了一个不好的消息，他说：“我到相州时，正赶上皇帝驾崩，就和总管尉迟迥在府衙悼唁。结果发现他哭得不咋伤心，眼神也显得很不安，恐怕是对朝廷有啥想法。为免被他所害，我连夜出逃，好不容易躲过他的追杀回到了京城。”

杨坚本就对尉迟迥不放心，现在听了杨尚希的话更加担忧了。为了以防万一，他决定把尉迟迥调至京城。正好尉迟迥的儿子尉迟惇在长安为官，杨坚就以为宇文赟下葬的名义，命尉迟惇带着诏书去相州召他父亲入京。几天后，又任命上柱国韦孝宽为相州总管，至邺城接替尉迟迥。

为什么选韦孝宽呢？因为只有他能对付得了尉迟迥。

作为北周的元老重臣，尉迟迥身经百战、破敌无数，称得上是当世名将。如果当时北周有名将榜，那他绝对能排得上前三，甚至是前二。之所以排不了第一，就是因为榜首被韦孝宽占了。

韦孝宽，生于北魏永平二年（公元 509 年），京兆杜陵（今陕西西安）人，北魏、西魏、北周时期的杰出军事家、战略家，现任大司空、上柱国、郧国公。

从年龄就能看出来，韦孝宽的资历非常老，他是追随宇文泰创业的元老，曾打败过高欢；也是独孤信、杨忠的亲密战友，和他们一起“扛过枪”（此处指冷兵器）；更是西魏、北周的名将，为宇文邕谋划灭齐……

总而言之，韦孝宽很牛。杨坚觉得，如果尉迟迥真的起兵造反，那就只有韦孝宽能收拾他。所以他是不二人选。

那韦孝宽是什么态度呢？这样一个元老重臣会甘心受杨坚的驱使吗？

首先韦孝宽这人没什么野心，不管是谁在朝中掌权，他都一样任劳任怨，从不参与政治斗争，所以并不反对杨坚辅政。其次他已经七十多岁了，对自己所取得的成就非常珍惜，绝不会去轻易犯险。最后，他与独孤信、杨忠交情很深，现在为老战友们的儿子、女儿去工作也没什么不可以。

尉迟惇和韦孝宽都派出去了，那尉迟迥这边究竟是何态度呢？

正如前面所说，尉迟迥作为一名元老重臣，对杨坚辅政这件事是相当有意见的，他觉得自己无论是在资历、威望、实力还是与宇文氏的关系上，都远胜过杨坚，凭什么让他一个后辈独掌朝政？而且明眼人都看得出来，杨坚不是会做周公的人，恐怕是要做王莽。作为宇文泰的外甥、宇文赟妃子的爷爷，尉迟迥对北周的感情是很深的，怎么能眼见宇文家的江山落入外姓人手里？

所以尉迟迥决定举兵讨伐杨坚，正好杨坚把儿子给他送了过来，他更没有后顾之忧了，于是他把前来传诏的尉迟惇留下，开始与部下谋划起兵。

和杨坚一样，尉迟迥也觉得自己不一定是韦孝宽的对手，与其日后在战场上相见，不如趁他来邺城的机会把他擒住，如此杨坚就不足为惧了。

当时韦孝宽已经行至朝歌（今河南淇县），尉迟迥怕他半途跑了，于是假意欢迎，派大都督贺兰贵带着书信去迎候他。

韦孝宽何等精明，只与贺兰贵聊了几句，就察觉出有异常，于是就以生病为由暂缓行进，并且派人到邺城寻求医药，实则是秘密打探情况。

尉迟迥见韦孝宽迟迟不到邺城，心里也很着急，于是又派韦孝宽的侄子、魏郡（邺城所在郡）太守韦艺去迎他。

这时韦孝宽慢慢悠悠走到了荡阴（今河南汤阴），见到韦艺来，他的疑心更重了。心说朝廷派我来取代尉迟迥的职位，他不仅不怨恨，反而还连续派人来迎我，生怕我去迟了，这不是有阴谋是什么？

韦孝宽越想越觉得不对劲，就把韦艺叫到一旁，问他邺城那边现在是什么情况，尉迟迥是否有异心。

韦艺虽然是他的侄儿，但更是尉迟迥的心腹，心是向着尉迟迥的，所以就用事先编好的词诓骗他。

韦孝宽见他嘴里没一句实话，当时就怒了，指着他说你这个吃里爬外的臭小子，竟想联合外人害你叔叔，看我不宰了你！

韦艺一向知道叔叔的厉害，见他动怒，吓得赶紧把尉迟迥的谋划说了出来。

韦孝宽一听也急了，因为他所处的汤阴属于相州，距离邺城实在太近了，尉迟迥随时都有可能派兵来捉他，这地方已经不能待了。

韦孝宽不愧是南北朝著名的军事家，当即使了一招“三十六计走为上”，带着侄子火速往西边跑去。

那有人就说了，逃跑算什么本事？怎么就能称军事家了？

其实逃跑是门大学问，要是没点本事，还真就跑不出效果，搞不好就被敌人追到了。

通常来说，成功逃跑有两种方法，一是你跑得足够快，敌人追不上；二是你跑得不够快，但敌人跑得更慢，还是追不上你。

韦孝宽对此很有心得，他知道尉迟迥一定会派人来追，为了阻挡追兵，他一方面自己快马加鞭，另一方面想方设法拖慢追兵的速度。

他怎么做的呢？首先，他每到一个驿站，就把驿站里的马匹全部驱赶走，让后来的人无马可用；再则，他对所有驿站的驿司（驿站管理员）说：“蜀公（尉迟迥）就要来了，赶紧准备好酒好肉招待！”驿司只知道朝廷召尉迟迥入京，却不知道尉迟迥的谋划，听了韦孝宽的话很激动，都想趁这个机会孝敬尉迟迥，于是准备了大量酒食。

不久，尉迟迥果然派大将梁子康率骑兵来追韦孝宽，追兵到了驿站，正想要换马的时候，突然有人端上来好酒好肉伺候，士兵们本来就很疲倦，一见这儿有美食，追人的心思便都没了，只想着饱餐一顿。可梁子康心里急啊，追不上韦孝宽他是要负首责的，所以他顾不上吃，赶紧命令驿司给骑兵换马，可是马早就都被韦孝宽驱赶走了，没有一匹剩下的。梁子康无奈，只能停下来歇息（主要是让马休息），顺便享用驿司准备的酒食。

通过这样一个小手段，韦孝宽成功拖慢了敌人，顺利逃出了险境。

不过接下来他没有返回长安，而是就近留在了河阳（今河南孟州）。

为什么去河阳呢？因为韦孝宽知道尉迟迥一旦起兵，洛阳就会受到威胁，作为北周王朝的东京，洛阳的安危关系到整个关东的得失，绝不能有任何差错。而河阳是洛阳北面的门户，又靠近河北，必须提前做好布防，所以韦孝宽临时决定入保河阳（进入河阳防守）。

当时河阳城有八百守兵，全都是原来北齐的鲜卑人，家眷都在邺城。当他们得知尉迟迥准备起兵时，都高兴坏了，这可是趁乱复国的好机会啊！于是都摩拳擦掌，随时准备响应尉迟迥。正好这时韦孝宽带人进了城，这些守卒一看他们人少，就谋划着把他捉了送给尉迟迥。

对此韦孝宽早有防备，为了彻底解决这批人，他决定先发制人，于是让人伪造了一份东京官府的文书，诈称派遣这些守卒到别的地方去执行任务，去前可以分批到洛阳领受赏赐。

这些士卒也是见钱眼开，一听有赏赐，乐呵呵地就去了。而洛阳那头早就收到韦孝宽通知，这边去一拨，那边就扣一拨，最终八百士卒全被扣在了洛阳。

这样河阳的问题就解决了，洛阳的安全也有了保障。杨坚收到消息后非常欣慰，心说韦孝宽果真是能办大事的人，有他在还怕什么尉迟迥！

不过话虽这么说，对尉迟迥还是得重视起来，人家毕竟是元老重臣，不是那么好对付的，要想战胜他，必须得有万全准备之策。

所以杨坚没有急着宣布讨伐尉迟迥，而是又派了一个叫破六韩裒（póu）的官员去邺城见他。一方面向他表示自己只是暂时辅政，不会对周室不利，以此麻痹他；另一方面则送密信给总管府长史晋昶等人，令他们做好应对尉迟迥叛乱的准备，能寻机杀了他最好，杀不了搞点破坏也行。

但是杨坚的这一谋划很快就被尉迟迥知道了。尉迟迥很生气，当即砍了破六韩裒和晋昶的脑袋，然后准备起兵。为了表示自己起兵的正义性，以及鼓舞士气，他决定先搞一个战前动员，给大家作个演讲。于是他命人把相州的官员和百姓召集到城北，然后登上城楼，面对着万千民众，慷慨激昂地说：“杨坚凭借着太后父亲的地位，挟制年幼的天子作威作福，不臣之心，路人皆知。我和太祖皇帝（宇文泰）是舅甥，与国家情同一体，休戚与共，担负着将相的大任。先帝让我镇守相州，本是想把国家的安危兴亡托付给我。现在我要与你们一起纠合忠勇之士，起兵讨伐杨坚，以匡扶国家、保护百姓，你们愿意吗？”

说实话，他的这番演讲合情合理，说的大都是事实，就算杨坚在场，恐怕也没法辩驳，所以城下的官员百姓都表示愿意跟着他干。

尉迟迥见人心凝聚，起兵的底气更足了，于是他自称大总管，宣称得到了天子的诏令，在相州设置各种官吏，摆出一副与杨坚分庭抗礼的架势。但他觉得以自己的身份号召力还不够大，想得到更多人的支持，必须拥立一个皇室成员做领导。正好当时赵王宇文招去了京城，把小儿子留在了封国（赵国在相州境内，今河北邢台），于是尉迟迥尊奉“小赵王”为领袖，以他的名义号令群雄。

尉迟迥起兵的影响是巨大的，这使他统辖下的相、卫、黎、毛、洺、贝、赵、冀、瀛、沧十州同时脱离了北周朝廷的控制，这些地方加起来相当于今天大半个河北了，更不用说还有各地响应尉迟迥起兵的总管、刺史、郡守等。

面对来势汹汹的尉迟迥，杨坚已经没有退路，只能被迫与之一战了。好在韦孝宽就在河阳前线，杨坚倒不必太为用兵的事操心。接下来，他果断任命韦孝宽为行军元帅（前敌总指挥），并以名将梁士彦、元谐、宇文忻、宇文述、崔弘度、杨素、李询等为行军总管，从关中发兵讨伐尉迟迥。

杨坚派出的这套阵容堪称豪华，可以说是北周的“梦之队”。他觉得自己已经足够重视对手了，但是很快他就发现自己错了，他还是低估了尉迟迥的号召力。

就在尉迟迥起兵后不久，关东多地响应他的号召，纷纷揭竿而起。其中势力最大的乃是青州总管尉迟勤，也就是尉迟迥的弟弟，当初尉迟迥决意起兵后，第一个联络的就是他。原本他并不愿参与，还将尉迟迥的书信和使者送到长安表示忠诚，但最终仍抵不住兄长的劝说，跟着他一起反了。这样一来，他所统辖的青、齐、胶、光、莒等州（皆在今山东境内）都追随起兵，兄弟二人统兵二十多万，占据今河北、山东大部，声势滔天。

除了尉迟勤外，荥州（今河南郑州）刺史邵公胄（zhòu）、申州（今河南信阳）刺史李惠、东楚州（今江苏宿迁）刺史费也利进、东潼州（今四川绵阳）刺史曹孝达等也各自起兵反叛。他们响应尉迟迥的号召，出兵攻取邻近州郡，短短数日，建州、潞州、曹州、亳州、永州等地接连失陷，汴州、沂州也先后告急。

对于这些追随尉迟迥的叛逆者，杨坚虽然有些担忧，但还不至于惊慌，毕竟除了尉迟勤外，其他人的实力都不强，最多只是个刺史，只需令各行军总管分兵讨伐就行了。可是接下来，当他得知尉迟迥正在策反一个叫李穆的人时，却变得高度紧张，再也淡定不起来了。

李穆

李穆，生于北魏永平三年（公元 510 年），字显庆，陇西成纪（今属甘肃）人。西魏、北周名臣，封申国公，现任大左辅、并州总管。

与韦孝宽、尉迟迥一样，李穆也是西魏、北周的开国元勋，是杨坚父亲杨忠的同辈之人。早在西魏初创时期，他就跟随宇文泰南征北战立功无数，还在邙山大战中救过宇文泰的命。

当时宇文泰率兵进攻东魏，在一次战斗中因坐骑中箭而坠马，左右卫兵因此惊乱，纷纷逃散，正好这时有东魏追兵追来，将要伤及宇文泰时，李穆突然飞马赶来，用马鞭抽打宇文泰的后背骂道：“你这个小兵！你的将军在哪里，为何要独留在此地？”东魏追兵见宇文泰被他这样辱骂鞭打，以为他只是个低级军官，就舍弃二人继续往前追击。随后李穆将自己的战马交给宇文泰，护着他突围而出，这才脱离了险境。

从这一件事上能看出李穆身上的品质：机敏、果敢、忠勇，所以他备受宇文泰恩宠，年纪轻轻就封了公爵。后来宇文护当政，李穆的侄子李植因与孝闵帝宇文觉密谋夺权而全家被杀，他也因此受到牵连，被免去官爵。但宇文护爱惜他的忠义和才能，不久又重新起用他。再后来，李穆追随宇文邕伐齐，齐灭后被封为并州总管。

可以说，李穆连续受到了西魏、北周几代当权者的赏识和重用，与宇文氏的感情是非常深厚的。所以当时的人普遍认为：李穆忠于北周，绝不会任由杨坚专政篡权。尉迟迥当然也是这样想的，所以他派使者送信给李穆，请他一同起兵讨伐杨坚。

然而令人没想到的是，李穆非但拒绝了尉迟迥的邀请，还将他的书信和派来的使者一并送到了长安。

对于李穆的这一举动，杨坚既兴奋又紧张，兴奋的是李穆没有起兵响应尉迟迥叛乱，紧张的是他不知道李穆到底是真的拒绝还是假意拒绝，会不会突然反水？毕竟之前尉迟勤就这么干过，害得杨坚白高兴了几天。

李穆的重要性显然要大于尉迟勤，不仅因为他是元老重臣，更因为他是并州总管。并州是北齐别都晋阳所在州，地理位置非常重要，如果李穆倒戈了尉迟迥，那么他们二人就控制了北齐两都，整个关东地区都将失守。更可怕的是，并州西面就是关中，尉迟迥如果只在河北闹，那闹腾得再凶对长安也构不成多大威胁，可一旦有了并州的支持，他就能西渡黄河，直抵关中。

所以李穆的立场非常关键，有可能决定战争的走向。为了获得他的全力支持，杨坚决定“晓之以理，动之以情”，先后派出两名使者去做他的工作。

第一个使者是内史大夫柳裘，他的任务是向李穆言明利害，告诉他：尉迟迥是反贼，不得人心，必然失败；杨坚是忠臣，代表朝廷，必然胜利。为了你和你的家族，请做好选择。

第二个使者是左侍上士李浑，也是李穆的儿子（排行第十），他的任务是传达杨坚的诚心，让李穆知道：你儿子在我手里，但我没有拿他来要挟你，还给你送回来了，我这样赤诚待你，你感动不？

这两名使者一人说“理”、一人讲“情”，任谁听了也不能无动于衷。更何况李穆是一个有长远眼光和大局意识的人，他知道杨坚并不是只会玩弄权术的政治小丑，而是能干大事的领袖级人物。既然他执掌北周政权已成事实，那何不顺应天命，辅佐他成就大业？这样既可以使天下安定，也可以使家族长保富贵，于国于己都是上策！

所以李穆选择站在杨坚这一边，为了表明决心，他命李浑把一方熨斗（青铜制成）带给杨坚，并让他传话说：“愿执威柄以尉安天下！”意思是这个熨斗好比权柄，我把它送给你，是希望你像烫平衣服一样去安定天下。

这等于是承认了杨坚的执政地位，诚意不可谓不足。但李穆觉得还不够，又派人给杨坚送去了一条十三环金带。这是只有皇帝所赐才能佩戴的，所以他的意思很明显：我铁了心支持你，哪怕你改朝换代都行。

收到李穆的这两样“礼物”后，杨坚非常激动，因为他知道自己在与尉迟迥的较量中已经占据绝对的上风。李穆给他带来的绝不仅仅是几个州的土地和人口，还有他整个家族的鼎力支持，以及那些观望者的归服。

果不其然，在李穆表明立场后，许多还在犹豫的大臣都追随他的脚步，纷纷投向了杨坚。其中李穆之侄、怀州刺史李崇原本打算响应尉迟迥，如今也改变立场，转而归附了朝廷。

不仅如此，李穆还捉了尉迟迥之子、朔州刺史（隶属并州总管）尉迟谊送来长安，又出兵讨伐潞州，擒获尉迟迥任命的伪刺史郭子胜，然后派遣侄子李询率并州军至河阳，准备协助韦孝宽作战。

杨坚知道这些消息后非常高兴，当即任命李询为元帅府长史（秘书长），给予他充分的信任。至此，关东的形势发生重大变化，胜利的天平正在向杨坚倾斜。

第六章 帝王之路

在李穆的鼎力支持下，杨坚确立了对尉迟迥的绝对优势。正当他觉得自己已经胜券在握时，尉迟迥突然又多出两个强劲的帮手来，使形势再次改变。

这两个新帮手不同于之前叛乱的各州刺史，他们是和尉迟迥、李穆一样级别的封疆大吏，各个手握重兵，一个是郧州（今湖北安陆）总管司马消难，一个是益州（今四川成都）总管王谦。

司马消难，生年不详，河内郡温县（今河南温县）人，晋朝皇室后裔，北齐开创者高欢的女婿，后因受高洋猜忌而率众归附北周，现任郧州总管。

司马消难虽然算不上北周元老，但也是统领一方军政的朝廷重臣，而且他与尉迟迥一样，也与北周皇室有亲缘关系。他的女儿司马令姬是周静帝宇文阐的皇后（全拜宇文赟所赐），所以他是当朝国丈。

那么问题来了，同样都是国丈，司马消难是当朝的，杨坚是前朝的，凭什么辅政的是他杨坚而不是司马消难？

所以司马消难不服，而且他觉得杨坚是个大奸贼，欺负他家的女儿和女婿（司马令姬和宇文阐），狼子野心昭然若揭，如果让他得逞，那自己这个当朝国丈不就成了亡朝国丈了吗？

基于这样一层原因，司马消难坚决反对杨坚当政，正好尉迟迥正号召各方势力讨伐杨坚，于是他就率领自己辖下的郧、随、温、应、土、顺、沔、儇、岳九州及鲁山等八镇起兵响应尉迟迥。

司马消难的郧州总管与尉迟迥的相州总管虽然都统领多个州，但实力还是有差别的。相州所在的河北自古就是精兵会聚之处，不仅兵马数量多，而且战斗力强。相比之下，郧州所在的江北地区就显得兵少且战斗力较弱。

所以杨坚听到司马消难反叛的消息后并没有过于惊讶和紧张。他觉得对付司马消难要比尉迟迥容易得多，甚至不用从长安发兵，只需采取就近原则，任命襄州（今湖北襄阳）总管王谊为行军元帅，率本部兵马去讨伐他就够了。

至于益州总管王谦，杨坚则对他早有防备。

王谦，河东太原（今山西太原）人，前泾州刺史王雄之子，袭爵庸国公，现任柱国大将军、益州总管。

之所以要提到他的父亲王雄，是因为这个人身份特殊，他是西魏十二大将军之一，跟杨忠同辈。而且王雄还是个烈士，在第二次邙山大战（公元 564 年）也就是诞生《兰陵王入阵曲》的那次战役中被北齐名将斛律光射杀。

作为开国元勋及烈士之子，王谦受到了宇文氏的优厚待遇，他也因此感恩戴德，常怀报国之心。现在杨坚想要取代宇文氏，王谦当然不答应，他觉得自己报效北周的时候到了。

杨坚当然知道王谦和宇文氏的关系，也担心他会响应尉迟迥，所以一早就派蒋国公梁睿接替他为益州总管。但梁睿还没到任，王谦就率领辖下的十八州起兵反了。对此杨坚也早有准备，直接任命梁睿为行军元帅，率兵讨之。

至此，北周境内同时有三大总管（尉迟迥、尉迟勤算一个，司马消难，王谦）起兵叛乱，波及今河北、山东、河南、山西、江苏、安徽、湖北、四川等四十多个州，共计三十多万兵马。而杨坚也分别派出了三个行军元帅和若干行军总管前去征讨，几乎出动了他能调动的所有精兵猛将。

杨坚知道，这是一场决定他个人命运和家族荣辱的终极大战，赢了，天下无敌；输了，身死族灭。而杨坚已经没有退路，从他选择辅政的那刻开始，就注定了要面对今天的挑战。既然迟早会来，那就干脆一块儿来，省得日后再一个个收拾。虽然这样的过程会很艰难，但成功的回报也会非常大，它将大大缩短自己通往权力之巅的路程。

三总管燃起的战火越烧越旺，紧张的可不只是杨坚，还有京城里的王爷们。

如果问这世上谁是最恨杨坚的人，答案恐怕不是尉迟迥，更不是司马消难和王谦，而是那些北周宗室、宇文泰的子孙。

要说当时北周成气候的亲王其实也不多，除了宇文泰仅存的五个儿子赵王宇文招、陈王宇文纯、越王宇文盛、代王宇文达、滕王宇文逌（yōu）外，剩下的就是周宣帝宇文赟的次子汉王宇文赞、周明帝宇文毓的长子毕王宇文贤了。

这七王如今都在京城，没有多少实权，在杨坚面前就如同待宰的羔羊。他们生存的唯一希望，就是尉迟迥等人能够打到长安，推翻杨坚的统治。所以他们时刻关注着前线战事，恨不能也去加入尉迟迥的队伍。

杨坚知道这些王爷跟自己不是一条心，甚至巴不得自己死！在这平叛的紧要关头，他可不希望有人在背后给自己捅刀子，所以他必须做点儿什么。

剪除宗室

大象二年（公元580年）七月，杨坚开始对北周宗室下手了，首先被开刀的是毕王宇文贤。

宇文贤，是周明帝宇文毓的长子，生于武成元年（公元559年），现任雍州牧，也就是京城的行政长官。

虽说是宇文毓的长子，但宇文贤并非宇文毓的皇后（独孤信的大女儿）所生，与独孤伽罗和杨坚没有什么亲缘关系，所以杨坚下起手来毫不心软。

事情的起因倒也简单，就是宇文贤的副手、雍州别驾（京城副长官）杨雄告发宇文贤与赵、陈、代、越、滕五王诽谤执政、阴谋作乱。杨坚收到消息后立刻采取措施，以谋反罪诛杀了宇文贤以及他的三个儿子。

至于宇文招等五王，杨坚则没有急于动手。因为他觉得如果一次杀戮太多宗室，可能会引起众怒，所以先杀一个宇文贤，看看百官的反应，同时震慑一下五王，让他们不敢轻举妄动，这叫作立威。

对于一个高明的统治者来说，只有威严是不够的，必须得恩威并施，所以接下来杨坚又以皇帝的名义下诏，授予五王“剑履上殿，入朝不趋”的特权，也就是可以带剑、穿鞋上殿，而且不必小跑。

之所以称作特权，是因为古代大臣入宫朝见天子一般是不能带武器的，并且进殿必须脱鞋，然后小跑着上前。

莫要小看这八个字的特权，这是为臣者的至高荣誉，历史上也只有萧何、曹操等少数人获得过此待遇。现在杨坚一口气把它授予五个王，一方面是为了安抚他们，免得他们因为恐惧害怕而孤注一掷，做出什么不明智的事来，毕竟杨坚刚杀了一个他们的同胞；另一方面也是为了做给天下人看，让他们知道：杨坚对宇文氏已经是仁至义尽了，如果将来再有什么变故，比如又杀一个王，那一定是宇文氏先负杨坚，而不是杨坚负宇文氏。

总而言之，杨坚现在开始为自己登临皇权铺路了，宇文贤就是他帝王之路上的第一块垫脚石，之所以选择他，是因为他有“三宗最”：一是年纪最小（除了宇文赟），二是声望最低（没有军功），三是最有实力（掌握京城行政权）。所以杀他收益最高，引起的麻烦最小。至于说他是否真有谋杀杨坚的行为，恐怕就只有杨坚自己最清楚了。因为那个告宇文贤谋反的雍州别驾杨雄不是别人，正是杨坚的族侄（同族晚辈），这不能不让人怀疑背后有杨坚的指使。

垫脚石是个好东西，有了第一块，就会想要第二块、第三块……直到把路铺通、铺好为止，所以杨坚很快就锁定了他的下一个目标——赵王宇文招。

宇文招，宇文泰的第七子，宇文泰在世的子孙中辈分最高、年纪最大者。他与自己的许多兄长一样，也是带过兵打过仗的人，当初宇文邕率军平齐，他是后三军总管之一，论功劳不比杨坚小。本来他是最有资格辅政的人，颜之仪首推的就是他，只可惜他当时不在京城。所以总结起来就是，宇文招是宇文氏目前的领头人，有很高的声望和号召力，而且成熟、稳重，有谋略。

因此对付这样一个人物，不会像对付宇文赞、宇文贤那样简单，必然要有万全之策。然而杨坚的做法却很奇怪，他听说了宇文招等人可能图谋不轨，却没有选择直接动手，反而带着酒菜去了赵王宅，想借酒宴打探虚实。而且他只带了少数随从，还大都留在了宅院外，只有他的从祖弟（同一曾祖不同祖父）杨弘和大将军元胄（北魏宗室）跟着到了宇文招的卧室，但也留在了门口。

说实话，杨坚的这波操作有点儿让人看不懂，不知道是胆大自信，还是脑子短路。他难道不知道这是自投罗网，正中宇文招的下怀吗？

宇文招可不会跟他客气，他等这一天似乎已经等了很久了，做的准备非常充足，不仅叫自己的儿子宇文员、宇文贯及小舅子鲁封等人佩刀立在室内，还在室后藏了甲兵。这样明显是要对杨坚不利。而杨坚竟然傻乎乎地没看出来，还跟人家有说有笑地喝起了酒。

等到喝得差不多了，宇文招也该动手了，他让儿子端上一盘西瓜，然后亲自拿刀切瓜送给杨坚吃，估计是想趁机把杨坚也给切了。

可杨坚能这么傻吗？放到平时当然不能，可今天他反应有点迟钝，竟然真以为人家是来给他送瓜的，连着吃了好几块，任由宇文招的刀在自己面前划来划去。

门口的元胄一看着急了，总觉得这一幕在哪见过，不是“项庄舞剑”吗？于是赶紧冲进来当樊哙，对着杨坚喊：“相府有事，不可久留！”这是在暗示杨坚有危险，赶紧跑。

没等杨坚反应，宇文招先开口呵斥了他：“我和丞相说话，你插什么嘴，还不退下！”

元胄一听怒了，觉得他是做贼心虚，于是提刀站到杨坚身边，一副要跟人玩命的架势，那犀利的眼神仿佛在说：谁敢动一下试试？！

他这一闹，引起了宇文招的重视，宇文招觉得这人不简单，赶紧问其叫啥。元胄报了姓名，宇文招听后惊道：“你不是当年齐王的部下吗？真是个壮士啊！”原来元胄曾是宇文宪的心腹爱将，如今跟了杨坚。

宇文招也是跟着宇文宪混过的，知道元胄的勇猛，赶紧赐酒安抚一下，并笑着说：“我没有别的意思啊，你干吗这么紧张呢？”

不料元胄不吃他这一套，心说你刀都放到丞相脸上了还说没有别的意思，是欺负我没读过《史记》吗？所以怒目瞪着他，仿佛随时要跟他动刀子。

宇文招一看这不行啊，有这碍事的家伙在场，杨坚不好杀呀，得想办法把室后的兵调出来，于是他假装呕吐，准备趁机到室后去。

元胄多机灵啊，早察觉到他没安好心，为防他去背后搞事情，赶紧上前扶住他，把他摁在了座位上，那意思是你要吐就在这儿吐，哪儿也别去！

宇文招见这招不行，心里急啊，就又想了一招，谎称自己喉咙干，让元胄去厨房为自己取点儿水来。这就比较奇怪了，宴会上竟然没有水，还得去厨房取，而且还让人家一个客人去，这不是明摆着想支开他吗？

元胄今天真是智商爆表，又识破了他的伎俩，坚决不肯去，就站在杨坚旁边雷打不动。这就搞得现场气氛很尴尬了。正好这时滕王宇文逌也来了，杨坚出门去迎接他，元胄乘机悄悄对他说："今天这情况不太对，赶紧走！"

杨坚不知道是喝醉了还是怎么的，事情都到这个份儿上了，他竟然还满不在乎地说："他们又没有兵马，能干什么？"

元胄着急地说："兵马本来就是他们宇文家的，他们要是先下手，咱们就玩儿完了。我不怕死，怕的是死了也护不住你！"

杨坚持续脑短路中，什么话也不听，迎完宇文逌后又回到座位上，跟两个王继续喝酒。元胄急得不行，心想这樊哙真难当啊！这时他听到室后有士兵甲胄抖动的声音，心里更不安了，赶紧又冲杨坚吼道："相府有急事，你怎么还不走？"这次他不等杨坚反应，拉着他就往外跑。

宇文招一看急了，赶紧带人去追。无奈元胄实在聪明，他护着杨坚先走，自己把门堵住。等杨坚已跑远，元胄才跟上去，一起出了赵王宅。宇文招见跑了杨坚，心里悔恨不已，把手指敲得都出了血。

走出赵王宅的杨坚总算是智商恢复正常了，他又展现出了自己以往的英明和果断，以谋反罪逮捕并诛杀了宇文招和越王宇文盛。

等等，为什么会是越王？不应该是滕王宇文逌吗？难道杨坚当时酒喝多了，没看清来的是哪个王？

还真不是没有这种可能，因为这整件事都透着古怪。

虽然这件事被详细地记载在了《隋书》《资治通鉴》等正史中，但是它的真实性很值得怀疑，它有太多不正常的地方了。

首先，杨坚的行为不正常。以他当时的身份及与宇文氏的关系，怎么会轻易跑到赵王宅去？《隋书·高祖本纪》说他是"欲观（宇文招）所为"，想看看宇文招在家里搞什么阴谋;《隋书·元胄传》和《资治通鉴》则说他是受宇文招之邀而去。这两种说法前者应该更为可信，毕竟杨坚不大可能傻到去赴“鸿门宴”，所以应该是主动造访。但即便如此还是不正常，既然杨坚主动去探听虚实，那应该做好充分准备才对，怎么还把自己置身险境了？而且他在宴会上的表现太过“愚蠢”，简直就是送人头，和平时英明果断的他判若两人。

其次，宇文招的行为也不正常。按照史书中的说法，他是打算在宴会上杀掉杨坚的，连伏兵都准备好了，可见决心已定。可是面对已经成为瓮中之鳖且反应如此迟钝的杨坚，他却犹犹豫豫、畏畏缩缩，几次错失机会，最终让他逃脱。而且他在宴会上的演技实在拙劣，让元胄去厨房取水这件事无论如何也说不通。元胄又没来过他家，怎么知道厨房在哪？如果有人带路，那何不直接让带路的人去取？

再次，杨坚最后对这件事的处理更不正常。如果史书的记载真实无误，那宇文招就是刺杀杨坚的主谋，宇文逌是帮凶，杨坚应该杀他俩才对，可后来死的却是宇文招和宇文盛，宇文逌倒成了漏网之鱼，这也太不公平了吧！如果不是杨坚喝醉酒看错人，那就是他本来想杀的就是宇文招和宇文盛，宇文逌只是不小心闯入了宴会，与他的原计划无关。

最后，这整个事件太戏剧化，怎么看怎么像是“鸿门宴”的翻版。杨坚是刘邦，宇文招是项羽兼项庄，元胄则一人分饰张良、项伯、樊哙三角。无论是从人物刻画、细节描写、剧情走向，还是最终结果上，都和“鸿门宴”如出一辙。所以最早记载这段历史的人很有可能是抄袭了司马迁。换句话说，这段历史尤其是当中的细节应该是史官杜撰的。

那史官为什么要这么做呢？仔细一想其实也简单，无非是为杨坚诛杀宇文招找一个理由，这个理由不仅要能堵住当时人的嘴，还要让后世读史书的人也无话可说，所以就把杨坚塑造成很傻很单纯的受害者，把宇文招打造成暗藏杀机、图谋不轨的反面人物。

所以整件事情的原貌大致是这样：杨坚为了获得一个诛杀宇文招的理由，带人突然造访赵王宅，令宇文招措手不及。宴会上杨坚占据主动，宇文招没有任何行动。后来滕王宇文逌听说杨坚到了赵王宅，出于某种原因也赶了过来。之后双方可能发生了争斗，但也可能什么都没发生。反正对于这件事杨坚说什么就是什么，因为他是当事人。他说宇文招谋刺他，元胄舍身保护，谁敢不信？至于具体细节，让史官去问元胄吧。元胄能怎么说？就照着“鸿门宴”编呗。

总而言之，杨坚借着这件事一次性除掉了宇文招和宇文盛两个重要宗室，剩下的几个亲王也被他牢牢控制，翻不起什么浪花了。现在杨坚在朝中已经完全没有对手，可以集中精力对付三总管了。

但是平叛的过程并不像杨坚所预想的那样顺利，这倒不是说打了败仗，而是官军内部出现了问题。

沁水之战

前不久，韦孝宽率军进驻武陟（今河南武陟），准备向东进攻邺城。尉迟迥听到消息后，派儿子尉迟惇率十万人进入武德（今河南沁阳东），与韦孝宽隔沁水对峙。由于七月河水暴涨，两军都无法渡河，因此就一直僵持着。

就是这一僵出了事，官军阵营中突然传出流言，说行军总管梁士彦、宇文忻、崔弘度等私下收取尉迟迥馈赠的钱财，可能要跟他通谋。这说法一传开，军中人心大乱，竟一发不可收拾。长史李询火速派人密报给杨坚，请他赶紧处置。

杨坚收到消息后非常着急，生怕梁士彦等人临阵倒戈，要知道这些人本来就和尉迟迥关系匪浅，崔弘度的妹妹还是尉迟迥的儿媳妇，要是他们禁不住尉迟迥的拉拢，联合起来反戈自己，那后果不堪设想啊！

杨坚越想越担心，他知道必须及早处置，而且不能让太多人知道，不然非但军中会出事，京城恐怕也会跟着出乱子。所以他把自己最信得过、平时主意最多的郑译召来商议对策。

郑译一听这还不简单，既然梁士彦等人不可靠，那就把他们从总管的位置上拿下来，换上可靠的人。

杨坚其实本来也是这么想的，只是有些犹豫，现在连郑译也这么说，那就这么办吧，于是又和他商议替代三将的人选。

这么一来二去，相府上下就都知道了这件事，李德林听说后非常惊诧，觉得这么干不合适，赶紧找到杨坚，劝他不要换将领，并给出了三个理由。

第一，这些将领都是北周重臣，和杨坚的地位差不多，本身没有什么隶属关系，杨坚现在不过是挟天子之威来驾驭他们罢了。如果说梁士彦等人不可靠，那么后面再派去的人就可靠了吗？

第二，现在军中的具体情况还不清楚，梁士彦等人收取尉迟迥金钱这事真假难辨，一旦将他们替换，可能就畏罪潜逃了；要是把他们逮捕，又怕会引起军中恐慌，就连韦孝宽都会不安。这仗还怎么打呢？

第三，临阵换将自古就是兵家大忌，昔日燕国伐齐，因中途换下主将乐毅而失败；赵国抗秦，因换下廉颇而险致亡国。这都是前车之鉴，怎么能不引以为戒呢？

说完理由，李德林又提出了自己的方案，他让杨坚选一个有智谋、能被诸将信服的心腹，命其迅速到军中察看真实情况。这样纵使梁士彦等人有异心，也肯定不敢轻举妄动，万一有异常举动，也必能将其制服。

听完这番剖析，杨坚有种如梦方醒的感觉，赶紧握着李德林的手说："还好听你说了，要不然就坏了大事了！"于是听取李德林的建议，打算任命一个心腹为监军。杨坚首先拟定的人选是小内史崔仲方，结果被这人给推辞了。他只得又退而求其次，派刘昉、郑译二人去，他俩谋略可能差点，但绝对是心腹。

然而令杨坚没有想到的是，刘、郑二人竟然在关键时候畏缩不前。刘昉推辞说自己没当过监军，完成不了如此艰巨的任务；郑译则说自己有老母在堂，需要人照顾，请成全他做个孝子。

看到两人争相推托，杨坚差点儿没气昏过去，由此认清了他们的为人和真实能力。别看这俩人平时怪积极，鬼主意一箩筐，但真正要干大事的时候一点儿都不中用，根本指望不上。

事已至此，杨坚只能再选其他人了，可眼下时间紧迫，上哪儿去找这种既是心腹，又有谋略，还能“受命于危难之间”的人呢？正当他为此忧心的时候，有人毛遂自荐了，这个人就是高颎。

高颎追随杨坚已经有一段时间了，主要工作是处理一些相府日常事务，职责虽然也很重要，但对他来说还是大材小用了。这次他听说杨坚急着用人，觉得自己一展才能的机会到了，于是主动来请缨。

杨坚对此是什么反应呢？

他极度兴奋，这简直就是雪中送炭啊！且不说高颎能不能胜任，就冲他这份主动担当的勇气和忠心，就不能不重用人家。何况杨坚已经被连续拒绝了三次，面子上也挂不住，现在高颎这一请缨，不仅帮他解决了难题，也维护了他的颜面，杨坚怎能不高兴？

而且高颎并不是泛泛之辈，以他的才能完全可以把这件事情办好，至于他的忠诚度，那就更不用说了，当年独孤家遭难的时候他尚且能不离不弃，何况现在的杨坚已经权倾天下了呢！

所以杨坚决定重用高颎，命他前往武陟监督军事。

对于这次出差，高颎非常上心，他知道目前军情紧急，片刻不能耽误，所以在接到任命后立即动了身，都顾不上辞别老母亲，只是遣人去告知她而已。真不知道郑译听说后会作何感想。

几天后，高颎抵达武陟行营，他要面对的第一个难题是如何稳定军心。眼下梁士彦等人流言傍身，导致军心混乱，如果不能妥善处理，战争的前景就会蒙上阴影，所以这件事情非常棘手。

然而高颎却什么都没做，既没有调查梁士彦等人，也没有处置他们，只说自己是奉命来监督军事，唯一的任务就是消灭尉迟迥。

正是他的这种不为而为，彻底打消了梁士彦等人的疑虑，使他们不再担惊受怕，将士们也不再恐慌议论，军心反而稳定下来了。

解决了军队内部问题，接下来就可以全力对付尉迟惇了。正好这时候雨季过去，沁河的水位降了下来，高颎于是命人在河上架桥，准备渡河去打尉迟惇。

但尉迟惇也不是吃素的，他驻守武德的主要任务就是阻击韦孝宽，而沁河作为一道天险，是最稳固的防线，他当然不会允许官军在上面架桥。所以高颎这边刚开始动工，他那边就来搞破坏了。

尉迟惇先是命人造了几只木筏，放入上游河道，又在每条木筏上放满干柴，浇上火油，然后纵火点燃，使木筏变成火筏，顺着河流而下，冲击官军的桥。

由于建桥的主要材料是巨木，最不能见火，如果跟这些火筏亲密接触，恐怕会被烧得渣都不剩。

但高颎不愧是能干大事的人，他早就防备了敌人这一招，事先命人制造了大量“土狗”（一种水中障碍物，前尖高，后宽低，形状像坐狗的土墩），放置到木桥上游不远处，目的就是阻挡敌人的火攻。

现在这些“土狗”果然派上了用场，成功地挡住了火筏，使木桥得以顺利建成。

有桥之后就该渡河了，但河对岸有十万敌兵，肯定会进行各种阻击，万一到时候人家来个万箭齐发，你又在桥上无处躲闪，岂不损失惨重吗？

事情的发展也确实如此，这边官军还没开始渡河呢，那边尉迟惇就已经率领大军在河岸列好了阵，南北绵延二十多里，把河岸堵得死死的，就等官军来过桥送死。

过？还是不过？这是个问题。

高颎和韦孝宽商议后，最终还是决定过桥，但他们非常谨慎，先派遣一部分士兵试探性地过桥，借此看看敌军的反应。

结果奇怪的一幕出现了，尉迟惇非但没有趁机打出“万箭齐发”的好牌，反而率军后撤，把对岸让了出来。这是什么意思？

原来尉迟惇觉得“万箭齐发”威力不够大，不如先放任官军渡河，等渡到一半时他再率全军过来偷袭。

尉迟惇想着官军十几万人呢，全部通过木桥怎么着也得几个时辰吧，那等他率军回来的时候官军肯定还没渡完，没渡完就会被分割为两段，一段在河东，一段在河西，首尾不能相顾，必然大败。这才是获取最大收益的方案。

那尉迟惇这个方案怎么样呢？

不得不说，这的确是个上策，而且是有理论依据的。它出自《孙子兵法·行军篇》：“绝水必远水，客绝水而来，勿迎之于水内，令半济而击之，利。”

但问题是得看对手是谁，如果敌方主将是个新手，缺少这种渡河经验，那成功的概率还是挺高的；可如果遇到的是一位经验丰富的老将，那这个策略大概率会被识破，毕竟大家都是久经沙场，谁还没读过点兵书呢！

而韦孝宽显然是后一种，他对战场形势的理解和战机的把握都不是尉迟惇所能比拟的。当他发现对岸的敌军开始后撤时，立刻就意识到这是尉迟惇在跟自己玩儿兵法，所以马上传令三军一齐全速渡河，不给尉迟惇回军截击的时间。

结果不难预测，在尉迟惇还未及返身攻击时，官军已经全部渡过了沁水，而且无一伤亡。这时尉迟惇傻眼了，这怎么跟兵书上写的不一样？

只是尉迟惇后悔已经来不及了，在韦孝宽的率领下，官军立刻对他的军队发起了进攻。为了使将士们勇往直前，高颎在全军渡河后放火烧了木桥，来个背水一战，这样官军就没有了退路，只能奋勇向前，与敌人决一死战。这一招果然取得大胜，尉迟惇最终全军覆没，孤身逃回了邺城。

回过头来总结这场战役，官军之所以能胜利，除了得益于高颎的智谋、韦孝宽的高超指挥外，还在于尉迟惇犯了战术上的错误：他不该在韦孝宽这样一个身经百战的老将军面前耍小聪明，眼睁睁地看着官军渡了河，而且他的任务是阻击官军，打的应该是防御战，只要守住沁水就行了。可他偏偏想搞歼灭战，主动放弃了沁水这道天险，最终导致了自己的失败。

犯错的代价是巨大的，在丢失了沁水防线之后，尉迟迥父子只能眼睁睁地看着韦孝宽一路东进，把军队开到了家门口邺城。

而这已经是邺城三年里第二次被围，上一次攻城的是周武帝宇文邕，守城的是齐后主高纬，那是明主与昏君的对决，结果胜负毫无悬念。而这次则是当世两大名将之间的较量，一方是郧国公韦孝宽，另一方是蜀国公尉迟迥，他们加起来将近一百四十岁，战斗经验都非常丰富，所以这场城市攻防战的结果尚难预料。

下面就让我们先来看看攻防双方的实力对比：

【攻方】

主帅：韦孝宽

谋士：高颎（监军）、李询（长史）

战将：梁士彦、宇文忻、崔弘度等

兵力：约十五万

【守方】

主帅：尉迟迥

谋士：崔达拿（长史）

战将：尉迟惇、尉迟勤、尉迟祐等

兵力：约十五万

从表面数据看，双方也算是势均力敌，但尉迟迥还有后援部队，他的弟弟尉迟勤正调集五万青州兵火速赶来支援，并亲率三千骑兵先行赶到了邺城。这样尉迟迥就有了足够的底气与韦孝宽一战。

决战邺城

大象二年（公元580年）八月十七日，决战的时刻到了，韦孝宽赶在青州兵主力到来之前，率全军对邺城展开了攻势。

尉迟迥也不甘示弱，他集中城中十三万兵马，全部交给儿子尉迟惇、尉迟祐统领，命他们驻守城南，背靠邺城列阵。

之所以这么安排，是因为邺城北面有漳河作为屏障，而南面无险可守，是最薄弱的地方，所以守邺城必守城南。

至于尉迟迥自己，则率领另一支一万多人的部队驻守城中，随时准备加入战斗。他统领的这支部队人数虽然不多，但却是绝对的精锐，每个人都有标志性的装备：绿头巾、锦袄，称为“黄龙兵”。

不久战斗就打响了，韦孝宽果然率军来进攻城南，尉迟迥得到消息后，亲自披甲上阵，到阵前指挥战斗。

当一个年近七十岁的老将军身临阵前时，无论他还能否挥得动手中的武器，他的力量都是可怕的。因为他麾下的年轻士兵会被他的精神所感染，为他拼命死战！而且尉迟迥麾下的将士都是关中人，他们渴望胜利，渴望打回老家去，所以各个奋勇争先，爆发出了惊人的战斗力。

反观官军这边，虽然人数相当，战斗力也差不多，但由于缺少了背水一战的环境，他们对胜利的渴望远不如对手，也没有死战的决心。

所以面对血脉偾张的相州兵，官军逐渐难以抵挡，出现了退却的势头。如果不出意外的话，尉迟迥应该马上就会取得胜利。

可是，意外偏偏就来了，而且来自邺城。

作为北齐旧都，邺城有几十万人口，大都是北齐遗民。这些百姓虽然已经归附了北周，但心里的认同感并不高，甚至对北齐念念不忘，巴不得北周出点什么乱子，他们好乘机看热闹。

现在北周真的乱了，自己人跟自己人打了起来。邺城百姓觉得这太有意思了，必须得去瞧瞧。于是他们成群结队出了城门，跑到附近的高地上观战。

原本这些百姓只是旁观者，对战争的胜负没有什么影响。但是他们人数众多，如果利用起来，将是一支不可忽视的力量。

官军中有人敏锐地发现了这个问题，那就是宇文忻。他见官军形势不利，就与高颎、李询商议用计破敌，他的方案是：向观战的百姓放箭，制造混乱，然后乘势冲击。

必须要说，在任何时候攻击手无寸铁的百姓都不是君子所为，但现在形势危急，高颎、李询已经顾不上当君子，宁愿做一次小人，所以他们接受了宇文忻的建议，命令弓箭手朝百姓放箭。

正是这一“小人手段”，彻底扭转了战场形势。本来百姓正在乐呵呵地看热闹，现在突然受到攻击，全都吓得不轻，本能地就往城里跑，由于人多无组织混乱，造成了严重的踩踏事故，惊吓声不绝于耳。

而宇文忻要的就是这个效果，他看准时机，朝官军大喊道：“敌人败了！”这一喊把官军的士气提上来了，利用百姓制造的混乱，官军乘机向敌兵发起了猛攻。

尉迟迥对此始料未及，他虽能号令千军万马，却指挥不动乱成一团的百姓，只能眼看着自己的军队被扰乱，继而被官军击败，退入邺城。

经过这一战，相州兵损失惨重，更要命的是他们丧失了斗志，已经组织不起有效的抵抗了，所以韦孝宽很快就率大军攻破了邺城。

在当时的情况下，尉迟迥绝对是有机会突围的，但他没有走，因为他知道自己已经没有翻身的机会，与其日后被杨坚活捉，不如现在英勇战死。

所以他登上城楼，想在这里做个了断。

不久崔弘度率人追了上来，他与尉迟迥有姻亲，不忍见他被官军乱刀砍死而受到凌辱，因此劝他自刎。

尉迟迥走投无路，最终选择了自杀，临死还对杨坚破口大骂，想来心中万分不甘。

尉迟迥这一死，相州基本上就平定了，不久尉迟勤、尉迟惇、尉迟祐也在逃往青州的路上被官军俘获，尉迟氏彻底被扫平。此后韦孝宽又分兵征讨各地叛乱者，很快就平定了关东，声势浩大的尉迟迥之乱就此结束。

从六月到八月，短短六十八天，尉迟迥就一败涂地，人们不禁要问：为什么这么快？

一些史书把它归因于尉迟迥年老昏聩，任用崔达拿这样不懂兵略的文士做长史。这虽然是个因素，但不是根本原因，尉迟迥之所以失败，是因为他所掌握的资源比杨坚差太多。

虽然兵力相当，主帅也都是当世名将，但他们所用谋士、将领的素质能力却差了一大截。韦孝宽有高颎、李询这样的宰相之才出谋划策，又有梁士彦、宇文忻、崔弘度以及后来成为名将的杨素等人分领各军，可以说是人才济济。而反观尉迟迥，他能用的人少得可怜，除了儿子就是兄弟，似乎没有其他选择了。

其实这也不难理解，韦孝宽代表着杨坚，杨坚又代表朝廷，而以朝廷名义是可以招揽和调用各种人才的；相比之下，尉迟迥可用的人才仅限于自己的统治区，或者说相州总管府，这些人治理一方还可以，想要经略天下就力不从心了。

但话又说回来，即使尉迟迥有李询、宇文忻这样级别的帮手，他也未必用得了，因为他没有杨坚那样的权威去驾驭他们，也不敢放权给他们。正如李德林当初对杨坚所说："公与诸将，皆国家贵臣，未相服从，今正以挟令之威控御之耳！"

所以我们做一个大胆的假设，把韦孝宽和尉迟迥角色对换，如果叛乱的是韦孝宽，同样是在相州，尉迟迥奉命来征讨，结果会是谁取胜呢？

恐怕答案只有一个：杨坚！还是杨坚！

虽然没有在前线，但杨坚对战争起到的作用并不比韦孝宽小。他在政治上所做的各种努力，如收服李穆、剪除宗室、废除严刑峻法等，都是韦孝宽在军事上取得胜利的保障。

总之杨坚胜了，邺城又一次成了胜利者的背景，而这也是最后一次，因为杨坚为了防止河北的反叛势力死灰复燃，下令拆毁了邺城，并将城中百姓迁至南边的安阳，以安阳为相州治所。

自此六朝古都邺城不复存在，洛阳再次成为关东地区无可争议的中心，它也将成为杨坚控制关东的关键。

第七章
开国建隋

尉迟迥的问题彻底解决了，但杨坚仍然不能放松，因为还有司马消难和王谦等着他去收拾。

如果只有这两个人，倒也不足为惧，毕竟雄踞中原的尉迟迥他都消灭了，还怕这两个边远地区的总管吗？

但边远也有边远的可怕之处，那就是它靠近敌国，尤其是司马消难所统领的郧州等地，与南陈只有一江之隔。

所以最大的麻烦来了，司马消难见打不过杨坚，竟然带着九州八镇投降了陈朝，并把儿子送到建康（今江苏南京）做人质，请陈朝发兵支援。

陈朝当时的皇帝是陈宣帝陈顼（xū），他很乐意地接受了司马消难的投诚，毕竟人家带着九州八镇的土地和人口呢，不要白不要。

但既然要了人家，就得给人家名分。

所以司马消难就成了陈朝的司空、大都督、总督九州八镇诸军事，以及随郡公。

这就有意思了，杨坚是北周的随国公，司马消难是陈朝的随郡公，大家都是“随公”，又都是国丈，谁怕谁？！

给司马消难封爵还只是其次，形式大于实际，陈朝制造的真正麻烦，是派兵过江入侵北周郡县。

这样一来事情就严重了，原本只是北周内部的叛乱，现在演化为了两国的冲突。如果处理不好，可能会引起大规模的战争，这是立足未稳的杨坚不愿见到的。

所以杨坚并不打算与陈朝全面开战，是能忍则忍，哪怕他们挑衅性地封了司马消难一个“随郡公”，他也只是一笑置之。

除了陈朝，司马消难的统治区附近其实还有一个国家，而且也在蠢蠢欲动，它的名字叫“梁”。

后梁

梁本是南朝继宋、齐之后的第三个政权，早先是和北魏以及西魏、东魏并列的南方大国，后来因侯景之乱而迅速衰亡。

说起侯景，其实前面也提到过，这个人原是东魏大将，与杨坚的父亲杨忠年纪相仿，当初杨忠和独孤信逃亡南梁三年，就是拜他所赐。后来独孤信、杨忠回到了西魏，而侯景却在高欢死后背叛东魏投奔了南梁。不久侯景又发动叛乱，率军攻破南梁都城建康，硬生生饿死了梁武帝萧衍。

后来镇守江陵（今湖北荆州）的南梁宗室萧绎（萧衍的第七子）发兵勤王，派遣大将陈霸先、王僧辩等攻灭侯景，收复了建康。之后萧绎在江陵称帝，与其他宗室争夺皇权，不久与西魏发生矛盾，被杨忠攻灭。随后宇文泰扶持了萧衍之孙萧詧（chá）为帝，使梁成了西魏的傀儡政权，史称“西梁”（又称“后梁”）。

这个西梁是个不折不扣的小朝廷，只占有江陵附近几百里的地方，原南梁的广大疆土一部分（淮北）被北齐侵占，一部分（蜀地）被西魏掠取，剩下长江以南大部则归了陈霸先，几年后陈霸先建立陈朝，形成了北齐灭亡前的天下格局。

西梁的统治者一直不甘心被西魏（北周）控制，总想寻机自立。

怎奈西魏（北周）太过强大，十个它加起来也不是对手，所以只能委曲求全。

但现在情况不一样了，北周内部出现了问题，外戚杨坚把持朝政，地方上三总管起兵叛乱，整个关东以及蜀地都乱成了一团。西梁的大臣们觉得这是天赐良机，纷纷建议以尽忠周室的名义起兵反对杨坚，乘机独立并攻取北周土地。

梁世宗萧岿（kuī）对此犹豫不决，他虽然也想独立，毕竟当傀儡的滋味不好受，但他又担心尉迟迥、司马消难等人不是杨坚的对手，万一到时候杨坚平定了叛乱，腾出手来攻打江陵，自己可能连傀儡都当不成了。

所以萧岿没有急于起兵，他在等一个人——西梁中书舍人柳庄。

在杨坚辅政之初，萧岿就派了柳庄去长安朝贺，顺便让他探察一下北周局势。

当时杨坚正全力对付三总管，生怕江陵再出什么乱子，为安抚萧岿，杨坚在柳庄离京时，紧紧握住他的手，跟他说了一番掏心窝子的话。

“想当年我加封开府仪同三司（十六岁左右时），曾随军到过江陵，深受你们梁国君主的厚待。如今我主年幼，时局艰难，杨某不才，受命辅政，时常感到惭愧。梁主几代人都忠诚于（北周）朝廷，我们应该共同努力，使两国友谊长存。你回去之后，一定要把我的意思传达给梁主啊！”

杨坚这一举动或许有表演成分，但确实起到了作用，柳庄回去之后就跟萧岿说千万不能起兵，应该“保境息民以观其变”。

当然这肯定不是因他被杨坚的表演感动了，而是因为他从杨坚身上预见到了北周的历史走向，他觉得现在的杨坚就是魏晋时的曹操、司马懿，挟天子以令诸侯。尉迟迥、司马消难等人不过是螳臂当车，终将覆灭，将来北周天下都会姓杨。

不得不说，柳庄是个人才，作为一个梁人，他竟然把北周形势看得清清楚楚，也把杨坚看得明明白白。西梁有这样的大臣，就该它气数未尽。

萧岿也算是个明君，听取了柳庄的建议，暂时按兵不动。几天后尉迟迥兵败自杀的消息传来，萧岿听说后吓出一身冷汗，再也不敢妄言起兵。

这样西梁的问题也算是解决了，接下来只要消灭司马消难和王谦，再把陈兵驱逐出境，北周就能恢复安定了。

建国

为此，杨坚夙兴夜寐，每日操劳军事，一刻也不曾放松。

相比之下，他的两个助手刘昉、郑译却在忙着敛财，对军事一点儿也不上心。尤其是刘昉，就知道纵酒享乐，整天见不着人，丞相府的事都被他抛到了一边。

杨坚对此非常失望，心想自己作为老板都这么努力，你们作为员工，竟然偷懒不干活，那还养着你们干吗？

所以他果断罢免了刘昉，改以高颎为丞相府司马。至于郑译，那毕竟是他同学，又对他有恩，他有点儿下不去手，就保留了他的职位，同时密令他属下的官吏不要再向他报事，直接报给自己和高颎。

郑译何其机灵，很快就发现事情不太对，平时一堆事让人烦不胜烦，这几天怎么突然这么清静，难道天下太平了？

这显然不可能，司马消难和王谦还在那闹腾呢！

所以只有一种解释，这是杨坚的安排。

想到这郑译就吓坏了，刘昉刚刚被杨坚解职，现在自己又被架空，杨坚这是什么意思？不会是要卸磨杀驴吧？

他越想越怕，赶紧跑到杨坚面前叩头谢罪，并请求辞职。

但杨坚没有同意，仍然对他施以恩惠，并勉励他以后好好工作。言外之意就是咱是老同学了，我肯定不会亏待你，但你得好好干活，别捣乱。

郑译也很识趣，主动退居二线，不再参与政事。

至此，丞相府的人事发生了重大变化，高颎、李德林取代了刘昉、郑译的地位和职权，成了相府的管家、杨坚的左膀右臂。

这件事情看似平常，实则意义重大。它使杨坚完成了丞相府的更新换代，原先刘昉、郑译这些碌碌小人当家，整个就是一个山寨；现在换高颎、李德林这些能臣贤士打理，宛若一个朝廷。

其实今天的丞相府很有可能就是明天的朝廷，丞相府的管家或许就是未来的政府首脑，现在及时用贤臣顶替小人，也是为将来开国打好基础。

另外，从这件事情上也可以看出杨坚的蜕变，以前他重用刘昉、郑译，是因为他们对自己有恩、和自己亲近，这是任人唯亲的表现；现在重用高颎、李德林则是因为他们有大才、能干大事，属于典型的任人唯贤。

这当中固然也有身不由己的地方，比如辅政之初根基不稳，不敢放手重用大臣等，但更多的还是思想的转变和眼界的提升。以前他觉得刘昉、郑译这俩人挺聪明的，能办很多事，已经算是人才了，但现在用了高颎、李德林等人，他才发现什么是栋梁之材。

从任人唯亲到任人唯贤，从用小才到用大才，这些转变让杨坚越来越接近成为一个帝王。

但说归说，在消灭司马消难等人之前，杨坚只能做北周的辅政大臣，如果硬要往前迈一步，恐怕就会有无数个尉迟迥、司马消难蹦出来。

文案新人训练手册

中国经济出版社
CHINA ECONOMIC PUBLISHING HOUSE

目录

CONTENTS

这是一份 40 道题的文案训练合集，我称其为“文案新人训练手册”或者“文案人员的魔鬼训练”。正是这 40 道题磨炼了大量的文案新人，推动他们成功走上文案的道路。

我希望，这 40 道题能作为您进入文案殿堂的基本功练习。您知道，一个“功力深厚的人”总是具有过硬的基本功。所谓“冰冻三尺，非一日之寒；滴水穿石，非一日之功”，就是这个道理。

每一道题之后，都对应附上了一位文案大师的话，以帮助您更好地理解题目含义。需要说明的是，这些话主要来自英国设计与艺术指导委员会编写的《创意之道》。

由于 40 道题看起来过于繁多和凌乱，所以我将其进行归类分成了 7 篇，分别为文案学习篇、文案准备篇、文案态度篇、文案技巧篇、文案协作篇、文案修改篇和文案提稿篇。至于篇名的含义，在练习中您也许会领会到。

另外，在每一题前面的括号里，都有一个关键词，它意味着该题的练习意义，也代表您在文案方面的一个提升方向。

文案学习篇

●（模仿）选一则你喜欢的文案，模仿其风格，再写一则。

“一开始不要不好意思模仿你崇拜的文案。我早期最好的作品读起来总是有一点儿像 Bob Levenson 心情不好的时候写出来的。”

——ALFREDO MARCANTONIO

●（承诺）写一个标题，在标题里蕴含一个“大承诺”。

“现在碰到的问题是怎样才能让人读你的文案。答案是‘大承诺’。‘大承诺’是广告的灵魂。”

——STEVE HAYDEN

●（吸引）写一个标题，让所有人都会停下来看它。

“只有百分之四的读者会不管文案写得多烂都读百分之七十以上。你的任务就是要击败这个比率。”

——STEVE HAYDEN

●（换位）第一题：试着用孩子或老人的语气写一则文案。

●（换位）第二题：试着用异性的语气写一则文案。

“在我的文案里，我……故意使用他们……的语言……我总是试着表现出客户的最佳状态，而且真的对他们的产品感觉兴奋。”

——TONY BRIGNULL

●（感动）讲一个曾经感动过你的故事或者其他，看看是否也能感动别人。

“把自己放在作品里，用你的生活去活化你的文案。如果有什么感动了你，有很大机会，也会感动别人。”

——DAVID ABBOTT

●（推销）写一段销售词，或做一次推销员。

“每则广告都像沿着门推销的推销员，都是对人们生活的打扰。标题或许能给你踏入玄关的机会，却要靠滔滔不绝的销售技巧才能让你一直待在那儿。”

——ALFREDO MARCANTONIO

●（叫卖）写一段“叫卖词”，或者做一次“叫卖”。

“他用一把菜刀在洋铁盘子上大声敲着。梆！梆！梆……响声横越街市，人头聚集起来。”

——ANSREW RUTHERFORD

●（语言）写一首诗。

“我觉得最好的文案就是一种诗。我们为文案听起来应该怎么样伤的脑筋其实就和诗人一样多。所以研究诗人的技巧，看他们如何运用语言、韵律和意象去达成效果。”

——ADRIAN HOLMES

●（引诱）写一则笑话，让人看到第一句就止不住往下读，而且最后能让人笑。

“这不只是则好笑话，还是篇好文章。全篇无一赘字。句句都必然导向次一句，又一起指向关键句。”

——TONY BRIGNULL

文案准备篇

●（第一感觉）说出你首先能想起的一个品牌，想到这个品牌的第一秒你会联想到什么？将你所想到的延展成一句广告语。

“特别注意自己的第一个概念。”

——JOHN STINGLEY

●（语调）选择一个品牌，想象你会用什么样的语调来描述它，为它写一段描述。

“就像任何一种形式的创意写作，你必须发展出一种语调或声音，一种说话的方式。代表的不是你的公司，不是产品类目，而是你要广告的这个产品或服务。”

——ALFREDO MARCANTONIO

●（发现）发现你旁边某个人的优点，用一个标题表现，再配上一段文案。

“对我而言，文案的工作就是发现的历程。遵循直觉，而非简报。”

——JOHN BEVINS

●（寻觅）给你两小时，去为附近的某个小店写一则广告，请用好这两小时。

“文案的工作只是坐在那里拼命想点子吗？我不这么认为。……直到我瞧见它钉在一扇门上，提供了我广告创作的灵感。”

——JOHN BEVINS

文案态度篇

●（不守规则）写一个不像广告的广告。

“广告界的人总是说我做的广告读起来不像广告。我把这话当作赞美。”

——INDRA SINHA

●（换个方向）写一个不像该产品行业的广告的广告。

“为什么所有的汽车广告看起来都一样？为什么所有洗衣粉的广告看起来都一样？为什么不做个看起来像洗衣粉广告的汽车广告？或反之亦然。”

——JAMES LOWTHER

●（令人相信）写一段让读者会“相信”的文案。

“让读者得以相信。DDB 替艾维斯制作的广告里并不只是说艾维斯更努力，它说的是如果你只是第二名就得更努力。”

——TOM THOMAS

●（简单）为一个品牌制定一个策略，用一个形容词来表达，再配一段文案。

“让策略简单。让它变成一个形容词。VOLVO，安全。Porsches，快速。”

——LUCK SULLIVAN

●（蕴意）写一段话，让人能读出大量的“话外之音”。

“最深的含义不是来自已经说了的，而是留下没说的。”

——INDRA SINHA

●（令人好奇）写一个能令人好奇的标题。

“一般状况下，标题与图片应该传达广告的主要信息。可是有时令人好奇的标题（像‘柠檬’）会让更多的人停驻，引起人们对文案异常的兴趣。”

——JOHN SALMON

●（信息）写一个标题，尽可能包含更多的信息，将其包含的信息罗列出来。

“我总是让标题尽可能把故事传达得越多越好。我同意 David Ogilvy 的话：‘说得越多，卖得也越多。’”

——TIM RILEY

●（实事求是）写一段 100 字以上的文案，不要用形容词。

“我喜欢用冷淡无情、实事求是的风格把故事写得那么有力的方式。在 73 个字的文案里他们只用了一个形容词。”

——TIM RILEY

●（直白）写一段直白的文案，让上一年级的小孩子都看得懂。

“写越短越好的句子，所以即使智商只有红毛猩猩那么高的人也能读。”

——STEVE HENRY

●（速度）写一段文案，写出速度感，让受众的阅读停不下来。

“要写出文字的速度感。想象一位消极的受众。不是某个坐在座位上倾身向前，好像饭碗系于你每一字句的人。而是某个坐在马桶座上，随意翻看，心智处于停滞状态的人。”

——PAUL SILVERMAN

●（激情）写一段激情洋溢的文案，让人读后心潮澎湃。

“要传递真正的热情，我认为这很重要。如果你的受众觉得你对产品一点儿也不兴奋，那他也兴奋不起来。”

——SUSIE HENRY

●（与众不同）写一个标题或一段文案，在你看来，没有人这么写过。

“不要去模仿任何人的风格。任何广告里面最重要的事情就是与众不同。”

——STEVE HENRY

文案技巧篇

●（唱反调）写一段文案，挑战公认的事实，让读者不得不思考。

“和普遍接受的想法唱反调的东西反而比较令人信服。”

——TOM THOMAS

●（简化）只用下列四个元素中的一个，创作一则广告。

“标题、图像、内文、商标。如果你能只用其中的一个元素就创作出一个真正有效的广告，这广告绝对会得奖。”

——NEIL FRENCH

●（三列法）运用“三列法”，写一个标题，让人不得不注意。

“三个字、三个短语，或三句话并列起来，就会在人心里产生一种魔力。”

——ALFREDO MARCANTONIO

●（二元对比法）运用“二元对比法”，写一个标题，让受众自发思考。

“莎士比亚写过或许是地球上最著名的二元对比典范‘去，或不去’。阿姆斯特朗则发表过月球上最著名的‘这是我的一小步，却是人类的一大步’。”

——ALFREDO MARCANTONIO

●（头韵）运用“头韵”，写一个标题，写出文案的力量感。

“头韵是文案另一个有利的工具……三列法加头韵的例子，有恺撒大帝的‘我来了，我看见，我征服’。”

——ALFREDO MARCANTONIO

文案协作篇

●（一图胜万言）为某品牌创作一系列广告，像万宝路的广告那样。

“我想，构思出万宝路牛仔广告原始概念的文案人员，一定深深明白‘一图胜万言’的道理。找对画面，就不再需要言语赘述。大标、尾标，来来去去，满面风霜的万宝路牛仔只不过换了顶帽子。”

——MARTY COOKE

●（纯文案）做一个没有图片的广告，而且你相信如果你是评委的话，它一定会得奖。

“一大堆字本身就是一个设计元素。它会传达：‘哎呀，这些家伙倒真有不少废话要说。’”

——NEIL FRENCH

●（视觉化）写一篇完整的文案，然后用最少的图片或者最短的影像演绎出来，尽可能不要出现文字。

“用视觉的想象思考。要是某人描述一座螺旋梯，他多半会手口并用。所以，有时最好的文案就是没有文案。”

——DAVID ABBOTT

●（纯图片）设计一幅广告，不要出现任何文字。

“不要‘写’。最好的文案常常具有高度的视觉想象力。毕竟，一张报纸广告不过是一张白纸，在上面你可以为所欲为。只要有道理。”

——JAMES LOWTHER

●（视觉思考）为广告图片重新配一个标题，或者为标题重新配一张图片。

“文案必须能以视觉的想象思考。他必须能够‘看到’占据空白之处的图像。否则写出来的文字就会被误解。艺术指导也一样。他的图像，除非通过文字诠释，同样可能会被误解。”

——TONY COX

文案修改篇

●（裁减）找一段文案，尽可能地剪裁，只剩下必不可少的文字。

“我听一位杰出的设计师说过：‘优雅来自拒绝。’如果我能够只给一个忠告，那就是——剪裁、剪裁、剪裁。”

——BARBARA NOKES

●（朗读）将你自认为很棒的一篇文案大声读出来，看看是不是真的值得炫耀。

“我快写完时，一遍又一遍地朗读，来检查整体文字的韵律和起伏。大声念。”

——CHRIS O’SHEA

文案提稿篇

●（热情）向客户卖你的稿子，要热情四射，要一次过关。

“通常，客户要买的是你的热情，而不是你的文章。亲自去和客户当面沟通。不要靠传真机来卖稿子。”

——PAUL SILVERMAN

●（坚持）卖你的点子，不管客户怎么看待，坚持到被接受。

“伟大的点子没人喜欢。我是说它们不寻常，因此令人害怕。最好的创意人永不放弃……告诉他们为什么你拒绝其他的方式。发挥你的魅力。和他们喝一杯。”

——JAMES LOWTHER

目录

CONTENTS

在个人的文案工作生涯和对文案新人指导的过程中，我总结出各种文案的撰写法则，这些法则一直指导着我，同时也指导着很多文案新人写出优秀的文案。现在，我毫不吝啬地献给阅读本书的您。

我将文案分为 6 种，分别是广告语、广告口号、广告标题、广告正文、广告脚本和广告软文。对于每一种文案的撰写，我分别总结出 3 条法则，一共 18 条，我对这些法则逐一做出阐释，希望它们能够对您的文案创作有所帮助。

广告语法则

严格来说，广告语是品牌的长期口号。我们若想写出优秀的广告语，应掌握好以下 3 条法则。

- 简短有力

用最简单的短语描绘出品牌形象，尽可能短，并且短语的含义要有力度，要能“穿透人心”。

- 意味深远

广告语要有深层次的含义，要给人留有想象空间，能让人咀嚼其中的意义。

- 历久弥新

广告语不是追赶时尚的产物，必须能经受时间的打磨，要让人每一次看到或每一次听到都会有新的联想与新的体会。

广告口号法则

广告口号，主要是指品牌阶段性广告活动的广告主题。我们若想写出优秀的广告口号，应掌握好以下3条法则。

- 简洁明快

简洁明快＝简单＋清新＋明晰＋易记。

- 时尚感性

广告口号只使用一段时期，所以其要快速融入时尚当中，成为人们关注和谈论的话题；同时其还要具有感性色彩，能打动人心。

- 摇旗呐喊

广告口号意在使中期销售活动更有效地推进，所以一方面要“大张旗鼓”，另一方面要“大声吆喝”。简单来说，就是要“大声”传递信息，要“快速”聚集人群。

广告标题法则

广告标题，是指某一篇广告的标题，一般主要是指平面广告或网络广告的标题。我们若想写出优秀的广告标题，应掌握好以下 3 条法则。

- 重点突出

将广告的重点信息放在广告标题里面。一条信息需要一则广告，一则广告需要一个标题，把最重要的信息提炼出来放在广告标题里面，让受众一眼就能看到和明白广告主题。

- 暗藏玄机

最好的标题不需要正文的解释。但是，如果你觉得还有更多的信息必须通过广告正文向受众传达，那你就要在标题里面设置“机关”，使受众自发地阅读广告正文来打开这个“机关”。

● 欲罢不能

你的标题还应该让受众“想走走不开”，否则，他们不会试图去打开什么“机关”的。你听说过“好奇害死猫”吗？想想怎么激发受众的好奇心吧。

广告正文法则

广告正文，是指某一篇广告的内文部分，其主要出现在印刷媒介或网络媒体上。我们若想写出优秀的广告正文，应掌握好以下 3 条法则。

● 简明扼要

简明扼要 = 简单明了 + 要点突出。你知道文字可大可小，所以不管多大的版面，我们都能写出上千字。我们不自觉地就会在正文里“啰唆”个不停，很多时候可能是客户要求我们“啰唆”个不停。不过，受众可没有那么多时间，一旦不能很快地找到你所设下的“机关”的“钥匙”，他们会立即“弃你而去”。

● 轻松有趣

你我都知道，受众阅读广告正文并不是在搞学习研究，所以广告正文读起来一定要轻松有趣，能让受众放松下来，同时要有趣味，能让受众乐在其中。想

一想，你“喜欢”读你的广告正文吗？

● 有奖回馈

在广告正文中设计一个“奖品”，让受众觉得他受到标题的诱惑而花了时间阅读的正文是有回报的。这个“奖品”可以是一种节电方法、一条理财建议或者一个养身秘诀，也可以是一次抽奖机会或者一个领奖资格，只要能让受众“开心”就行。

广告脚本法则

广告脚本，主要是指视频等声像广告的剧本或脚本。我们若想写出优秀的广告脚本，应掌握好以下 3 条法则。

● 设置悬念

在声像广告中，你只有几秒钟的时间来“挽留”观众，一个广告如果超过 3 秒钟不能“留住”观众，那观众大多就“跑掉”了。如果你有幸被观众看到了，那赶紧在 3 秒钟内“留住”客户吧。而你“留住”观众的唯一办法就是设置一个“悬念”，让消费者“等”你的广告全部播完才能“放心离开”。当然，如果最后你没有有意思的东西“献给”观众，那你的广告客户会被观众的唾沫淹没的。

● 制造冲突

你想要消费者花上 30 秒安安静静地坐着看完你的

广告吗？除非他实在是“懒得动”了。请在 30 秒里制造一些“戏剧冲突”，让他们“惊心动魄”地度过这 30 秒吧。当然，如果你的广告是一部时长在两分钟以上的微电影，那你更应该好好考虑一下如何制造冲突了。

● 直指人心

在广告中可以充分利用影像和音响元素，设计一点儿与人性或人心有关的场景、话语或情节。消费者不是一个被动的“接收器”，当坐在电视机前或面对电脑的时候，他们都是无病无痛、吃饱了饭和睡足了觉的人，他们正准备享受精神文化的食粮。请给他一点儿精神文化的“安抚”或“刺激”吧！

广告软文法则

广告软文，是指新闻媒体上投放的类似新闻的广告信息。在报纸和网络媒体上以文字新闻出现，在视频上以新闻播音稿出现。我们若想写出优秀的广告软文，应掌握好以下 3 条法则。

● 招摇过市

这主要是指软文的标题设计。某种程度上，广告软文都是在“冒充”新闻。尽管广告软文也算是广告品牌的“新闻”，但这条“新闻”相比媒体上的其他新闻来说，其重要性和显著性就差远了，所以广告软文的标题应尽可能地“招摇过市”，以吸引读者的眼球。“招摇过市”的目的在于“赚取回头率”，那么对于广告软文的标题来说，越“招摇过市”就越能赚取正文的阅读率或者点击率。

● 简明扼要

在内容的“简明扼要”方面，广告软文和普通广告正文的要求是一样的，广告软文也必须简单明了和要点突出。

● 煽风点火

通常，广告软文或新闻通稿都是为了通过媒体新闻的形式为品牌的阶段性销售活动“营造氛围”，目的在于提高受众对品牌相关活动的关注率，从而提高活动的影响力。所以软文的标题和正文都应着重体现品牌的社会影响力或销售的火爆程度。

文案“第一法则”

关于文案撰写，如果你只需要遵守一条法则，如果只有一条法则会起效的话，那就是“诚实”了。

在文案撰写中，我们可以遵循一个简单的等式：诚实 = 诚 + 实 = 真诚 + 实在 = 真诚的心 + 实在的话。

很明了，是吗？

你喜欢“诚实”的人，客户喜欢“诚实”的人，你的公司喜欢“诚实”的人，消费者喜欢“诚实”的人，请不要欺骗他们。

如果你足够“诚实”，当你“路遇危难”，人们会寄予同情；如果你“有意欺骗”，人们一旦发现，定会“伺机报复”。

请牢牢记住——“诚实”。

在你为广告而写下每一个字的时候，请问问自己，你是否在用“真诚的心”对消费者说“实在的话”。

文案撰写经典法则

中国经济出版社
CHINA ECONOMIC PUBLISHING HOUSE

不过杨坚并没有等太久，很快战争就有了结果。

八月二十七日，也就是尉迟迥兵败十日之后，王谊率军攻克郧州，司马消难逃亡陈朝。

不久吴州总管于颛（jì）击败陈将陈纪、萧摩诃等，将南陈军队驱逐出了周境。

十月，梁睿率军攻破成都，益州总管王谦兵败被杀。

至此，北周境内的叛乱全部平定，天下已经没有人能阻挡杨坚了。

至于司马消难本人，杨坚已经不在意了，就让他在陈朝待着吧，反正陈朝迟早也是要被收拾的，说不定哪天就从地图上消失了。

但是司马消难的女儿，杨坚可不能不管，毕竟她是当朝皇后，如今生父叛逃了敌国，她会作何感想？

当然了，她才只有十几岁，可能也想不了什么，最多就是问一问爸爸去哪儿了。

但杨坚可不这么觉得，他在想：你爸爸都叛国投敌了，你还好意思当皇后？

所以接下来……皇后司马氏被废为庶人。

然后杨坚又成了唯一的国丈。

但他早已经不满足于当国丈了，他要把“丈”改成“王”。

是的，他要开始为改朝换代做准备了。

第一步：巩固已有成果。

关东虽然已经平定，但杨坚对它的统治并不稳固。这里毕竟是北齐旧地，归入北周还没有几年，人心很不稳定。之前北周在各地设置总管，虽然有效防范了北齐旧势力的死灰复燃，但也使地方权力过大，最终导致三总管之乱。

所以在消灭司马消难后不久，杨坚就废除了相、青、荆、金、晋、梁、河阳等州总管，任命自己的长子杨勇为东京小冢宰，坐镇洛阳，统领关东。

长安、洛阳两手抓，两手都要硬。这是杨坚悟出的道理，也是被历史验证过的真理。

第二步：提升自己的地位，逐渐向皇位靠近。

就实际地位而言，杨坚已经无人能及，但他名义上的官爵还不够高，朝廷里还有跟他同级别的人，这无法凸显他的特殊性，必须改。

这时李德林的价值又显现出来了，当初他建议杨坚做大丞相，但杨坚因为自己立足未稳，怕人心不服，就打了个折扣，弄出两个丞相，自己当左边一个。

现在不一样了，已经没有人敢不服他了，所以他果断地把“左”字拿掉，当上了唯一的大丞相。

但只提升自己还不行，父母祖宗的地位也得提上去，这样才能在整体上提高杨家的地位。

所以他的高祖、曾祖、祖父、父亲四代人也都被追封官爵，一个比一个大。

什么是光宗耀祖，这就叫光宗耀祖，让祖先死后还能风光一把。

第三步：清洗北周宗室。

之前杨坚已经把北周宗室中最有实力和声望的赵王宇文招、越王宇文盛、毕王宇文贤等诛杀，现在是时候铲除剩下的几个人了。

第一个被杀的是陈王宇文纯，罪名是：对执政者心怀怨恨。

执政者自然就是杨坚，所以这个罪名没毛病，杨坚杀了人家兄弟、侄子，现在又要夺人家江山，换谁都得怨恨！

后面接着被杀的就是代王宇文达、滕王宇文逌了。罪名也差不多，都是杨坚靠自己的努力想出来的。

也不知道他是不是有强迫症，招、盛、纯、达、逌五个兄弟正好依次被他杀害，弟弟都死在哥哥后面，顺序一点没乱。

但他确实够狠，他把宇文达、宇文逌一杀，宇文泰的儿子就全部死尽了。十几个儿子，出了三个皇帝、一个名将，剩下的也大多是人杰，可竟然没有一个活过四十岁，说起来是真的可悲。

第四步：改归汉姓。

我们一直称杨坚为杨坚，其实他当时叫普六茹坚，这个名字陪伴了他二十多年，现在是时候改回去了。不仅他要改，他的兄弟、儿子、部属，以及当初所有改鲜卑姓的汉族大臣都改回了原来的汉姓。

杨坚这样做，不仅是为了恢复汉人身份，更是为了提升北周汉人的地位，获取汉族大臣的衷心支持，为将来建立一个汉人统治的国家打下基础。

所以从这一刻开始，过去的鲜卑贵族普六茹坚已经死了，站在我们面前的是汉人杨坚。

完成这四步之后，杨坚离皇位仅有一步之遥了，但这一步迈出去并不容易，弄不好可能会闪着腰，所以他决定先向前迈半步，当个王试试。

大象二年（公元580年）十二月，周静帝宇文阐下诏，封杨坚为随王，划出安陆等汉东二十郡建立随国。

从随国公到随王，爵位只提升了一级，但它却是一次质变，意味着杨坚已经建立了自己的国家，成了诸侯王。

自汉朝以来，历朝历代大都只有宗室才能封王，凡异姓封王者，基本是在改朝换代的路上。

这其实是历代形成的惯例，权臣在改朝换代前一般都要先封王，然后过渡为皇帝。魏晋时曹操封魏王、司马懿封晋王就是这个道理，只是他俩没等到称帝就挂了，后面的事由子孙来完成。

所以杨坚其实是北周唯一的异姓王，而且地位在同姓诸侯王之上，并享有一系列超臣子待遇：剑履上殿、入朝不趋、赞拜不名、加九锡……

这还不算什么，不久周静帝又下诏，命杨坚戴十二旒王冕、建天子旌旗、乘金根车、驾六马、备五色副车（随从帝王的车驾）、置旄头云蒨（天子仪仗）、行乐舞八佾（yì）（八行八列）、设钟虡（jù）宫悬（宫廷悬挂乐钟的级别）。王妃为王后，长子为太子……

这些礼乐配置都是天子专属，杨坚有了它就已经不是大臣了，相当于是副皇帝，接下来转个正就完事了。

杨坚倒也不是很着急，反正改朝换代只是时间问题。可是大臣们急啊，心说您赶紧当皇帝吧，我们等着当开国功臣呢！

于是劝进者络绎不绝。

到了这个时候，杨坚不想当皇帝都不行了，既然已经是众望所归，那就把剩下的半步迈出去吧。

可改朝换代毕竟是大事，一辈子也就这么一回，不能撞到哪天是哪天，得挑个吉日才行。

其实这已不用杨坚操心，早有专家帮他想好了。这人叫庾季才，本职工作就是看天象，放到现在绝对是天文学家。杨坚之前就找他问过天数，但他没有直说。最近他夜观天象，觉得王气已现，杨坚可以即位了，时间应该定在二月甲子。

为什么选二月？

根据庾大师的解释，这与太阳有关。

二月的时候太阳在卯时（5—7点）升起，酉时（17—19点）落下，正好位居天的中央（春分前后），称作二八之门。太阳是天子的象征，天子即位就应该选二月。

为什么选甲子日？

庾大师的解释是：甲是天干之始，子是十二时辰（地支）之初，甲的别数是九，子的别数也是九，九为天数。而且二月甲子日（十三日）正好是惊蛰，是阳气旺盛的时候。

既然二月甲子这么好，那古代有没有这天即位的皇帝？

庾大师举了两个例子，都是了不起的人物。

首先是周武王，他就是在二月甲子即位的，所以周朝立国八百年，历朝之最；其次是汉高祖刘邦，他是在二月甲午即位的，享国四百年，打了个对折。所以说甲子是天数，甲午稍差点。

以上这些都被写在庾季才呈给杨坚的报告里。

杨坚看后深深折服，当即拍板：就二月甲子了！

于是公元 581 年二月甲子（十四日），杨坚迎来了人生最辉煌的时刻，他接受周静帝的禅让，在长安宫临光殿即天子位，立国号为“隋”，年号“开皇”。

自此北周的历史走向终结，同时北朝也宣告结束，隋成为中国北方唯一合法政权。

细心的读者发现了，作者偷偷把“随”改成了“隋”。其实这不赖作者，是杨坚自己的主意。因为他觉得“随”这个字带走之旁，有“走”的意思，作为国号不大吉利，搞不好什么时候就把他辛苦建立的国家给带走了，所以他要改，换个同音且字形最接近的字——隋。

那有人会问了，为什么不直接改成别的国号，为什么非得在“随”这一棵树上吊死，难道就因为他当过随国公？

简单来说就是这个原因，从随国公到随王再到隋朝，这是顺理成章的事，也是中国历史的传统。

在隋朝以前，以及从隋朝至元朝期间，中国大部分朝代的国号都来源于开国君主在前朝的封号或官职。比如刘邦即位前封汉王，就以汉为国号；曹操封魏王，他的儿子曹丕就以魏为国号。其后的晋、宋、齐、梁、陈也都是这么来的。它表示新朝是从前朝继承来的，是合理合法的，所以杨坚没有理由不这么干。

另外，如果再往前追溯，这些国号又大都来自先秦诸侯国名，包含了历史的传承。“随”就是春秋时的一个小国，在今湖北随州一带。当初杨忠为西魏攻取随州（随郡），获封随国公，死后又把爵位传给了杨坚。父子两代人都因“随”而发达，也应该由“随”来见证他们的辉煌。

至于以“开皇”为年号，当然也是大有讲究的。

首先，“开皇”与佛教有关，它出自佛教名词“圣皇启运，像法载兴”，意思是：圣明的君主开启世运，使佛法兴盛。

作为一个虔诚的佛教徒，杨坚与佛教有着不解之缘。他不仅在寺院出生，从小生活在寺院，由尼姑抚养长大，还有一个来自佛教的鲜卑小字“那罗延”，也就是“金刚力士”。

所以杨坚对佛教的感情非常深，是打心底推崇佛教的，因此也希望自己的子民尊佛敬佛。以前周武帝宇文邕灭佛，对佛教造成巨大破坏，很多僧人被迫还了俗，现在他建立隋朝，定“开皇”年号，就是要告诉世人：隋朝要大力支持佛教发展，弘扬佛法，你们可以自由选择出家。

这么做既是出自他本心，也是出于统治的考虑，毕竟当时信佛的人遍布全国各阶层，新生的隋政权需要他们的支持。

其次，“开皇”与道教有关。

道教有五劫说，分别是龙汉、赤明、成劫、上皇、开皇。其中开皇劫“以此妙经，生天立地，大圣应于始青之中，号元始天尊”(《云笈七签》)。

所以“开皇”是道教的一“劫”之始，表明天地间又一个新纪元的到来。杨坚取“开皇”为年号，也是力图证明他依天运而开创了一个新纪元，而他则像至高无上的元始天尊那样济度众生，开劫度人。

不过南北朝时佛、道交融碰撞，道教的很多思想、学说借鉴了佛教，比如劫数说等，所以“开皇”更大程度上是取自佛教。

无论是佛还是道，“开皇”年号都是美好思想的寄托，杨坚希望借此得到神佛的庇佑，使他的王朝能够繁荣昌盛，传承万世。

总之，开皇元年（公元 581 年）二月，杨坚建立了隋朝，以开皇为年号，这一年即开皇元年。

从一个普通的北周大臣，到隋朝的开国皇帝，杨坚完成这一身份跨越只用了短短九个月的时间，而且中间几乎没有经历什么重大挫折。这样顺利的改朝换代在整个中国历史上都是不多见的，以至于后世史学家赵翼评价说“古来得天下之易，未有如隋文帝者。”

因此我们不禁要问，他凭什么？

可能会有人说他运气好，莫名其妙就被一个叫“权力”的馅饼砸中了。

的确，杨坚的运气有时候好到难以置信。本来他仕途挺坎坷的，一度八年不得升迁。可在三十岁之后，他的人生突然像开了挂，开始不断有人主动给他铺路，最终让他走出了一条康庄大道。

首先是周武帝宇文邕，铲除了一直压在杨坚头上的权臣宇文护，让他有了出头之日；又选了他的女儿做太子妃，让他成了外戚；最后宇文邕英年早逝，让他提前好多年当上了国丈。

其次是周宣帝宇文赟，杀掉了日后最有可能辅政的齐王宇文宪，又把其他几个亲王调离了京城，一次性地为杨坚清除了所有障碍，然后又把自己作死，留下一个儿皇帝，让杨坚捡了个大便宜。这种精神，可歌可泣！

最后是郑译、刘昉。本来杨坚这样一个人物，是不会跟这种小人扯上什么关系的，可郑译偏偏是他同学，选中了他来当辅政大臣，又和刘昉互相配合，一个在前面拉着他，一个在后面推着他，硬是把他抬上了权力巅峰。

所以说杨坚太幸运了，不断遇到好人。

可是运气最多只能让他当上辅政大臣，恐怕当不了皇帝。就比如宇文护的运气也不错，当了那么多年辅政大臣，连杀了几个傀儡，最后非但没坐上皇位，还被皇帝杀了。杨坚最初面临的政治形势并不比宇文护好，而且辅政的合法性还存在问题，以致爆发了三总管之乱，可他为什么只用几个月就成功转正了呢？

这就要说到杨坚的过人之处了，他其实是一位优秀的政治家。这在他辅政的九个月里表现得非常明显。

首先，作为执政者，他能够施行仁政，赢取人心。

当时宇文赟荒淫奢靡、宠信小人，令北周大臣们非常失望，又严刑峻法、大兴土木，更是惹得天怒人怨。而杨坚一上台就“大崇惠政，法令清简，躬履节俭”，使“天下悦之”（《隋书·高祖本纪》）。前后这一对比，就凸显出了杨坚的“仁义”，难怪大臣、百姓都愿意拥护他。

其次，作为创业者，他懂得任人唯贤，公私分明。

对于一个拥有至高权力的人来说，要做到“亲贤臣，远小人”是很不容易的，宇文赟就是典型的反面教材，最终被身边的小人阴了江山。而杨坚本来就是被郑译、刘昉这些小人扶持上位的，他们是一个创业团队，相互亲近应该是自然而然的事。但杨坚却能及时远离这些不称职的合伙人，转而亲近任用那些有真才实学的职业经理人，最终把公司做大乃至上市。而且他没有因为是家族企业，就一味任用自己的亲人，他的四个弟弟一直很少参与他的决策。一个创业者能做到这些，是很难能可贵的。

最后，作为篡位者，他明白步步为营、水到渠成的道理。

杨坚的辅政大臣身份其实来得有些突然，他并没有充分的心理准备，但他掌权之后很快就调整好了心态，摆正了自己的位置，确立了自己的长远目标以及各阶段的分目标，然后步步为营，努力实现。从调五王入京到建立丞相府，从招贤纳士到笼络元老重臣，从铲除宗室到平定三总管叛乱，每一步都有目的、有计划地进行，没有畏首畏尾，也没有急于求成，可以说是稳扎稳打，水到渠成。

说了这么多，其实总结起来就一句话：杨坚的成功等于百分之九十九的汗水加上百分之一的运气，但那百分之一的运气很重要，甚至比百分之九十九的汗水更重要。

可能有人不同意这种说法，因为汗水也好，运气也罢，要么是个人因素，要么具有偶然性。而一个人的成功离不开客观环境的支撑，是有其必然性的。尤其是历史上那些开国皇帝，哪个不是时势造英雄，难道杨坚会是例外？

这显然不可能，所以接下来我们要说的就是杨坚成功的客观因素。

第一，时代环境。

政权更迭频繁是魏晋南北朝时期的一大特点，“流水的皇帝，铁打的士族”是那个时期真实的写照，所以改朝换代在当时人的眼中不是什么大不了的事，早就司空见惯了，接受起来是比较容易的。这也是杨坚篡周没有遇到太多阻力的原因之一，如果放到东汉那样一个王朝忠诚度极高的时代，情况就会大不一样，恐怕杨坚未必能比曹操做得更好。

第二，家庭背景。

如果要问中国历史上哪位开国皇帝出身最低，恐怕大多数人的答案都是明太祖朱元璋，但若问谁的出身最高，可能就有争议了。但在这些争议声中，应该能听到杨坚的名字，他即使排不上第一，也至少名列前三。

作为关陇贵族子弟，杨坚可以说是含着金汤匙出生。他的父亲杨忠给他提供了足够雄厚的政治资本，让他一出生就站在了巨人的肩膀上，无论是进入太学认识郑译，还是与皇室结亲成为国丈，都源于他的关陇贵族身份。这是普通人无法比拟的。

所以杨坚能够建立隋朝，其一半功劳要归他父亲杨忠。他在即位后追封父亲为太祖就是这个原因。在古代皇帝的庙号中，太祖意为创基立业者，多为开国之君所有，而杨坚把它给了父亲杨忠，说明他知道杨忠才是隋朝的创基者，自己不过是继承人罢了。

第三，历史选择。

魏晋南北朝的又一大特点是民族大融合。在南北朝后期的北方，是很难找到一个文化层面上的纯粹汉人，或纯粹胡人。尤其是在上层社会，胡人和汉人通婚频繁，交流密切，无论是在血缘上还是在文化上，都逐渐趋于融合。

在这样的背景下，中国重新走向统一已经是大势所趋，但历史会选择谁来完成这一使命呢？

首先这个人不能是南朝的纯粹汉人，因为他们和北方的胡人隔阂太深，不了解他们的文化和风俗习惯，无法对他们进行有效统治，如果用武力强行统一，恐怕不久就会引发新的分裂。其次他也不能是一个北方的胡人，因为南朝的汉人同样难以接受，即使完成了统一，也很快会被民族矛盾所摧毁。

所以这个人必须得是一个具有双重民族身份的人，既能作为胡人的领袖，又能为广大汉人所接受，这样才能实现真正的大一统。

而杨坚就是这样一个人。

从血缘上来讲，杨坚是一个不折不扣的汉人，父亲是汉人，母亲也是汉人，并且父祖还出身关中士族（弘农杨氏），所以很容易获得汉族士大夫的支持。在当时的北周，汉人是占多数的，即使是统治阶层，汉人的力量也不容忽视。尤其是在宇文邕进行军事改革和灭亡北齐之后，越来越多的汉人进入北周的官僚体系和士兵队伍中，上至韦孝宽、李穆这样的元老重臣，下至郑译、刘昉这样的小人物，汉族官僚已经构成了北周朝廷的主体。

而汉人，尤其是关东汉人，对北周皇室的忠诚度是不高的，他们更乐意见到北方建立一个汉人政权，来提升汉人的地位，维护士族门阀。正好这时杨坚出现了，无论是应运而生，还是机缘巧合，他都成了汉人官僚的利益代表，所以当他准备改朝换代时，朝廷中几乎没有反对声。

再有从文化层面来讲，杨坚又不是纯粹的汉人，而是鲜卑化了的汉人。他从小接触鲜卑文化，有鲜卑姓氏、鲜卑小字，还有一个鲜卑族妻子。所以他非常了解鲜卑人的文化和习性，知道怎么统治和团结他们，而且他这样一种身份也能够被鲜卑贵族、士兵所接受，这也就避免了民族分裂，保留了民族融合的成果，也使日后的大一统成为可能。

所以说不是杨坚创造了历史，而是历史选择了杨坚这个人。

作为民族融合的产物，隋朝的建立顺应了历史潮流，是汉人和鲜卑人整体利益和共同意志的体现，因此得到了大多数人的支持。

第八章 新朝气象

隋朝建立了，但它究竟是一个什么样的政权呢？与之前的北周、西魏相比有什么不同？

要解答这个问题，就要弄清楚隋朝的制度设置，所以接下来我们将对隋朝的主要制度进行介绍，既便于读者全面了解隋朝，也方便梳理后面的历史。

隋朝虽然是取代北周而建立的，但它并没有完全沿袭北周的制度。相反，杨坚一上台就废除了原来的六官制，并在汉魏官制的基础上，建立了一套新的政治体制，这个体系的核心就是我们所熟知的三省六部制。

在讲“三省六部”之前，我们先简单说一说北周的制度。北周的实际创立者是宇文泰，主要制度也是由宇文泰所创立，其中的中央官制是仿照《周礼》建立的一套带有复古色彩的六官制度。

所谓六官，是指天官大冢宰、地官大司徒、春官大宗伯、夏官大司马、秋官大司寇、冬官大司空。六官分管六府，六府又分管国家各项权力。后来宇文护当政，为独揽大权，规定地、春、夏、秋、冬五府统一受天官府节制，这就造成大冢宰权力过大。所以宇文邕亲政后，又规定继任的大冢宰不再统辖五府。

六官制度的形成有其特殊的历史背景，宇文泰当初创建它的目的是假托周制，宣扬文化正统，取得汉族士族的拥护和归向，同时笼络功高名重的宿将，巩固自己的统治。所以最初担任六官的正好就是六柱国（此时李虎、元欣已死），除了大冢宰宇文泰，剩下的是：大司徒李弼、大宗伯赵贵、大司马独孤信、大司寇侯莫陈崇、大司空于谨。

由此可见，六官制度是宇文泰基于当时的政治需要创立的，适应当时的西魏及北周国情。但随着历史的发展，它的弊病日益突出，比如容易造成六官权力过大，威胁到皇权，以及六官之间的关系比较混乱，职能划分不够清晰明确，影响政令的拟定和实行等。

基于这些原因，杨坚觉得六官制度已经不合时宜，所以在建国之初就将其废除，恢复汉魏的旧制，并加以变革完善，形成了三省六部制。

三省六部制

三省是指汉朝以后长期发展形成的尚书省、中书省、门下省，六部则是尚书省下辖的六个部门。

也就是说三省六部并不是隋朝才开始有的，它的产生是一个漫长的过程，是皇权与相权斗争的产物。

在三省六部制形成之前，中国的中央官制主要是三公九卿制。西汉时，汉武帝意识到三公权力过大，严重威胁到皇权，于是起用地位较低的尚书、中书令等来处理部分政务，以削弱相权。

尚书原本是主管文书的官员，“尚”即“掌”的意思。当时汉武帝多用宦官主管尚书事务，而宦官又称“中官”“中人”，所以称为“中尚书令”，简称“中书令”。历史上的首任中书令是受腐刑后的司马迁。但同时也有普通士人担任尚书的，称为“尚书令”。

到东汉时，宦官已不再出任尚书，“中书”一职消失，而“尚书”则率先由人发展为机构，称作“尚书台”，下设六个部门，称作“六曹”，也就是六部的前身。这时的尚书台还隶属九卿之一的少府，权责虽然重，但品阶很低。

到了曹魏时期，尚书台脱离少府，独立发展为全国最高政令机构。随着尚书台的权责越来越重大，曹魏的皇帝们（包括曹操）也受到了威胁，所以又把尘封已久的“中书令”请了出来，让士人来担任，负责起草诏令文书，并参与决策，以此分割尚书台的权力。不久又在此基础上设立“中书省”，与尚书台并立为两大政务机构。

再到西晋时，皇帝们还是觉得尚书台权力太大，毕竟是最高行政机关，管着那么多部门，一个中书省好像限制不住它，于是又设置了以侍中为长官的“门下省”，与中书省一起来分割和限制尚书台的权力。

这样三省就形成了，尚书省六曹也发展为了六部，三省六部制的雏形已经出现，又经过东晋、南北朝的发展，逐渐成熟完善。但由于南北朝的长期分裂及政权的频繁更迭，这一制度并不稳定，每个政权的三省制不尽相同，有的只有一省或两省，地位、职权、组织形式也有很大差别，比如陈朝就是中书一省独大，而且权力集中在中书省的中层官员中书舍人身上，造成了严重的政治混乱。

所以说隋朝之前就已经有了三省六部，但它是零散、混乱的。而杨坚所做的就是将它整齐划一，正式确立为中央官制。

那么隋朝的三省六部制究竟是怎样一种制度呢?

首先说三省的组织架构。隋朝的三省分别为内史省、门下省、尚书省，其中内史省是决策机构，负责起草诏令，长官为“内史监”“内史令”，下设“内史侍郎”“内史舍人”等；门下省是审议机构，负责诏令的审核，长官为“纳言”，下设“门下侍郎”“给事中”等；尚书省是行政机构，负责政令的执行，长官为“尚书令”，“左仆射、右仆射”为其副手，统辖吏、礼、兵、度支、都官、工六部，其中度支、都官于开皇三年改称民部、刑部。各部以尚书为长官，侍郎为副，每部又辖四个司，共二十四司，司长称“郎中”，副司长称“员外郎”。

以上就是三省六部的基本架构。各省名称和官吏设置基本沿用了前代，主要取自北齐和南朝，最大的变化是中书省改为了内史省。之所以改名，是因为杨坚的父亲叫杨忠，而“忠”与“中”同音犯讳。杨坚这么孝顺的孝子，当然不会允许这种情况出现，所以就把中书省改为内史省，中书监、中书令改为内史监、内史令，同时门下省的长官也不再叫侍中，改叫纳言。

然后说三省的运行。三省长官都是宰相，共同对皇帝负责，皇帝如果要干什么大事，先召宰相商量讨论，定一个总方针，然后交给内史省拟订具体方案，并起草为诏令，再交给门下省审议，看是否可行；如果门下省觉得没有问题，就可以发往尚书省，由尚书省来具体执行。至于怎么执行，那要看具体是什么事，如果是要任命某人为某官，那就交给吏部；如果是搞工程建设，那就交给工部，部门不同，分工不同。但如果门下省审核不通过，那对不起，请内史省的同僚重新草拟，直到门下省满意为止。

可能有人会觉得这个运行过程比较烦琐，会影响决策效率。这确实是三省六部制的一个问题所在，后来唐朝也对此做了调整。但总体而言，三省六部制是当时中国乃至世界上最先进的政治制度，相较于三公九卿制，是历史上的一大进步。

为什么这么说呢？从三公九卿制到三省六部制，最大的变化在于决策者由人变为了机构。在秦汉时代，三公尤其是丞相的权力极大，他们可以建立属于自己的府署机构，并自主任命官员，组建一个政治团队。当他们下台时，这个团队也会跟着解散，等新人上台再组建新的团队。就像杨坚辅政时组建丞相府一样，所有官员都由他来任命，皇帝无权干涉。这样就导致丞相的权力过大，并且独立于皇帝朝廷体系之外，与皇权形成了二元体制。

而三省六部制则恰恰相反，它是先有机构后有人，是人附属于机构，而不是机构附属于人。宰相只是各省长官，不能按照自己的意志随便任命官员，更不能建立自己的府署机构。如果宰相被免职，省内其他官员也不会受影响，所有机关仍可照常运行，新宰相上任后接着用就行了。这就等于把相权置于了皇权之内，有效地限制了相权，加强了皇权。

再者，相较于三公九卿，三省分工明确，既有协作，又互相监督和制衡。决策权、审议权、行政权的分离，使决策的科学性得到保障，提高了办事效率，减少了失误，避免了一言堂。

但三省也并非完全均衡，它们的地位高低和权力大小还是有差别的，尚书省仍然是最核心的机构，也是全国最高行政机关，既参与前期的方针制定，又负责最后的执行，还管辖着六部，权限很广；而且尚书令为正二品，比内史令、纳言高出一级，是宰相之首，权力非常大。

这其实是魏晋以来一直存在的问题，要不然就不会有其他两省了。虽然历朝皇帝想方设法限制尚书省的权力，但无奈它权限实在太大，还是会对皇权构成威胁。

所以杨坚想了个办法，他拿尚书令开刀，虚设这个官职，不授予任何人，由左、右仆射来统领尚书省。这样原先尚书令的权力就被一分为二，对皇权的威胁也就减小了。但是尚书省的权限职责并没有变，从二品衔的尚书左仆射取代尚书令成为三省首席宰相，权责依然很重。

说到官员品级，无论是尚书令还是其他各省长官，最高也不过正二品。那一品是什么官呢？

这就要说到三省之外的官制了，我们说三省六部制是隋朝中央官僚体系的核心，但并不是全部。在三省之外还设有很多官职和机构，总结起来就是三师、三公，秘书、内侍二省，御史、都水二台，太常、大理等十一寺。

所谓三师，是指太师、太傅、太保，始设于殷商时期，原本是辅佐君王的大臣，地位极高，权力极大，一般不轻易授人，除非是像姜子牙这样的功臣，或者董卓这样的权臣。

三公则是指太尉、司徒、司空，是秦汉以来形成的官职，也是地位极高、权力极大，三国中常说袁绍“四世三公”指的就是他祖上四代人做过三公。

三师、三公都是正一品，但在隋朝之前就已经变成了一种荣誉头衔，地位高而无实权，主要是用来荣宠元老重臣的。比如杨坚把太师的职位授予李穆，就是表示对他的尊崇，但李穆并不直接参与朝政。

还有秘书、内侍二省，虽然也称为省，但和尚书等三省差别很大，不可相提并论。秘书省是掌管国家典籍图书的机构，类似于我们今天的国家档案馆、图书馆等；内侍省则是皇帝的近侍机构，由宦官组成，主要管理宫廷内部事务。这二省基本不参与国家大事的处理，对朝政的影响都非常小，无法与三省相比，所以虽然有五省，却仍称为“三省六部制”。

再有御史、都水二台，分别是监察机构和主管治水的机构，其中御史自古就有，原本是史官，秦以后开始具有监察职能，到东汉成为一个机构。隋朝则是借鉴南朝和北齐的官制，设立了御史台，以“御史大夫”为长官，主要负责纠察弹劾官员、肃正纲纪等。本来还应该有副长官“御史中丞”，但因为“中”字犯讳，干脆不设了，改以“治书侍御史”为次长。

最后是十一寺，包括太常、光禄、卫尉、宗正、大理、鸿胪、太府等，是从汉魏以后的九卿、九寺演变而来的，也经历了由人到机构的变化。

十一寺主要负责一些专门性的工作，官员也大多是专业型人才。比如太常寺掌管陵庙祭祀、礼乐仪制、天文术数等；光禄寺掌管宫廷膳食、帐幕器物、宫殿门户等；大理寺掌管刑狱、诉讼等。

总体来看，十一寺的设置是对三省的补充。但有些寺的职权与三省六部也有交叉，比如大理寺负责刑狱，而六部中的都官（刑部）也掌管刑狱，两者都是司法部门，区别在于刑部只有行刑权、审理权，没有处罚权，而且只限于处理涉及平民及七品以下官员的案件；而大理寺则更多的是处理重大案件，且具有处罚权。

大理寺、御史台等机构独立于三省六部之外，意味着国家的行政权与司法权、监察权已经分离，是历史的一大进步。

州县制

介绍完中央官制，我们再来说说隋朝的地方行政制度。

之前我们提到过，西魏、北周在地方上实行的是州、郡、县三级制，其实不光是北周，汉魏以来历朝历代大都是这样，已经延续了几百年，但杨坚建隋之后对此做出了重大调整，具体来说就是废除郡，创立州县二级制。

郡好好的，为什么要废除呢？

这当然不是杨坚心血来潮，而是出于现实的考虑。为了便于理解，我们先对州、郡的历史做一个梳理。

郡作为行政区，历史比州更为久远，早在春秋战国时，各诸侯国就开始设郡了，后来秦统一天下，在全国范围内设立了三十六个郡（后来有所增加）、一千余县，正式确立了郡县制。

到西汉初年，分封制又死灰复燃。刘邦在实行郡县制的同时，又大量分封诸侯王，当时汉朝全境有四十多个郡，其中大部分属于诸侯王国所有，汉中央直接统治的不到一半。后来诸侯王势力被削弱，郡、国成为同级行政区，数量不断增加，达到一百多个。

这时我们伟大的汉武帝又出来说话了，他老人家觉得郡、国数量太多，中央管辖不过来，不利于集权统治，于是根据山川形胜，把全国划分为十三州部，每州设置一个刺史，负责监察所在州部的郡国。

但要注意的是，这时的州只是一个监察区，而不是行政区，刺史也不是郡守的直接领导，没有固定的办公地点，而且品级很低，只是代表中央去监察地方而已。所以真正的行政区还是只有郡、县两级，郡太守可以直接与中央联系，不必通过州刺史。

这种设置一直持续到东汉，至东汉末年时，情况发生了变化，原因是黄巾起义爆发了，很快席卷全国。汉灵帝发现单个郡的军事力量太小，无法有效镇压黄巾军，于是就在各州设立州牧，掌一州的军政大权，统领若干个郡，比如刘表为荆州牧，那他就是荆州八个郡的实际领导人。到这个时候，州才真正成为郡之上的一级行政区，州郡县三级制正式形成。

起初州的数量并不多，管理起来也比较方便，可是很快这种情况就发生了改变，州的数量急剧增加，都快赶上郡了。

这是为什么呢？因为西晋灭亡了。

为什么西晋灭亡会导致州的数量增多呢？这就要说到中国历史上的一个重大事件——永嘉南渡。

永嘉年间，西晋都城洛阳被胡人攻破，北方国土大片沦陷，大批汉人被迫南迁。这些人到江南后，大多相聚而居，保持原籍贯。后来东晋建立，为了安置这些南渡的北方人，就在他们聚居的地方设立临时性的地方行政机构，并沿用他们原籍的州、郡、县名称，称为侨州、侨郡、侨县。

比如某批人从豫州迁来，聚居到了江南扬州的某处，那么就在他们聚居的地方设置新的豫州，叫南豫州。如果豫州人比较多，有的分散聚居到了荆州，那就再在荆州设郡，并沿用原豫州的郡、县名。

再后来，南北朝的统治者们也这么做，州、郡的数量便进一步增多，再加上南北疆域变化频繁，很多州被分来分去，来回侨置，又使州郡的数量大幅增加，而且出现了很多重名的州。

其中重名最多的是豫州、徐州、兖州，由于这几个州原先是中原核心区，南迁的人多，又处于南北交火的核心地带，来回易主，一会儿归南朝，一会儿归北朝，导致州名泛滥，一度出现五州同名的情况，比如南朝有豫州、南豫州、西豫州，北朝也有豫州、北豫州等。

这种混乱局面一直持续到隋朝建立时，北方共有二百一十一个州，五百零八个郡，一千一百二十四个县。平均下来一个州只管两个半郡，一个郡只管两个多一点的县，这显然很不合理。而且有的地域不到百里就设置好几个县；有的不满千户就设置两个郡，导致机构臃肿，官吏太多，耗费巨大，给国家和百姓财政带来了沉重负担。

杨坚早先并没有太在意这个问题，他更关心的是这二百一十一个州怎么管理。西汉时全国一百多个郡、国，中央已经管不过来，何况现在州的数量有二百多个。原先北周的办法是在州上面设立总管，曾起到过一定作用，但是杨坚消灭三总管后大都给废除了。

现在隋朝建立，加强中央集权是当务之急，所以杨坚又恢复了总管制度，并借鉴魏晋、北齐的制度，设立河南道（治洛阳）、河北道（治太原）、西南道（治成都）等监察区，每道设一行台，把尚书省的机构移植过去，以管理该道的州郡。这与后来元朝的行省制度颇为相似。之所以叫行台，是因为尚书省曾叫尚书台。

行台的设置加强了中央对地方的控制，但无法解决机构臃肿的问题。

开皇三年（公元583年）时，河南道行台兵部尚书杨尚希意识到了地方制度的弊端，首先向杨坚上了一份奏表，建议除去地方闲职，并小为大。

杨坚很快采纳了他的建议，下诏撤销天下诸郡，合并部分州县。

撤郡的方法简单粗暴，但也最直接有效。郡被废除之后，州直接管县，数量比为1∶5左右，是比较合理的。由此确立了州县二级地方行政制度。

隋朝的州县制影响深远，奠定了中国此后一千多年行政区划的基本格局。虽然历朝又在州的上面设置了不同的行政区、监察区，但州县作为基础行政区几乎没有变过，一直沿用到清末民国。而且在隋朝撤销诸郡的过程中，出现了大量的新州名，很多今天我们熟悉的城市名称由此诞生，比如郑州、兰州等。

均田制、租调制与府兵制

中央官制和地方行政制度都是上层建筑，它们的建立和运行离不开经济基础，所以接下来我们要说的是隋朝的土地制度和赋税制度。

古代中国一直是农业国，农民占人口的大多数。而对农民来说，土地几乎就意味着一切，有了土地才能生存发展，繁衍生息。相反如果失去土地，或者租税过重，农民就难以生存，不得不铤而走险，揭竿而起。

所以历朝历代，但凡是比较英明的皇帝，都非常注重民生，他们会在维护统治阶级利益的前提下，推行合适的土地制度和赋税制度，抑制豪强势力和土地兼并，减轻农民负担，保障农民的基本生活。

当农民的生存有了保障，农业经济自然会得到发展，然后人口增多、国家税收增加，出现治世、盛世的局面。西汉文景之治、昭宣中兴，东汉光武中兴、明章之治，都是这样来的。

杨坚当然明白这个道理，他希望新生的隋朝能成为周朝、汉朝那样伟大的朝代，甚至超过它们，所以在农业方面做了很多工作。

首先是颁布均田令，在全国范围内推行均田制。

均田制是一种按照人口分配土地的制度，也就是国家把土地“平均”分配给农民耕种。

均田製

这一制度的实施有一重要的前提，那就是政府手中必须掌握大量土地。

而历史上很多朝代都不具备这个条件，因为土地更多集中在大地主手中，国家无地可分。

那什么时候国家才会拥有这么多土地呢？答案是战乱之后。

因为战乱会导致人口锐减，不管是逃难迁徙，还是家破人亡，总之会造成人地分离。这样在战乱结束后，国家就会掌握大量无主荒地。

而魏晋南北朝就是这样一个时代，尤其是在北方，因为大量汉人南迁，很多土地无人耕种，成了国家财产。所以北魏孝文帝时，政府颁布均田令，把国有的土地分配给农民，由此产生了均田制。

此后东魏、西魏及北齐、北周等也都实行了这一制度，但授田的具体对象、亩数、方法有所不同。

而隋朝的均田令是在总结历代经验的基础上颁布的，具有进步性。它的主要内容是：成年男丁每人受露田八十亩，用以种植五谷，死后归还国家，另受永业田二十亩，用以种植桑麻，不用归还；妇人每人受露田四十亩，不给永业田；奴婢受田与平民相同。

此外官员也授田，田亩数与爵位、勋位的高低相关，从都督到诸王，授永业田四十亩至百顷不等；中央和地方官吏按品级高低授给职分田，少则一顷，多则五顷；各官署机构授给公廨（xiè）田，作为公用。

这套授田方案主要取自北齐，变化在于对人丁的划分不同，以及增加了官员授田的内容。

北齐时规定男子十八岁为丁，六十岁为老，而隋朝则规定男子二十一岁为丁，五十八岁为老，同时把十八岁至二十岁划为中男，也在授田范围内。

这么做的意义是什么呢？简单来说就是减轻农民负担。

为什么改变丁男划分就能减轻农民负担呢？这就要说到隋朝的另一项制度，也就是赋税制度：租调制。

租调制是伴随均田制而生的，租即田租，指个人根据授田定额（共一百亩）向国家上交租税；调即户调，也就是人丁税。

这两种税主要是向成年男丁征收的。相较于前朝，隋朝的税是最轻的，而且杨坚将成丁年龄由十八岁提高到二十一岁，却不改变原先十八岁授田的规定，使得农民在达到授田年龄后有三年时间不纳租调。而老人的年龄由六十岁降为五十八岁，也减少了两年租税。这无疑减轻了人民负担。

除了租调外，历朝还都规定农民必须服力役，也就是义务为国家干活，比如北周就规定男丁每年要服役一个月。

杨坚最初出台租调制时也规定是一个月，但第二年就把服役时间缩短为二十天。后来又规定年满五十岁的男丁可以交纳一定的绢来代替力役，这样农民就有更多的时间来从事农业活动，农业生产就得到了保障。

至于官员授田，虽然主要是为了维护官僚贵族的经济利益，但一定程度上也减轻了国家的财政负担，因为授予官员田地之后，就不需要再发放俸禄了，这就大大节省了财政开支。

均田制和租调制的施行，适应了当时社会经济发展的需要，对隋王朝巩固统治起到了积极作用。

但在这两项制度推行的过程中，杨坚发现了一个严重的问题，那就是很多农户不在国家掌控范围之内，地方上存在大量隐漏户口的现象。

为什么会出现这种情况呢？

其实这种现象自古就有，特别是战乱时期最为严重，农民们为了逃避繁重的赋税徭役，或者在年龄上造假，或者隐瞒户口，或者干脆依附于地方豪强、地主，导致国家所能统计到的人户数急剧减少。

这就是为什么三国时期人口锐减这么厉害，一部分是战争、饥荒导致，另一部分则是隐漏户口造成的。

这一现象的危害非常大，首先它会使国家直接掌握的劳动力减少，其次赋税收入也随之减少，最后还会使地方豪强、地主势力膨胀，削弱中央政府的力量。

而这些都是杨坚最不能容许的。为了改变这一状况，他于开皇三年推出一项政策，叫“大索貌阅”。

什么意思呢？说白了就是清点核对户口。具体来说则是根据相貌来检查户口，看是不是隐瞒了人丁，或者谎报了年龄、身体状况等。

这类似于现在的人口普查，但是目的不一样。杨坚出台这样一项政策不是为了搞研究，而是为了增加政府控制的人口数量和赋税收入。

为达到这一目标，杨坚做了非常严格的规定，主要有三个方面，我们可以把它称为三板斧。

第一斧，惩不实。“大索”过程中一旦发现户口不实的情况，不仅是当事人受到惩处，像里正、保长、党长这类地方基层官吏也要被流放。

第二斧，奖举报。官方人力有限，清查户口的时候难免有遗漏，而且一些地方豪强为了隐瞒户口，竟然与官僚勾结，营私舞弊，让人防不胜防。所以最好的方法就是鼓励检举，让百姓互相揭发，毕竟群众的力量是无穷大的。

第三斧，令分户。当时民间大户居多，很多家庭几代人生活在一起，而政府收税是以户为单位的，先看每户有多少人丁、资产（主要是田产多少），定一个等级，然后按户的等级征税。比如你家有五口人五百亩地，就定为中下户，到时候直接按照中下户的标准交税就行了。如果一户人口过多，就会加大登记户口和征收赋税的难度，容易造成户口隐匿。所以规定凡是亲属关系远于堂兄弟的，一律强令分籍分户，把大家庭化为小家庭。

这三板斧下去，果然是立竿见影，当年就新增户籍人口一百六十多万，其中男丁就有四十四万。

这是什么概念？首先我们要了解隋朝当时的总人口数，根据相关统计，开皇元年（公元 581 年）的北方人口大约是二千九百万。也就是说通过“大索貌阅”这一措施，隋朝就增加了二十分之一的户籍人口，如果按照平均四人中有一人课税的话，那隋朝政府一年将增加百分之六左右的赋税收入。可谓收效明显。

既然有这么好的效果，那就得把这个政策长期贯彻落实下去。但是“大索貌阅”这种大规模人口普查工作不可能年年搞，因此只能把已经搞好的登记造册，下年收税时直接照着户籍册来，如果户口有变化，比如新添或减少一个男丁，都要及时更新，以防有人弄虚作假。

所以开皇五年（公元 585 年）时，杨坚又采纳高颎的建议，在大索貌阅的基础上颁布“输籍法”，规定每年正月五日，由县令集合里正、乡长、党长输籍定样，核查每户的人口和田产多少，重新确定户口等级，以此作为课税标准。

这就从法律上杜绝了地方官吏营私舞弊，使每户所承担的赋税额公开化，能最大限度地避免税负的不合理现象，不至于使大户课税少、小户课税多。而对国家来说，这一措施则可以加强中央集权，增加财税收入，壮大国力。

不过国力的强弱也不是全由经济决定的，军事同样重要，要不然号称历史上最富的大宋朝也不会老被邻国欺负了。

杨坚本身出自军人家庭，父亲打了一辈子仗，自己也带兵上过战场，对军队的情况再了解不过了。兵制哪里有问题，他比任何人都清楚。

就在均田制和租调制推行的过程中，杨坚发现现行的军事制度与土地制度不大匹配。

隋朝沿袭了西魏、北周以来的府兵制，在中央设置了十二个军府，大多由各府大将军统领，其中左右卫、左右武卫、左右武侯六个府实际统领全国军队，其他六府则不领兵。

军府之下是军坊、乡团等组织，分散在地方上，具体统御士兵。当时规定一人充当府兵，全家都编入军籍，不归州县管。军人及其家属如果在城里居住，就归军坊管理；如果在乡里居住，就归乡团管。

这是一种典型的军民分治制度，其实是把军队置于均田制之外了。就当时的情况来说是不大合理的，问题主要有三：

一、大量军人家庭脱离均田制，减少了国家劳动力；

二、国家供养军人及其家庭，是一笔巨额开支；

三、军人及其家人都没有固定居所，只是暂时安置在军坊、乡团，而军坊和乡团也不是固定的，会随着战争需要到处迁移，对军人的生活不利。

那这几个问题怎么解决呢？

杨坚的办法倒也简单，开皇十年（公元590年）时，他下了一道诏令，规定："凡是军人，可悉属州县，垦田籍帐，一与民同。军府统领，宜依旧式。"

什么意思呢？就是说从今以后取消军籍，所有军人与百姓一样，统一归所在州县管理，平时就在家种地务农，农闲时参加军事训练，国家有事的时候再归入军府，参与作战。

那这样有什么好处呢？

首先对国家来说，大批军人及家属变成了均田制下的劳动力，他们从事农业生产，不再由国家供养，还能交纳一定的赋税，有利于促进农业经济发展，增加朝廷赋税收入。

其次对军人个人来说，以前居无定所，缺乏归属感，现在有了固定的家，还有田可以耕种，而且本人不用交税和服役，家人也有赋税减免，这样算下来，家庭富裕了奔个小康都不是梦。

所以综合来说，这项政策是利国利民的，而且具有划时代意义，它意味着府兵制与均田制从此捆绑在一起了，军人不再只是军人，同时也是农民，这就是所谓"寓兵于农，兵农合一"，标志着府兵制已经走向成熟。

均田制、租调制、府兵制，三制并行，三位一体，共同的目的是富国强兵。

隋朝虽然不是三制的最早创立者，但却把它们发展成熟，对后世产生了深远影响。此后一百多年里，中原王朝真正做到了“敢犯华夏者，虽远必诛”。

开皇律

最后我们再来介绍隋朝的法律。

古代法律与今天不同，它不区分什么宪法、刑法、民法等，所有律法都汇集到一起，分条列出，不过内容大多是刑法方面的。

因为制定法律的根本目的是控制人民，维护封建统治，所以很多朝代的律法都很严苛，比如商鞅变法以后的秦、武帝时期的西汉，以及隋朝之前的北周。

不过北周（包括西魏）的律法也不是一直严酷的，至少宇文泰当政时就比较宽容，中国历史上最邪恶的“宫刑”就是他废除的。

但从周武帝宇文邕开始，北周的律法开始变严，因为宇文邕想用严刑约束豪强、地主和贪官污吏。这个出发点是好的，只是后来被宣帝宇文赟玩儿坏了。

杨坚一贯主张律法宽容，昔日宇文赟推出严刑峻法时，他是第一个上去劝谏的，当时说的是：“法令滋章，非兴化之道。”可惜宇文赟没听。

后来杨坚辅政，直接废除了宇文赟制定的律法，使得官员、百姓们拍手称颂。

如今杨坚当了皇帝，角色不一样了，在律法这件事上，他还会坚持一贯的主张吗？

答案是：会！

在即位当年，杨坚针对北周刑法繁杂苛酷的情况，命高颎、郑译、杨素等人制定新律，然后颁布施行。

两年后，也就是开皇三年（公元583年），杨坚觉得新律还是太烦琐沉重，每年入狱受刑的人太多，于是又命人以“删繁就简”的原则更定新律，废除死罪八十一条、流罪一百五十四条，其余罪刑千余条，只留下五百条，共十二卷，这就是历史上著名的《开皇律》。

隋朝的《开皇律》主要是以《北齐律》为蓝本修订的，但相比《北齐律》及之前历朝律法，它更为简明宽平，具体表现为以下几点：

一是罪刑名目少。相比于《北齐律》的九百多条罪刑，《开皇律》减少了将近一半。经过删繁就简，使得封建法典的编纂更加系统、规范。

二是刑罚种类少。《开皇律》中的刑罚一共分为五类，从轻到重依次为：笞刑、杖刑、徒刑、流刑、死刑。至于什么宫刑、鞭刑等一律废除。这就确立了新的五刑体系，并一直延续到清末，对后世产生了深远影响。

三是刑罚轻。仅有的五类刑罚也大都有所减轻，比如流刑的距离、徒刑的年限等，最典型的是死刑，只有绞刑和斩刑两种。轻一点的，判个绞刑，给人留个全尸；重一点的，也就斩个头，缝一缝也能得全尸。

可能有人会觉得这没什么意义，反正都是个死。但死跟死还真是不一样，北齐以及之前历代的律法大都有车裂、枭首这等死刑，也就是我们俗称的五马分尸和悬首示众，这不仅是从肉体上摧毁一个人，也剥夺了人死后的尊严，还给受刑者的家属造成心理创伤，是极其残忍和不人道的。

所以从这些方面来说，《开皇律》是具有进步意义的。

但是作为一部封建时代的律法，它的主旨思想还是维护封建统治的，所以难免会有局限性。

比如给官员和贵族特权，犯了罪可以减免，还可以拿铜来赎罪、用官职来抵罪等。

又比如创设“十恶”制度，对犯罪者施以最严厉的刑罚。

“十恶”原本是佛教用语，《开皇律》挪用其名，用以特指十种严重的犯罪行为，分别是：

一、谋反，即阴谋造反，推翻王朝；

二、谋大逆，毁坏皇室宗庙、陵墓、宫殿等蔑视或侵犯皇帝尊严等行为；

三、谋叛，策划背叛朝廷等；

四、恶逆，殴打或谋杀祖父母、父母、伯叔等直系尊亲等；

五、不道，灭绝人性、恶意杀人等违反封建伦理道德等；

六、大不敬，冒犯皇室尊严等；

七、不孝，忤逆祖父母、父母等直系尊亲等；

八、不睦，亲属之间谋杀、殴打或控告等；

九、不义，同僚互戕、下级谋害长官、弟子谋害师父等违背封建仁义道德的行为；

十、内乱，亲属之间通奸、强奸等违背封建伦理纲常的行为。

这“十恶”大多取自北齐的“重罪十条”，要么是危害皇权，要么是违反封建礼教，被视为首要打击的对象，因此被单独列出，置于“五刑”条之后，并规定“大逆、谋反、叛者，父子兄弟皆斩，家口没官”，也就是男的株连，女的充当奴隶，可谓极其严峻。

而且犯“十恶”罪的人不能被赦免，哪怕是遇到天下大赦也不行，这在后来演化出一个成语，叫“十恶不赦”。这种法律制度可以说是维护封建统治的一把尖刀，因此受到历代统治者的青睐，一直被后世承袭，直到清末才废除。

虽然有其历史的局限性，但不可否认的是《开皇律》是一部具有划时代意义的封建法典，它的一些思想原则极大地影响了后世法律，尤其是后来的唐律，直接继承了《开皇律》的各项基本制度，可以算是它“简明宽平”精神的延续。

从三省六部制到府兵制，新兴的隋王朝集魏晋南北朝制度之大成，建立了一整套先进的政治、经济、军事制度，为这个王朝的富强奠定了基础。

第九章
任贤用能

隋朝的制度很完善，但也很复杂，我们只是介绍了它的核心部分，其余限于篇幅，不能一一赘述。不过为了讲好后面的历史，我们还需要对隋朝的另一项制度做一个简单说明，那就是勋爵制。

勋爵制度

爵，又称“封爵”“世爵”，是封给贵族或功臣的名位，用来表示社会地位和待遇的一种尊号，历代变化无常。但总体上分为公、侯、伯、子、男五大等级，皇帝称号产生以后，“王”也成为爵位之一，而且是最高等级。

王爵一般只有皇族才能获得，又分为国王、郡王，国王通常直接称“王”，后世改称“亲王”，只有皇帝的至亲即兄弟、儿子等才能获封，并建立封国，国号用单字，大多是先秦诸侯国名，例如齐、晋、秦等。

“郡王”仅次于国王，获封者一般是皇帝的侄子、孙子等，封号用郡名，例如“兰陵王”，就是以兰陵郡为封号。需要指出的是，有些郡王一辈子只能是郡王，但有些可能升级为国王，甚至更高。比如你是太子的儿子，起初也封郡王，但如果将来你父亲当了皇帝，那么恭喜你，你可以升级为国王甚至新太子了。

王之下是公爵，一般授予对国家有大功的异姓大臣。隋朝的公爵分三等：国公、郡公、县公。分别以国、郡、县名命名。比如原来杨坚封随国公，就是以先秦诸侯国“随”来命名的。

公之下就是侯、伯、子、男四爵，皆以县名命名。所以总的算下来是九等。

这些爵位在隋朝是可以世袭的，这点跟北周一样，而且隋朝建立后，杨坚对大臣们原来在北周获得的爵位都予以承认，只升不降，并仍然可以世袭罔替。但除了国王之外，其他爵位基本没有实际的封国封地，只是享受该级别待遇，比如获得的永业田亩数等。

除了爵位外，隋朝还设有勋官。

勋，顾名思义，就是功劳的意思，是对那些立了军功的将领和士兵的一种表彰，与出身没有直接关系，也不能继承，只能通过军功获得。所以即使你是皇子，封了王爵，如果没有上过战场，没有为国家立过功，那对不起，你没有资格授勋。

隋朝勋阶分十一转，“转”是授予勋官时用来衡量功绩的单位。转数越多，等级越高，最低正七品，最高从一品。从十一转到一转，大致称号如下：

上柱国、柱国、上大将军、大将军、上开府仪同三司、开府仪同三司、上仪同三司、仪同三司、大都督、帅都督、都督。

爵、勋都不是实际职位，只是用来表示一个人的地位高低和待遇级别。比如你的爵位是国公，那你就享有从一品的待遇，但你的具体职务可能只是一个七品县令；相对地，即使你是宰相，三品大员，但你的爵位也可能只是子爵。

独孤皇后

介绍过勋爵制度，我们再来看杨坚是怎么封赐亲戚的。

杨坚当了皇帝，那他的原配妻子独孤伽罗自然就是皇后，所以在隋朝建立后的第三天，杨坚为独孤伽罗举行了册封大典，正式让她入主中宫。

现在皇后已经有了，那是不是该封妃子了？

不好意思，妃子什么的统统没有，因为杨坚就独孤伽罗这么一个媳妇儿，就爱她一个人。

毫不夸张地说，杨坚是个历史上罕见的好男人，对妻子真是忠贞不渝。无论是当皇帝前，还是当皇帝后，他始终专爱独孤伽罗一人，而且到目前为止都没有动过纳妾立妃的心思。

要知道那是封建时代，是男权社会，要让一个贵族男子做到一夫一妻，哪是那么容易的事？何况杨坚还是贵族中的贵族，连天下都是他的。

可他偏偏就做到了，不仅和独孤伽罗保持一夫一妻，而且坚决不宠幸别的女人，以至于他的十个子女全都一个妈！这在中国历史上恐怕是独一份，真正践行了他和独孤伽罗结婚时的承诺：誓无异生之子女！

说到做到，杨坚是个好男人！

不过别光顾着给杨坚点赞，我们得来弄清楚为什么他能坚持对她不变心？

这要回到杨坚结婚的时候，当时独孤信还在，是杨忠的顶头上司，杨坚娶独孤家的女儿，算是高攀，不由得他不约束自己。而且独孤伽罗生性强势，坚决不许自己丈夫跟别的女子有染，这更让杨坚对她产生了敬畏感。

后来独孤信死了，独孤家没落了，按理说杨坚可以适当放纵自己了。但他没有，反而对独孤伽罗倍加疼爱，这就不能不说是真爱了。

既敬又爱，这或许就是杨坚独宠独孤伽罗的原因。而杨坚天性深沉威严，能让他如此敬爱的女人，一定不简单。

事实上独孤伽罗绝对是一位知书达理、精明强干的女性，她不仅是杨坚的贤内助，还是他政治上的搭档。

早在北周时代，独孤伽罗就展现了她的政治才能。当时杨坚刚刚辅政，对未来有些迷茫，独孤伽罗为了坚定他的决心，曾派人入宫勉励他说："大事已然，骑兽之势，必不得下，勉之！"（你已经骑虎难下了，加油干吧！）

这句话给了杨坚很大的鼓舞，也让他下定了改朝换代的决心。

现在改朝成功了，杨坚最感激的恐怕不是某个大臣，而是自己的妻子，正是她的支持和鼓励才让自己走到今天。

所以杨坚即使当了皇帝也没有变心，反而更加敬爱独孤伽罗，不仅每天和她同食同寝，而且连上朝都带着她。虽然这是独孤伽罗主动要求的，但杨坚能够答应，也足见他们感情之深。

自此长安宫中出现一道盛景，每天早上天还没亮，皇帝杨坚和皇后独孤伽罗就出现在了上朝的路上，他们一人乘一辇，在宫人的簇拥下并排而行，一直到大殿外的廊阁，独孤皇后才止步，目送自己的丈夫入殿坐朝，同时派遣宦官到殿里伺察，随时向她报告杨坚处理朝政的情况，如果觉得有什么失当的，她就当即指出来。等到退朝的时候，再陪着杨坚回宫，可以说是寸步不离。

夫唱妇随，珠联璧合。这样的夫妻在民间都不多见，何况是在皇宫里？所以宫里人都很崇敬他们，称他们为"二圣"。

历史上被称“二圣”的夫妻屈指可数，除了杨坚和独孤皇后，也就只有后来的唐高宗和武则天了。

但这两对夫妻有很大区别，武则天过于强势，锋芒甚至盖过了李治；而独孤伽罗不一样，她始终站在杨坚身后，未曾越雷池一步，即使参与朝政，也是以和杨坚商量讨论的方式进行，从不直接干预国事。

比如某次有关部门向杨坚上奏，说《周礼》里有规定，百官的妻子应该由王后来任命，请遵循古制。

杨坚觉得有道理，就跟独孤伽罗商量，结果独孤皇后却拒绝了，理由是：“妇人参与朝政可能从此滥觞，不能开这个头。”

由此可见，独孤伽罗对权力没什么欲望，在她心里，杨坚就是一切，权力什么的靠边站。

而且她不光自己不揽权，还约束自己的宗族，避免他们权势过大，威胁到皇权。如果有亲人犯了罪，她也坚决不徇私。

比如有一次，她的表兄弟大都督崔长仁犯了法，按律法当斩。杨坚因为他是皇后表亲，不忍杀他，想搞个特赦。结果独孤伽罗说了，这是国家大事，不能徇私枉法，该杀就得杀。而后按律法崔长仁就被杀死了。

后来独孤伽罗的弟弟独孤陀也犯了罪，按律法也是死刑，但独孤伽罗却主动为他求情。这是为什么？

因为性质不一样。独孤伽罗的弟弟没干什么伤天害理的事，就是贪财。他为了让独孤伽罗多给他赏赐，就给一只猫下诅咒，把它撒到了皇宫里。

这事听起来多少有点玄乎，估计独孤陀想钱想疯了，搞这种幺蛾子。

诅咒皇后不是小事，往严重了说是“十恶”大罪，所以事情败露后，等待独孤陀的就是杨坚的震怒和死刑判决书。但这时独孤伽罗却站出来说话了，她对杨坚说这是私事，不关国事，请饶弟弟一死。

杨坚同意了，把独孤陀贬为了庶民。

从这几件事上不难看出，独孤伽罗是一位称职的皇后，同时也是一位伟大的女性，绝对担得起“母仪天下”四个字。

但她也不是没有缺点，比如说嫉妒心强。

通常而言，如果一个女人太爱自己的丈夫，那她应该很容易生妒，因为在古代男人面前的诱惑实在太多了。

而独孤皇后就是这么一个女人，她太爱杨坚，也太想独占杨坚，为了宣示对杨坚的主权，她做了一件历史上从没有女人做过的事：亲自参与制定妇官制度。

所谓“妇官”，就是后宫的妃嫔等，这项制度自古都是皇帝或有关部门来制定的，而独孤皇后是第一个参与其中的皇后。

她是怎么定的呢？很简单，一个不留。不仅不留人，而且贵妃、淑妃、德妃这些妇官称号都不留，只留一些级别非常低、连妃嫔都算不上的宫人称号。并且规定，除了皇后，后宫任何女人不能穿镶绣有雉（zhì）、翟[①]（dí）的礼服。这等于是从制度上确立了皇帝、皇后的一夫一妻。

所以在大隋的后宫里，你看不到七十二嫔妃，也看不到三千佳丽，只能看到高高在上的独孤皇后和一群衣着朴素的宫女。

对此，杨坚没有任何意见，要问为什么，因为爱情！

从太后到公主

后妃就一个，但杨坚的兄弟姐妹和子女还是不少的，也都要一一

① 古代贵妇用翟羽为饰或织以翟羽纹样的衣服。隋朝典制，凡皇后及公、侯、伯、子、男爵位的夫人均有翟衣（有雉羽的衣服）。出自《隋书》卷十一《礼仪志六》。（编者注）

册封。

先说子女，杨坚一共有五子五女，都是独孤皇后所生。长子杨勇，册立为太子；次子杨广，封为晋王；三子杨俊，封为秦王；四子杨秀，初封越王，后改封蜀王；五子杨谅，封为汉王。

五个女儿，全部封为公主，其中长女杨丽华封为乐平公主。

从太后到公主，杨丽华没有丝毫的喜悦之情，她心里只有对父亲的怨恨。

本来当初杨坚辅政，杨丽华作为女儿，心里还是很高兴的，毕竟刚刚死了丈夫，剩下她和宇文阐这对孤儿寡妇，没法管理这么大家业，亟须有人来帮衬，而父亲是她最大的依靠，所以在得知杨坚辅政后，她是非常支持的。

可是她万万没想到，父亲的野心竟然这么大，权臣还没当几天，就直接篡夺了北周江山，改当皇帝了。

这算什么？父亲夺了公公家的财产？作为宇文家的儿媳妇，她是一百个不高兴，心里充满了怨恨。

杨坚也知道自己不厚道，欺负人家孤儿寡妇，而且这寡妇还是自己的亲闺女。

所以他心里过意不去，想着给杨丽华封个公主，再给她选个好驸马，就算是对她的补偿了。

可杨坚还是不了解自己的女儿，杨丽华跟她母亲独孤皇后一样，性情刚烈坚贞，既然做了宇文家的媳妇儿，就坚决不改嫁。

杨坚也没办法，最后只能作罢。

至于兄弟姐妹，杨坚没有兄长，只有四个弟弟，也全部封为国王，二弟蔡王杨整（已去世，由其长子杨智积袭爵），三弟滕王杨瓒，四弟道王杨嵩，五弟卫王杨爽。剩下一个姐姐，封为安成长公主。一切都遵循典章制度。

文武大臣

终于说到文武大臣了。杨坚建立了一整套先进制度，不是为了摆设，而是要让它发挥最大作用，这就需要有人来执行，那他都用了哪些人呢？

前面说过，隋朝中央最核心的机构是三省六部，其中三省长官均为宰相，是王朝的政府首脑，地位非常高，权责非常重。所以选什么人来担任宰相就显得尤为重要，甚至关系到整个国家的兴衰，尤其是尚书左仆射这个首席宰相，必须得是一个能力出众，又绝对忠诚的人来担任。

那么杨坚会选谁呢？可能很多人已经猜到了，不错，就是高颎。

作为杨坚最得力的助手，高颎在隋朝建立的过程中立下了汗马功劳，并展现出了非凡的治国才能，得到了杨坚及文武大臣们的肯定，所以不管是论功还是论才，他都是新王朝宰相的不二人选。

何况他本来就是丞相府的管家，现在丞相府升级成了朝廷，他跟着升级为宰相也是顺理成章的事。

不过杨坚对他的信任还不止于此，不仅任命他为左仆射，还晋封他为渤海郡公，并让他兼任纳言。左仆射是尚书省长官，纳言是门下省长官，高颎一个人就兼任两省长官，而且还是首席宰相。这等荣耀绝对是无人能及的。

既然尚书、门下都被高颎占了，那剩下的宰相名额就不多了，也就内史省还有空位。

内史省长官一般有两个，分别为内史监和内史令，相当于尚书省的左、右仆射，其中出任内史监的是原丞相府司录虞庆则。

虞庆则，本姓鱼，字庆则。

从血缘上来说虞庆则是汉人，但从文化上看他又是鲜卑人。早在五胡十六国时期，他的先祖就依附于匈奴铁弗部赫连氏所建立的“大夏”政权，定居西北，混居在胡人中间，世代皆为豪强。到他这辈时，家族胡化已经很严重了，他本人能说一口流利的鲜卑语。

这点跟杨坚倒有些相似，或许也是杨坚重用他的原因之一，毕竟大隋是个多民族国家，需要兼顾各族人民的利益，而虞庆则在汉人和鲜卑人中都吃得开，用他当宰相，汉人、胡人都没意见。而且虞庆则的个人能力也很突出，是出了名的文武双全，连高颎都非常赞赏他。

当初周宣帝宇文赟在位时，石州（今属山西）一带的稽胡（游牧民族）发动叛乱，时任内史下大夫的高颎跟随越王宇文盛前去征讨，不久平乱成功。将要撤军的时候，高颎提出任命一个文武干略者来镇守，并举荐虞庆则为石州（今山西吕梁）总管，可见对他能力的认可。

后来杨坚辅政，高颎先是担任相府司录，后又升任司马，而接替他为司录的正是虞庆则。至于说虞庆则这次升迁是否又受到了高颎举荐，已经难以考证了，但可以肯定的是，他一直紧跟着高颎的步伐，二人关系非同一般。

现在杨坚任命虞庆则为风史省的内史监，并加封郡公，还让他兼任吏部尚书、京兆尹，一方面是看中他的身份和能力，另一方面恐怕也是对高颎信任的延伸。

还有就是内史令了，这次终于要说到李德林了。按理说李德林的功劳应该仅次于高颎，才能更不在高颎之下，但杨坚仅仅给了他一个内史令的职位，等于是内史省二把手，而且没有任何兼职，这显然与李德林的能力不符。

更过分的是，李德林的爵位还特别低，竟然只是个县男，后来才升为子爵，但也远低于高颎、虞庆则等人的郡公爵位。

所以问题来了，同样都是功臣，杨坚为什么会厚此薄彼呢？

这里面当然是有缘故的，我们留待后面再说。

至于剩下的尚书右仆射，杨坚起初并没有授人，后来才让一个叫赵煚（jiǒng）的人担任，主要是因为这人在西魏、北周几代皇帝身边任过职，对古今的典章制度比较熟悉，是个百事通。

三省之下就是六部了，除了吏部尚书由虞庆则兼任之外，其余五部长官都由专人担任，分别是礼部尚书韦世康、都官尚书元晖、度支尚书杨尚希、兵部尚书元岩、工部尚书长孙毗。其中两个是汉人，三个是鲜卑人，加上半汉半胡的虞庆则，正好均衡。

这样文官系统基本就搭建完成了。至于武官，则主要是十二大将军，其中最重要的当属左卫大将军，不仅是十二个大将军之首，而且还担负着宿卫宫廷的重任，如此关键的职位，杨坚会授予谁呢？

这个人对于我们来说并不陌生，他就是杨坚的同宗杨雄。

杨雄本名叫杨惠，论辈分应该管杨坚叫族叔，但实际上他比杨坚还大一岁。可能就是俩人年龄差不多的缘故吧，杨坚一直对他非常信任，凡是机密的事都交给他办，比如当时招纳高颎、李德林等人，就是他去跑的腿。另外毕王宇文贤谋反，也是他举报的。可以说他就是杨坚的代言人。

所以杨坚对他非常信任，直接把左卫大将军这么重要的职位授予给了他，而且还封他为广平王，也就是郡王。

除了左、右卫大将军外，左、右武侯也很重要，同样掌握着府兵。而杨坚任命的右武侯大将军则是一个鲜卑化了的汉人，名叫窦荣定。

之所以说他是汉人，是因为他祖上是地地道道的汉族士大夫，他的十二世祖是东汉大鸿胪窦章。之所以说他鲜卑化，是因为东汉后期时，窦氏家族为了避祸逃到了匈奴，并从此改姓“纥（hé）豆陵”。至今已有四百多年的历史了。

因此窦荣定是文化上的鲜卑人，正是杨坚最需要的一类人。而且他和杨坚也有亲缘关系，他是杨坚唯一的姐姐安成长公主的丈夫，也就是杨坚的姐夫。

能娶到杨坚的姐姐，窦荣定肯定不简单，他曾是杨忠的部下，十几岁时就跟着杨忠上阵杀敌了，可能就是因为在战场上表现英勇，得到了杨忠的赏识，因此杨忠把女儿嫁给了他。

之后窦荣定就常来杨家，跟杨坚建立了深厚的友谊。当时杨坚少年老成，不爱跟人说话，但偏偏就和窦荣定聊得来。

俩人关系到这份儿上，杨坚不重用他都说不过去。

从杨雄和窦荣定不难看出，杨坚在选用武将方面还是偏重私情的。不过这也无可厚非，毕竟禁军直接关系到皇室安全，交给自己的亲属才最让人安心。

说到亲属，杨雄和窦荣定真是堪称历史上第一、第二皇亲。除了跟隋朝的亲缘关系外，他们还各自与其他朝代的皇室有渊源。

首先说窦荣定，他有个堂弟叫窦毅，而窦毅是宇文泰的女婿，名副其实的北周皇亲。这还不算什么，窦毅和宇文氏有一个女儿，年方及笄，后来嫁给了唐国公李虎的孙子，也就是独孤伽罗的外甥，李渊！

然后说杨雄，他也有个弟弟，而且是亲弟，叫杨达，杨达有个女儿，后来嫁给了一个叫武士彟（yuē，今口语说 yāo）的府兵，生了一个女儿，叫武曌（zhào），或者也叫武则天！

这两件事，说起来是巧合，但其实是关陇贵族内部通婚联姻的结果。从西魏到北周，再到隋唐，四朝皇族之间的血缘关系非常复杂，导致后来一些人同时具有三四朝皇族的基因。李渊和武则天只是两个具有代表性的人物而已。

说了这么多，其实重点就一句话，隋朝是以关陇贵族为基础建立的王朝。

可这代表什么呢？那就要回到我们最初的问题：李德林为什么会被

杨坚区别对待？

从三省六部长官到十二大将军，任职者大都是关陇贵族出身，只有一个人例外，那就是李德林。

高颎虽然祖上也是关东人，但从他父亲那一辈就投奔关中了，而且还做了独孤家的宾客，一度改姓独孤，已经成了关陇贵族的一员。可李德林不一样，他是北齐灭亡后才入的关中，是个地道的关东人。

既然隋朝的统治基础是关陇贵族，那李德林的身份就天然地处于劣势了。作为关陇贵族的一分子，杨坚无论是从感情上还是统治需要上，都只会更加信任和重用关中人。而李德林只是因为有功有才，才成为将相中唯一的关东人。

但如果仅仅是身份原因，杨坚还不至于如此对待李德林，毕竟人家也是大隋的开国功臣。真正让杨坚开始疏远他的，是发生在不久前的一件事。

当时杨坚正积极筹备禅代，丞相府三天两头开会，某次开会的时候，虞庆则建议将宇文氏全部诛灭，以永绝后患。高颎、杨雄也投了赞成票，唯有李德林坚决反对，在会上据理力争。

结果这就惹恼了杨坚，杨坚毫不客气地训斥他："君读书人，不足平章此事！"

这话说得很重，言外之意就是：你李德林不过是个书生，干不了大事！

所以他没有听从李德林的劝谏，坚持将宇文泰的子孙全部诛杀。

自那以后，李德林在杨坚心中的地位就下降了，再加上他关东人的身份，更让杨坚觉得他终究是个外人，跟自己不是一条心。这就是为什么他功劳那么大，地位却不如虞庆则。

客观来说，杨坚在这件事上做得不够厚道，而且暴露出了他作为皇帝的缺陷。

首先，杨坚把与李德林的意见分歧上升到人身攻击就不对。李德林是读书人不假，但杨坚作为一位君主，或者即将成为君主的人，怎么能够因为他的文人身份就否定他的意见呢？这显然不是明君的做法。而且杨坚瞧不起读书人，也暴露了他重武轻文的观念。

实际上“重武轻文”是整个关陇集团的共同特质，因为他们大都是武川镇军人出身，骨子里尚武，这虽不是坏事，但却间接地造成他们轻视文化。

而以李德林为代表的山东士族则不然，他们大都世代敦儒，深受儒家思想影响，多主张以仁义治天下。所以李德林反对诛灭宇文氏，是希望杨坚采取宽容怀柔的政策，以争取更多的人心。

但杨坚从来不是一个讲求“仁义”的人，他一向杀伐果决，对待敌人绝不留情，也不屑于标榜仁义道德。他的想法很简单，直接摧毁潜在威胁，通过政治高压杜绝一切复辟之心。

这其实反映了他们二人政治取向的不同，也代表了当时山东士族和关陇贵族在政治理念上的分歧。

杨坚显然是支持关陇贵族的，事实上他建立隋朝后，坚持奉行西魏、北周以来的“关中本位政策”，在政治上更倾向于信任和重用关中人。

而当时的地域观念又很强，关中人往往抱团，歧视甚至排挤山东人。

还拿李德林这事来说，当时高颎和杨雄是不大赞成诛灭宇文氏的，但还是违心地支持了虞庆则，使李德林成了被孤立者。

所以这件事不是简单的对与错的争论，还夹杂着地域之争。李德林以一个山东人，面对三个关中人，再加上杨坚，实在太难了！

但这还只是开始，随着不久之后一颗政治新星的崛起，李德林的地位又进一步下降了。

朝廷四贵

这颗新星名叫苏威，字无畏，生于西魏大统八年（公元542年），京兆郡武功县（今陕西武功）人。

毫无疑问，苏威也是关中人，但他和杨坚这样出身武川镇的“关陇贵族二代”还不一样，他家祖祖辈辈都居住在关中，是当地的世家大族。

当初宇文泰带领武川镇的一帮小伙伴在关中谋发展，苏家是第一批支持他们的世族。后来西魏建立，苏家受到优待，满门都是在朝为官者，其中苏威的父亲苏绰更是得到了宇文泰的重用。

苏绰，西魏经济专家，帮助宇文泰制定了记账、户籍管理的一整套方案，并且参与改革制度，提出了著名的六条诏书：先治心、敦教化、尽地利、擢贤良、恤狱讼、均赋役。

这六条诏书让宇文泰大开眼界，他非常重视，不仅颁布施行，而且天天都要读，还严令百官学习背诵，并规定不懂记账和六条诏书的人不准当官。

后来苏绰积劳成疾，英年早逝，宇文泰听说后痛哭惋惜，还亲自为他送葬，并对着他的灵车说：“你平生行事，妻子兄弟有不理解的，我却都理解。只有你知道我的心，也只有我懂你的意。如今正想和你共定天下，你却不幸舍我而去，奈何！”

从这番话中不难看出，宇文泰是把苏绰视为知己的。能受到一代雄主宇文泰的这般礼遇，苏绰的才能可想而知。

作为苏绰唯一的儿子，苏威继承了父亲的政治遗产，也继承了他的才能和品质。

接下来我们就来介绍一下苏威的主要经历，看他究竟是个什么样的人。

苏绰死的时候，苏威只有五岁，按理说这个年纪的小朋友应该还不知道什么是生死，但苏威明显早熟，他竟然悲伤得像成年人一样。

后来长大了，苏威更加成熟稳重，年纪轻轻就有了才气和名望。当时宇文护把持朝政，对苏威非常欣赏，准备把女儿新兴公主嫁给他。

但是苏威眼光敏锐，他见宇文护专权跋扈，料定他早晚会垮台，为免连累自己，不愿娶他女儿，但宇文护的态度很坚决，就相中他这个女婿了。苏威无力反抗，只能被迫结婚。

照理有宇文护这样的岳父，苏威在政治上应该是一片光明的，可他就是不愿依附宇文护，婚后不久就离开京城，逃到了深山中。

最后还是在他叔叔的逼迫下回到朝中，勉为其难地接受了官职。但他经常不上班，总是隐居山寺，以读书为乐。

不久宇文护果然倒台了，苏威因为没有依附他而免于灾祸，还得到了周武帝宇文邕的赏识。这跟当时的杨坚有些相似，也是坚持不依附宇文护。不过苏威可是宇文护的女婿，能做到不同流合污，更显难能可贵。一方面说明他德行不错，另一方面也说明他有政治眼光。

说到德行，苏威还真是可圈可点。他有一个堂妹，嫁给了一个叫元雄的鲜卑贵族。这个元雄也不知道怎么回事，竟然与突厥人结了仇。

后来突厥请求归顺北周，条件就是北周得把元雄和他的妻儿送来当见面礼。

宇文邕当时正准备伐齐，为了顾全大局，保障后方稳定，就牺牲了元雄，派人把他一家人送到了突厥。苏威听说后，决意救回自己的堂妹和妹夫。他料定突厥人爱财，于是变卖田产房屋，用尽家财赎回了元雄一家人。这一做法受到时人好评，使他名声大噪。

由此不难看出，苏威是个聪敏且仁义之人。正因如此，后来杨坚辅政时，高颎屡次向他举荐苏威，说他如何贤明。

杨坚对苏威并不陌生，一向都很看重他的名望，再加上高颎的推荐，就把他召进了丞相府，并且对他表示了充分的尊重，一来就引到内室，单独进行了一次会谈。这一谈不要紧，发现他确实是个人才，于是打算登基后重用起来。

然而还没等杨坚即位，苏威竟然跑了，连个招呼也没打，也没人知道原因，只知道他一听说杨坚准备禅代，就卷铺盖走了。

高颎当时很懵，心说这是我推荐来的人，怎么能让他跑了呢？于是向杨坚申请把他追回来。但杨坚却没同意，只说了一句话："他这是不想参与我的大事，且让他去吧。"

"且"这个字很值得推敲，它是暂时的意思。那也就是说杨坚只是暂时容许苏威离开，早晚还得追回来。

果不其然，不久杨坚登了基，立刻征召苏威为太子少保，并追封其父苏绰为邳（pī）国公，令苏威承袭爵位。

苏威倒也没有推辞，直接就回来了。这说明他不是不想当官，也不是不想辅佐杨坚，只是不愿意参与改朝换代。毕竟他祖上受过宇文氏的恩惠，如果参与周隋禅代，对声誉影响不好。

但这也反映出苏威性格中虚伪的一面，他明知杨坚代周已经不可逆转，但却选择了逃避，等隋朝建立成为事实后，他又受召回来，就像从来不知道这事一样。这种既想出仕隋朝，又想在北周立贞节牌坊的行为，颇为后世诟病。

但当时的人很吃这套，都觉得他有情有义。杨坚也更欣赏他了，没几天就让他兼任纳言、度支尚书。

这下苏威可谓一步登天了，直接从太子老师跻身宰相之列，而且还兼任财政部部长，地位、权势都已经高过李德林。

估计苏威自己也觉得这官升得太快太高了，心里惶恐，赶紧上书推让。但杨坚态度很坚决，拒绝了他的请求，并下诏对他说："舟大者任重，马骏者远驰。以公有兼人之才，无辞多务也。”

这一评价相当高，把苏威比成了大舟、骏马，换句话说就是（你是）栋梁之材，是能干大事的人。

那苏威能否配得上这一评价呢？

客观地说，他确实是个贤臣，这从他当上宰相后干的两件事就能看出来。

第一件事：轻徭薄赋。

苏威的父亲苏绰曾是西魏的财政大臣，由于当时西魏国力弱，又经常跟东魏打仗，财政非常紧张，为了增加税收，苏绰就把税法定得比较重。他自己也知道这不是长久之计，所以时常感叹说：“今天所定的税，就像是拉弓一样，把弦绷得很紧，这不是和平时期的法令。后世的君子们，谁能把它减轻呢？”

当时苏威只有几岁，听到父亲的话深有感触，便以此为己任。如今他做了隋朝的宰相兼财政部部长，想起父亲当年的遗憾，于是奏请减轻赋税和徭役，并致力于制定较轻的法令制度，为民谋福祉。这些都得到了杨坚的赞赏和采纳。

第二件事：直言敢谏。

之前讲过，杨坚并不是一个仁慈的人，这从他对宇文氏赶尽杀绝就能看得出来，即使当了皇帝之后，他还是改不了性情，动不动就发怒要杀人。

有一次，杨坚不知道什么原因对一个官员发了火，执意要杀了人家。苏威听说后入阁进谏，说这人罪不该死。但杨坚正在气头上，死活不肯听，还准备自己亲自监斩。苏威一看这还得了，直接上前挡住了他，杨坚想躲开他绕出去，但奈何苏威铁了心阻止他，始终拦着不放。

杨坚很生气，但他也没有对苏威发火，直接退入内阁，以表示自己不高兴。过了一会儿，他突然想明白了，这人的确不该杀，是自己被愤怒冲昏了头脑，还好有苏威拦着，不然就铸成大错了。于是把苏威召来，向他道谢说：“你能这么直言力谏，我以后就不用担心自己犯错了。”

从这两件事上既能看出苏威的“贤”，也能看出杨坚的“明”，二人颇有点后来唐太宗跟魏征的感觉。

但是杨坚对苏威显然比唐太宗对魏征更好，他是生恐苏威的官不够大、不够多，不久就又在原来纳言兼度支尚书的基础上，给他加封大理寺卿、京兆尹、御史大夫，让他一人身兼五职。

这一大串官职放到苏威一人身上，让他成了和高颎并列的政治明星。正好高颎觉得自己权位太重，想避一避风头，见苏威名望这么高，于是申请辞职，请求由苏威来担任左仆射。

这事要真成了，那苏威就不得了，直接成了大丞相了。杨坚会答应吗?

杨坚不傻，他知道高颎不是真心想退，只是谦逊避让，所以当然不会真的答应，但他也没有直接拒绝，而是先成人之美，接受了他的辞职，过了几天之后又对大臣们说：“苏威是很优秀，但高颎能举荐他，也同样优秀啊，怎么能让他解职呢！”于是又恢复了高颎的左仆射职位，让他和苏威共同执政。

到了这个时候，明眼人都看得出来，高颎、苏威已经被皇帝杨坚视为左膀右臂。再加上内史监虞庆则、左卫大将军杨雄，四人总揽朝政和禁军，成为当时最有权势的大臣，被人们称为“四贵”。

苏威威风了，失意的是李德林。合着人家早早入了丞相府，帮你杨坚当上了皇帝，到头来比不上一个大局已定之后才加入，临了又跑了的人!

当然李德林并不是妒贤嫉能的人，对于苏威的后来居上，他并没有表现出什么不满。

但这不代表他们两人就能合得来，他们的主要矛盾在于政见上的分歧。

就拿制定《开皇律》这事来说，本来杨坚在开皇元年命高颎、李德林等人制定新律，出台了第一版《开皇律》，但苏威当了宰相后，多次对其中的条款提出异议，要求修改律法。

而李德林认为既然律法已经颁布，就必须严格执行，即使小有瑕疵，只要不是危害百姓的大问题，就不能改来改去。

对于这一争论，杨坚选择了支持苏威，于是就有了开皇三年再次修订法律的事，而这次法令的标准、样式大都是苏威制定的，比原来又简单宽松了许多，也让他赢得了美名。

还有在郡县这件事上，两人的意见分歧也很大，当时苏威主张废郡，但李德林不同意，批评他说："修订律令时，你为什么不说废郡的好处呢？现在律令才刚颁布，怎么能说改就改？"

这次杨坚没有直接支持谁，而是把裁定权交给了高颎。高颎也没有说废郡是好是坏，只说李德林这个人凶恶残暴，还很固执，所以不能听他的，得听苏威的。

这就是高颎的不对了，他不就事论事，反而去攻击李德林的人品，且不说李德林是否真像他说的那样，就算是，那也不应该由人品判定他意见的对错。

但是没办法，苏威本就是高颎举荐过来的，他们又都是关中人，属于同一阵营，让他支持李德林实在太难了。

但客观地说，在这两件事上，李德林和苏威之间没有对错，只是他们的理念不同。李德林看重的是政治的原则和准绳，所以反对朝令夕改；而苏威注重的是具体的施政行为，只考虑这事该干不该干，干了有没有好处，有好处就干。

对于这两种政治理念，杨坚显然更喜欢后者，他要的不是李德林这种理论专家，而是苏威这样具体办事的人。至于理论，由他这个皇帝来把握就够了。

所以这就是为什么李德林会被孤立，表面上看他是被苏威挤下来了，实际上他是被整个关陇贵族不待见，无论杨坚还是高颎，他们支持苏威，都不光是支持他个人，更是在支持“关中本位政策”，以及关中人所秉承的政治理念。

但这也怪不得杨坚和关陇贵族们，毕竟隋朝的基业是他们奠定的，自然要掌握话语权。要怪只能怪北齐不争气，谁让它被北周给灭了呢！

作为宰相中唯一一个山东士族，李德林是孤独的，他和以苏威为代表的关陇贵族之间的争斗还将持续下去。

不过他和苏威都算是正人君子，只会在朝堂上相争，不会在背后搞阴谋。可有些人就不一样了，他们在朝堂上没得争斗，又不是什么君子，就只能耍诡计了。

就比如说时任太子左庶子卢贲。这个人我们应该不陌生，他也是隋朝的开国元勋，在杨坚辅政的时候担任过保卫工作，功劳不可谓不大。

但隋朝建立后，他却没有得到杨坚的重用，只被封了一个辅佐太子的官，心里很郁闷。又见高颎、苏威执政，更加愤愤不平。因为他比高颎、苏威更早追随杨坚，现在地位反而不如人家，心理能平衡吗？

不平怎么办？卢贲觉得高颎、苏威挡了自己的路，必须把他们除掉。但他感觉自己一个人力量有限，扳倒宰相太难了，于是准备发展盟友。

而当时心理不平衡的人远不止他一个，刘昉也很郁闷。而且他的理由更充分，毕竟杨坚能当上皇帝，根源就在他矫诏让其辅政。要是没有这事，那后面的一切都不可能发生。所以刘昉觉得自己很憋屈，论功劳怎么也得在苏威之上吧，凭什么他当宰相，自己却闲在家里？

此外还有上柱国元谐、李询，华州刺史张宾等人也不得志，这些人早先都为杨坚立过大功，现在却没得到什么重要职务，心理落差大。卢贲敏锐地发现了他们的不满，于是联合四人谋划罢黜高颎和苏威，并相约事成后一起辅政。

为了达到这一目标，卢贲决定打太子的主意。由于当时晋王杨广格外得杨坚喜爱，卢贲觉得如果能帮他夺得太子位，那将来执政就不在话下了。

结果他们刚开始行动，事情就败露了。杨坚很生气，命人严查此事。刘昉知道后吓坏了，生怕受牵连，赶紧出来指证，把罪责全都推到了卢贲和张宾的身上，自己撇得一干二净。

卢贲、张宾有口难辩，只能承认罪行。大臣们对他二人的行为非常痛恨，奏请判他们死罪。但杨坚念及旧情，不忍杀他们，便把他们除名为民。

这件事虽然没有酿成什么不良后果，但却暴露出一个严重问题，那就是杨坚没有做好对开国功臣的安置工作，导致他们对现状不满。

所以卢贲、刘昉并非个例，还有很多功臣也是如此，比如说郑译。

杨坚即位后，加封郑译为上柱国，赏赐也十分丰厚，但就是没有给他任何具体职位，只是让他归家享福。而郑译才四十岁，远没到退休的年龄，你让他远离朝政，他心里肯定不乐意。

不过郑译倒也没搞什么阴谋诡计，他把希望寄托在求神拜佛上，请来了道士施法祈福。结果家里奴婢以为他在搞巫蛊，竟然把他给告了。

郑译也是真够窝囊，连个奴婢都欺负他。杨坚知道后很是震惊，把他召来讯问说："我待你不薄，你这是什么意思？"

郑译心里觉得冤，但也不敢说实话，只能装聋作哑。杨坚知道他干不了什么大事，八成是自娱自乐，便没有治他的罪。

要说郑译是真够倒霉的，好不容易躲过了巫蛊这一劫，不久又被告了，原因是他不孝顺，没有和母亲住在一起，自己住大院，让母亲住别院。

御史台也不知道怎么掌握了这一情况，就弹劾了他。杨坚向来注重孝道，主张以孝治天下，见不得谁对父母不孝，何况郑译这小子之前推辞不去监军，说的理由可是照顾母亲啊，原来都是骗人的？

对于这种恶劣行径，杨坚坚决不能容忍，直接把他除名为民，并命令他和母亲同居一宅，还下诏说："郑译这小子，若留到世上为人，那就是不道之臣；如果把他杀了，那他到地下也是个不孝之鬼。既然无处安置他，那就赐他一部《孝经》吧，令他好好读一读。"

这一处理堪称高明，既留住了郑译的命，又达到了惩戒他的目的，还向国人传达了以孝治天下的理念。

不过杨坚到底是个念旧情的人，没过多久便又恢复了郑译的官爵，另外卢贲、张宾等人也都被重新起用。

这几人吃了一堑，心里彻底怕了，从此安分守己，再也不敢胡思乱想、胡作非为了。

第十章 建都大兴

开皇初年，杨坚致力于制度建设和人才选用，仅用了不到一年的时间就完成了王朝的过渡，使隋朝步入正轨，走上了强盛的发展道路。

但是杨坚觉得这还不够，他想再建一个有形的工程，用以彰显这个新王朝的宏伟气象。

杨坚想到的这个工程，是营建新都。之所以生出这种想法，主要是对脚下的这座城市不满意。

长安本是一座伟大的城市，从西汉初年汉高帝刘邦初建，到隋朝开国，它已经存在了将近八百年，共计有西汉、新莽、前赵、前秦、后秦、西魏、北周、隋八个朝代和政权在此建都。

但正是因为历时太久，这座城市出现了很多问题。

首先一个就是破。这也难怪，一座沿用了近八百年的老城，想不破是不可能的，何况魏晋南北朝动荡了几百年，无数的战争和改朝换代，让这座城市毁坏严重，早已残旧不堪。

如果仅仅是破，那倒也还好，翻新一下还能勉强使用，毕竟杨坚不是个追求豪奢的君王。但问题是它除了破之外，还有一个致命的缺陷：水污染严重。

其实这还是它历时太久的缘故，你想一座城持续使用了八百年，有多少代人在这里居住过，产生了多少生活垃圾和污水？

当时又没有科学合理的处理方法和手段，难免就会导致城市污水沉淀，排泄严重不畅，然后造成水质变坏、生活用水短缺等一系列城市问题。这就是那个时代的城市病啊！

还有第三个问题，也和水有关，是洪水，准确来说是洪水的威胁。

这是因为长安城位于渭河南岸，距离最近的河道只有不足二十里。而渭河又很不稳定，雨季容易发洪水，而且还老是改道，说不定什么时候就把长安城给淹了。据唐代的笔记小说《隋唐嘉话》记载，杨坚有次做梦，梦见洪水灌城，直接被吓醒了，醒来就想：这地方不能住了！

再有第四个问题：宫城里闹鬼。

这事听起来挺玄乎，但确实是史书上记载的。具体怎么个闹鬼作妖法，已经无从考证了，不过我们可以做个大胆推测。

想象一下，这座长安城历史如此悠久，历经了那么多朝代，其间应该有很多帝王、妃嫔死于非命，宫里的怨气肯定比较重，而那些年纪大的太监、宫女可能知道些宫廷秘史，又因为文化水平比较低，所以容易信邪，看到个什么奇异现象，就附会为鬼怪，其他人再一传，各种流言就出来了。

这个脑洞可能比较大，但也说得过去。杨坚虽然未必相信鬼神，但他毕竟是通过政变当上的皇帝，为此屠杀了那么多的北周皇族，几百条冤魂都汇聚在城里，他即使心理素质再好，恐怕也难免做噩梦。

凭以上这四个问题，已经足够让杨坚产生迁都的想法了。但实际上，这四点都不是最根本的原因，真正让杨坚决定迁都的，是长安城的“小气”。

眼下这座长安城，面积 36 平方公里左右，在古代都城里绝不算小，但也称不上大。如果只是作为前秦、西魏、北周这样的割据政权的首都，那就够用了，可如果要作为一个统一王朝的国都，就不免显得小气了。

要知道，这座城上一次作为全国性的政治中心还是在王莽时期，已经是六百年前的事了。那时候的长安是毋庸置疑的第一大城市，建

制也非常先进，能够满足作为都城的基本需求。

可是这六百年来，中国的城市建设是在不断向前发展的，就规模上来说，出现了像北魏洛阳城这样的超大城市；就建制而言，也出现了邺城、洛阳这样规划更为先进、合理的都城。而长安城从建成之日起，八百年里竟然没有大的变化，仍然是西汉时的建制和规模，早已经远远落后了。

这种落后带来的最直接影响，就是无法容纳越来越多的城市人口和庞大的官僚机构。

就拿官府来说，隋朝建立了一套全新的政治制度，很多机构和部门都是前代所没有的，那现在这些新出现的机构设置在什么地方呢？

要知道以前的时候可没这么多机构，一个丞相府就能把所有事都揽了。可现在不行，要分权，机构当然多，什么三省六部、十一寺，什么办公的地方、开会的地方、举行各种仪式的地方，都必须得有。而且光有还不行，位置、距离、大小还得合适，这样才能使各部门运行顺畅。

说到这儿很多人应该就明白了，古代都城的建设是和制度建设相匹配的，如果把国家比作一台机器，那都城就是它的硬件，制度是软件，软件如果升级，硬件必须得跟上。长安城适配的是汉朝的制度，到魏晋南北朝也还能凑合用，但到了隋朝，一个新阶段的开始，制度大升级，就明显不匹配了。

所以这才是杨坚想要迁都的根本原因，长安城已经满足不了隋王朝的统治需求了，他要建造一座规模更大、建制更完善、和现行制度更匹配的新都城。

但问题是，迁都是件关乎国本的大事，就算是皇帝也不能说干就干。何况隋朝才刚刚建立，正是百废待兴的时候，要建造一座空前规模的都城，肯定要耗费大量的人力、物力以及财力，这无疑会使财政紧张并增加百姓负担。如果百官们不支持，可怎么办呢？

就在杨坚犯愁的时候，有人来帮他解决问题了。

谁呢？苏威。

也不知道苏威是看出了杨坚的心思，还是凑巧和杨坚有一样的想法，反正他是第一个主动建议迁都的。

杨坚听了是什么反应呢？首先是高兴，心说知我者，苏威也！然后还是愁，因为仅一个苏威支持还远远不够。

那怎么办？只能先把另一个知心大臣也叫过来，一块儿商量商量。

这个大臣自然是高颎。当天晚上，他和苏威一起被杨坚召到宫里密议迁都的事。不用说，他的意见和苏威一致，都主张迁都。

有两个宰相牵头，杨坚的信心更足了。而这只是个开始，更令他惊喜的还在后面。

第二天早上，著名天文学家、时任通直散骑的庾季才突然入朝上奏，说他昨日夜观天象，俯察图记，发现一定要迁都。而且还说自汉朝营建这座长安城，到如今已经快八百年了，水都是咸的，不宜再居住了。希望陛下您顺应天意人心，早做迁都的打算。

庾季才这个人我们应该不陌生，他是有名的星象专家，当初杨坚登基的时间就是他敲定的。所以杨坚听完他的话，当时就怔住了，对高颎、苏威说道："怎么这么神！"

也难怪他震惊，迁都的事他还没向别人透露过，就是高颎、苏威知道，那也是昨天晚上才对他们说的。怎么今天一大早，庾季才就来说这事了？还说什么星象图记，难道这真是天意？

我们客观地说，这件事颇有蹊跷，就算庾季才是天文学家，会观天象，但能算出隋朝迁都这事就太扯了。八成是高颎、苏威昨天晚上告诉他的，让他编一个星象说辞，来给杨坚提供理论支持。

但不管怎么说，庾季才的及时出现，给了杨坚更大的信心，也让迁都成为大臣们热议的话题，而且这话题还不是杨坚自己提出来的，是庾季才这位专家传达给大家的，是上天的旨意。这样就没人敢随便非议了。

当然，这是对于一般人来说的，对于那些聪明人，他们不难想到庾季才背后是皇帝，迁都肯定是他的意思，只不过不方便直说，想通过庾季才探一探群臣的态度。那么既然皇帝已经暗示了，当臣子的还不积极点儿？

所以接下来，很多大臣开始上书请求迁都。但杨坚还是没有直接表态，直到太师李穆上表，他才下定决心。

为什么李穆上书就这么管用呢？

很简单，他的分量重。不仅是在杨坚的心里，而且在几乎所有的官员和百姓心中，他都是最有分量的大臣。毕竟他是西魏、北周、隋三朝元老，又在隋朝建立过程中立过大功，论威望无人能及。在当时，可能有人不服高颎、苏威，甚至是杨坚，但不服李穆的恐怕找不出来。

所以有他带头支持，杨坚就没有什么可担心的了，当即拍板营建新都。

既然决心已定，那接下来就该考虑另一个重要问题了：新都建在哪儿？

这个问题其实也不难解决，因为这次迁都不同于历史上其他朝代的迁都，它不是要抛弃现有的都城长安，迁到别的城市去，而是要建一座新的长安。

用现代的话说，就是在老城旁边建个新城区，然后整体搬迁过去。所以新都仍然要定在关中，而且离现在的长安城不能太远。

那有人可能就要问了，为什么不直接迁到别的城市去？或者在关中以外的地方建造新都呢？

这是因为在当时的政治形势下，隋朝的都城必须定在关中。

我们知道隋朝以及西魏、北周的统治根基是关陇贵族，包括杨坚自己就是个地道的关中人，从小生活在关中，无论是出于感情还是出于统治需要，他都不可能把都城迁到关中之外的地方。

而且杨坚只是对旧长安城不满，对长安所在的这片区域还是很满意的，所以只需要就近选址，另建新城就可以了。

这不没几天，杨坚就选好了地方，就是距离长安不远的龙首山。

龙首山，又名龙首原，是长安城东南不远的一座土山。相传秦代时，有一条黑龙从秦岭来到渭河饮水，所经过的地方形成一座土山，状如龙首，故名龙首山。

作为渭河平原为数不多的一块高地，龙首山一直是关中建都的首选之地。秦汉以来多次被选为宫殿基址，比如秦代的兴乐宫、汉代长安城的未央宫，都是倚着龙首原北坡建造的。

这次杨坚兴建新都，把基址选在了南坡，主要是因为南坡距离渭河更远，没有洪水威胁，而且地势更开阔，建城的空间更大。

城址定好了，可这么大一个工程应该由谁来负责呢？

杨坚对此非常重视，决定把这项艰巨的任务交给自己最信任，也是最能干的大臣——高颎。

于是开皇二年（公元 582 年）六月，杨坚下诏任命高颎为营建新都的总负责人。

高颎的能力自不必说，做一个工程项目的负责人是绰绰有余的。但建城毕竟不是治国理政，它是个技术活，需要建筑专业人才，这就不是高颎所擅长的了。

杨坚也很清楚这一点，所以很快就为高颎配备了一个建筑工程专家：太子左庶子宇文恺。

建筑奇才宇文恺

宇文恺，字安乐，生于西魏恭帝二年（公元 555 年），武川镇人，现任太子左庶子。

可能有人会奇怪，宇文氏不是被杨坚杀绝了吗？怎么又冒出来一个姓宇文的？

这就要说到宇文恺的家世了。他姓宇文不假，但跟宇文泰不是一家人，只能算是同宗，血缘关系已经很远了。

宇文恺的父亲宇文贵是西魏开国功臣，十二大将军之一，两个兄长也都官至上柱国。其中他的二兄，就是在征讨尉迟迥的过程中立过大功的名将宇文忻。

正是因为宇文忻对隋朝有功，加上他们家与北周皇室的血缘关系比较远，所以没有成为杨坚清洗的目标。

作为一个鲜卑贵族、将门子弟，宇文恺两岁就封爵县伯，六岁袭爵郡公，起点高得吓人。但他却不好习武骑射，偏喜欢读书，而且他读的还不是儒家经典之类，而是关于历代典章制度和工艺技能的书籍。

这就像是一个开国元勋的孩子，明明可以报最好的军校，将来继承父亲兄长的事业，出将入相，可他偏偏要去报建筑专业，从事一个在当时不太被人瞧得起的行业。他这种情况在那个时代绝对罕见，或许就是兴趣的力量吧。

俗话说“兴趣是最好的老师”，宇文恺有了这个好“老师”，再加上他聪慧过人、勤奋努力，很快就学有所成，二十多岁就已通晓古今，成了远近闻名的工程建筑专家。这也是杨坚选他来担任工程副总监的原因。

不过只有正总监、副总监还不够，这项庞大的工程需要多个政府部门的协作配合才能完成。所以杨坚又命将作大匠刘龙、工部尚书贺楼子干、太府少卿尚龙义等参与其中，做好辅助工作。

好了，现在工程人员都已就位，真的可以动工了。

工程的进展非常顺利，短短半年，新城就已初具规模，再过一两个月就能搬迁了。

对此杨坚非常高兴，他决定先给新都取个名字。

命名是件很重要的事，它不光是好不好听的问题，还关系着这座城乃至整个王朝能否兴盛长久。

其实“长安”这个名字就不错，寓意着长治久安，而且响亮大气。

但它毕竟是旧都的名字，用在新都上不大合适，不能体现出这个国家的“新”。而且那么多朝代在长安定都，除了西汉，好像也没见哪个“长治久安”。

所以“长安”这个名字不能用了，杨坚要取一个新名，叫作“大兴”。

为什么叫这个名字呢？因为它最能够代表杨坚。

杨坚在当皇帝之前，一共有过三个封号，按先后顺序分别是：成纪县公、大兴郡公，以及从他父亲杨忠那继承来的随国公。

现在“隋”已经用来做了国号，那再把“大兴”用来做都城名字，不是正合适吗？

而且从字面上看，“大兴”这两个字也非常好，有兴盛强大的寓意，不比“长安”差，能够彰显新都城的恢宏气势和大隋朝的气象。

所以杨坚果断把新都命名为“大兴城”，并于开皇三年三月迁都至此。

这是一个历史性时刻，一座新城在关中平原上拔地而起，取代已存续八百年之久的长安城，成为关中以及整个北方的政治中心。

那么“大兴”究竟是一座怎样的城市呢？

大兴城的建制

首先我们来看它的规模。根据现代考古实测，大兴城东西长 9721

米，南北长 8652 米，周长约 36 公里，面积达 84 平方公里。

这是个什么概念？除了短暂存在过的北魏洛阳城外，它几乎是古代中国乃至世界上规模最大的城市。

为了更清楚地说明它的大，我们不妨做一个对比。

首先和旧长安城比：一个 84 平方公里，一个 36 平方公里，差距显而易见。

然后再和同时代的世界其他城市比：当时强大的东罗马帝国都城君士坦丁堡面积约为 12 平方公里，只有大兴城的七分之一；公元 800 年所建的阿拉伯帝国都城巴格达城面积为 30 平方公里，只有大兴城的三分之一多。

最后和中国历代城市比：离现在最近的明清北京城面积为 60 平方公里，大兴城是它的 1.4 倍；明清西安城（今西安古城墙内）面积约为 11.32 平方公里，大兴城是它的 7.5 倍。

由此不难看出，大兴城的“大”确实是无与伦比。但“大”还不是它最突出的特点，大兴城最伟大之处在于它近乎完美的建制和布局。

中国汉朝以来的都城大多布局松散，甚至混乱无章，宫殿的位置、构造也不固定，有时皇宫旁边就是居民区、商业区，虽然很接地气，但却无法显示皇权的威严，也不利于宫廷防卫。直到魏晋以后，才出现了邺城、洛阳城这样功能分区明确、结构严谨的都城，是为划时代的变革。

而大兴城正是参考这两座城的布局，并结合龙首原附近的地形地貌，严格规划建造出来的，可以说是集魏晋以来城市建设之大成。

从整体布局上看，大兴城坐北朝南，主要有三个组成部分：宫城、皇城、郭城。

宫城，顾名思义就是皇宫，但它不是一座宫殿，而是规模宏大的宫殿群，由殿、亭、观、园等多种建筑构成，是皇帝生活和举行朝会的地方。

大兴城的宫城叫作“大兴宫”，位于都城的北端正中心。这座宫城有多大呢？它东西长 2820 米，南北长 1492 米，面积为 4.21 平方公里。

这个规模在中国古代宫殿群中也是排名前列的，就拿我们熟悉的明清皇宫紫禁城（故宫）来对比。作为中国目前保存最完整的宫殿群，它的占地面积为 0.72 平方公里，只有大兴宫的六分之一。

由此不难想象，大兴宫是一座多么庞大的宫城，比得上古代一座县城了，足以单独列为一个城市。

不过这样一种对比，对紫禁城貌似不大公平，因为大兴宫并不是一个单独的宫殿群，而是分为中、东、西三部分。中部才是正儿八经的皇宫，也称大内，东西宽 1285 米，面积为 1.92 平方公里；东部则是太子居住的地方，称为“东宫”，宽为 833 米；西部是服务供应部分及作坊，叫作“掖庭宫”，宽 703 米。这是区别于紫禁城的地方。不过即使只算中间皇宫部分，大兴宫的规模也远远大于紫禁城。

既然是宫城，那必然有城墙和城门，大兴宫的宫墙高大宽厚，四面一共开有十道门（仅指大内），其中最重要的是“玄武门”和“广阳门”。

玄武门是大兴宫的正北门，地居龙首原余坡，地势较高，能够俯视宫城，是控制大兴宫的制高点，也是宫城北面的门户。而且由于大兴宫位于城北，玄武门实际上也是整个大兴城的正北门，政治、军事地位非常重要。

广阳门[①]则是大兴宫的正南门，名字来源于汉魏洛阳城的“广阳门”。

“广阳”这个名字听起来可能有些陌生，但如果说它在后来唐朝时的名字“承天门”，应该就比较熟悉了。

承天，寓意“承天启运、受命于天”，听着就很霸气。隋唐以后，很多朝代都把自家宫城或皇城的南大门叫作承天门，包括紫禁城也一

① 广阳门于仁寿元年（601 年）改为昭阳门，西安博物馆地图上标注为昭阳门。（编者注）

样，只不过清朝初年时，顺治皇帝把它改为了“天安门”。

说到这里应该就比较清楚了，大兴宫的广阳门就相当于紫禁城的天安门，是大兴城乃至整个隋王朝最神圣庄严的地方。

所以它和天安门一样，门前也有一个大广场，那是一道四百多米宽的东西向大街，可以容纳上万人。而且广阳门左右两边还各有一个朝堂，和城楼、广场等共同构成了皇帝与群臣议政以及举行国事活动的重要场所，相当于外朝。

比如册立太子、接待各国朝贡使者、宣布重大诏令等，一般都在广阳门进行。有时逢年过节，皇帝也会登上广阳门，在门楼上设宴款待文武百官。如果你是其中的一员，那么恭喜喽！你不仅能吃上皇家饭，还能顺便抢个红包什么的。

这并非说笑，据史籍记载，唐朝时期，玄宗李隆基有一次登上承天门，曾命人往楼下撒金钱，引得百官哄抢，有人还为此写了首诗：开元皇帝掌中怜，流落人间二十年。长说承天门上宴，百官楼下拾金钱。

这和今天老板给员工发红包其实也差不多，都是先抢先得。只可惜杨坚是不会这么干的，我们就不用多想了，还是看看宫城内部的布局吧。

从广阳门向北，就进入了宫殿区，其中位于最南方的，是大兴宫主殿“大兴殿”。这是整个宫城最大的一座殿，地位相当于紫禁城的太和殿，是举行大朝会和重大仪式的地方。通常只有每月的初一、十五两日，皇帝才会在此上朝听政，相当于中朝。

大兴殿不是孤立存在的，它其实是个宫院，南面有殿门，叫作“大兴门”，周围有廊庑，廊庑两侧则是官署，东侧有门下省等、西侧有内史省等，这样设计是为了方便皇帝与两省沟通，以便及时处理各项政务。至于尚书省，则不在宫城内。

大兴殿及其周边建筑构成了宫城的朝区，是纯粹举行朝会的地方。大兴殿北面则是一条东西横街，横街以北是寝区，也就是皇帝办公、休息的地方。寝区的正门叫“两仪门”，门北即“两仪殿”，是皇帝平时上朝听政的地方，相当于内朝。它的东西两边还各有一殿，即“万春殿”和“千秋殿”，三殿都各有殿门，由廊庑围成宫院。

两仪殿的北面是宫中第二条东西横街，两端分别通向日华门、月华门，街北正中则是甘露门，通往后妃居住的寝宫，也就是后宫。这里跟前宫是严格区分开的，如果你不是后宫人员，那么走到这儿你就要止步了，不然可能会掉脑袋；同样后宫的妃子也不能随便出甘露门进入前宫。

当然，独孤皇后是例外，她想去哪儿都行。

甘露门正对着的是寝宫的正殿“甘露殿”，也是大兴宫的第三大殿，一般是皇帝批阅奏章、读书、用膳，以及宣招嫔妃侍寝的地方。不过杨坚压根儿没有妃子，晚上估计直接就去独孤皇后的寝宫休息了。

与甘露殿东西并列的还有神龙殿、安仁殿，各有殿门廊庑形成独立宫院。而三殿再往北就是皇后和妃嫔居住的地方了，有各种宫殿、亭台、池沼等，是绝好的游赏宴乐之处。只是除了皇帝，一般男性进不去。

后宫再往北就是宫城北墙，由玄武门通向宫外的禁苑“大兴苑”。大兴苑的规模非常大，把旧长安城都围了进去，既是皇家园林，也是宫城的一道屏障和缓冲之地。所以它有一条无形的标语：闲杂人等不得入内。

以上这些都是大兴城的主要建筑。此外在朝区的门下省、中书省和寝区的日华门、月华门东西外侧，还各有若干宫院，是宫中的次要建筑。

介绍完宫城，我们再来说一说皇城。

大兴城的皇城位于大兴宫的正南方，两者南北相连，由一条横街隔开，街道两端各开一道门。

所以皇城的东西长度与宫城相当，南北宽 1843 米，也和宫城差不多。北面是街道和广阳门广场，没有城墙，其他三面则筑有高墙，其中东西两面的城墙各开有一门，分别为“景风门”和“顺义门”。南面则有三门，从东至西分别是“安上门”“朱雀门”“含光门”，其中朱雀门是皇城正南门，与广阳门之间有一条朱雀大街连通，而这条街向南出朱雀门后，一直延伸到城外，是整个城市的中轴线，宽达150米。

说了这么多，那么皇城究竟是干什么的呢？

其实“皇城”的概念在隋朝之前是不存在的，大兴城是中国历史上第一座拥有皇城的都城。

但是“皇城”这种建制也不是突然出现的，它的模型是北魏洛阳城的内城。

洛阳曾是东汉、曹魏及西晋都城，西晋灭亡后一度被废弃。南北朝时期，北魏孝文帝迁都于此，在原来魏晋旧城的外围修建了一重新的郭城，而旧城则被改造为内城，用来布置王府、衙署等机构，并环绕拱卫着宫城。

大兴城的皇城便与之类似，也是用来布置宗庙、官衙、仓库、军营等各种机构和建筑的，像尚书省、御史台、十一寺等都集中在这里。

只不过洛阳内城是在城市扩建中形成的，具有偶然性；而大兴皇城则是经过统一规划，一次建成的。而且它没有包围着宫城，而是在宫城之南，这是首创。

正因如此，皇城内的官署机构也被统称为“南衙”或“南司”。

皇城和宫城是隋朝国家权力最集中的地方，它们都属于禁区，与外界严格分开，平民百姓是很难进入的。就算是官员，也只有在工作的时候才待在里面，至于居住和生活的地方，则和普通百姓一样，都在两城之外的郭城，也即外城中。

郭城占地70多平方公里，是大兴城的主要部分，由一百多个排列整齐的方形里坊和两市组成。

一个里坊就相当于一个封闭式小区，有围墙、坊门、管理员等。

小区内是一座座住宅以及佛寺、道观、官府等建筑；小区外则是一条条纵横交错的街道，整体呈现网格状。这就是“街坊邻里”的由来。

遇到这种布局的城市，路痴们就有福了，你只要知道东西南北就绝不会迷路，因为每条街道都是横平竖直的，而且直通城外，实在不行就沿着一条横向的街道走，总会走到朱雀大街或皇城边的。

但坊外的街道不是想走就能走的，通常情况下，你只能白天走，不能晚上走，因为有宵禁，晚上只能在小区里活动，否则被巡街的人抓住可就惨了。

大兴城具体有多少个坊，还真不好说，因为它有变化，不过一般认为在 108 个至 110 个之间，沿朱雀大街东西对称分布，西边 55 个没有争议，但东边可能是 55 个，也可能是 54 个，或者 53 个，因为最南边的一块地被用来建了皇家园林，叫作“芙蓉园”，也就是曲江。

至于两市，则是集中进行买卖交易的地方，也就是商业区。两市东西对称分布，东边的叫“都会市”，西边的叫“利人市”，大小基本相等，各占两坊之地，南北长约 1025 米，东西宽约 927 米。市场也有围墙，四面共开八门，内有井字形街道和沿墙街道，将市内分为九区。每个区都四面临街，店铺沿街而设。大兴城的商业大都集中在这两座市场，其他各坊内也有一些零散的商业设施。

从整体上看，郭城内的里坊、街衢（qú）和两市星罗棋布，整齐划一，如众星拱月般分布在皇城和宫城的东、西、南三面。对于这种布局，后世诗人白居易有一首诗形容：百千家似围棋局，十二街如种菜畦。

布局如此规整的城市，大兴城绝对是第一个，即使放到整个人类城市史上，也是实属罕见的。但“规整”还不是大兴城的最大亮点，它的最独特之处在于对中国古代风水思想和天象理论的极致运用。

在中国传统文化中，有四方星宿也即四象之说，分别是东青龙、西白虎、南朱雀、北玄武。这正是玄武门、朱雀门以及朱雀大街名称的来源。

再有《易经》六十四卦，也被应用到大兴城的建设中。这就要说到龙首原的奇妙之处了，它有六条东西走向的土岗，形状很像《易经》上乾卦的六爻。

乾卦是《易经》中的第一卦，卦象是天，特性是强健，立义是：天行健，君子以自强不息。爻则是卦之画，六十四卦每一卦都有六爻，分为阳爻和阴爻。阳爻的符号是“——”，阴爻的符号是“— —”，用文字表示时，阳爻称“九”，阴爻称“六”。而乾卦六爻全属阳，所以都称“九”，从下往上数分别是：初九，潜龙勿用；九二，见龙在田；九三，君子终日乾乾；九四，或跃在渊；九五，飞龙在天；上九，亢龙有悔。

这六爻实际上讲的是一个事物从发生到繁荣的过程，每爻都有寓意，其中最好的是九五飞龙在天，比喻君子处于尊贵之位，事业如日中天。

所以“九五”常用来喻指帝王，“九五至尊”就是这个意思。

现在龙首原正好有六岗，完美对应六爻，那居住着帝王的宫城岂不是应该建在第五条岗上？

理论上是这样，但实际上宇文恺没有这么做，因为他还有另一层考虑，那就是星象。

古人追求天人合一，将天上的星辰与人对应起来，而满天星辰中，唯一能够代表帝王的是紫微星，也即北极星。因为它位居北天中央，位置和亮度都几乎恒定不变，并被众星拱卫。

这些特征与人间的帝王相符，也是历代皇帝所追求的完美境界。所以大兴城的宫城没有设在九五上，而是在城北中央，对应着北极星。同时皇城在南，象征着环绕北辰的紫微垣，外郭城则象征着向北环拱的群星。

但问题又来了，按照这个逻辑，宫城应该叫太极宫或紫微宫才对，为什么大兴宫不这么叫呢?

事实上邺城和洛阳城的宫城都是这么叫的，甚至后来的紫禁城也是取这个寓意（紫微+禁地）。可是杨坚偏不这么叫，他太钟爱“大兴”这个名字了，不仅用来作为都城之名，还用来命名宫城、主殿、禁苑等。

虽然不是九五，但大兴宫对应的卦位仍然属于上佳，它在龙首原第二条土岗上，是为九二见龙在田，寓意君子挣脱低谷，开始建功立业。而皇城则对应九三君子终日乾乾，寓意君子整日勤奋努力，正符合百官们勤于政事的状态。

那这样算下来，九五高坡上应该建什么呢?这里可有帝王之气，不能随便给人住吧?

这也难不住宇文恺，他在这条高岗的中轴线部位，东西对称地建了两座规模宏伟的寺观，西面是道教的“玄都观”，东面是佛教的“兴善寺”，借用神佛的力量镇压住这个地方的帝王之气。

除了以上这些，大兴城还有很多巧妙的构思。比如大兴宫第二大殿之所以叫“两仪殿”，是取“太极生两仪”之意;郭城设置一百零八个坊，是对应紫微斗数一百零八颗星;里坊南北共排十三列，象征着一年有闰;皇城以南横向并列四坊，象征着一年四季;南北纵向九坊，取自《周礼》一书中的九逵之制;所有里坊只开东西两门，是防止宫城里的帝王之气流泄……

如此多的门道，其实只为了一个目的:彰显皇权的至高无上和神圣性，维护封建礼教秩序。

所以说，是“君权神授，天人合一”的传统思想，创造出了这样一座近乎完美的城市。当然，这也得益于中国古代发达的星象学，以及宇文恺这位建筑奇才的鬼斧神工。

可是过于追求完美也未必是好事，有时候反而会造成更大的缺陷。大兴城的设计就是太求全了，为了天人合一的完美布局，不得不牺牲掉一些其他的东西。

就比如说宫城的舒适性。由于大兴城的地势东南高、西北低，所以实际上宫城处在一片低洼地带。平时这倒没什么，可一旦遇到下雨天，那皇宫就遭殃了，搞不好直接变成鱼塘。

但是没办法，有得就有失，杨坚只能将就着住了，这虽是宇文恺设计的，但肯定得到了他的认可，所以也怨不得别人。不过这也未必全是坏事，至少间接催生了后来的大明宫。

那都是唐朝的事了，在此不多说。

只说大兴城，大隋的新都，一座完美的城市，强迫症和路痴的天堂。

就是这样了吗？

好像少了点什么。

对了，城墙呢？郭城的外围不是应该有城墙吗？不然怎么防御？

对不起，防御什么的都是弱国考虑的事，大隋朝这么强大，谁能威胁到首都，要啥城墙？

这是多么自信！也只有杨坚敢这么说，这么做。

可实际上，大兴城之所以没有城墙，是因为：工期紧张，资费不足，物料暂无。

别说是城墙了，就是最重要的建筑太庙，那都是从旧长安城拆过来的，哪儿有那么多钱建新的？

当然了，如果一定要建，钱还是有的，只不过杨坚节俭惯了，舍不得花钱，是能省则省。既然城墙暂时用不上，那不如先不建，等以后富裕了再说！

有这么一个朴素节俭的好皇帝，最高兴的莫过于百姓。因为他们最怕的就是统治者大兴土木，横征暴敛。现在杨坚带头节俭，连建个都城都精打细算，那么朝廷上下谁敢奢靡？而当统治者能够朴素务实、爱惜民力的时候，这个国家必然会越来越富强。

第十一章
北战突厥

大兴城一建立，隋朝的气质好像都变了，直接提升了一个档次。

但是我们不要忘了，目前为止它还只是一个统一了半个中国的政权，江南那地儿还不归它管。

之所以强调这一点，是因为此时的隋朝正面临着极为复杂的外部形势。

首先就是与陈朝的关系。因为司马消难一事，杨坚对陈朝很不待见，一直憋着一口气，所以隋朝自诞生那天起就注定要和陈朝过不去。

隋朝毕竟才刚建立没几天，杨坚虽然不乏有吞并江南的野心，但也知道时机未到，不能操之过急，所以也就暂时没搭理陈朝。

可杨坚不惹它，不代表它不来惹杨坚。就在开皇元年九月，陈朝突然发兵入侵江北，攻陷了隋朝的城池。

这是什么意思？好了伤疤忘了疼吗？怎么才一年没挨打，就又来送人头了？

这次杨坚可不会再忍了，直接派出两路行军元帅率军还击，并命高颎全权负责军事。

战争的结果不用多说，毕竟实力在那摆着。在隋军的进击下，陈军大败，接连丢了几座城池，不得不遣使请和。而且这时陈朝内部发生了一件大事，陈宣帝陈顼病逝了。

俗话说“趁你病要你命”，这时候陈朝就病得不轻，所以照理说，隋朝应该乘胜追击，说不定就能打到建康去。

可高颎却不打算再打了，他向杨坚奏请说“礼不伐丧”，意思是人家皇帝死了，正办丧事呢，再打不合礼仪，这次就算了吧。

杨坚什么态度呢？他接受了高颎的建议，真就不打了，不仅与陈朝恢复了和平，还遣使去吊唁。

这是为什么？当然不是因为他仁慈，而是因为灭陈的时机还不成熟，连供军队渡江战舰都不够。而且这时候有一个更强大的对手正虎视着隋朝，让杨坚不得不先把江南放到一边而专心对付它。

这个对手就是突厥。

关于突厥，前面我们已经多次提到过，但并没有深入展开，现在是时候郑重介绍一下了。

突厥的历史

突厥，一个活跃在北方草原的游牧民族，其统治者家庭姓“阿史那氏”。关于它的来源，有多种说法，《北史》《周书》等说他们是匈奴的旁支，后来被邻国所灭，唯一的幸存者后来与狼结合，从而产生了阿史那氏。

这种说法太过离奇，显然不可信，但其中的两条信息还是比较可靠的，一是突厥与匈奴有亲缘关系，二是他们以狼为图腾。

在北魏以前，突厥一直没有什么存在感，史书上根本瞧不见他们的踪迹，即使在五胡十六国这样游牧民族集体沸腾的时代，也没见突厥人有什么作为。

到了北魏中期，突厥人开始有动作了，他们归附了强大的柔然，成为柔然的炼铁奴，专门给人家打铁，并迁徙到了今阿尔泰山南麓，因阿尔泰山形似战盔“兜鍪（móu）”，在他们语言里兜鍪俗称“突厥”，于是就以“突厥”为部落名。

这时候的突厥仅包括阿史那氏，是个只有几百家的小部落，依然没什么影响力。但是他们的发展很迅速，到西魏时期已经拥有几万户，到西魏大统十二年（公元546年），突厥打败铁勒，并合其部落五万余户，势力逐渐强大起来。

西魏后期，突厥又多次出兵击败柔然，并最终灭亡了柔然，统一了草原，建立了一个东至蒙古高原、西至中亚的突厥汗国，成为继匈奴、鲜卑、柔然之后，又一个草原霸主。

这里要强调的是，此时的突厥已不再是一个单一民族，而是一个多民族或者说多部族的联合体，只有统治集团阿史那氏才是纯种的突厥人，而它统治下有各种不同语言甚至不同肤色的民族，成分非常混杂。

突厥汗国建立时，正值北齐、北周东西对垒，两国慑于突厥的强大，争相拉拢它。而突厥也很聪明，它知道东强西弱，所以辅周抗齐。后来形势发生逆转，变成西强东弱后，它又帮助北齐抗周。

它之所以这么做，目的只有一个：阻止中原统一。

因为只有中原分裂，各势力互相争斗时，北周、北齐才会使劲巴结突厥，源源不断地给它输送粮食、器物，甚至是女人。对此突厥佗钵可汗曾说过这样一句话：“我在南两儿常孝顺，何患贫也！”

在突厥眼里，北周、北齐就是两个儿子，一个比一个孝顺。如果两个孩子打架，那就帮一下弱的，反正不能让任何一个被打死。

以我们今天的视角来看，突厥的这套做法有点像近代英国的“大陆均势政策”，在欧洲列强之间搞平衡，让他们彼此牵制和相互争斗，防止一国称霸欧洲，从而维持自己的霸主地位。

但是这种平衡却因为北齐的灭亡而被打破。北周统一北方后，宇文邕不再向突厥纳贡，并率军北伐突厥。

对此突厥很郁闷，怎么失去了一个儿子不说，连剩下的这个也不孝顺了，还要来打爹了？！

不过这场战争最终没有打成，因为宇文邕中途病逝了。即位的宇文赟可没有他父亲的胆魄，敢和突厥掰手腕，他选择继续当儿子，给突厥送礼物，并答应突厥的和亲请求，把赵王宇文招的千金公主嫁了过去。

于是突厥又乐呵呵地当起了爸爸。可惜好景不长，没过多久，中原形势又变了，隋朝取代了北周，突厥唯一的儿子也没有了。

其实这时候，如果隋朝像北周一样继续讨好突厥，突厥是完全能接受的，因为他们要的就是财富、女人，只要有人孝敬，谁当儿子不重要呀？

但杨坚的性格我们也知道，他不是那种逆来顺受、任人欺负的人，何况隋朝兵力强盛，为什么要怕突厥呢？

所以他一即位，就停止了对突厥的进贡，偶尔心情好了，才随便赏赐他们点儿什么。

这可让突厥不高兴了，怎么这个儿子跟北周、北齐不一样呢，是没挨过打的缘故吗？

突厥心理落差太大，就有了怨言了。尤其他们的沙钵略可汗还刚刚上位，你隋朝突然一下不进贡，好像是针对他个人一样，让他面子往哪放？

再加上突厥可敦千金公主是北周的皇室，杨坚把北周取代了不说，还把人家宗族屠戮殆尽，她心里能不痛恨吗？所以天天在沙钵略面前哭诉，请为周室报仇。

沙钵略经她这么一鼓动，终于忍无可忍了，跟手下大臣说："我，是周室的亲戚。如今杨坚代周自立，若是不能制之，我有何面目见可敦？"于是决心发兵南下，给杨坚点儿颜色瞧瞧。正好当时原北齐营州（今辽宁朝阳）刺史高宝宁占据东北，手中有不少人，一心想着复国。沙钵略便联合他来攻隋。高宝宁求之不得，遂率领麾下的契丹、靺鞨（mò hé）等游牧民族士兵南侵，不久就攻克了临渝关（大概在今山海关一带）。

杨坚接到消息，很是震惊，他虽然预料到突厥可能会不高兴，可没想到人家竟然发这么大火，直接玩儿真格的！

面对如此强大的敌人，杨坚不得不重视起来，赶紧命令边地修缮长城，严加防守，并命上柱国阴寿镇守幽州、虞庆则镇守并州，各屯兵数万人以防御突厥。

战争初始，突厥出动的兵力不是很多，大都是小股部队。在隋军的严密防御下，没占到任何便宜，全部被击退。

但是这并不意味着威胁已经解除，因为突厥的主力尚未出现，真正的较量还没有开始。

直到开皇二年冬，隋朝军队才第一次与突厥主力正面相遇，并由此引发了一场无比惨烈的战斗。

神奇的达奚长儒

这年秋冬，沙钵略率领十几万大军，分东西两路齐头并进，同时越过河南（今河套地区以南）、河西（今陕西东北部），向关中地区进犯。所过之处，掠夺一空。

杨坚得知军情，即命太子杨勇率军驻屯咸阳，以守卫长安，然后又命虞庆则率军驻防弘化（今甘肃庆阳境内），以阻击突厥。

至十二月，虞庆则麾下行军总管达奚长儒率两千骑兵遏制突厥，在距弘化不远的周槃（今甘肃合水县西南）与突厥军遭遇。

当时突厥兵为了抢掠，队伍拉得比较分散。达奚长儒并不知道对面这支敌军有多少人，直到和对方照面后，他才发现这是突厥主力部队，足有十万余人，为首的正是沙钵略可汗。

隋军将士一看这阵势，直接就吓懵了。这也难怪，如此悬殊的兵力对比，这仗几乎没法打，还不如想想怎么跑。

通常这个时候，主将的作用会非常关键，如果他也像士兵一样慌乱，那这支两千人的部队恐怕很快就会被敌人吃掉。相反，如果他能镇定自若，从容指挥撤退，或许还有活着回到弘化的希望。

而达奚长儒是后者，面对几十倍于己的敌人，他丝毫没有慌乱，迅速命将士调整阵型，一面有序回撤，一面抵挡敌兵。

而突厥这边见隋军人少，也不讲什么战术不战术了，直接利用人数优势，像狼群一般冲了过来。隋军寡不敌众，在敌人的猛冲下，阵型一下子就散了。达奚长儒早有预料，又迅速指挥部队合聚，于是隋军很快重新结成团队，且战且退。

就这样，在达奚长儒的率领下，这支两千人的部队散了又聚，虽然人数在不断减损，但始终没有被打垮，反而越战越勇，全都成了不怕死的战士。

在这种精神状态下，隋军战斗力高得惊人，不能说以一当十，至少是一个顶仨。就这两千隋军，竟然跟突厥十万人周旋了三天，连武器都打没了，只能赤手空拳与敌人搏斗，到最后双手都变得血肉模糊，裸露出了白骨。

而突厥这边也不好过，他们连续追击了三天，尸体堆积了一路，却吃不掉区区两千人，反倒是己方死伤过万，士气大减。眼看隋军就要逃入弘化城，沙钵略干脆也不追了，命令大军先撤回。

这样隋军顺利进入弘化，总算是脱离了险境。但这时他们只剩下二三百人，而且没有一个不挂彩的，连达奚长儒都身受五创，身体都被贯穿。

对于这支部队来说，一次战斗就损失了近九成的兵力，可以说是惨败。但对于整个隋军以及隋朝来说，他们这三天的战斗是一次巨大胜利，不仅歼灭了上万敌兵，而且打出了大隋军人的血性，让突厥人知道了隋军的厉害。

事实上，这次战役对突厥的心理冲击非常大，他们本以为这一路下来无人能挡，不料却被区区两千隋军折腾成这样，那要是遇到隋军主力还得了？于是他们也不敢继续南下了，把战死的士兵尸体一烧，对着一哭悼，就退回草原去了。

不久战报传到京城，杨坚为之一振，心说有达奚长儒这样英勇的将领，还怕什么突厥！

于是下诏晋封达奚长儒为上柱国。至于阵亡将士，都追赠官阶三级，并让他们的子孙承袭。

有了达奚长儒的激励，隋军的士气高涨许多。但是突厥人也不是吃素的，他们最厉害的就是骑兵机动作战，来了就抢，抢完就走，走了又来。隋军战斗力虽然强，但奈何北境的防线实在太长，各地方驻守的兵力相对较少，当突厥骑兵大举来犯时，还是很难抵挡。

果不其然，不久突厥卷土重来，幽州、乙弗泊（今青海乐都西）、临洮（今甘肃临洮）等地驻军接连战败，沙钵略遂纵兵自木硖关、石门关（两关皆在今宁夏固原附近）入侵关中。一时间，武威、天水、安定、金城、上郡、弘化、延安等地皆遭洗劫。

对此沙钵略仍不满足，想继续向南进兵，一口气打到长安去。但他的堂叔达头可汗却不愿意再跟随，直接引兵回了草原。

这是怎么回事？说来话长，让我们从头说起。

突厥的内部问题

首先我们要说明两个问题：一是突厥的内部组织。突厥与中原王朝不同，它不是一个高度集权的社会，而是一个部落大联盟，沙钵略是

大可汗，是所有部落的共主，而他手下还有几个小可汗，是各自部落的首领，分居在北方草原。

二是突厥的汗位继承问题。这也与中原不同，他们没有嫡长子继承制，大多数时候是兄终弟及，与商朝有些类似。

为什么要说这两个问题呢？因为这正是达头与沙钵略分裂的根源。

沙钵略是突厥第五任大可汗，在他之前，突厥经历了四任统治者，分别是：

第一任：伊利可汗，名阿史那土门，突厥汗国的建立者，第一代可汗；

第二任：乙息记可汗，名阿史那科罗，土门的长子，在位一年期间灭亡柔然；

第三任：木杆可汗，名阿史那俟斤，土门的次子，在位期间国力达到鼎盛，疆域东至辽海，西至里海，南至阿姆河以南，北至贝加尔湖以北；

第四任：佗钵可汗，名阿史那库头，土门的幼子，在位十年，北周大象二年（公元 580 年）去世。

从乙息记可汗到佗钵可汗，突厥一直奉行兄终弟及的汗位传承方式。直到佗钵可汗去世，这一代没人了，才传至下一代。

而且佗钵可汗也没有传位给自己的儿子，他觉得当初木杆可汗遵循兄终弟及的原则，无私地把汗位传给了自己，现在自己要死了，没有弟弟可以传位了，那就应该传给侄子，这样才对得起哥哥。所以临终的时候，他嘱咐儿子奄罗把汗位让给木杆可汗的儿子大逻便。

等佗钵死后，奄罗遵从遗命，主动让出了继承权，于是大臣们便准备立大逻便为可汗。

这时突厥各部落首领接连赶来参加佗钵可汗的丧礼，得知大臣们准备立大逻便为新可汗，竟然一致反对。原因是他们觉得大逻便的母亲出身太低贱，他不配当可汗。而奄罗的母亲出身高贵，一直受人敬重，应该立奄罗。

但大臣们不愿妥协，仍想立大逻便。就在双方争执不下的时候，最后一位部落首领赶了过来，他和其他首领一样，也坚决主张立奄罗为可汗，并威胁大臣们说："如果你们立奄罗，我就率兄弟臣服于他；如果立大逻便，我必严守我的部落，与之兵戎相见。"

这位首领名叫摄图，是乙息记可汗之子，也是伊利可汗的长孙，由于他英勇、年长、实力强大，大臣们都很忌惮，竟不敢违抗，最终让奄罗继了位。

但这事还没完，奄罗即位后当了可汗，大逻便心里不服气，他觉得汗位本来应该是自己的，现在却被奄罗窃取了，必须要讨回公道，于是他天天派人去辱骂奄罗，说他抢自己汗位不厚道。

这事如果放到中原王朝，大逻便估计能死一百回。但发生在突厥却一点不奇怪，因为这些个"王子"都有各自的小部落，真打起来不一定谁怕谁。虽然奄罗当上了可汗，但他毕竟年轻，实力也不强，又得不到国中大臣的支持，面对堂兄的挑衅辱骂，竟一点儿办法也没有，最终再次选择退让，把汗位让给了摄图。

大臣们对此也没有意见，因为从道理上讲，摄图是阿史那氏这一代中年纪最大的，他爸爸也当过可汗，是完全有资格即位的。而且摄图实力强大，又有贤德之名，是这一代的佼佼者，立他能够服众。

于是大臣们就迎立了摄图为可汗，这就是沙钵略可汗。沙钵略即位后，为了表示对奄罗的尊重和感谢，就封他为第二可汗，地位仅次于自己。

这样一来，大逻便更不高兴了，但他也不敢拿沙钵略怎么样，只得派人向他传话说："我和你都是可汗之子，各自承袭父亲的基业。如今你当了可汗，奄罗当了二可汗，只有我没有封位，这合适吗？"

沙钵略知道他心里不满，为了避免出现分裂，就封他为阿波可汗，让他继续统领自己的部落。

所以这时，突厥就出现了多个可汗并存的局面，除沙钵略外，其他可汗各自统领一个部落，居住在牙帐的四方。而达头可汗则是伊利可汗的侄子，沙钵略的堂叔，一直居住在西部，今新疆和中亚一带，实力仅次于沙钵略。

这和分封制下的周朝有些相似，沙钵略是周天子，其他可汗是诸侯。由于天子本人很英武，实力也很强大，所以各诸侯都服从他。

但是熟悉春秋战国史的人都知道，分封这种制度是很容易出问题的，因为诸侯的独立性太强，他们对天子的忠诚是建立在天子强大的基础上的，一旦天子的内部统治出现问题，他们随时有可能成为背叛者。

不过沙钵略深得草原人心，内部相当团结，这些可汗并不敢轻易背离他。

可如果突厥的这种关系被人利用，将隐藏的矛盾激化，那沙钵略就未必能继续统领各大可汗了。

事实上，确实有人从中挑拨阿史那氏，硬是把几大可汗变成了沙钵略的敌人。

这个人来自隋朝，是一位出色的外交家，叫长孙晟。

外交高手长孙晟

长孙晟，字季晟，鲜卑族，生于西魏大统十七年（公元 551 年），河南洛阳人。

长孙晟出身于鲜卑贵族，是北魏皇室的支系，祖上从北魏、西魏、北周到隋朝，世代为高官，其中的厉害人物数不胜数。

不过他最牛的不是祖先，而是自己未来的一对儿女：长孙无忌和唐太宗长孙皇后。

当然这些都是后话，我们暂不讲述，只介绍长孙晟其人。

和许多鲜卑贵族一样，长孙晟也是自幼学习骑射，但他除了学武之外，还涉猎文史，属于文武兼备型人才。不过他最拿手的还是射箭，当时北周贵族们普遍尚武，都以擅长骑射为荣，特别是年轻的贵公子们，经常在一起切磋射技和骑艺，而长孙晟是他们中的绝对王者，每次比赛都是第一。

十八岁时，长孙晟出任司卫上士，经常出入宫廷。此时杨坚任小宫伯，是他的上司，初次见他就惊奇不已，夸他不仅武艺超群，而且有谋略，将来必能成为名将。

后来千金公主出嫁突厥，北周方面为了显示国力，特意挑选一些骁勇之人做送亲使者，于是长孙晟就荣幸地成了副使。

后来的事情证明，派遣长孙晟出使突厥是无比正确的一件事。以往突厥与北周曾多次通使，对于北周来的使者，突厥大多看不上眼，尤其沙钵略自身勇猛善战，更瞧不上中原人，一向是冷眼相看。但对于长孙晟，他却是打心里喜欢，经常和他一起打猎，送亲队伍都要回国了，还舍不得让他走，硬是留他待了一年。

那么长孙晟到底有什么过人之处，让沙钵略这么喜欢呢？

其实也很简单，就是因为长孙晟骁勇，又特别擅长射箭和弹弓。

有人可能会疑惑，不是说草原民族以擅长骑射著称吗？突厥那么多人，随便拉出来一个射术都不错吧，沙钵略怎就会格外欣赏长孙晟呢？

突厥人善射不假，但和长孙晟比起来就小巫见大巫了，他的射术已经到了出神入化的地步，说是“箭神”也不为过。这里有事实为证。

有一次，沙钵略邀长孙晟一起打猎，忽见天上有两只雕，正飞着争夺一块肉。沙钵略一时兴起，便取出两支箭递给长孙晟，请他把雕射下来。

射雕对于草原人来说并不算难，但要连射两只就没那么容易了，何况这两只雕是在一起觅食的，射一只，另一只肯定会惊慌飞走，所以沙钵略觉得一般人做不到，而长孙晟或许可以。

但沙钵略没有想到的是，长孙晟不仅做到了，而且只用了一支箭，是一箭双雕！请注意，这个成语典故就来源于此。

这一神技直接把突厥人震住了，见过射雕的，没见过一箭射两只的。牛，实在是牛！

沙钵略也是又惊又喜，从此更加喜爱和亲近长孙晟，命令自己的子弟们都跟他交往，向他学习射箭和弹弓。

一个中原人，教一群生长在马背上的草原人学箭，绝对千古少有，足见此人射术之高、魅力之大。

而草原人的一大特点就是佩服强者，他们既然见识了长孙晟的神勇，就会打心里敬佩他，真心向他学习。这就给了长孙晟了解他们、交好他们的机会。

在向长孙晟学箭的众多突厥贵族中，有一个名叫处罗侯的，是沙钵略的亲弟弟，号叶护可汗。处罗侯没什么势力，就是诡计多端，善于笼络人心，故而很受草原人爱戴，但也因此被沙钵略猜忌，心里十分不安。他见长孙晟勇武有谋，觉得可以托付大事，便趁着与他交往的机会，把心事都告诉了他，并与他暗中结盟。

长孙晟当然不能白和他结盟，便利用他的信任，探知了突厥的不少秘密，其中就包括各可汗之间的矛盾冲突。此外他还经常趁着和处罗侯打猎的机会，四处考察突厥的山川形势、部众强弱，并且熟稔于心。

一年后，长孙晟回到长安，这时隋朝已经建立，他便以书面形式把在突厥的所见所闻报告给了杨坚，其中重点指出了阿波、达头、叶护等可汗与沙钵略之间的矛盾，并针对这一情况，提出了“远交近攻，离强合弱”的战略方针。

杨坚看了他的报告后十分高兴，立刻把他召来当面谈话。长孙晟遂又详细讲述了突厥各总部落形势，并手画山川地理，写尽各部虚实。杨坚见他对突厥情况了如指掌，心里又惊又喜，不吝赞美之词。

也难怪杨坚高兴，中原王朝和突厥打了这么多年交道，从来不知道突厥内部是什么情况，也没想过能利用其内部矛盾。结果长孙晟这一次出使，就把突厥摸个门清，这不是上天赐给隋朝的一份大礼吗？

杨坚越想越激动，于是采纳了长孙晟的建议，着手实施分裂突厥的计划。

他先是派遣太仆卿元晖西出伊吾道（今新疆哈密一带），拜访达头可汗，赐给他狼头纛。

这是一种用狼头作标志的大旗。因为突厥人以狼为图腾，认为自己是狼的后代，所以通常会在军门前竖立狼头纛，表示不忘本。

杨坚赠狼头纛给达头可汗，是一种高级礼节，显示了对他的尊敬。达头因此很高兴，派使者来回访，正好这时沙钵略的使者也在，杨坚就故意将达头的使者安排在沙钵略使者的上位。

这一招着实高明，直接让这俩可汗互相猜疑起来。

首先沙钵略会想：明明我是大可汗，达头是我的臣民，凭什么他的使者在我的使者之上？是不是他和隋朝之间有什么勾连？

然后达头会想：隋朝这么支持我，是想让我做突厥之主啊！我是阿史那氏的长辈，坐拥突厥半壁江山，为什么要听命于沙钵略这个晚辈？

就这样，他们的关系出现了裂痕，达头在叛离沙钵略的路上越走越远。

到这里，杨坚又开始实施第二步计划，封长孙晟为车骑将军，深入北疆找到处罗侯，传达隋朝的交好之意，诱使他归附朝廷。

处罗侯早盼着这一天呢，在长孙晟的引诱下，果断站到了沙钵略的对立面，成了隋朝的盟友。

于是突厥内部出现分化，沙钵略已经在不知不觉中被孤立起来了。

后来沙钵略联合各部落南下入侵隋朝，达头虽然表面随从，但一直出兵不出力，最后干脆拒绝沙钵略进一步南侵的要求，独自率兵离去。

达头的离开，让沙钵略始料未及，于是他犹豫了起来：是否要继续向前？

就在他迟疑的时候，有人促使他做了决定。

这个人叫染干，是沙钵略的儿子（史籍记载不一，也有说是处罗侯之子）。沙钵略领兵南下的时候，命他留守突厥牙帐。现在染干突然派人来见沙钵略，说铁勒造反，将要袭击牙帐。

沙钵略听说老巢要被端，登时吓得不轻，赶紧撤兵回了草原。但他没有想到的是，自己的儿子染干居然谎报军情，什么铁勒造反，压根儿没有的事。

染干为什么要这么做呢？是因为有人在背后指使。

这个人当然是长孙晟，是他派人说服染干，谎称铁勒要袭击牙帐的。

那么问题来了，染干为什么会听长孙晟的话呢？

其实这并不难理解。染干作为沙钵略的儿子或侄子，肯定也跟长孙晟学过射箭，二人应该建立了深厚的情谊。现在长孙晟利用老交情请他帮个忙，他当然是要卖个面子的。何况长孙晟代表隋朝，可以许诺给他利益，他没有理由拒绝。

当然，这件事说起来简单，办起来却不容易，需要很大的智慧和人脉才成。

首先你要对突厥有充分了解，这样才能知道可以找染干帮忙，也才知道铁勒是突厥的软肋，能利用它迫使沙钵略退兵。同时你还得和突厥的贵族们有很深的交情，不然像染干这样身份的人，凭什么冒着风险去帮敌国。

这些除了长孙晟，没有人能够做到，所以说他一个人顶得上千军万马也不为过。而这还只是开始，长孙晟的真正表演还在后面。

沙钵略回到草原后，发现铁勒没有反叛，于是又派兵南侵，不断地骚扰边境。

这时大兴城刚刚建好，杨坚也已经正式迁都，因此能够腾出手来全力对付突厥。反观突厥这边，在长孙晟的离间下，内部分裂的迹象越来越明显。这让杨坚觉得不用再被动防御，要主动出击，灭一灭敌人的气焰。

于是开皇三年四月，杨坚下诏对突厥宣战，然后任命卫王杨爽、右武侯大将军窦荣定等为行军元帅和总管，分八道出击突厥。这是隋朝开国以来发动的第一次大规模对外战争，它的胜败将决定隋朝的国运，也将影响中国历史的进程。

北击突厥

幸运的是，战争的进展非常顺利，各路隋军先后取得了大胜。

首先是杨爽这一路，也是最重要的一路，我们姑且称为中路。这支部队由杨爽担任行军元帅，统领四大行军总管及数万兵马，从朔州道（今山西朔州）北出，目标正是沙钵略的统治区。

沙钵略得到消息，亲自率军来迎战。四月十二日，杨爽大军行进至白道（今内蒙古呼和浩特西北），与沙钵略狭路相逢。

接下来战与不战，成了一个问题。按理说杨爽是统帅，打不打应该由他来决定，但他只有二十岁，没有任何作战经验，虽然挂着元帅的名号，可具体打仗还得靠四总管。

这时行军总管李充先发话了，他主张立刻进击。因为突厥之前屡次犯边都得胜，必定轻视隋军而不加防备，此时如果用精兵突袭之，必能取得大胜。

但是这一方案却遭到了其他几位总管的反对，因为他们觉得突厥兵强，贸然出击未必打得过，不如保全军队为上。

既然四大总管有争议，那最后只能由杨爽下决定了。说实在的，这对一个年仅二十岁的少年来说，着实有些困难。不过好在杨坚给他配备了助手：长史李彻。作为参谋长，李彻举双手赞成李充进兵的主张，并请求与他同去。

杨爽当断则断，遂命李彻、李充率五千精锐骑兵突袭突厥。

战斗很快就有了结果，正如李充事先预料的那样，突厥犯了轻敌的错误，没有做好防备工作，在隋军骑兵的突击下惨遭大败，死伤无数。连沙钵略本人都丢掉了所穿的黄金甲，潜伏到草丛中才得以逃脱。

至此，中路军一战奠定胜局。

然后再说幽州总管阴寿的这一路，也可以称为东路，他的作战对象是高宝宁。

还是四月，阴寿率领步骑兵十万东出卢龙塞（在今河北唐山），进击营州。高宝宁兵少难敌，遂向突厥求救，但突厥正自顾不暇，哪有工夫救他？于是高宝宁弃城而走，向北逃入了沙漠。阴寿乘胜攻破他的老巢黄龙城（营州治所，即今辽宁朝阳），平定了营州。

但高宝宁不甘失败，很快又聚集契丹和靺鞨等游牧民族反攻黄龙城，此时阴寿已退回幽州，留大将成道昂守营州，成道昂兵力有限，苦战多日才勉强击退高宝宁。

而这只是暂时的，此后高宝宁三天两头一来，来了就打，打了就走，让人头疼不已。阴寿见武力制服不了他，便想到了使用反间计。他先是高调宣布以重金悬拿高宝宁，然后派人潜入高宝宁军中，离间诱降他的心腹赵世模、王威等人。

这一招谈不上有多高明，放到平时未必能奏效，但此刻高宝宁已经是穷途末路，跟马匪也差不多，他手下的将领大多是汉人，并不愿跟他在草原上受罪，所以在阴寿的诱惑下，他们很快就生出了异心。

一个月以后，赵世模率部投降，高宝宁因此实力大损，只得逃奔契丹，走到半道时，被其部下赵修罗所杀。至此，盘踞东北六年的高宝宁集团被彻底消灭。

最后是窦荣定这一路，也可以称为西路，因为这支部队是从凉州也即今甘肃东部出的塞，对手是阿波可汗。

说起来阿波才是和沙钵略矛盾最大的人，本应像达头一样叛离沙钵略才对。但因为沙钵略用可汗封号弥补了他，让他尝到了一点甜头，所以面对隋军的进攻，他还是服从沙钵略的命令，率军来做抵御了。

但是事实证明，跟着沙钵略混没有好下场，这不阿波跟窦荣定打了几仗，全部败北，一点儿脾气没有。

正当他快要撑不住的时候，窦荣定突然不打了，派人来说："士卒何罪而杀之！但当各遣一壮士决胜负耳！"

阿波听后乐坏了，这是什么意思？单挑吗？难道隋军不知道我们突厥人最擅长这个，从来就没怕过谁？！

阿波觉得窦荣定这是来送温暖了，于是爽快答应，派出一骑前去挑战。

众所周知，游牧民族天生勇猛，精于骑射，单打独斗是他们的强项。窦荣定身为主帅不可能不知道，但他哪来的底气向他们挑战？何况隋军已经占尽优势，为什么还要派人单挑？就不怕输吗？

如果是以前，窦荣定还真不一定敢这么干，但现在他却有十足的信心，因为他军中来了一位猛人，名叫史万岁。

猛人史万岁

说起史万岁这个人，相信很多人都不陌生，他被称为“隋朝第一猛将”。究竟有多猛？套用《三国演义》关羽评价张飞的一句话就是：“于百万军中取上将之头，如探囊取物耳！”

如此猛人，是怎么炼成的？又是怎么到了窦荣定军中的？这还需要从头说起。

史万岁，生于西魏大统十五年（公元 549 年），京兆万年（今陕西西安）人，出身于关陇贵族，父亲史静是北周名将，在随周武帝宇文邕平齐的过程中战死。

作为烈士之子，史万岁受到了北周朝廷的特殊照顾，二十多岁就官拜开府仪同三司，享受三公级待遇。

大象二年（公元 580 年），朝廷征讨尉迟迥，史万岁随军参战，这是他第一次正式从军，还没有名气。大军行至同州时，天上一行大雁飞过，史万岁觉得应该乘机露一手，便对主将梁士彦说：“请允许我射下第三只雁。”于是弯弓仰射，弦响时，大雁应声而落，正是一行中的第三只。三军将士见了，莫不叹服。

这一插曲让史万岁崭露头角，但还不能称之为“猛”，等到与尉迟迥军交战时，他的骁勇才真正展现出来。

每次战斗，史万岁必冲锋在前，勇冠三军。邺城之战时，官军形势不利，出现退却势头，又是史万岁驰马奋击，连斩敌兵数十人，使官军士气重振。

由于作战勇敢，史万岁很快升为上大将军，这时他才三十出头，前途可谓一片光明。但没过多久，光明就变成了黑暗，原因是他卷入一桩谋反案中，虽然免于死罪，却被发配到敦煌，成了一名戍卒。

可金子就是金子，到哪里都会发光。即使谪居边塞，史万岁的勇猛也无法掩盖，反而表现得淋漓尽致。

因为敦煌临近突厥，经常爆发冲突，所以当地戍卒都练就了一身本事。尤其他们的戍主（戍卒的头儿）更是骁勇无比，常常单骑深入突厥，掠取羊马，满载而归，突厥人竟奈何不了他。戍主因此很自负，对史万岁这个新人就瞧不上，骂他是窝囊废。史万岁好歹以前也是上大将军，怎么甘心被人看扁，于是便对戍主说自己也很勇武，并要来了弓马，冲入突厥营地，大掠而归。戍主很是高兴，自此常和他同入突厥，纵横草原数百里，如入无人之境。

从此史万岁名震塞北，令突厥闻风丧胆。只可惜那位同样骁勇的敦煌戍主没有留下姓名，草原上只有他的传说，却无人知晓他究竟是谁。

言归正传，虽然混出了点儿名声，但史万岁并不满足，他一直在等待一个机会。终于这个机会来了，窦荣定领兵征讨突厥，来到了距敦煌不远的凉州。史万岁觉得自己立功的时候到了，于是赶来投军，请求为国效命。

窦荣定早就听说过他的名头，知道他是个猛人，所以非常高兴地接纳了他。几天后，新一轮的战斗即将打响，窦荣定觉得既然手中有史万岁这张王牌，就该漂亮地打出去，发挥他的最大作用。于是就有了约阿波单挑的事。

此时阿波派来的骁骑已经到了隋军营外，开始叫嚣挑战。窦荣定随即派遣史万岁出营应战。于是中国战争史上难得一见的武将单挑在此上演了，它的结果将决定战争的胜负，含金量相当高。只是过程不怎么惊心动魄，一眨眼的工夫就结束了。也没人知道他们是怎么打斗的，只知道史万岁去的时候是一人一马，回来的时候还是一人一马，但手里多了个人头，是从突厥武士脖子上斩下来的。

这个场景似乎有点熟，怎么像是关羽温酒斩华雄的桥段呢？也不知道罗（贯中）老爷子有没有参考《隋书·史万岁传》。

史万岁得胜后，窦荣定大喜，隋军士气大振！

而阿波就比较悲催了，直接大惊！心里想：隋军怎么还有这种猛人？本来群架就打不过，现在单挑也不是对手，看来是没得玩了，还是早点撤吧！

于是派人请和，求放过！

窦荣定答应了：你走吧！

就这么便宜他了？当然不是，只不过窦荣定的任务已经完成，下面该长孙晟出场了。

当时长孙晟在窦荣定的军中担任偏将，前面的战斗，他没有太多的表现机会，现在战斗结束，阿波惨败，正是焦虑的时候，他这个外交官怎么能不做点儿什么呢？

于是他派使者到阿波营中，对其说道："以往沙钵略每次南下，都能大胜而归。而你一来，没几天就溃败了，这真是突厥的耻辱啊！而且沙钵略和你，本就是势均力敌，如今沙钵略天天打胜仗，越来越受人尊崇，而你一打就败，给突厥带来耻辱。沙钵略肯定趁机拿你问罪，把你的势力消灭掉。你好好想想吧，你能挡得住他吗？"

这番话说到了阿波的心坎里了，他本就担心这么回去会被沙钵略穿小鞋，现在更忧惧了，赶紧派人去见长孙晟，求救命。

长孙晟见到来使，知道阿波已经被说动，便又趁热打铁说："如今达头与我隋朝和好，沙钵略奈何不得他，阿波可汗何不依附天子，与达头强强联合呢？要是这么回去，会被沙钵略治罪，甚至性命不保吧？"

使者把话带了回去，阿波听后觉得很有道理，有了隋朝和达头做靠山，还怕什么沙钵略？于是答应归附隋朝，派使者随长孙晟入京通好。

至此阿波可汗与沙钵略渐行渐远，突厥分裂的势头进一步加剧，沙钵略的日子越来越不好过了。这时如果他能放低姿态，做好各部落的团结工作，或许还能挽回人心，可他偏偏脑子发热，做了一件令自己遭到众叛亲离的事。

当时沙钵略刚刚在白道战败，正在回归的路上，突然听说阿波跟隋朝眉来眼去，有背叛的势头，心里既惊又怒。他索性先下手为强，趁阿波回来之前，先行赶回草原，带兵突袭了阿波的部落，还把人家母亲给杀了。

这样一来事情就闹大了，阿波本来还只是首鼠两端，现在彻底和他决裂，向西投奔了达头。

达头本就不服沙钵略，早想取而代之，现在沙钵略率先挑起内斗，还滥杀无辜，正好给了他讨伐的理由，于是借兵给阿波，命他率军东进，攻打沙钵略。

至此，原本处于半独立状态的达头彻底独立，突厥正式分裂为东西两部，即以沙钵略为首的东突厥和以达头为首的西突厥。

这件事影响深远，不仅是突厥由盛转衰的开始，也改变了东亚格局。

接下来，草原上就更热闹了，一场突厥大乱斗即将上演。

突厥大乱斗

阿波带着西突厥骑兵杀奔东突厥，他原来部落的人纷纷来投奔，队伍迅速壮大，很快收复故地，并不断进攻沙钵略。

本来这时沙钵略还统治着多个部落，势力仍然很强，未必打不过阿波，可他脑子持续发热，又犯了一个致命错误，导致自己彻底被孤立。

当时东突厥有一位小可汗，号为贪汗可汗，是阿波的亲弟弟，二人关系一直很好。沙钵略担心他们联合，竟又先下手为强，兼并了贪汗的部落，搞得贪汗不得不投奔达头。这一来引起了连锁反应，沙钵略的堂弟地勤察本就与沙钵略不和，一看这情况，也带着部落投了阿波。

此消彼长，这下沙钵略可就打不过阿波了。

打不过怎么办？找帮手啊！但眼下谁能帮他？想来想去好像只有隋朝，那还等什么，遣使去求援吧。

于是沙钵略厚着脸皮派人到了大兴。与此同时，达头、阿波也派遣使者来大兴请援，看来是都想抱隋朝这棵大树。

这下杨坚可乐了：你们也有今天？！

但乐归乐，最后还是得拿出个方案来，到底帮谁？杨坚选择谁也不帮，先让他们打，看看情况再说。

这么一来，受伤的是沙钵略，他一打二，日子实在不好过，坚持一年多后终于撑不住了。

这时千金公主站了出来，为了帮丈夫渡过难关，她暂时放下仇恨，写信给杨坚，请求做大隋的公主，改姓杨。

杨坚怎么回应？他认了这个女儿，封她为大义公主，表示她深明大义。

可能很多人对此不理解，为什么不一鼓作气灭了沙钵略？

其实不只是我们疑惑，杨坚的二儿子晋王杨广也不理解，他请求乘机发兵进攻沙钵略，直接灭了他。

杨坚笑了笑，小子还是太年轻啊！你把他灭了容易，可达头和阿波不就做大了吗？对咱们还是构成威胁啊！不如让他活着，和达头、阿波互相牵制，这样他们就会争相依附咱们。咱们呢，就维持他们的均势，谁强了就上去揍谁一拳。这才是上上之策。

这么一说我们就明白了，合着杨坚玩儿的这一招，跟当年突厥对北齐、北周的策略差不多，只是风水轮流转，形势正好反了过来。

之后杨坚任命虞庆则、长孙晟为正副使，率领使团至东突厥，正式接受沙钵略的归附。

要说沙钵略也是够倔的，都到这个份儿上了，还是死要面子，不仅在虞庆则和长孙晟面前秀肌肉（“陈兵列其珍宝”），而且谎称自己有病，只能坐着，不能站起来，还说：“我突厥可汗从来不向人跪拜。”

虞庆则很生气，说你既然归降了，为什么不拜天朝来使？

沙钵略也很生气，就是不拜。这时千金公主打了圆场，对虞庆则说：“可汗性如豺狼，把他惹急了，他会咬人的。”

好嘛，这分明是向着沙钵略。

虞庆则很为难，一方面他代表国家，在礼仪问题上是坚决不能妥协的，另一方面，他也真怕沙钵略兔子急了会咬人。

就在他发愁时，长孙晟开口了，一句话解决了问题。

长孙晟对沙钵略说：“突厥与隋俱是大国天子，地位平等，可汗既然不愿起拜，我们也不敢强求！只是可敦如今做了大隋帝女，则可汗就是大隋女婿，女婿怎么能不敬老丈人？”

这说辞着实高明，把两国关系转换为了家庭内部关系，你沙钵略可以不遵国礼，但不能不守家规吧。

果然沙钵略无话可说了，直接率领百官跪接玺书，从此向隋朝称臣。

此后一段时间，隋朝和东突厥基本保持和平。但西突厥却不依不饶，一直侵逼东突厥。沙钵略陷入困境，遣使向隋朝告急，请求率部落迁至漠南（蒙古高原南部），寄居白道川。

杨坚答应了他的请求，命晋王杨广率兵驰援，并赐给他们衣食、车舆、旗鼓等物品。

沙钵略得到隋朝的援助，顿时有了底气，随即率军西击阿波，取得大胜。但这时阿拔国（柔然后裔）乘虚攻掠东突厥部落，掳走了沙钵略的家眷。隋军遂又帮东突厥进攻阿拔，将其打败，并将获得的战利品悉数赐予了沙钵略。

什么叫大国气概？这就叫大国气概。到这份儿上，沙钵略是真的服了，不仅口服，而且心服，主动订立盟约，表示永不南侵，并且上书给杨坚说："窃以天无二日，土无二王（天子只有一个）伏惟大隋皇帝，真皇帝也（您是真天子）。岂敢阻兵恃险，偷窃名号（我是假天子），今感慕淳风，归心有道，屈膝稽颡［稽颡（sǎng），一种跪拜礼；颡，额头］，永为藩附（永远臣服您）。"然后又派第七子库合真入朝，以表示诚心。

至此，以沙钵略为首的东突厥彻底归附隋朝。终沙钵略一生，东突厥都未再侵犯中原。至开皇七年（公元 587 年），沙钵略去世，传位于弟弟处罗侯，是为莫何可汗。莫何继续率东突厥臣服隋朝，并遣使入朝。

杨坚随即命长孙晟持节北上，对莫何进行册封，并赐予鼓吹、幡旗等物。莫何于是带着这些旗鼓，率军西击阿波。阿波的部众以为隋军也来了，大多望风归降。莫何遂生擒阿波，上书请杨坚定其生死。

杨坚有点纠结，杀不杀呢？好歹是条人命，还是召大臣来商议一下吧。

大臣们各抒己见，有主张派人过去把阿波就地枭首的，也有主张把阿波带回来斩首示众的。杨坚听后没有急于表态，问长孙晟是什么意见。

长孙晟回答说："突厥并未背叛我朝，只是兄弟间互相争斗，如果趁阿波困穷危难，把他取来杀了，恐怕不是招抚远方之策，不如赦免阿波，使他与莫何两存。"

这才像一个大国之臣说的话，不仅更显气度，而且眼光长远。杀一个阿波容易，可他的部落能就此安分吗？谁能保证不会有下一个阿波。不如显示宽宏，使突厥真心畏服，从此效忠隋朝。

有这等气魄和眼光的不只长孙晟，还有高颎，他也赞成赦免阿波，以显示隋朝的宽大。

最终杨坚采纳了二人的建议，宽赦了阿波。

随着阿波兵败，突厥内部的乱斗告一段落，隋朝的北部边境问题也基本解决。

从受突厥欺凌，到分化瓦解突厥，再到收服突厥并建立以隋朝为核心的东亚新秩序，杨坚只用了短短数年时间，展现了一代明君的雄才大略。

当然这不是他一个人的功劳，而是整个隋朝上至皇帝下至官兵（尤其是长孙晟）共同努力的结果，显示了一个大国的成熟和器量。

有这样一位皇帝和这样一个王朝，天下统一的日子还会远吗？

第十二章
经略江南

中国的帝王们，总有一个统一天下的英雄梦，他们为此奋斗了一生，比如曹操、苻坚、刘裕等，虽然他们都失败了，但后来者还会继续这项事业，直到天下归一。这也正是中国几千年来能够“分久必合”的重要原因。

杨坚作为隋朝的开国皇帝，当然也有统一梦想。早在开皇初年，他就已经和陈朝动过手了，只是后来为了全力对付突厥，从江南撤兵，使南北维持了数年的和平。而今突厥问题得以解决，隋朝没有了来自北边的压力，在杨坚看来，该是把注意力重新转向南方的时候。

其实这几年，杨坚并未减少对江南的关注，他一直非常重视南北关系，曾多次派使者出使陈朝，努力与之修好，甚至不遗余力地讨好陈朝皇帝。比如当初和陈朝议和时，杨坚在与陈朝皇帝的书信中自称姓名顿首[①]，极尽谦卑；开皇四年派散骑常侍薛道衡出使陈朝，临行特意嘱咐他不要在言辞上与陈朝君臣相争。即使陈朝皇帝态度傲慢，杨坚也不改笑脸，始终把姿态放得很低。如此低声下气，目的只有一个：麻痹陈朝。

那这么多年过去了，杨坚的“麻敌战术”有效果吗？

要回答这个问题，我们首先要知道以前的陈朝是什么样，然后和现在的陈朝进行对比。

这就要说到陈朝的历史了，其实之前已经有所涉及，接下来我们在原来的基础上，再做一个系统的梳理。

---

① 顿首：敬辞，用于书信结尾署名之后。（编者注）

陈朝那点事

陈朝建立于公元557年，与北周同一年诞生。开国皇帝为陈霸先（名字很霸气），这人本是南梁大将，后在平定侯景之乱的过程中逐渐掌握了南梁政权，最终通过禅让的方式建立了陈朝（过程和杨坚差不多）。

陈朝建立之初，内外环境相当恶劣。首先经过侯景之乱，江南的经济破坏严重，国力大不如前；其次陈霸先篡权上位，内部不乏反对者和试图复辟者；最后还有北周、北齐在外虎视眈眈，总想趁火打劫。

这相比于杨坚即位时的形势，不知差了多少。好在陈霸先是位明主，面对这样一副烂摊子，他一面笼络江左豪族，恢复江南经济，一面征伐北齐，收复部分失地，用短短数年时间就稳定了陈朝政权。

陈霸先在位三年就病逝了，随后由其侄子陈蒨（qiàn）继位，是为陈文帝。从谥号就能看出，这是一位有为的皇帝（“文”是等级最高的谥号）。事实上，陈蒨是南朝难得一见的有为之君，成语“宵衣旰食”最早就是形容他的。他在位七年，励精图治，使陈朝逐渐强大起来，有了与北周、北齐抗衡的实力。

陈蒨死后，其子陈伯宗即位。这是位少年天子，只有十几岁，大权遂落入辅政大臣安成王陈顼（陈蒨之弟）之手。两年后陈顼废主自立，是为陈宣帝。陈顼虽然得位不正，但也算是一位明君。在内政方面，他继续奉行陈蒨轻徭薄赋、与民休息的国策，使南方的社会经济得到了进一步的恢复与发展；对外，他联合北周伐齐，一度夺取了淮南之地。

但可惜的是，陈顼在取得淮南后，满足于现状而止步不前，放弃了北进中原的机会。不久北周灭亡北齐，陈顼此时才想争夺淮北，于是出兵北伐，结果失败于周军，不仅淮北没捞着，连淮南也丢了。

淮南的失守影响巨大，使得陈朝首都直接暴露在了北周的兵锋之下。中国自古有“守江必守淮”的说法，其中的“淮”指的就是“淮南”，意思是说要想守住江南，必先守住淮南。这是因为长江中下游流速太缓，很容易横渡，而且长江防线太长，能突破的地方太多了，根本守不过来。而南朝首都建康就在长江边，一旦长江失守，敌人就能直驱城下，所以必须有淮南作为战略缓冲，江南政权才能偏安。之前北方东西分裂，北齐受北周牵制，没有太多精力顾及江南，南朝没有淮南倒也问题不大；但现在北方统一了，在北周以及隋朝巨大的军事压力下，陈朝的日子就不好过了。

因此陈顼多次试图夺回淮南，正好杨坚代周给了他机会，他先是在三总管之乱中，资助司马消难反击杨坚，后又趁隋朝根基未稳，出兵北伐江北。但这两次尝试都失败了，陈顼也带着遗憾离世，留下了一个风雨飘摇的南朝江山。

其实这时候陈朝的整体形势还不算太糟，如果即位的新君能像前几代皇帝一样励精图治，那还是有机会保住江南这一亩三分地的。

可俗话说“富不过三代”，陈朝已经连续出了几个明君了，按照中国朝代兴衰的一般规律，好像该有“败家子”出现了吧？

事实证明这个规律是铁律，谁也逃不过。陈朝接下来果然出了个荒唐天子，他就是陈顼的儿子陈叔宝，史称陈后主。

说起陈叔宝，大多数人对他的第一印象应该是杜牧那首《泊秦淮》：

烟笼寒水月笼沙，夜泊秦淮近酒家。

商女不知亡国恨，隔江犹唱后庭花。

诗中“后庭花”指的就是陈叔宝所作《玉树后庭花》一词，这是首著名的艳词，有多艳呢？且看原词：“丽宇芳林对高阁，新妆艳质本倾城。映户凝娇乍不进，出帷含态笑相迎。妖姬脸似花含露，玉树流光照后庭。花开花落不长久，落红满地归寂中。”

我们今天读这首词，可能觉得还挺美，但要知道这是一个皇帝写出来的，如此艳丽绝不是什么好事，说明他把心思都放在谈情说爱和享乐上了。作为皇帝来说，这就是不务正业。

事实上，这首词后来成了亡国之音的代表，而它的作者陈叔宝也成了昏君的代名词。而我们接下来要说的是，这么一位荒唐皇帝究竟是怎么“炼”成的！

荒唐的陈后主

陈叔宝也不是天生就荒淫，他其实是在磨难中长大的。

他出生时正逢侯景之乱，叔祖陈霸先在平乱中立下大功，势力日益壮大，引起了梁元帝萧绎的警惕。为了控制陈霸先，萧绎便要求他把子侄送到江陵来，于是陈顼一家不幸被陈霸先选中，“光荣”地成了人质。

第二年，西魏南侵，攻陷江陵（杨坚父亲干的）。陈顼被魏军掳至长安，才出生不久的小叔宝则与母亲柳氏、胞弟陈叔陵作为人质，被扣留在穰城（今河南邓州市），在此度过了长达八年的囚徒式生活。

直到陈朝天嘉三年（公元 562 年），经过陈文帝与北周的多番交涉，陈顼一家才得以回到建康。当时陈叔宝十岁，至此结束苦难生活，一跃成了王子。后来陈顼登基为帝，作为长子的陈叔宝被立为太子，成了皇位继承人。但他继位的过程十分曲折，还差点被人拿刀砍死。

那正是隋朝开皇二年的事，当时陈顼病危，陈叔宝和弟弟陈叔陵、陈叔坚一同在病榻前侍奉。说是侍奉，其实就是等着接班，因为陈叔宝是太子，如果陈顼咽气，他必须第一时间站出来，否则就可能出乱子。这对陈叔宝来说本是好事，基本能够保证他顺利继位。

但问题在于，等在陈顼病榻前的不只陈叔宝一个人，还有他的两个弟弟，他们也是皇子，都有继承皇位的资格，在这皇权交接的节骨眼儿，难保没有夺位的想法。事实上陈叔陵早就觊觎皇位了，他排行老二，从法理上讲，是第二顺位继承人，只要第一继承人陈叔宝死了，那当皇帝的不就是他了吗？现在陈叔宝就在眼前，身边没有任何防卫，这是除掉他的最好机会，陈叔陵可不愿意错过。

但机会归机会，真要杀陈叔宝也不是那么容易的，起码得找把刀才行。这要是放在平时，根本就不是个问题，可现在是在皇宫里，武器是被严格管控的违禁品，找起来并不容易，何况还只能偷偷摸摸找。

陈叔陵仔细观察着宫中的一切，发现给皇帝看病的医官手里有刀，是锉药用的，只是这刀太钝，切药可以，切人恐怕不行。不过这难不倒陈叔陵，他灵机一动，对管药的人说："这刀太钝了，怎么切药啊，可以再磨利点！"（"切药刀甚钝，可砺之！"）

不知是药吏偷懒，还是切药刀本身就磨不动，反正一直等到陈顼病死，这刀也没磨利。眼看陈叔宝就要即位，陈叔陵只能提前行动，赶紧命宫里的侍臣去外面取剑。侍臣也不知道他要杀人，以为是准备上朝用，居然给他取来了一把木剑（朝礼上所用）。

陈叔陵又急又气，心说这怎么杀人？！没办法，只得将就着用那把还没有磨好的切药刀了。于是他把刀藏入袖中，趁陈叔宝哭丧的时候，突然发起袭击，直击其颈部。还好刀不利，连续几击都没有致命，陈叔宝随即在母亲柳皇后、弟弟陈叔坚等人的护卫下逃出，然后派大将萧摩诃讨伐陈叔陵，将其诛杀。

刀砍脖子上还能活下来，陈叔宝也真是命硬。

可事情到此还不算完，虽然此后他登基当上了皇帝，但因脖颈受伤，无法处理政事，便命其弟长沙王陈叔坚代掌朝政。结果导致陈叔坚权倾朝野，日渐骄纵，直接威胁到了皇权。陈叔宝大为忌惮，寻机剥夺了他的实权。陈叔坚因此生恨，以巫术诅咒陈叔宝，事情败露后，陈叔宝将其囚禁，除去了他的官爵。

从陈叔宝的这些经历不难看出，他能当上皇帝也是颇不容易的。按理说他应该格外珍惜，努力做一个有为之君才对。可他不仅没有“有为”，反而尽干荒唐事，把国家搞得一团糟。

作为一个把昏君做到极致的人，陈叔宝至少有四宗罪。

第一，大兴土木，劳民伤财。

自陈霸先以来，陈朝历代皇帝都倡行俭约，所居宫殿一直比较简陋，陈设也十分简朴。可到陈叔宝这儿情况就变了，他觉得宫殿太破旧，住着不舒心，而且配不上自己那几位仙女般的妃子。于是命人在平时居住的光昭殿前建造了临春、结绮、望仙三座阁楼，“各高数十丈，连延数十间，其下积石为山，引水为池，杂植奇花异卉”；所有窗、栏、槛、楣等均用檀木制造，“饰以金玉，间以珠翠，外施珠帘，内有宝床、宝帐，其服玩瑰丽，近古所未有”。如此布局陈设，产生了一种奇特现象，“每微风暂至，香闻数里”。

这样的宫室，简直太奢华，但奢华的代价就是费钱。经过陈叔宝这么几次大修大建，国家府库很快就被掏空了。没有钱，日子就不好过，陈叔宝遂加重税收，横征暴敛。于是百姓受苦，怨声载道。此其罪一也！

第二，沉溺后宫，迷恋女色。

陈叔宝建造这么豪华的阁楼宫室，可不是为了公用，而是为了自己享受和金屋藏娇。早在他还是太子的时候，就已经妻妾成群，现在当了皇帝，后宫的佳丽更是数不胜数，其中比较受宠的有：贵妃张丽华，龚、孔二贵嫔，王、李二美人，张、薛二淑媛，袁昭仪、何婕妤、江脩容。

这十大宠妃就是陈朝的顶级女子天团，个个都是人间绝色，尤其是领队张丽华，简直美得不像话。

史载她发长七尺（这不是及腰，是及地），其光可鉴，又聪明灵慧，富有神采，举止娴雅华贵，容色端庄秀丽。不过最美的，还是她那双灵动的眼睛，每当顾盼凝视时，便会光彩溢目，映动左右。

如此佳人，住的地方当然也不一般。陈叔宝不是建了三座阁楼吗？其中临春阁他自己住，结绮阁便给了张丽华住。剩下望仙阁则给龚、孔二贵嫔共住。

自此陈朝宫中经常出现这样一幅美景：结绮阁上，贵妃张丽华穿着华服，倚着栏杆，衣带迎风，飘飘然好似神仙。

于是陈叔宝晕了，被她迷得神魂颠倒，天天跟她在一起，政事什么的都不管了。百官如果有什么重要的事情启奏，先由宦官蔡临儿、李善度等呈递过来，然后陈叔宝倚着靠枕，让张丽华坐在膝上，和她一同处理。

谁说江山和美人不能兼顾，我偏要兼顾给你们看看。

我们能说什么呢，只能说您比北齐后主高纬强！

再说第三宗罪：荒废朝政，游乐无度。

自从有了这三座阁楼，陈叔宝就整天待在里面，哪儿也不愿去，甚至祭天这样的大事都懒得出面，每到该祭天的时候，他都会突然宣布：我病了，去不了。

无语，这是骗谁呢？百官还是自己？

那他到底在干什么？除了每天召幸妃子之外，还有三项日常工作：开会、作诗、听歌。

开会，开的不是军政会议，而是宴会。参会者主要是妃嫔、宦官、学士，还有个别有文才的宫女，号称女学士。

作诗，宴会不能只是吃吃喝喝，还要有娱乐项目。作为一名艺术家，陈叔宝有一大乐趣：赋诗作词，所以经常在宴会上和学士们赋诗赠答。《玉树后庭花》就是这么诞生的。

如果你读懂了他写的诗，可能会有想揍他的冲动，因为这些诗大意都是："我的妃子太美了，羡慕我吧！嫉妒我吧！"

最后是听歌，把写好的诗词编成曲，选出千余名宫女习唱，并在宴会上表演。

千人大合唱啊，场面也是相当壮观，只可惜唱的都是艳歌，像《兰陵王入阵曲》这种是不存在的。

这不就是靡靡之乐、亡国之音吗？

陈叔宝才不管这些，他只想做个快乐天子，谁要敢说个不是，他就让谁遭殃。

于是大臣们大都睁一只眼闭一只眼，谁也不敢跟他提意见，但凡想来劝谏的都被他贬了，言辞激烈点儿的甚至直接把命丢了。只有那些会曲意逢迎，能陪他吟诗作乐的人才会被亲近重用。

所以接下来要说的就是他的第四宗罪：宠信小人，败坏朝政。

陈叔宝喜欢诗词音乐，也喜欢擅长作诗的人。他身边那些学士无不是才华横溢，但也仅限于文才，而没有治国之才。

就比如尚书仆射江总。这人别的本事没有，就会写几首艳诗，竟然被陈叔宝用作了宰相。这显然超出了他的能力范围，所以他也不管政务，整天就忙着一件事：陪皇帝饮酒作乐。

此外还有都官尚书孔范，此人最得陈叔宝喜爱，除了因为他文才出众外，还因为他有两大邀宠绝招。

第一，善于奉承。前面提到，陈叔宝不喜欢别人说自己的过错，所以他每当做什么坏事时，孔范必定为他曲意文饰，称颂赞美，硬把坏事说成好事。

第二，会攀亲戚。在陈叔宝的妃子中，有一位孔贵嫔很受宠爱，孔范利用同姓关系，与她结为兄妹，摇身一变成了皇帝大舅哥，由此更受宠信。

作为一名“才子”，孔范本来就自我感觉良好，这一受宠，就更飘了，觉得自己文武全才，朝中无人能及，于是对陈叔宝说：“外面诸将领出身行伍，只不过是匹夫之勇，深谋远虑之事，他们怎么能懂？”

这意思就是他文武什么都懂，全都听他的就对了。

陈叔宝被唬得一愣一愣的，就拿这话问中书舍人施文庆。施文庆不敢得罪孔范，曲意附和说：他说是那样就是吧。

陈叔宝非常高兴，心说自己身边都是人才啊，于是从此更加宠信文士，轻视武臣，武将小有过失，便夺去兵权，用文吏替代。这么一来，文臣武将渐渐离心，陈朝江山摇摇欲坠。

这就是陈叔宝的四宗罪，罪罪致命。

但这也不能全怪陈叔宝，排除先天因素，造成他荒淫无度的主要原因，恐怕是父母的溺爱。

陈叔宝虽然自幼客居别国，但毕竟是陈朝皇族，只是人身失去自由，衣食肯定无忧，所以并没有真正受过苦。而在十岁之前，他几乎没有见过父亲，身边只有母亲。父爱的缺失，对他性格影响很大，也使他母亲对他更为溺爱，缺少约束。

后来回到建康，陈叔宝过上了王子的生活，从此更无忧无虑了。这时他虽然有了父亲，但陈顼为了弥补儿子缺失的父爱，恐怕不会对他太严格，甚至还会惯着他。这从他当太子时发生的几件事就能看出来。

当时陈叔宝特别喜欢江总（现在也喜欢），想让他出任太子詹事（太子的管家），好天天陪着自己。于是托人请吏部尚书孔奂帮忙。孔奂知道江总这个人浮华无实，怕他带坏储君，就没有答应。陈叔宝没办法，便求到了父亲那里。陈顼起初也认为不妥，但抵不住陈叔宝的软磨硬泡，最后还是答应了。

后来陈顼打算任命孔奂为右仆射，诏书都已经发下去了，但陈叔宝因为之前江总的事儿，心里嫉恨孔奂，哭闹着不让他当宰相，陈顼又答应了。

不久，有人告发江总在詹事任上不务正业，整天与太子彻夜饮酒，太子还穿着便衣偷跑到江总家作乐。陈顼听说后大怒，免去了江总的官职，但却未对陈叔宝做出任何处罚，而且不久就又重新起用江总为侍中。

这不是溺爱是什么？

匹夫尚且知道严格教子，陈顼身为皇帝，却如此纵容儿子，绝不是一个合格的父亲。陈叔宝有今天，他父亲要负一半责任。

但是管得太严也未必好，周武帝宇文邕就是反例，他和陈顼是两个极端，一个太紧，一个太松，最终都没有把儿子培养好，贻害了国家。

说远了，言归正传。总之陈叔宝是被惯坏的，当皇帝前被父母惯着，当皇帝后被身边的小人惯着。这就难怪他会在荒淫的路上越走越远。

不过父母也好，小人也罢，都是自己人，被他们惯着倒也没什么，可如果被敌人惯着却还不自知，那就真的危险了。

这个敌人正是杨坚！

前面说了，陈叔宝当皇帝这几年，正是杨坚全力解决突厥问题的时候，对陈朝相当友善，甚至给陈叔宝的书信都言辞恭敬，末尾常常写道：坚顿首。

陈叔宝不知道人家这是客气，还自鸣得意，在回信中傲慢地说："我想你那应该不错吧，反正我这天下太平。"（"想彼统内如宜，此宇宙清泰。"）

就是这句话，暴露了他的狂妄和无知。

杨坚很生气，但他忍了，而且一忍就是五年。结果这五年陈朝在陈叔宝的领导下一天不如一天，衰亡的迹象越来越明显。而反观隋朝，在收服突厥后日益强盛，已经有了统一天下的实力。

此时杨坚觉得，该把平陈提上日程了。

战前准备

为了确保平陈万无一失，杨坚做了很多准备工作。

首先是废黜后梁。

说起后梁政权，着实让人同情，本来就只有江陵那一亩三分地，还先后被西魏、北周控制，北周灭亡后，又成了隋朝的附属，短短三十年换了三个主人。

但它也很幸运，不仅在大国夹缝中生存至今，还一直受到长安方面的厚待。尤其杨坚对它特别好，即位不久就与它结了亲，令次子晋王杨广迎娶了梁明帝萧岿的女儿为王妃。

这样一门亲事，令隋、梁关系达到了前所未有的密切程度。但两国的不平等关系却无法改变，后梁的历史注定要走向终结。

随着开皇七年隋朝平陈计划的展开，后梁逐渐失去了利用价值，而且江陵毗邻长江，是进攻陈朝的重要据点，若要平陈，必须控制此地。因此杨坚打算废黜梁国，将江陵划入隋朝。

为避免伤了和气，杨坚没有使用武力，而是征召梁帝萧琮入朝。

萧琮也不傻，他知道这一去可能就再也回不来了，但是没办法，打是肯定打不过隋朝的，与其玉碎，不如瓦全。于是他拖家带口，率领皇族和官员共二百多人从江陵出发前往大兴。

他一离开国境，杨坚立刻派崔弘度率军戍守江陵，准备和平取缔梁国。他本以为这一计划万无一失，但没有想到还是出了差错。

当年八月，崔弘度到达鄀州（今湖北钟祥）。江陵城里顿时一片恐慌，萧琮的叔叔萧岩时任太傅，与萧琮的弟弟荆州刺史萧瓛（huán）共同留守江陵，二人见崔弘度率军入境，害怕他袭取江陵，竟然派人向陈朝请求投降。

至九月十八日，陈朝荆州（今湖北公安）刺史陈慧纪率军抵达江陵城下。次日，萧岩、萧瓛等人带领后梁官吏、百姓共十万人投降陈朝。

杨坚得到消息，立刻宣布废黜后梁政权，并派高颎前去江陵，安置没有投降陈朝的后梁遗民。

至此萧梁政权不复存在，但兰陵萧氏在历史舞台上的演出并未就此落幕。萧琮率领宗族入隋后，受到优厚待遇，逐渐融入关陇贵族中。此后几百年间，这支萧氏族人人才辈出，先后涌现出八位宰相，他们在隋唐两朝扮演着重要角色，影响了一个时代。

这么看来，纳入隋朝应该是后梁最好的归宿。

但可惜的是，萧岩等人不这么想，要不然也不会如此抗拒，拼了命地往陈朝跑。

杨坚最初听到这个消息时，非常震惊和愤怒，他不明白这些人为什么宁愿投降陈朝，也不愿入隋。难道自己还比不上荒淫无道的陈叔宝？

其实杨坚可能错怪他们了，他们降陈，不是因为陈叔宝有多好，而是出于一种南朝情结。

兰陵萧氏从西晋末迁居江南，至今已经几百年了，他们的族人有很严重的乡土情结，让他们归入北朝，心里难免抗拒。而且从文化层面上讲，南朝大都是汉人，保留了比较纯粹的汉族文化，对萧岩等人来说是比较好融入的。至于隋朝嘛，胡化严重，他们去了以后文化差异等恐怕格格不入。

说白了，他们抗拒的不是杨坚，而是北朝。

但对杨坚来说，这二者并没有什么区别，所以他很气愤，既生气于萧岩背叛隋朝，更生气于陈朝接纳他们。这就好比你养个孩子，好不容易养大了，该享福了，结果他和别人跑了。这样的结果就是，你恨的不是孩子，而是那个带走他的人。

“你（陈朝）自己的孩子都养不好（剥削百姓）”，还要抢我的孩子（接纳萧岩）”，杨坚忍无可忍，平陈的欲望空前强烈。于是接下来，他加紧准备平陈事宜，并向大臣征询计策。

高颎首先给他献了一策：利用南北气候差异，破坏陈朝的农业生产。

由于江南气候温热，农作物要比江北成熟得早，这样就可以在陈朝粮食收获之际，派出少量人马，大张旗鼓地来到江边，佯装要过江偷袭的样子。陈朝看到后，必然屯兵防御，严阵以待，这样粮食收割就耽误了。等他们聚好了兵，隋军这边再解散，白白浪费他们的精力。这么一来二去，陈朝就会习以为常，认为隋朝只会虚张声势，不会真打过去。等他们放松警惕的时候，隋军便可乘机渡江，登陆作战了。

这一招相当高明，既能消耗敌人，又能麻痹对手，处处牵着陈朝鼻子走，对付陈叔宝这种人再合适不过了。杨坚听后非常高兴，立即实施下去。此后陈朝果然疲于应付，日益困窘。

继高颎之后，隋朝的文武大臣们都争相献平陈之策。这些人不是为迎合皇帝，临时抱佛脚，而是经过深思熟虑，有完整计划的。尤其是虢（guó）州刺史崔仲方，他的方案合理且全面，堪称上上之策，杨坚看后大喜，把它用作了平陈战争的基本指导思想。

崔仲方的方案具体是什么，我们暂时先不细讲，只说其中的一点：在长江上游地区大造舰船。

这也是平陈的准备工作之一，于开皇七年冬开始进行，动静非常大。有人担心被陈朝发现，赶紧奏请杨坚秘密造船，毕竟兵法上说要出其不意，攻其不备嘛。

然而杨坚却没听，还说了一句狂话：“我将替天行道，何须保密！”

（“吾将显行天诛，何密之有！”）

这不等于是直接告诉对手，我要来打你了吗？

不错，杨坚就是这个意思，就是这么自信。他不仅要告诉陈叔宝隋朝即将伐陈，还要昭告天下，让陈朝老百姓都知道。

所以不久后的开皇八年（公元588年）三月，杨坚颁下诏书，宣称陈叔宝罪恶滔天，隋朝将兴兵讨伐。然后又作玺书，列数陈叔宝的二十大罪状，派使者送至建康，并命人抄写了三十万份诏书，散发给江南民众。

如此大的动静，整个陈朝恐怕都要知道了，作为皇帝的陈叔宝会作何反应呢？

他没有反应。因为这件事在他看来很平常。不就是打仗吗，之前又不是没和北齐、北周打过，有什么大惊小怪的？而且他这个时候也没有心思关注军事，正忙着废立太子呢。

陈朝当今的太子名叫陈胤，是陈叔宝的嫡长子，生母为沈皇后。但陈叔宝不喜欢沈皇后，他喜欢张丽华，因此也就更喜欢张丽华生的儿子。张丽华很清楚这一点，为了让自己的儿子取代陈胤，她时不时吹枕边风，说沈皇后和陈胤如何不好。与此同时，孔范等人也在外面煽风点火，天天说太子无德。久而久之，陈叔宝就产生了废立的想法。遂于当年五月废黜陈胤，立张丽华之子陈深为太子。

废立完太子，陈叔宝仍不满足，又想把沈皇后也废了，让张丽华入主中宫。

但可惜他没有时间付诸行动了，因为隋朝的军队已经整装待发，马上就要打过来了。

当年秋冬，隋朝各地舰船建造完毕，渡江的准备工作基本完成，于是杨坚调兵遣将，正式发起了平陈战役。

将帅

这将会是一场灭国级的战争，无论是规模还是重要性，都是几百年之前未有过的。要想打好这场仗，渡江策略和选拔将帅是关键。对此，杨坚是怎么安排的呢？

首先说渡江策略。根据崔仲方的建议，此次平陈战役将分东、中、西三大战区，分别以长江上游的硖口（在今湖北宜昌）、中游的汉口（汉水入江口，在今湖北武汉）、下游的六合（今江苏六合）为基地。其中上、中游各部队重点打水战，主要任务是吸引和牵制陈朝长江防线上的精兵，为下游部队渡江登陆作战提供保障。这也是为什么上游造船要大张旗鼓，不仅是因为杨坚自信，更是为了引诱陈朝往长江中上游增兵。

所以三大战区中，最重要的是下游，也即东战区，该战区部队是平陈的主力，他们将会渡江登陆，直捣陈朝都城建康。

那么这个战区由谁来统领呢？这就要说到将帅任命了。其实这位东战区元帅我们并不陌生，他就是杨坚次子，晋王杨广。之所以是他，至少有三方面原因。

首先，杨广是杨坚爱子，父子同心，把全国大半军队交到他手上，杨坚放心。

其次，杨广身份尊贵，地位仅次于皇帝和太子，是整个大隋朝廷的第三号人物，由他指挥三军，没有人敢不服。

最后，杨广的王妃萧氏是后梁公主，梁武帝萧衍的嫡系子孙。换句话说，杨广就是江南人民的女婿。那些个后梁遗民以及还怀念梁朝的人啊，你们的驸马来了，还不赶紧来归顺！

综合以上因素，这个平陈元帅，非杨广莫属。不过他才刚二十岁，没有什么作战经验，突然指挥这么大规模的战争，着实有些为难他了。

所以杨坚为他配备了两名助手，一个是高颎，出任元帅长史，一个是河北道行台右仆射王韶，出任司马。

高颎自不必说，早年征讨尉迟迥时就做过韦孝宽的监军，能力突出，又有丰富的战斗经验，还是杨坚最信任的大臣，用他最合适。

至于王韶，那也是大有来头。此人出身于太原王氏，也是名门之后。早在北周时就官拜车骑大将军。当初周武帝宇文邕伐齐，王韶随军参战，攻克晋州后，宇文邕准备班师回朝，而王韶认为北齐气数已尽，极力主张一举灭齐。从这就能看出此人是有战略眼光的。

后来隋朝建立，杨广出任河北道行台尚书令（治并州），而王韶则被任命为行台右仆射，相当于是杨广的宰相。

杨广当时年纪还小，自我约束能力比较差，王韶作为仆射，除了代他处理政事外，还得替杨坚管教好儿子，防止他干坏事。由于王韶性情刚烈耿直，杨广十分敬畏他，从不敢做越轨的事。有一次王韶北巡长城，杨广趁机在王府挖池塘、造假山，试图享乐。王韶回来后大怒，把他逼在屋里，极言进谏，直至杨广说："我错了，对不起。"他才作罢。

如此尽职尽责之人，杨坚怎能不爱？所以此次南征，他点名让王韶为元帅司马，请他继续替自己管教儿子。

作为父亲，杨坚真是用心良苦！

有帅还要有将。杨广作为元帅，麾下有数十位总管，都是当世名将。其中有两人不能不提，他们将在这次平陈战役中发挥重要作用。

其一是韩擒虎。此人极具传奇性，首先他的名字就很特别，历史上叫"虎"的名人不少（比如李虎），但叫"擒虎"的他是独一个。不过他本名不叫这个，而叫"韩擒豹"（也很猛）。相传他十三岁时生擒了一只老虎，因此改名“韩擒虎”。这是他第一个传奇的地方。

其次，他死后也很传奇，据说做了阎罗王，管理人间生死。这件事听起来过于玄乎，却是记载在《隋书》中的，说明当时这个传说很流行，以至于到现在民间都把他当阎王爷来供奉。

最后，韩擒虎自己做了阎王，而他的外甥却成了神仙。相比之下，他这位外甥的名头更响，可以说是无人不晓，他就是唐朝名将李靖，也是道教神话中的托塔天王。

这么多传奇集于一身，让韩擒虎充满了神秘色彩。那么真实历史中的他究竟是什么样的呢？

韩擒虎生于西魏大统四年（公元 538 年），其父韩雄是西魏、北周元老，封爵新义郡公，还曾被赐姓宇文。作为家中长子，韩擒虎被寄予厚望。他体貌魁伟，为人粗犷豪迈，又有胆识和谋略，很早就凭借军功和家世进入仕途。

周武帝伐齐时，韩擒虎随从征战，曾说降洛阳金墉城守将独孤永业，由此初露锋芒。后来陈朝入侵江北，韩擒虎又出任行军总管，多次率兵击退敌军，在与陈朝军队作战方面经验丰富。所以杨坚即位后，命其为庐州（今安徽合肥）总管，一来镇守淮南，二来为日后伐陈做准备。

而今平陈战役开始，韩擒虎顺理成章地成为行军总管之一，听命于元帅杨广。

其二是贺若弼。这也是一员猛将，与韩擒虎齐名，经历也颇为相似。不过他身上没有那么多传奇，倒是有一个典故。

贺若弼生于大统十年（公元 544 年），复姓贺若，鲜卑人。他出身将门，父亲贺若敦是西魏、北周将领，因武猛而闻名，曾多次与陈朝交手。后来宇文护当政，贺若敦因为不满，口出怨言，被逼令自杀。临死时嘱咐贺若弼说：“我一直渴望平定江南，可惜无法实现了，你一定要继承我的遗志。还有，我是因为管不住嘴而招致杀身之祸的，你一定要吸取教训。”说完用锥子将贺若弼的舌头刺出血，告诫他要慎言。这就是“锥舌诫子”的典故。

父亲的死对贺若弼打击很大，他一直牢记教训，非常注意自己的言辞。举一个例子，宇文邕勤政后，贺若弼受到重用。有一次上柱国王轨私下对他说太子宇文赟德行不端，他表示同意，并劝王轨奏明皇帝。王轨告诉宇文邕后，宇文邕召贺若弼来求证。结果贺若弼矢口否认，称没见宇文赟有什么缺点。

这事儿虽然做得不厚道，但毕竟是他父亲的缘故，也无可厚非。后来宇文赟即位，王轨被杀，贺若弼免受灾祸，继续得受重用。当时陈朝入侵淮南，贺若弼跟随韦孝宽南征，连克数十城，立功颇多。

杨坚即位后，为日后平定江南，在朝中寻访可以担负重任者，高颎便举荐了贺若弼，并且说："朝臣之内，文武才干，无若贺若弼者。"杨坚深以为然，于是任命贺若弼为吴州（治今江苏扬州）总管。

吴州毗邻长江，与建康一水之隔。贺若弼出任吴州总管，就等于站在了对陈的最前线，这让他看到了完成父亲遗志的希望，因此他勤修武备，积极筹备平陈之事，并于开皇七年向杨坚献平陈十策。杨坚对他的态度和谋略都十分赞赏，便任命他为行军总管，由吴州攻陈。

这就是东战区的将帅配置情况。需要说明的是，杨广不仅是东战区元帅，也是整个平陈战役的最高指挥官。所有参与战斗的部队都要听他调遣，包括中、西战区元帅。

有意思的是这两位元帅也姓杨，其中中路军元帅是杨坚第三子、杨广的弟弟秦王杨俊。杨俊当上元帅的原因跟杨广差不多，都源于皇子身份。他比杨广还小两岁，是个尚未成年的小孩儿，对于打仗一窍不通，只能挂个名，真正负责作战的是他麾下的三十位总管，比如崔弘度、崔仲方等。至于司令部，则设在汉口。目标：牵制陈军。

最后是西战区元帅，这次终于不再是毛头小子了，而是一个真正的武将：清河郡公杨素。

杨素这个人，我们之前已经多次提到，但从没有正式介绍过，不是说他不重要，而是属于他的时代还未到来。现在他即将登台表演，是时候给做个介绍了。

杨素，生于西魏大统十年（公元 544 年），字文衍，北周骠骑大将军、汾州刺史杨敷之子，地地道道的弘农杨氏人。按理说他和杨坚应该是同宗，但鉴于杨坚家族冒充弘农杨氏的可能性比较大，所以实际上他们没啥亲缘关系。

不过这并不妨碍杨素出人头地，他能有今天的成就，主要靠的是家世和个人能力。

和新兴的关陇贵族不同，传统的士族家庭一般都非常注重文化，弘农杨氏自然也不例外。作为士族子弟，杨素从小就勤奋好学，刻苦钻研，长大后不仅能写一手好文章，在隶书、草书上也有造诣。当时宇文护执政，欣赏杨素的才能，对他非常器重。也怪杨素缺乏政治经验，跟宇文护走得太近，就没想到他倒台了怎么办。

不久宇文护被杀，杨素果然受到牵连，被宇文邕冷落。偏偏这时候他父亲杨敷在与北齐作战时被俘，拒绝投降后忧愤而死。按理说这是为国捐躯，应该追认烈士，但宇文邕却迟迟不给追封。杨素表示不服，再三上书请求追封，结果惹恼了宇文邕，声言要杀他。杨素不屈不挠，大声道："我侍奉无道天子，死了没话说。"这话在当时绝对是大逆不道，如果是一般皇帝，恐怕杨素能死八百回。但宇文邕不是常人，他非但没有生怒，反而觉得杨素很有骨气，就没杀他，追封了他的父亲，并授他为车骑大将军。

此后杨素的经历就和贺若弼、韩擒虎比较相似了。首先是北周伐齐时，他自告奋勇，率父亲旧部参战，在宇文宪麾下屡立战功。然后又随王轨、韦孝宽等征战淮南，击败陈军。再之后杨坚辅政，杨素主动投奔，受到重用，又参加了征讨尉迟迥的战斗。在这些战役中他都表现英勇，展现了他的军事才能。

隋朝建立后，杨素继续得受重用，做到御史大夫。但不久他就因一句话丢了官职，险些断送前程。

事情说来好笑，杨素跟杨坚一样，也是个妻管严，他的妻子郑祁耶（出身荥阳郑氏）性情强悍，嫉妒心强。杨素有一次忍无可忍，当着她的面说："我要是当了皇帝，一定不让你当皇后！"

这显然是句气话，但很容易被人扣上意图谋反的帽子。结果杨素就真被妻子告了，直接被贬为庶民。

这次打击让杨素成熟了许多。他以往不拘小节，什么话都敢说，因此吃了不少亏，现在就慢慢学乖了。

丢了官职后，杨素也没闲着，整天在家琢磨怎么平定江南，几次进献伐陈之计。杨坚对此非常高兴，也知道他当初只是一时气话，并无反意，于是恢复了他的官爵，任命他为信州（今重庆奉节）总管，坐镇长江上游。

杨素到任后，积极筹备伐陈，并于开皇七年奉命建船，大造战舰数千艘。其中最大的名曰"五牙"，舰上有五层楼，高百余尺，左右前后各置六拍竿（投石器），均高五十尺，可乘载士兵八百人；稍小一点的叫"黄龙"，也可容纳士兵百人。其余还有平乘（旗舰）、舴艋（小艇）等各种船型。

这些舰船和船上士兵组成了隋朝的水军主力，杨素因此成为上游各部队的主帅。杨坚给他的任务是：牵制及消灭陈朝水军。

至此各军均介绍完毕，一切准备就绪，现在是时候出发了。江南，隋军来了！

第十三章 南征陈朝

开皇八年冬，隋朝发起平陈之战。

十一月，杨坚赶到华阴，为出征的关中将士饯行，并举行了誓师大会。

十二月，各作战部队悉数抵达江北，战争正式拉开序幕，打响第一枪的是西战区主帅杨素。

江神杨素

当月上旬，杨素做好了战斗部署，随后率领水军舰队自信州东下三峡，对长江上游的陈军发起攻势。舰队开至今湖北宜昌西北的流头滩，有探船来报，陈将戚昕率青龙战船百余艘、战士数千人坚守前方狼尾滩，试图阻遏隋军。

听到这个消息，杨素麾下的将领们都发起了愁。这倒不是害怕陈军，而是畏惧狼尾滩的险峻形势。

狼尾滩也好，流头滩也罢，都是长江中的小块陆地。这些滩如果是在平阔的江面上，并没有什么可怕的，而如果是在水流湍急的长江上游河段，就会变成易守难攻的要塞。狼尾滩正在千里长江中最险要的西陵峡段，附近水道曲折、怪石林立、水急浪高、行舟惊险。

在这种地方，隋军的舰队很难发挥威力，真要打起来，陈兵“一夫当滩，万夫莫开”，你船再多再大也没用。而且狼尾滩两岸还有陈军的据点：一座营寨、一座驿站，各有驻军，随时会救援狼尾滩。

杨素对此非常清楚，知道硬打肯定不行，尤其是白天打不行，必须晚上进攻，而且要多点、多兵种同时进攻，一战击破敌人。想明白这些后，杨素就拟订了一个“水陆协同，分进合击”的突袭计划。内容是：兵分三路，第一路为水军主力，于正面进攻狼尾滩；第二路以步兵为主，由长江南岸攻击陈军营寨；第三路以骑兵为主，沿长江北岸进击陈军的据点白沙驿（在今湖北宜昌东）。各路军乘夜突袭，目标是拿下狼尾滩。

那么这个作战计划怎么样呢？事实证明非常管用。当天夜里，杨素亲率黄龙战船数千艘，悄悄向狼尾滩开进，与此同时，开府仪同三司王长袭、大将军刘仁恩分别率兵自长江南、北两岸进击陈军据点。天将亮时，三路军同时发起进攻，一举击败戚昕所部，成功占领狼尾滩，取得了平陈战役的开门红。

此战只跑了戚昕一人，所有陈兵全部被俘。在处置俘虏的问题上，杨素的做法也堪称高明，他不杀不辱，还亲自慰劳他们，向他们传达隋军吊民伐罪、替天行道的战争宗旨，然后全部释放回家。

如此一来，人心向隋也！

此后杨素率领水军继续顺江东下，舰船连绵数里，旌旗隐天蔽日。他本人坐在平乘旗舰上，雄姿英发，气宇轩昂。两岸的陈人远远望见，惊惧道：“清河公真乃江神也！”

这个“江神”真不是白叫的，杨素用实力证明他配得上此称号，在后面的战斗中，他就像个闯关达人，一路突破陈军防线，从长江上游打到中游。对此，我们不再细说，因为这时西战区的战略目标已基本达成，陈朝长江上游的军队都被杨素所牵制，无暇顾及建康了。

要说杨坚伐陈的时间选的是真好，正赶上年底。陈叔宝这么喜欢

“开会”的人，肯定一门心思办元会，哪还会考虑别的事。而且陈叔宝不仅要搞宴会，还要在都城展示舰船，因此把长江下游的战船全部调回了建康。

这不是给隋军可乘之机吗？陈叔宝为什么要这么干？

说起来有点儿可笑，他完全是为了显摆，当然不是显摆给自己的臣民看，而是给投降来的梁人看。

去年萧岩、萧瓛不是率领十万百姓投降了陈朝吗？那陈朝得安置他们啊！陈叔宝当时就犯了难，一方面是自己把人家拐来的，不能不管；另一方面这些梁人势力不小，万一聚众造反怎么办？陈叔宝不放心，于是把他们分开安置，封萧岩为东扬州（今浙江绍兴）刺史、萧瓛为吴州（今江苏苏州）刺史，另派大将任忠镇守吴兴郡（今浙江湖州），以割裂和监控二人。又派两个儿子南平王陈嶷镇守江州（今江西九江）、永嘉王陈彦镇守南徐州（今江苏镇江），以拱卫建康。

如今要过年了，陈叔宝想父子团聚，就把两个儿子召回建康，顺便令沿江所有船舰跟随二王还京，目的就是秀肌肉，让梁人见识一下陈朝的强盛。

这操作也是没谁了。直接导致从镇江到九江的几百里江面上，一条陈朝船舰都没有，长江下游防线一片空虚。

而这还不是最要命的，他后面的行为才真正诠释了什么叫作昏庸。

误国

陈叔宝有个弟弟叫陈叔文，当时担任湘州（今湖南长沙）刺史，控制着长江中上游，很得当地人心。陈叔宝因此心生忌惮，准备派人取代他。然而陈叔宝即位以来，对大臣刻薄寡恩，君臣关系相当差，因此担心大臣们不肯尽心为自己效力，于是选择让自己的亲信中书舍人施文庆出镇湘州。

对此，施文庆非常乐意，但他又怕离京之后，有人在背后说自己坏话，毕竟皇帝身边尽是些只会耍嘴皮子的文士，谁知道他们会不会妒忌自己。因此他举荐亲信沈客卿代替自己为中书舍人，让他主持朝政，帮自己看着点儿。

这里要说明一下，陈朝虽然也有三省，但权力都集中在中书一省，而中书舍人虽然只是中书省中下级官员，却权力极大，掌管全国政事，反而中书令、中书侍郎都成了虚职。

所以施文庆就相当于宰相，在他离京前这段时间，朝政由他和沈客卿共同执掌。而这俩人都不是什么贤臣，全是利己主义者，他们的为官理念是：先考虑自己，再考虑国家。这种人平日尚且为害不浅，何况现在正是陈朝危难之时。他们联合执政后，可把陈叔宝坑惨了。

十二月下旬，随着隋军大举压境，建康的形势越发严峻，陈朝护军将军樊毅意识到隋军可能会在下游渡江，便向仆射袁宪建议在京口（在今江苏镇江）、采石矶（在今安徽马鞍山）等地增派重兵和战舰，以拱卫建康。

京口、采石矶都是长江下游南岸要地，一个在建康下游，一个在上游，如同左右两扇门，如果门户被打开，建康就会暴露在敌人的兵锋之下。所以樊毅的建议非常好，正常人都应该认同。

袁宪是正常人，对此表示赞同，与骠骑将军萧摩诃等群臣聚集商议。群臣没有异议，于是准备一起上奏皇帝。

可这个时候，不正常的人出现了，正是施文庆和沈客卿，他们各有自己的小算盘，施文庆想：如果把兵都派出去了，那我去湘州不就无兵可带了吗？以皇帝的性格，恐怕就不会让我去了。不行，这事得阻止。

于是瞟了沈客卿一眼。沈客卿会意，接着他的想法往下想：如果施文庆去不了湘州，那他就会留在朝中继续执政，分享我的权力；如果他去了，那我就能独揽大权。所以必须让他去。

于是他二人一拍即合，准备合力阻止这件事。他们没敢直接站出来反对，而是对袁宪等人说："这事不用面奏，你们写成奏章，我们代为呈递。"袁宪不知道他俩的小算盘，就写了奏章，交由他们代呈。

他二人倒是真把奏章呈给了陈叔宝，但同时却对陈叔宝说："隋军入侵是常事，边境的将帅足以应对。如果派出重兵和舰船，恐怕会惊扰百姓。"

结果不用说，陈叔宝听信了施、沈二人的话，没有采取任何行动。这也证明了一个道理：给领导单纯的书面报告不如当面汇报。

不过事实总是胜于雄辩，施文庆口才再好，也只能粉饰一时。随着隋军越来越逼近长江，大批间谍进入江南，建康城的气氛日益紧张。袁宪等人频繁汇报军情紧急，多次奏请派兵镇守京口、采石矶。陈叔宝再傻，这时候也该重视起来了。

但施文庆似乎是铁了心坑他，为了阻止派兵，竟又拿祭天的事说："元会将至，太子将要去南郊祭天（陈叔宝自己懒得去），需要有大军随从，如果现在出兵，那祭天的事就耽误了。"

好在陈叔宝对祭天不怎么上心，没被他说动，回了句："先暂且出兵，若是北边无事，再令水军转去南郊，有何不可？"

"这样若是被邻国知晓，肯定以为咱们是弱国，那还不小瞧了咱们？"施文庆也是真急了，这种理由都能想出来。

然而陈叔宝就是不吃他这套，还是想要出兵。施文庆很无语，他觉得不是自己编的理由不好，而是自己在皇帝心中的分量不够，说话不管用。于是他找到陈叔宝最宠信的大臣江总，送礼请帮忙。

江总是个见钱眼开之人，收了施文庆的贿赂后，也劝皇帝不要出兵。他的话确实管用，陈叔宝不忍拒绝，便准备答应。但这时袁宪等大臣频频上奏，直言形势危急，请求立即派兵。陈叔宝左右为难，干脆不管了，让大臣们去商量。结果袁宪、江总等争论不休，导致事情一拖再拖。

这一拖就拖到了过年，此时陈叔宝一心宴乐，也不管什么出不出兵了，凡是再听到关于隋军的消息，他就说：“建康乃是王气汇聚之地。齐兵三来，周师再来，无不摧败。今隋军来又能怎么样？”

这话着实愚昧可笑，也就只能骗骗自己，但竟然有人认为他说得对，随声附和道：“长江天堑，自古就是分隔南北的，隋军长了翅膀吗？还能飞渡过来？如今边境守将想要立功，妄言军情紧急。臣正觉得自己官小，敌人如果渡江，臣必去立功，赚个太尉当当！”

说这话的正是陈叔宝的宠臣孔范。他话音刚落，又有人附和说隋军此来战马死伤惨重，已经不足为惧。孔范一听更起劲儿了，直接语出惊人：“这马本来是送给咱们的，怎么死了呢？”

陈叔宝哈哈大笑，也不知道是被孔范逗乐的，还是真觉得他说的话有道理，反正自此放宽了心，饮酒、赋诗、听曲，该干吗干吗。

到了初一这天，陈叔宝在朝会上大宴群臣，喝得迷迷糊糊，又赶上当日大雾弥漫，被熏得头晕眼花，一觉睡到了下午四五点。而就在他昏睡的这段时间，隋军东战区主力已经分头渡江，其中最先登陆的，正是贺若弼与韩擒虎。

贺若弼与韩擒虎

开皇九年（公元 589 年）正月初一，杨广趁陈朝欢度新春之际，命贺若弼、韩擒虎等将为前锋，分别率军渡江。贺若弼接到命令后，自吴州广陵（今江苏扬州西北）引兵横渡。由于陈军兵力不足，又防备松懈，贺若弼很顺利地登陆江南，兵临京口城下。

当天夜里，韩擒虎也率五百人横渡长江，突袭采石矶。负责守卫渡口的陈兵多数酒醉未醒，毫无战斗力，韩擒虎因此一举攻克采石矶，成功登陆江南。杨广闻讯大喜，率大军进驻六合镇桃叶山，与建康隔江相望。

正月初二，采石矶失陷的消息传入建康，陈朝上下无不震惊。陈叔宝此时才知道紧张，急忙下诏御敌，任命骠骑将军萧摩诃、护军将军樊毅、中领军鲁广达为都督，司空司马消难（还活着）、湘州刺史施文庆为监军，共同防卫建康；又命南豫州（今安徽宣城）刺史樊猛率水军镇守白下城（今江苏南京西北）、散骑常侍（隶属门下省）皋文奏率军镇守南豫州；并下令征发僧人、道士入军服役。

连续采取这么多行动，看来陈叔宝是真的慌了，只可惜太晚了，隋军的攻势已不可阻挡。

正月初六，贺若弼攻陷京口，生擒南徐州刺史黄恪。至此京口、采石矶全部被隋军占据，建康南、北门户大开。此时隋军两大名将贺若弼与韩擒虎之间的一场竞赛正式开始，他们一个向南打，一个向北攻，都想赶在对方之前攻入建康。为此，贺若弼严明军令，秋毫无犯，并将所获俘虏六千余人全部释放，赐给他们敕书，令他们四处宣传隋军政策。于是贺军所经之处，陈人望风而降。

韩擒虎也不甘示弱，正月初七，他率军进攻南豫州，不到半日便拿下州城姑孰（今安徽当涂），生擒代刺史樊猛之子及大小官员数百人，只剩守将皋文奏率残军逃回建康。

此战过后，韩擒虎威名大震，江南官民以往就听说过他，现在一听到他的名字则更是如雷贯耳，纷纷倒戈投降。

于是韩擒虎与贺若弼南北夹击，共同向建康推进，沿途陈兵或降或走，无人敢战。几日后，贺若弼分兵攻克曲阿（今江苏丹阳），阻断了陈朝援军的通道，然后亲率主力直逼建康。

陈叔宝闻讯惊恐不已，急忙收缩防线，派重兵驻守都城内外各处要地，豫章王陈叔英率军守朝堂、萧摩诃率军守乐游苑、樊毅率军守耆寺、鲁广达率军守白土冈、孔范率军守宝田寺、任忠率军守朱雀门。

至十七日，贺若弼占据钟山（今南京紫金山），驻屯至白土冈以东。与此同时，杨广派遣行军总管杜彦率军增援韩擒虎，合兵二万驻屯新林（今属南京雨花台区）；蕲州（今湖北蕲州）总管王世积率水军沿江东下，于蕲口（蕲水入江口，今属湖北蕲春）击破陈将纪瑱，对江州发起攻势。

至此，建康成为一座孤城，四面援军全被阻断。陈叔宝惊慌失措，终于不再宴乐，开始啼哭了。结果这一哭就停不下来，心全乱了，只能把军政大事交给施文庆，期盼他能创造奇迹。

都到这个时候了，陈叔宝竟然还信任施文庆，昏庸到这个份儿上，看来真是无药可救了。还有施文庆，陈朝江山都快保不住了，还在打自己的小算盘，他知道诸将痛恨自己，为了不让他们立功，就怂恿陈叔宝说："这些武将心怀不满，一向不肯尽心办事，现在情势危急，千万不能一味信任他们！"

陈叔宝本就不怎么信任武将，被他这么一挑拨，更听不进武将的话了，接下来诸将提出的各种应敌方案，就全部被他否决。

首先是萧摩诃的建议：趁贺若弼孤军深入、立营未稳时出兵突袭，一举将其击败。

这个方案简单粗暴，具体效果得看双方将士的发挥。陈叔宝显然不相信自己的将士，所以他不同意。

其次是司马消难的建议：迅速调兵占据钟山，并于南面截断淮水，隔绝贺若弼、韩擒虎两军联系。同时坚守城中不要出战，扣留将士妻儿作人质，多给赏赐。等隋军粮尽，再引兵出击。

这一方案重在消耗敌人，抓住了贺若弼、韩擒虎等孤军远来、粮草不足的缺点，不失为良策。但陈叔宝未采纳。

最后是任忠的建议，分四步：第一，固守建康，沿秦淮河建立城寨，任凭隋军来，不与交战，以此拖垮他们；第二，分兵截断长江水路，令过江后的隋军无法与江北隋军沟通；第三，由他自己率领精兵一万、战舰三百艘，渡江直驱六合镇，使杨广误以为韩擒虎、贺若弼等军将士已经战败被俘，从而丧失斗志，再扬言要偷袭徐州，断绝隋军退路，使隋军不战自退；第四，拖到春水上涨，江面变宽阔，上游援军自会到来。

此方案体系完备，如果成功，将彻底解决问题。但它的投资和风险很大，如果没有足够的胆略，是不敢这么干的。陈叔宝显然没有，所以也不同意。

这也不行，那也不行，到底怎么办，总不能坐以待毙吧？眼看渡江而来的隋军越来越多，陈叔宝终于坐不住了，召集众臣说："用兵的事一直定不下来，实在让人烦躁，不如让萧摩诃出击试试。"

这终究还是要用萧摩诃的方案，既然如此，又何必拖到现在呢？看来不把他逼到一定份儿上，他就不会作出抉择。

不管怎么样，陈叔宝总算是要采取行动了。然而在这次行动中，他又犯了三个重大错误，直接把陈朝推向了深渊。

第一，让不懂军事的孔范领兵。孔范自视文武双全，见陈叔宝准备令萧摩诃出兵，也请缨出战，还说要像汉击匈奴一样勒石燕然[①]。如此大言不惭，陈叔宝竟然听信了，让他和萧摩诃、任忠、樊毅一同领兵出战。

第二，阵型拉得太长。这么多部队同时出战，怎么排兵布阵是个大问题。也不知道是陈叔宝自己想的点子，还是别人给他出的主意，反正他命萧摩诃、任忠、樊毅、孔范等军驻屯白土冈以北，加上鲁广达军，共五军十万余人，由南向北依次相连，横亘二十里，形成一字长蛇阵。这样安排的结果就是，前面打起来了，后面的还不知道。

第三，与武将发生矛盾。萧摩诃是目前陈朝第一战将，他的战斗

① 意为保卫国家，立功边疆，出自《后汉书·窦融传》。（编者注）

表现将很大程度上影响战争结果。然而这么一位名将，却被陈叔宝戴了绿帽子。在他领兵出城后，陈叔宝趁机和他的妻子私通，还被他知道了。这样一来他还怎么肯为陈叔宝卖命？

这三个错误，犯任何一个都可能是致命的，何况是一起犯的？所以陈叔宝很快就为此付出了惨痛代价。

当时陈军所面对的其实只有贺若弼一军，包括韩擒虎在内的其他隋军距离建康城都还比较远。而贺若弼只有八千人马，想攻克建康城几乎不可能。所以他接到的命令是暂时按兵不动，等主力部队到来后，再共同进兵。然而贺若弼立功心切，他率骑兵登上钟山，一见陈军阵型拉这么长，首尾不能相顾，认为有机可乘，于是不顾杨广军令，立刻率全军八千人下山迎战。

十万对八千，对陈朝来说，这是一场人数上碾压对手的战斗，而且陈军又是主场作战，即使再不济，也不应该溃败吧。但由于陈叔宝的三个错误，导致陈军战力和人数完全不符，结果也就不能按常理推测了。

不久战斗开始，萧摩诃果然表现不积极，完全不肯出力。五军中只有鲁广达率军力战，与贺若弼旗鼓相当。隋军在人数劣势的情况下，逐渐向后退却，接连死伤数百人。贺若弼见形势不利，点起浓烟遮挡陈军视线，才得以重整旗鼓。而陈兵见隋军败退，争相割取隋兵死者头颅，跑去向陈叔宝求赏。

贺若弼一看陈军如此骄纵轻敌，知道反败为胜的时候到了，于是率军返身再战。这次他吸取了教训，避开鲁广达军，专拣软柿子捏，直接扑向了孔范军。

孔范也就是嘴上厉害，真到了战场上比谁都㞞（sóng），这不刚和隋军交战，双方士兵刀上还没见血呢，他就直接带着部队跑了。

这一跑不当紧，把整个陈军全带乱了，樊毅、鲁广达、萧摩诃等军将士不受控制，也跟着败逃，众军自相踩踏碾压，死者达五千人。

贺若弼乘势进击，大败陈军，生擒萧摩诃。

剩下孔范等人各自逃散，只有任忠纵马回到宫城，向陈叔宝报告战况，然后说："陛下好自为之吧，臣无能为力了！"

陈叔宝大急，说你不能不管我啊！赶紧拿出两串金子，命他募兵出战。

任忠说："为今之计，陛下只有准备船舰，到上游去会合众军才能自保，臣愿意以死奉卫。"

陈叔宝感动得泪流满面，心说还是蛮奴（任忠小名）忠心啊！于是命他去布置舟船，又令妃嫔、宫人收拾行装，准备跑路。

然而等了许久，却不见任忠回来。此时陈叔宝再傻，也该知道发生了什么。

事实上，任忠刚才的话不过是诓骗陈叔宝，他这会儿已经投降了韩擒虎，并引着隋军朝建康城而来。

在任忠的带领下，韩擒虎率军渡过秦淮河，由朱雀门进攻台城（宫城与官署所在）。城内守军试图抵抗，任忠上前叫道："老夫尚且投降，你们还想干什么？"

守军一看连主帅都投降了，也就无心抵抗了，于是各自散走。这么一来，隋军就无人可挡了，直奔台城而去。陈朝文武百官见隋军攻来，纷纷逃亡，只有尚书仆射袁宪、后舍人夏侯公韵等人留在景阳殿未走。

陈叔宝知道大势已去，见袁宪还在坚守，心里既感动又后悔，对他说道："我平时待你也不怎么样，而今只有你还留在我身边，我现在很后悔、惭愧。而今陈朝走到今天这个地步，不能全赖我无道失德，也是江东士大夫气节败尽所致。"

这话听起来既可悲又可气。可悲的是他终于有了悔意，认识到自己是个无德昏君，可惜为时已晚；可气的是他还是没有彻底醒悟，把陈朝的败亡归结于大臣没有气节。岂不知"得道多助，失道寡助"，你自己亲小人，远贤臣，还指望贤臣都来为你殉节吗？

不管怎么样，现在一切都已经晚了，隋军马上就要进入台城，城内所有人都要成为俘虏。但陈叔宝还是抱有侥幸心理，他想藏起来，躲过隋军的搜查。袁宪一看他这么没有骨气，脸色变得严肃起来，劝谏道："隋军此来，秋毫无犯，必不会凌辱陛下。事已至此，陛下还能躲到什么地方去？臣请求陛下整理好衣冠，端坐正殿，依照当年梁武帝见侯景的故事来见隋军。"

陈叔宝不以为然，心说梁武帝是挺有骨气的，但最后下场怎么样？不是被侯景囚禁死了吗？我才没那么傻，还是保命要紧。于是对袁宪说："刀剑无眼，不能贸然抵挡，我自有妙计！"说完猛地站了起来，一手拉着张丽华，一手牵着孔贵嫔，从后堂逃出了景阳殿。

袁宪怕他干傻事，赶忙和夏侯公韵跟了上去。二人追到殿后，眼前的一幕让他们傻了眼：只见陈叔宝站在一口枯井前，正准备往下跳。好嘛，以为你真有什么妙计，原来是跳井，堂堂一国之君，竟做出如此行径，真是脸面都不要了！

袁宪又气又急，心说都到这份儿上了，您还要让国家蒙羞吗？于是急忙上前拉住他，苦苦劝阻，而另一边夏侯公韵用身体堵住井口，也试图阻止他。但陈叔宝铁了心要跳，拉都拉不住，和他们争执半天后，还是跳下了井。

事已至此，袁宪已无可奈何，只能对着井口再三哭拜，然后回到景阳殿，静静等待隋军的到来。

有这么一位赤胆忠心的大臣，陈叔宝即便是死也应该知足了。不过他并不想死，还指望用枯井来自救呢。

真不知道他是异想天开、傻得可爱，还是想和隋军玩捉迷藏。总之他现在逃肯定是逃不掉了，只能等人来抓。唯一的疑问就是：谁能先找到他？

要知道，对隋军将士来说，陈叔宝可是大宝贝，是这次伐陈的终

极猎物。谁能捕到他，谁就是功劳第一。所以隋军士兵为了立功，所有人都在努力“寻宝”。

不久，韩擒虎率军进入台城，首先展开了“寻宝”行动。与此同时，贺若弼也乘胜攻入城北乐游苑（台城北面的禁苑），准备由此入城“寻宝”，然而他却遭到了“护宝达人”鲁广达的顽强抵抗，迟迟攻不进去。

韩擒虎一看乐了，心说对不起了贺若弼老弟，宝贝只有一个，老哥我就不等你了，等我寻到宝，再去帮你。于是命令士兵不要管其他人，只管搜寻陈叔宝。然而几百人找了半天，却始终不见“宝贝”的踪迹。

直到黄昏时，士兵才发现陈叔宝躲在景阳殿后的枯井里，于是抛下绳索，朝井中呼叫：“里面的人快上来！”但连叫几声都无人回应，隋兵顿时怒了，又朝井下呼道：“再不上来我们就朝井里扔石头了。”

陈叔宝一听害怕了，直叫：“莫扔，莫扔……”急忙抓住井绳，让士兵把他拉上去。士兵边拉边纳闷儿，这人怎么这么沉呢？拉上来才发现，陈叔宝哪是一个人，还抱着两个大美人呢。

如此狼狈相，逗得隋军将士哈哈大笑。相比之下，陈叔宝的儿子就要比他强得太多了。当时隋军闯入东宫，十五岁的太子陈深端坐在阁内，如往常一样平静，见有甲兵来，不慌不忙地道：“诸位这么大老远跑来，一定很劳累吧？”隋兵先是一愣，继而肃然起敬，由此无人敢侵害他。

随着皇帝、太子等被擒，建康城内的宗室王侯、文武百官、妃嫔宫人等都相继投降。鲁广达与贺若弼苦战半日，也终于放弃了抵抗。他脱下盔甲，面向台城恸哭三拜，对将士们说：“我身不能救国，罪责深重也！”

士卒痛哭流涕，全部放下兵器，束手就擒。贺若弼这才从北门进入台城，听说韩擒虎已经抓到陈叔宝，心里很是不平。他没想到自己费这么大劲“寻宝”，眼看就要成功的时候，竟然被韩擒虎捷足先登了。他越想越不甘，觉得这个“宝”应该是自己的，于是命人将陈叔宝带来，想一睹真容。

此刻陈叔宝正战战兢兢，见到贺若弼更是汗流浃背，身上直打战，也顾不上什么天子仪态了，连忙朝他跪拜叩首。贺若弼见他行这么大的礼，也是没想到，安抚说：“小国之君见到大国之臣，下拜乃是礼仪。你到大兴后不失封侯，所以无须害怕。”陈叔宝一听放心多了，连连拜谢。

贺若弼看着眼前这个活宝，心里喜欢得不行。当然了，他肯定不是喜欢陈叔宝这个人，而是喜欢擒获他的这份功劳。但一想到这功劳不属于自己，就心里不舒服，于是便和韩擒虎发生了争吵，甚至刀剑相向。不过二人都还算识大体，没有闹得太僵，最后贺若弼把陈叔宝安置在德教殿，派兵守卫，静候杨广到来。

几天后，杨广特派代表高颎抵达建康。他一来就干了两件大事，第一，代表元帅杨广慰问犒劳各军将士，同时严明纪律。第二，诛杀陈叔宝的贵妃张丽华。高颎到达建康后不久，他的儿子高德弘突然赶来，声称奉了晋王之令，来索要张丽华。原来杨广听闻张丽华有倾国倾城之貌，想纳为姬妾，又恐亲自出面会被人诟病，因此想通过高颎来办此事。高颎知道杨广好女色，深恐他得到张丽华后被其迷惑，于是对高德弘说：“当初周武王伐纣灭商，姜太公蒙面斩妲己。如今平定陈国，岂能留张丽华。”于是不听杨广之令，命人斩杀了张丽华。

高德弘无奈而返，照实向杨广报告了情况。杨广听后非常不高兴，心说我让你把张丽华给我送来，你不送也就罢了，竟然还把她杀了，这不是摆明了跟我过不去吗？！他越想越气，冷着脸道：“古人云‘无德不报’，我一定会对高颎有所回报！”由此他恨上了高颎，也为若干年后的一场政治变故埋下了伏笔。

不久，杨广率大军到了建康，随后也干了三件大事。第一，杀人。

这次杀的不是什么红颜祸水，而是误国奸臣，比如施文庆、沈客卿等。这二人仗着陈叔宝的宠信，干了不少坏事，陈朝走到今天这一步，他们要负很大责任，现在被斩首示众，也是罪有应得。只可惜江总、孔范等人不在受斩之列，这主要是因为他们的罪行目前没有暴露，投降态度又比较好，所以逃脱了惩罚。

第二，收集图书典籍。西晋灭亡后，大量文献和图书被从中原带到江南，其中相当一部分是绝版，非常珍贵。另外东晋到陈朝三百年间，江南又产生了很多新的图书典籍，也是北方所没有的。这些都是文化瑰宝，理应保存起来。于是杨广命高颎和元帅府记室裴矩收集图籍，打包运往大兴城。这一做法也让他赢得了贤名，而实际上这是杨坚的意思。

第三，招降陈朝残余势力。虽然隋军占领了建康，俘虏了陈朝皇帝和大部分宗亲、官吏，但平陈战争还没有结束，长江中、上游等地的陈军仍在顽强抵抗。为了尽快结束战争，彻底平定江南，杨广命陈叔宝写了一份诏书，以他的名义招降江南各地官兵百姓。

统一天下

在还未投降的陈朝将领中，势力最大的莫过于水军都督周罗睺和荆州刺史陈慧纪。这二人各自拥兵数万，分别镇守长江中游和上游地区，对手正是秦王杨俊和“江神”杨素。

当初建康告急时，周罗睺就曾打算率水军救援，但却被秦王杨俊的大军阻挡在汉口，迟迟无法东进。不久陈慧纪在上游被杨素打败，率领剩余的三万水军和千余艘战船东下，准备驰援建康，但行至汉口时，同样被杨俊大军所拦截。

于是陈军十几万人、数千艘战舰被隋军牵制在汉口、江夏一带，眼见建康危急，却不能救援，只能等待消息。

终于消息传来，建康城破，陈叔宝被俘，陈朝灭亡了。陈军将士听到噩耗，士气瞬间瓦解，哭声一片。不久原陈朝护军将军樊毅、陈慧纪之子陈正业奉杨广之令，带着陈叔宝的诏书分别来招降周罗睺和陈慧纪。

周罗睺自知大势已去，便率诸将面向东方，大哭了三天，然后解散全军，向杨俊投降。随后陈慧纪也弃械归降。

与此同时，蕲州总管王世积也作书信，招降江南各郡官吏，并出兵江州。江州司马黄偲弃城而走，下辖七郡全部归降。

至此长江中上游基本平定，前后几乎没有经过什么战斗，反而是下游吴州地区发生了激烈抗争。

陈朝灭亡后，下游各州郡大多主动归降，但吴州地区的军民却不愿入隋，推举刺史萧瓛为首领，组织反抗。

萧瓛此人我们并不陌生，他本是后梁宗室，梁靖帝萧琮的弟弟，因为不愿入隋，与叔叔萧岩率后梁军民投降陈朝，被陈叔宝任命为吴州刺史，深受吴人爱戴。如今陈朝都已经灭亡了，萧瓛还是不愿意入隋。这也难怪，他当初和萧岩背叛隋朝，狠狠地伤了杨坚的心。现在再投降回去，能有好下场吗？就算杨坚能容下他，他自己也没脸待在隋朝啊！所以他只能孤注一掷，率领吴人对抗隋军。

然而隋军兵锋强盛，平定江南之势已经不可阻挡，萧瓛此时起兵，无异于螳臂当车，因此很快就在隋朝右卫大将军宇文述、行军总管燕荣的水陆夹击下兵败被俘。随后萧岩也在会稽投降。叔侄二人同被押往大兴处死。

要说萧岩、萧瓛也着实可怜，短短一年多时间，居然经历了两次亡国，一次比一次惨。但话又说回来，梁人的生命力和号召力真是不容小觑，虽然国家多次被灭，但每次都能组织起力量复国，以至于若千年后，萧岩的孙子萧铣（xiǎn）又在江南竖起“梁朝”大旗，试图争夺天下。不过这都是后话了。

平定吴州后，隋军又深入南方腹地，收复了大量的州郡。到开皇九年二月，整个长江以南就只剩岭南还未纳入隋朝版图。

岭南大致相当于今天的广东、广西地区。由于天高皇帝远，加上民族构成复杂，岭南并不完全受建康朝廷控制，而是一直处于半独立状态。

当时岭南居住着众多少数民族，统称为“百越”，其中以俚人数量最多、势力最大。俚人又以冼氏为部族首领。冼氏目前的领袖名叫冼英，是前高凉郡（今广东阳江）太守冯宝（汉人）的妻子，今已年近七旬，被人称为冼太夫人。

冼英实在是一位了不起的女性，绝对称得上巾帼英雄。她不仅弓马娴熟、能征善战，而且深明大义、智勇双全，为岭南的安定繁荣做出了巨大贡献。南梁时期，她辅佐丈夫平定李迁仕（侯景同党）之乱，避免了岭南的分裂；陈朝建立后，她又数次讨伐反叛势力，维护了南方的统一和民族团结。

如今陈朝灭亡，岭南已完全处于独立状态，各州郡便共同奉冼英为主，尊称为“圣母”，并劝她彻底独立，以保境安民。

当时江州总管韦洸（guāng）奉命招抚岭南，结果被陈朝豫章太守徐璒（dēng）阻击在南康（今江西赣州）。韦洸不知冼英的态度，不敢贸然进军，只能按兵不动，向杨广请示。

杨广得到消息，又命陈叔宝写了封书信，劝冼英归隋。陈叔宝听话照做，并拿出了一样宝贝“扶南犀杖”，说是当初自己即位时，冼英送给他的信物。杨广非常高兴，就派人将书信和犀杖一并送到了高凉。

冼英不愧是女中豪杰，在确信陈朝已亡后，先是率领俚人首领数千人面北恸哭一日，表示不忘旧朝，然后派孙子冯魂率众迎接韦洸，表示愿意入隋。

韦洸得到冼英的支持，便没有了后顾之忧，于是率军击杀徐璒，进入岭南，在广州招抚诸州郡，将岭南纳入了隋朝版图。

至此陈朝全境平定，统一归入隋朝，共计有三十个州、一百个郡、四百个县、五十万户、二百万人口。

看到这些数字，可能很多人会觉得惊诧，怎么陈朝才这么点儿人？确实，这个人口数量明显偏低，与陈朝的疆域严重不符。

不过这只是统计在册的户籍人口数量，并不一定准确。陈朝和隋初一样，也存在大量的隐匿人口。据相关考证，陈朝灭亡前的人口保守估计有六百万，甚至达到千万。由此可见，江南地区的户口隐匿有多么严重。隋朝虽然完成了形式上的统一，但要实现真正意义上的大一统，还有很长的路要走。

任重而道远，慢慢来吧！

第十四章
统一之后

陈朝君臣们的结局

开皇九年二月，平陈战争胜利结束，前后历时不过两个多月，可以说非常顺利。

到了三月，杨广命司马王韶留守石头城，然后率全军将士及陈叔宝以下陈朝王公大臣离开建康，前往大兴复命。

值得一提的是，在杨广班师之际，杨坚为防止陈朝势力死灰复燃，下诏将建康城及周边卫城全部夷为平地，只保留石头城一座城邑，设置为蒋州（得名于蒋山，钟山为其别名），并将吴州改为扬州（州治原在建康），仍以广陵为州治。

这一举措使六朝古都建康遭到毁灭性打击，自此沉寂了三百年。扬州则取而代之，逐渐成为江淮地区的经济文化中心，也成为仅次于长安（大兴）、洛阳的隋朝第三大城市。

说到大兴，它现在已今非昔比，成了统一王朝的首都了。其实当初杨坚建造它时，就已经想到了今天，这也是为什么要把它建造得如此宏大气派的原因，因为只有这样一座规模和气度的城市，才能成为南北人民共同的家园。现在数以万计的陈朝人进入关中，住房成了亟须解决的问题。对此，杨坚提前命人在大兴开辟民宅，力求使陈朝人宾至如归。

四月二十二日，杨广、杨俊率军抵达大兴，全军将士高奏凯歌进城，至太庙举行献俘仪式。与此同时，杨坚率文武百官登上广阳门，传令召见陈叔宝及陈朝太子、诸王二十八人、大臣二百余人。

这是隋朝开国以来最辉煌的时刻，也是杨坚帝王事业的巅峰。此刻的杨坚就像天上的太阳，光芒万丈，普照众生。而陈叔宝等人则如同地上的蝼蚁，全被他的光芒所笼罩，谁也不敢仰视，仿佛一抬头就会被灼伤。

面对惶恐不安的陈朝君臣，杨坚先是令纳言苏威宣诏安抚，又令内史令李德林宣诏斥责他们不能同心同德，以致亡国。

恩威并施，这正是杨坚的一贯作风。不过对于陈朝君臣，他更多的还是施以恩惠，这样既能显示隋朝的包容，也能怀柔江南士民，从而赢得人心。

所以这日之后，杨坚开始安置这些归降的陈人，根据他们原先的官爵和人品声望，分别授予不同等级的官位。

例如江总、袁宪、萧摩诃、任忠等受封开府仪同三司，不过他们之中的多数人并没有实际职务，只是享受三公级待遇。唯有袁宪因人品出众，格外受杨坚重视，被下诏定为“江东士人之首”，并被任命为昌州刺史，数年后又改任晋王杨广的长史，于开皇十八年病逝，享年七十岁。

天理昭昭，好人终有好报。

同理，恶人也终有恶报，就比如孔范。

原先在建康时，杨广、高颎等都没有发现孔范的罪恶，以至于让他逃脱了惩罚。而今来到大兴，很多陈朝旧事被扒出，杨坚这才发现陈叔宝身边竟然有这么一个大奸臣，于是果断将他贬到了边陲，让他永世不得翻身。

除了以上这些人，还有一个陈朝的大臣不能不提，他就是司马消难。

作为北周旧臣，司马消难如今的处境无比尴尬。他曾经从北齐逃至北周，又从北周逃到陈朝，现在又随陈叔宝归降隋朝。整个南北朝至隋，他转了个遍。放眼历史，有这般传奇经历者，只此一人。

但说实话，司马消难并不是一个反复无常之人，他的每次“叛国”都事出有因，而且无论在哪一朝，他都是真心效力。北周危难之际，他挺身而出反抗杨坚；陈朝将亡之际，他又战斗到最后一刻，直到见到陈叔宝的投降诏书才放弃抵抗。这样一个人，实在不该落到今天这般地步。

不过好在，他和杨坚的父亲杨忠是结义兄弟，按理杨坚应该叫他一声叔，有这层关系在，杨坚也不会太为难他，只是将他贬为乐户（专门从事音乐行业的贱民，世代传承），而且二十天后又恢复了他的正常户籍，并亲自接见他。但司马消难自感无颜面对杨坚及北周旧臣，不久忧愤而死。

和司马消难同样忧愤的，还有鲁广达。先前抵抗隋军时，他比任何人都要卖力，如今陈朝亡了，他又比任何人都悲愤，以至于思国成疾，拒绝医治，病重而死。当时江总伏柩恸哭，在他的棺木上题了一首诗：“黄泉虽抱恨，白日自流名。悲君感义死，不作负恩生。”

爱国的人，就应该得到尊重。江总总算是做了一件好事。

说了这么多大臣，也该说说陈叔宝了。在中国历史上的亡国之君中，陈叔宝的结局算是比较好的了，他不仅没有因亡国而被杀，而且还活得很潇洒。

到大兴以后，陈叔宝的人身自由受到了一定限制。这也没办法，毕竟他曾是陈朝皇帝，影响力和号召力都不容小觑，万一跑了怎么办？所以杨坚专门派人监视和看守他，随时报告他的情况。排除这些，杨坚对他还是非常优待的，不仅封他为长城县公，准许他以三品官的身份上朝，而且经常邀请他参加宴会。为免他伤心，还命令乐工不要演奏江南音乐。

但是陈叔宝对此却不太满意。一次，他对监守他的人说："我身无秩位，入朝不便，希望能得到一个官号。"

监守人把他的话报给了杨坚。杨坚听后很是震惊，心说我为了减轻你的亡国之痛，特意不给你加隋朝的官号，没想到你竟然主动索取，你这算什么？

想到这里，杨坚忍不住叹息，说道："陈叔宝全无心肝！"

没心没肺，这或许就是对陈叔宝最精准的描述。别人亡了国（比如后来五代十国时期），都是"问君能有几多愁"（南唐后主李煜），就连从前只会写艳体诗的江总，现在也能作悲凉之音了。但陈叔宝却还和当皇帝时一样，整日酗酒过活，很少有清醒的时候。杨坚本来还想让他节酒，后来干脆不管他了，对监守他的人说："由着他的性子喝吧，不然怎么打发日子呀？！"

也许陈叔宝真的只是借酒消愁，打发时间吧，或者他是用这种方式作为保护自己的一种手段，毕竟一个只会酗酒的亡国之君，是不会对隋朝构成威胁的。

十五年后，陈叔宝病逝于洛阳，终年五十二岁。有意思的是，他死后葬在了邙山（河南洛阳之北），与蜀汉后主刘禅、东吴末帝孙皓，以及后来的南唐后主李煜等相伴至今。

"生在苏杭（江南），葬在北邙"，陈叔宝这一生也算值了。

功臣问题

降臣尚且受到优待，那平陈功臣就更不必说了。

作为三军总司令，杨广是理论上的头号功臣，在班师回京的当天，他就受到了父亲杨坚的接见和慰问，并受封太尉（三公之首，理论上能封的最大官），赐辂车、乘马、衮冕之服、玄圭、白璧等。

这代表什么？代表他位极人臣，可以享受一部分天子才有的待遇。这让他的威望和权势大增，有了和太子杨勇分庭抗礼的实力。也许正是从这一刻开始，杨广的心中埋下了一颗种子：天下！

杨广是理论上的最大功臣，那实际上的首功之人又是谁呢？

这个问题并没有明确的答案，但如果仅论军功的话，那无疑是韩擒虎和贺若弼。他们二人最先攻入建康，一个击溃了陈军主力，一个生擒了陈叔宝，都是功勋卓著，真要分个高下实在有点难。正因如此，他二人谁也不服谁，在杨坚面前争来争去，都说自己第一。杨坚最后充当了和事佬，裁定二人功劳相等，均加封上柱国，赐布绢等八千段。不同的是贺若弼晋爵宋国公，而韩擒虎则没有加封爵邑，原因是有人举报他在台城纵兵淫污宫人，违反了军纪。

这样算起来，好像贺若弼胜了一筹。但实际上，论封赏等级，有人比他还要高，这个人就是高颎。

和贺若弼一样，高颎也加封上柱国、齐国公，赐布绢九千段。这里多出一千段赏赐，必然是有意为之，说明在杨坚心里，高颎的功劳更大，这从他受封“齐国公”也能看出来。同样是国公，齐比宋要强，因为齐是大国（东周列国），与晋、秦、楚是一个等级，而宋就要次一些了。这也是为什么杨广封晋王，杨俊封秦王，意味着他们是最大的王。

不过高颎倒很谦虚，自认为功劳不及贺若弼、韩擒虎等武将，在与杨坚论及平陈时说：“贺若弼先献平陈十策，后又在钟山苦战破敌。臣不过是一介文吏，怎么敢和大将论功？”

不争功，不自傲。这就是为什么他能当宰相，而贺若弼、韩擒虎只能是将军的原因。

虽然稍有差别，但高颎和贺若弼、韩擒虎的功劳等级总体上是相当的。达到这样等级的功臣只有四位，除了他们三人，还有一个是杨素。

虽然不在主战场，但杨素为整个平陈战役开了个好头，又牵制了陈军的大量兵力，论功劳也不比韩擒虎、贺若弼差，所以他也加封上柱国、越国公，赏赐达到万段。连儿子杨玄感、玄奖也被封赏，一个加封开府仪同三司，一个封爵清河郡公（杨玄感是长子，可以继承越国公）。更重要的是，两个多月后，杨坚改任苏威为右仆射，让杨素接替他做了纳言。这就意味着杨素正式迈入宰相之列，成了朝中重臣。这是韩擒虎、贺若弼等人所不能比的。

除了这些直接参与平陈战役的功臣外，还有个别没有出征，但也被评定有功的大臣，比如李德林。

虽然没有随军参战，但李德林也为平陈出了力。早在开皇初年，他就多次献平陈之策。伐陈前夕，杨坚还专门托高颎向他求取平陈方略，然后交给杨广。当时杨坚向他承诺说："待平陈成功之后，朕会用七宝来装饰你，使你成为整个关东最尊贵之人。"

如今伐陈成功，杨坚兑现承诺，下诏授予李德林柱国、郡公的勋爵，并赏赐布绢三千段。

这个封赏级别虽然不及高颎等人，但也不低了，李德林接到诏书后还是很高兴的。然而他只高兴不到一天，就被打回了原形。

事情与高颎有关，当时封赏李德林的诏书下达，有人对此不满，便怂恿高颎说："把平陈归功于李德林，诸将必然愤惋。而且后世会认为您亲临前线没起到什么实际作用，不过是执行李德林的方略而已。"

高颎听后觉得很有道理，于是来见杨坚，把这番话传达给了他。杨坚也觉得有道理，于是收回成命，取消了对李德林的封赏。

这算什么？不是说君无戏言吗？怎么皇帝的诏书说收回就收回，有没有考虑过李德林的感受？

其实杨坚、高颎一直不待见李德林，即使共事了这么多年，还是把他当作一个外人。这次取消封赏仅仅是一个开始，接下来李德林将遭遇更多冷眼。

就在平陈这一年，杨坚有一次巡幸晋阳，有个开店的商人奏称当年北齐宰相高阿那肱抢夺民田营造房舍店铺，然后出租牟利。这件事与李德林本来没有直接关系，可巧就巧在那名商人口中的房舍，如今正是李德林的资产。

这是怎么回事？原来当初杨坚辅政时，为了笼络李德林，许诺将叛逆的益州总管王谦的宅第赐给他，文书都已经出了，结果突然变卦，改赐给了独孤皇后的舅舅崔谦。杨坚觉得过意不去，就令李德林再自选一处宅第，如果都不满意，还可以建新的，或者赐一处庄园市店作替代。李德林于是就选了高阿那肱的八十坻（田地单位）市店。

我们且不说李德林是否知道这些市店的来历，即便他有谋私的嫌疑，那也是在杨坚许诺范围内的。更何况九年过去了，再回去追究这事就没有必要了吧。

但奈何李德林平时得罪的人太多，现在出了这样的事情，这些人可不想错过打压他的机会。

于是苏威第一个跳了出来，在杨坚面前添油加醋地说："高阿那肱掠夺百姓土地，造店租赁。而李德林欺君罔上，谎奏自己要住进去，结果却拿来出租，应该问罪。"

然后并州总管长史李圆通等人也说："这些店铺每年收取的租金，跟食邑一千户差不多，请陛下计算时间追回赃款。"

几人你一言我一语，硬是把李德林推向了火坑。杨坚明面上没有追究他的责任，但内心深处已经越来越不喜欢他了。

这件事情过后，李德林还没喘口气，新的麻烦就又来了，而且这次后果更严重，直接导致他被杨坚抛弃。

二月的时候，隋朝完成统一，为适应新形势的需要，杨坚决定修改《开皇律》，对基层社会组织进行调整，并命苏威、李德林等人负责此事。

苏威经过研究，拿出了一个方案：每五百家设一乡正，来管理本乡百姓，处理民间诉讼。

但李德林却坚决反对，因为同乡之人大都是亲戚，判案不可能不带私情，必然导致案件判罚不公，法律形同虚设。而且有些边远小县的户口不满五百，难道能让两县共管一乡？

李德林的分析不无道理，但杨坚却不肯听，还是采纳了苏威的建议，规定五百家设一乡，置乡正一人；百家设为里，置里长一人。

等到开皇十年初，杨坚命虞庆则巡视关东，调查乡正设置后的效果，虞庆则回来后奏称："乡正全权处理民间诉讼，往往按照自己的爱憎，袒护亲友，徇私枉法，贿赂公行，对百姓很不利。"

这与李德林预言的一模一样，杨坚没办法，只能下令废除乡正。但李德林又反对，上奏说："这件事臣本来就认为不可行，但现在刚设置不久，如果突然废除，就等于是政令不一，朝令夕改，有违帝王制定法律制度的意义。因此臣请求陛下明令宣布，自今以后，群臣凡是想随意更改已经确定的律令制度的，军法从事。不这样做，以后还会出现朝令夕改之事，纷纷扰扰，没有完结。"

李德林的意思很明确：法律是用来遵守的，不能朝令夕改。如果这样改来改去，就会失去权威，既然已经设了乡正，那就保留下来，想办法革除它的弊端就是了。

他这种维护法律权威的思想具有一定的科学性和进步性，但却与杨坚的执政理念背道而驰，在杨坚看来，法律制度就是要不断完善的，国情有变就调整，出了问题就改，这都是正常的。像李德林把事情说得这么严重，不是迂腐，就是别有用心。

所以杨坚听后勃然大怒，大声骂道："你这是把我当作王莽了吗？"

这话说得很重。众所周知，王莽托古改制，把国家搞得大乱，导致最后亡了国。杨坚这么说，等于是给李德林扣上了犯上的帽子。

李德林承受不起，连忙谢罪：“臣不敢！”

但杨坚已经听不进去，他对李德林累积的种种不满至此全面爆发，不仅狠狠地数落了他，而且下诏罢免了他的内史令职位，贬他为湖州刺史。

李德林就这样下台了，似乎很突然，又似乎是在意料之中。而他这一去，再也没有回来，两年后就病逝了。

李德林是个悲剧人物，他错就错在明明身处隋朝，却还在坚持自己在北齐时的政治理念，既没有主动去融入关陇贵族，也没有适应关中的政治环境。

他的不幸遭遇，是整个山东士族命运的缩影。作为被征服者，关东人在隋朝天然处于弱势，他们没有多少话语权和选择权，必须去适应关中的政治环境和各项制度，设法融入关中，而不是让关中人遵循他们的理念，不然将很难在朝廷立足。李德林能当上宰相，只是因为对杨坚有功，他一味坚持自己的观点，与关陇集团思想格格不入，因此被人排挤就再正常不过了。

之所以讲这些，只是为了说明一个问题：在经过几十年的分裂后，关中和关东的差异已经相当大了。虽然它们表面上是个整体，但实际上隔阂很深，只是看不见罢了。

那么，脱离中原几百年的江南岂不与关中差异更大？广大的江南人民又怎么适应关中的政治环境呢？

答案是适应不了，至少短时间内没法适应。

适应不了怎么办？那就只能反抗了，所以开皇十年十一月，江南爆发了大规模的叛乱，并迅速席卷原陈朝全境，才统一一年多的国家，又陷入了分裂。

江南的反抗

掀起这场叛乱的不是什么大人物，而是一群普通的江南士民。如果不是因为叛乱，没人会知道他们的名字，但现在因为这场叛乱，他们被历史所铭记。

他们是：婺州人汪文进、越州人高智慧、苏州人沈玄懀[①]、乐安人蔡道人、蒋山人李凌、饶州人吴世华、温州人沈孝彻、泉州人王国庆、杭州人杨宝英、交州人李春……

这些人只留下了籍贯，至于原先是干什么的就不得而知了。从他们的籍贯不难看出，这次叛乱非常分散，没有统一的领导者，都是一片一片的。这说明他们叛乱不是受了什么人的引导鼓动，而是自发组织起来的，也就是说这是一次江南民众的群体暴动事件。

在具体讲这次暴乱之前，我们必须先弄清楚，它究竟为什么发生？

前面说了，江南也好，关东也罢，在许多方面都与关中存在着较大差异，江南民众无法适应新的政治环境，从而爆发了叛乱。那么隋朝究竟在江南推行了哪些政策，导致江南民众无法适应呢？

首先是社会改造。

几乎是在灭亡陈朝的同时，杨坚就迫不及待地对江南进行改造，将隋朝的各项制度全部搬了过去。其中最具代表性的是行政区划，例如废除郡、实行州县两级制、设置八大总管府、对陈朝故地实施军事化管制。

---

① 汉典中为 wèi。（编者注）

在这一过程中，大量州郡被废除或改名，如吴州改为苏州。最令人不能接受的是六朝古都建康被直接毁掉。要知道建康是江南人民心中的圣地，就像洛阳之于关东，长安之于关中。本来江南人亡了国，心里已经不好受了，现在都城又被毁了，岂不更有做亡国奴的感觉。

其次是官吏的调整。

与制度调整相对应的是地方官员的调整。隋朝占领江南后，原来的陈朝官吏遭受重大打击，级别较高的成了俘虏，即使被优待，也都没有实权；级别较低的，大都被除名不用，全以隋朝官员代替。

本来改朝换代对底层民众以及低级官员并无多大的实际影响，新朝为了尽快恢复统治秩序，大多会继续任用基层官员，以便通过他们掌握基层情况，维持既有秩序。但杨坚却不这么干，他以征服者的姿态，强行置换江南各级官吏，导致江南士人一夜之间全部失业。

更要命的是，这些人失业之后，还看不到重新就业的希望，因为整个隋朝政府都由关中人把持，别说是江南人，就是关东人都得不到重用，唯一一个受重用的李德林还被抛弃了，这注定了江南人在隋朝没有地位。

再次是对豪强士族的打击。

陈朝登记在册的人口只有两百万，还有大量没有登记的人口都依附于豪强士族。这是杨坚所不能容许的，所以他在江南推行“大索貌阅”清查户口。这本是一件好事，能使国家掌握更多户口，有效挤压分裂割据势力的生存空间。

但问题是杨坚推行得太急，还没有搞清楚江南的情况，就照搬北方的一套政策，这显然是不合时宜的。

户口隐附是魏晋南北朝数百年的积弊，北朝由于朝代更迭、胡族入侵，旧的土地兼并、户口隐附的基础屡次被摧毁，故而隋朝在北方推行户口清理政策很顺利。但南朝不一样，江南社会一直比较稳定，很多世家大族传承了几百年，世代有人在朝为官，不仅拥有大量田地，而且封山占水，实行庄园经济，占有广大田庄山泽和附属于土地上的大量人口。这不是一天两天能够解决的，需要一个长期的过程。

现在隋朝一来，就强令士族交出户口，这等于是要他们的命。本来陈朝灭亡后，江南士族就失去了从政的途径，现在土地和户口一丢，连生存的资本也没有了。那他们不造反还能怎么办？

旧时王谢堂前燕，飞入寻常百姓家。这就是隋朝统一后江南士族命运的写照。

最后是文化高压政策。

杨坚不仅向江南推行隋朝制度，还把文化也推了过去。他觉得南北都是一家人，都信奉儒学，用儒家思想统治江南应该是最好的选择。

可是他忽略了一个问题，同样是儒学，南北差异巨大。南朝儒学继承发展了汉魏儒学，又融合了佛、道文化，达到了一种新的高度；而北方儒学的发展则出现了断层，又加入了大量胡人文化元素，主要用于加强统治，功利性较强，是南朝人所不能接受的。

杨坚本人重武轻文，并不怎么喜欢读书，大多数关陇贵族也是如此。有一次苏威对杨坚说："我的父亲常常告诫我，只要通读《孝经》一卷，就足以立身治国，何必多学！"杨坚听后不仅没有批评他，竟然觉得很有道理。

由此可见，杨坚的儒学水平非常有限（估计还是读太学时学的那些），这和那些能开坛讲儒的南朝皇帝（比如萧琮）形成鲜明对比。但出于统治需要，他也积极推崇儒学，主张以孝治天下，还把儒学的思想压缩为"五教"。

"五教"是指父义、母慈、兄友、弟恭、子孝这五种伦理道德，出自《尚书·舜典》《左传》等书。杨坚又命苏威对这五种道德作了详细的解释，形成一套系统理论，在关中、关东推行后，又推到了江南。其目的是让江南人在学习五教的过程中，逐渐接受隋朝的统治文化，形成稳定的社会秩序。

这五教本身是好东西，但如果专门设教推行，就难免有些教条主义了。

当初杨坚推行五教时，李德林就曾表示反对，说孝由天性，何须设教。这其实就反映了山东士族和关陇贵族思想的差别。关陇地区久经战乱，文化发展相对滞后，用五教教化那里的人民是有必要的。但山东士族也好、江南门阀也罢，都深受儒学影响，他们对孝的理解很深，不需要再专门设五教来教化。

可是杨坚固执地认为五教是放之四海皆适用的教化利器，应该推而广之，不仅要强行推到江南，而且要求无论男女老幼，必须熟读背诵。

这不就相当于文化霸权了吗？要知道东晋以来，南方一直是文化正统，现在反过来让南方人接受北方文化，本来就是强人所难，何况还以这种强制背诵、定期检查的初级方式。

事实上，强制推行“五教”也是引发南方暴乱的最直接原因。江南民众对这种文化霸权深恶痛绝，把气全撒到了地方官身上，他们叛乱后攻陷州县，生擒县令，或是抽筋剥皮，或是切成肉块，愤恨地说：“看你还让我们背诵‘五教’不？！”

哪里有压迫，哪里就有反抗，这是亘古不变的道理！

可能是平陈的过程太顺利了，所以志得意满的杨坚把江南的问题想得过于简单。现在江南发生叛乱也可以让他冷静下来重新思考南北关系。不过眼下最重要的还是出兵平叛，不然统一天下的努力就将付诸东流了。

那么，派谁去呢？

再平江南

杨坚决定让杨素去，原因有三。

第一，杨素参加过平陈战役，对江南的情况比较熟悉。

第二，杨素是陈叔宝妹妹乐昌公主的丈夫，也就是江南的女婿，能得到部分江南民众的支持。

第三，也是最重要的一点，杨素能打胜仗。评价一个将帅，最终是要看战绩的。杨素的作战能力我们之前已经见识过了，但那只是冰山一角，下面我们就来说一说他真正厉害的地方。

据史书记载，杨素用兵多谋略，治军严格。每次要打仗时，他先找自己人麻烦，把那些有过失（也可能“莫须有”）的士兵全部杀掉，多者百余人，少者十数人。由于杀人过多，以致“流血盈前”，而他却谈笑自若。

这还不算什么，等到两军对阵时，他又“变本加厉”，先派一二百人上去当炮灰，这些人战死则罢了，要是敢活着回来，那好，不管多少，全部斩首。然后再派二三百人冲阵，结果还是一样，回来就杀。如此反复几次，搞得他麾下将士全都战战兢兢，一旦上阵，无不抱定必死之心，由此战无不胜。

那可不，反正回来也是个死，还不如英勇地当个烈士。

这样看来，杨素其实挺残忍的，谁要是在他手下当兵，那真是倒了大霉，白白战死不说，还可能稀里糊涂地被主帅杀了。

但杨素并不是一味残忍，他对士兵是有过则罚，有功则赏。只要有人立了功，不管大小，一律记录下来，战争结束后，他亲自向杨坚请赏，然后一一兑现。

这和杨坚的作风颇有些相似，都是恩威并施。或许真正英明的领导者就应该这样，既能令属下畏惧，又能令他们打心里敬重自己。

基于这些因素，杨坚认为杨素是此次平叛的最佳人选，因此任命他为行军总管，率军再平江南。

时隔两年再度出征，杨素的身份地位已经不能同日而语。上一次虽然仗打得很漂亮，但毕竟只是配角；这次不一样了，他成了最高统帅，唯一的主角。

主角的待遇就是好，不仅万众瞩目，而且能配备众多名将。在这次跟随杨素出征的将领中，有两个人不能不提，一个是我们熟悉的猛人史万岁，另一个首次登场，名叫来护儿。

来护儿也是响当当的人物，读过《隋唐演义》的读者对他应该不会陌生。在演义中，他是“四猛”之一，外号“铁枪将”，曾是秦琼的上司（确有其事），没事就爱找秦琼的麻烦，所以后来被秦琼的义弟、隋唐第一猛人罗士信（与李元霸并列第一）狂虐而死。

演义虽然精彩，但不能当历史看。在真实历史中，来护儿不仅骁勇善战，而且为人慷慨，富有谋略，是隋朝名将之一。下面我们就来介绍一下这位名将的出身和早年经历。

来护儿，字崇善，生年不详，祖籍南阳新野，曾祖时迁居扬州。

与大多数隋朝名将不同，来护儿并非出身武将世家，而是出生在一个普通的农民家庭，并且自幼父母双亡，是由伯母吴氏抚养长大的。

按理说这样一种出身的人是很难成为名将的，但来护儿从小就与众不同。由于家乡扬州地处南北交界之地，连年战事不断，来护儿一早就萌生了建立功业的想法。有一次他读《诗经》，读到“击鼓其镗，踊跃用兵”“羔裘豹饰，孔武有力”时，叹道：“大丈夫生于世上就当如此，为国家消灭贼兵，以获取功名，怎么能一辈子种地呢？”

在这一志向的引导下，来护儿自幼勤于练武，学习兵法，只为有朝一日能报效国家。终于到了开皇元年，贺若弼出镇广陵，来护儿觉得机会难得，便前去投奔，光荣地成了一名军人。

不过在此之前，还有一段插曲。

话说侯景之乱时，来护儿的伯父被同乡土豪陶武子杀害。他自幼常听伯母提及此事，成年后便立志为伯父报仇。当时陶氏有宗族数百家，而且财力雄厚，来护儿无权无势，想要报仇谈何容易？但来护儿不愧是猛人，他趁着陶家办婚事之际，径直闯入陶家，二话不说，直接把陶武子拉出去杀了，然后取其首级扬长而去。在场宾客都看傻眼了，竟无人敢动，陶家就这么把喜事办成了丧事。

杀人后的来护儿在外逃亡了一年多，直到北周收复淮南，他才回到家乡，不久就参了军。由于当时南北关系比较好，没有什么战争，来护儿上战场的机会不多，主要职责是渡江侦察。

不要小看这项工作，它不是谁都能胜任的，必须是胆大机灵的人才行。而来护儿每次都能出色地完成任务，逐渐累积功勋，成了大都督（勋爵第三转）。后来陈朝渡江北侵，来护儿终于等来了杀敌报国的机会，他率军击破陈将曾永，立下了第一份战功。不过很快战争就结束了。直至开皇八年，平陈战役打响，来护儿这才又迎来表现的机会，他随贺若弼渡江伐陈，每战冲锋在前，立功无数，江南平定后，按功授上开府仪同三司（勋爵第七转）。

这就是来护儿早年的经历，称不上有多么传奇，但对于一个农民出身的人来说，已足够出彩。

如今江南战火又起，像来护儿这种既骁勇有谋，又有平陈经验的将领，自然成了平叛队伍中的一员，和史万岁等人同任行军总管，统一受杨素指挥。

有了这两位猛人的加入，杨素可谓如虎添翼，对付那些乱民组成的杂牌军还不是几分钟的事？

但事情并非如此简单，这次平叛的过程颇为曲折，难度一点儿也不低。

当年十一月，杨素率水军自扬州扬子津渡江，击败了盘踞于京口的叛军首领朱莫问，取得首战胜利。

得胜之后，杨素挥师东南，连续攻破晋陵（今江苏常州）、无锡等地，击败了顾世兴、叶略的叛军，取得第二胜。

此时苏州人沈玄懀、沈杰正率军围攻苏州，苏州刺史皇甫绩屡战不利，眼看城池就要失守。杨素得报后马不停蹄地赶来，一举击败二沈，取得第三胜。

兵败后的沈玄懀逃至南沙人陆孟孙处。杨素乘胜追击，于松江（今上海松江）大破陆、沈联军，生擒二人，取得第四胜。

前面这几场战斗非常顺利，可以说是势如破竹。但随着隋军的不断深入，所遇叛军越来越强，至浙江（今钱塘江）时，杨素终于迎来一个强劲的对手——高智慧。

高智慧为越州（今浙江绍兴）人，自称东扬州刺史，率部据守浙江东岸，连营百余里，船舰千余艘，声势浩大。

杨素深知不能强攻，便听从来护儿的建议，自率主力严阵以待，令来护儿率轻船百艘偷渡浙江，突袭敌后，火烧高智慧营垒。叛军看见火起，果然大乱，杨素趁机从正面进攻，大破叛军。

随后杨素派史万岁率军二千进攻婺州（今浙江金华），自率主力由余姚追击逃入海上的高智慧。

杨素一路追到温州，再次大破高智慧，顺便灭了温州沈孝彻，然后由陆路转向临海（今浙江临海），继续追击叛兵，前后百余战皆胜。

此时叛军主力已基本被消灭，但叛乱还远未结束。被打散后的叛军流窜到海岛、溪洞间，变成了游击队，追剿起来非常困难。

当时史万岁率众于婺州击败蔡道人、汪文进，然后深入山岭、海岛，四处追击叛军散兵，一百多天杳无音信，远近都传言说他已经战死了。

直到某一天，有人在溪水下游中捡到一个竹筒，打开后发现竟是史万岁传递的战报。原来他转战千里，前后七百余战，攻破溪洞无数，但由于太过深入，水陆交通阻绝，无法与外界通信，只得采取“漂流瓶”的方式来传递消息。

杨素得知史万岁还活着，心中大喜，立刻将他的事迹上报给了朝廷。杨坚接报后赞叹不已，这才知道此次平叛是多么不易。考虑到杨素已经连续征战数月，十分辛苦劳累，便诏令他还朝休养。

但杨素认为叛军尚未肃清，如果就此撤军，恐怕会留下后患，于是上书请求暂缓返京。

杨坚对此非常赞赏，便又命他为元帅，继续清剿叛军。

此时各地叛军已纷纷逃至泉州，依附于泉州人王国庆。这位国庆兄本是泉州豪族，因为对隋朝政策不满，所以杀害刺史刘弘，聚众为乱。又因为泉州天高皇帝远，所以他一直逍遥至今，成了杨素最后要剿灭的对象。

面对战无不胜的隋朝大军，王国庆却一点儿也不慌张，他觉得隋军都是北方人，不习海战，怎么可能漂洋过海到泉州来呢？所以他很淡定，压根儿不设防。

也难怪这些土豪地主成不了气候，一看平时就没读过兵书，竟然不懂知己知彼的道理，连杨素号称“江神”都不晓得，那不是等着挨揍吗？

果不其然，不久杨素就率水军从会稽沿海路南下，直捣泉州。王国庆大惊失色，连交战的勇气都没有了，直接弃州而逃，麾下几万人或逃入海岛，或躲入溪洞，分散于东南沿海。

杨素坚持除恶务尽，又遣诸将水、陆分进追捕，并派人密劝王国庆说：“你已罪不容诛，只有斩送高智慧，才能抵免罪责。”

王国庆也是贪生怕死之徒，为求活命，不惜出卖朋友，抓了高智慧送交隋军。

结果高智慧被斩首，部众全部归降。至此叛乱平定。

但江南能就此安稳吗？恐怕没这么简单。江南问题非常复杂，不是单纯用武力能够解决的，必须要调整政策，彻底消除广大民众的反抗情绪，才能使江南人真正融入隋朝大家庭中来。

所以在杨素凯旋之后，杨坚紧接着做出了一项任命：以晋王杨广为扬州总管。

此举用意很明显，就是让杨广去怀柔江南，收服人心。可问题是，为什么要让杨广去？

其实这和当初任命杨广为平陈元帅的原因差不多，无非一是杨广身份尊贵，二是对江南比较熟悉，三是有一位南方媳妇儿。

不过除此之外，还有两个重要原因。

第一，经过平陈战争，杨广已在江南拥有极高声望，影响力和号召力无人能及。

第二，杨广本人特别喜欢江南（可能是受媳妇儿影响），为此还学了吴侬软语，能跟江南人打成一片。

综合这些因素，杨广无疑是去怀柔江南的最佳人选。

那么此去扬州，杨广都做了哪些事？又收到什么效果呢？

其实杨广这一去，主要就干了两件大事。第一，网罗江南文化大咖，组织著书。在整个南北朝时期，江南始终是文化正统，这是不争的事实，也是江南人引以为傲的地方。之前杨坚强令江南民众接受北方文化，显然是对江南文化不够重视和尊重，这是不对的。现在杨广一来，情况就反过来了，隋朝不仅不再强迫江南人学习北方文化，而且还主动召集有声望的江南大儒来扬州著书，数年时间里完成了多部著作，其中最重要的一部是《江都集礼》。

这是怎样的一部书呢？

我们从书名来分析。“江都”是编书的地点，“集礼”是汇辑礼制之意，所以这是一部汇辑礼仪制度的著作，规定了帝王怎么穿衣服、怎么祭天、怎么登基等。之前隋朝已有这方面的著作《五礼》，是礼部尚书牛弘主持编纂的，兼采了南北礼制，并以北礼为主。而这部《江都集礼》则主要是由江南儒生修订，整合了南北朝的礼仪体系，而且以南礼为主。

礼乐制度是儒家文化的核心部分，在封建社会具有宪法性。所以《江都集礼》的问世无疑抬高了江南文化的地位，等于承认了它的正统性。这样南方人更容易接受和拥护隋朝，南北之间的矛盾自然就小了。

第二，拉拢佛教，虔诚事佛。南北朝是佛教最兴盛繁荣的时期，上至皇帝（梁武帝萧衍、隋文帝杨坚等），下至平民百姓，都是信佛的。佛是当时南北共同的信仰，也是南北关系的一个黏合剂。

所以杨广到扬州后，很快就打出佛教牌，请来了江南著名高僧、天台宗四祖智顗（也是天台宗实际创始人）弘扬佛法。

智顗是江南佛教领袖，在佛教界拥有极高地位。他的到来引起了巨大轰动，受到了大批江南民众的关注。就在这万众瞩目下，智顗为杨广授菩萨戒，取法号“总持菩萨”。杨广也尊他为“智者大师”，执以师礼。

杨广这么做，等于是皈依了佛教，成了一名佛教徒，而且还是南方佛教徒。

这里虽然有一定的表演成分，但也未必不是出自杨广本意，因为他和父亲杨坚一样，都是信仰佛教的。

不管怎么样，杨广受戒意义重大，不仅得到了南方佛教界的大力赞扬，也赢得了江南民众的心，从此江南人对杨广以及他所代表的隋朝更有好感了。

通过这两件事，南北之间的距离被拉近，最终融为一体。至此，一个真正的大一统王朝出现了。

第十五章
再斗突厥

开皇十二年，经过隋朝君臣的共同努力，江南问题基本得到解决。这一过程中，有两个人发挥了关键作用，一个是杨广，一个是杨素。

杨素的崛起

有付出就应该有回报，杨广和杨素下了那么大劲，从中得到了什么？

事实上，他们获益极大，一个赢得了声望，一个获取了权势。

杨广暂且不说，只说杨素是如何获益的。当初杨素得胜还朝，受到了杨坚的犒劳封赏。由于他的勋、爵都已达到极致，无可附加，所以杨坚便加封他的儿子杨玄奖为仪同三司，并赏赐他们父子黄金四十斤、缣三千段、马二百匹、羊二千口、公田百顷、宅一区……

这还不算什么，几个月以后，右仆射苏威倒台，杨素取代他的地位，成为朝中二号人物。

苏威那么受宠，为什么会突然倒台呢？

这要从一件小事说起。开皇十二年十二月，杨坚命有关部门商定乐礼。具体负责这件事的有沛国公郑译、国子博士何妥、太子通事舍人苏夔（kuí）等。结果商定过程中，何妥、苏夔发生了争执，二人各执一词，互不妥协，最后惊动了杨坚。

杨坚也拿不定主意，便诏令百官来给他俩投票，谁的支持率高，就听谁的。

这个做法本身也没毛病，少数服从多数嘛，合情合理。可问题是投票是要记名的（口头表决），谁支持谁，大家可是看得清清楚楚。

如此一来，这就不再是一个单纯的乐礼问题了，而上升为了政治问题，涉及官员的站队。所以百官在投票前，必须考虑一件事：这俩人背后都是谁？

首先来看何妥，一个音乐方面的老专家，北周时从后梁来到关中，没有根基和背景，前后在国子博士的位子上干了四十年。

再来看苏夔，一个年轻后辈，初出茅庐，对音乐未必有多了解，但却有一个厉害的爹——苏威。

这就够了，百官作出了他们的选择，支持苏夔。

结果出来，何妥非常气愤，心说我干博士四十多年，竟然被一个乳臭未干的小儿压过，这难道不是因为他背后有个权势熏天的爹吗？

何妥越想越不平，心里充斥着对苏威的不满，加上他平日就与苏威不和，索性把他给告了，罪名是："苏威与礼部尚书卢恺、吏部侍郎薛道衡、尚书右丞王弘、考功侍郎李同和等共为朋党。尚书省官吏都称王弘为世子、李同和为叔，意思是二人如同苏威的子弟。"而且又举报苏威滥用职权，用不正当手段为堂弟苏彻、苏肃等谋求官职……

这段文字总结起来就是：苏威结党营私、滥用职权。

这两项罪名着实厉害，自古以来是皇帝最忌讳的。虽然杨坚很宠信苏威，但也怕他恃宠而骄，结党弄权，所以见到何妥的奏疏后非常重视，立即命蜀王杨秀和虞庆则立案调查。

调查结果很快就出来了，正如何妥所言，苏威确实不干净。

杨坚因此大怒，下诏革去了苏威的官爵，只保留开府仪同三司的勋号。其余卢恺等人也被罢官，受牵连者达百余人。

曾经权势熏天的苏威就这么倒了，虽然不久之后他又被念旧情的杨坚起用为纳言，重新回到了朝廷，但他的地位已经被人取代了。

取代他的这个人正是杨素。

从一个地方总管（信州总管），到成为宰相（纳言），再到取代苏威成为朝廷二号人物（右仆射），杨素只用了短短两年时间，崛起速度之快令人惊叹。

而这仅仅是一个开始，在此后的十几年里，杨素会不断向上攀登，直到成为这个王朝最有权势的人（皇帝除外），没有第二人。

回顾此前的历史我们不难发现，杨素的成功主要源于他杰出的军事才能。可是放眼隋朝，像他这样善于用兵的名将不在少数，如贺若弼、韩擒虎等，并不比他差，为什么只有他能从武将转为宰相呢？

这个问题困扰了很多人，其中就包括贺若弼。他实在想不明白，为什么杨素轻轻松松就当上了右仆射，而自己立了那么大功，又那么有才，却仍然是个将军。

由于想不通，贺若弼心生怨愤，看见杨素就来气，每天怒形于色。

不久杨坚知道了这事，他最不能容忍大臣心怀怨恨，对贺若弼的行为非常不满，为了予以警示，就免去了他的官职，让他在家好好反省。

一般人到了这个时候，就应该惶恐自省，主动找皇帝认错了。可贺若弼非但毫无悔悟，反而怨气更大，整天发牢骚，不仅抨击杨素，连高颎也不放过，扬言说他们两个只会吃干饭。

这可惹恼杨坚了，他心里想："高颎、杨素都是我任命的，结果被你贬低得一无是处，你那意思就是我是昏君呗！"

杨坚忍无可忍，命人将贺若弼关进了牢狱，准备定罪量刑。百官见他怨气这么重，建议直接处死，一了百了。

这人缘也真够差的。

但杨坚还算仁慈，没有杀他，只是除去了他的功名，而且不久又恢复了爵位。

虽然逃脱了杀身之祸，但贺若弼的政治生涯已经基本结束，杨坚不会再重用他了。

从事业巅峰到黯然离场，贺若弼也只经历了两年多时间。对比他和杨素，我们或许能发现他们在政治上一成一败的原因。

作为隋朝四大名将（韩擒虎、贺若弼、杨素、史万岁）之一，贺若弼与杨素的军事才能应该在伯仲之间，很难分出高下，然而他们的政治头脑却相去甚远。

就拿争功这事来说，自古帝王莫不怕臣子功高震主、居功自傲，所以那些聪明点的功臣都尽量保持低调，甚至想着法子贬低自己，以避免招致杀身之祸。但是贺若弼却不明白这个道理，平陈后一直在争功，从建康争到了大兴，好像平陈全是他一个人的功劳，别人什么都不是。对此杨坚表面没说什么，但心里肯定不会高兴，对他的印象就大打折扣了。

而反观杨素，两次南征，一次比一次功劳大，但他却从来没争过什么，甚至还主动宣扬史万岁的功劳。两人这么一对比，高下立见，用谁不用谁就很清楚了。

其实早在平江南叛乱时，贺若弼就已经不受重用了，要不然挂帅的凭什么是杨素而不是他？明明他对江南更熟悉，又明明来护儿等将都是他的部下。

换作你是杨坚，你也不敢再用他。平个陈朝，他就已经自诩“老子天下第一”了，要是再平江南叛乱，那还不得上天？隋朝还能装得下他吗？

更何况，杨坚是个猜忌心很重的人，总担心大臣图谋不轨，处处提防着。遇到这种皇帝，你只能尽量低调，怎么还敢跳出来找事？而杨素虽然也很自负，但却不像贺若弼那样目中无人，至少在杨坚面前从来不敢倨傲。

这或许跟他有一个强悍的媳妇儿有关吧，毕竟有郑祁耶管着他，他也不敢太狂。唯一狂过一次，结果就被免了官。教训啊！

看来“妻管严”也是有好处的。

所以这就是为什么杨素能进位宰相，而贺若弼只能黯然退场。他这一退，不仅从此退出了政治舞台，连征战沙场的机会也没有了；杨素这一晋升，不仅进入了权力中心，而且还保有领兵之权。

一手握相印，一手提宝剑，这就是此时的杨素。他今后的座右铭是：天下太平无事，我则执掌权柄；战火一旦重燃，我则提剑上阵。

而战火很快就重燃了，这一次杨素面对的敌人更加强大，因为他们来自北方草原，是天生的战士。

草原那点事

自东突厥归附以来，隋朝北境一直没有再发生大的战事，和平局面维持了数年。在开皇十二年，一件看似寻常的小事打破了北方的宁静。

事情还要从平陈说起。当时建康城破，其宫廷里的宝贝全都归了隋朝，杨坚也不吝惜，大多赏赐给了群臣，其中陈叔宝的一面屏风则是赐给了大义公主。

正是杨坚的这一举动，引发了后面的一系列纠葛。

大义公主虽然认了杨坚为父，被封为隋朝公主，但她对杨坚的恨从来没有减少，只是在强大的隋朝面前，不得不低头罢了。

如今她见到来自陈朝的屏风，不禁想起自己的故国北周。一时间，国仇家恨涌上心头，竟使她忘记了谨慎，提笔在屏风上写了这么一首诗：

盛衰等朝露，世道若浮萍。荣华实难守，池台终自平。
富贵今何在？空事写丹青。杯酒恒无乐，弦歌讵有声。
余本皇家子，漂流入虏廷。一朝睹成败，怀抱忽纵横。
古来共如此，非我独申名。惟有明君曲，偏伤远嫁情。

这首诗格调悲凉，寄托了大义的身世家国之情，尤其是“余本皇家子，漂流入虏廷”之句，高度概括了她的身世和遭遇。其中的“虏廷”既可以指突厥，也可以指隋朝，颇耐人寻味。

诗确是好诗，可传到杨坚耳朵里就成了反诗，在他看来，“虏廷”指的就是隋朝，大义这分明是在贬低隋朝、怨恨隋朝。

所以杨坚很生气，他在想：大义终究不是隋朝的公主，她还念着旧朝，对我心怀怨恨。而她又是突厥可敦，万一又像当年一样吹枕边风，煽动突厥可汗侵犯隋朝怎么办？

事实证明，杨坚的担心并非多余。就在开皇十二年，突厥与隋朝的关系突然开始紧张起来了，原因就是大义煽风点火。

本来隋朝刚刚统一南北，国力正盛，大义并不敢有什么想法，可是一个人的到来，给了她与杨坚翻脸的勇气。

这个人名叫杨钦，本是隋朝人，因为犯罪被流放塞北，在服刑期间逃到了突厥。

也不知道是因为恨隋朝，还是唯恐天下不乱，杨钦到了突厥后，竟然找到大义，谎称隋朝彭国公刘昶准备与妻子发动叛乱，特派他来告诉大义，请突厥发兵扰边，以里应外合。

大义听了他的话又惊又喜，因为杨钦口中的刘昶正是她的姑父、宇文泰的女婿。如果他能够反隋，那为宇文氏报仇就有希望了。

大义越想越兴奋，便将此事告诉了自己的丈夫都蓝可汗，请他发兵南下。

都蓝名叫雍虞闾，是沙钵略之子。沙钵略死后传位弟弟处罗侯，是为莫何可汗，莫何死后传位雍虞闾，是为都蓝可汗。

按照突厥人的习惯，新可汗可以继承老可汗的妻妾（生母除外），所以虽然东突厥可汗换了三任，但大义始终是可敦。

作为大义的第三任丈夫，都蓝对这位曾经的后妈还是相当尊敬的，而且他本人确有野心，一直想恢复突厥昔日的强盛，所以在听了大义的话后，便断绝了对隋朝的进贡，并派兵侵入边境。

消息传入大兴，杨坚高度重视，立刻派长孙晟出使突厥，查明情况。

不久长孙晟到了东突厥牙帐，依照礼节去拜见大义。而大义因为恨隋朝，见到隋人就来气，自始至终没给长孙晟好脸色。

长孙晟见她这般态度，就知道突厥南侵必与她有关，于是小施手段，把她勾结杨钦、煽动都蓝的事查得一清二楚，并得到一个意外收获。这个收获具体是什么，此时暂且不说。总之长孙晟回京后，将自己获取的信息全部上报给了杨坚。

杨坚震怒，又派长孙晟至突厥索要杨钦。

都蓝当然不会轻易将杨钦交出，理直气壮地说："我们这儿没有这个人。"

长孙晟知道他有心耍赖，也不和他争辩，转而采取迂回策略，拿宝物贿赂他身边的官员，由此得知了杨钦的居所，于是派人趁夜将其抓获，第二天一早直接带到了都蓝面前。

"你不是说没这个人吗？那这是谁？"

都蓝无言以对，只得承认："好吧，是有这么个人，既然被你找到了，那就交给你处置吧。"

长孙晟笑道："人我肯定是要带走，但带杨钦一个可不够，还有一个人，你也要交给我。"

都蓝诧异道："还有谁？不会是大义公主吧？"

长孙晟道："不是她，但与她有关，是她的情夫，名叫安遂迦。"

"什么情夫？"都蓝一脸茫然，连忙追问是怎么回事。

长孙晟告诉他，自己是在查大义与杨钦时，无意中查到了这件事。这个安遂迦是个胡人，与大义私通已久，前不久受大义指派，与杨钦密谋煽动都蓝反隋。

都蓝听罢目瞪口呆，不觉望向帐外的草原，满眼都是绿！

这叫什么事？自己老婆跟人私通，还被外人当众揭发，堂堂突厥可汗，脸往哪儿放？

真是奇耻大辱啊！

都蓝脸都绿了，立刻命人逮捕了安遂迦，连着杨钦一并交给了长孙晟。

长孙晟随即返京复命。杨坚对他此行的结果非常满意，论功加授他为开府仪同三司，并遣他再入突厥，任务是：以不守妇道为名，废黜大义的公主称号。

杨坚觉得只要废了大义，她突厥可敦的身份就保不住了，也就再也不会对隋朝构成威胁了。

这个想法在杨坚心里酝酿了很久，今天终于可以实施了。但这个时候，内史侍郎裴矩却给了他一个更大胆的建议：杀掉大义。

杨坚皱了皱眉道："我何尝不想杀她，可她毕竟是突厥的可敦，虽然不守妇道，但也轮不到我们来杀啊！"

裴矩说："陛下杀她确实不妥，但如果是都蓝杀她，就没有什么问题了。请派臣去突厥，臣有办法说服都蓝杀掉大义。"

杨坚不禁惊喜，如果能杀掉大义，那必是极好的事，不妨让裴矩去试一试，于是命他与长孙晟一同出使突厥。

二人刚去不久，就有突厥使者到了大兴。不过遣使来的不是都蓝，而是突厥的一个小可汗，号突利可汗，本名叫染干。

对，就是沙钵略或处罗侯的儿子染干，也是都蓝的弟弟或堂弟，如今他已经是雄踞一方的突厥小可汗了。

有赖于长孙晟的努力，突利可汗一直亲近隋朝，这次他遣使来大兴，目的是求婚。

也就是说，他想娶大隋的公主。

这事放到以前，杨坚未必会答应，毕竟你只是一个小可汗，娶公主有点儿过分了吧。但现在情况特殊，杨坚想借都蓝的手除掉大义，而突利是都蓝的兄弟，或许可以帮上忙。

想到这里，杨坚立刻派人通知裴矩，让他告诉突利，只有杀了大义公主，才能答应求婚。

旧的不去，新的不来。突利你明白吗?

突利当然明白，大义已经不配做隋朝的公主了，也不配做突厥的可敦，用她的命当作给隋朝公主的聘礼，是理所应当的。

于是突利爽快答应了，随即展开了行动。他找到都蓝，指着帐外那翠绿的草原说："大义与奴隶私通，整个草原都觉得羞耻，您难道就这么忍了？"

都蓝当然不能忍，他原本就很愤怒，只是碍于大义的公主身份，没有对她怎么样。但现在被突利这么一挑唆，再加上大义的公主称号已被杨坚废去，都蓝便无所顾忌，愤而杀了她。

大义就这么死了，她大概是中国历史上命运最悲惨的和亲公主了：本来远嫁异国已经足够不幸，又遭遇家国覆灭，被迫认仇人为父，最后还死在自己丈夫手中。她一生没有做过什么坏事，煽动沙钵略、都蓝侵隋也只是为了报仇，可是却落得这样的下场，不能不让人同情。

"一去紫台连朔漠，独留青冢向黄昏。"这就是大义命运的写照，她最终成了隋朝与突厥博弈的牺牲品。

而她的死只是一个节点，并不是结束，隋、突之间新一轮的冲突即将开始。

大义死后，都蓝遣使入隋，请求娶隋朝公主。他的想法可能是：你们怂恿我杀了前朝公主，得赔我一个新朝公主。

这可让杨坚为难了，前面有突利求亲，现在又来了都蓝，答应谁好呢？

百官认为应该答应都蓝，原因很简单，都蓝是突厥大可汗，要想让突厥始终臣服隋朝，那当然是要拉拢他们的老大。

但长孙晟却有不同意见，他告诉杨坚："依臣看来，都蓝此人反复无信，只因与达头有仇怨，所以想依附我朝，即使与他和亲，他也终会背叛。如果让他娶了公主，他就会假借我朝威仪发号施令，达头、突利都会听其调度，使他势力变得更强，到时候他若背叛我们，就不好收拾他了。而突利就不一样，他一直亲近我朝，此前已经请求通婚，不如答应他，令他率部落迁徙到漠南。一来他兵力少，容易控制，二来也可以利用他对付都蓝。"

长孙晟这段话有点长，概括起来就两点：一、都蓝强，突利弱，隋朝要离强合弱；二、都蓝反复无信，野心大，突利亲近隋朝，没有野心。

所以联合突利是最佳选择。

于是杨坚采纳了长孙晟的建议，派其前往突厥，与突利商议婚事。

和亲是国之大事，流程繁多，历时很长，直到开皇十七年（公元597年），突利才率使团来大兴迎亲。杨坚命太常寺接待，并对他进行礼仪培训，然后以宗室女安义公主许配之。

安义大概是杨坚某个弟弟的女儿，也就是杨坚的侄女，但既然封为了公主，她就要改认杨坚为父，成为帝女。

这其实是历朝和亲的惯例，很少有嫁真公主的，毕竟是自己女儿，做皇帝的也心疼啊！

突利成亲之后，在长孙晟的劝说下率众南徙，移居到了都斤山（今蒙古国境内杭爱山），与隋朝距离更近了。杨坚特意给他超高待遇，赏赐尤其丰厚。这样做的目的就是要让都蓝眼红，让他和突利关系破裂。

都蓝果然很生气，心说我才是大可汗，现在反倒还不如染干，真是岂有此理！既然隋朝如此待我，那就休怪我翻脸了！

于是都蓝再次停止向隋朝进贡，并派兵骚扰边境，抢掠人畜。

这时候突利的作用就体现出来了，他所在的都斤山离都蓝不远，都蓝一有动静，他马上就知道了，直接派人报给隋朝，所以都蓝每次来侵犯隋朝，边境都有所防备，他只能无功而返。

都蓝心有不甘，准备干票大的。于是开皇十九年春，他命人大规模建造攻城器械，准备南下进攻大同城（今内蒙古阿拉善盟额济纳旗达来呼布镇）。

突利早已探知他的行动，正好长孙晟在这儿，便通过他把这件事报告给了朝廷。杨坚见都蓝冥顽不化，决定给他点儿颜色看看，于是命高颎、杨素、右武侯将军燕荣兵分三路，分别由朔州道、灵州道、幽州道北击突厥。

都蓝得到消息，心中大惧，赶紧与西突厥达头可汗结盟，合兵突袭突利，先把眼中钉拔了再说。

突利兵少势弱，哪里抵得住都蓝与达头的合击，因此遭受大败，兄弟子侄死伤殆尽，只与长孙晟率数百骑兵逃出。

这时的突利已然是孤家寡人，似乎只有投奔隋朝一条路可走了。但他却担心投了隋朝后不受重视，与部下商议说：“现在兵败入隋朝，大隋天子岂会礼遇我？达头虽然与都蓝合兵击我，但与我本无仇怨，如果去投奔他，他一定会接纳。”

于是准备西投达头。

很快长孙晟知道了他的打算，心里盘算着："如果突利投靠了达头，那隋朝在草原上岂不就没有代言人了吗？不行，必须阻止他。"

可怎么才能让他入朝呢？长孙晟急中生智，秘密派人到不远的伏远镇（今山西大同西北），令戍卒立刻点燃烽火台。

不久烽烟起，突利不知其故，急问道："城上为何点燃烽火？"

长孙晟回答道："伏远城地势高，一定是望见了敌兵。根据我国法令，如果来的敌人少，举二烽；来得多，举三烽；如果是大举来犯，则举四烽。现在城上举四烽，必是敌兵众多而且已经逼近了。"

突利听闻大惧，也顾不上投奔达头了，赶紧率众进入伏远镇避难。

他这一入城，去留可就由不得自己了。长孙晟随即命人统领他的部从，然后带他入京朝见天子。

杨坚见到突利非常高兴，给予优厚的待遇，并请他一起看场好戏。

这场戏是：都蓝、达头挨打传。

都蓝和达头的结局

都蓝、达头战败突利后，吞并了他的部落，尝到了胜利的甜头，而他们也就只能欺负一下弱小的突利，当隋朝大军来时，他们就该吃苦头了。

开皇十九年四月，隋军三路并进，分击都蓝和达头部落。其中高颎率军由朔州出塞，并派上柱国赵仲卿率三千人为前锋先行北进。

赵仲卿兵至族蠡（lǐ）山（今内蒙古凉城县之雷霹山），与都蓝部众相遇，激战七天，大获全胜。赵仲卿追奔至乞伏泊（今内蒙古察哈尔右翼前旗东北之黄旗海），又大胜，俘虏千余人，牲畜上万头。

不久都蓝又派大军来战，赵仲卿列阵以待，以区区三千骑兵拒敌数万。五日后，高颎率主力赶来，与赵仲卿合击突厥，又获大胜，一路追击至白道（今内蒙古呼和浩特市西北通武川大道），然后翻越秦山（今内蒙古呼和浩特北之大青山），逐敌七百余里而还。

另一边，杨素率军西出灵州（今宁夏灵武），不久即与达头相遇。这是杨素首次面对突厥，相比于陈人，突厥兵的战斗力要强出一大截，杨素还能延续自己的不败神话吗？

事实上，杨素可能是上天专门派来克制突厥的。

作为马背上的民族，突厥人天生擅长骑射，他们拥有强大的骑兵，来去如风，横扫中亚，让波斯和东罗马吃了不少苦头。

隋军对此也有所忌惮，每次与突厥作战，都采用战车、骑兵和步兵相互交叉配合的阵法，摆下方阵，阵外普遍埋设带尖的木桩，以守代攻。等突厥骑兵消耗差不多了，再放出步骑兵进行反击。

这是最保险的打法，能最大限度地限制突厥骑兵。

但是杨素却不想采用这种战术，他觉得这样太过保守，不是制胜之道，要想取得大胜，就要以骑兵对骑兵。

于是他改变阵型，命令各军都把骑兵摆到阵前。

达头得到消息，心里一阵激动，对麾下将士说："我当杨素有何了不得，原来不过如此，真是天助我也！"于是下马仰天而拜，先感谢一下老天爷，然后率骑兵十万向隋军冲来，准备大收人头。

但他没有想到的是，收人头的不是他，而是杨素。

面对来势汹汹的突厥骑兵，杨素丝毫不慌，他先命开府仪同三司、原陈朝水军都督周罗睺率精锐骑兵迎战，然后自率大军跟进。全军将士无不奋勇当先，一举击破突厥，斩首无数，达头本人身受重伤，侥幸遁走，其部众号哭着逃散而去。

都蓝、达头遭受重创，部众逃散者众多。这时杨坚趁热打铁，册封突利可汗为意利珍豆启民可汗，意思是智慧勇健，以此来笼络突厥人心。

启民可汗受封之后，突厥民众争相归附，男女共万余口。杨坚便命长孙晟率兵在朔州建造大利城，用以安置启民可汗及其部众。当时安义公主不幸病死，杨坚又将宗室女义成公主嫁给了他，继续与他维持翁婿关系。

如此一来，都蓝就更气恼了。这个染干，明明是个小可汗，凭什么受封？又凭什么娶公主，还连娶两个？看我不给你抢过来，于是都蓝又纵兵南下，不断抢掠骚扰启民部落，搞得朔州一带不得安宁。

长孙晟见都蓝频频越过长城，认为朔州不是长居之地，因此建议将启民部落迁徙至今陕西北部和内蒙古南部地区，东、西以黄河为界，南北四百里，挖掘横沟，使启民在其中畜牧。

杨坚采纳了这一建议，令启民可汗率领部众向西迁徙，并分派杨素、史万岁、行军总管韩僧寿、大将军（武威人）姚辩等出击都蓝。

四路大军向北开进，还未等出塞，都蓝却已被部下所杀。

都蓝的死不免有些突然，具体是什么原因，目前已经无法考证，因为突厥本身没有历史记载，而都蓝死时，又没有隋朝人在场，所以这件事就成了一个谜。

但根据此前的历史，我们可以推测出都蓝的死因大概是内部出现了分裂。分裂的原因不外乎两点：一是都蓝的部众被隋军打怕了，不想再和隋军交战，但都蓝执意与隋为敌，因此众叛亲离；二是启民可汗受册封后，受到隋朝的优厚待遇，归附者越来越多，致使都蓝部众离心。

总的来说，都蓝的死算是隋朝间接造成的。而这正是杨坚所乐见的，毕竟都蓝活着始终是心腹大患，现在他死了，杨坚除掉了一块心病。

然而都蓝的死，并没有换来边境的安宁，反而使达头趁机做大。

都蓝死后，东突厥大乱，达头自立为突厥大可汗，称为“步迦可汗”，并向东进军，收服原都蓝部众，成了草原霸主。

这时的达头已然是隋朝的头号敌人。为了防止他进一步扩大势力，杨坚又采纳了长孙晟的建议，令启民可汗派部下北上招抚都蓝部众。

说白了，就是与达头抢人。

这一抢还真有效果，不少突厥部众都转而归附了启民。

达头对此很不高兴，于开皇二十年四月再次发兵进犯边塞。

杨坚得到消息，决定对达头予以痛击，于是诏命晋王杨广、尚书右仆射杨素出灵州道，汉王杨谅、大将军史万岁出朔州道，东西夹击达头。

毫无意外，这场战役的结果仍是隋军获胜。首先是杨广这一路，主角是长孙晟，他被任命为秦州行军总管，率领投降来的突厥部众北击达头。

作为一名外交官，长孙晟最擅长的并不是战场厮杀，而是智谋。他熟知突厥人的习性，知道他们习惯饮用泉水，于是命人在水流上游投毒。突厥人畜饮水后果然死伤无数，大惊说：“天降恶水，是要灭亡我们吗？”于是趁夜逃遁。长孙晟乘胜追击，斩首千余级。

然后是杨谅这一路，主角是史万岁。他率军由朔州出塞，深入都斤山，与达头相遇。达头估计是被杨素打怕了，遇到隋军队伍，先派人问主将是谁，心里祈祷着：千万别是杨素。

探马报说：“不是杨素，是史万岁。”

达头却没有表现出高兴的样子，反而大惊道：“莫非是那个敦煌戍卒？”

探马答道：“正是他。”

达头心中大惧，心说还不如是杨素呢，于是不敢交战，直接带着部众跑了。

想来就来，想走就走，史万岁可不答应，当即率军追击，连续奔驰了一百多里，大破其众，斩杀数千人，又乘胜逐北，深入大漠数百里，直至不见了敌人踪迹才收兵而还。

此后达头安分了一段时间，但不久后又派侄子俟利伐来进攻启民部落。杨坚收到消息，发兵助启民驻守要冲，成功击退了俟利伐。启民感激涕零，上了一份奏书表示感谢，其中说道："大隋圣人可汗怜惜百姓，您的恩德犹如天无不覆、地无不载一样。染干得到您的恩惠，如枯树长出新叶，枯骨长出新肉一样，愿意千世万代，永远为大隋牧养牛马。"

这份奏书的特殊之处在于，它首次称中原王朝皇帝为"圣人可汗"，意即天下的共主。杨坚由此成为中国历史上第一个兼任北方游牧民族可汗的华夏天子。

不过目前这一称号只得到了启民的承认，而启民只能算是一个部落首领，并不是草原上的主人。杨坚觉得有必要让启民升级一下，顺便也让自己这个"圣人可汗"更名副其实些。于是他又诏令杨素、长孙晟协同启民北击达头，收复东突厥故地。在隋朝的不断打击下，公元 603 年，达头终于支撑不住，各部落大乱，铁勒仆骨等十余部都归降了启民。达头走投无路，向西逃入了吐谷浑。

吐谷浑也是一个游牧民族，在今天青海一带，关于它的故事，我们后面会讲到，这里暂且不细说。只说达头逃到吐谷浑后不知所踪，启民便成为东突厥大可汗，从此归附隋朝，认隋朝为宗主国，而西突厥虽然处于独立状态，但也不敢再轻易进犯，与隋朝保持了较长时间的和平关系。

至此，困扰北齐、北周以及隋朝多年的突厥问题基本解决。隋朝征服了东突厥，打怕了西突厥，成为名副其实的东亚霸主。

此时隋朝建国才二十年，能够取得如此成就实在了不起。这主要得益于它强大的军事力量，以及“远交近攻，离强合弱”的战略方针。

回顾隋朝与突厥的战争史，我们不难发现，杨坚打击突厥的根本目的不是吞并或者消灭，而是要削弱它的势力，使它不能对隋朝构成威胁。

所以在对突厥取得军事上的胜利后，杨坚并没有穷追猛打，而是采用“以夷伐夷”的策略，扶持沙钵略、启民等，使他们作为隋朝在草原上的代言人，以此维护北部边境的安宁，确保隋朝在该地区的主导地位。

第十六章 兴也勃焉

结束与突厥的战争后，我们再把目光转回隋朝国内。

自开皇九年统一以来，隋朝持续向前发展，在政治、经济、文化等方面都取得了不小的成就，形成了一个盛世局面，历史上称之为“开皇之治”。

开皇之治

中国古代一直有“某某之治”“某某盛世”的说法，指的是一个王朝出现了治世、盛世，具体表现为社会稳定、政治清明、经济发展、文化先进等。

历史上著名的治世和盛世有西汉的文景之治（汉文帝、汉景帝），唐朝的贞观之治（唐太宗）、开元盛世（唐玄宗），清朝的康乾盛世（康熙、雍正、乾隆）等。相比之下，开皇之治的名气似乎要小很多，但这并不意味着它比以上这些治世（盛世）差，相反它在某些方面还远远超过这些治世。

那开皇之治究竟都取得了哪些成就呢？

第一，国力强盛。

建立盛世的基础，是拥有一个稳定的外部环境，而外部环境稳定的前提是自身足够强大。因为中原王朝历来受到北方游牧民族的威胁，如果国力不强，就只能被动挨打或屈膝求和。强如西汉，也被匈奴欺负了近百年才翻身。而隋朝只用了短短十几年时间，就征服了全盛时期的突厥汗国。这绝对是了不起的成就，足见隋朝开皇年间国力之强。

第二，经济发展，社会稳定。

开皇年间，全国几乎没有爆发过农民起义，也没有出现大范围的饥荒，百姓整体上比较富足，能够安居乐业。

这主要得益于杨坚推行的各项制度和政策。均田制使百姓都有田可耕，获得了最基本的生存资本；租调制贯彻了轻徭薄赋的思想，减轻了农民负担；大索貌阅、输籍法等政策减少了户口隐匿，增加了国家税收和劳动力；废除郡一级行政区，简化了地方行政组织，减少了财政支出，改变了“民少官多、十羊九牧”的局面；杨坚本人主张厉行节俭，不大兴土木，既节省了民力，也增加了国库积蓄。

除此之外，开皇年间还修建了许多水利工程。隋朝建立之初，全国各地水利荒废，漕运堵塞。当时都官尚书元晖奏请“开引杜阳水灌溉三畤原”，杨坚欣然采纳，于是“卤之地数千顷，民赖其利”。工部尚书于仲文提出“决渭水，开漕渠”，杨坚便命他负责此事，后来又命宇文恺继续其事，到开皇四年“自大兴城东至渔关三百余里，漕运通利，关内赖之”。灌溉的推广、漕运的疏通，使隋朝的农业生产获得了保障。

以上这些或许比较笼统，下面我们来说经济发展、社会稳定的具体表现。

一、户口的飞速增长。开皇初年，隋朝的人口在三千万左右，开皇九年平陈又增加了二百多万。到开皇十八年，隋朝的总人口已经达到四千五百万，平均每年增加近百万。这是什么概念呢？纵观中国历史，在宋朝之前，只有汉、唐的户口数可以与之媲美。西汉用了一百五十年达到这一成就，东汉、唐朝也用了将近百年，而隋朝仅仅用了十几年，发展之快，堪称奇迹。

二、财政收入的激增。开皇十三年，有关部门曾向杨坚上奏，说国家收上来的布绢太多，府库已经装不下，连廊庑都堆满了。杨坚听后很是震惊，说："朕给百姓定的税额这么低，对大臣的赏赐又这么丰厚，怎么府库还有这么多布绢呢？"上奏的官员说："主要是因为收入多于支出。虽然每年赏赐的布绢有几百万段，但还是有剩余，累积起来就多得装不下了。"杨坚这才相信隋朝是真的有钱了。于是又在府库之外新开辟了左藏院来储存布绢，并下诏说："河北、河东今年田租三分减一，兵减半功，调全免"。这次免税是开皇之治走向巅峰的标志性事件之一，这在封建时代实属罕见。

三、巨量的粮食储备。中国古代一直是农业社会，粮食产量无疑是衡量经济发展水平的重要标准。早在开皇初年，杨坚就开始在各地修建粮仓，十几年来，隋朝的粮食储备不断增加，至开皇十七年"中外仓库，无不盈积。"（《隋书·食货志》）以至于到唐朝时，隋朝储存的粮食都没有吃完。唐贞观十一年，监察御史马周对唐太宗李世民说："隋家储洛口，而李密因之；西京府库，亦为国家之用，至今未尽。"由此不难想见隋朝之富。

第三，政治清明，吏治整肃。

中国古代治世和盛世的出现，往往与政治清明分不开。如文景之治、贞观之治等，不见得当时国力有多强、经济有多繁荣，但政治风气绝对是历代最好的。

开皇之治虽不像其后的贞观之治那样为后人所津津乐道，但同样也是政治清明的产物。开皇年间，杨坚苦心经营，创立和发展了多种先进的政治制度，如三省六部制、府兵制、州县制、《开皇律》等，堪称完备，保障了国家机器的顺畅运行。

在创建政治制度的同时，杨坚还任贤用能，整顿吏治。

在任贤方面，杨坚对官员选拔制度进行了改革。魏晋南北朝时期，中国的选官制度是九品中正制。所谓九品中正，就是各州郡选派一名“中正”，对一州一郡的人物定品评级，一共分为九品，根据品级高低来授予官职。定品原则上依据的是个人的才能和人品，家世只作为参考。但两晋以后变成完全以家世来定品级标准，最终使这一制度沦为门阀士族的选举工具，形成了当时“上品无寒门，下品无士族”的局面。

杨坚一早就认识到了九品中正制的弊端，所以在开皇七年正式废除了这种选官办法，并设立分科考试制度，规定各州每年向中央选送三人，参加秀才与明经科的考试，考试通过即可授官。

这是分科考试制度的开始，也是科举制的萌芽。但它还不是真正意义上的科举制，因为它不允许考生自己报名参加考试，必须由州郡长官推荐，这与汉代察举制比较相似。尽管如此，杨坚废九品中正制，实行分科考试制度的做法仍是历史的一大进步，改变了门第垄断官职的局面，有利于选拔人才，对中央集权的巩固起了积极的作用，也为后来科举制的正式确立奠定了基础。

在吏治方面，杨坚自建国以来就大力整顿吏治，加上他天性严苛，自是不能容忍贪赃枉法的行为存在。比如他曾命柳盛持节巡省河北五十二州，一次性罢免了贪污不称职的官员二百余人，使得州县肃然。

对普通官员严苛，对朝中重臣也是如此。比如上柱国燕荣，虽然打仗是一把好手，但为官残暴不仁，动辄鞭打下属。开皇年间，他担任幽州总管，有一次出行遇见一片荆棘，觉得很适合做打人的荆条，于是命人取来，拿下属来试验。下属忙称自己无罪，燕荣却说：“如果以后有罪，再免除你的刑罚。”于是“预支”了他几十杖。但事实证明这只是一个空头支票，算不得数。不久这名下属果真犯了小过，即将面临杖刑，下属因为燕荣此前的承诺，便求饶说：“之前被打，您许诺说日后有罪可以免罚的呀！”燕荣却说：“没有过错尚且要打你，何况现在你真犯了错，那更得打了！”于是照打不误，简直视法律如儿戏。

这还不算什么，更甚者，他听说谁家妻女有美色，就掳来淫暴，完全是恶霸行径。杨坚知道后大怒，果断将他赐死，给了地方官员以极大震慑。

第四，儒学兴盛，文化发展。

隋朝时期，佛教、道教都发展成熟，与儒学并行于世，三教既有交融，又有矛盾。杨坚主张调和儒佛道思想，在尊佛、崇道的同时，大力提倡儒学，把儒家学说提升到治国不可或缺的地位，并且鼓励劝学行礼，在各地广建学校。所以史书上称开皇年间“中州儒雅之盛，自汉魏以来，一时而已。”

除此之外，杨坚还非常重视藏书。鉴于春秋、汉代的文化典籍因几百年来的混战，被战火焚毁，遗失大半，杨坚在开皇三年下诏广求天下图书，献书一卷赏绢一匹，相当于一个普通百姓一年三分之一的调（租调制），百姓当然乐意，所以“民间异书，往往间出”“一、二年间，篇籍稍备”。隋朝由此获得大量图书，最多时有三十七万卷，七万七千多类，为历代之最。

为了管理和运用这些图书，杨坚又建立了专门的机构，负责藏书管理事宜，并且对藏书进行编撰和修订，极大地促进了文化的发展。

不过文化毕竟不同于政治经济，它的发展需要一个漫长的过程，所以我们看隋朝文化好像不怎么样，都没有什么重要的文学家、诗人、艺术家出现。这其实是它国祚太短的缘故，以至于很多文人还没有完全成长起来，它就灭亡了。比如儒学大师孔颖达，书法家欧阳询、虞世南、褚遂良等都是生长在隋朝，成就在唐朝。从这方面来说，隋朝为后来唐朝文化的繁荣发展奠定了基础。

这就是开皇之治，中国历史上为数不多的治世之一。它辉煌一时，但也存在一些问题。

其一，杨坚坚持关中本位政策，使广大的关东、江南士人难以在政治舞台上充分施展才能。

其二，以出身关陇的武将出任刺史、总管，不利于地方民政治理，燕荣就是例子。

其三，随着人口的激增，均田制已得不到完全执行，一些地方地少人多，授田不足。

其四，定都关中的弊端日益明显。关中作为都城所在地，拥有庞大的官僚机构，且集中了大量军队。现时人口又不断增加，已经超过了地力承载的极限。平时倒还好，一旦闹饥荒，就会出现粮食短缺。开皇四年、十四年，关中地区两次出现旱灾，杨坚不得不携带官员、百姓到洛阳去“就食”，留下了“逐食天子”的名号，是为开皇之治最黑暗的时刻。

从就食洛阳一事不难看出，长安（大兴）作为都城是有致命缺陷的。它虽然安全，但太过偏西，离中原、江南等经济重心过远，已经难以独立承担全国性都城之任，历史在呼唤另一座伟大城市和一项伟大工程的诞生，但这不免要大兴土木。杨坚显然不会这么做，只能留待他的子孙来完成了。

关于封禅

中国古代帝王，大多以封禅泰山为至高荣誉。封，即祭天；禅，即祭地。所谓封禅，即帝王祭祀天地的大型典礼，一般在泰山举行。

封禅的要求极高，不是随便一个帝王都能举行的，只有开国之君或有丰功伟绩的帝王才有资格。在隋朝之前的八百年间，共有三位皇帝封禅泰山，分别是秦始皇、汉武帝、汉光武帝。他们要么建立了一个大一统王朝，要么开创了盛世，因此有资格封禅泰山。

和这三位伟大帝王相比，杨坚不遑多让，他不仅是隋朝开国之君，而且结束了近三百年的乱世，开创了开皇之治，成就足以比肩秦皇汉武，完全有资格封禅。

事实上，隋朝统一之后不久，大臣们就开始奏请封禅了，连陈叔宝都上了东封书。开皇十四年，杨坚就食洛阳，登临邙山，陈叔宝也陪同而来，并作诗曰："日月光天德，山河壮帝居。太平无以报，愿上东封书。"事后又正式上书请封禅，杨坚却没有同意。

同年冬，晋王杨广率文武百官上表，坚决请求封禅。杨坚见众意难违，这才令牛弘等人制定封禅的礼节仪式。等制定完成，杨坚却又后悔了，说道："兹事体大，朕有何功德能封禅泰山？就到东方巡视一番，顺便在泰山祭祀吧。"于是率百官从洛阳出发，于第二年正月抵达齐州，在泰山上设坛祭天，大赦天下。

这次泰山祭祀只是祭了昊天上帝（即老天爷）和青帝（五方天帝之一，居东方），礼节仪式与每年正月的南郊祭天基本相同，所以只能算作一次普通的祭天活动，不能算是封禅。而这也是杨坚一生中唯一一次登临泰山，从此他再也没有踏入过齐州，封禅的事也没人提了。

古代帝王都热衷封禅，很多人因为资格不够而抱憾，为什么杨坚明明最有资格，却不愿意封禅呢？

其实有两方面原因：一是杨坚本人崇尚节俭而且务实，不愿用封禅泰山这样劳民伤财的仪式来标榜自己的功绩，粉饰太平；二是杨坚虽然统一了南北，但他自觉毕竟得位不正，是在北周强盛的基础上获得的天下，这与前面三位帝王不同。

未能封禅虽然遗憾，但也无伤大雅，因为杨坚的功绩和开皇之治的辉煌都已被历史所铭记。

读了还想读的中国史

大隋史

读了还想读的

陈若松 著

第二卷

从旷世繁华到盛极而衰

中国经济出版社
CHINA ECONOMIC PUBLISHING HOUSE
·北京·

图书在版编目（CIP）数据

读了还想读的大隋史．第二卷，从旷世繁华到盛极而衰 / 陈若松著．-- 北京：中国经济出版社，2024. 10.（2025.3 重印）
ISBN 978-7-5136-7888-9
Ⅰ．K241.09
中国国家版本馆 CIP 数据核字第 2024YL6805 号

责任编辑　龚风光　张意妮
责任印制　马小宾
封面设计　柒拾叁号

出版发行　中国经济出版社
印 刷 者　三河市嘉科万达彩色印刷有限公司
经 销 者　各地新华书店
开　　本　710mm × 1000mm　1/16
印　　张　18
字　　数　233 千字
版　　次　2024 年 10 月第 1 版
印　　次　2025 年 3 月第 3 次
定　　价　138.00 元（全三卷）
广告经营许可证　京西工商广字第 8179 号

中国经济出版社　网址 www.economyph.com　社址　北京市东城区安定门外大街 58 号　邮编　100011
本版图书如存在印装质量问题，请与本社销售中心联系调换（联系电话：010-57512564）

目　录

第一章
开皇之变

在皇帝杨坚和文武大臣的共同努力下，隋朝只用短短十几年时间就打造出了一个太平盛世，堪称奇迹。

但兴盛繁荣的背后，隋朝内部也在悄然发生一些变化，这些变化将改变隋朝的国运。

中国历史上不乏明君雄主，但其中能够善始善终的极少，往往是年轻时励精图治、英明神武，到老年取得一定成就后，就开始贪图享乐，甚至腐朽昏聩。唐玄宗就是典型代表，而杨坚也有这方面的问题。

受佛教影响，杨坚自幼崇尚节俭，严于律己，当了皇帝后依然如此，这从他修建大兴城就能看出来。

但随着年岁越来越大，知天命的杨坚也生出了享乐之心，对自己的要求已经不再像年轻时那样严格，也开始大兴土木了，最具代表性的就是修建仁寿宫。

仁寿宫

仁寿宫是杨坚在开皇年间修建的重要离宫之一。所谓离宫，是指在国都之外为皇帝修建的宫殿，以便皇帝出巡时居住。

中国历朝历代都修有离宫，比如唐朝修建的华清宫、清朝修建的承德避暑山庄等。这本是正常现象，没什么大不了的，但如果离宫修建过多，或者过于奢华，那就不免要劳民伤财了。

而仁寿宫就是一处极其奢华的宫殿群。

杨坚一直崇尚节俭，为什么要修建这么一座离宫呢？

其实说来也简单，就是为了避暑。

关中平原冬冷夏热，每年酷暑长达几个月，相当难熬，而大兴城地势又比较低，一到夏天就变得非常潮湿，这让年过五十的杨坚夫妇越来越难以忍受。

所以开皇十三年（公元 593 年）二月，杨坚巡幸至岐州（今陕西凤翔），下诏在此营造避暑离宫，并命右仆射杨素为工程总监。

杨素接到这个任务，心里非常激动，因为他觉得这是一个取悦皇帝的大好机会，只要把离宫建得足够壮丽、舒适，就一定能让皇帝高兴。皇帝高兴了，就会更加宠信自己，自己的权位就可以得到巩固。

所以杨素愉快地接受了这个任命。

但杨素并不懂工程建造，为了建好仁寿宫，他便举荐了宇文恺为将作大匠、封德彝为土木监，督调了几万人投入这项浩大的工程中。

宇文恺我们都很熟悉了，他是隋朝乃至中国历史上首屈一指的建筑专家，担任总工程师是再合适不过了。但封德彝是谁呢？杨素为什么要举荐他？

封德彝本名封伦，字德彝，祖籍渤海蓨（tiáo）县（在今河北景县南），原为北齐人，齐亡后随父归入北周，时年只有十岁。开皇十年，杨素率军征讨江南，因听说封德彝年轻有谋略，便征辟他为行军记室，负责撰写章表文檄。

封德彝自幼生活在北方，不习惯坐船，有一次杨素有事召见他，在过来的路上，他不慎失足落水，险些被淹死，好在及时被人救起。事后他换了件衣服，像没事人一样去见杨素，只字未提落水之事。杨素知道后觉得奇怪，问他说："这么大的事，你为什么不跟我说呢？"

封德彝回答道："这是私事，所以就没有跟您说。"

杨素听后感到很惊奇，认为封德彝是个难得的人才，回京后便将堂妹嫁给了他，并摸着自己的座位说："封郎终居此坐！"这是认为封德彝能当宰相，可见对他有多重视。

这次举荐封德彝出任土木监，杨素多半是出于私心，既是为了提拔他，也是为了让他给自己出谋划策，毕竟建造仁寿宫不光是技术活，同时也是一项政治工作，需要一个优秀的参谋。

不得不说，杨素看人真的准，封德彝确实足智多谋，在关键时刻帮了他大忙。

事情还要从仁寿宫的建设说起。杨素这个人我们也知道，虽然智勇双全，但性情极为残暴，对自己手下士兵的生命尚且不爱惜，何况是身份卑贱的民夫呢？让他来担任工程总监，免不了又要死人了。

如果只是死伤几个人，还可以遮掩一下，但这次建仁寿宫，付出的代价实在有些大，足有上万民夫因此而死，就如经历了一场惨烈的大战。

为什么建个离宫会死这么多人呢？无非是因为杨素督工太过严酷，不把民夫当人看，致使民夫累死、病死，甚至是被打死。更过分的是，他还命人将死者尸体推入土坑就地掩埋，就像这些人从来没有存在过一样。

如此漠视生命，杨素的污点是洗不掉了！

开皇十五年三月，修建了两年多的仁寿宫终于竣工。当时天气炎热，民夫累死、病死者不计其数，甚至都来不及掩埋。杨素索性命人把尸体堆到路上，放火焚烧，毁尸灭迹。

而杨坚对此一无所知，他听说仁寿宫已经建成，便命高颎（jiǒng）前去视察验收。高颎是实在人，他至岐州后见到了仁寿宫的奢华壮丽，也了解到了大批民夫死亡之事，因此回来后如实向杨坚报告说："离宫太过奢华，而且死了很多人。"

杨坚听后非常震惊，怎么也不敢相信杨素有这么大的胆子。正好这时候暑期将至，他便率文武百官前往岐州，打算亲自到仁寿宫查验一下，顺便避个暑。

结果正如高颎所言，仁寿宫果真是雄伟壮丽、极尽奢华，完全超出了他的预想。杨坚当时就怒了，怒气冲冲地说："杨素竭尽民力建造此离宫，岂不是使我结怨天下吗？"

此话很快传开，杨素听说后惶恐不已，心说我把宫殿建得这么豪华，原本是想讨好皇帝，怎么反而惹恼了他呢？这可如何是好？

杨素越想越怕，生恐被杨坚问罪，这时他想起了足智多谋的封德彝，赶紧叫他来给出个主意。

封德彝似乎早就料到了会有这一天，不慌不忙地说："您不用担心，等皇后来了，皇帝必定会下诏奖赏您。"

杨素立刻明白了他的意思，皇帝最听皇后的话，只要皇后说仁寿宫建得没问题，那皇帝还能说什么呢？

于是杨素赶到仁寿宫北门，在独孤皇后到来之际，面见她说："请皇后救我！"

独孤皇后诧异道："你犯了什么错？"

杨素说："是建仁寿宫的事。皇帝觉得太奢华，浪费民力，要问罪于臣。"

独孤皇后看了看眼前华丽的宫殿，轻轻说道："是有些豪奢了。"

杨素急忙道："帝王理应有离宫别馆，如今天下太平，臣不过是把宫殿建得雄伟壮丽了一些，怎么就说是浪费了呢？"

独孤皇后沉默了一会儿。其实她也是个俭朴之人，但毕竟是女人，心肠比较软，听杨素这么一说，就觉得他是一番好心，不应该怪罪他。而且她和杨素之妻郑祁耶关系不错，对杨素这种"妻管严"也挺有好感。

于是她决定帮帮杨素："你先回去吧，明天见了皇帝，我自有说辞。"

杨素一听安心了，慌忙拜道："谢皇后！"

第二天，杨坚果然召见杨素，看样子是要责问他关于仁寿宫的事。但杨坚刚一开口，独孤皇后便在一旁说道："杨素知道我们夫妇年纪大了，没有地方可以娱乐，建造这样一座豪华的离宫，是出于忠孝啊！"

杨坚听到妻子这么说，气就消了一大半，不仅没有治杨素的罪，反而赏赐了他一百万钱、三千段绢。

事情就这么过去了。表面上看，杨坚是因为独孤皇后说情才没惩罚杨素，但实际上，他自己又何尝不想住进这么华丽的宫殿呢？只是作为皇帝，他懂得克制自己，去努力做一个爱惜民力的明君。而杨素却把他内心深处那扇阴暗之门打开了。

所以杨坚变了，变得不再严于律己，变得开始享受了。

不过隋朝毕竟富裕，天下又太平无事，杨坚作为皇帝，适当享乐一下也不是什么大问题。他真正的问题还是易于发怒、刻薄、好猜忌的性格，这个问题伴随了他一生，始终没有解决，而且随着年龄的增长，变得越来越严重。

杨坚的问题

杨坚早年主张律法宽松，为此出台了《开皇律》，改变了北周以来刑法繁杂苛酷的情况。但到开皇后期，《开皇律》逐渐遭到破坏，原因就是杨坚不再坚持律法宽松，反而经常私定严刑峻法，凭自己喜怒办事。

开皇年间天下太平，但各地盗贼却不少。开皇十七年（公元 597 年），杨坚针对严重的偷盗现象颁布了一项法令：凡是偷盗一文钱以上者皆弃市，三人共盗一瓜皆处死。

偷盗一文钱就要斩首示众，并且暴尸街头；三人合偷盗一只瓜，一并处以死刑。这可能是有史以来最严苛的法律了，尤其是偷瓜这一项，实在太过分，很不合人情。本来行人路途中口渴，见到田间有瓜，顺手摘一个来吃，也算不上什么大错，被抓后赔点钱、道个歉就是了。但这项法令一出，行人都不敢上路了，生怕被当成偷瓜贼。

于是人心惶惶，百姓惊悚不安，社会秩序一片混乱。

哪里有压迫，哪里就有反抗。一些人因为实在无法忍受这样苛刻的法令，竟不惜铤而走险，公然劫持了执法官吏，向其申诉说："你莫怕，我们不是为了求财，而是为了冤死之人。请你为我们上奏皇帝：自古制定法律，从来没有偷一文钱就判死罪的。"说完又威胁道："如果你没有为我们上奏，我们还会再来，到时候就不会对你这么客气了。"

执法官吏不敢不听，便将他们的话上报给了朝廷。

杨坚知道后非常震惊，终于意识到这项法令太过严苛，已经严重超出了百姓的承受范围。为了避免激起民变，这才下令将它废除。

此事件并非个例，杨坚自此待人愈加刻薄，破坏法制已然成为一种常态。

还是在开皇十七年，当时杨坚颁布了一条法令，禁止分量不足的恶钱在市场上流通。这本来是利国利民的好事，历代统治者都是这么做的，可问题是杨坚对犯案人员的处置太重，严重违反了法律。

比如某一次，有两人在市场上用劣质钱兑换好钱，被执法的发现，送交官府处置。杨坚听说后大怒，竟命令将这二人斩首。

大理寺少卿赵绰认为处罚过重，进谏说："这二人按律应当处以杖刑，杀了是不符合法律的。"

杨坚不肯听，怒道："不关你的事！"

赵绰据理力争道："陛下不以臣愚昧无知，命臣掌管司法部门，如今陛下想要非法杀人，怎么不关臣事？"

杨坚自知理亏，但仍不肯放弃杀人念头，为了劝退赵绰，他打了

个比喻说："人撼大树，如果树木不动，就应该知难而退了。"

这个比喻的意思很明显："我现在就是一棵大树，你是动摇不了我的，不用再劝了。"

赵绰明白皇帝的意思，顺着他的话说："臣希望自己的一片忠心能够感动苍天，何况是摇动树木。"

杨坚见他不肯退缩，又打了个比喻说："喝汤的时候，如果汤太热就要放在一边。天子之威，你也敢触犯吗？"

这已经是严重警告了，再进谏下去恐怕有生命危险。但赵绰不愧是大理寺二把手，坚持维护律法权威，哪怕受到皇帝斥责，也绝不妥协。

杨坚也很无奈，既然你不肯退，那我走行了吧，于是起身出了大殿。

回到后宫后，杨坚静下心来琢磨这件事，觉得赵绰的话确实有道理。不久治书侍御史柳复又来劝谏，杨坚最终改变主意，不再坚持处死二人。

这就是杨坚的问题所在，常常因一时喜怒而随意杀人，事后又懊悔，但下次还这样，就是改不了。而且他不光是对百姓如此，对官员也同样苛刻，大臣们只要犯了错，无论官职大小，轻则被杖打，重则被直接处死，有时他还亲自监刑，似乎这样才能解气。

比如有一次，刑部侍郎辛亶因为民间传说穿红有利于升官发财，便穿了一件绯红色衣服出行。这本算不上什么过错，就是图个吉利而已，但杨坚却认为是巫蛊之术，竟要处死辛亶。

斩杀大臣不是小事，何况要杀的还是一位副部级干部，按法律应由大理寺审核执行，所以这事最终又落到了赵绰身上。结果赵绰不肯奉行，回复说："依照律法，辛亶不应被处死，臣不敢奉诏。"

杨坚认为他是有意维护辛亶，勃然大怒道："你爱惜辛亶的性命，难道就不爱惜自己的命吗？"于是命人将赵绰押到宫里处斩。

他本以为赵绰会服软认错，不料赵绰不屈不挠，理直气壮地说：“宁可让陛下杀了臣，臣也不能杀辛亶！”说完随来人到了朝堂，脱下官服，等待行刑。

杨坚终究是不忍杀他，又派人问他说：“抗命不遵的下场如何？”

赵绰答说：“臣一心公正执法，不敢吝惜自己的性命。”

杨坚大怒，拂袖回了后宫。过了很长一段时间，他突然想明白了，赵绰好像是对的，于是命人把他放了。

第二天杨坚又把赵绰召到宫里，向他道歉说：“你做得对，是我错了。”然后又好言慰问勉励赵绰，赏赐他绢帛三百段。

类如此者，不胜枚举。好在有赵绰等耿直忠正的大臣管理着司法部门，拼命维护法律权威，一定程度上阻止了杨坚的“胡作非为”。

但赵绰毕竟是少数一类人，不是所有直言进谏的大臣都能像他这样幸运。有的人也直言进谏了，不仅没有救下别人，反而搭上了自己的命。

有一年的正月初一，杨坚在大兴殿举行大朝会，这是一年中最盛大的一次朝会，也是礼仪规格最高的朝仪，足有上万名中央和地方官员参加。这次朝会本应是和和美美的，可是杨坚却因为个别武官的衣冠和佩剑不整齐，就怒而翻脸，斥责当值御史为什么不弹劾，然后喝令把御史推出去斩了。

谏议大夫毛思祖认为御史罪不至死，当即进谏。杨坚非但不听，又下令将毛思祖处死。

如果说处死御史还有一定道理，那杀毛思祖就完全说不过去了。因为谏议大夫的本职工作就是规谏帝王，人家毛思祖履行职责，好心来劝谏，你不听也就罢了，竟然还把人家杀了。这种行为和暴君有什么区别？

或许杨坚事后会懊悔，对毛思祖的家人进行补偿，就像赏赐赵绰一样，但人死不能复生，这次杨坚没有后悔药可吃了。谁让他不严格依照法律办事，或者在杀人之前多考虑考虑，听听别人的意见呢！？

是啊，为什么有了那么多次教训，杨坚还是动不动就杀人呢？

这当然不只是因为他性格严厉刻薄，还有更深层的原因，总结起来就是：权力的危机感。

可能有人要问了，堂堂天朝皇帝，权位至高无上，怎么会有危机感？

其实这不难理解，正是因为拥有无上权力，并且得位不正，所以杨坚一直有自危感，很怕有人动摇自己的权位。

这种自危感，随着他年龄的增长而越来越强烈，逐渐演化为对外界的极度不信任，所以他要通过高压手段，消灭一切敢于冒犯他天子权威的人，并借以震慑那些异己。

这样看起来，杨坚遵循的是法家思想，用严刑峻法而不是“仁政”来统治臣民。

为了证明这一点，我们举一个例子。

开皇十七年三月，杨坚为了使各政府部门的属官都能尊敬惧怕上司，提高办事效率，下诏规定说：“各主管部门给属官定罪，如果按律应该从轻发落，但犯罪情节又比较严重的，允许在法律规定之外酌情处以杖刑。”

这条诏令的意图很明显，就是要用严刑峻法来维护上级权威，而最上的一级不就是皇帝，不就是杨坚自己吗？所以他本质上是为维护天子权威，使所有人都规规矩矩，不敢以下犯上。

对杨坚来说，任何大臣都是不能完全相信的，只有用法家思想进行高压统治才能使自己安心。

以法治国，本没有错。问题是杨坚用法太过严苛，而且经常滥用律法之外的私刑。这已经近乎残暴了，与秦始皇有得一比。

这样做的结果，就是文武大臣甚至百姓都人人自危，对隋王朝的好感和忠诚度大大降低。而且杨坚这种动不动就杀大臣的习惯，也很容易被居心叵测之人利用，弄出冤案来。

这并非危言耸听，而是有事实依据的。就在开皇十七年（公元597年），有一个小人利用杨坚的多疑猜忌，把一位朝廷重臣陷害至死。

虞庆则之死

当年七月，桂州（今广西桂林）地区爆发起义，有一个名叫李世贤的土豪聚众攻击官府。这其实算不上什么大事，随便派个将军去就能镇压。实际上当时有好几位武将请缨出征，毕竟是个立功的机会嘛，谁不想争一争？可是杨坚都没有准许，而是点名要宰相虞庆则去。

结果虞庆则这一去，竟踏上了不归路。

虞庆则接到命令后调兵遣将，任命自己的心腹赵什住为军府长史。然而正是这一任命，把他推向了鬼门关。

赵什住是虞庆则的妻弟，也就是小舅子，因此成为虞庆则最亲近、最信任之人。但这人并不是什么正人君子，表面上对虞庆则忠心不二，私下里却与他的一个小妾勾搭成奸。因为害怕被发现，便生出了歹心，想要置虞庆则于死地。于是宣言说虞庆则不想出征，在家消极怠工。

杨坚听到传言，还真信了，对虞庆则就有了意见。

通常大将出征，临行之日，杨坚都会设宴饯行，并赏赐些贵重物品。但虞庆则出征时，杨坚不仅不给赏赐，反而板着个脸。

虞庆则见皇帝一脸不悦，心里非常不安，带着忐忑离开了京城。

他这次出征倒也顺利，短短两个月就消灭了李世贤，但这才是他厄运的开始。

在回京途中，虞庆则率军经过潭州（今湖南长沙）临桂岭，因见当地地势险峻，便一时兴起，感慨地说："这里真是险峻坚固啊！如果有充足的粮草，再有一个擅长防守的人，那是没人能攻得下来的。”

说完这句话，他脑海里突然浮现出杨坚那可怕的脸色，不禁担心回京后受到斥责。因此他派赵什住乘快马到京城奏事，顺便观察一下皇帝的态度，看他气消了没有。而赵什住接到命令，正中下怀，一到京城就把虞庆则告了，罪名是意图谋反，证据就是虞庆则在临桂岭说的那番话。

这事放到以前，杨坚八成不会信。可现在他对大臣越来越不信任，也越来越刻薄，本着“宁可信其有，不可信其无”“宁可错杀，绝不放过”的原则，他把虞庆则下了狱，命人严加审查。

审讯的具体过程已经无从考证，总之结果是虞庆则被判有罪，因为他确实说了那样一句耐人寻味的话。

这句话当然可以简单地理解为对山川形势的赞叹，但也可以理解为虞庆则想要在临桂岭聚众造反。

而杨坚的理解是后者，所以他最终以谋反罪处死了虞庆则。

堂堂大隋朝宰相、开国功臣、朝廷四贵，如此重要的人物，就这么轻易地被杀了，不得不说杨坚狠起来真的是六亲不认。

虞庆则的死非同小可，一时间在朝中掀起了轩然大波。在百官们看来，虞庆则是皇帝最宠信的大臣，劳苦功高、忠心耿耿，怎么说杀就杀了呢？这不是鸟尽弓藏、兔死狗烹吗？

因此大臣们都惶恐不安，每日如履薄冰，生怕不小心犯什么错。

而这正是杨坚想要的，他就是要让大臣们知道，连虞庆则这样的功臣我都能杀，何况是其他人，所以你们最好安分守己，不要有任何触犯法律的行为，不然虞庆则就是你们的下场。

至虞庆则被诛，应该是隋朝第一个被冤死的开国功臣，但绝不是最后一个。

其实像诛杀功臣这种事，几乎每个朝代都会发生，并不是什么奇怪现象。就比如说明朝，朱元璋杀了那么多人，朱家江山不还是好好的吗？不仅没衰落，而且延续了将近三百年。可见诛戮功臣并不一定会动摇国本。

不过朱元璋虽然也杀功臣，但对待自己的子孙却很不错。而杨坚则是对任何人都非常严苛，包括自己的儿子。

而这最终导致了他的家庭失和。

家庭问题

杨坚有五子，勇、广、俊、秀、谅。其中第三子杨俊爵封秦王，现为并州总管。

杨俊生于北周天和六年（公元 571 年），生性仁恕慈爱，从小就是个听话的好孩子，而且他和杨坚一样，非常崇信佛教，甚至一度请求出家为僧，只是未获得杨坚同意罢了。

按理说这样的一个皇子，成年后应该很优秀才对。

可是等到杨俊接替兄长杨广出任并州总管后，情况就变了。因为年轻缺少管教，又没有人监督、制约，杨俊逐渐骄奢放纵起来，干了不少违反制度的事。

比如挪用公款、放债收息。

也不知道是不是因为杨坚给的零花钱太少，杨俊堂堂皇子，富有一方，竟然为了钱向民间放贷，从中收取利息，而且还是用公款。他的这一行为严重扰乱了官府秩序，也使得并州百姓叫苦不迭。

还有大修宫室，穷奢极欲。

杨俊这人非常有巧思，常常亲自动手制作器具，并用华丽的珠宝玉石进行装饰。他还为自己的妃子打造七宝幕篱（女子出行时遮蔽面容的帽子），建造水上宫殿，雕梁画栋，极尽奢华。

最后迷恋女色，妻妾成群。

这一点其实算不上过错，毕竟他是皇子，有几个姬妾也很正常。可问题出在他有一个爱吃醋的王妃崔氏。

崔氏是崔弘度的妹妹，出身于当时首屈一指的大士族博陵崔氏，与独孤皇后母族清河崔氏本是同宗。

不知道是不是受婆婆独孤皇后的影响，崔氏也是一个忌妒心非常强的女人，见不得自己的丈夫和别的女人如胶似漆。可是她却没有独孤皇后的好运气，她的丈夫不仅不像杨坚那样专一，而且对她日渐冷淡。

崔氏忍无可忍，最终被忌妒心冲昏头脑，竟然给自己的丈夫投毒。

这不是没有独孤皇后的命，却得了独孤皇后的病吗？

好在毒性不强，杨俊没有死，但他因此得了重病，被杨坚召回京城。

按理说儿子遭了这么大罪，差点儿没被毒死，杨坚应该非常心疼，更加疼惜他才对。可是杨俊回到京城后，杨坚不仅没有表现出父爱，反而以骄奢之罪免去了他的所有官职，只保留秦王的封号，令他在家闭门思过。至于崔氏，则因毒害丈夫被赐死。

百官见皇帝这么对待儿子，都认为太过苛刻，纷纷请求宽恕杨俊。其中左武卫将军刘升进谏说："秦王并没有什么大错，只是挪用公款、私建宫室而已，臣以为可以宽容。"

然而杨坚却说："法不可容！"

杨素也进谏说："秦王虽然有过，但罪不至此，请陛下三思！"

杨坚又道："我是五个儿子的父亲，更是亿万百姓之父。如果按照你的意思宽恕杨俊，为什么不单独为皇子制定一个法律呢？以周公的仁慈，尚且诛杀有罪的管叔和蔡叔，我自知远不及周公，怎么能徇私枉法？"于是坚持不肯宽赦杨俊。

杨俊因此病情加重，连床都下不来了。为了获得父亲的原谅，他强撑身体，派使者上书请罪。

但杨坚还是不肯宽赦他，对使者说道："我努力奋斗，创建如此大业，就是要作为传世的典范，让臣下都遵守它而无过失。你是我的儿子，却想要败坏法律，我真不知道该怎样责备你！"

杨俊听到这番话，既懊悔又恐惧，病情进一步加重。

大臣们实在看不下去了，不断有人上书请求恢复杨俊的官爵，但杨坚始终不同意。直到一年多后，杨俊病入膏肓，眼看就要不行了，杨坚才重新授他为上柱国，算是对他的一点儿安抚。

最终也没有等来父亲的宽赦，开皇二十年六月，年仅三十岁的杨俊病重去世。

儿子英年早逝，杨坚白发人送黑发人，按理应该很伤心才对，可是他听到消息，却表现得极为冷漠，只是"哭之数声而已"。

而且杨俊死后，杨坚还命人将他生前用过的奢侈华丽之物全部焚毁，一件也不用于陪葬，丧礼一切从简。杨俊的两个儿子杨浩（生母崔氏）、杨湛（生母不详）也因为母亲有罪而被剥夺了爵位，不能为父亲主持丧礼，而改由秦王府的僚属主持。

僚属们觉得杨俊的丧礼太单薄，请求为他立个碑。杨坚又不同意，说道："想要留名后世，一卷史书就够了，何须立碑？如果子孙不能保全家业，那这石碑不过白白地给别人当作盖房子的基石罢了。"

这番答复义正词严，让人无法辩驳，也充分展现了杨坚崇尚节俭、待人苛刻的性格特点。

可是杨俊毕竟是他的儿子，天下父母哪有不爱自己子女的，杨坚怎么就能这么狠心、这么不近人情呢？

或许有人会说"王子犯法，与庶民同罪"，杨俊既然犯了罪，就应该受到惩罚，杨坚是秉公执法没有问题。

不错，杨俊是有罪，可并不是不可原谅的大罪，何况他还年轻，为什么不能给他机会改过，非要一棒子打死呢？要知道苏威、贺若弼等人也曾屡次犯错，不都被杨坚原谅了吗？

所以这并不能解释杨坚为什么会如此对待儿子。

其实我们仔细分析发生在开皇十七年的一系列事件，就会有所发现。

随着年龄的增长，杨坚的权力危机感日益强烈，迫切想要用严刑峻法建立一个权威，使所有人都屈服在这个权威之下，从而维护自己的统治。

所以，正是因为杨俊是他的儿子，他才更要严苛，以免有人说他实行双重标准，给子孙特殊待遇，使他辛苦建立的法制权威遭到破坏。

这就是当时的杨坚，迷信严刑峻法，喜怒无常，刻薄到不近人情。这些特点融于一身，令人望而生畏，甚至根本不敢仰望。

第二章
父子失和

自古帝王家庭，最忌讳的就是父子猜忌、兄弟争斗，那往往会成为亡国或天下大乱的根源。而杨坚的五个儿子同父同母，不存在嫡庶之争，照理说父子兄弟之间应该比较和睦才对。

杨坚也是这么认为的，他曾经自豪地对大臣们说：“前世帝王，过分宠幸姬妾，因此出现废立之事。朕身边没有姬妾，五个儿子都是皇后所生，可谓是真兄弟也。不像前代那样姬妾争宠，庶子争位，出现亡国的危机！”

杨坚确实有底气说这番话，谁让他是历史上唯一一个“五子五女皆同母”的皇帝呢！

可是随着杨坚的猜忌心越来越强，待人越来越苛刻，他一向和谐的家庭也开始出现问题了，杨俊的悲剧只是一个开始。接下来，杨家父子兄弟之间的矛盾将会全面爆发。

首先出问题的，是杨坚与太子杨勇的关系。

杨勇的麻烦

杨勇，字睍（xiàn）地伐，杨坚与独孤伽罗的长子。

史书中并没有记载杨勇的生年，这与他凄惨的结局有关。不过根据他的姐姐杨丽华和二弟杨广的生年推断，他应该生于公元562年至568年。另外，杨广、杨俊等结婚时都是十四岁左右，杨勇应该也差不多，史书记载他结婚时杨坚正担任北周丞相，也就是公元580年，所以他应该生于公元567年左右。

如果这个推断不错的话，那么杨坚的五个儿子正好都前后相差两岁，也就是说在公元567年至575年的这段时间里，杨坚与独孤伽罗隔一年生一个儿子，一共生了五个。如此恩爱，难怪杨坚会引以为傲。

因为是嫡长子，所以杨勇一早就被确立为杨坚的继承人，他的身份地位也随着杨坚的步步高升而不断提升，直到成为一人之下万人之上的皇太子。

作为储君、未来的皇帝，杨勇担负着延续隋朝江山的重任，所以杨坚对他寄予了厚望。为了培养他成为合格的接班人，杨坚对他进行了严格的政治训练，比如令他参与军国大事的处理，在自己出巡时留守京城，等等。

因此整个开皇年间，杨勇几乎一直待在大兴，没怎么出过门，也没什么表现机会。这与杨广、杨俊等镇守一方并经常领兵征战、建立军功的王爷们有很大不同，也使得杨勇看起来有点儿缺少存在感。

不过杨勇这些年也并非全无作为，他在治国方面的表现还是可圈可点的，比如下面这件事。

开皇初年，杨坚因关东地区人口流散严重，担心影响社会稳定，便想将流民迁到北方，充实边塞人口。当时杨勇上书劝谏说："恋土怀旧，是人之常情，关东人流散，大概是迫不得已。北齐末年，皇帝昏庸，百姓生活困苦，等到北周讨平关东，又进行严酷统治，百姓更不堪忍受，因此出现逃亡现象。并非他们不想待在家里，愿意流散在外。如果假以时日，使他们沐浴我大隋朝的皇风，那么流散的人自然会回到家乡。至于突厥犯边，只需要令北境严加防卫即可，何须迁移人口，扰乱百姓呢？"

杨坚觉得很有道理，便采纳了他的建议。几年后流民果然变少，关东地区安定如初。

从这件事不难看出，杨勇的为人还是很不错的，有成为仁君的潜质。实际上他生性宽仁和厚，又自幼好学，喜欢文学艺术，擅长诗词歌赋，具有文人气质和文治精神。这样的人如果当了皇帝，或许不会有太大作为，但应该会是一个仁义爱民的守成之君。

然而，杨坚却不这么认为。

杨坚的刻薄我们已经见识过了，他对儿子极其严苛，要求他们必须像自己一样躬行节俭、不近声色、勤于政事，尤其是太子杨勇还担负着延续隋朝江山的重任，更要勤俭自律，有一丁点儿的缺点和过错都不行。

但杨勇偏偏不是一个俭朴的人，他喜好奢华，并且率直任性，从不掩饰自己的好恶，这就逐渐引起了杨坚的不满。

有一次，杨勇用金银装饰了一件铠甲，并毫无顾忌地在人前展示。杨坚见后很不高兴，生怕他染上奢侈的恶习，便对他进行了一番道德教育。

杨坚先是摆事实、讲道理，说历代帝王，从来没有喜好奢华却还能江山长久的，你杨勇身为储君，如果不能上称帝心，下合人意，将来怎么担负守卫江山社稷的重任，成为万民的典范呢？

然后他又拿自己举例：“你看看我。发达之前就节俭，到现在依然如此，很多旧衣服都舍不得扔，时常拿出来瞅两眼，就是为了警诫自己不要忘本！”说完这些话，他赐给了杨勇一把自己以前用过的刀子，以及一盒酱菜。

这有什么用意呢？

原来当初杨坚在北周担任上士时，经常用小刀插酱菜吃，生活非常俭朴。所以杨坚以此来警示他，希望他继续发扬艰苦朴素的精神，不要为物欲所迷。

这是一个父亲对儿子的谆谆教导，也是皇帝对臣子的严正警告。

但可惜的是，杨勇并没有听进去，依旧生活奢靡，不加节制。

这也难怪，他十几岁就当上了太子，身边一堆人伺候着，从来没有经历过什么磨难，早就自由散漫惯了，现在突然让他去过苦日子，他哪能做得到？

所以杨坚不高兴，对他就有意见。

不过，这还不是杨坚最不满他的地方。

当年冬至，中央和各地方官吏依惯例至大兴宫朝见天子，之后又在太常寺的召集下，至东宫拜见太子。

当时杨勇才当太子没有多久，对皇家的礼仪制度并不是很了解，见百官来参见，也没有觉得有什么不妥，便穿上礼服，派出乐队，高兴地接受了他们的朝贺。

然而正是这样一个举动，触犯了杨坚的禁忌。

这个禁忌叫作皇权。

在中国封建历史上，皇帝和太子一直是一对矛盾体。他们既是父子，又是君臣，彼此间既有亲情，又有权力斗争，关系非常微妙。做皇帝的，当然希望太子能够出类拔萃，将来好接自己的班，但他们又怕太子权势过大，威胁到皇权。

所以太子是最难当的，不争气可能被废，太过锋芒毕露又可能直接被杀，只有在表现合格的同时，将自身权力严格置于皇权之下，保证皇权的威严性，才有可能保住太子之位。

可是杨勇却不明白这个道理，他接受百官朝拜，就等于和皇帝享有了同等礼仪，这已经触碰到了权力的红线。虽然是百官主动来的，但他们敢来，你真就敢接受吗？而且还大张旗鼓，有模有样，这不是挑战皇权吗？这是防范心过重的杨坚所不能容忍的呀。

所以杨坚听说后非常生气，质问大臣们说：“文武百官在冬至朝见太子，这是哪门子的礼仪？”

时任太常寺少卿的辛亶解释说："这是前朝的惯例，历代都这样。而且百官见太子称'贺'，不得称'朝'，与朝见天子是有区别的。"

杨坚并未接受这套说辞，愤愤道："如果是节日拜贺，只需三到十几人，各自自愿去，为什么会所有人聚到一起？而且太子还穿着礼服，设乐接见，这恐怕不合适吧？"

听到这里，辛亶已经明白了皇帝盛怒的原因，这不是合不合礼的问题，而是太子东宫的问题。

辛亶非常惶恐，不敢辩解下去了。

于是杨坚下诏规定："礼仪有差，君臣有别。太子虽然地位尊崇，但也是臣子。而内外官员冬至朝贺天子，是自古的礼仪，而于朝见天子之后再上东宫见太子，则是不合礼仪的，应该杜绝。"

这道诏令不像是针对杨勇本身，更像是针对"太子"这个身份的。

但不管怎么说，因为这件事，杨勇在父亲心目中的形象进一步崩塌。从此以后，杨坚对他越来越刻薄。

这种刻薄体现在方方面面，就比如下面这件事。

当时隋朝的东宫设有左右宗卫率等武官，分别掌管一定数量的卫队，负责东宫的警卫工作。而杨坚却下令从宗卫侍官中选取优秀者，到皇宫担任侍卫。

表面上看这是要加强皇宫警卫，实际上却是要削弱东宫的军事力量。

高颎认为这样做不合适，上奏说如果把优秀的侍卫都选走了，恐怕东宫守卫太差，建议留点好的给太子。

杨坚听后脸色大变，认为高颎有意帮杨勇说话。因为高颎的小儿子高表仁娶了杨勇的女儿，两人是亲家。

于是他斥责高颎说："我经常出行，侍卫必须得雄健。而太子在东宫修身养性，足不出户，要那么强的侍卫干什么？"

杨坚的态度非常坚决，语气也很严厉，高颎没法再往下接，只能奉命。于是东宫精锐侍卫都被调到了皇宫。

这是一个危险的信号，说明杨坚已经不信任杨勇，开始对他进行打击了。更糟糕的是，杨勇不仅不得父亲喜欢，还得罪了强悍的母亲。

这就要说到杨勇的另一个问题了：好色。

杨勇身边有许多姬妾，这本来算不上什么大问题，毕竟他是一国储君，担负着为隋朝皇室传宗接代的重任，多几个姬妾也很正常。可是他偏偏有一个坚持一夫一妻制的母亲，在她的眼里，这就是过错。

在杨勇的众多姬妾中，最受他宠爱的是一位云氏女，封号昭训，在东宫的地位仅次于太子妃。但这位云昭训的出身却不怎么样，她的父亲云定兴是个下级官吏，因为有巧思，擅长做奇服异器，故而受到杨勇的宠信。

后来在云定兴的撮合下，年少的杨勇在宫外认识了活泼可人的云氏，二人一见钟情，私订终身，不久就生下了长子杨俨。后来云氏进入东宫，又一连生了两个儿子，受到杨勇的极高待遇。

相比之下，太子妃元氏的命运就有些悲惨了。元氏本名元珍，乃是北魏宗室元孝矩之女，出身高贵，性情刚毅，端庄大方，是一位正宗的大家闺秀，很合独孤皇后的脾气。所以独孤皇后选她做了儿媳妇儿，盼望着她和杨勇能像自己和杨坚一样恩爱和睦，彼此忠贞。

可是杨勇却辜负了母亲的一番好意，结婚不久就把元珍晾到了一边，整天和他的那些姬妾打得火热。更过分的是，他和元珍结婚十几年，竟然没有生过一个孩子。这不得不让人怀疑他们是否真的同过房。

如果没有，那杨勇就太不负责任了，作为一个男人，这无疑是对妻子最大的伤害，跟让她守活寡没什么分别。

这不禁让人想起了杨俊的王妃崔氏，同样出身名门，同样不得丈夫宠爱。不同的是，崔氏还有儿子可以疼爱，而元珍却没有任何寄托。

虽然备受冷落，但元珍并没有大哭大闹，更没有想过去报复丈夫，而是把泪水咽进肚里，默默承受着这一切。

元珍可以忍受，独孤皇后却看不下去了。她是一夫一妻制的坚定拥护者，最痛恨男人冷落妻子、宠溺妾室，一经发现，必定严打，就算是自己的亲生儿子也不能例外。何况元氏还是她亲自为杨勇挑选的妻子，是她认定的好儿媳，将来要母仪天下的。结果杨勇却不知疼惜，反而去宠爱一个出身低贱的妾室。往轻了说是生活作风有问题，往重了说这就是大逆不道！

所以独孤皇后对杨勇很不满。

但好在，她和杨坚都非常喜爱云昭训的儿子杨俨，甚至还把他接到宫里亲自抚养。这也难怪，杨俨是他们的长孙，祖孙隔辈亲。这在一定程度上缓和了她和杨勇以及云昭训的矛盾。

然而这种暂时的和谐局面在开皇十一年被一个突如其来的变故打破了。

当年正月某一天，常年受丈夫冷落的元珍忧郁成疾，两天后便病重而死。

由于死得太过突然，加上元珍一直不得杨勇喜欢，独孤皇后就起了疑心，怀疑元珍并非病亡，而是死于非命。

因此她把杨勇叫来，严厉责备了他。杨勇满脸委屈，赶忙辩解说："元珍是得心病而死，跟我有什么关系？"

独孤皇后不肯相信，怒斥道："好端端的，怎么会突然得心病？我听说阿珍之前没有病症，身体一直很健康，这才两天工夫，人就没了，世上哪有这样的疾病？分明是你下毒害死了她！"

杨勇大感冤枉，回怼道："谁说她以前没病？她一直都有心病。是不是元孝矩说的，我一定要杀了他！"

独孤皇后听言震怒，对儿子失望透顶，但她并没有证据证明是杨勇害死了元珍，无法追究他的责任，训斥之后也就不了了之。

可偏偏这时候，杨勇又干了一件蠢事，彻底把母亲得罪了。在元珍死后，他命云昭训接替她主持家事，使云氏成了事实上的太子妃。

这么一来，云昭训就在客观上成了元珍之死的最大受益者。按照一般人的思维，如果元珍是被人所害，那云昭训就是第一嫌疑人。

所以独孤皇后的疑心更重了，她不禁想：元珍才刚死不久，杨勇就这么迫不及待地让云昭训接管家事，还说不是他们合谋毒死了元珍？

独孤皇后越想越觉得是这么回事，心里愈加愤愤难平，于是派人秘密监视杨勇，伺机收集他的过错，想以此惩罚他。

被自己的母亲这般对待，杨勇也是够悲催的。如今的他是父不疼、母不爱，太子之位已经岌岌可危。

但对他来说，这还不是最危险的。更要命的是，有一个人敏锐地捕捉到了他和父母之间的裂痕，并且打算加以利用，把他赶下太子之位。

这个人正是他的亲弟弟：晋王杨广。

杨广的打算

杨广已经是我们的老熟人了，他是杨坚次子，也是除了杨勇之外，最有资格继承皇位的人。

换句话说，他是隋朝皇位的第二顺位继承人，如果第一顺位继承人杨勇出了什么问题，那继承皇位的应该就是他了。

处于这样一种地位，杨广对皇位不可能没有想法。

以前杨勇地位稳固，杨广也就只能想想，但现在杨勇逐渐失宠，太子之位开始动摇。杨广觉得自己的机会来了。

但光有机会还不够，还得有挑战杨勇的资本才行。要知道废立储君是国之大事，不是说太子失宠就一定会被废，就像当初的周宣帝宇文赟，同样不争气，不被父亲喜欢，但最后不还是继承了皇位吗？就是因为他的弟弟们更不争气，或者年龄太小，没有挑战他的资本。

那杨广的资本可否威胁到他的哥哥——太子杨勇呢？

首先从年龄上来说，杨广只比杨勇小两岁，早就已经成年，如果即位，完全有能力掌控朝政，不必担心大权旁落。

其次从个人能力上来说，杨广这些年南征北战，平过南朝，打过突厥，经历过各种磨难，政治和军事素质都过硬，也没什么问题。

最后从德行上来说。这一点非常关键，因为杨勇正是因为生活作风问题而被父母嫌弃，如果杨广也和他一样生活奢侈、宠爱姬妾，那即使他其他方面表现得再好，恐怕也难以获得杨坚和独孤皇后的认可。

所以这就涉及一个重大问题：杨广究竟是怎样一个人？

这个问题其实很难回答，倒不是说缺少记载，而是这些记载不完全可信，因为包括《隋书》在内的主要文献都是唐人所作，难免有失实的地方，尤其是在杨广个人品德方面。

但是我们又必须正视这个问题。所以接下来，我们将以史料为基础，加上一些逻辑分析，尽量还原一个真实的杨广。

首先杨广是一个有才之人。《隋书》等文献称他“美姿仪，少敏慧”“好学，善属文”，就是说他长相俊美，打小聪明好学，擅长诗文。

这点应该是没有争议的，我们联系他此前的人生经历，就能明白他为什么好学并且有才。

我们说南北朝时期的文化重心在江南，到隋朝前期依然如此，而杨广虽然是个地道的北方人，但他的妻子却是一位南方姑娘，并且还是名门闺秀。兰陵萧氏既是曾经的南朝皇族，又是当时的顶级门阀，其家族成员大都具有较高的文化素养。萧妃的祖父昭明太子萧统（梁武帝的长子）就是一位文学家，组织编写了现存最早的一部诗文总集《昭明文选》，对后世影响深远，曾长期作为科举考试的官方教科书。在萧妃的影响下，杨广对江南文化产生了浓厚兴趣，后来他又长期镇守扬州，接触到大量江南名士，受到江南文化熏陶。综合这些因素，他具有诗文之才也就不奇怪了。

事实上，杨广绝对算得上是隋朝为数不多的一位诗人，甚至可以称第一。他流传下来的诗词虽然不多，但不乏精品，比如下面这首：

寒鸦飞数点，流水绕孤村。
斜阳欲落处，一望黯销魂。

这首诗优美灵动，在诗歌整体发展水平不高的隋朝，应该算得上是难得的佳作了，而且此诗流传千古，对唐诗宋词元曲名家的创作影响深远。北宋词人秦少游《满庭芳·山抹微云》中的名句“斜阳外，寒鸦万点，流水绕孤村”就是化用了这首诗，被同时代的另一词人晁补之评价为“虽不识字人，亦知是天生好言语”。

就算不识字，也知道是好句。能写出这种诗的人，说是才子也不为过。

但是有才不等于有德，杨广的德行究竟怎样呢？

据史书记载，杨广艰苦朴素、谦逊仁孝、不好声色、对妻子专一……总之是好得不能再好。

然而，这一切可能都是他伪装出来的。

按照史书的说法，杨广为了取代杨勇的太子之位，拼命在父母面前演戏，把自己打造成了一个勤俭自律的好少年。

事实真的是这样吗？

是，但也不全是。

首先说他是否真的好色。可能在大多数人的印象里，杨广就是个荒淫好色之徒，但事实上这可能仅仅是他晚年的情况，在早年，他身边的妃嫔姬妾数量非常有限，多数时候可能是“唯与萧妃居处”（只和萧妃住在一起）。虽然他这么做有包装自己、取悦独孤皇后的嫌疑，但不能否认的是，他的子女非常少，可考的只有六人，且大多为萧妃所生。

如果他真的非常好色，怎么会只有几个子女？史书又说他“后庭有子，皆不育之，示无私宠，取媚于后”。也就是说他故意不去抚育姬妾所生的子女，来表示只钟爱萧妃一人。这种情况或许存在，但并不普遍，因为从萧妃一生的经历来看，杨广确实非常宠爱她，也包括她的子女。

然后说他是否真的俭朴。纵观杨广的一生，我们可以肯定地说，他和杨坚完全不同，绝不是一个俭朴之人。但他很会掩饰自己，与喜好奢侈且率真任情的杨勇形成鲜明对比。

根据史书记载，杨坚夫妇曾多次驾临晋王府，每次他们来时，杨广都会提前做一番准备。比如把府里的美女藏起来，只留下一些又老又丑的，给她们穿上粗制衣服，在身边服侍；命人把室内的精美屏帐都改为朴素的幔帐，来证明自己俭朴；最绝的是故意把乐器弄坏，刻意保留上面的尘埃，表示自己不好声色。

这段记载的可信度有多高呢？

恐怕多半是真的。因为当初杨广镇守并州时，就曾因私造池台假山被行台右仆射王韶教育了一番，可见他并不是一个俭朴的人，现在为了取悦父母而做一些掩饰是有可能的。还有，古代诗歌和音乐不分家，杨广既然喜欢文学，又擅长作诗，怎么可能不爱音乐？

所以说，他的俭朴多半是伪装出来的。但这不代表他就非常荒淫奢侈，只是说他没有那么俭朴，或许与杨勇、杨俊差不多。

最后说他是否真的仁孝。历史上的杨广给人的印象是残暴不仁，但那只是隋炀帝杨广，而不是晋王杨广。早年的杨广非但不残暴，而且有仁爱之名。据《隋书》等文献记载，有一次他率麾下将士观看打猎，中途遭遇大雨，左右侍从准备为他披上雨衣，而他却拒绝说：“士卒都在淋雨，我岂能独自穿上雨衣。”于是命人将雨衣拿去，甘愿被雨淋湿。

这虽然只是一件小事，但从中不难看出，杨广是有仁爱之心的，能够与士卒同甘共苦。当然了，这也有可能是他为了博取美名、笼络人心而刻意为之，并非他的本性。

在孝这方面，杨广做得也不错。作为藩王，他常年驻守在外，通常每年只回京一次。每次回来时，杨坚和独孤皇后都会频繁派人去晋王府，而不管来人身份高低贵贱，他都和萧妃亲自出门迎接，并热情招待，赠送厚礼。如果来人是独孤皇后的婢女，萧妃还常常和她同寝共食，一点儿王妃的架子也没有。等到准备离京时，他又专门向母亲告别，每次都哭得稀里哗啦，似有百般不舍。

由此看来，杨广对父母恭敬孝顺，是个绝对的孝子。但他的这些行为不免有些做作，恐怕伪装的成分比较多，目的当然也是博取父母的欢心。

所以总的来说，杨广是一个极其聪明并且心机很重的人，他善于伪装，极力把自己打造成父母喜欢的样子。至于他所表现出来的孝悌恭俭等优秀品德到底有几分真几分假，就只有他自己知道了。

伪装是一件很辛苦的事，而杨广这一伪装就是十几年，他下这么大功夫，就是要积攒资本，等待机会，以便有朝一日能取代太子杨勇。

现在这个机会终于来了，杨广当然不会放过，他要准备夺储了。

这将是一场残酷的政治斗争，什么骨肉亲情、兄弟之义，在它面前都不堪一击。以杨广的性格，他必然要不择手段，不会念及任何亲情。

所以他的斗争就从利用母亲独孤皇后开始。

在元珍死后不久，杨广借朝见之机来到京城，在即将返回扬州时，他又照例去拜别独孤皇后，并发挥自己演戏的特长，摆出一副依依不舍的姿态，趴在地上泪流不止。独孤皇后被他感染，也跟着流泪。杨广见状，哭得更起劲了，完全没有停下来的意思。独孤皇后不禁奇怪，这孩子今天是咋的了，又不是以后见不着面了，怎么会哭得这么厉害，是不是有什么事？

她越看越觉得不对劲，于是开口询问。

杨广这才止住哭声，对母亲说道："臣生性愚笨，见识低下，平时很注意维护兄弟间的情义，但却不知道哪里得罪了太子，使得他对我怀有怒意，总想谋害我。臣恐怕这一去，他会在背后进谗言，或者派人对我下毒，因此非常忧虑，害怕遭到杀身之祸！"

这话有点贼喊捉贼的意思，放到以前，独孤皇后未必会信，但现在她正因元珍之死而怨恨杨勇，已经丧失了判断力，尤其是听到"下毒"二字，顿时怒上心头，愤然说："睍地伐越来越不像话了，我好心好意为他娶了元氏女，他竟然不以夫妇之礼待她，反而专宠阿云，生下了一堆猪狗一样的儿子。先前元氏被毒害而死，我没有办法追究到底，怎么他现在又想这么害你了！我活着尚且如此，一旦我死了，他还不把你们几个兄弟当鱼肉吗？我每次想起东宫竟然没有嫡出的子嗣就愤愤难平，试想皇帝千秋万岁之后，你们兄弟就要向阿云的儿子俯首称臣，这是多么痛苦啊！"

杨广听完，又跪在地上呜咽不止。独孤皇后也悲伤得不能自已，自此下决心要废掉杨勇。

杨广的目的达到了。他这一番表演，就是要让独孤皇后对杨勇彻底失望，然后通过她来影响杨坚，进而把杨勇从太子位置上拉下来。

不过太子废立毕竟是国家大事，虽然独孤皇后对杨坚的影响力很强，但杨坚也不可能完全听从她的意见而不顾群臣的态度。所以接下来，杨广开始了他夺储计划的第二步：拉拢大臣。

杨广曾率军平陈，与许多大臣都有往来。其中不乏关系密切者，比如褒国公宇文述。

自从隋朝建立，姓宇文的人已经不多见了，宇文恺家族算一个，剩下的就是宇文述家族了。不过宇文述本不姓宇文，他祖先是宇文氏的奴仆，姓破野头，后来随了主人姓。这也是为什么他家没有被杨坚诛灭的原因。

宇文述生于西魏大统十二年（公元546年），是名将宇文盛（非越王宇文盛）之子。凭借这一点，他少年入仕，不断晋升，北周末年参与平定尉迟迥叛乱，开皇九年又随杨广平陈。正是在这次战争中，年轻的杨广与宇文述建立了联系。

如今杨广准备夺储，正是需要大臣支持的时候，为了进一步拉拢宇文述，便举荐他出任寿州总管。

寿州即今安徽寿县，与扬州相去不远，受扬州总管府节制，所以宇文述实际上成了杨广的下属。

这样一来，二人关系更加密切。一段时间后，杨广觉得宇文述已经可以完全信任，于是向他表明了夺储的意愿，请他为自己出谋划策。

宇文述当即表示支持，他告诉杨广，太子废立是国家大事，不是那么容易的，必须取得右仆射杨素的支持，只有他才能使皇帝改立太子。

杨广觉得很有道理，杨素是目前朝中二号人物，权势和地位仅次于高颎，如果能获得他的支持，那么夺储就等于成功了一半。可是杨素何其精明，这种冒风险的事，他愿意参与吗？

宇文述知道杨广的疑虑，拍着胸脯说："杨素一向听他弟弟杨约的话。我与杨约颇有交情，愿意入京与他相见，共图大事。"

杨广听罢大喜，于是命他携带大量金银财宝入京，寻机结交杨素、杨约兄弟。

杨素的抉择

杨约是杨素同父异母的弟弟，生年不详，应该比杨素小不太多，现为大理寺少卿（大理寺二把手）。别看他现在官职不低，实际上他早年就是一个宦官，也就是后世俗称的太监。

堂堂贵族子弟，为什么想不开要去做太监呢？

这事说来有些悲惨。杨约小时候顽皮，总喜欢爬树，有一次不小心从树上坠落，被树枝划伤裆部，这才入宫做了宦官。

好在杨约的家族足够强大，又有一个能干的哥哥帮衬，所以他后来脱离宦官行列，成了朝中大臣。

或许就是这样的童年经历，使杨约心理扭曲，养成了深沉静默、诡谲狡黠的性格。

作为兄弟，杨素和杨约的关系极好。杨素看重弟弟的聪明多智，对他非常信任，凡是遇到大事都会和他商量，这也正是宇文述看重杨约的地方。

当时宇文述携带大量器物珠宝来到京城，在朝见过杨坚后，便利用在京的机会，着手实施拉拢杨素兄弟的计划。

宇文述与杨约是老交情了，对他的性格非常了解，知道可以用金银珠宝打动他。于是一个送礼计划就展开了。

送礼拉关系也是讲究门道的，一般人送礼都是直接送，而宇文述不一样，他的方式要高明多了。

他先是利用老交情，约杨约出来喝酒。酒桌上，又故意把大批精美的器物珠宝展示出来，等杨约看得眼睛放光时，他提出说："喝酒没意思，不如来点刺激的。咱们来赌博，你赢了，珠宝就归你；我赢了，你喝酒就行。"

杨约一听高兴坏了，竟然还有这种好事，那肯定得赌啊！于是二人边喝酒边赌博，没一会儿工夫，杨约就把宇文述带来的珠宝全赢了去。

之后一段时间，宇文述天天邀杨约喝酒赌博，每次都把带来的珠宝器物输个精光，让杨约赢得都不好意思了。

杨约是聪明人，很快发觉不对劲，心说我又不是"赌神"，怎么会一直赢？宇文述不会是故意输给我的吧？他是不是有什么事要请我帮忙？

杨约越想越觉得是这么回事，于是几天后，他主动请宇文述吃饭，并在席上问道："您来京城这几天，连续请我喝酒，又送了这么多宝贝给我，我不能白要啊，得报答您，您有什么事就直说吧。"

宇文述见他都这么说了，便开门见山道："实不相瞒，这些财宝并非我所有，实乃晋王所赐，是他令我送给杨公您的。"

杨约顿时大惊："晋王为何赐我财宝？"

面对这个问题，宇文述没有直接回答，而是先说了一番大道理。

"坚守正道固然是人臣应该做的，但背离常道而符合时宜，也是通达者的良策。自古贤人君子，莫不与时俱进，随势而为，以便避免祸患。您的兄长功名盖世，当权掌事已有一段时间了，在此期间，被杨家屈辱的朝臣不可胜数！现在太子因为欲望不能满足，常常切齿痛恨当权大臣。您虽然尽心竭力侍奉圣上，但想伤害您的人也不在少数。圣上一旦驾鹤西去，您要如何保全家族呢？"

杨约听着若有所思。宇文述接着说道："现如今，太子已经不被皇后宠爱，圣上也有废黜他的心意，这些您应该是知道的。而今圣上宠信您的兄长，只要他开口，必能请立晋王为储君，晋王一旦当了太子，必将铭记你们兄弟的功劳，如此杨家便可除去累卵之危，得以安如泰山。"

听到这里，杨约算是明白了，合着宇文述是让自己帮晋王夺储啊！杨约心里盘算着：眼下太子失宠，而晋王极受宠爱，我兄长乃是当朝宰相，如果他肯出手，不难帮晋王夺得太子之位，届时我们杨家就是大功臣，必能长保荣华富贵。这买卖值得做。

于是杨约答应了宇文述，回家就把这事儿告诉了杨素。

杨素会做何反应呢？

说来奇怪，《隋书》中出现了两种截然不同的记载。《杨约传》说杨素听后拍掌大笑，当即决定入伙；而《杨勇传》却说他非常惊讶，迟疑道："只是不知道皇后如何打算？如果确如晋王其言，我又该怎么办？"

那这两段记载哪个更可信呢？

在我看来，两者皆可信，它们看似矛盾，实则并不冲突，并且反映了同一个事实：杨素想要加入杨广阵营。

我们知道，杨素并不是一个讲道义的人，他热衷功名利禄，为此可以不择手段。如今他担任右仆射，是朝中的二号人物，理论上还有上升空间，所以面对杨广抛来的橄榄枝，他当然高兴。但参与夺储毕竟是生死攸关的大事，成功了固然可保荣华富贵；失败了，却也可能招致灭门之祸。所以杨素在高兴的同时，又有所迟疑。

杨约看出了杨素的疑虑，又对他说："而今皇上对皇后言听计从，兄长何不把握这个机会，趁早结交依托呢！而且晋王礼贤下士，声名日益显著，又躬行节俭，有人君的风范，以我料想，他将来必能安定天下。兄长如果迟疑，一旦有所变故，令太子掌权，恐怕就大祸不远了。"

杨素觉得很有道理，便决定先探探独孤皇后的口风，如果独孤皇后真像杨广说的那样不待见杨勇，那再帮杨广夺储也不迟。

几天后，杨素觅得了机会，当时独孤皇后在宫里举行宴会，杨素奉命参加。宴席上，他故意漫不经心地称赞杨广孝悌恭俭，和皇上很像。独孤皇后听后突然潸然泪下，哭泣道："你说得太对了。我儿非常孝顺，每次听说皇上和我遣人去扬州，一定会出城远迎。一到和我分别时，未曾不流泪。而且他的王妃也很可怜，我遣婢女去王府，她总是和婢女同寝共食。哪像睍地伐和阿云相对而坐，终日酣宴，亲近小人，猜疑骨肉兄弟。"

杨素听到这番话，就知道杨勇已经彻底失宠了，于是顺着独孤皇后的话，大言杨勇如何如何不好。

独孤皇后像是找到了知己，听得连连点头，最后赏赐了杨素大把金银，和他结成了废黜杨勇的统一战线。

自此以后，独孤皇后就经常在杨坚面前说杨勇如何不好，并劝杨坚将他废黜。这让杨坚感到纠结，他虽然对杨勇很失望，但觉得太子还没到被废黜的地步。毕竟废立太子之事关乎王朝未来的兴衰，不能草率决断。而且杨勇已经当了将近二十年的太子，如果突然把他废了，朝臣们会做何感想呢？恐怕会引起朝野震动吧！

所以杨坚对此非常谨慎，打算先问一问上天的意思，然后再做决定。于是他秘密召来了术士来和，请他为自己的几个儿子算算命。当年来和准确地预测了自己能当皇帝，这一次他会做何回答呢？

来和对杨坚说："晋王眉头上双骨隆起，贵不可言。"言外之意就是杨广能当皇帝。这个答案无疑又给杨广加了分，使得杨坚更倾向于废勇立广了。

不过杨坚仍然未下决心，又准备询问大臣的意思。他问上仪同三司韦鼎说："我几个儿子谁能继承皇位？"

这个问题问得很奇怪，照理说储君已定，谁继位不是明摆着的吗？现在杨坚这么一问，等于是告诉韦鼎，杨勇的太子之位要动摇。韦鼎明白这层深意，也知道其中的利害，所以不敢直接回答，而是说："陛下和皇后最爱的儿子当能继位，臣不敢预测。"

这个回答非常巧妙，两头不得罪，任谁也挑不出毛病来。

杨坚见他不肯明言，也没有再追问。而对于废黜杨勇的事，他还是拿不定主意，只得暂时搁置。

不久，杨勇听说自己爹妈以及杨素要合伙搞掉自己，一时又急又怕，也不知道该怎么办，结果病急乱投医，竟然寻求巫术，希望以此压制杨广。

这种做法显然起不了什么作用，杨勇也知道不靠谱，所以又适当地调整了一下生活方式，命人在东宫的后园建造平民村庄，故意把房屋建得非常简陋，隔三岔五过去住一住，去的时候穿着布衣，晚上睡觉盖着草褥，跟个平民百姓一样。

你们不是不喜欢奢侈吗，那我艰苦朴素总行了吧！

说实在的，这确实比用巫术强，可问题是，你演得太假了啊，跟杨广比差远了，根本骗不了你爹妈啊！

当时杨坚正在仁寿宫，突然听人说杨勇在东宫不安分，便派遣杨素回京探查，看他究竟在做什么。

杨素正愁怎么抓杨勇的把柄呢，现在终于有了机会。他到东宫后，在外停留许久却不进门，愣是让杨勇等了半晌。杨勇哪受得了这气，当时就不高兴了，见了杨素后不禁怒形于色，对他一通埋怨。

杨素表面上不动声色，心里却暗自高兴，回去之后便向杨坚奏称："太子心有怨气，恐怕会做出不寻常的事来，请陛下仔细查证！"

杨坚听了这番话，更加疑心杨勇了。独孤皇后则乘机派人到东宫伺察，收集杨勇的过错，然后添油加醋，罗织成罪状报告给杨坚。终于在她和杨素的内外夹击下，杨勇越来越不得宠，东宫易主似乎只是时间的问题了。

第三章
高颎罢相

杨坚对杨勇极度失望，终于产生了废黜他的想法。但杨勇毕竟当了那么多年太子，在朝中还是有不少支持者的。就比如首席宰相高颎，作为杨勇的亲家，他肯定希望由杨勇继承皇位，现在要废黜杨勇，他会不会极力反对呢？要知道高颎当了近二十年的宰相，威望高、影响力大，如果他坚持维护杨勇，一定会给废立太子带来巨大阻碍。

对此，杨坚有些忧虑，决定先试探一下高颎的态度。

于是某一天，杨坚趁着和高颎议论朝政的机会，对他说道："近日有神明托梦给晋王妃，说晋王必得天下，你对这事怎么看？"

高颎大惊失色，联想到近来太子失宠的事，他不难推测杨坚话中的深意。在这个紧要关头，无论是出于公心还是私心，他都必须保杨勇。于是赶忙跪地道："自古长幼有序，岂能轻言废立！"

杨坚听言默然。心想高颎果然强烈反对，看来要废立太子还得从长计议啊！

于是这事又搁置了下来。

不久，独孤皇后知晓了他们君臣间的这次对话，她突然意识到，只要有高颎在，杨勇的太子之位就很难动摇，所以要废黜杨勇，必须先把高颎拉下台。

可是高颎当权已久，想扳倒他哪有那么容易？而且他与独孤家关系匪浅，独孤皇后又怎么忍心去对付他呢？

事实上，一直以来独孤皇后和杨坚都把高颎当成自家人，这也是高颎能够近二十年屹立不倒的一个重要原因。可是在开皇十八年，独孤皇后因为一件小事改变了对高颎的态度，正是从那时候开始，高颎的命运发生了转折。

这件事与杨坚有着莫大关系。前面讲过，晚年的杨坚不再严于律己，逐渐开始追求享乐。除了兴建仁寿宫享受安逸外，他还背弃了对独孤皇后的誓言，开始宠幸美色了。

本来独孤皇后对后宫管得很严，杨坚身边压根儿没有妃嫔，也没有机会宠幸别的女人。可是仁寿宫修成以后，杨坚经常去那里避暑办公，独孤皇后虽然也会跟着去，但对后宫的管控就没有那么严密了。

有一次，杨坚在仁寿宫小居，偶然见到一名宫女。这宫女青春年少，肤白如雪，貌若桃花，杨柳细腰，婀娜多姿，看得杨坚心潮腾涌，喜欢得不得了，急忙问她："你叫什么名字？是谁家女儿啊？"

那宫女回答说："奴婢复姓尉迟，祖父乃尉迟迥。"

原来这宫女是尉迟迥的孙女。当初尉迟迥兵败自尽，家族中的男性大多被诛杀，女眷则被纳入宫中为奴，眼前的这位少女就是在那个时候入宫的。只不过当时她年纪还小，没有引起人们的注意，谁承想十几年后，她竟然出落成了一个大美人，这就难免引人注目了。

我们曾不止一次地说过，杨坚是个好男人，对独孤伽罗非常专一，夫妻二人恩爱了四十多年，彼此忠贞不渝，这在古代封建帝王的后宫中是极其罕见的。但是，男人是容易变的，尤其是面临诱惑的时候。

作为皇帝，杨坚坐拥天下，可以说宫里所有的女人都是他的，以前独孤皇后年轻漂亮，他眼里只有她，没有别的女人，可如今独孤皇后已经年老色衰，无法再满足他的生理需求。面对眼前的美色，他难免把持不住，而且这美人又是他手下败将尉迟迥的孙女，使得他产生了一种强烈的征服感。于是就趁着独孤皇后不注意，直接宠幸了尉迟氏。

可惜了好男人杨坚，对结发妻子忠诚了大半辈子，如今年近花甲，却“出轨”了，颇有点晚节不保的意味。

但话又说回来，堂堂一朝天子，不过是宠幸一个宫女而已，多大点儿事儿呢！

是啊，多大点儿事儿，杨坚也是这么想的。

可是他忘记了，他的妻子不是普通人，而是一个妒忌心极强又极其高傲的女人。作为一夫一妻制的坚定拥护者，她对大臣纳妾尚且不能容忍，又怎能忍受自己的丈夫和别的女人发生关系呢？

所以当她知晓丈夫“出轨”后，立刻醋意大发，精神濒临崩溃，曾经的骄傲、自信在这一瞬间轰然崩塌。她无法承受这样的打击，决意要报复。于是趁着杨坚上朝的时间，派人将尉迟氏抓来，活活地打死了。

等杨坚下朝回来，兴冲冲地跑去见尉迟氏，却发现她已经变成了一具冰冷的尸体，而且血肉模糊。

杨坚不用想也知道是谁干的，他勃然大怒，气得咬牙切齿。这也难怪，他好不容易看上一个宫女，刚宠幸没几天，就这么被人杀了，能不生气吗？

可气又能怎么办呢？拿独孤皇后问罪，废了她吗？杨坚没这个胆，也没这个心，谁让他对这个媳妇儿又敬又怕呢。可是他是皇帝啊，实在咽不下这口气，总得做点什么表示抗议啊！于是他选择离家出走，一个人骑马驰出仁寿宫，跑到了附近的山谷中。

他这么一闹，可把百官急坏了，皇帝这是演的哪出啊？怎么还离家出走了？不会做傻事吧？不行，得赶紧把他追回来。

于是宰相高颎、杨素率众急追，跑了二十里路才赶上他。二人下马，抱住杨坚的坐骑，苦苦劝谏，说大臣们都急坏了，您赶紧回去吧。可杨坚却迟迟不愿归回，叹息说：“我贵为天子，竟然得不到自由！”

这话着实让人哭笑不得，真是活脱脱的一个“妻管严”形象。

高颎知道他还在生独孤皇后的气，为了尽快把他劝回去，只能跟他讲起了大道理："陛下是一国之君，身负社稷之重，岂能因为一个妇人而轻视天下！"

杨坚听后果然气消了不少，想想也是，堂堂天子，怎么能因为家庭矛盾就抛弃职责，离家出走呢！

杨坚沉思了许久，终于想开了，便随高颎等人返回了仁寿宫。

此时独孤皇后正焦急等待着杨坚。她杀尉迟氏也是一时气愤，并未考虑到杨坚的感受，也没想到他会有如此强烈的反应。现在看来，自己的行为确实有些过分了。所以她一直在宫里守着，等杨坚回来后，立刻前去请罪。高颎、杨素顺势为二人调解，杨坚也认识到了自己的错误，表示以后不再"出轨"，夫妻二人互相道歉，又和好如初了。

这件事本来应该到此结束。然而几天后，独孤皇后不知怎么听说了高颎劝解杨坚的话，得知高颎把自己称作"一妇人"，她非常不高兴，认为高颎瞧不起自己，由此对他产生了不满。

但这还不足以让独孤皇后憎恶高颎。真正改变他们二人关系的，是接下来发生的一件事。

开皇末年，高颎的原配夫人因病去世。这本是他的家事，与政治无关，但独孤皇后听说后却非常关心，打算为他续弦，因此对杨坚说："高仆射老年丧妻，一定很孤独，陛下为什么不为他再娶一个妻子呢？"

杨坚也不忍心让自己的老战友孤独终老，便采纳了独孤皇后的建议，把高颎召来，向他说明了此事。结果高颎听后流泪不止，婉言推辞道："臣年岁已高，退朝回家后，只是斋戒独居，诵读佛经而已。臣知道陛下对臣恩宠至深，但娶妻之事，臣实在不能接受。"

杨坚听他这么说，也不好强求，便打消了为他续弦的念头。

不久之后，高家突然传出喜讯，高颎的一个小妾生了一个儿子。杨坚听说后非常高兴，想着高颎年近六旬还能生子，实在是大喜事，应该好好庆贺。

可是独孤皇后却满脸不悦，她一贯厌恶大臣宠爱小妾，更不用说和小妾生孩子了。高颎的妻子才去世不久，就和小妾生了儿子，这在独孤皇后眼里就是作风有问题，因此她大为反感。

杨坚见她一脸的不高兴，不免奇怪，问是什么原因。她反问道：“陛下还敢信任高颎吗？起初陛下打算为高颎续弦，高颎心里想着小妾，当面欺骗陛下说他清心寡欲，不想再娶。但如今他却和爱妾生子，这不是人前一套背地一套吗？陛下怎么还能再信任他！”

杨坚听罢愕然。但他仔细一想，感觉还真是这么回事：高颎明明说回家后只吃斋念佛的，怎么还有精力跟小妾生孩子？这不是欺君吗？而且我的小妾都被杀了，你的小妾却生孩子，这也太不公平了吧？

杨坚越想越来气，自此逐渐疏远高颎。

独孤皇后则乘机煽风点火，一有机会就在杨坚面前挑拨是非，说高颎的坏话，一点情面也不留。就比如在下面这件事情上。

开皇十八年（公元 598 年），高句丽（gōu lí）与隋朝爆发军事冲突，双方在辽西打了起来。

说起高句丽，很多人应该都不陌生，它是一个长期存在于中国东北及东北亚大陆的重要民族政权，疆域分属今天中、朝两国。

作为一个地方民族政权，高句丽与中原王朝一直是打打和和，持续了几百年。隋朝统一后，高句丽慑于中原王朝的强大，主动归附。当时杨坚无心与之为敌，便接受了，并册封高句丽的最高统治者高汤为高句丽王。

但高句丽并未就此安分，开皇十八年，高汤的继任者也就是他的儿子高元率兵进攻辽西，被营州总管韦冲击退。

杨坚听说后勃然大怒，一个小小的高句丽，竟然也敢学突厥侵犯天朝，实在是不知天高地厚，必须要给点儿颜色瞧瞧！

于是他召开军事会议，打算派遣汉王杨谅、高颎等领兵征讨高元。

然而高颎却提出了反对意见，他分析说，高句丽地处辽东，过于偏远，不易征伐，而且高元已经被韦冲击退，短期内应该不敢再来了，何必劳师远征呢！

高颎的分析不无道理，如果换作以前，杨坚多半会采纳，但这次他却坚决不听，一定要打高句丽。究其原因，一来是咽不下这口气，要维护隋朝国威；二来恐怕是对高颎不再那么信任了。

对于这次北征高句丽，杨坚可谓是志在必得，他为此出动了 30 万大军，水陆并进。在他看来，以如此强大的军事力量去征服一个弹丸小国，肯定不在话下！

但事实证明，小国未必就比大国容易征服。

由于距离过远，又恰逢雨季，道路泥泞，隋军在征讨高句丽之初就面临一个重大问题：粮草供应不上。再加上来自中原地区的士兵不适应辽东气候，仗还没怎么打就病倒了大半。另外，水军总管周罗睺从东莱出海，打算直驱高句丽都城，却在途中遭遇海风，船只大多沉没，死伤惨重。于是水陆两军都遭受挫折，只能被迫撤还。

这次失利大出杨坚所料，他万万没有想到，连陈朝、突厥他都征服了，却在高句丽这儿栽了跟头。就在他为战争失败而忧愤不满时，独孤皇后站出来说："这样的结果，早在臣妾意料之中。"杨坚惊讶不解。独孤皇后又说："高颎当初不愿出征，陛下硬要派他去，臣妾知道他一定会无功而返！"

这番话带着刺，矛头直指高颎。杨坚听后信了大半，把征讨失败的原因归结为高颎出工不出力。

要说高颎真是够冤的，明明是杨坚不听劝谏执意征讨高句丽，结果却要他来为战争失败买单。

光买单还不算，接下来高颎又遭到了汉王杨谅的诬陷。

杨谅是这次北征名义上的最高统帅，但实际指挥战斗的却是高颎。这本是隋朝一直以来的惯例，皇子挂帅，将相打仗。但是杨谅却想搞特殊，他不甘心只挂个名，竟然仗着自己主帅身份，屡屡插手军事，愣是要教高颎怎么打仗。

这换成是别的大臣，怎么也得给杨谅点面子，毕竟人家是皇子，多少人巴结都来不及呢！可是高颎一心为公，见杨谅提出的建议太不成熟，便未予采纳。

如此一来，杨谅可就不高兴了，甚至对高颎心生怨恨，回京后就跑到母亲独孤皇后面前哭诉说："高颎专横跋扈，孩儿差点为他所杀。"

独孤皇后一听气坏了，又在杨坚面前告了高颎一状。杨坚信以为真，对高颎愈加不满，生出了罢黜他的想法。

但是高颎当了那么多年宰相，威望之高，无人能及，要罢黜他得有个合适的理由才行，不然必难以服众。

不过对杨坚来说，这并不是什么难题。很快，理由就来了。

王世积案

这个理由与高颎的同事兼好友王世积有关。

王世积是隋朝的重要将领，曾参加过讨伐尉迟迥、平定江南等战役，立下不少功劳，封爵宜阳郡公、勋上柱国。

这样一个人物，可以称得上是国家栋梁了。以他的身份地位，原本应该在国家政治中发挥重要作用的。但随着杨坚猜忌心越来越重，大多功臣获罪被杀，王世积心灰意懒，逐渐消极起来，整日饮酒度日，不问政事。

杨坚以为他得了酒瘾病，便将他接到宫中，命太医给他诊治。王世积不愿在宫中长居，便谎称自己病已痊愈，由此回到了宅邸。

这时正赶上征讨高句丽，杨坚便命王世积和杨谅、高颎一道出兵北伐。后来征讨失利，无功而返，途中王世积被任命为凉州总管。

正是在凉州任上，王世积惹上了麻烦。

开皇十九年（公元599年）六月，王世积的一名亲信皇甫孝谐在凉州犯了罪，为躲避官吏的追捕，便逃到了总管府，求王世积相救。

按理说，堂堂凉州总管，救一个逃犯应该不是什么难事，只要一句话，当地官吏肯定就知难而退了。但是王世积不知是出于公道，还是怕落下包庇下属的口实，竟然拒绝了皇甫孝谐的请求，没有接纳他。结果皇甫孝谐被官吏逮捕，判了罪刑，被发配到了桂州。

因为这件事，皇甫孝谐怨恨上了王世积。等他到了桂州，在桂州总管令狐熙手下服役，本以为会得到赏识，没想到又被冷眼相待，陷入极端困苦之中，由此更加怨恨王世积，立誓要报复。于是他秘密上奏朝廷，称王世积有谋反之心，并列举了两条证据。一是王世积曾经请道士看相，问是否能够大贵。道士回答说："你将来会成为国君，你的妻子会成为皇后。"王世积听了非常高兴。二是王世积到凉州后，他的亲信对他说："河西是天下精兵聚集之处，可以图谋大事也。"而王世积说："凉州地广人稀，不是用武之地。"

这两件事当然是捏造的，因为术士看相也好，亲信怂恿起兵也好，跟当年杨坚的经历太相似了，很明显是皇甫孝谐现学现编的。但是它却非常管用，直接触动了杨坚最敏感的神经。杨坚自己当初就是这么一步步当上皇帝的，当然怕别人也这么干，或者生出这种想法。

所以接到密报后，他立刻征召王世积入朝，对他展开了调查。

经过一番折腾，有关部门果然查到点儿东西。他们向杨坚报告说："王世积私下与大臣结交，赠送名马给左卫大将军元旻、右卫大将军元胄，以及左仆射高颎。"

这份调查结果一出，事情就大了，因为它直接牵涉到高颎在内的多位朝中重臣。如果是在平时，大臣之间互相赠礼可能没什么，但因为有皇甫孝谐告状之事在先，王世积已经有了谋反的嫌疑，此时揭发出赠马之事，问题可就严重了。往小了说，这些人是私下结党；往大了说，那就是图谋不轨。所以这件事弹性很大，关键在于皇帝怎么想、怎么处置。

而杨坚的性格我们也知道，现在他的疑心越来越重，对大臣谋反这种事，是宁可信其有，绝不信其无。所以他认定王世积有罪，下令将其诛杀，并罢免了元旻、元胄等人的官职。

这些人都处置了，那高颎呢？

杨坚起初并没有动他，杨坚在等，等着看朝臣们的反应。结果朝臣大都认为高颎无罪，纷纷为他鸣冤，这其中就有上柱国贺若弼、吴州总管宇文弼、刑部尚书薛胄、民部尚书斛律孝卿、兵部尚书柳述等。

这些人无一不是朝中的重臣，说话都很有分量。但这恰恰是对高颎不利的地方，因为它让杨坚感觉到了威胁。高颎明明犯了错，却有那么多大臣站出来为他说话，足见他威望之高、影响力之大。对帝王来说，这样的宰相太危险，已经不能再用了。

于是杨坚龙颜震怒，下令将这些为高颎说话的人交付执法官吏问罪。

这一招果然起到了震慑作用，朝臣们害怕被牵连，都变得噤若寒蝉，再没人敢替高颎鸣冤了。

到了这时候，高颎已经独木难支。杨坚遂不再犹豫，于开皇十九年八月下诏免去了他上柱国、左仆射的官衔，只保留齐国公爵位，令其在家思过。

至此，杨坚曾经最信任的大臣、当了隋朝近二十年宰相的高颎黯然下台。

但这就算完了吗？事情没那么简单，罢相的事以前也不是没发生过，苏威不就曾被免官吗？结果没多久又被重新起用，继续当宰相。由此可见，免官并不意味着彻底倒台，也还是有东山再起的机会的。关键要看杨坚的态度，看他是不是彻底抛弃了高颎。

那么杨坚究竟是怎么想的呢？

这也正是百官们关心的问题。高颎被免官后，很多大臣都在观望，迫切想知道皇帝接下来会怎么对他。

没过多久，他们就有了答案。

那是在高颎被免官几天后，杨坚和独孤皇后驾临秦王杨俊的宅邸，并特意召高颎来参加宴会。高颎见到杨坚，痛哭流涕，悲不自胜，独孤皇后也唏嘘感慨，与之相对而泣。

这幅场景颇为感人，足以说明高颎与杨坚夫妇感情深厚，使支持高颎的大臣看到了他复出的希望。然而杨坚接下来的一番话，却给这些人泼了一盆凉水。

杨坚先是对高颎说："朕没有对不起你，是你自己对不起自己。"然后又对身边的大臣们说："我对待高颎，胜过亲生儿子，即使有时候见不到他人，也常常感觉他就在眼前。然而自从他免官后，我竟然忘了他，好像压根儿就没这个人一样。所以说，人臣不可以因为功劳大就要挟君主，自认为天下第一。"

这番话句句带刺，教人听得不寒而栗。可以肯定的是，这绝不是杨坚临时起意有感而发，一定是酝酿了很久的，目的就是要警告大臣们：我已经彻底抛弃高颎，你们不要再对他抱希望了，赶紧跟他划清界限吧！

这一表态果然起到了作用，百官都不敢再和他往来，生怕和他扯上关系。

墙倒众人推

俗话说"墙倒众人推"，此时的高颎就像一堵倾倒的墙，引得一些小人纷纷来推。就在高颎从秦王宅回去后不久，他的国令（王公封国的官长）秘密上书诬告他，声称听到他的儿子高表仁对他说："司马懿起初拖病不上朝，后来得了天下。父亲如今的遭遇与司马懿相似，焉知非福也！”

这个国令用心实在险恶，简直是把高颎往火坑里推。读过三国的人对“司马懿诈病赚曹爽”的故事应该不会陌生。当初司马懿为了与曹爽争权，伪装生病在家，却暗中布置，乘曹爽不备发动政变，夺得了曹魏政权。如今国令把免官居家的高颎比作司马懿，不等于是说高颎意欲谋反，想当皇帝吗？

杨坚勃然大怒，立刻命人逮捕高颎，囚禁于内史省，然后命御史台立案调查。

昔日的首席宰相就这样沦为了阶下囚，等待他的会是什么呢？

几日后，御史台的官员声称查到了高颎谋反的证据，向杨坚报告说：“高颎与佛门中人来往密切。真觉和尚曾经对他说：‘明年国家有大丧。’尼姑令晖也说：‘开皇十七、十八年，皇帝有大难，十九年是个劫，一定过不去。’”

这两段话之所以能成为证据，是因为它们隐含了这样一层意思：高颎打算谋反，向高僧询问时机。僧人们告诉他，开皇十九年皇帝将有大难，你可以在这一年谋反，一定能成功。

这可太要命了，一旦以此定罪，高颎恐将落得和王世积一样的下场。

杨坚看过这些报告，果然更加震怒，当着群臣的面说：“帝王自有天命，岂是能够力求的！孔子有大圣之才，难道不能当天子吗？实乃是没有天命啊！而高颎却对儿子说自己能成为司马懿，此居心何在？”

杨坚的这番演说，威慑力太大了，既给高颎扣上了图谋不轨的帽子，也起到了震慑人心的作用，并借着高颎这件事告诫群臣，不要妄动谋逆的念头，你们没有当皇帝的命。

群臣当然明白他的意思，开始纷纷表态。其中就有人奏请判处高颎死罪。

此时此刻，高颎的生死就在杨坚一念之间。杨坚究竟会怎么处置这个辅佐了他近二十年的老朋友呢？

他犹豫了片刻，对群臣说道："去年杀了虞庆则，今年又斩了王世积，如果再杀高颎，天下人会怎么看我？"

高颎是幸运的，杨坚虽然有杀他的想法，但却不愿背上滥杀功臣的骂名，毕竟他已经连杀了两位朝廷重臣，如果再杀高颎，那么当时以及后世之人难免会把他比作汉高祖刘邦。这是杨坚不愿见到的，所以他没有杀高颎。但是死罪可免活罪难逃，高颎最终被除名为民，变成了一名普通百姓。

现在再回过头来看整件事儿，太像是杨坚导演的一场戏了。高颎自然是这场戏的主角，也是权力斗争的牺牲品，杨坚在他身上下了那么大功夫，目的就是要彻底消除他在朝廷的影响力，为废黜杨勇铺平道路，再顺带着震慑一下百官，使那些手中握有权力的人不敢生出异心。

但是换一个角度想想，如果没有杨勇这档事，杨坚就不会抛弃高颎了吗？

恐怕还是会的。因为高颎功劳太大、太能干、威望太高，这样的大臣，是帝王最忌惮的，一般都难以善终。杨坚能够长期任用高颎，是建立在对他百分百信任的基础上的，就像当初平陈后，有人诬告高颎谋反，杨坚二话不说就将诬告者处死，并抚慰高颎说："君臣之间亲密的关系，不是苍蝇之类的小人所能离间得了的。"此后庞晃、卢贲等人因忌妒高颎，又先后在杨坚面前进谗言，杨坚不仅不信，而且大发雷霆，贬黜了他们。

那时候的杨坚和高颎，真是君臣一心啊！

然而君臣之间从来没有永恒的信任，再好的关系，只要出现一丝裂缝，都可能被无限放大，最终彻底决裂。而晚年的杨坚猜忌心越来越重，权力危机感越来越强，除独孤皇后外，已经不再相信任何人，所以他对位高权重的高颎产生疑心是迟早的事，太子废立问题只是将这件事儿提前了而已。

不管怎么样，高颎在开皇十九年离开了朝廷。他的黯然离场无疑是隋王朝的重大损失。作为开皇年间最正直、最能干的大臣，高颎之于隋朝，就像房玄龄、杜如晦之于唐朝，开皇之治的出现，离不开他的贡献。正如国子祭酒元善言几年前对杨坚所说："杨素粗疏，苏威怯懦，元胄、元旻如鸭一般。宰相中可以托付江山社稷的，只有高颎而已！"

元善的评价是相当中肯的，杨坚起初也深以为然，只可惜他没有对高颎信任到底。如今高颎下台，朝中已经没有能托付社稷的宰相，隋朝的前景由此蒙上了一层阴影。

第四章 东宫易主

高颎的退场，使隋朝失去了一根顶梁柱，也使太子杨勇失去了最重要的保护伞。从此，孤立无援的杨勇就只能任人宰割了。

开皇二十年，在独孤皇后、杨广、杨素等人的不断挑唆下，杨坚终于对杨勇失去耐心，开始对他动手了。

杨坚的举措

针对杨勇，杨坚先是采取了三项措施。

第一，派人密切监视他。杨勇居住的东宫与太极宫只有一墙之隔，两宫之间常有人员往来。杨坚便在玄武门到东宫北门之间的路上安置了大量探子，以此观察杨勇的一举一动，事无巨细，随时上报。

第二，削弱东宫力量。隋朝的太子拥有自己的私人武装——东宫卫率，总数有几千人之多，而且都是精锐。这么大一支武装部队是能干很多事的，想想后来唐朝的玄武门之变，一个秦王府的兵力就能兵变成功，何况是东宫！所以对杨坚来说，东宫卫率是个巨大威胁，必须削弱它。早先他就曾不顾高颎的反对，从东宫抽走了大量的侍卫到皇宫，如今高颎下台，他更无所顾忌，开始进一步削弱东宫的军事力量。他规定，凡是侍官以上的卫兵，全部改隶于朝廷十二卫府，又将骁勇强健者调走，其中杨勇的亲信、东宫左卫率苏孝慈便被外调为淅州（古代行政区划名，现属河南淅川县西南）刺史。

第三，制造废立太子的舆论。杨勇虽然不被父母喜欢，但毕竟没犯过什么大错，如果要废黜他，必须得有舆论支持，而制造舆论的最好办法就是拿老天爷说事儿。当初营建新都，就有天文学家庾季才出面制造舆论，如今废立太子，当然也离不开天象。于是负责观天象的太史令袁充就站了出来，对杨坚说道："臣观天文，皇太子当废。"杨坚非常赞同，说："玄象出现已久，只是群臣都不敢说而已。"那意思是只有你袁充敢说啊。可袁充一个小小的太史令怎么就敢声称太子当废呢？恐怕是有人在背后指使，这个人不是杨坚就是独孤皇后。不管是谁，杨坚总算是借着袁充之口告诉百官，太子该废了。

这几招下来，杨勇被打得措手不及，完全无力招架，处境越来越窘迫。此时杨广趁热打铁，对杨勇发起了又一轮的攻势。

与杨坚明着整杨勇不同，杨广的手段非常阴险，让人防不胜防。

当时东宫有一个名叫姬威的大臣，很受杨勇信任，经常在他身边走动，对他的一举一动了如指掌。而此人不是什么正人君子，乃是见风使舵、见钱眼开之徒。杨广了解了这些情况后，觉得姬威可以为己所用，于是派人带着珠宝器物秘密贿赂他，令他替自己伺察杨勇的动静。

以挖敌人墙脚这种手段来夺储的案例并不少见。后来李建成与李世民争斗时，就曾试图收买尉迟恭，只是没有成功。姬威显然不如尉迟恭忠贞，在利益的诱惑下果断背叛了杨勇，甘心做了杨广的眼线。

依照杨广的意思，姬威密切监视着杨勇，一旦杨勇做了什么不好的事，立刻秘密上报。杨广知悉后又告诉杨素，令杨素添油加醋，在朝中大肆宣传，以使群臣都知道杨勇的过错。

这一招果然很好使，不久之后，杨勇就成了京城舆论的焦点，任何一点儿小错都被弄得尽人皆知。到了这个时候，杨广觉得时机已经足够成熟，该给杨勇致命一击了，于是命段达告诉姬威说："东宫的过失，圣上都已经知道了。晋王已经奉了密诏，不久之后定当废立，你如果能告发杨勇，将来必得大富贵！"

姬威被他说动，当即许诺，随后便上书告发杨勇的过错。

杨坚接到举报非常高兴，心想连杨勇的亲信都看不下去，来告他的状了，看来他已经是众叛亲离，人人喊打了，此时不搞废立更待何时？

于是开皇二十年九月，杨坚从仁寿宫赶回京城；次日，便驾临大兴殿，对群臣说："我刚刚回到京城，本应开怀欢乐，然而却是忧愁苦闷。你们可知为什么？"

群臣一听都蒙了，根本不明白是什么意思。可是皇帝既然发问了，总得有人站出来答话，于是吏部尚书牛弘答说："臣等不称职，致使陛下忧虑劳累。"

杨坚听罢脸色骤变，显然是对这个回答不满意。按照他的意思，群臣应该回答说是太子胡作非为致使陛下愁苦，然后他就可以顺理成章地提出废太子。可是没想到这帮大臣脑子不灵活，竟然揣测不出自己的心思。难道最近他们没有听说杨勇的各种过失吗？还是说故意装糊涂？

杨坚心感失望，既然大臣们领悟不出来，那就只能继续点拨他们了，于是转头对在场的东宫官员们说："仁寿宫距京城不远，但我每次回来，太子都要宫中侍卫严阵以待，让我感觉就像进入敌国一样。我本来住在后殿，昨日我因为拉肚子，不敢脱衣睡觉，夜里要上厕所，却怕后殿有紧急情况，只能返回前殿居住。这难道不是你们这些人造成的吗？"说完便唤来侍卫，就地拘捕杨勇的亲信、太子左庶子唐令则等人，交付有关部门进行审讯。

看到眼前这一幕，大臣们无不惊诧，这才明白皇帝方才所说的愁苦是因为太子。看来今天这事大了。

接下来，杨坚继续点拨大臣，命杨素当众宣布杨勇的罪过。

杨素早已经准备好了言辞，就等着揭杨勇的短呢！他当着满朝文武的面，大肆说杨勇如何骄横跋扈，对天子不满，等等，并引用杨勇的话说："当初父亲搞禅让，事情要是不顺利，先被杀的就是我。如今父亲当了天子，对我却还不如对待几个弟弟，我凡事都不能自己做主，真是太不自由了！"

杨勇是否真的说过这些话，已经无从考证，即使说过，多半也是私下里发的牢骚而已，而在杨素口中却成了他不忠不孝的证据。

有了杨素领头，杨坚觉得群臣应该会跟着一起谴责杨勇，可令他没想到是，他们还是没有反应，似乎并不觉得杨勇有什么大错。

杨坚一看这哪行，又接着杨素的话说："这个儿子啊，我很早就看出他不是继承皇位的料了，皇后总劝我废黜他，我因为他是我布衣时所生，又是长子，盼望他能逐渐改正错误，因此克制忍耐到现在。"

说完又列举了杨勇的数条罪状。

其一，"杨勇昔日从南兖州回京，曾对卫王（杨坚五弟杨爽）说：'阿娘不给我选一个好媳妇儿，实在是可恨。'因而指着皇后的侍女们说：'这些都是我的。'你们听听，这话说得多无礼。"

其二，"元妃刚死时，我怀疑她是被人下毒害死的，曾经责问过杨勇，他就怨恨地说：'我必杀掉元孝矩。'这是想要害我却不能，因而迁怒他人啊！"

其三，"长宁王（杨勇长子）刚出生时，我和皇后一起抱来抚养，杨勇却心中另有想法，连连派人来索要。况且云昭训是云定兴在外面与人私合而生，想到她的出身来历，怎么就能说一定是云定兴的子女呢？以前晋朝太子娶了屠户的女儿，他的儿子就喜欢屠宰之事。如今他们不是咱们这一类人，会乱了宗祠。我虽然德行不及尧舜，但终归不能把天下百姓交付给品行不端的儿子！"

列举完这些，杨坚又郑重其事地说："我总担忧杨勇会谋害我，对他就像防备大敌一样，现在我打算废掉他以安定天下！”

说了这么多，杨坚终于把话挑明了，就是要废太子。

那么群臣对此做何反应呢？

大多数人都选择了沉默，既不支持，也不反对。

不支持是因为这事太大，牵连太广，搞不好会动摇国本，但凡正直一点的大臣都会慎重。而且从皇帝和杨素说的情况来看，杨勇貌似也没什么大错，不过是个人生活作风有点问题，本质上还是好的。如果这样就废黜他，那也太草率了吧！

而不反对的原因，则是不敢。试想皇帝、皇后和首席宰相都赞同的事，谁敢反对？那不是给自己找麻烦吗！

但是，凡事都有例外。那么多大臣，总有个别不惧权威、敢于直言者。就比如左卫大将军元旻，他之前因王世积案被免职，前不久刚恢复官位，按理说应该谨言慎行，避免惹怒皇帝才对。但他为人太正直，见皇帝要废太子，生怕动摇国本，因此进谏说：“废立大事，君无戏言，陛下一旦下诏，后悔莫及。太子多半是被谗言毁伤，希望陛下能够明察！”

元旻言辞激烈，声色俱厉，看样子是坚决不同意废黜杨勇了。这让杨坚很伤脑筋，要知道元旻可是左卫大将军，武官之首，影响力不是一般大，有他挑头反对废黜，这事可就不好办了；而且其他大臣怎么也迟迟不表态，是还没有认清杨勇的罪恶吗？

杨坚觉得这不是办法，必须给群臣下一剂猛药，让他们知道，如果不废黜杨勇，将来倒霉的就是文武百官和天下百姓。

这一剂猛药当然还得靠姬威来下。

于是杨坚故意不回应元旻，指着姬威对群臣说道：“太子有何罪恶，左庶子姬威最清楚，且听他怎么说。”

看来今天注定是杨勇的批斗大会，杨素批完杨坚批，现在轮到姬威了。

作为杨勇的亲信，姬威在杨勇的问题上更有发言权，而且他披露的事关系到群臣的切身利益，更容易引起反响，所以说这是一剂猛药。

以下就是这剂药的药材。

一，杨勇曾多次对姬威说，他这辈子就想过奢侈生活，而且还说："如果有人敢劝谏，就把他斩了，杀个百十人，自然就清静了。"

二，杨勇大肆建造楼台宫殿，一年四季都不停。先前左卫率苏孝慈被调离东宫，杨勇非常愤怒，胡子都翘起来了，挥着胳膊说："我绝不会忘记此事，将来必要报仇。"

三，杨勇又经常向尚书省索取财物，尚书大多恪守制度不给，他因此就愤怒地说："仆射以下，我会杀一二人，让他们知道怠慢我的下场。"

四，杨勇曾抱怨说："皇上总是厌恶我姬妾和庶子多，那高纬、陈叔宝倒不是庶子，不也亡国了吗？"

五，杨勇又曾令女巫占卜吉凶，对姬威说："皇上在开皇十八年有大忌，这个时期快到了。"

照姬威的话说，这些都是他亲耳听杨勇说的，至于是真是假，恐怕只有他自己知道。但这已经不重要了，重要的是，它表达了这样一层意思：杨勇着急当皇帝，当了皇帝就会骄奢淫逸、大兴土木，就会滥杀大臣、奴役百姓，这要不废了他，江山就得毁在他手里，你们这些大臣也会死在他手里。

就问你们怕不怕。

杨坚觉得大臣们应该怕了，因为他自己都听得悲愤不已，流着泪说："谁不是父母生的呢，他竟然这样！朕近来翻阅《齐书》，见高欢纵容他的儿子，不胜愤愤，我怎能效仿他呢？"

这番话可谓杨坚的真情流露，作为一个父亲，他是真的恨铁不成钢。

杨坚流露完真情之后，他所期盼的那种群情激奋，一致要求废立太子的情形还是没有出现。这样的话，他也不好直接废了杨勇，便先命人将杨勇和他的几个儿子拘禁在东宫，并抓捕他的部分亲信，命杨素立案调查，以定其罪。

这样一来，杨勇就成了刀板上的鱼，只能任由杨素摆布宰割了。

不过杨素倒没有着急对杨勇动手，而是先将矛头指向了之前坚决反对废立的元旻。

为什么要先对付他呢？

因为杨素心里很清楚，元旻是坚决反对废立的，他手里掌握着禁军，如果不先把他除掉，必会给废黜杨勇带来阻碍。

要是放到平时，想对付元旻还真不容易，但现在不同了，杨素奉命查杨勇一案，手中有的是权力，只要把元旻列为杨勇的同党，不就能把他拿下了吗？

杨素说干就干，暗中授意查案的官员上奏皇帝，说元旻早就投靠了杨勇，所以才会不遗余力地为他说情，而且之前皇帝在仁寿宫，杨勇的亲信裴弘带了一封书信给元旻，信封上写着“勿令人见”。由此可知，二人必有见不得人的勾当。

杨坚接到举报，深信不疑，感慨地说：“朕在仁寿宫，只要有一点小事，东宫那边立刻就知道了，比驿马还快。我一直对这事纳闷儿，现在看来是元旻通风报信。”说完便命人抓捕元旻和裴弘，交付有关部门治罪。

至此，元旻也倒了，杨勇的最后一根救命稻草也没了。于是乎，杨素再无顾虑，立即对杨勇展开全面调查，把东宫翻了个底朝天。

这一翻不要紧，还真找出些有价值的东西。首先是在府库中发现了数千枚火燧，也就是点火用的工具，相当于现在的打火机。

东宫为什么会藏有这么多火燧呢？

原来前不久杨勇自京城前往仁寿宫拜见杨坚，回来的途中遇见一棵枯萎的老槐树，盘根错节，硕大无比，他觉得很奇特，就问身边人：

“这棵老槐树能干什么用？”有人回答说：“古槐树易燃，很适合用来取火。”正好当时侍卫们晚上巡逻，每人都需要随身佩戴火燧。于是杨勇便命工匠打造了数千枚火燧，准备赐给身边的侍卫们。谁知还没来得及分发，就被囚禁了。

火燧本来是寻常之物，算不上什么罪证，但几千个火燧放在一起就非同一般了，完全可以用来大做文章，就算是说杨勇准备夜里搞暴动也不是不可以。所以杨素搜到火燧后非常高兴，命人全部收缴起来，以作为罪证。

除了火燧外，杨素又在药藏局搜得几斛艾绒。所谓艾绒，乃是用艾草的干叶制成的一种物品，是灸法所用的主要材料。

这东西有什么用呢？杨素觉得很奇怪，便拿来问姬威。

姬威其实也不清楚，但为了给杨素提供杨勇犯罪的证据，硬是胡编道：“太子弄这些东西，一定别有用心。此前他接连派子女到仁寿宫拜谒皇上皇后，回来时往往行动迅速，一晚上就到了，可见必有近路。他还一直养着一千多匹马，说只要派人抄近路去守住仁寿宫的城门，皇帝自然会饿死。”

杨素对这个回答非常满意，尤其是马匹的事，完全可以作为杨勇造反的工具啊！于是杨素来见杨勇，责问他说：“你为什么养这么多马，是不是想谋反？”

杨勇本就讨厌杨素，见他这么诬陷自己，更是气不打一处来，怒怼道：“我听说你家养了几万匹马，我好歹也是太子，才养了千匹而已，怎么就是造反了？”

杨素一听哑巴了，心说杨勇也不傻啊，竟然还能反咬我一口，看来养马这事不能再提了。于是他转换思路，把东宫精美的珍玩器物全部收缴起来，摆到大兴宫的殿庭里，展示给杨坚和文武群臣看，以此作为杨勇骄奢淫逸的证据。

客观地说，杨勇确实有些生活奢侈，他酷爱珍玩器物，收藏了不少宝贝，加上手下人的各种孝敬巴结，东西就更多了。

杨坚可是节俭了大半辈子的，哪见过这么多新鲜玩意，当时就怒了，直接命人将这些东西拿给杨勇，对他进行强烈谴责。继而独孤皇后也遣人斥责杨勇。夫妻二人合力，把他骂得狗血喷头，一无是处。

此时的杨勇一肚子苦水，心情糟糕到了极点。但他也算是有骨气，面对父母接二连三的责骂，就是不服，也不认错。

然而这并没有什么用，杨坚已经彻底失去耐心，决定正式将他废黜。

杨勇被废

开皇二十年（公元600年）十月初九，关中地区刚刚进入冬季，生活在大兴宫里的人已经能够感受到凛冽的北风。

这天的大兴宫里，杨坚起了个大早，但他没有像往常一样身着朝服，而是穿上了一身戎装，同时下达了两道命令：一、派人到东宫传召杨勇。二、命所有皇亲贵胄和文武大臣到武德殿集合。

杨坚这些不寻常的举动，预示着接下来必有大事发生。

俄而，传召杨勇的人到了东宫。杨勇知晓其来意后又惊又怕，忙问说："这时候召我干什么，不会是要杀我吧？"

来人说不知道，只是奉命来传。杨勇一听更怕了，带着忐忑的心情随其去了大兴宫。同去的还有他的儿女们。

到了武德殿，只见殿里殿外布满甲兵，而皇帝则身着戎装，高坐殿上，东西两侧是皇亲贵胄和文武百官。

如此气氛，令人窒息。此时所有在场之人都已经意识到，杨勇二十年的太子生涯要在今天画上句号了。

果不其然，在杨勇等人进入殿庭后，杨坚立即命内史侍郎薛道衡当众宣读早已准备好的诏书，正式废黜杨勇，并免去其子女的郡王、公主称号，贬为庶民。

诏书宣读完后，杨勇长松了口气，他本来担心父亲会处死自己，结果只是废了太子之位，因而感到有些庆幸，伏地拜道：“臣本应被斩首于闹市，以警戒后世。幸而得到陛下哀怜，才能保全性命！”说完泪湿衣襟，再次跪拜后离去。满朝文武见之，莫不怜悯沉默。

至此，杨勇正式被废，并被拘禁于内史省，失去了人身自由。

正所谓“覆巢之下安有完卵”，随着东宫变天，与杨勇相关的一干人也跟着遭殃。

就在杨勇被废后的第三天，杨坚又驾临广阳门，下诏处斩了一大批东宫和朝中官员，其中就包括左卫大将军元旻、太子左庶子唐令则等。在杨坚看来，这些人都是杨勇的“党羽”，罪大恶极，死有余辜。

除了这些人外，东宫其余官员也没能逃脱责罚。不久杨坚就将这些人全部召来，当面斥责了他们，说他们没能辅佐好杨勇，致使他胡作非为，所以都是罪人。

众人惊慌恐惧，只能伏地听着，谁也不敢轻易吭声。就在大殿陷入沉寂的时候，突然有一个声音说：“废立之事，文武大臣都知道已不可更改，故而不肯说话。臣不敢惧死，一定要说出自己的不同看法。太子的资质是正常人水平，可以使之变好，也可以使之变坏。陛下从前要是挑选正直的人辅佐太子，他足以继承江山。但陛下却用唐令则为左庶子，邹文腾为家令，这两个人只知道用声色犬马娱悦太子，太子不走到今天才怪！这是陛下的过失，并不是太子的罪过。”

听到这番言论，杨坚顿时愣住了，定眼一看说话之人，乃是太子洗马李纲。

洗马是太子的侍从官，职责是教太子政事、文理等，算是太子的老师。李纲担任洗马之职多年，是杨勇身边为数不多的一位正直之臣。

他早年在北周曾担任宇文宪的参军，后来宇文宪被杀，僚属们怕被连累，都躲得远远的，只有李纲扶着棺材号啕痛哭，又将宇文宪安葬。

后来隋朝建立，李纲被任命为洗马，辅佐太子杨勇。李纲到东宫后，可谓尽职尽责，曾多次规谏杨勇。有一次，左庶子唐令则为杨勇弹奏琵琶，献唱艳曲《舞媚娘》。李纲见此情景，认为十分不妥，劝杨勇说："唐令则身为宫卿，职责应是调教保护太子，现在却在大庭广众之下自比倡伎优伶，进献靡靡之音，污浊视听。如果让皇上知道了，唐令则的罪责就大了。这岂不是要连累殿下吗？请殿下赶快将他治罪！"可惜杨勇没有听，说道："是我自己想寻求快乐，你不要多管闲事。"李纲无奈，只能退去。

如今杨勇被废，李纲是最难过的，他在东宫待了这么多年，十分了解杨勇的为人，知道他本性不坏，只是被身边的小人误导了。如果选一批正直的大臣好好教导，是可以改正的。可是皇帝却不给他这个机会。

李纲悲愤交加，说完后就伏地呜咽，流涕不止。

而此时的杨坚也神色惨然，似乎是被他说到了心里，过了好一会儿才说："李纲指责我，不是没有道理，但是你只知其一，不知其二。我选你做东宫之臣，而杨勇却不亲近信任你，这说明什么？说明问题不在宫臣，而在杨勇自己，即使把宫臣都换上正直之人又有什么用呢？"

李纲表示不赞同，又说道："臣之所以不被太子亲近信任，是因为有奸臣在他身边。陛下只要斩了唐令则、邹文腾等人，重新选用贤才来辅佐太子，怎么知道臣最终会被疏远呢？自古废立太子，少有不倾覆社稷的，望陛下再仔细考虑考虑，不要将来后悔！"

杨坚被他这么一反驳，脸色变得非常难看，他没有再说话，直接离开了大殿。

在场之人见此情形，不禁为李纲担心，都怕他落得和元旻一样的下场。

而事实上他们的担心是多余了，杨坚虽然刻薄，但并不总是滥杀无辜，他知道李纲是忠臣，说的是肺腑之言，虽然未采纳他的建议，但对他这个人还是很欣赏的，怎么能随便杀了呢？不仅不能杀他，还要提拔重用他。正好这时有关部门上奏说尚书右丞空缺，请择人填补，杨坚便说："李纲就是右丞最佳人选！"

于是李纲一跃成为尚书右丞，官居正四品。

李纲之事到此就告一段落了，但我们还要多说几句，李纲这个人颇具传奇色彩，他一直活到唐朝贞观年间，继杨勇之后，又先后出任唐太子李建成和李承乾的老师。结果这二人不是被杀，就是被废，无一善终。再加上杨勇，三个太子都没能继承皇位。李纲真堪称"太子杀手"。

但这也怪不得李纲，太子本身就是一个高危职业，被废被杀都很正常，顺利继位才算例外。况且隋唐时期，皇室中的权力斗争尤为激烈，父子兄弟间互相猜疑，为了皇权而反目成仇、自相残杀的现象屡见不鲜。李纲一个文臣，对此起不了决定性作用，只是一个"背锅侠"而已。

总的来说，李纲是幸运的。他当面批评顶撞杨坚，不仅没有被杀，反而还升了官，这可不是谁都能做到的。前面元旻已经为自己的言论付出了代价，而接下来，另一位重臣也将因此遭受灾祸。

这个人就是我们久违的史万岁。

史万岁的结局

这些年来，史万岁一直在南征北讨，几乎没有停下来过，不是在打仗，就是在前往战场的路上。

开皇十七年，他率军镇压南宁州（在今云南省境内）的羌族起义，转战千余里，得胜而归。

开皇二十年，他又率军北击突厥，于大斤山大破达头可汗，深入漠北数百里。

这次史万岁重新进入我们的视野，正是在从漠北归来之后。

史万岁大败突厥，按理说应该受到嘉奖才对。

然而他和他手下的将士却没有得到任何赏赐，并且被通报批评。

这是怎么回事？

原来是杨素在背后搞鬼。史万岁曾经跟随杨素平定江南，二人共事过一段时间，关系还算不错。但所谓“同行是冤家”，杨素和史万岁作为隋朝如今的两大名将，暗地里其实也在较着劲儿，都想在战功上压过对方。而随着史万岁的功劳越来越大，在军中的威望逐渐有超越杨素的趋势，这便引起了杨素的忌惮。

为了打压史万岁，杨素便向杨坚进谗言，说突厥本来已经归降，起初并没有侵扰边境，只是来塞上畜牧而已。言外之意就是史万岁根本没有打败突厥，是突厥自己来了之后又走了，史万岁夸大其词，是想冒领军功。

杨坚是何等信任杨素，对他的话当然不会怀疑，因此开始厌恶史万岁，故意不给赏赐，并通报批评他和他的将士。

史万岁觉得蒙受了不白之冤，几次上书申诉，请求皇帝查明真相，还将士们一个公道，但杨坚根本不信，始终没有回应。

这时正赶上杨勇被废，杨坚在追查东宫党羽的过程中，不知怎么想起了史万岁，便问杨素说：“史万岁何在？”史万岁当时正在朝堂，但杨素却说：“万岁跑东宫去了！”杨坚信以为真，不禁勃然大怒，遂令人召史万岁来见。

此时史万岁和一众将士正在朝堂喊冤，听说皇帝召见，史万岁以为申冤的机会来了，便对将士们说："我今天一定为你们极言进谏，把事情解决了。"于是去见杨坚，言辞愤厉地说："将士们有功，奈何被朝廷压制！"

杨坚本就在气头上，见他言辞激烈，怒不可遏，大呼道："来人，将此人拖出去杖毙！"

话音一落，史万岁便被人架了出去，随后便听到殿外传来阵阵杖击声。

过了好一会儿，杨坚才发觉自己有些冲动了，不禁后悔起来，连忙命人停止杖击。然而为时已晚，史万岁已然没了气息。

一代名将就这样陨灭了。这无疑是杨坚偏听偏信、无端猜忌造成的。他事后也很后悔，但却不愿承认自己的错误，为了维护尊严，索性将错就错，下诏列举了史万岁多项罪状，以此证明史万岁是死有余辜。

但人民群众的眼睛是雪亮的，不管见没见过史万岁，只要听过他的名声，没有不仰慕佩服他的。所以在他被杀的消息传开后，举国上下皆认为他死得冤，无不为之惋惜。

有人悲伤，自然也有人欢喜。在听到史万岁死了后，杨素别提多高兴了。从此之后，再也没有人能够威胁到他的地位，和他争功了。他已经成为无可争议的朝中一号人物，文官第一，武将也是第一。

而这还不算什么，不久之后，更令他高兴的事来了。

太子杨广

开皇二十年十一月初三，杨坚正式下诏立杨广为皇太子，又任命宇文述为东宫左卫率。杨素、杨约等也各有封赏。

这样一来，杨素的地位就更加稳固了，将来杨广即位，他依然会是朝中第一人，官爵只会升不会降，谁让他为杨广立了这么大功呢！

所以说，杨素是这次太子废立事件的最大受益者也不为过。

当然了，当事人杨广的收益才是最大的。他辛苦谋划这么多年，就是为了这一天。现在终于夺储成功，心情可想而知。

但是他并未被胜利冲昏头脑，他知道自己目前还只是储君，只要一天没有当上皇帝，就一天不能松懈。父亲能废了杨勇，也能废了自己。要想顺利即位，必须继续扮演好孩子，让父亲对自己放心。

那杨坚最不放心的是什么呢？

毫无疑问是权力。杨广清楚地记得，当初杨勇因为在冬至接受百官朝见而引起父亲不悦，导致储君之位动摇，究其原因，就是触犯了皇权的禁忌。如今自己当了太子，绝不能犯同样的错误。

于是他主动请求降低太子的礼服规格，令东宫官员见到太子不得称臣。

这其实是在向杨坚表态，天下只有一个主人，那就是父皇您，虽然我当了太子，但仍然是您的臣子，与其他人没有区别。

杨坚对他的这种做法非常满意，当即予以恩准。

现在再回头看杨广的整个夺储过程，可以说是始于宇文述，成于杨素。因此杨广很感念宇文述，一直信任并重用他。而此时的他不会想到，若干年后，他的人生也将终于宇文述家族，具体来说是宇文述的儿子——宇文化及。

万事到头终有报。此言不虚。

杨勇的挣扎

太子废立算是尘埃落定了，最后再说一说杨勇吧。

自古以来，被废的太子大都下场凄惨，不是被杀就是在囚笼中度过余生。杨勇也不例外，他虽然还活着，但早已失去人身自由。

起初杨坚将他囚禁在内史省，如今又转移到东宫，交由杨广看管。这让他本已不堪的生活，又雪上加霜。因为杨广是不会善待他的。

杨勇忍受不了这样的生活，想做最后的挣扎。他坚持说自己没有罪，屡次请求面见天子申冤，但都被杨广阻止了。

好在东宫与大兴宫只有一墙之隔，杨勇见出不了宫门，便爬到院中的一棵树上，挥着胳膊朝西边大声呼叫，声称要见天子。

他这番操作，还真惊动了杨坚。但因为距离较远，杨坚只能看见他在树上挥舞手臂，却听不清他嚷嚷什么。正好杨素就在身侧，便说杨勇神志错乱，被癫鬼附身，不能再见了。杨坚一听，觉得是这么回事，杨勇决定上树，又是手舞足蹈的，确实不像正常人，看来真是疯了。杨坚于是不予理睬，最终也没再见他。

杨勇最后的希望就这样破灭了，他将在东宫的囚笼里度过余下的岁月。

第五章 蜀王失宠

开皇二十年是极不平凡的一年，这年杨广取代杨勇，成了大隋王朝的储君。

这件事意义重大，它将改变隋王朝的命运，成为隋朝历史的转折点。

作为这次废立事件的真正主导者，杨坚对目前的结果很满意，在他看来，自己明察秋毫当断则断，及时拿掉了不合格的储君，重新为国家挑选了一个优秀的接班人，避免了重蹈西晋、北周的覆辙。而且杨广才智超群，比杨勇强上百倍。由他接班，隋朝必定能够繁荣昌盛，绵延万世。

所以对于杨坚来说，这次废立是完全正确的，是一个新的开始。为了表示纪念，他决定更改年号。

新年号

杨坚登基以来，一直使用“开皇”这个年号，至今已经整整二十年，算是相当久了。现在要改的话，改成什么好呢?

正当杨坚琢磨这个问题时，太史令袁充向他报告了一件事，说他通过测影发现，自隋朝建立以来，白昼的时间渐渐变长，开皇元年冬至的影长是一丈二尺七寸二分。从那以后渐渐缩短，到开皇十七年，共缩短了三寸七分。

白昼变长意味着什么呢？

袁充又说了，昼夜长短与太阳的运行有关，太阳离北极星近则日影就短，白昼就长；离北极星远则日影就长，白昼就短。

那太阳什么时候离北极星近呢？

袁充又说，太阳在黄道之北运行时就离北极星近，在黄道之南运行时就离北极星远。

那太阳什么时候在黄道之北运行呢？

袁充说，根据谶纬之书《京房别对》的记载，太平之时，太阳在黄道之北运行；盛世之时，在黄道运行；乱世之时，在黄道之南运行。如今日影缩短，白昼变长，是因为大隋启动了天运，感应了上天，这是太平盛世到来的征兆。

说了这么多，原来袁充就是想通过天文来证明隋朝的兴盛。

可能很多人都会觉得袁充是在胡扯，只听说过一年之中白昼长短变化，没听说还有一年比一年长的。

的确，袁充说这番话，主要是为了讨好杨坚。但他所言冬至白昼渐长也并非是胡诌，而是有理论依据的。

我们知道，冬至是一年中白昼最短、夜晚最长的一天，这天太阳直射南回归线，离北半球最远。夏至则相反。而南北回归线又是由黄赤交角决定的。黄赤交角并非固定不变，它的变化范围在22°00′到24°30′之间，变化周期约四万年。当黄赤交角变小，也即南回归线向北移动时，冬至的白昼时间确实会一年比一年长。而根据现代科学，黄赤交角在近八千年的时间里正好处于变小的阶段。

所以说，袁充的说法是有一定道理的。

当然，我们说这些不是为了给袁充辩解，只是顺便说一下中国古代的天文成就。其实古人很早就懂得测影定时，我们所熟知的

“二十四节气”就是通过测影确定下来的。而测影的地点也不是随便选的，必须在一个特定的地方：洛阳。

因为在古人观念里，洛阳是天下之中，只有在洛阳测影才是最准确的。从周公测影到这次袁充的测影，莫不如此。

古代天文学服务生活和农业生产，同时也服务政治。现在我们知道天体运行是自然规律，和朝代兴衰没有关系。但对当时的人来说可不是这样，皇帝是代表上天来统治人间的，他干得是好是坏，老天爷都能感应到，并予以反馈。而白昼变长就可以视为一种感应，表示皇帝干得不错。

所以袁充实际上是在变着法地歌颂杨坚。杨坚当然很高兴，立刻将此事昭告天下，并对百官说：“影短日长是上天的庇护。现在刚立太子，应当改年号，最好取日长之意作为年号。”

于是公元601年正月初一，杨坚颁布诏书，大赦天下，改年号为“仁寿”。

为什么叫“仁寿”呢？和日长又有什么关系？

其实“仁寿”之名已经不是第一次出现，早在数年前，它就被用来命名一座离宫了（仁寿宫）。

那么这个词究竟有何特别之处，使得杨坚如此偏爱呢？

这就得说到它的出处了。“仁寿”一词取自《论语·雍也》：“知者乐水，仁者乐山。知者动，仁者静；知者乐，仁者寿。”所以“仁寿”就是“仁者寿”之意，可以解释为“有仁德者能长寿”。

该词最关键之处就是包含了“长寿”之意，这恐怕是步入老年的杨坚最大的追求了。所以仁寿宫也好，新年号也罢，都寄托了杨坚渴望长寿的思想。

从“开皇”到“仁寿”，变化的不仅是年号，还有杨坚的心态。开皇时期的杨坚意气风发、积极进取，像一名战士。而如今，南北统一、天下太平，杨坚的宏伟理想基本都已实现，已经找不到新的奋斗目标，而且他年纪也大了，不再那么有干劲，开始变得守成了。

但天下真的太平了吗？

虽然当时大多数人都这么认为，但也有少数人持不同观点，就比如监察御史房彦谦。他曾在杨坚平陈后，私下对自己的亲朋说："皇帝性情猜忌严厉而又苛刻残酷，太子（杨勇）性情谦恭软弱，诸王大权在握，天下虽然暂时安定了，但我担忧不久就会出现大乱。"他的独子房乔深以为然，也曾私下说："皇上本无功德，以狡诈取得天下，他的几个儿子皆骄奢不仁，将来必会自相残杀，如今虽然天下太平，但亡国已经不远了。"

这房彦谦父子此时不过是不起眼的小人物，但却见识不凡，看得比大多数人都远，也难怪房乔后来能成为千古名相。

没错，房乔就是大名鼎鼎的房玄龄。此时的他不过二十岁，刚刚步入仕途，还没有什么名气，但他的才能已经开始展现出来了，杨俊的死和杨勇的被废正在印证他的判断。而接下来，隋朝皇室更大的家庭悲剧又将上演。

这次倒霉的是杨坚的第四子：蜀王杨秀。

杨秀案

杨秀生于北周建德二年（公元 573 年），初封越王，后又改封蜀王。史载他美须髯，有胆气，容貌雄伟，武艺超群，深为朝臣忌惮。这点与性格软弱的杨勇可谓大不相同。

从开皇初年开始，杨秀就长期镇守蜀地，当时他年纪还小，不能独立处理政务。杨坚便命威望极高的元岩担任益州总管长史，让他来辅佐儿子。元岩是位贤臣，与高颎、王韶等人志同道合。在他的管教和辅佐下，杨秀恪守法度、勤于政事，蜀地因此大治。但在开皇十三年，元岩不幸病逝，杨秀没了约束，开始变得奢靡骄纵、妄行不法，比杨勇、杨俊有过之而无不及。

而今杨勇被废，杨广夺储成为皇太子，生性好强的杨秀听说后，内心极度不平。这也不难理解，他和杨广皆非嫡长子，本来都没有资格即位，可现在杨广却通过非常手段当上了太子，他心里怎么能平衡呢？

杨广很了解这个弟弟的性格，知道他一定不服自己当太子。为了防止他日后在背后给自己捅刀子，杨广决定先下手为强，把他废了。

而对杨广来说，这并不是难事，因为他手中握有一把尖刀：杨素。

高颎下台之后，杨素就成为朝中第一人。仁寿元年正月，他晋升为左仆射，彻底取代高颎的地位，成了名副其实的首席宰相。

以杨素如今的地位和影响力，除掉杨秀并非难事。只要如法炮制，把对付杨勇的那一套用到杨秀身上就行了。

于是杨广暗中命杨素访察杨秀的过失，并报告给皇帝。

面对杨广的指示，杨素不敢懈怠，因为他心里清楚，现在自己和杨广已经绑在一起了，帮杨广就是帮自己，必须尽心竭力。

因此他立刻采取行动，命人去搜集杨秀的过错，然后添油加醋，没事就向杨坚打报告。

那么杨坚会相信吗？

必须会。因为杨坚太宠信杨素了，对他的话深信不疑，而且杨秀本身确实有问题，杨坚早就对杨秀有所不满了。

在杨坚的五个儿子中，老大杨勇是嫡长子，具有先天优势；老二杨广心机深沉，善于笼络人心；老三杨俊为人宽厚，受百官喜爱；老五杨谅年纪最小，被独孤皇后偏爱。唯有杨秀，性情刚猛，既不得人心，也不讨杨坚喜欢。有一次，杨坚毫不避讳地对独孤皇后说："秀儿一定不得善终！我活着的时候还好，一旦我死了，他必会造兄弟的反！"

能说出这样的狠话，可见杨坚有多么不喜欢杨秀这个儿子。因为不喜欢，所以给他的待遇就不好。杨秀作为益州总管，统管二十四州诸军事，领地、权责在几个兄弟中都是最小的。

就这一点，我们可以拿排行老五的汉王杨谅来做个对比。开皇十七年，杨谅接替杨俊出任并州总管，领地西起华山，东至渤海，北达雁门关，南到黄河，共五十二州，近乎整个北齐旧地。而且杨坚还授予他遇事不必拘于律令限制，可自行决断的特权。

反观杨秀，领地小也就罢了，权责也受到限制。有一次兵部侍郎元衡出使蜀地，杨秀趁机与他深交，请求扩大部属，增加官佐。元衡回京师后代为上奏，而杨坚却不予批准。从这可以看出，杨坚对儿子并非一视同仁。

不仅如此，在诸王中，杨广、杨俊、杨谅都曾出任过行军元帅，统领几万甚至几十万的大军。而杨秀却一直镇守蜀地，从来没有领兵的机会。

一次，西南边境出现战事，杨坚也没有想起他来，而是令大将军刘哙率兵征讨，又令上开府杨武通统兵，作为后续部队开赴前线。

在自己的地盘上打仗，自己却不能参与，杨秀哪能甘心，便委派自己的亲信万智光到军中，担任杨武通的行军司马。

结果这样一个小举动，竟然招来了杨坚的责备。杨坚认为万智光难以当此重任，谴责杨秀用人不当，并当着群臣的面说：“坏我法律的人，必然出现于我的子孙当中。这就像猛兽一样，虽然不惧强大的外敌，但却会被毛间小虫叮咬吸食。”

把亲生儿子比作国家的害虫，这话恐怕也只有杨坚能说得出口。不知杨秀听到后会做何感想。

从此，杨坚越来越不喜欢他，开始逐步削夺其权力、分割其辖区。

这对杨秀来说无疑是个巨大打击，打那以后，他逐渐变得奢侈浮华，追求享乐，并且违犯礼仪制度，用獠人（居住在我国中南、西南地区的一个古老部族，此为当时中央皇朝对少数民族的蔑称）充作宦官，擅自使用超越规格的物品，车马服饰近乎天子。

这可就犯了禁忌了，一旦被杨坚知道，免不了受惩罚。不过蜀地闭塞，天高皇帝远，杨秀的所作所为并不会轻易被外界知道，而且他是皇子，一般人也不敢随便告他的状，万一他缓过劲来报复，这谁受得了。其实当初杨俊就是这样，若不是闹出王妃下毒之事，杨坚也不会知道他的那些过失。

但现在情况不同了，他被杨广和杨素盯上了。别人不敢告他，可杨素敢，有当今皇上以及未来天子在背后撑腰，还怕你个蜀王吗？所以他把杨秀这些事全都揭发了出来，而且又添加了不少新料，什么残害百姓啊，有谋反嫌疑啊，反正杨勇有的他都有，杨勇没的他还有。

杨坚本来就对杨秀印象不好，再被杨素的谗言这么天天洗脑，久而久之，就对他彻底失望了。为了防止他继续在蜀地“胡作非为”，甚至是组织谋反，杨坚便在仁寿二年下诏征调他回京。

杨秀接到诏令，不禁打了一个冷战。他意识到这次征调不同寻常，如果奉诏回京，八成会落得和杨勇、杨俊一样的下场。可如果不回，那就是抗旨，后果可能更严重。怎么办呢？

想来想去，杨秀决定“偷师”父亲，用装病先拖延一段时间。

杨秀打定了主意，遂以有病为由，拖着不动身。这可把他益州的官员们急坏了，他们纷纷议论猜测，蜀王是真病吗？为什么不走呢？

于是人心惶惶，内外不安。危急时刻，益州总管司马源师站了出来。司马源师是益州的二号人物，也是位忠臣贤臣，见杨秀迟迟不走，便知他是有意拖延，于是赶来劝谏，说皇上召你回京，你怎么能托病不行呢，还是赶紧上路吧！

杨秀哪里听得进去，愤怒道：“这是我的家事，跟你有什么关系，别多管闲事！”

源师不肯退缩，又流着泪说：“我被任命为大王的幕僚，怎么敢不对大王尽忠！圣上下诏召大王回京，已经有很长时间了，大王却还迁延不去。百姓不知大王心思，恐怕会生出异议，到时内外疑惧，圣上发雷霆之怒，遣使者来问罪，大王将如何自辩？请大王三思啊！”

源师苦口婆心，可以说既是为了朝廷，也是为了杨秀。

可是杨秀并不领情，仍旧一意孤行，继续在家装病。

而另一边，杨坚见杨秀迟迟不来，又声称有病，顿时火冒三丈。

杨素赶紧煽风点火，说杨秀这拖延着不来，不会是要谋划造反吧？

杨坚也有所担心，为防万一，赶紧任命原州总管独孤楷为益州总管，让他去接替杨秀。

这等于是把杨秀的后路断了，现在他是来也得来，不来也得来。

不久，独孤楷到了成都。杨秀怕阴谋败露，索性避而不见，继续装病。

没办法，独孤楷只能去见他，一看他精神头，哪像有病的样子。为了让他赶快进京，独孤楷委婉劝说：“你爹想你了，你赶紧动身，好父子团聚。要是耽搁太久，你爹就要生气了！”

杨秀心里害怕，早就没了主意，这才不情愿地上了路。但他才走出成都四十里就后悔了，竟想率军回击独孤楷。不料独孤楷早有准备，成都城已经严密布防。杨秀心知无力攻城，只得放弃计划，乖乖地去往大兴。

这一路上，杨秀提心吊胆，因此慢慢悠悠、走走停停，足足花了两个多月时间才到大兴。

杨坚见他迁延了这么久才来，心里更加不高兴，等到了接见他的时候，便板着个脸，一言不发。

杨坚的态度，让杨秀更害怕了，他知道，这一定是暴风雨前的宁静。

果不其然，第二天，暴风雨就来了。这日一早，沉默了一天的杨坚突然派来使者，将杨秀臭骂了一顿，指责他破坏法度、残害百姓、在蜀地胡作非为，等等。

杨秀跪在地上听着，浑身直打哆嗦。虽然使者所言并不都是事实，但也差不了多少，即使有不符合实情的地方，他也不敢去辩解。因为他知道，以父亲的脾气，越是出言辩解，下场越惨，还不如乖乖认错，乞求原谅。

于是使者骂完后，杨秀立刻入宫请罪，表示已经认识到了错误，并做了深刻反省，请父亲给予自己改过的机会。

事情到了这个份上，如果是一般的帝王，就可以顺坡下驴，下诏宽恕儿子了。

可是杨坚却不一般，他如此对待儿子，不光是要做给天下人看，也是真的怒其不争，真想惩罚他。

所以他拒绝宽恕，对身边人说："之前秦王浪费财物，我用父道训斥他。今天秀儿残害生民，我当用君道来制裁他。"说完便将杨秀交付执法部门处置。

这可把杨秀吓傻了，自己都认错了呀，怎么还不放过自己？这当爹的也太狠了吧。

朝臣们作为旁观者，都已经看不下去了，为避免杨俊的悲剧再次上演，纷纷来劝谏杨坚。其中开府仪同三司庆整就说："杨勇已被废黜为庶人，秦王也已经死了，陛下的儿子不多了，何必这样呢！蜀王性情耿直，如今被陛下重责，恐怕会想不开。"

这庆整也真是实在人，净说大实话。杨坚只有五个儿子，死了一个，废了一个，这要再弄死弄废一个，就真的所剩无几了，这不是家庭悲剧吗？何必呢！

我们一般人看来，庆整说这番话绝对是一番好意，就像一家人内部出现了矛盾，做邻居的来劝解一样。

但杨坚却不这么认为，在他眼里，凡是为杨秀说情的人，要么是他的同党，要么是想败坏律法，挑战皇权，都是不能容忍的。

因此杨坚听了庆整的话后勃然大怒，立刻就要将他抓起来，把舌头割了。好在群臣求情，才救下了庆整。至于杨秀，杨坚还是不愿放过，又对群臣说："杨秀罪大恶极，应该斩首示众以谢天下。"于是下令，命杨素等人严加审理杨秀。

折腾了半天，终究还是把杨秀交给了杨素，杨坚这坑儿子的能力真是没的说。

可怜的杨秀，落到杨素手里，就如同羊入虎口，肯定没有好结果。唯一的问题是，杨素将用什么方法来给他定罪。

虽然此前杨素已经给杨秀准备了"奢侈无度、残害百姓"的罪名，但这都是经过加工的，有夸大和捏造的成分，不一定能找到有力证据。证据不足，就不好定罪，百官就会不服。

所以对杨素来说，目前的首要任务就是找出杨秀的"犯罪证据"。这个证据当然不会自己蹦出来，得现造。

证据造成什么样，将决定杨秀最后能判什么样的罪，这里面可大可小，可轻可重。往轻了整，可以参考杨俊，弄一个罢官免职，在家思过；往重了整，可以参考杨勇，直接关禁闭，甚至是死刑。

那到底怎么整呢？

整人的办法

杨素不敢自己做主，得请示杨广：您要整杨秀，现在他就在我手里，想怎么整，您发话吧。

杨广早有打算，他告诉杨素，既然要整杨秀，那就往死里整，皇帝平时最恨什么，就给他定什么罪。

杨素问，那皇帝最恨什么？

杨广说，皇帝年纪大了，最忌讳死亡，我可以做两个偶人，将手背缚、心上插钉，再套上枷锁，上面写上皇上和汉王的名字，就说“请西岳慈父圣母神兵收杨坚、杨谅神魂，如此形状，勿令散荡”，然后秘密埋在华山之下。你带人搜出来，就说是杨秀所藏。

杨素听后惊喜不已，心说这法子真是高明，要是成了，杨秀必然永世不能翻身。但再仔细一想，杨素突然背脊发冷。杨广竟然丝毫不念兄弟之情，用如此歹毒的手段对付杨秀，这也太狠了。如果将来他当了皇帝，对臣子会不会也这么狠辣？如果是，那我岂不是搬起石头砸自己的脚！

杨素越想越怕，不禁毛骨悚然。但现在他已是骑虎难下，没有别的选择，只能继续全力帮杨广，如果打一点折扣，将来自己可能会死得很惨。

于是杨素听从杨广的指示，立刻开始布置证据。几天后，他根据杨广提供的信息派人到华山搜寻，果然找到了偶人。

现在主要“证据”有了，还需要配上辅助“证据”。因此杨素又在杨秀的文集里大做文章，伪造出了这样的“证据”：杨秀胆大妄为记述图谶，称京师有妖异现象，还制造蜀地的祥瑞现象，并做好了檄文，说“指日就可以入京问罪”。

这样整个证据链就完整了：杨秀意图谋反，制造图谶，用偶人诅咒皇帝和汉王……

接下来杨素所做的就是把这些“证据”整理汇总，打包报给杨坚。

不出所料，杨坚看后果然震怒，大斥道：“天底下怎么会有这样的人！”

也难怪他如此气愤，自己的儿子用偶人咒自己死，这简直是大逆不道，换谁也忍不了。

但问题是，这么大的事，杨坚就一点也不怀疑吗？历史上用巫蛊陷害人的例子可不少，汉武帝时，太子刘据就因此冤死。如今这种事发生在杨秀身上，焉知他不是被人陷害呢？

而且此案有一个重大疑点，如果偶人是杨秀所造，那他为何要诅咒杨谅？

诅咒杨坚很好理解，盼皇帝早死，自己好有机会篡位。可既然如此，为什么另一个被诅咒的人不是太子杨广，而是汉王杨谅呢？难道是因为杨秀和杨广关系好，不忍心伤害他？

这显然不合逻辑，唯一的解释就是这偶人是杨广造的，他没写上自己名字是觉得犯忌讳，怕万一真灵验了。

然而杨坚想不到这些，如今的他已经完全被杨素蒙蔽了眼睛，看不到真相了。

于是乎，愤怒的杨坚颁下诏书，将杨秀废为庶人，幽禁于内侍省，并且不许他与妻子儿女相见，只给两个婢女供使唤。此外他又罢免了上百名官员，这些官员大都是益州的地方官，皆因杨秀一案而受牵连，唯有益州总管司马源师因为曾劝谏杨秀而没有获罪。

至此，杨秀一案尘埃落定，杨广如愿以偿地铲除了一个强大的竞争对手。虽然这个对手目前还活着，但他已经失去一切，从此只能仰人鼻息了。

这是杨秀的不幸，又何尝不是杨坚的不幸呢？

两年之内，三个儿子，一个被逼死，两个被废黜，这不能不说是悲剧。虽然这样的悲剧曾无数次在帝王家庭中上演，人们已经见怪不怪，但发生在杨坚身上，还是不免让人痛惜。因为杨坚只有五个儿子，一只手都能数得过来。如今，有机会即位的只剩下两人了。

杨秀被幽禁后，愤懑不知所措，只能上表谢罪，说："臣有幸成为陛下的儿子，承蒙父母抚养长大，九岁就大富大贵，自此只知享乐，从未有过忧惧。我轻易放纵自己，落到今天这个地步，辜负了父亲的大恩，本是罪该万死。不料天恩浩荡，饶我性命，到如今我才知道，愚心不可放纵，国法不可触犯。我反思自己的罪过，真是悔不该当初。我本来还想分身有术，竭尽余生，稍稍报答一下父母的养育之恩；但因神灵不保佑，我的福分爵禄完了，夫妻团聚也不可能了。只怕我长辞人间，永归地府，恳请父亲，赐我怜悯，在我死之前，让我与我的儿子见上一面。然后请你赐我一个墓穴，让我的尸骨有个去处。”

这份悔过书也算得上是感人肺腑了，一般人看了应该都会产生怜悯同情之心，但杨坚却还是无动于衷，又下诏列举了杨秀的数十条罪状，并且说：“我今不知杨坚、杨谅是汝何亲？”

父子走到这一步，着实是可悲。好在不久之后，杨坚终于心软，答应了杨秀的请求，允许他与儿子相见。

而这已经是杨坚给予杨秀最大的“恩典”了。此后直到杨坚去世，杨秀都没能再获得父亲更多的关爱。

但是和他的大哥、三哥相比，他已经足够幸运了。

总的来说，杨勇、杨俊、杨秀这三兄弟是同病相怜的。如果仔细回顾他们的经历，我们会发现他们被废黜的过程如出一辙，原因也差不多少。

那么这就产生了一个问题，为什么杨坚的儿子会一个个地落得这步田地？症结究竟在哪儿？

从常理上讲，如果一个孩子犯错，那可能是孩子自身的问题，可如果三个孩子都犯相似的错误，那必然是父母的问题。

之前我们也谈过家庭教育的问题，当时是拿陈顼和宇文邕做对比，一个对儿子太宽松，一个太严厉，结果都不好。宽松或严厉，除了与皇帝个人有关外，还与环境有关。南朝文人治国，文化气息比较重，环境比较宽松；北周以及隋朝不一样，武人治国，要求严格。杨坚小时候，北周还受北齐欺负，从小被要求吃苦耐劳。杨勇等人则不同，出生在一个国家强盛的时代，小小年纪时就已经大富大贵了。想让他们有吃苦耐劳的精神，实在太难了。而且除了杨勇外，杨俊、杨秀等人自幼被派到地方，缺少管教，很容易放纵自己。虽然有大臣辅佐，但大多不是贤臣，而是云定兴那种阿谀奉承之徒，专门投其所好。

所以杨坚的儿子们普遍贪图享乐就不奇怪了。

生活奢侈的现象在帝王家庭并不少见，要是出现一个勤俭节约的皇子，那才是稀罕事呢！为什么偏偏是杨坚出现这样的家庭悲剧呢？

这当然还是由杨坚的性格决定的。他严于律己，勤俭节约，就要求儿子们也如此。同时，他又严苛残酷，一旦发现儿子们逾越法度，就揪着不放，拼命严打。

这就好比自己是圣人，便要求别人也都是圣人，是不对的。因为当圣人太难了，如果人人都成了圣人，那就没有圣人了。事实上，大多数人都是平凡人，都有缺点，都会犯错。所以正确的做法应该是“严于律己，宽以待人”。

第六章
仁寿时局

独孤皇后之死

仁寿二年（公元 602 年）八月二十四日深夜，也就是杨秀从蜀地回京的途中，独孤皇后病逝于仁寿宫，享年五十九岁。

作为隋朝的女主人、时代的女主角，独孤皇后的重要性不言而喻。她活着时的传奇与荣耀，我们已经见识过，现在她死了，我们有必要对她的一生做个总结。

不过在此之前，我们先要为她和杨坚的爱情故事写上结局。

也许对这个国家来说，一个女人的死算不上什么大事，可对杨坚而言，却像是天塌下来了一样。

因为独孤皇后是他一生最爱的人，也是唯一真正爱过的女人。她十四岁时嫁给他，与他携手走过了四十五年的风风雨雨，曾一起患难，也曾一起富贵。对他而言，她就和江山社稷一样重。现在她突然不在了，他的心一下子就空了，整个人变得失魂落魄，像是苍老了许多。

直到这一刻，人们才发现，原来这位一向铁面无私的帝王也有柔情的一面。

常言说：“男儿有泪不轻弹，只因未到伤心处。”此时的杨坚就是到了伤心之时。

大臣们看在眼里，不禁为杨坚的痴情所感动，纷纷上书安慰，其中著作郎王劭在奏书中说："皇后是圣德仁爱的观世音菩萨下凡，她的与世长辞只是在诸天神佛的迎接中归位而已。"

不得不说，王劭安慰人的水平确实是高。杨坚夫妇一生信佛，是虔诚的佛教徒，他把独孤皇后的死说成是观世音菩萨归位，正是恰到好处。因此杨坚读后"且悲且喜"（悲喜交加）。

王劭的安慰起了作用，这让很多人受到启发。不久之后，一位奉命为独孤皇后超度的天竺高僧发话，也声称独孤皇后是被诸神佛迎接走，到西方阿弥陀佛净土（西方极乐世界）去了。

同样的说法，出自高僧之口，自然比王劭更具权威性，何况这位高僧还来自佛教诞生地——天竺。

所以杨坚听后非常激动，似乎真的相信了这一说法，当即赐给那位高僧绵绢两千余段。如此大数额的赏赐，一般只有立下大功的文臣武将才能得到，而杨坚却因为这么一句话赐给了一个僧人，足见他对亡妻爱之深切。

而这还不算什么，接下来他在处理独孤皇后葬礼上的表现，更能说明他对她的爱。

独孤皇后去世后，需要有人出面料理丧事，选取下葬地点。杨坚对此非常重视，这从他任命的葬礼负责人和事后的赏赐就能看得出来。

这个负责人自然就是宰相杨素。作为山陵使，杨素不仅要统筹安排丧葬的各项事宜，而且还要亲自带人到荒郊野外为独孤皇后寻找福地。此外，在选好福地建设山陵时，他也始终在第一线，凡事亲力亲为、辛苦不已。

杨坚对他的表现非常满意，事后进行了封赏：封他一个儿子为义康公，邑万户，赐田三十顷、绢万段、米万石，金珠绫锦不计其数。并且下诏说："杨素为皇后寻访山陵办后事，至诚至孝，论功比他南征北战平戎定寇还大。"把为独孤皇后办后事与为国征战相提并论，可见杨坚有多重视此事。

而到了出殡的那天，杨坚还亲自为爱妻送行，这无疑是超越常礼的。当时有人提出说："陛下您本命辛酉，今年北斗星临近卯酉，按《阴阳书》的说法，您不宜出席丧事。"而杨坚拒不采纳，坚持送妻子最后一程。

十四岁时，亲自迎你入门，如今四十五年过去了，再亲自送你离开，这就是杨坚和独孤伽罗的爱情结局。

对古代的广大女性来说，爱情多半是奢侈品，可望而不可即。但独孤皇后却轻易得到了它，而且一得就是四十五年，作为女人，她大概已经无憾了。

至此，独孤皇后的生前身后事都已经讲完了，该怎么去评价她这一生呢？

不可否认的是，独孤皇后是一位伟大的女性。她性格鲜明，兼具鲜卑女子的英气妩媚、大胆真率和汉家女儿的优雅聪慧、柔情体贴。作为皇后，她辅佐明君开创盛世，一生勤俭，不干政、不扶植外戚，堪称一代贤后；作为妻子，她忠于丈夫、忠于爱情，与丈夫珠联璧合、举案齐眉，堪称妇女典范。

但人无完人，独孤皇后虽然伟大，但缺点却也很明显。她嫉妒心太强，过分追求"一夫一妻"的完美爱情，并且利用皇后的权力，将自己的意念强加到子女和文武大臣的身上，最终造成多起家庭悲剧。

但换个角度看，独孤皇后又何尝不是一个可怜人呢？她生活在封建社会，却幻想凭借一己之力改变男尊女卑、一夫多妾的风俗。因受时代所限，她的这些努力没能奏效，这才造成了她心理的扭曲，最终走向极端。

这充分说明，哪怕贵为皇后，也不能超越时代的限制。

虽然有缺陷，但独孤皇后仍不失为一名伟大女性。如果要给中国历史上皇后们搞个排名，那独孤皇后足以排进前五，能和她相提并论的可能也就只有汉武帝卫皇后、唐太宗长孙皇后、明太祖马皇后等人了。

有意思的是，这几位皇后的丈夫正好是历史上最伟大的几个皇帝，看来那句老话说得没错，每一个成功男人的背后，都站着一个伟大的女人。

独孤之后，再无独孤

独孤皇后去世了，杨坚作为丈夫虽然很伤心，但生活还得继续。

说起来，杨坚已经六十二岁了，已经垂垂老矣，如今晚年丧妻，身边没了照应和说话的人，该怎么面对接下来的生活呢？

可能大家已经想到了，杨坚不可能一个人终老，作为皇帝，他身边势必要有女人陪伴。

其实早在独孤皇后还在世时，杨坚身边就已经有别的女人存在了。这个人姓陈，名字不详，是陈叔宝同父异母的妹妹，也就是曾经的陈朝公主。陈朝灭亡后她没入掖庭，当时只有十来岁，直到近两年，才被选入后宫，成为杨坚为数不多的妃嫔之一。但是她的位分极低，这也是她能被独孤皇后容下的原因之一。

独孤皇后活着的时候，这位陈朝公主并没有什么存在感，杨坚很少把精力花在她身上。但现在独孤皇后去世了，杨坚的心一下子空了，这才注意到年轻貌美、知书达理的陈氏，于是开始宠幸她，并封她为贵人，命其掌管后宫，一年多后又封为宣华夫人。

说起宣华夫人的名号，相信很多人都不陌生，她在《隋唐演义》等文学作品中存在感颇高，经常出现在杨坚左右。

事实上，宣华夫人是杨坚晚年的重要伴侣，陪他走完了最后的时光。

但这是不是能说明她就取代了独孤皇后的位置呢？

当然不是，独孤皇后是无法被取代的。杨坚宠幸宣华夫人，更多的是填补内心的空虚，排遣孤寡寂寞的晚年生活，甚至是从她身上寻找独孤皇后的影子。

可是，独孤之后，再无独孤。没有人能够填补独孤皇后去世后留下的巨大空白，哪怕拥有后宫佳丽无数，杨坚仍然是孤独的。

后独孤时代的杨坚

对杨坚而言，失去爱妻固然痛苦且孤独，但换个角度来看，他也获得了更多自由。

以往杨坚是“妻管严”，独孤皇后说什么，他就得听什么，不敢轻易违背。而独孤皇后又非常严格，把杨坚的生活起居安排得井井有条，使得杨坚规规矩矩，想荒淫无道都不可能，平时就只有两个爱好：爱独孤皇后、爱工作。

如今独孤皇后不在了，杨坚没人管了，一下子变成了自由人，曾经禁锢在内心深处的那点小邪念终于被释放出来，于是他逐渐开始放纵自己，先是亲近女色，过度纵欲，作息不再规律，不再那么勤于朝政。

这些转变显然不是好事，它带来了许多问题，首先一个就是使得杨坚的身体越来越差。在此之前，杨坚一直身体强健，几乎没怎么生过病，六十岁了还神采奕奕。但如今，由于过度纵欲，加上爱妻去世以及儿子被废等事带来的打击，杨坚身体一天不如一天。他自己也意识到了这个问题，一度感慨地说："如果皇后还在，我的身体不会到今天这个地步。"

其次就是朝政出现混乱，具体来说是权臣当道，祸乱朝政。

这个权臣毫无疑问就是杨素。

作为首席宰相，杨素的权势和在朝中的地位早已无人可及，尤其是在太子废立之事发生后，杨素进一步得到杨坚的信任，不仅巩固了自身地位，而且权势日盛，已经远远超越了当初的高颎。

而今独孤皇后去世，杨坚对朝政逐渐懈怠，更多地把政事交给宰相处理，哪怕是需要亲自处理的大事，也大多听从杨素的意见，并交由杨素去办，这使得杨素大权独揽，权势达到巅峰。

正所谓"一人得道，鸡犬升天"，杨素大富大贵后，他整个家族也跟着发达起来。他的弟弟杨约，堂叔杨文思、杨文纪，族叔杨忌等人全都身居要职，手握大权。几个儿子更是了不得，虽年纪轻轻、寸功未建，却多已爵封公侯、勋至柱国、官拜刺史了。

自己是首席宰相，身后又有如此庞大的家族势力，那杨素还不权倾朝野，要风得风、要雨得雨了吗？而以杨素的性格和人品来看，他权倾朝野对朝廷来说必然不是什么好事。事实上，杨素"德不配位"，利用职权干了不少坏事。

第一点，以权谋私，奢侈无度。

杨素曾举报杨勇、杨秀奢侈享乐，实际上他的生活才真叫奢侈。他为了满足自己的私欲，大肆囤积资产，从京城到地方各大城市都有他的田宅和店铺。数量之多，不可胜计。此外他还豢养家童、妓妾数千人，这些人大多身着绮罗，比伺候皇帝的宫人穿得还要好。再有他的宅第也是奢华无比，规模建制上与宫殿差不多，富丽上则有过之而无不及。

第二点，任人唯亲。

杨素不光会害人，也会提拔人，不过他提拔的这些人要么跟他沾亲带故，要么是他的亲信和追随者，都不是什么有才之士。

这不就是典型的任人唯亲吗？按照他的用人原则，只要是他们家亲戚，不管有才无才，全都提拔上去，安排个好职位；只要是支持和拥护他的，不管有德无德，一律升职加薪，予以重用。

这么搞下去，朝廷不就成他们家开的了吗？这江山虽然姓杨，可不是你杨素的“杨”啊！

第三点，排除异己。

既然都已经任人唯亲了，那么对那些与杨素不和又非亲非故，甚至是公然反对他的人怎么处置呢？

答案很简单：让他们消失。

身份比较低的，直接弄死或贬官流放；地位比较显赫的，那就借助于天子之手来铲除。总之是“顺之者昌，逆之者亡”。

以上这些就是对杨素所列之罪。造成的结果就是：朝廷上下莫不畏惧杨素，竞相依附他。

但偌大个朝廷，难道就没有人能和他掰掰手腕吗？其他的宰相都去哪了？

当时朝中除了杨素，还有右仆射苏威、纳言杨达、内史令杨昭等宰相。这些人虽然地位尊崇，但加起来也无法与杨素抗衡，而且他们也不敢或不想。

首先说苏威。如果隋朝政坛有常青树的话，那一定就是苏威了。他前后当了二十多年宰相，比高颎掌权的时间还要长，虽然起起落落，但始终不倒。当初他和高颎一同执政，那也是大权在握，虽比不上如今的杨素吧，却也风光一时。

可是，自从他被罢过一次官后，整个人就变了，变得小心翼翼，轻易不敢得罪人，尤其是有权势的人。所以他虽然官居右仆射，地位仅次于杨素，却不敢和他争锋，反而与之为伍，对他言听计从。

其次说杨达。我们之前曾提到过此人，他是广平王杨雄的堂弟，跟杨坚还沾点亲，算是隋朝宗室，身份地位很不一般。但是他仁寿二年才出任宰相，政治资本还不够，而且他与杨素关系不错，不会轻易与之为敌。

最后说杨昭。可能大家不怎么熟悉这个人，但如果说起他的另一重要身份，相信大家就不会觉得陌生了。他就是杨坚的孙子、杨广的嫡长子，或者也可以说是未来的太子。

杨昭是萧妃所生，身体里流淌着南北两朝皇室的血，是杨坚和独孤皇后最疼爱的嫡孙。杨广被立为太子后，身为长子的杨昭也跟着“升职”，先是被封为晋王，不久又出任内史令、左卫大将军，一下子成了宰相兼武官之首。

但他和杨素毕竟不同，作为如今的皇长孙，杨昭是要被培养为接班人的，他没有必要去跟杨素争斗。而且他只有不到二十岁，政治经验不足，虽然有宰相之名，却未必行使职权。

总而言之，这三位宰相出于各种原因，都无法对杨素构成威胁。宰相尚且如此，其他人就更不用说了。所以杨素真的是呼风唤雨，横行无阻。

但是，任何时代都会有一些比较特殊的人物，他们可能身份卑微，没有战胜邪恶的实力，但也不屈服邪恶，坚持与之斗争。此时的隋朝就有这样的人，比如治书侍御史柳彧、尚书右丞李纲以及大理寺卿梁毗。

这三人都是有名的直臣，最大的特点就是刚正不阿，换句话说就是固执、不怕死。他们连皇帝都敢当面顶撞，何况是杨素。

但这三人官职不高，权力有限，能治得了杨素吗?

我们首先来看柳彧。西魏大统十六年（公元550年），大将军杨忠进攻南梁安陆地区，大败梁将柳仲礼，并将其俘至长安。柳仲礼与兄弟子侄归降了西魏政权，历经北周、隋朝不变。而柳彧就是他的小儿子。

柳彧的具体生年已无从考证，不过早在宇文护当权时期，他就已经成年并入仕，而真正崭露头角则是在隋朝建立后。开皇中期以后，杨坚猜忌苛察，动辄怒而杀人。大臣们都畏惧他，敢劝谏的人很少，而柳彧就是敢劝谏者之一。柳彧甚至还因此被罢官，好在不久后杨坚醒悟，又重新起用了他，并且对他信任有加。

此后杨素独揽大权，柳彧见他骄横跋扈，心里非常不满。有一次，杨素犯了过失，被杨坚敕命送御史台审理。而当时主管御史台的正是治书侍御史柳彧。二人的矛盾由此引发。

本来杨素觉得自己深受天子宠信，犯点小错根本不叫事，到御史台不过是走个形式而已，因此并未将柳彧放在眼里。等他到御史台时，见柳彧不在台阁，便随意地坐到了柳彧的位置上。不久柳彧从外面归来，见杨素如此无礼，便端举朝笏神色庄重地说:“奉敕治公之罪!”

这话一出口可把杨素吓坏了，他急忙从榻上蹦起来，恭敬地立到了一边。柳彧随即坐到案前，开始对他进行审讯。虽然最后没定什么大罪，但却把杨素折磨得够呛。他当宰相以来，一向都是对别人颐指气使，何曾受过这种气?要不是有皇帝的敕令压着，他当时就发飙了。

自打这件事以后，杨素就开始嫉恨柳彧，誓要除之而后快。不久杨秀案爆发，杨素在调查杨秀的过程中，无意间发现他和柳彧有所往来。原来杨秀曾向柳彧求取《治道集》一书，这是一部关于治国理政的书籍，由时人李文博所撰。柳彧正好有收藏，便送给了杨秀。杨秀为表示感谢，就回赠给柳彧十个奴婢。

这本是陈年旧事，而且属于大臣间的正常往来，但杨素竟借题发挥，上奏说柳彧与杨秀有勾连。

当时杨坚正在气头上，只要是查到跟杨秀案有关之人，必然予以严惩。所以杨坚很轻易地听信了杨素的诬告，怒而将柳彧除名为民，流放到偏远的怀远镇。

至此，柳彧与杨素的斗争以惨败告终。

接下来再看李纲。杨勇被废黜后，东宫官员受到牵连，大多被杀被贬，而李纲却是例外，他不仅没有丢官，反而从太子洗马升为尚书右丞。这固然是杨坚大发慈悲的结果，但也说明李纲确有过人之处。

尚书左、右丞是尚书省的高级官吏，地位仅次于左、右仆射，既是仆射的助手，又对仆射起到一定的制约作用。因此，相较于从五品的治书侍御史柳彧，正四品的尚书右丞李纲显然更有资格跟杨素叫板。

李纲与杨素的矛盾主要集中在工作上。作为尚书省长官，杨素在省内一向是说一不二，连右仆射苏威都不敢反对他。可李纲来了之后情况就变了，他不满杨素独断专行，往往提出不同意见，与之据理力争。

这让杨素非常不爽，心说李纲这个人真是不识时务，竟敢跟我唱反调，简直是活腻了。

于是李纲就成了杨素的眼中钉，被他列为首要铲除的目标。

但李纲这个人清正廉洁，兢兢业业，很难被抓到什么把柄。杨素只能退而求其次，设法把他调走。

此时恰逢大将军刘方奉命攻打林邑国（约在今越南南部顺化等处），杨素便举荐李纲出任行军司马。一来让他远离朝廷，无法再和自己为敌；二来暗中指示刘方，使劲折磨他，最好别让他活着回来。

杨素这招确实够狠的，简直杀人不见血。要知道当时的越南南部可是穷山恶水，环境极其恶劣，北方人去了八成要染病。这不刘方自己就病死在了那儿。也就是李纲福大命大，还能活着回来。但那已经是很久以后的事了。

至此，李纲这条线也失败了，所有希望都寄托在梁毗身上。

然而梁毗是何许人也？

梁毗在历史上并不怎么出名，留下来的事迹也不多，但他却有一个比较有名的侄子兼养子，名叫梁师都。此人是隋末时期的一个枭雄，将在日后的历史舞台上登场。眼下暂不说他，只说他的养父梁毗。

梁毗是一位老臣了，比杨坚还大十三岁，如今已年过七旬。他的事迹虽然不多，但每件事都值得说道，而且其中还有一个为人乐道的典故，叫作“梁毗哭金”。

开皇年间，梁毗出任西宁州（今甘肃宁县一带）刺史。当时西宁州一带居住着大量少数民族，这些民族大多有收藏黄金的习惯，各族酋长都以金子多少论富贵，族落之间经常因为争夺金子而发生战争，搞得州县不得安宁。

梁毗到西宁州后，了解到了这一情况，为减少部族间的纷争，他多次贴出文告，禁止争夺黄金，但却毫无效果。

后来各酋长为了获得梁毗的支持，纷纷送金子给他，梁毗照单全收，并设宴款待众酋长。席间，他叫人把各酋长送来的金子端出来，放在桌上，然后对着金子大哭起来。众酋长莫名其妙，便问是怎么回事。

梁毗哭着说：“金子这东西饿了不能吃，冷了不能穿，你们都为了它，相互攻打，使多少生灵惨遭不幸。现今你们把金子送给我，一旦我金子多起来，你们是不是也想杀了我呢？”

众酋长大惊，纷纷表示不敢。

梁毗接着又问道：“那你们何必为了它互相厮杀呢？”说着站起身来，将金子悉数还给了众酋长。

各酋长有所感悟，全部露出了羞愧之色。

此后，各部族间再也没有因为争夺金子发生战争，西宁州由此获得安宁。

这就是“梁毗哭金”的故事。梁毗因此受到杨坚的嘉奖，数年之后晋升为大理寺卿。

来到京城后，梁毗面对的是一手遮天的杨素。

和柳彧、李纲一样，梁毗也不满杨素专权，因此斗争就开始了。可他才入朝不久，没有任何根基，怎么跟杨素斗呢？

梁毗采用了最简单粗暴的方法：秘密上书，向皇帝揭发杨素的罪行。

那有人可能就说了，梁毗这不是傻吗，杨坚如此宠信杨素，怎么可能会相信你梁毗的话？

的确，梁毗这种做法的成功率很小，而且风险很大，以前就有人尝试过，但结果是杨素没事，告状者被贬了。

这么说来的话，梁毗岂不是输定了？

那倒也未必，且看梁毗在奏书中说了什么。梁毗说：“自古以来，为臣者作威作福没有不危害国家的，臣如今见左仆射杨素越来越得主上宠信，权势日益显赫，朝中官宦都是其耳目，忤逆他的人被打击，阿谀奉承他的人受到照顾，所有人的生死荣辱、升迁贬谪都是杨素一句话的事。而杨素所偏爱的人都不是忠心为国之人，被他推荐提拔的都是他的亲戚，他的子弟势力遍布各州县。如果天下太平无事，尚能容忍他的私图；要是国家遭遇忧患，杨素必定是祸端。奸臣专权是由来已久的，王莽经营积累多年，篡夺了西汉政权；桓玄在皇位变动时打下基础，倾覆了东晋江山。陛下若是任命杨素为执掌朝政的大臣，但恐他未必能像伊尹一样赤诚。希望陛下能考察借鉴古今之事，酌情处置，以确保大隋基业永固！”

梁毗这番话直击要害，不仅揭露了杨素的罪行，还把他比作篡汉的王莽和乱晋的桓玄，就差说他要造反了。

敢如此直言进谏，梁毗确实勇气可嘉。

可还是那个问题，杨坚太宠信杨素了，是不会轻易相信别人的意见的。这不，他看了密奏后勃然大怒，立刻命人将梁毗下了狱。

事情发展到这儿，如果不出现意外，梁毗就算是完了，下场可能比柳彧、李纲还要惨。

但意外还真就发生了，杨坚没有直接处置梁毗，反而要亲自审讯他，责问他为何要诽谤宰相。

正是这一审讯，给了梁毗翻盘的机会。

面对皇帝的责问，梁毗不屈不挠，恳切地说：“杨素仰仗陛下的信任，滥用职权，滥杀无辜。还有，太子杨勇、蜀王杨秀获罪被废黜的时候，朝中文武百官无不震惊惶悚，只有杨素眉飞色舞，手舞足蹈，喜形于色，他这不是把国家的灾难当作自己的幸事吗？”

杨坚听完后一下子愣住了，梁毗的话点醒了他，杨素在太子和蜀王事件上的表现确实不正常。他太积极了，积极得过了头。以前只觉得他是尽心办事，但现在看来可能是别有用心，因为他是最大的获益者之一。

杨坚越想越觉得是这么回事，对杨素就起了疑心。同时他也明白了梁毗的赤胆忠心，当即将其释放。

此后杨坚重新审视梁毗的那封密奏，逐渐认清了一个事实：杨素并不是一个大忠臣。

杨素权倾朝野，杨坚不是完全不知道，之所以任由他专权，是因为绝对信任他。但如今这种信任出现了动摇，以杨坚猜忌苛察的性格，势必要采取措施，对杨素加以控制。

于是不久之后，杨坚下了一封诏书：“仆射国之宰辅，不可躬亲细务，但三五日一度向省，评论大事。”

什么意思呢？

意思就是，仆射乃是国家的宰辅，地位尊崇无比，不能什么鸡毛蒜皮的事都亲自管，应该在家多享福，只要每隔三五天去一次尚书省商议大事就行了。

表面上看这是恩宠杨素，不想让他太劳累，实际上却是要夺他的权力。因为尚书省是国家最高权力机关，无论大小政令都要从这里发出，而不在省内就无法发号施令和行使权力，“仆射”也就成了虚名。

杨坚这一招可谓高明，不动声色就把杨素这个首席宰相架空了。这么简单好使的招数，后世当然要借鉴了，所以它就成为后来皇帝们限制宰相权力的一种常用手段。

除了限制杨素本人外，杨坚还将他的弟弟杨约调离京城，出任伊州刺史。这样一来，杨素的权势进一步被削弱，也就威胁不到皇权了。

至此我们可以说，梁毗胜利了。梁毗冒着生命危险换来了如今的局面，虽然没有彻底扳倒杨素，但已经束缚住了他的手脚，让他不能再祸乱朝政。

然而另一个问题随之出现了，谁来补杨素的空缺，接替他处理朝政呢？

可能有人会说，不是还有苏威吗？他可是尚书省二把手啊。

请注意，杨坚在诏书中写的是仆射每隔三五天去一次尚书省，也就是说不仅左仆射杨素被限制了权力，右仆射苏威也同样被架空了。两个领头的都不在了，尚书省这一大堆的事，总得有人来管吧。

于是一个政治新星就出现了，他的名字叫柳述。

柳述的崛起

柳述何许人也?

说起来，他和柳彧算是本家，都出自河东柳氏这个大士族。不过柳彧的七世祖在西晋末年逃到了南方，而柳述家则一直待在北朝。所以柳述祖上完整经历了北魏、西魏、北周、隋四朝，父亲柳机曾任隋朝纳言，祖父柳庆担任过北周尚书左仆射。可谓家世显赫。

不过真正使柳述崛起的不是他的家世，而是他的婚姻。他的妻子可不是一般人，乃是杨坚的小女儿——兰陵公主杨阿五。

杨坚有五个女儿，其中年纪最小的就是这位兰陵公主，因此唤作杨阿五。这名字貌似起得很随意，实则爱意满满，显示了杨坚夫妇对小女儿的偏疼。而这种偏疼一直持续到现在。

据史籍记载，杨阿五与杨秀同年生（多半是龙凤胎），一生有两次婚姻。早先嫁给了上柱国王谊（平定司马消难的那位）之子王奉孝。但结婚没多久，王奉孝就病死了，当时杨阿五才十六七岁，杨坚不忍心让她守一辈子寡，就又为她选了一门亲事，让她改嫁给了柳述。

于是柳述就成了驸马都尉。

别看他这个驸马是“二手”的，享受的待遇一点儿也不比其他驸马差。而且由于杨坚偏爱小女儿阿五，因此“爱屋及乌”，把爱延伸到了柳述身上。在杨坚的特殊照顾下，柳述官运亨通，职位一路飙升，至仁寿初年升为吏部尚书，成为宰相之下第一人。而这时的他不过才三十出头。

年纪轻轻就身居高位，柳述那叫一个春风得意。因此，他恃宠骄人、目空一切，连权倾朝野的杨素都不放在眼里。不仅多次当面凌辱杨素，在杨坚面前嘲笑其短处折辱他，而且对他下达的指示也经常不执行，并命人回复说：“回去告诉仆射，柳尚书不同意！”

如此不给杨素面子，也只有柳述敢这么干。虽然杨素是他的顶头上司，但因为有皇帝撑腰，杨素也不敢把他怎么样，只能忍气吞声。

而今杨素、苏威被架空，尚书省群龙无首，作为吏部尚书的柳述便成了省内地位最高之人。而这还不算什么，此后不久，杨坚又命他代理兵部尚书，参掌朝政大事，使他成了事实上的宰相。

这真应了那句古话：皇帝的女婿好当官！

但仔细想想，杨坚重用柳述，真的只是因为偏爱女婿吗？

恐怕不全是，他应该还有政治方面的考虑。

我们知道在封建时代，皇权和相权是一对矛盾体。一方面，皇帝个人精力有限，需要把一部分权力分给宰相，让宰相协助自己管理国家；另一方面，皇帝又不愿与人分享权力，因为宰相权力过大，必然会威胁到皇权。

因此这就产生了矛盾，而要解决这个矛盾，就必须在限制相权的同时，挑选合适的宰相。对大多数皇帝来说，宰相可以没有大才，但必须值得信任、容易控制，而柳述就符合这两点。

首先，柳述是杨坚的女婿，和他关系亲近，值得信任；其次，柳述年轻，资历浅，没有什么威望，很多人都不服他，他必须紧紧依托皇权，才能号令群臣。所以杨坚不用担心他有异心，可以放心用他。

说到底，还是权力问题。一直以来，杨坚都把权力牢牢攥在手里，虽然现在他年纪大了，不再像以前那样英明，但在权力问题上仍然非常清醒，不会犯糊涂。

总而言之，柳述已取代杨素，成为杨坚最信任之人，同时也成为实际的掌权者，风头一时无二。

这样的结果，让政治失意的杨素愤愤不平，他本就和柳述不对付，现在被他夺走朝政大权，矛盾就更深了，甚至怀疑自己失宠就是他在背后捣鬼，因此恨之入骨，欲除之而后快。

但杨素并不着急对柳述出手，因为他知道现在柳述深得皇帝宠信，是很难扳倒的，贸然出手只会自取其辱，所以他在耐心等待时机。你柳述不就仗着有皇帝老丈人撑腰吗？我杨素也有太子做靠山。你现在就得意吧，反正这江山早晚是太子的，咱们走着瞧！

于是杨素也不争，就想着一件事：太子早点登基。因为杨广一旦登基，他就是第一功臣，必能东山再起。这也是他帮杨广夺储的原因。

可问题是，人家柳述是杨广的亲妹夫，凭什么就能保证杨广即位后不会像杨坚一样宠信他呢？

杨素当然清楚这一点，之所以不怕，是因为他知道杨广绝不会宠信柳述。

他为什么有这样的自信呢？

这还要从柳述当上驸马一事说起。之前我们说柳述是兰陵公主杨阿五的第二任丈夫，是杨坚亲自为她选的。这点没有问题，但杨坚一开始选定的驸马并不是柳述，而是后梁明帝萧岿之子萧玚（yáng），也就是萧妃的弟弟。

然而还没等婚事定下来，萧岿就驾崩了。按照礼制，萧玚需要守孝三年，如此一来，阿五再嫁的事就被搁置下来了。

结果这一搁就搁出了变数。等萧玚守孝期满后，杨坚再次把女儿的婚事提上日程。但此时驸马候选人突然多出来一个，正是柳述。为了公平起见，杨坚命术士韦鼎为两位候选人相面，看谁的运势好就选谁为驸马。结果韦鼎说："萧玚有封侯之兆，但无贵妻之相；柳述面相显贵，不过恐怕守不住富贵。"

从相面结果看，二人各有优点，不好下定论。但杨坚却已经有了答案，他自信地说：“富贵由我。”意思是柳述守不守得住富贵由我说了算，就他了。

于是杨阿五就嫁给了柳述，而萧玚则与驸马之位失之交臂。

萧玚自然是失意者，但有一人比他还要失望愤懑，仿佛是自己丢了媳妇儿一样。这个人就是杨广。

本来如果杨阿五嫁给萧玚，那萧家的势力就会大大提升，而杨广又是萧家的女婿，萧家必然是支持他的，所以就等于是杨广势力提升。这对刚刚平定江南、声望正盛的杨广来说无疑是如虎添翼。

但现在驸马变成了柳述，杨广扩展势力的计划泡汤了，他自然不会高兴，于是开始憎恨柳述。

这一恨就是十几年，哪怕已经如愿以偿地当上了太子，杨广也没能释怀。

所以杨素相信，杨广即位后一定不会重用柳述，能让他活着就算不错了。

但事情的发展会如杨素所想吗？杨广又能否顺利即位呢？

第七章
杨坚驾崩

柳述的崛起，让杨素变得紧张起来，为了夺回原属于自己的权力，他日夜盼着太子杨广即位。

而杨广本人也是这么想的，甚至比杨素还要着急百倍。至于原因嘛，主要有四点。

第一，权力的诱惑实在太大，而杨广禁不住这样的诱惑。以前杨广当晋王时，就盼着成为储君，现在当上了储君，权力的欲望更加强烈，因此迫切想要再进一步，把“储”字去掉，成为一国之君。

第二，当太子太不自由。做杨坚的儿子是辛苦的，做杨坚的继承人尤其辛苦。当了太子后，杨广才体会到杨勇的艰难，没有自由，必须按照父皇期望的样子去活，不能和大臣走得太近，不能贪图享乐，不能近女色……对杨广而言，这样实在是累，简直是度日如年。

第三，因为梦想。杨广是个心怀壮志之人，他有太多梦想要去完成，有的梦想甚至要举全国之力才能实现，所以只当太子是不行的，必须拥有最高权力。

第四，怕夜长梦多。杨广以非常手段夺得太子之位，心里难免虚得慌，时常担忧自己的父皇突然又想起杨勇，再动废立太子的念头。他这还真不是杞人忧天，就在杨秀被软禁后不久，贝州长史裴肃遣使上书，请求皇帝念在高颎曾有大功、杨勇和杨秀已有悔过之心的份上，大发慈悲，各封他们一个小国，给他们痛改前非的机会。杨坚被裴肃的赤诚感动，下诏征他入朝。这让杨广高度紧张，生怕杨勇趁机翻身。

虽然杨坚最终没有听从裴肃的建议，将裴肃打发了回去，但此事却给杨广提了个醒：杨勇始终是个威胁，许多大臣心仍向他。只要自己一天没即位，江山的归属就存在变数。

所以杨广很着急，巴不得立刻“升职”当皇帝。

但这事不是他能决定的，急也急不来。他现在能做的，就是找人给自己算一算，看还需要等多久。

杨广找的这个人名叫萧吉，乃是梁武帝萧衍的侄孙，与萧妃同宗，官拜上仪同三司，任职太常寺，以精通阴阳算术著称。早年萧吉就曾为杨广算过一卦，说他能成为太子。如今卦言成真，杨广便将萧吉奉若神明，坚信他能预测未来，所以这次又找他来算。

那萧吉算出来什么结果呢？

萧吉告诉杨广，成为太子四年之后，他将会君临天下。也就是说，杨广能在仁寿四年即位。

但历史的发展真的会像他预测的那样吗？

仁寿宫变

萧吉不是神仙，当然不可能有未卜先知的本领，但他做出的预测确实神奇地应验了。

仁寿四年（公元604年）正月，大兴城的年味还没散去，杨坚便准备起驾到仁寿宫避暑。此时距离他上一次去仁寿宫已经快两年了。两年前的春天，他和独孤皇后同往仁寿宫避暑，结果却只有他一个人回来（独孤皇后的遗体也回来了）。他因此心情抑郁，去年一整年都待在京城，哪也没去过。

如今他已经渐渐从妻子去世的巨大悲痛中走了出来，心情好了许多，便想像往年一样，去仁寿宫清凉一夏。然而他刚刚准备起驾，突然有人出来阻止。这人也是一位术士，名叫章仇太翼。他向杨坚进谏，极言不可出行。

杨坚不解，问："朕去仁寿宫有何不可？"

章仇太翼说："我掐指一算，您这一去恐怕就回不来了！"

杨坚闻言大惊，哪里肯信他的话，只觉得他是在咒自己死，一怒之下将他下了狱，并撂下一句话："你不是说我回不来吗？看我怎么回来杀你！"

于是杨坚不听劝阻，执意上路。

不久，杨坚到达仁寿宫，第二天他就下诏，凡是赏赐、财政等事项，无论大小一并交付皇太子杨广处理。

杨坚的意思很明白，就是想慢慢把权力交给杨广，自己好颐养天年。

没有了烦琐的政务缠身，杨坚感到一身轻松，于是开始放纵自己。但他毕竟已经六十多岁了，不比当年，这一放纵，身体就出现了问题。

当年四月，杨坚突然感觉身体不适，随后便病倒。此后虽经太医诊治却不见好，又大赦天下来祈福，也无济于事。

到了七月初十，杨坚病情加重，此时他感觉到自己可能已时日无多，便趁着意识还算清醒，命人召太子和百官来交代后事。

龙榻前，杨坚先是与众大臣挥泪握手告别，然后又对杨广千叮咛万嘱咐，教他守好江山、赦免章仇太翼等。

这样一幅场景，是杨坚留给世人的最后记忆。三天之后他便与世长辞，去了西方极乐净土。

以上这段历史，出自《隋书·高祖本纪》。如果它完全真实可靠，那么我们姑且可以做出如下判断：杨坚是正常死亡，隋朝的皇位也是正常交接。

但有人可能就要提出质疑了：杨坚怎么会是正常死亡呢？他不应该

是被杨广谋害的吗？

这一质疑是有道理的，因为民间一直有“杨广弑父”的说法，而且这种说法很流行，以致很多人深信不疑。

大部分人了解这种说法，可能都是因为《隋唐演义》这部古典小说以及相关的影视剧、评书等。在《隋唐演义》一书中，杨广的形象非常糟糕，不仅生性好色、残暴不仁，还派人谋害病重的父亲、奸污庶母宣华夫人，是个不折不扣的大奸大恶之徒。

小说自然不能当历史来看，但这些故事情节也不完全是捏造的。在《隋书·杨素传》《资治通鉴》等正史文献中，就有类似的描述。《隋唐演义》的故事情节或许就来源于此。

但《隋书·杨素传》和《资治通鉴》就一定可信了吗？会不会也有杜撰的成分呢？

要回答这个问题，我们先得看看这两部史书到底记载了什么。

据《隋书·杨素传》载，杨坚病倒之后就在仁寿宫卧床休养，诏令杨素、柳述及黄门侍郎元岩（与益州总管司马元岩非同一人）在寝殿旁边的阁中侍候，方便处理重大事务，并且将杨广从京城召来，让其暂时居住于大宝殿。

杨坚的这些举措表明，他已经意识到自己这次得病不简单，可能会有性命之忧，所以他把太子和几个亲信的大臣召到身边，以防万一。

到此为止，事情的发展都还是正常且合理的，与《隋书·高祖本纪》记载也不冲突，但接下来发生的事情就有些不同寻常了。

杨广接到杨坚生病的消息立刻赶往仁寿宫，此时他高度紧张，心想父亲恐怕得的不是一般的病，不然绝不会着急把他召来。先前萧吉预测他仁寿四年可以即位，难道正是这个时候？

杨广越想越觉得是这么回事，为了确定杨坚病情到底如何，他亲自写了一封信，命人带给宫中的杨素，向他询问情况。

杨素接到书信不敢怠慢，忙把杨坚病情、柳述等人行踪等具体情形逐条写下来，然后派人报给杨广。

由于身处宫中，当时杨素身边并没有随从，所以他派去送信的是一名宫人。结果这名宫人不知怎么竟然错把信送到了杨坚的寝宫。

此时杨坚的意识仍然清醒，他看过信中内容，当即大怒。这二人是什么意思，我还没死呢，他们就开始商量怎么接班了吗？而且他们一个是太子，一个是朝廷重臣，竟然私下往来勾结，该当何罪！

杨坚越想越气，正琢磨怎么处置呢，宣华夫人突然匆忙地从外面跑进来，神色显得异常慌张。杨坚察觉到异样，问她："你神情不对，遇到什么事了？"

宣华夫人哽咽道："妾方才外出更衣，路遇太子，太子挡住妾的去路，对妾无礼，妾勉强挣脱归来。"

杨坚大惊失色，随即怒上心头，用手狠狠一捶床，大骂道："这个畜生，何足托付大事！独孤误我！"说完召柳述、元岩来见，对二人说："召我儿！"

二人以为是传召太子，便准备遣人去大宝殿。这时杨坚却又说："不是那畜生，是勇儿！"

柳述一听是杨勇，立刻意识到杨坚可能是要废黜太子，于是赶忙和元岩去起草敕书，召杨勇来仁寿宫见驾。

二人的行动很快被杨素知道了，杨素深感事态严重，立刻跑去通知杨广。两人经过一番商议，决定先发制人，乘机夺权。

于是杨素假传诏书，逮捕柳述、元岩，并火速调来东宫卫士，命宇文述、郭衍调度指挥，宿卫仁寿宫，把守宫门，禁止出入。然后命右庶子张衡以侍奉之名进入杨坚寝宫，并将后宫人员全部赶到了别处。

此后杨坚寝宫内具体发生了什么，史书便没有记载了，但《隋书·杨素传》却留下了这样一句话："上以此日崩，由是颇有异论。"而《资治通鉴》也有类似的记述："俄而上崩。故中外颇有异论。"

当天杨坚就驾崩了，所以宫里宫外都在议论。议论什么呢？无非是杨坚到底怎么死的：是正常死亡，还是死于非命？

两书虽然没有明确说杨坚是为人所杀，但这样模糊的记载很难不让人想入非非，进而做出如下猜测：杨广指使心腹张衡杀害了杨坚。

类似的记载还有很多，比如《隋书·后妃传》就有这样的描述：当宣华夫人听说杨坚突然驾崩，却没有人发丧后，立刻意识到这是一场宫廷政变，于是对身边的宫人们说："事变矣！"

众人听后胆寒股栗，都在为自己的性命担忧。

过了不久，杨广派使者给宣华夫人送来一个金盒，盒上有贴纸，纸上是杨广的亲笔签名。宣华夫人见之惶惧，以为是毒药，竟不敢打开，后来在使者的催促之下才开启金盒，而盒中并非毒药，乃是几枚同心结。

杨广为什么要送同心结呢？说白了，就是向宣华夫人表达爱意。

因此宫人们都长松了口气，互相庆贺说："得免死矣！"但宣华夫人却高兴不起来，迟迟不肯答谢，又是在宫人们的催逼下，才勉强拜谢使者。

当天夜里，宣华夫人被送到了杨广住所，史称"太子蒸焉"。

何谓"蒸"也？儿子娶庶母谓之"蒸"。也就是说当夜杨广临幸了宣华夫人。

至此，杨广"弑父淫母"的故事就算完整了。这一故事流传了千年，影响深远，被大多数人接受。

然而，这真的就是历史真相吗？

恐怕还需要再商榷。

虽然《隋书》和《资治通鉴》等正史详细记录了仁寿宫变的过程，但它们都没有明确指出杨坚是死于非命。我们说杨广指使张衡谋害杨坚，只是根据正史记录做出的推测而已。

这个推测看似很合理，但仔细分析之后就会发现它不太能站得住脚。试想如果杨坚真为杨广所害，那么《隋书》为什么不直接写明，反而遮遮掩掩，让后人浮想联翩呢？

须知《隋书》成书于唐初，那时的人都经历过隋末动乱，普遍对杨广没有好感，恨不得什么罪名都往他身上加。如果修史者真的掌握了杨广弑父的证据，他没有理由不列出来。而且《隋书》由唐朝官方修订，即便是为了宣扬以唐代隋的合法性，唐朝统治阶层也一定不会放过抨击杨广的机会，恐怕只要有一点儿“杨广弑父”的证据，就会大书特书。

然而《隋书》却记载得如此隐晦，这显然不符合常理，唯一的解释就是：当时民间有杨广弑父的传闻，但没有相关证据，修史者不敢肯定杨坚是否为人所杀，因此在记录这段历史时留了余地。

这个解释比较能说得通，也是后世学者普遍认同的。

但既然如此，那“杨广弑父”之说为什么还会如此流行？难道读史的人都喜欢捕风捉影？

自然不是这样，而是因为还有其他史料佐证。就目前所见，至少有两部书明确记录了杨坚死于非命之事。一部是《大业略记》，作者赵毅，唐朝初年人；一部是《通纪》，又名《通历》，作者马总，也是唐朝人。

我们先来看这两部书分别是怎么说的。

赵毅的《大业略记》记载：“高祖在仁寿宫，病甚，炀帝（杨广）侍疾，而高祖美人尤嬖（bì）幸者，唯陈蔡二人而已。帝乃召蔡于别室，既还，面伤而发乱，高祖问之，蔡泣曰：‘皇太子为非礼。’高祖大怒，啮指出血，召兵部尚书柳述、黄门侍郎元岩等发诏追庶人勇，即令废立。帝事迫，召左仆射杨素、左庶子张衡进毒药。帝简骁健官奴三十人，皆服妇人之服，衣下置杖，立于门巷之间，以为之卫。素等既入，而高祖暴崩焉。”

马总的《通历》记载：“上（杨坚）有疾，于仁寿殿与百僚辞决，并握手唏嘘。是时，唯太子及陈宣华夫人侍疾，太子无礼，宣华诉之。

帝怒曰：‘死狗，那可付后事！’遽令召勇。杨素秘不宣，乃屏左右，令张衡入拉帝，血溅屏风，冤痛之声闻于外，崩。”

这两段文献与《隋书》《资治通鉴》的记载相差不大，最主要的不同是它们明确记录了张衡杀害杨坚的过程，就好像亲眼看见一样。

那么这个过程描述是否可信呢？

要判断一则史料的可信度，首先要看它的出处。一般认为，正史比野史的可信度更高。而《大业略记》也好，《通历》也好，都是稗官野史，在可信度上肯定不如官修的《隋书》。《大业略记》的作者赵毅生活在隋末唐初，在那个特定的时代环境中，人们普遍痛恨杨广，因此《大业略记》在取材记事方面不可能不掺入民间情绪和个人情感；《通历》的作者马总是中唐人，其生活年代距离隋朝已有二百年，且篇幅简洁，内容仅叙述上古至隋朝的大概事迹，加上记事粗略，漏洞较多，可信度也不高。

所以不能据此认定杨坚死于他杀。

另外，这两段文献还存在两处重大矛盾，也让人怀疑其真实性。

其一，张衡具体是怎么杀害杨坚的。《大业略记》称张衡“进毒药”，意即杨坚是被毒死的；而《通历》却说张衡“入拉帝，血溅屏风”，意即杨坚是被拉到屏风上撞死的。一个人不可能有两种死法，“进毒药”和“血溅屏风”显然是矛盾的，要么有一个是编造，要么两个都是胡说。

其二，仁寿宫变的女主角究竟是谁。正史《隋书》《资治通鉴》以及野史《通历》都记载是宣华夫人陈氏，而《大业略记》却说是容华夫人蔡氏。

陈氏我们知道，那这个蔡氏又是谁呢？

其实蔡氏和陈氏的情况类似，也是陈朝人，陈亡后被俘入隋，没入掖庭为奴，其后被杨坚选为妃嫔，成为他晚年的重要伴侣，陪伴他度过了生命的最后时刻，是仁寿宫变的重要经历者和见证者。

陈也好，蔡也好，问题的本质是一样的，都是“杨广淫母”，所以我们暂且不必追究宫变女主角到底是谁。但两段文献在如此重要的环节出现矛盾，我们就不能不重视了，这说明“杨广淫母”一事是存疑的，并不是铁定的事实。

因此我们有理由怀疑，两书的作者都没有掌握杨坚死于非命的证据，只是根据当时的一些资料和传闻，联想出了“杨广弑父淫母”的剧情，所以才会出现一毒杀一撞杀、一陈氏一蔡氏的矛盾。

也正因如此，后来司马光在写《资治通鉴考异》时，虽然列举出了这两段文献，但却没有做出任何评论，反而在最后写道：“今从《隋书》。”

这说明司马光也认为《大业略记》和《通历》的记载不可信，但本着严谨考证历史的态度，还是列举了出来，以供后人评判。

这就是官修正史比野史更可信的原因之一，不能肯定的事，宁可不说，也不凭空臆测。

现在我们已经将与仁寿宫变相关的主要正史、野史文献梳理了一遍，虽然无法排除杨广弑父的嫌疑，但也无法坐实。

所以到头来，“杨广弑父”成了一桩悬案。

但“悬案”并非无解。既然没有更多有价值的史料，那我们就只能化身探案专家，在已知事实的基础上，通过逻辑推理来得到真相了。

破案

首先我们要明确这样一个事实：仁寿四年（公元 604 年），杨坚病重，养病于仁寿宫。由于他已经无法处理政务，所以命杨素、柳述和黄门侍郎元岩等大臣入阁理政，并召杨广到仁寿宫大宝殿主持大局。

不久杨坚病危，与杨广及群臣告别。此后便发生了“不同版本”的仁寿宫变。

这段历史是我们进行推理的重要基础，它被记录在《隋书·高祖本纪》等文献中，而“本纪”是纪传体史书中可信度最高的部分，所以应该比较可靠。但是为了确保它的真实性，尤其是“杨坚告别群臣”一事的真实性，我们需要在《隋书·高祖本纪》之外，再找出一个佐证。

据《隋书·何稠传》记载，杨坚病危之际，曾对负责建造陵寝的何稠说：“你之前曾安葬皇后，现在我要死了，你把我也安置好。我知道这样没有意义，但就是忘不了皇后，只希望能和她相见于地下。”然后又揽着杨广的脖颈说：“何稠办事很用心，我已经把后事托付给了他，你凡事要和他商量。”

何稠是著名的工程专家，与宇文恺齐名，二人曾一起参与独孤皇后的下葬事宜。杨坚深爱独孤皇后，渴望死后与之相见于地下，因此嘱托何稠处理好合葬的事，并嘱咐杨广一定要听取何稠的意见。

这样一幕感人的画面，正好能与《隋书·高祖本纪》中“与百僚辞诀，并握手唏嘘”的记载对得上，应该是杨坚告别群臣的其中一幕。因此可以肯定的是，七月十日那天，杨坚确实曾与群臣告别，并且当时杨广也在场。

明确了这一点，我们就可以来“破案”了。

先来看嫌疑人的杀人动机，也即杨广为何发动宫变并杀害杨坚。

根据《隋书·杨素传》和《隋书·后妃传》的说法，杨广之所以发动政变，是因为杨坚要召见杨勇，打算废立太子。而废立的原因有二：一是杨素误把给杨广的回信送到了杨坚手中，杨坚看后很气愤，认定他们不忠；二是宣华夫人（或容华夫人）向杨坚控诉杨广的无礼举动，杨坚听后更加愤怒，于是决心废黜太子。

总的来说，是杨广和杨素先做错了事，惹怒了杨坚，致使杨坚欲行废黜之事。为此二人先发制人，发动了宫变。这其中最关键的一点是：书信误传和杨广戏母这两件事是否真实存在。如果存疑，那么杨广的杀人动机就不能成立。

那么这两件事究竟是否真实可信呢？

我们认为是很值得怀疑的。先说第一件事。既然杨坚已经病危，并且当着众多大臣的面交代过了后事，那么杨广即位就是板上钉钉、指日可待的事了，杨广只要坐等杨坚咽气即可，为什么还会不放心，要派人送信给杨素，向他征询对策呢？而且当时杨广和杨素都在仁寿宫，离得并不远，即使不方便见面，也完全可以派人口头传递消息，为什么要“手自为书”呢？这样不仅麻烦，也容易留下把柄。杨广做事一向谨慎缜密，这次怎会如此大意？

还有杨素的表现也很奇怪。他这人老谋深算，精于政治斗争，怎么会如此马虎，把书信误送至杨坚寝宫呢？这太不正常了。

所以这件事很可疑，未必是真实发生的。

再说第二件事。虽然几乎所有史书都对杨广戏母一事言之凿凿，但此事很不合常理，可谓疑点重重。

首先，这不符合杨广的性格。杨广是一个善于伪装、自制力极强的人，他当晋王、太子这么多年，一直努力压制和隐藏自己的私欲，只以“好孩子”的形象示人，所以从来没有过负面新闻，用专业的法律语言说就是没有犯罪前科。试问这样一个人，即使内心真的好色，觊觎宣华夫人的美貌，又怎么可能轻易在人前表露出来？何况还是在杨坚病危的非常时期，事关自己能否顺利接班。这么多年都忍了，为什么会在这个时候犯错误？这不是给自己找麻烦吗？

其次，宣华夫人的表现不正常。宣华夫人能被善妒的独孤皇后接纳，成为杨坚为数不多的妃嫔之一，说明她是个非常聪明机警的女人。通常来讲，这样的人一定会审时度势，为自己的将来做打算。当时杨坚已经不久于人世，天下很快便会是杨广的，宣华夫人和众妃嫔的命运都掌握在杨广的手中，她不会认识不到这一点，即使真被调戏，恐怕也不会直接拒绝，更不会告诉杨坚。

而且，根据《隋书·后妃传》的记载，杨广和宣华夫人早就认识，且关系非同一般。当时杨广计划夺储，多次派人送礼交好宣华夫人，请她从中襄助。而宣华夫人并没有拒绝，在废黜杨勇一事上出了不少力。由此可见，她和杨广是有深交的，应该不会轻易告他的状。况且杨坚已经快驾崩了，她的靠山就要没了，为了生存，应该想方设法抱住杨广这棵大树才对，怎么会把他得罪了呢？难道是因为太忠诚于杨坚的缘故吗？这显然说不通。

最后，杨坚的表现也有问题。当时杨广已经掌握大权，是有能力控制整个仁寿宫的，这从他轻易宫变成功就能看出来（如果宫变真实存在的话）。反观被废太子杨勇，既没有权力，也没有一兵一卒，拿什么跟杨广斗？何况他还被囚禁在京城，连人身自由都没有，等他赶来仁寿宫，恐怕黄花菜都凉了。所以这个时候废立太子几乎是不可能的。杨坚一向老谋深算，怎么会认不清现实，竟然试图让柳述和元岩这两个文臣来完成废立太子这样的大事，结果两人还走漏消息，让杨素知道了。这样的杨坚实在有些愚蠢，不能不让人怀疑。而且，“杨广戏母”只是宣华夫人的一面之词，以杨坚如此多疑猜忌的性格，却竟然不去求证，直接就要废立太子，这似乎太草率了些，也很值得怀疑。

综上所述，“书信误传”和“杨广戏母”两件事都有疑点，事实并不像史书记载的那样，所以杨广的杀人动机不能成立。

但有人可能就会说了，杨广着急当皇帝，就算没有这两件事，他也完全有可能为了早日登基而弑父。

这种可能确实存在，但基本可以排除，原因有三。

其一，杨坚已经病笃，几天内就会自然死亡，杨广没有必要为了少等这几天而背上弑父的罪名。

其二，杨广是个孝子，对杨坚和独孤皇后十分敬爱，在仁寿宫变前与杨坚的父子关系一直非常和睦。当然，这也或许是他伪装出来的，目的是讨好父母。但是，从杨广当皇帝后的表现来看，他对杨坚的崇敬之情不像是装出来的。杨广即位后，曾用各种形式表达对父亲的思念和追悼。即位之年就建造天经宫，取“孝为天经地义”之意，宫中存放杨坚的衣冠，春夏秋冬四时致祭。第二年又下诏改成每月祭祀，以特殊的礼仪来纪念父亲“功体造物，道济生灵”的功绩。两年后再次下诏为杨坚单独建庙，“以彰巍巍之德”，并重申月祭，聊表自己“蒸蒸之怀”。直至大业九年（公元613年），杨广从辽东回京，路过博陵（今河北定州），触景生情，还不胜伤感地对侍臣说：“朕昔从先朝周旋于此（指公元577年杨坚出任北周定州刺史时），年甫八岁，日月不居，倏经三纪，追惟平昔，不可复希！”话没说完，“流涕呜咽”，侍卫的人也都感动得哭了。不久杨广就下诏，改博陵为高阳郡，并召见父亲当年的故吏，量才给授官职。凡此种种，皆能证明杨广之孝。

其三，杨坚死后，杨广并没有立刻登基，而是等了足足八天。杨坚死于七月十三日，而杨广直到七月二十一日才对外公布他的死讯并登基为帝。如果他真的急着当皇帝，为什么不在杨坚死后即刻即位，反而等了那么久呢？

从后面的历史来看，杨广这么做，其实是为了应对汉王杨谅。杨谅当时镇守并州，势力强大，杨广担心杨坚死后他会起兵造反，所以派人假传杨坚诏书，召他入京。这与当年杨坚辅政后召尉迟迥入京是一个道理。而从仁寿宫到并州，一来一回差不多正好是八天的路程。所以这八天里，杨广没有对外公布杨坚的死讯，更没有登基。既然如此，杨广一定不希望杨坚这么快死。因为如果杨坚多活几天，杨广就可以在已掌控局势的情况下，通过各种手段让杨坚下诏召杨谅入京，也不至于假传诏书而被杨谅识破了。

有此三点，加上存疑的“书信误传”和“杨广戏母”两件事，杨广的杀人动机就基本可以被排除了。

既然如此，那么事情的真相到底是什么呢？

真相

千余年来，人们一直在追寻仁寿宫变的历史真相，但到目前为止仍然没有定论。

既然众说纷纭，那么我们就把其中最合理可信的推论告诉大家。

首先明确一点：仁寿宫变确实存在。

但最先发动宫变的或许不是杨广和杨素，而是被废太子杨勇与柳述、元岩一党。

柳述和杨广、杨素关系不睦，却和杨勇交情不错。他早年曾经做过东宫左亲卫，是杨勇的贴身保镖，后来又娶了兰陵公主杨阿五，成为杨勇的妹夫，和他的关系就更亲密了。

后来杨勇被废，杨广成为太子。这使得与杨广关系不睦的柳述紧张起来，开始为自己的前途担忧。好在还有老丈人杨坚做靠山，在他的支持下，柳述步步高升，成了事实上的宰相。

但柳述也知道，杨坚不可能永远庇护自己，一旦他驾崩，太子杨广即位，自己的荣华富贵就到头了，甚至连命都难保住。

尝过权力滋味的柳述不甘心失去这一切，决定放手一搏，力阻杨广即位，重新让杨勇来做接班人。

不久杨坚病重，柳述、元岩、杨素奉命侍疾并处理朝政，组成了最高决策临时三人组，权力巨大。这让柳述看到了机会，他和元岩在同一阵营，杨素在杨广阵营，两个对一个，有机会取胜。于是他打算模仿当年刘昉、郑译矫诏让杨坚辅政的一套，谋划废立太子，让杨勇即位。

而另一边，杨广因为担心柳述、元岩等人阻挠自己即位，便派使者给杨素送信，询问情况并商议对策。结果柳述、元岩发现端倪，借此收买为杨素送信的宫人，让他“不小心”把信件送到杨坚寝宫。或者干脆仿照杨素的笔迹，写了一封讨论杨坚后事之类的信，送到杨坚手上，于是就出现了杨坚见信大怒的一幕。

杨坚虽然很生气，但还没到要废立太子的地步。柳述、元岩见一计不成，于是又生一计。二人收买容华夫人蔡氏（宣华夫人与杨广关系密切，不大可能被收买），叫她向杨坚告状，自称遭到杨广非礼。或者，二人发现了杨广与宣华夫人的暧昧关系，直接在杨坚面前指控了他们，而宣华夫人因为心虚，不敢申辩，只能说是“太子无礼”。由此引发杨坚愤怒，柳述、元岩则乘机进谗，怂恿杨坚废立太子，于是便有了传召杨勇的一幕。

当然还有一种可能，那就是杨坚根本没有打算易储，杨广调戏父皇妃子和杨坚召见杨勇只是柳述一党放出的谣言，目的是趁机返回京城，拥立杨勇即位。

杨素知道了二人的谋划，立刻通知杨广。杨广果断采取行动，命人逮捕柳述和元岩，并全面接管仁寿宫“安保”，派张衡进入杨坚寝宫，将他与外界隔离。就在这一天，杨坚去世。

这就是仁寿宫变的整个过程。脑洞虽然开得大了些，但也不失为一个合理解释。如果此推论成立，那么“仁寿宫变”实质上就是杨广一派与被废太子杨勇一党的一场政治斗争。

但即便如此，仍然不能证明杨广没有杀害杨坚。因为杨广派遣张衡进入杨坚寝宫一事被清楚记载在各类史书当中，情节基本一致，不大可能是凭空虚构出来的。而张衡进入寝宫后不久，杨坚就死了，这未免也太巧了，不得不让人怀疑杨坚是为张衡所害。

那么“张衡进入杨坚寝宫”一事是否能有其他合理解释呢？

我认为，还可以有两种解释。

第一种，张衡进入寝宫只是为了控制杨坚，并没有杀他。虽然杨坚的死亡时间有点巧，但也不是没有这种可能性，因为杨坚本来就已经病危，连后事都交代过了，咽气应该就是旦夕之间的事儿。现在发生了宫变，搞出这么大动静，加上张衡贸然闯入寝宫，杨坚很有可能受到惊吓，因而病情加重，一命呜呼！

第二种，杨坚是张衡所杀，但张衡未受杨广指使，而是自作主张。正如前面所说，杨广派张衡进入寝宫，只是为了控制杨坚，隔绝他与外界的联系。而张衡为保万无一失，用某种方法加快了杨坚的死亡速度（进毒药、血溅屏风）。又或是杨素暗中授意张衡，让他结束了杨坚的生命。因为废黜杨勇是杨素一手策划的，他不能坐看杨勇翻身，而杨坚活着一天，就有可能出现变故，为免夜长梦多，他很有可能先斩后奏。

这样说有什么依据呢？

依据就是：杨广即位后对杨素、张衡的奇怪态度。

杨素和张衡都是杨广的心腹，在杨广夺储及登基的过程中出过大力，按理说杨广应该心怀感激，善待他们。然而事实正好相反，杨广即位后，对杨素“外示殊礼，内情甚薄”，甚至在杨素死后发狠地说：“使素不死，夷其九族。”是什么样的深仇大恨，能让杨广说出这样的话来？恐怕就是因为仁寿宫变时，杨素擅自行动，谋害了杨坚。至于张衡，下场就更惨了。他最终被赐自尽，临死时大声说：“我为人做何物事，而望久活！”而监督行刑的官员塞耳不敢听，赶紧下令杀了他。为什么行刑官要塞住耳朵呢？是怕听到什么话？恐怕和杨坚之死有关。

杨素、张衡擅作主张戕害杨坚。杨广虽然当时没有问罪，但终究不能容忍杀父之人久立朝堂，因此一再打压他们。而反观同样有大功的宇文述，一生受到杨广的信赖和重用，七十多岁寿终正寝。这一对比，不免让人浮想联翩。

以上就是我们对案件的解析，最终得出的结论是：疑点太多，证据不足，杨广弑父的罪名不能成立。

这样一说好像是在为杨广翻案，其实这并不是我们的本意，杨广的是非已经争论了一千多年，不是我们能够定性的。我们所做的只是努力还原历史真相，让大家更全面深入地了解这段历史。

第八章
盖棺论定

结局

如果说杨广弑父尚存争议，那么他杀兄之事就是证据确凿、毋庸置疑的了。

就在杨坚驾崩之际，时任伊州刺史的杨约来仁寿宫朝见。他是在仁寿二年被杨坚调到地方上的，至今已经两年了，日日夜夜都盼着能重回京城。这次听说杨坚病笃，心想太子马上要即位了，可不能错过，于是慌忙赶来仁寿宫朝见。结果来得正巧，杨坚刚刚咽气。

老皇帝死了，按理说新皇帝就该登基了，但杨广却没有急于加冕，因为他还有两件事情没有解决，具体来说是两个人。一个就是我们前面说过的杨谅，另一个就是杨勇了。

仁寿宫变给杨广和他的追随者们提了个醒，杨勇虽然早已被囚禁，但毕竟当了那么多年太子，朝中仍有不少支持者，就像柳述、元岩等，所以杨勇活着始终是隐患，必须除掉。

于是杨广派遣杨约回京，命他假传杨坚遗诏赐死杨勇。而杨约不辱使命，顺利将杨勇缢杀，结束了他的生命。

由于缺少相关记载，我们无法得知杨勇死前的心情和状态，但不难想象，他一定有怨恨、恐惧和不甘，或许也有解脱。

杨勇死了，他只比杨坚晚走了几天，也许还能追上父亲的脚步，向他好好解释一下，说自己不是孽子，是被冤枉的。

但是杨坚已经不能复生，即使听到他的呼喊也无法还他名誉。倒是杨广，不知是因为可怜兄长，还是因为内心愧疚，竟在杨勇死后不久，下诏追封他为房陵王，于是杨勇便以房陵王的身份列于史书中。

看到杨勇的凄惨结局，很多人应该都会忍不住唏嘘感叹。是啊，杨勇是个可怜人，他虽然有过失，但并没有大错，奈何被父母苛责，被兄弟陷害，最终落得身死名灭的下场。

也许有人会觉得杨广心狠手辣，可惜在皇权面前，从来没有手足之情。历史上像杨勇这样惨死的太子数不胜数，就在他死后二十年，唐朝李世民喋血玄武门，亲手杀了两个亲兄弟和他们所有的子孙，相似的桥段又重新上演。

相比之下，杨广还算好的，他一开始并没有诛杀杨勇的儿子们。直到三年以后，杨勇的老丈人云定兴为了获得杨广的信任从而加官晋爵，劝杨广毒杀了自己的亲外孙杨俨。其后不久，杨勇的其余儿子也被诛杀，自此绝后。

杨勇被杀，拥护他的柳述和元岩自然也不会有好下场。杨广即位后，下诏将二人除名为民，分别流放至龙川、南海等偏远地区。杨广又强令兰陵公主杨阿五与柳述离婚，打算让她改嫁。

然而杨阿五性情刚烈，誓死不愿离婚，并上书请求免去公主封号，与柳述一同流放至龙川。

面对小妹的哀求，杨广不仅没有动心，反而大怒道："天下难道没有男人了吗？你身为公主，竟然想和柳述一同流放？"

杨阿五倔强地说："先帝把我嫁入柳家，我就是柳家的人。既然现在柳述犯了罪，那我就应该连坐，不愿陛下徇私！"

听了这番话，杨广更加愤怒，断然拒绝了她。杨阿五因此悲愤交加，不久便香消玉殒，临终上书请求葬于柳氏祖坟。

面对小妹这最后的心愿，杨广又悲又怒，自己身为天子，竟然对妹妹毫无办法，最后输得一败涂地。

杨广不能接受自己的失败，于是再次拒绝了妹妹的请求，下令将她葬于洪渎川，史载“资送甚薄”。

可怜兰陵公主，生前两度痛失丈夫，死后又凄凉下葬，实在是悲剧。不过她的坚贞刚烈倒是像极了她的母亲独孤皇后以及姐姐杨丽华，与唐朝那些个人生活混乱的公主相比，不知强了多少。这或许就是家教的作用吧。独孤皇后一生钟情杨坚，教育自己的女儿也要忠于丈夫，严守妇德，于是隋朝的公主们个个性情刚烈、对爱忠贞。这样的女性是了不起的，她们本该有美满的婚姻，只可惜生在皇家，命不由己！

说完了皇子公主，不妨再说一说宣华夫人的结局。杨坚去世后，宣华夫人遵从妃嫔守节的制度，出居仙都宫，但不久就被杨广召回了皇宫，至于说她是否成为杨广妃子，史书中并没有记载。倒是她的侄女、陈叔宝之女陈婤（zhōu）被杨广封为贵人，十分受宠，连整个陈氏都跟着沾光。

早先平陈时，杨坚为防止陈朝皇室叛乱复国，特意将他们迁居到了西北偏远地区，并派人严密监视。而陈婤被封贵人后，杨广将陈氏子弟全部召了回来，这其中就包括宣华夫人的两个同母兄弟陈叔敖、陈叔兴。

这也从侧面说明杨广和宣华夫人之间或许并未发生什么，试想如果说宣华夫人真被杨广宠幸，那杨广应该早就将她的兄弟侄儿召回京城了，不会等到陈婤被封贵人后才这么做。

当然，这也有可能是宣华夫人受宠时间过短的缘故，因为回宫一年多后，她就去世了，年仅二十九岁。

交代过“仁寿宫变”相关人员的结局，隋朝前半段的历史便算是讲完了。在开启下半段之前，我们有必要对前面的历史做一个总结，对杨坚做一个评价。

评价

从开皇元年到仁寿四年，隋朝走过了二十四个年头。在这二十四年里，它从一个北方政权成长为一个幅员辽阔、国力强盛、社会稳定的大一统王朝，取得了无比辉煌的成就。

就国家层面来说，它南平陈朝，结束了三百年的纷乱，再次统一了南北；同时又北击突厥，解决了边境威胁，保护了中原文明，建立了新的东亚秩序。

就政治上来说，它开创了三省六部制，奠定了此后一千多年的中央官制；又废除了九品中正制，开分科取士的先河，为科举制的诞生奠定了基础。

就经济上来说，它推行均田制和租调制，在全国范围内实行大索貌阅和输籍法，促进了南北经济的快速恢复和发展。

就军事上来说，它完善、发展了府兵制，实现“兵农合一”，建立了一支强大的军队，是中国自进入汉朝之后的又一个武力强盛的时代。此后二百年，中原王朝对周边民族始终处于优势地位。

就具体指标上来说，截至仁寿四年，隋朝疆域东到辽东、西至敦煌、南达今越南中部、北至大漠，面积约四百二十万平方公里，人口达四千五百万。

这一组数字固然不是历史最高，甚至不是隋朝历史最高，但它确实是中原王朝辉煌的时代标志之一。

不过，在蒸蒸日上的同时，隋朝内部也出现了一些问题。

从开皇末到仁寿四年，短短几年间，隋朝发生了诸多变故，如高颎罢相、太子废立等。虽然当时来看，这些变故并没有对隋朝造成损伤，但有因必有果，隋朝历史的走向或许会因此改变。

辉煌也好，问题也好，都与王朝的创立者杨坚密切相关。是他励精图治，任贤用能，一手把隋朝推向了高峰；也是他猜忌苛察，废长立幼，把直线发展的隋朝引向了另一个方向。

对于这样一个帝王，应该如何评价呢？

中国古代常用谥号来评价一个人物的是非功过。所谓谥号，简单来说就是一个人死后的盖棺论定。每当皇帝、皇后以及诸侯大臣等社会地位相对较高的人物去世后，朝廷就会依据其生前的所作所为，给出一个具有评价意义的称号，用来高度概括这个人物的生平。而杨坚作为开国帝王，去世后自然也会有谥号，这个谥号就是“文”，所以杨坚又被称为“隋文帝”。

“文”堪称帝王谥号中最好的一个了。《逸周书·谥法解》：“经纬天地曰文，道德博闻曰文，学勤好问曰文，慈惠爱民曰文，愍民惠礼曰文，锡民爵位曰文，”总之全是好词。

这些词放到杨坚身上未必都合适，但大体是相称的，尤其是“经纬天地”一词，可以说是对杨坚“统一华夏、开创治世”之功的最好评价。

不过，谥号这种评价方式还是太过笼统，不够全面立体，而且历史上的“文帝”太多，也没有区分度。所以我们不妨再看看历朝历代具体是怎么评论杨坚的。

首先来看杨坚的“同行”们是怎么说的。

唐太宗李世民评价他：“（杨坚）此人性至察而心不明（太过苛察）。夫心暗则照有不通，至察则多疑于物（容易猜忌）。又欺孤儿寡妇以得天下，恒恐群臣内怀不服，不肯信任百司（不信任大臣），每事皆自决断（独断专行），虽则劳神苦形，未能尽合于理（很勤奋，但不可能做到尽善尽美)。朝臣既知其意，亦不敢直言，宰相以下，唯即承顺而已。”

明太祖朱元璋评价他：“隋高祖皇帝勤政不怠，赏功弗吝(不吝啬)，节用安民，时称奔驰。有君天下之德而安万世之功者也。”

李世民之言主要是批评杨坚的，指出了他猜忌苛察、不信大臣的缺点，并分析了原因：得位不正，怕群臣不服。虽然有些片面，但也算客观。

朱元璋之言则明显是赞颂杨坚的，肯定了他勤政俭朴、赏罚分明的优点以及安定天下的功绩。

二人的评价各有侧重，合在一起算是比较全面了。

然后我们再来看史学家是如何评价的。

《资治通鉴》的作者司马光评价说：“高祖性严重(严肃)，令行禁止，勤于政事。每旦听朝，日昃忘倦。虽啬于财，至于赏赐有功，即无所爱(舍不得花钱却又不吝赏赐大臣)；将士战没，必加优赏，仍遣使者劳问其家。爱养百姓，劝课农桑，轻徭薄赋(对百姓好)。其自奉养，务为俭素，乘舆御物，故弊者随令补用(俭用)；自非享宴，所食不过一肉(省吃)；后宫皆服浣濯之衣(洗过的旧衣)。天下化之，开皇、仁寿之间，丈夫率衣绢布，不服绫绮，装带不过铜铁骨角，无金玉之饰(天下人都向杨坚看齐，厉行节俭)。故衣食滋殖，仓库盈溢(国家富裕)。受禅之初，民户不满四百万，末年，逾八百九十万，独冀州已一百万户。然猜忌苛察，信受谗言，功臣故旧，无始终保全者(功臣难以善终)；乃至子弟，皆如仇敌(对兄弟和儿子像仇敌一样)，此其所短也。”

这段评价夹杂的个人感情较少，更为客观全面，既赞扬了杨坚的优点和历史功绩，也指明了他的短处。不愧是史家之言。

以上都是中国传统观念下的评价，那西方学者又是怎么评价杨坚的呢？

《剑桥中国史》主编、著名汉学家丹尼斯·克利斯平·崔瑞德说："杨坚的性格是多方面的……他是非常严厉和令人生畏的人，既无吸引力，又不热诚，更谈不上宽厚。他的青云直上使他一生被自危感和自大狂所折磨，因而促使他去寻求一切他感到放心的形式和一切能得到上天眷顾的象征……杨坚易于发怒，有时在狂怒以后又深自懊悔。这显然与他个人的自危感有关，到了晚年，与上面谈到的追求最高权势的变态心理有关……"

"虽然有这些局限性，又处于这种精神状态，杨坚仍是一位坚强和有成就的统治者。他酷爱工作，并把大量文牍从议政殿带回住处审批。他似乎经常干预各级政府的事务：（有时粗暴地）插手司法机构的工作；重新审理所有重罪判决，以之作为自己的职责；接见朝集使，并告诫他们要勤奋工作和成为有德之人；考察补缺者和官员的表现；赞誉有成绩的官员，谴责疲沓和贪污；主持早朝，与大臣们讨论国内外政策；巡视全国。从他的工作作风和他对法律、对儒生和官员的总的态度可以看出，他受了法家传统和当时常见的个人对佛教的信仰两者兼而有之的强烈影响。"

这两段文字重点分析了杨坚的性格，意在说明他是一个什么样的人：严厉、令人生畏、易于发怒、酷爱工作、亲力亲为、赏罚分明……

就像崔瑞德说的那样，杨坚的性格是多方面的，他是一个有血有肉的人，优点和缺点都很明显，我们不能忽略任何一方面，也不能无限夸大某一方面。

总体上来看，西方学者对杨坚的认识和评价是与中国传统看法相一致的。那么在西方人眼中，杨坚作为帝王，在中国历史乃至世界历史上居于什么地位、与中国传统观点有什么差别呢？

说到这一点，就不能不提到一本畅销书，那就是美国著名学者麦克·哈特所著的《影响人类历史进程的100名人排行榜》。这本书从全球史观出发，评选出了对人类历史发展最具影响力的100位人物，涵盖政治家、军事家、作家、哲学家、科学家、艺术家等。其中中国历史名人共有8位，而隋文帝杨坚就名列其中，是上榜的中国历史上三大帝王之一，另外两人分别是秦始皇与成吉思汗。

看到这个排名，大家可能会觉得惊讶，因为论及中国历史上的伟大帝王，人们首先想到的乃是秦皇汉武、唐宗宋祖等，这汉武帝、唐太宗都没上榜，杨坚凭什么能上榜呢？

其实这就是西方观点与中国传统观点的不同之处了。那二者孰对孰错呢？

不妨先看看哈特是怎么评价杨坚的吧。哈特在书中写道："他成功地统一了经历数百年严重分裂的中国。他最重要的改革之一是实行通过科举考试选拔政府官吏的制度，为中国提供了一批批非常得力的行政官员。"

哈特这段话提到了杨坚的两大功绩：统一中国和开创科举。

这两项功绩非常重要，是杨坚能从众多帝王中脱颖而出，入选"影响人类历史进程的100名人排行榜"的基础。

中国历史上有过很多次统一，其中最重要的是秦朝和隋朝的两次统一。秦朝我们都理解，第一次统一中国。但隋朝的统一为何如此重要呢？

不仅是因为分裂的时间长，还因为它是民族大融合之后的第一次统一，统一之后的中国在民族构成、政治制度、思想文化等方面与秦汉魏晋时期已经有很大差别，这个影响是巨大的。相比之下，唐朝的统一，只是把破碎了的隋朝再次拼合在一起而已，所以说隋朝的统一无比重要。仅凭这一点，杨坚就可以称得上"千古一帝"，足以与秦始皇相提并论。更不用说他还开科举之先河，影响了此后中国一千多年的历史。

因此，哈特的评价是公正客观的。

那中国传统观点就错了吗？

当然不是，只是评价的角度不同而已。我们评价一个帝王，主要是看他的文治武功，所以开疆拓土的汉武帝、开创贞观之治的唐太宗作为武功和文治的两大代表被捧得很高。而杨坚在这两方面则不是那么突出。

就武功而言，杨坚本身不是那种穷兵黩武、好大喜功的皇帝。他打突厥，打服了就停手；打高句丽，占不到便宜就收兵。所以我们会发现，隋朝前期几乎没有开疆拓土，版图甚至不如西晋。

就文治来说，虽然杨坚也开创了开皇之治，并且成就远超贞观之治，但我们在评价文治时，最看重的往往不是经济、人口等指标，而是帝王的道德水准、治国能力等。在这方面，唐太宗堪称明君典范，为历代君臣所推崇。而杨坚由于晚年猜忌苛察、滥杀功臣，就失分不少。

除文治武功外，杨坚还有一个重要失分项，那就是他所建立的王朝太短命。

汉武帝、唐太宗的文治武功是依附汉、唐两个伟大王朝的，作为汉、唐最杰出的君主，他们其实是中国封建王朝最高成就的代表。如果把中国封建王朝的历史比作一部电视连续剧，那么汉、唐、宋、明、清就是主要角色，占了大部分剧情。隋朝虽然很强大，一出场就吊打一切，但没两集就领盒饭了，即使再高光，也是昙花一现，不容易被人记住。

所以这就是我们传统观念里杨坚不如汉武、唐宗的最主要原因。

但站在整个世界历史或者说人类历史的角度来看，隋朝的重要性并不亚于汉、唐，而作为开国之君的杨坚无疑比汉武、唐宗等更具影响力。

以上就是我们对杨坚的总结和评价。总的来说，隋文帝杨坚是中国历史乃至世界历史上的伟大君主，他统一了经历数百年严重分裂的中国，创立和完善了一系列对后世影响深远的制度。在位期间，他励精图治、倡行节俭、轻徭薄赋、与民休息，开创了治世局面，为隋唐盛世的到来奠定了基础。

最后我们要说的是：水至清则无鱼，人至察则无徒。杨坚的最大问题就是“至察”，对人要求太严苛，所以他没有朋友，连对兄弟儿子都如同仇敌。唯一志同道合的老友高颎也没能逃离他的猜忌，最终黯然下台。而他最终选择杨广接班，实际上是因为杨广最像他，是他的“徒”。

至少他自己是这样认为的。

第九章 汉王之乱

仁寿四年（公元 604 年）七月二十一日，杨广在仁寿宫登基，成为隋朝第二任皇帝。这一年他三十六岁，正是年富力强的时候，而他继承的这个国家也和他一样，安定繁荣、强大兴盛，正处于治世中。

所以此刻的杨广意气风发，对未来充满了信心，迫切想有一番大作为。

不过，当皇帝并不是件容易的事，在享有无上荣耀的同时，也会面临无数挑战。这不杨广刚即位，龙椅还没坐热呢，就遇到了隋朝建立以来最大规模的一场叛乱——汉王杨谅之乱。

杨谅的烦恼

杨谅，本名杨杰，生于北周建德四年（公元 575 年），是杨坚与独孤伽罗的第五个儿子，也是他们所有子女中年纪最小的。

现代社会普遍有这样一种现象，在一些多子女家庭中，父母往往会偏爱小儿子。其实古代也有这种情况，就比如杨坚他们家。

虽然杨坚为人刻薄，但他对自己的小儿子却格外偏爱，也格外宽容。关于这一点，有几件事可以证明。

第一件事。杨坚即位后，为了巩固统治，把除太子杨勇以外的几个儿子分封到地方，杨广镇扬州，杨俊镇并州，杨秀镇益州，唯有杨谅一直待在京城，担任雍州牧，也就是首都市长。究其原因，无非是杨坚和独孤皇后偏爱幼子，不舍得让他远离京城。

第二件事。开皇十七年，杨俊因为中毒的事被调回京，并州无人镇守，杨坚这才任命早已成年的杨谅为并州总管，并亲自送他赴任。同样是镇守并州，杨谅的地盘可比杨俊大多了，他控制着西起华山、东至渤海、北达雁门关、南到黄河共五十二州的地方，几乎拥有整个北齐旧地，势力大得惊人。不仅如此，杨坚还授予他便宜之权，允许他不受律令限制。这种待遇，真是不能再好了。

第三件事。作为皇子，杨谅也曾挂帅出征。不过他挂帅跟别人不大一样，他真的只是“挂”而已。虽然杨广、杨俊的几次出征也是挂名元帅，但起码会身临前线，参与重要决策。而杨谅呢，他前后两次挂帅，一次征讨高句丽，倒也去了前线，结果无功而返；另一次攻打突厥，直接就不去了，在家里远程指挥，而杨坚对他的这种做法竟然没有任何指责，偏爱得已经不能再偏爱了。

就这样，在父母的悉心呵护下，杨谅度过了二十几年无忧无虑的生活。他本以为自己能一直这样安逸下去，可随着开皇末年大哥杨勇被废，他心中的平静突然被打破了，开始变得不安起来。这种不安倒并非来自他的父亲杨坚，而是来自他的二哥、新太子杨广。

在杨谅看来，大哥杨勇为人忠厚，并无过失，之所以被废黜，是因为有人进谗言。这个人当然就是二哥杨广以及他的党羽。杨广野心勃勃，今天能陷害大哥杨勇，明天就能陷害其他兄弟，这怎么能让人心安？

杨谅越想越忧心，整日怏怏不乐。不久之后，令他更忧心的事情发生了，四哥杨秀又被废黜，跟大哥一样变成了庶人。

这让杨谅大为惊慌，他不用想都能猜到，四哥一定也是被二哥陷害的。眼看几个兄弟一个一个被废，杨谅实在坐不住了，他知道如果再不想办法自救，必会落得同样下场。

因此杨谅决定做点什么。他利用父亲对自己的宠爱，借口“突厥强盛，需要加强武备”，大规模征发工匠，打造器械，招集亡命之徒，扩充兵力。他这样做的目的就是要壮大自己的力量，以便将来能与杨广抗衡。

杨谅的计划进展得非常顺利，短短一年多时间，就招募了几万私人部属，极大提升了自己的实力。可就在这时候，一件意想不到的事情发生了。

仁寿末年，突厥入侵北方边境，由于规模不大，杨坚便没有派大军征讨，只是命杨谅就近发兵抵御，可没想到的是，杨谅居然战败了。杨坚龙颜大怒，又不忍处罚杨谅，便把参与战斗的八十多名将领解职，发配到了岭南地区。

这对杨谅来说无疑是一次重大打击，因为这些将领都是他的亲信，是好不容易才培植起来的，要是都被流放了，这损失可就太大了。

杨谅实在不甘心，便恳求父亲说：“这些人都是久经沙场的老将，跟了我很多年了，求父亲网开一面，把他们留下来吧！”

按说以杨坚对杨谅的宠爱，对这个请求应该不难答应，但没想到的是，杨坚不仅没同意，反而大怒，斥责杨谅说：“你身为藩王，只要遵从朝廷命令即可，怎么能因为私情而谈论宿旧，破坏国家的法令！你这小子，一旦没了我，若敢轻举妄动，人家抓你就如同抓笼中的小鸡一样，要心腹又有何用！”

杨坚的话把杨谅吓坏了。杨谅这才知道，原来自己那点小心思早被父亲看得一清二楚，父亲这番训教，分明是在警告自己啊！

但是杨谅并不同意父亲的话，他认为自己兵多将广，又占有关东大部，未必就不是杨广的对手，哪怕将来杨广即位当了皇帝，自己也有与之一战的实力，怎么可能会像笼中雏鸡一样任人宰割呢？

所以杨谅并未听从杨坚的告诫，仍旧暗中发展势力，培植心腹，很快又聚集了一批将帅。

在这些将帅中，有两人不能不提：一个是咨议参军王頍（kuǐ），乃是南梁大将王僧辩之子，同时也是陈朝旧将。另一位则是开府仪同三司萧摩诃，没错，就是那位陈朝名将，他还活着，如今已经七十多岁了。

这二人为什么会成为杨谅的心腹呢？

其实这跟他们仕途失意有关。就说王頍吧，他出身将门，通晓五经，熟知兵法，隋灭陈后入朝担任国子博士，辅佐太子杨勇，前途本来不错，但不幸杨勇被废，他受到牵连，被发配至岭南，是杨谅把他召入并州，给了他重生的机会。所以他心存感激，在知道杨谅的想法后立即表示支持。

至于萧摩诃，就更不难理解了。他本是陈朝数一数二的名将，拥有崇高的地位和声誉，但陈朝灭亡后这一切都化为了泡影，他的心情是低落的，加上一直得不到隋朝重用，就更加忧郁不得志。正好他在并州为将，见杨谅阴谋起事，便决心跟着他大干一场。

要说萧摩诃也是够拼的，都七十多岁的人了，一只脚已经踏进坟墓，竟然还想搞事情。

或许正是因为年事已高，萧摩诃觉得自己这条命已经不重要了，重要的是在活着的时候搏一把，为自己正名，不然这一辈子就太失败了。

有了这些名将的支持，杨谅的实力进一步提升。此时他想的已经不是如何自保，而是怎么与杨广争夺天下了。

调虎离山

对于杨谅在并州的所作所为，杨广不是不清楚，之所以一直没有采取应对措施，是因为他知道杨谅深得父亲宠爱，很难被整成第二个杨秀。而且杨广的“大杀器”杨素已经在仁寿二年失宠，暂时他也没有对付杨谅的条件。

不过随着仁寿四年杨坚去世，这种情况发生了变化。杨广掌握了最高权力，终于可以放手对付杨谅了。

但杨谅也不是吃素的，他辛苦经营了这么多年，早已做好了战争准备，就等着父亲死后，跟二哥争家产呢。而杨广这边才刚掌权，手头一大堆事，战争什么的完全没有准备，如果真打起来，谁赢谁输还真不好说。

杨广很清楚这一点，所以他暂时没有对外公布杨坚的死讯，而是利用这几天时间，一面加紧做军事部署，一面假传杨坚诏令征调杨谅回京。

杨广这一招颇得父亲真传，跟当年杨坚对付五王和尉迟迥的方法差不多，都是调虎离山之计。

不同的是，杨坚当初是以周静帝的名义下诏，无所谓真假，只在于接诏的人肯不肯听，结果是五王听了，尉迟迥没听；而杨广则是以杨坚的名义下诏，相当于矫诏，其效果取决于接诏的人会不会相信。

之所以这么做，是因为杨广知道，如果以自己的名义下诏，杨谅一定不会来京，甚至可能直接反了；只有假传父亲诏命，才有可能把他诓来。

虽然杨广对于骗过弟弟并没有太大把握，但总得试一试，万一成功了，就能避免一场内战；要是失败了，最多损失一名使者而已。

所以这个传诏的使者非常重要，必须得有勇有谋，同时还得有声望，能让杨谅相信他是杨坚派来的。

那么谁是最合适的人选呢？

杨广选择让车骑将军屈突通来完成这项工作。

屈突通，字坦豆拔，奚族人，出身关陇，公元557年生，北周邛州刺史屈突长卿之子。

如果大家对于隋末唐初的历史有所了解，那么对屈突通这个人就一定不会陌生，他是隋、唐两朝的名将，也是后来进入“凌烟阁”的人，对隋唐历史影响很大。

所以大家一定要记住这个人。

不过此时的屈突通之所以出名，是因为他为人正直，秉公办事，是现实版的“长安鬼见愁”。

有多愁呢？屈突通长期在京任职，对犯罪零容忍，即便是亲属犯法，也依法制裁，决不包庇宽容。当时他的弟弟屈突盖任长安县令，也以严整而知名。因此民间就流传说：“宁食三斗艾，不见屈突盖；宁服三斗葱，不逢屈突通。”

宁肯吃上三斗的葱，也不愿意见到屈突通，可见他真不愧是“鬼见愁”！这样的人百姓怕，官员也怕，但却很合杨坚的胃口，所以屈突通深得杨坚信任，官职一路飙升。杨坚驾崩时，他正担任右武侯车骑将军，也就是禁军将领之一。

所以说，屈突通就是杨坚的亲信兼保镖，可以代表杨坚，由他去传诏再合适不过了。

可是屈突通如此正直的一个人，会替杨广假传诏令吗？

正因为屈突通正直，所以他才会不折不扣地完成使命。屈突通是忠臣，以前他服从杨坚，是忠于天子，现在服从杨广，同样是忠于天子，两者没有区别。而且假传诏令也是为了大局，如果不这么做，那战争就不能避免，这是任何一个爱国之人都不愿意见到的。

所以即使明知诏书是假，屈突通也会奉命去传诏。

于是仁寿四年七月，屈突通带着“杨坚的诏书”从仁寿宫出发前往并州。几日后他到达太原，向杨谅出示了诏书，并要求他即刻奉诏进京。

按理说杨广此时尚未登基，也没有对外公布杨坚的死讯，杨谅还不知道自己的父亲已死，见到诏书应该至少会信一半吧。然而令屈突通没有想到的是，杨谅只看了一眼，就认定诏书为假。这是怎么回事呢?

原来杨坚早就料到了这一天，为了保护杨谅，提前和他做了约定，说如果自己下敕书召见杨谅，就在“敕”字旁边多加一个点，并且以玉麟符（刻有麒麟的玉质符信）为凭证。二者缺一不可，否则便是假的。

由于是密约，所以此事就只有杨坚、杨谅父子二人知晓。而杨广则做梦也不会想到父亲还留有这么一手，在不知情的情况下，他伪造出来的诏书当然就会缺少这两样东西。

因此杨谅一看便知是假，当即就质问屈突通。

屈突通哪能料到这茬，他自知解释不了，只能一口咬定就是杨坚下的诏，死活不承认是伪造。

杨谅对此颇为无奈，他也知道屈突通这个人刚直不阿，从他嘴里肯定问不出什么来。

其实他根本就不用问，用脑子一想就知道是怎么回事。既然诏书是假，那父亲肯定已经死了，现在掌权的乃是二哥杨广，诏书也是他伪造的。

既然事情已经明了，那么对杨谅来说，眼下就只有两条路可走。第一条，假装什么都不知道，乖乖进京，这样做可能会失去兵权，甚至是自由，但应该能保住性命。第二条路，拒不进京，准备起兵反了杨广，这么做可能会兵败身死，但也可能取代杨广，成为天下之主。

两条路各有风险得失，杨谅会做何选择呢？

年轻气盛的他决定走第二条路，去拼一把。

于是他拒不奉诏，将屈突通打发了回去。

或许有人会觉得奇怪，杨谅既然已经决定要反，为什么还会把屈突通给放了？怎么不杀了他或者扣留他呢？

其实这也是无奈之举。不是杨谅不想留下屈突通，而是留了也没用，以屈突通的性情和人品，不可能会投靠杨谅，扣留他只会浪费粮食。至于杀他，那就更不行了，屈突通毕竟是天子使者，又有声望，无缘无故把他杀了，只会让自己理亏，搞不好还会失去人心，损害起兵大计。

因此杨谅只能把他打发走了。

起兵

至此杨广的“调虎离山”之计算是失败了，而失败的结果就是打草惊蛇。

这不，屈突通前脚刚离开，“受惊”的杨谅后脚就开始准备起兵，首先一项就是动员麾下的幕僚和将帅。

所谓“养兵千日，用兵一时”，培养你们这么久，现在到报答我的时候了！

这些将帅也很给力，纷纷表示："为大王赴汤蹈火，在所不辞！"

杨谅很感动，果然没白养你们啊！

然而这时，一个不和谐的声音出现了："我反对！"

杨谅定眼一看，见说话之人乃是并州司马皇甫诞。

这皇甫诞是并州二号人物，素以正直刚毅闻名。当初杨谅出镇并州时，杨坚亲自为爱子挑选僚属，一眼就看中了名声在外的皇甫诞，当即就任命他为并州司马，让他辅佐杨谅。皇甫诞感念皇恩浩荡，到并州后一直兢兢业业。而杨谅也颇为尊敬他，大事小事都和他商议。

但随着杨谅野心的暴露，他们的这种友好关系逐渐发生了变化。皇甫诞不忍心见杨谅陷入万劫不复之地，时常规劝他，可是杨谅根本听不进去，反而越听越反感，慢慢地就疏远了他。

皇甫诞知道自己已经不被信任，但为了不辜负杨坚的托付，还是坚持规劝杨谅。如今听闻杨谅要起兵，他更是坐不住了，赶紧又来劝阻，这才在一片支持声中发出了反对之音。

然而杨谅决心已定，根本无视他的规谏。皇甫诞悲愤交加，流着泪说："窃料大王兵资非京师之敌（您不是朝廷的对手）；加以君臣位定（君臣的名分已经确定了），逆顺势殊（以下犯上且实力悬殊），士马虽精，难以取胜。一旦陷身叛逆，绁（guà）于刑书，虽欲为布衣，不可得也（一旦叛逆就只有死路一条）。"

杨谅听罢勃然大怒。这老东西，不追随我起兵也就罢了，竟然还打击我的士气，真是冥顽不化！

于是命人将皇甫诞投进了监狱。

这样就再没人敢站出来反对起兵了。

接下来，杨谅又派人到各州做战争动员，结果共计有十九个州响应起兵。这已经非常了不得了，比当年尉迟迥的阵势还要大。

现在战争的准备工作已经完成，下面要做的就是制定战略方针和具体的作战方针了。而杨谅对此基本一窍不通，只能靠幕僚和将帅。好在他手下的能人不少，给他提出了各种策略。

首先献策的是咨议参军王頍。他给杨谅提供了两个方案：其一，并州将吏多是关中人，家属大都在关中地区，如果想争夺天下，就任用这些关中将吏，以迅雷不及掩耳之势西渡黄河，长驱深入，直取京城；其二，如果只是想割据北齐旧地，那就任用关东人士，足以守境安民，当一方诸侯。

王頍提出的是大战略，解决的是这次起兵的根本问题：主动出击还是积极防御。对于这两个方案，杨谅有些犹豫不决，想来想去，他决定兼用二策，先进兵关中，如果进攻不顺利，再退回并州，在关东割据称雄。

大方向已经有了，那具体怎么进攻关中呢？

这就涉及作战方针的问题了，同样有人给杨谅献策，乃是总管府兵曹参军裴文安。他对杨谅说："太行山以西，尽在大王掌握之内；关东兵马，也为大王所有。大王应该征发所有兵将，把其中比较羸弱的分出来，屯守到险要之地，并命他们伺机攻略周边，同时率领剩余的精锐部队直入蒲津关。末将请求为前锋，大王率主力大军随后，风行雷击，屯兵霸上，则咸阳以东之地便可挥手而定。届时京师震动，朝廷军队来不及集结，上下离心猜疑，众人惊恐害怕。而我们列阵入京，发号施令，谁敢不从！如此，十日之内，大事可定！"

说了这么多，裴文安到底是什么意思呢？

其实他就是把王頍的两个方案具体化了，按照他的意思，杨谅需要兵分两部：一部向四面出击，攻占关东其他地区，扩大势力范围；另一部进取关中，直捣京城，争夺天下。这当中，进取关中的是主力。

总体上来看，这套方案兼顾了进取关中和割据关东两个战略，正好符合杨谅的心意。

因此杨谅非常高兴，当即采纳了这一策略，并晋升裴文安为柱国。

方案定好了，差不多该出兵了吧。别急，还有一个重要问题没有解决，那就是以什么理由起兵，总不能师出无名吧？

这个问题看似简单，实际上不大好解决。因为杨谅实在没有太好的理由，毕竟杨广是杨坚指定的接班人，是无可争议的大隋天子，你杨谅起兵反他，那就等于是造反，怎么都圆不过去。

在这一点上，杨谅真比不了当年的尉迟迥，人家起兵那是为了诛杀“权臣杨坚”，守护宇文氏江山，理由是相当充分的。

不过，说到尉迟迥，杨谅突然从他身上找到了灵感，既然不能反天子，那何不学尉迟迥反权臣、奸臣呢？这样不就师出有名了吗？

这的确是个方法，可问题是当下哪有权臣啊？

杨谅想了想，突然眼前一亮，兴奋道：“有了，就是杨素！”

杨素是权臣吗？不管了，说他是他就是。

于是杨谅声称杨素将要谋反，以清君侧之名，正式宣布起兵。他按照原定计划，把手中的军队分成了五路。

第一路，由大将军余公理领衔，南出太谷，进击河阳（今河南孟州西）。

第二路，由大将军綦良率领，东南出滏口陉（太行八陉之一），进击黎阳（今河南浚县东北）。

第三路，由大将军刘建率领，东出井陉（太行八陉之一），攻略燕、赵之地。

第四路，由柱国乔钟葵率领，北攻雁门（雁门关所在地，今山西代县）。

第五路，由裴文安与柱国纥单贵、王聃等率领，西渡黄河，直指京师。

前四路都是辅助，目标是扩大地盘，保卫后方；最后一路则是主力，目标是打进京城，夺得天下。

本着兵贵神速的原则，裴文安等人率领主力部队全速向西南挺进，他们要完成的第一个任务就是拿下蒲州，横渡黄河。

蒲州古称河东，位于今天的山西永济一带，西靠黄河，是自今山西进入关中平原的必经之地，只有攻下此地，才有渡河的资本。

杨广也知道蒲州的重要性，所以早已任命右武卫将军丘和为蒲州刺史，镇守黄河渡口。

蒲州是险要之地，想要攻下来不是件容易的事。杨谅深知这个道理，为了尽快拿下蒲州，他想了个办法，挑选出数百精锐骑兵，伪装成妇人，诈称是从并州逃出来的宫人，准备回长安。

几百个大老爷们儿，全都装扮成女人，那场面简直不可想象。

不过这一招确实好用，这些“宫人”很轻易地骗过了守城官兵，成功进入蒲州。此时蒲州城中支持杨谅的豪杰（多半是无业游民）纷纷响应，城内一时烽烟四起。刺史丘和察觉有变，吓得顾不上指挥抵御，直接翻城逃回了大兴。

于是杨谅的军队顺利占领蒲州城，并俘虏了大批官员，取得了开门红。

蒲州既已到手，接下来就该渡河了。然而正当裴文安等人率军朝蒲津渡进发时，杨谅突然派人传来两项命令：一者命纥单贵毁掉河桥，坚守蒲州；二者命裴文安率军返归并州。

对此，裴文安惊讶不解，战争进展得正顺利，汉王怎么在这个时候打退堂鼓呢？

作为战略的制定者和军队统帅，裴文安深知此时收兵必会丧失渡河良机。奈何军令难违，纵然万分不甘，也只能撤军。

回到并州后，他第一时间来责问杨谅：“用兵之道，在于神速诡秘，我们本来计划好要出其不意，大王却不照此行事，又把我召回，这不是让敌人计谋得逞吗？唉，现在大势已去了！”

杨谅无言以对，半天没有吭声。

其实他之所以改变原计划，是因为觉得进攻关中太冒险，不如坚守蒲州以逸待劳好。只要蒲州不失，朝廷的军队就过不来，自己就可以割据关东。至于争夺天下，看情况再说呗。

这其实就是王頍提出的第二个方案，原本也在杨谅的计划之内，只是没想到会在这个时候转换。

根据这一方案，杨谅直接做出了新的军事部署：任命裴文安为晋州刺史，王聃为蒲州刺史，薛粹为绛州刺史，梁菩萨为潞州刺史，韦道正为韩州刺史，张伯英为泽州刺史……各自镇守本州。

这一连串的任命意味着，杨谅的战略重心已经由进攻转为防御。

熟悉地理的人应该都知道，山西地形复杂，周围被高山和黄河环绕，只要守住几个关键的入口，敌人就很难打进来，所以杨谅转攻为守是有道理的，可以发挥自身优势。可问题是，他真能守得住蒲州这个战略要点吗？

那得看是谁来攻了。如果是普通将帅，蒲州当能稳如泰山；可如果是盖世名将，那就不一定守得住了。

杨广很懂这个道理，所以他早把收复蒲州的重任，交给了大隋第一名将杨素！

平叛

仁寿四年秋天，杨素率领五千轻骑兵向蒲州进发，当日夜里便赶到了黄河岸边。由于浮桥已经被毁坏，杨素便在夜色的掩护下，派人收集附近的商船，准备乘舟渡河。为防止在行船时发出声响，他还命人在船板上铺上茅草，并命所有士兵口叼横枚（衔枚）。这样一来，人和马踩在船上便不会发出声音，士兵也不会喧哗，全军就可以悄无声息地渡河了。

因为是夜间，加上浮桥已经不在，河对岸的叛军完全没有警戒，对官军的夜间行动毫无察觉，杨素因此轻松渡过黄河；随后稍做休息，等到天快亮时，突然对蒲州发起攻势。

蒲州守将纥单贵率军迎战，结果一战即溃，仓皇而遁。剩下一个蒲州刺史王聃心慌恐惧，竟不敢交锋，直接开城投降了。

于是，杨素成功收复蒲州，此时距离他率军出京才不过几天时间而已，真可谓神速也。而这还不算什么，更厉害的是他在出征之前就已经算好了取胜的日期，与结果分毫不差。

这就是名将的实力！估计此刻杨谅麾下的将领们都在瑟瑟发抖！

不过他们暂时也不用太害怕，因为杨素攻下蒲州后就被杨广召了回去。

这是怎么回事，难道杨广也要学杨谅见好就收？

这么想就冤枉杨广了，他召回杨素不是要收兵，恰恰相反，他是为了更大规模的进攻。

为什么这么说呢？

因为杨素此去只带了区区五千轻骑兵，以迅雷不及掩耳之势攻下蒲州是可以的，但要彻底打败杨谅就太难了。所以杨广把杨素召回京城，正式任命他为并州道行军总管兼河北道安抚大使，率领四万大军讨伐杨谅。

在军事进攻的同时，杨广还做了统战工作，试图争取部分并州将吏起义，从而由内部瓦解叛军。

此次重点要争取的人名叫豆卢毓，乃是并州总管府主簿，也是杨

谅王妃豆卢氏的兄长。

虽说是大舅哥，但豆卢毓并没有参与杨谅的叛乱；相反，他为人忠正，是坚决反对杨谅谋反的，曾不止一次地劝谏杨谅，只可惜没起到作用。如果不是有亲戚关系，他可能已经在牢里陪皇甫诞了。

杨谅起兵后，豆卢毓本是有机会逃回京城的，但他却选择留在并州，假意服从杨谅，以伺机起事。

豆卢毓的兄长豆卢贤时任显州刺史，豆卢贤了解弟弟的为人，知他必不会随杨谅叛乱，于是上奏皇帝，请求允许自己从军，以便联络豆卢毓起义。

杨广觉得值得一试，便命他随杨素出征，并赐给敕书。豆卢贤遂秘密派遣家人带着敕书来见豆卢毓，商议归顺朝廷之事。

豆卢毓见到敕书，激动不已，随即与亲信谋划起义。正好这时杨谅准备前往介州视察，命豆卢毓与总管属朱涛留守并州。豆卢毓见机会难得，便与朱涛商议说：“汉王谋逆，兵败已经不远了，我们岂能坐等灭族，辜负国家呢！应该即刻出兵，将汉王拒之城外。”

不料朱涛是杨谅死忠，听言大惊道：“汉王以大事托付你我，你怎能说出这种话？”说完拂衣而去。豆卢毓怕他向杨谅报信，命人追上他就地斩杀，然后又从狱中放出皇甫诞，一同商议对付杨谅。

众人还未定好计策，已有人潜出城向杨谅告密。杨谅大惊，即刻率军回击并州。豆卢毓见他归来，立即闭城迎战，因为怕将士们不肯抵抗，便诓骗守城士兵说：“这是朝廷的军队，快放箭！”

众将士信以为真，立刻做好战斗准备。杨谅先是进攻南门，由于守卫南城的多是稽胡（居住在今山西北部的游牧民族），不认得他，纷纷以箭射之。杨谅见不能破城，又专攻西门，而西城守兵多是汉人，一看是汉王回来了，立刻开城迎之。

杨谅进了城，豆卢毓便失去了对抗他的资本，与皇甫诞等人悉数被杀。

于是一场起义就这样失败了。

虽然豆卢毓没有成功，但他的起义还是有价值的，至少沉重打击了杨谅的信心。连亲人都背叛自己，杨谅心里难受，已经开始慌了。

正所谓“屋漏偏逢连夜雨”，在内部出现问题的同时，杨谅派去攻略四方的军队也连遭败绩。

綦良进攻滏阳（今河北磁县），久不能克，又转而攻相州（今河南安阳），依然不能破城，于是从滏口转攻黎阳，并堵塞白马津，试图阻止官军北渡黄河。

余公理自太行进攻河内（今河南沁阳），被杨广派出的行军总管、右卫将军史祥击败，狼狈逃窜。史祥乘胜东进黎阳，綦良心惧，不战而溃。

于是杨谅的前两路兵马皆惨败而归。

至于另两路，情况也不怎么乐观。乔钟葵率兵三万围攻雁门，刘建围攻井陉，虽然都占据了绝对的主动，但却迟迟不能破城。

久攻不下是很致命的，因为朝廷的援军很快就会赶来。

果不其然，杨广听闻雁门、井陉两地被围，立刻准备发兵救援。不过两地距京城过远，从关中发兵已然来不及，也不划算，最好的办法是就近征发河北、河南的兵力。所以杨广将目光投向了幽州。

幽州现任总管名叫窦抗，正是杨坚的姐夫、陈国公窦荣定之子，算起来应该是杨广的表兄弟。但是杨广并不信任他，因为他同样也是杨谅的表兄弟，与杨谅走得更近，并且还有上下级关系。

所以杨广担心窦抗有二心，不敢用他，便在杨素的举荐下，任命前江州刺史李子雄为上大将军、广州刺史，同时任命左领军将军长孙晟为相州刺史，共同经略幽州。

李子雄接到任命，只率少数兵马赶至幽州，在城中招募了千余人。

此后窦抗前来拜见，李子雄乘机将他擒获，派人押往京城，然后亲率幽州步骑兵三万人救援井陉。

这里多说一句，窦抗入京后，被杨广立案调查，虽然最终没有查出与杨谅勾结的证据，但他还是被免去官爵，除名为民。若干年后，天下大乱，窦抗投奔了自己的族妹夫李渊，成为唐朝宰相。

言归正传，李子雄率军驰奔井陉，在抱犊山（今河北石家庄西）下遭遇刘建军队，一举将其击败，成功解围井陉。

与此同时，朔州刺史杨义臣接杨广诏令，率领步骑兵二万救援雁门，用计大破乔钟葵，斩获无数。

至此，叛军的四路兵马全部败北，杨谅不得不全面转入防守。

而另一方面，杨素率军东渡黄河，随后由蒲州北上，向并州进发。并、蒲之间隔着晋、绛、吕三州，皆由杨谅的亲信大将镇守，杨素深知不能强攻，便各派两千人去牵制，然后自率主力直驱并州。

杨谅闻讯大惊，急忙派大将赵子开率军十万南下拒敌。赵子开奉命至吕州（今山西临汾）境内，然后分兵据守高壁峻岭，并用栅栏堵塞各处要道，全军呈东西向列阵，长达五十里。

这样的防守阵型，加上十万精锐部队，组成了一道钢铁防线，足以抵挡一切来犯之敌。

但不幸的是，他们遇到了杨素。名将的威名不是吹的，他会让对手知道什么叫以弱胜强、以少胜多。

那名将到底会怎么打这一仗呢？

杨素深知难以从正面突破敌人的防线，于是命令诸将率主力与之对峙，自率一支奇兵潜入霍山（在今山西临汾境内），沿着山崖谷地前进，成功绕到了敌后。

此时杨素已经六十多岁，竟然还能不辞劳苦地翻山越岭，冒险绕至敌后，真是艺高人胆大！

但是士兵们可不都像他这么勇敢自信，他们多半没跟杨素打过仗，不晓得他的用兵之道，现在跟他深入险境，心里能不忐忑吗？

杨素知道士兵畏敌怯战，为了让他们彻底放下包袱，释放全部的战斗力，他决定使出自己的绝招：杀人！

于是那熟悉的一幕又出现了。战斗打响之前，杨素命将士自愿报名守营，名额为三百，先到先得。

将士们当然不愿去送死，争相报名留下，由于报的人太多，好半天才确定了最终人选。杨素因而大怒，命人将这最积极留下的三百士兵召来，全部斩首，接着又对众人说："来，新一轮的报名开始。"

将士们纷纷表示："不了，不了！我们不想留下来，只想随您去战斗！"

这正是杨素想要的结果。于是他率全军出击，直奔叛军大营，鸣鼓纵火，一通乱杀。

叛军一看这阵势，以为是神兵天降，个个惊慌失措，争相逃走，继而自相践踏，死伤无数。赵子开辛苦构建的防线就这样土崩瓦解了。

杨谅听闻赵子开战败，大为恐慌，赶忙集中剩下的全部人马，共十余万，亲自指挥南下，来抵挡杨素。

此时杨素的军队距离太原已经不远，杨谅能够布防的地方只剩蒿泽了。这是一处大型湖泊，古称昭余祁，在今山西介休、平遥、汾阳、祁县之间的太原盆地上，方圆数百里，三面环山。只要守住这里，就能确保太原城不失。

因此杨谅在此驻军列阵，准备迎战杨素。不料这时天突然下起了大雨，一时间空气湿冷，道路泥泞。杨谅不知道是受不了这种苦，还是惧怕杨素，反正是不想在这待了，硬要率军返回并州。

当时王頍就在军中，见杨谅临阵退缩，赶忙劝谏说："杨素孤军深入，人马疲惫，大王如果亲率精兵击之，必能大胜。如今望敌而退，向人示弱，是长敌人志气，灭自己威风。请大王千万不要走！”

王頍苦口婆心，好说歹说，但杨谅就是听不进去，执意率军后撤，退守到了清源县城（今山西清徐县）。

不战而退的后果是很严重的，不仅失去了战胜官军的机会，还使杨素轻松越过了蒿泽。而蒿泽之北一马平川，根本无险可守，杨素由此高歌猛进，破杨谅于清源城外，斩首一万八，并生擒了萧摩诃。

经此一役，杨谅连清源也待不下去了，只能继续退，这一退就退到了晋阳。

而杨素已兵临城下，对晋阳展开了围攻。

此情此景，不禁让人想起当年齐后主高纬在晋州之战中临阵逃走，退守晋阳之事。时隔多年，历史似乎又在重演。

而历史早已经证明，晋阳如果成为一座孤城，是根本守不住的。当年北齐家大业大，高纬还有机会逃归邺城，而杨谅就只剩并州一隅，已经无处可逃了。

杨谅也知道大势已去，他现在非常后悔，后悔没有听裴文安、王頍的话，更后悔起兵反叛。

但世上没有后悔药，事到如今，他只有两个选择：要么顽抗到底，等着城破被擒；要么主动投降，争取宽大处理。

杨谅选择了后者：放弃抵抗，派人向杨素请降。

随后，晋、绛、吕等州的叛军也全部投降，汉王之乱至此结束。

投降后的杨谅被押解到了京城，等待他的将是天子的审判和国法的制裁。大隋《开皇律》规定：“大逆、谋反、叛者，父子兄弟皆斩，家口没官。”杨谅所犯正是谋反大罪，属于“十恶不赦”，应当处死并抄家灭族。但他身份特殊，灭族是不可能的，处死应该就够了。

满朝文武都是这么认为的，纷纷奏请处死杨谅。但是杨广却拒绝了他们的请求，只将杨谅削去皇籍，除名为民，终身幽禁。

由死刑变为无期徒刑，杨谅已经够幸运了，至少比杨勇强。说到这，可能有人会觉得奇怪，为什么杨广能杀了无罪的杨勇，却不杀有罪的杨谅呢？

其实这不难理解。杨勇和杨谅性质不同：杨勇是废太子，他活着就像一颗定时炸弹，始终威胁着杨广的皇位；而杨谅则不然，他只是一个王，没有继承皇位的资格，也不得人心，威胁不到杨广，所以没必要杀。

而且对于杨广个人来说，杨谅是他仅剩的两个兄弟之一，在手足已经不多的情况下，能不杀就不杀吧。

不过，失去自由的杨谅跟死了也差不多，只是在等死而已。而且他没有等太久，没几年就死在了被囚禁之处，史称“竟以幽死”。

这就是杨谅的最终结局，可谓悲惨。

但这还算好的，那些追随杨谅叛乱的将帅和官吏就更惨了，大都被处死、流放、抄家，史载共有二十余万家。其中，萧摩诃被斩首，王頍在杨谅投降后逃往突厥，至山中无路可走，自杀身亡。

从杨谅起兵到晋阳失守，中间不过两个月时间。我们不禁要问，杨谅为何败得如此之快？

要回答这个问题，我们必须了解战争双方的实力对比。

实力是包含很多方面的，首先一点就是统帅的个人能力。就这方面来说，杨谅是被完全碾压的。

杨广这边的统帅是杨素，能力就不用说了，“隋朝第一名将”的招牌在那摆着呢；而杨谅这边的统帅实际上就是他自己，这就要了命了，因为这位统帅根本不懂战争。你想他从小被父母宠着，一直养尊处优，让他去领兵打仗，他哪能干得来？干不来也就算了，还不听将军们的良言，非要一意孤行。这就难怪王頍临死时对儿子说：“我用兵的策略不比杨素差，只可惜汉王不听我的，以至于到了今天这个地步……”

王頍这番话或许有自吹的成分，但他的军事能力确实比杨谅强多了，如果杨谅完全按照他的策略来打这场战争，或许不会输得这么快。

但也仅仅是输得不这么快而已，因为除了统帅能力之外，杨谅在政治和军事实力上也落后于杨广实在太多。

虽说杨谅是并州总管，管辖着黄河以北五十余州的地方，但是这些州中，他真正能调动的不足一半。他起兵之后，只有十九个州响应，基本上相当于今天山西一个省。而隋朝全国的州有三百多个，一比十几的差距，这仗怎么打？

说到底，杨谅只是一个藩王，能够调动的资源是有限的；而杨广则是一国之君，掌握着全国的人力、财力和物力，差距太大了。

况且，以藩王的身份攻打天子，道义上也站不住，要是有正当理由还行，比如天子得位不正，或者说昏庸残暴等。可杨广是正常即位，法理上没问题，并且由于是刚即位，也不存在昏庸残暴这些问题。

所以杨谅造反是没有理由的，至于“杨素谋反”这种借口也就只能骗骗自己人而已，不可能赢得文武官员和人民群众的支持。

总而言之，杨谅的失败是必然的，这从他起兵的那一刻就已经注定了。无论他采用什么样的战略战术，结果都不会改变，只是看他可以撑多久而已。

第十章
建都洛阳

汉王之乱已经结束，汉王杨谅也已成为囚徒，但这场战争带来的影响还在继续。

对于刚刚登上皇位的杨广来说，平定这场叛乱意义重大，不仅巩固了自身统治，也让他对治理好这个国家更有信心了。在今后的很长一段时间里，他都会把精力放在如何建设国家上，那是他一直以来的梦想。

不过在此之前，他必须先做几件事，这些事是任何一个新皇帝都要做的。

新元

第一件事是改立年号。

新皇登基，万物更新，年号变更是必不可少的。按照历史传统，新皇帝要在即位第二年初确立新年号。

于是公元605年正月初一，杨广下诏大赦天下，改年号为“大业”。

为什么定这么一个年号呢?

不妨先看它的出处，《易经·系辞上》曰：“富有之谓大业，日新之谓盛德。”

这句话可以理解为：使国家富有就是伟大的功业，使国家日新就是大功德。

所以说，“大业”就是把国家治理好，使天下富有，人民安乐。

但这只是表层意思，杨广的追求不止于此。他确立这样一个年号，是要告诉天下人，他要建立一番伟大的功业，超越历史上的所有君王，成为千古一帝。

这，就是杨广的“大业”！

在发布新年号的当日，杨广还做了另外两件大事：册封发妻萧妃为皇后；立嫡长子杨昭为皇太子。

至此，昔日的后梁公主成为隋朝皇后，完成了由公主到王妃，再由太子妃到皇后的完美升职过程。这一年，她三十七岁。

继封后和立储之后，大业二年（公元606年），杨广又封嫡次子杨暕为齐王，并将已被废黜的侄儿杨浩封为秦王，让他继承了杨俊的爵位。

除子侄外，杨广还有两个女儿。嫡长女开皇六年生，开皇十九年下嫁宇文述之子宇文士及，今封南阳公主；另一女生年不详，名号也不详，只知道她多年以后嫁给了唐国公李渊之子李世民。

预备建都

好了，杨广要开始搞建设了，他推出的第一个大项目是营建新都。

说到这，大家可能会纳闷儿，隋朝不是已经建了大兴城吗，这才没几年，为什么又要建新都？难道大兴城出什么问题了？

简单来说，确实是这么个原因。不过大兴城的问题不是出在城市本身，而是出在它所处的关中平原上。

按照《资治通鉴》等书的记载，杨广之所以营建新都，是因为著名术士章仇太翼对他说了这样一番话：“陛下木命，雍州为破木之冲，不可久居。”

这句话翻译下来就是：杨广是木命，而大兴城所在的雍州位居西方，五行属金，金克木，所以杨广命里和雍州犯冲，不能长期待在此地。（按五行学说：东方属木，西方属金，南方属火，北方属水，中央属土。）

这话现在听起来有点儿玄幻，但放在古代那就是科学，是大多数人都信奉的阴阳五行学说。而且说这话的人可不简单，章仇太翼，隋朝殿堂级的占卜大师，精通算命，曾预言杨坚会死在仁寿宫，后来不就真的应验了吗？所以他这番话说出来是很有分量的，不能不重视。

杨广就很重视，毕竟他父亲杨坚已经“不听太翼言，吃亏在眼前了”。所以他必须迁都。迁哪呢？章仇太翼又说了：“谶云：‘修治洛阳还晋家。’”

什么意思呢？就是说符谶上已经显示了，应该重修洛阳城，还于晋朝旧都。

我们知道，洛阳是西晋的首都，而杨广曾封晋王，所以洛阳就相当于是杨广的家，就应该在此定都。而且洛阳地处中央，五行属土，与杨广的木命相合，也是定都的上佳之选。

因此杨广听后“深以为然”，不久就亲自跑洛阳视察去了。

这就是《资治通鉴》所载杨广营建新都的原因，是不是感觉太荒唐了？

的确，虽说《资治通鉴》是权威，但其所记之事也并非完全真实可信。就拿这件事来说，明显是从某野史中摘录而来，经不起仔细推敲。试想迁都这么大的事，怎么会是术士一句话就能决定的？如果真是这样，那杨广也太昏庸了吧。

而且这场景似曾相识，总觉得在哪里见过。对了，当初修建大兴城时，不就有天文学家庾季才出来说：“臣仰观乾象，俯察图记，必有迁都之事。”怎么刚巧这次也有“专家”出面？

现在我们知道，庾季才八成是个托，就是高颎、苏威找来给杨坚迁都做理论支撑的。那章仇太翼会不会也是这样呢？

如果这件事是真实发生过的，那么可以肯定章仇太翼也是托。杨广营建新都不是因为听了他的话，而是先产生了迁都的想法，然后才由他出面提供理论支持。

那么，杨广究竟为何会产生迁都的想法呢？

在中国历史上，一个王朝如果迁都，通常是因为旧都存在某方面不足，而新都可以弥补此不足。比如北魏孝文帝迁都洛阳，是因为旧都平城远离中原，不利于汉化改革，而洛阳则是汉文化最兴盛的地方，有利于汉化。

杨广迁都也是这个原因，旧都存在不足。当然，这个不足肯定不是章仇太翼那虚无缥缈的五行相克说，而是现实中的缺陷。

关中的缺陷

对于杨广及隋朝来说，大兴城以及它所处的关中平原至少存在四方面不足。

首先是地理位置太偏。大兴城，或者说长安城，自古就是备受帝王青睐的建都之地，它最大的优势就是安全：南靠秦岭，北倚黄土高原，西面是国境线，只要守住东面的几个关隘，基本上就可以高枕无忧了。所以历史上很多政权都是依靠关中地区统一天下的，比如秦朝、西汉以及现在的隋朝。

但“成也萧何败也萧何”，关中平原偏居西北的地理优势同时也是它最大的劣势。由于太过偏西，在古代交通不发达的情况下，定都关中无法对广大的东部地区进行有效统治，一旦东部发生叛乱，朝廷将不能及时做出应对。就比如前不久的杨谅之乱，从并州前线到大兴，军情要数日才能传到，再从大兴派兵到达叛乱地区，路上又要花好几天，一来一回就容易贻误战机。而且并州距离关中还不算远，要是更远的河北、江南地区发生叛乱呢?

要知道这俩地方可是北齐、南朝的腹地，有大量的前朝遗民，是叛乱的高发区，此前拥护杨谅造反的萧摩诃、王頍等人不就是陈朝降将吗?像他们这样的人还有很多，不知什么时候会在什么地方突然冒出来。如果定都关中，很难及时应对，到时候鞭长莫及，国家就有分裂的危险!

这就是大兴城以及关中的第一个不足，这个问题已经足够现实了，但还有比这更现实的，那就是吃饭问题。

不知道大家是否还记得，之前我们讲“开皇之治”时曾提到关中存在粮食短缺问题，还举例说开皇四年、十四年，关中地区出现旱灾，杨坚被迫两次率领文武百官和大批百姓到洛阳逃荒。

当时讲这个问题是为说明“开皇之治”的美中不足，而今旧事重提，则是为说明关中的第二个缺陷:粮食短缺。

在中国古代，首都通常都会是人口最多的城市，不仅因为百姓多，还因为它拥有大量的军队和官员，以及官员的用人，这些人都要吃饭，每天消耗的粮食能堆成一座山。所以说，如果一座城市严重缺粮的话，是不适合作为首都的。

而如今，关中地区就存在粮食缺乏问题，而且相当严重，要不然身为皇帝的杨坚也不会亲自去逃荒。尽管这两次逃荒都是因为关中一带发生了旱灾，属于特殊情况，但即使是在平时，关中的粮食状况也不容乐观。

说到这，可能又会有人纳闷儿，关中平原不是号称“八百里秦川”吗，耕地面积应该很大啊，怎么会出现粮食不够吃的问题呢？而且历史上有那么多朝代在关中定都，秦朝、西汉、西魏、北周等，怎么这些王朝都没出现过粮食短缺，偏偏就隋朝出现了呢？

关中“八百里秦川”是没错，但也禁不住过度消耗啊！从秦朝到隋朝，八百年间，有七八个政权在此建都，而每个政权一建立必干两件事：造宫殿、修帝王陵。这就免不了要大兴土木、砍伐森林。长此以往，就导致关中水土流失、地力下降。因此西汉以后，关中地区的经济状况就比较差了，曾经“天府之国”的名号也转给了成都平原。（《史记·留侯世家》：“关中左崤函，右陇蜀，沃野千里，此所谓金城千里，天府之国也。”）

至于说临近的西魏、北周为什么没有出现粮食短缺等问题，那是因为它们两个都不是统一王朝，没有那么多人口，都城的粮食压力没那么大。其实西汉的情况也与之类似，虽然是统一王朝，并且鼎盛时期的全国人口超过隋朝，但就关中地区而言，当时的人口并不是很多，尤其是西汉初期，经过秦末战乱，人口锐减，地多人少，当然不会存在粮食短缺问题。而隋朝就不同了，它“出道即巅峰”，只用二十年就发展到了接近西汉末年的人口数量，再发展下去那还得了，关中的地力肯定就更吃不消了。

那么有人就问了，既然如此，为什么不从其他地方往关中运粮呢？

这就要说到关中的第三个不足了，那就是交通不便。

今天的西安，交通发达，其高铁站甚至能直达全国所有省会级城市。而在古代，长安一带的陆上交通也同样便利，早在秦朝时期，秦始皇就以都城咸阳为中心，修建了连通全国的驰道。可是，同样是陆上交通，古今的差距可太大了，今天我们有高铁，运力强大，而古代没有火车、汽车，陆路运输完全是靠畜力甚至是人力，无论是运速还是运量，都极为有限。所以古代运输粮食一类的大宗货物时，主要不是通过陆路，而是水路，也就是河流或者运河。尤其是运河，不仅速度快、运量大，而且水量稳定，其作用就相当于今天的高铁。

但偏偏关中的水路交通不发达，甚至可以说是严重不足。

关中平原本身并不缺少河流，除著名的泾河和渭河两大水系之外，还有诸如沣、涝、潏、滈、浐、灞等多条小河，故自古有“八水绕长安”之说。

可是，河流多并不代表水运就一定发达，因为有很多河都是不能行船的。就拿渭河来说吧，虽然是黄河最大的支流，但其“大小无常，流浅沙深，常阻塞漕运”，并不适合搞运输。所以杨坚在开皇四年时命宇文恺率领水工另开漕渠，“自大兴城西北引渭水，略循汉代漕渠故道而东，至潼关入黄河，长三百余里，名广通渠”（《隋书·食货志》）。

广通渠的修建，在一定程度上改善了关中的水运条件，但仍然无法从根本上解决粮食问题。因为广通渠也好，渭河、泾河也好，最终都要汇入黄河，而黄河向东流至今三门峡地区后，会出现巨大落差，致使船舶无法通行。如此一来，关东地区的粮食就不能直接通过水路运抵关中，必须在三门峡卸船改为陆路运输，经几十里后到达新渡口，再重新装船，经广通渠送达大兴。

正是这几十里的陆路，使整个运输效率大大降低，平时可能还好，一旦关中出现自然灾害，粮食供应立刻就会变得紧张起来。

所以哪怕是为了解决吃饭问题，杨广也要迁都。

可是粮食问题存在了这么多年，为什么杨坚从来没想过迁都，而杨广一上台就要这么做呢？

这就要说到迁都的第四个原因了，也可能是最主要的原因，那便是杨广的野心和抱负。

杨广是一个有志向的帝王，他一心想建立一番大业，那种空前绝后、震古烁今的大业。而定都关中满足不了他的这一野心，因为这里有关陇集团的束缚。

关陇集团是西魏、北周以及隋朝的统治基础，三个王朝的建立者都是这一集团的核心成员，因此他们坚持奉行“关中本位政策”，在政治、军事等方面主要任用关陇贵族，给予各种特权，这使得关陇集团在国家政治、军事等方面始终处于绝对统治地位。他们势力庞大，盘根错节，可以左右朝政，甚至左右皇帝的决策。即使经历朝代更迭，他们的地位也始终不变，真可谓是“流水的王朝，铁打的关陇集团”。

对于这样一种贵族势力，隋朝帝王们可以说是又爱又恨。一方面，强大且团结的关陇集团能够维系王朝的统治，避免被外界势力推翻；另一方面，集团过于强大也可能威胁到皇权。要知道，对于关陇贵族来说，谁当皇帝并不重要，重要的是中央要坚持关中本位政策，保障他们的特权和利益。之前杨坚之所以能够轻而易举地改朝换代，就是因为凭借集团核心成员和外戚的双重身份，争取到了整个关陇集团的支持。所以杨坚建隋后继续奉行“关中本位政策”，大量任用关中人。

但杨坚也知道，“水能载舟，亦能覆舟”，关陇集团能够支持隋朝，也有可能推翻隋朝，就像推翻西魏、北周一样。谁知道集团里会不会有人谋反，像他一样来个黄袍加身呢？所以杨坚危机感很重，采取了很多措施来抑制关陇集团，包括诛杀大臣、分科取士，等等。

但这些措施并不能从根本上改变关陇集团的统治地位。如果我们去看仁寿末年隋朝朝堂，就会发现几乎所有高官都是关中人，很难看到山东人和江南人的身影。而这是杨广所不愿见到的。杨广觉得，作为一个统一王朝，应该雨露均沾，使各地方的人才都为国所用，然而关陇贵族垄断了官职，严重挤压其他士族的政治生存空间，这对他开创“大业”是不利的。

所以杨广要改变这一局面，挣脱关陇集团的束缚，放弃已经实行半个多世纪的“关中本位政策”，建立一个由关中、山东及江南人“共治”之真正大一统王朝。

而要实现这一目标，首先要做的就是把都城迁出关陇集团的大本营——关中。

综上言之，大兴城位置偏西、交通不便的缺陷，以及杨广对关中本位政策的偏离这些因素，决定了隋朝必须营建新都。

为什么是洛阳

现在迁都的原因已经清楚了，但是还有一个更为关键的问题，为什么杨广一定要选择在洛阳建都，而不是其他地方呢？

我们前面说“一个王朝如果迁都，通常是因为旧都存在某方面不足，而新都可以弥补此不足”。所以从理论上讲，杨广选择洛阳，一定是因为洛阳可以弥补关中的缺陷。

那究竟是不是这样呢？

事实上，若论位置和交通，洛阳不仅远胜关中，而且拥有当时任何一座城市都无法媲美的优势。

就这一问题，明代学者陈建的《建都论》说得很清楚。在这篇文章中，作者列举了古今天下四大都会——长安、洛阳、汴（开封）、燕（北京），并分析了它们建都的优劣，最后得出了“然论时宜地势、尽善全美”其他三者“则皆不如洛阳”的结论。

为什么洛阳最“尽善全美”呢？《建都论》又说：“夫建都之要，一形势险固，二漕运便利，三居中而应四方，必三者备，而后可以言建都。”

陈建把建都的条件总结为了三点：一是山河险固，也就是安全；二是漕运便利，也就是交通；三是居中，也就是位置要好。

根据这三点，我们再来看洛阳。

首先看它的地理形势。洛阳地处今天的河南西北部，北面是黄河与邙山，南面有洛河和龙门伊阙，东有嵩山与虎牢关，西有崤山与函谷关，属于四塞之地，易守难攻，在安全上即使不如大兴，也差不了多少。

其次再看它的交通。早在周朝时期，洛阳就是全国“公路网”的中心，其向南可达荆襄，向北直通太原、幽州等重要城市，向西连通关中以至西域，向东可通江淮以至海外：可谓四通八达。

更重要的是，洛阳的水路交通尤为便利，船只通过伊、洛河顺流而下，进入黄河后就可以直达华北平原腹地，而华北是隋朝的经济重心区，不用担心粮食问题。即使华北的粮食不够吃了，那也可以修建运河，把江南的粮食运到洛阳。

事实上杨广后来真就这么做了。

最后看它的位置。如果我们仔细观察隋朝的版图，就会惊奇地发现，洛阳正处在国土的中间位置，不南不北，不东不西。

其实不光是隋朝，自古以来，洛阳都被认为是“土中”。早在西周初，周公旦营建洛邑时就曾说：“此天下之中，四方入贡道里均。”（《史记·周本纪》）

意思是：洛阳在国土的正中央，四方诸侯来进贡，路程都差不多。

虽然当时距离周朝已经过去一千多年，“天下”的范围早已改变，洛阳已经不是绝对的国土中心，但“天下之中”的观念仍然深入人心，以至于隋朝测量日影时，通常选在洛阳，而不是大兴。

所以，不管是版图上，还是文化观念上，洛阳都是隋朝的“中心”，完全符合“居中而应四方”的要求。如果在洛阳定都，那么无论河北、山西、江南甚至关中等任何一个地方发生叛乱，朝廷都可以第一时间做出反应。

再有在应对外敌方面，洛阳也有优势。我们知道，古代中原王朝的敌人主要是来自北方，而洛阳居中的位置，可以更好地应对北方的敌人。就拿隋朝来说，主要的威胁是西北的突厥和东北的高句丽，由洛阳出发，向北经太原出雁门关可深入突厥腹地，经河北出幽州可直面高句丽，都很方便。尤其是高句丽，杨广也好，后来的李世民也罢，每次东征，都是自洛阳出发和运送粮草物资。

总而言之，洛阳的建都条件非常优越，几乎是尽善尽美。所以历朝历代有无数统治者渴望在此建都。就说北周时，周宣帝宇文赟（yūn）刚一上台，就把洛阳定为东京，并大修宫殿，颇有迁都之意。要知道在那之前两年，洛阳还是北齐的势力范围，这刚一到手就要设为东京，可见多么重视。而且宇文赟是颇不着调的人，连他都知道在洛阳建都的优势，何况那些英主呢？

基于这些原因，杨广只会选择洛阳，不会有任何别的考虑。

而且，更为重要的是，建都洛阳是当时山东、江南士族的共同愿望，同时也是部分关陇贵族所赞成的，得到了大多数人的支持。

为什么这么说呢？

因为洛阳曾是西晋、北魏首都，在人们观念中具有“正统”地位。

无论是西魏、东魏、北周、北齐，还是现在的隋朝，归根到底都是从北魏政权分裂发展而来的。现如今，分裂的北方已重新统一，那么北方人，尤其是山东人，当然希望隋朝像北魏一样在洛阳建都。

而对于江南人来说，洛阳更有着割不断的情结。江南士族怎么来的？大多都是东汉、西晋末年，从都城洛阳及其周边地区南渡过去的，对这些人来说，东晋以及宋、齐、梁、陈都只是暂时偏安江南，洛阳才是心灵的故乡，是理所当然的国都。现在天下重新统一了，就应该还都洛阳。

这么说可能不够有说服力，下面我们举个事例来证明。

陈朝有一位名叫陆知命的大臣，在三吴之地很有威望，陈朝灭亡后一度隐居乡间。后来江南发生叛乱，时任扬州总管的杨广专门把他请来，去招抚乱民，结果他一个人凭一张嘴就收复了十七座城，招降叛军首领三百余人。就是这样一位在江南人民心中拥有崇高地位的名士，进入隋朝后，以天下已经统一为由，曾上疏劝杨坚迁都洛阳。

陆知命可是一个地地道道的吴郡（今江苏苏州）人，一个南朝遗民，竟然请求关陇贵族的首领迁都洛阳，这足以说明，在当时南方士族的心中，洛阳就是理想的国都，是天下统一后最适合建都的地方。

至于说关陇贵族为什么也赞成迁都洛阳，其实也不难理解，因为他们中的相当一部分就是从洛阳迁入关中的，祖籍都在洛阳。当初孝文帝改革，将所有鲜卑人统一改为洛阳籍贯。西魏皇族元氏，以及我们熟悉的长孙晟，几代以前都是洛阳人，他们即便不支持迁都洛阳，也不会强烈反对，这样迁都的阻力就小了。

因此，在杨广的心目中，洛阳就是上天专门为他准备的建都之地，是他君临天下、建立大业的理想之所。他正是看到了洛阳的存在，才决定迁都，而不是想迁都，才选择了洛阳。

营建

建都洛阳的想法产生之后，杨广就有计划地展开了行动。

首先是城市的选址问题。此次营建新都，杨广不是要在旧洛阳城的基础上重修，而是要在洛阳盆地选取新的位置，建一座全新的城市，就像当年杨坚建大兴城一样。为此，杨广决定亲自去洛阳考察一番。

于是仁寿四年十一月初三，也就是章仇太翼提出迁都后不久，杨广首次以天子身份来到洛阳，随后率领群臣登临邙山，向南俯瞰河洛大地，远远望见数十里外香山、龙门山（龙门石窟所在地）对立，伊水从中流过，就像天然的门阙一样。

见到此番景象，杨广激动万分，对身边的大臣们说：“此非龙门邪？自古何不建都于此？”（这地方不是龙门吗？自古为啥不在这建都？）

右仆射苏威回答说：“自古非不知，以俟陛下！”（自古不是不知道，就等着陛下您来建都呢！）

不能不说，苏威拍马屁的水平真是高，简单一句话就博得杨广龙颜大悦，也使他决心建都于此。

“瞧见没有，给我对准伊阙，就在这建都。”

工程负责人：“明白！”

于是新都的位置就选在了邙山以南、伊阙以北的这片开阔地带，也就是今天的洛阳市区，西距汉魏洛阳故城十五公里左右。

城址选定后，接下来便是准备工作。十一月初四，杨广征调数十万人挖掘壕沟，从龙门向东连接长平（今山西高平西北）、汲郡（今河南卫辉西南），抵达临清关，渡过黄河后，再延伸到浚仪（今河南开封）、襄城，最后到达上洛（今陕西商州），构建了一道方圆数百里的防护网，用以加强洛阳周边防卫。

到次年三月，一切准备就绪，杨广遂正式下诏营建东京。

与建大兴城时一样，这次仍然是首席宰相牵头，只是如今的首相已不再是高颎，而变成了杨素。此外还有工程副监，也是宰相纳言杨达。再有就是我们熟悉的将作大匠宇文恺，他才是真正负责都城建造的工程师。

各工程人员很快就位，一项隋朝开国以来最大规模的工程就此启动。据《隋书》等文献记载，每月投入这项工程的丁役有二百万人之多，远远超过修建大兴城时的劳役数量。

如此大的人力投入，加上夜以继日的施工，短短十个月时间，一座崭新的城市就在河洛平原的西端拔地而起。

洛阳，隋朝的洛阳，杨广的洛阳，它究竟是怎么样的一座城市呢？

请君只看洛阳城

同是出自宇文恺之手，洛阳城在设计理念及整体布局上，与大兴城的差别并不大。

首先，整座城市也和大兴城一样分为三部分：宫城、皇城、郭城。其中宫城位于城市的最北端，南面与皇城紧密相连，外围是由里坊、市场、街道等组成的郭城，分为居民区、商业区等，整体布局非常规整。

其次，洛阳城也采用了“天人合一”的设计理念，把都城规划和天上的星辰相对应。其宫城、皇城、郭城分别象征天空中央的紫微、太微、天市三垣，连宫城、皇城的名称都取为“紫微城”“太微城”。

再次，洛阳城周边也修有禁苑，功能与大兴城的大兴苑类似，主要是供皇帝休闲娱乐、驻扎禁军、拱卫宫城等。

这样看来，洛阳城和大兴城好像也没什么不同，不过是个复制品而已。

如果这样想，那就错了。因为杨广想要的绝不是大兴城的复制品，而是一座独一无二的城市。

所以，只要我们仔细观察洛阳城，就会发现它有许多不同于大兴城之处。

首先，洛阳城并不像大兴城一样东西对称，它的皇城、宫城不在城北中央位置，而在西北角。

为什么要这么设计呢？

简单来说，是为了完美对应龙门伊阙。

按照杨广的要求，洛阳城的宫城、皇城必须正对着伊阙的方向，也就说三者必须处在一条南北向的直线上，而这条线就是整个城市的中轴线。

但这样一来，宫城的西面就不适合建造里坊了。因为洛阳城的地形整体上是西北高、东南低的，宫城以西的地势比宫城更高，如果建为居民区，对宫城防御不利，也不符合礼制，为了保证宫城处在全城的制高点，整座城市必须向东、南两个方向发展。此外，宫城以西就是周朝王城遗址，是周天子曾居住过的地方，设为居民区也不合适。

出于这些现实考虑，洛阳城的宫城和皇城只能建在西北，至于宫城以西，则规划为禁苑，称作西苑，象征西王母所居之瑶池。

这样的设计虽然缺少了一些对称之美，但却更有利于宫城的防御，也更加务实，好过大兴宫为了居中对称而建在地势低洼之处，导致不适宜居住，以至于后来的唐朝还要修建大明宫。

洛阳城与大兴城的第二个明显不同，是它城内有河流穿过。

之前的周朝王城也好，汉魏洛阳城也好，都是整体位于洛水以北的，所以称为“洛阳”。但这次，宇文恺所设计的洛阳城却横跨洛水两岸。用史书上的说法就是：“洛水贯都，有河汉之象焉！”

洛水是黄河的主要支流之一，径流量相当大，在古代，这样一条河流穿过城市几乎是不可想象的，一旦河水泛滥，城市就很可能变成泽国。而且城市还会被洛水分割为南北两部分，不利于整体的防御，尤其是洛水出入城处，将会成为城市防御的缺口。作为总工程师的宇文恺不会不知道这些，但他为什么还要这样设计呢？或者说杨广为什么允许这么做呢？

或许我们可以从那句“洛水贯都，有河汉之象焉”找出一些端倪。

所谓“河汉”，就是天上的银河；所谓“河汉之象”，就是像银河之意。所以整句话的意思是：洛水穿城而过，象征着天上的银河。

由此不难推测，宇文恺设计“洛水贯都”，有对应星象的目的。他以洛水比喻天上的银河，把宫城看成天帝所居住的“紫微宫”，把洛水上与皇城正南门相连的浮桥比作天河的渡口，称作“天津桥”，以此将“天人合一”的规划理念发挥到极致，来彰显皇权之神圣。

可是，如果仅为对应星象，就冒险让洛水贯城，那成本是不是太高了？毕竟星象这东西虚无缥缈，信则有，不信则无，而杨广也算务实之人，连对称布局都能放弃，为什么会在“洛水贯都”上如此执着呢？

杨广的执着自然有其道理。实际上，他命宇文恺设计“洛水贯都”并非是为对应星象，那只是宇文恺的顺势而为罢了。他真正的目的，是要把洛阳城与正在建设的另一项重要工程连接起来。

说到这，大家可能已经猜到了，不错，这个工程就是大运河。

具体洛阳如何连接大运河，我们先不细说，留待下章介绍。

洛阳城和大兴城的第三点差异，是它们的气质不同：一个朴实无华，一个则富丽堂皇。

无华的当然是大兴城。这座都城是开皇初年所建，当时隋朝刚刚建立，还不算富裕，加上杨坚生性节俭，不愿多花钱，也不愿过多消耗民力，所以对工程的要求是能省则省，能用旧砖就不用新瓦。而作为总负责人的高颎是老实人，既然皇帝这么要求了，那就照办。因此大兴城就被建得朴实无华，甚至是有些寒酸了。

而洛阳城则完全不是这样。首先，经过几十年的发展，大业初年的隋朝已经富得流油，国家有的是钱，所以是不会勒紧裤腰带来建设都城的；其次，杨广本身不是一个节俭之人，花钱绝不会心疼，虽然他在营建东京的诏书中明确说“今所营构，务从节俭”，但实际上他心里是喜欢奢华富丽的，只是伪装久了，不想突然变脸。但杨素何其聪明，早就看出他的心思，为了投其所好，就命下面的人尽力把洛阳城建得奢华。而宇文恺也是聪明人，这种能讨好皇帝和宰相的事，他当然会用心干、加倍干。所以，洛阳城就被建设成为一座穷极华丽的城市。史载它“制造颇穷奢丽，前代都邑莫之比焉”（唐·李吉甫《元和郡县志》）。

从这则史料不难推断，洛阳城的奢华壮丽几乎是前所未有的。那么它究竟华丽在什么地方呢？

可以说体现在方方面面，高大巍峨的城门、富丽堂皇的宫殿、宽阔平坦的街道、美妙绝伦的园林，都是古今罕见、历史少有的。

先说城门。洛阳城最主要的三座城门都位于城市中轴线上，由南向北分别是郭城正南门——建国门（唐朝改为定鼎门），皇城正南门——端门，宫城正南门——则天门（唐朝时为避武则天讳改为“应天门”），其中尤以则天门最为壮丽。

根据史料和考古发掘，则天门东西长达 137 米、南北达 60 米、高约 36.4 米，是一座由门楼、朵楼、阙楼及其相互之间的廊庑连为一体的“门”字形巨大建筑群。门上有两重观，上题“紫微观”，左右连阙，中间以廊庑相连，宛若空中楼阁。因其共有崇楼五座，形若朱雀展翅，所以又称“五凤楼”。

这种建制的城门有一个响亮的名字，叫作“一门双向三出阙”，是古代皇帝享用的最高礼制，无论是体量还是规格，都是隋唐城门中独一无二的，倒是与今天的故宫正门午门很像，都是平面“凹”字形，规模也差不多。事实上，午门的形制正是从则天门继承演变而来，所以午门也被称为五凤楼。

再说宫殿。洛阳的皇宫名曰“紫微宫”，又称“紫微城”，面积达 4.2 平方公里（不含东宫），是北京故宫的将近六倍，大兴宫的两倍多，是隋唐以来最大的宫殿群。不过大还不是最主要的，紫微城最亮眼之处，是它奢华壮丽的宫殿。

紫微城的主殿名曰“乾阳殿”，地位相当于大兴宫的大兴殿、故宫的太和殿，但其规模远大于二者，或许是中国历史上规模最大的宫城正殿。唐代杜宝的《大业杂记》记载乾阳殿：“殿基高九尺（约合今2.7米），从地至鸱尾（屋脊两端的饰物）高二百七十尺（约合今80米），十三间二十九架，三陛轩。文棍（gǔn，又读hùn）镂槛，栾栌百重，楶（jié）拱千构，云楣绣柱，华榱（cuī）璧珰，穷轩甍（méng）之壮丽。”

如此雄伟的宫殿，足以让所有见到它的人感到震撼。后来李世民取得洛阳，看到乾阳殿过于奢华后，竟下令将其焚毁，而九年后他君临天下，却又想重建。这种教人欲罢不能的感觉，或许正是乾阳殿的魅力所在。

再说街道。洛阳城最大的街道就是它的中轴线，称为“天街”，向北连通天津桥和皇城，向南通往建国门，再往城外可直通天阙（伊阙），全长七里一百三十七步（约合今4000米），宽百余步（约合今140米），虽不及大兴城朱雀街的长宽，但却比朱雀街华丽得多。

一条街有什么华丽的呢？

首先是它的路面，大兴城的朱雀街虽然宽阔（可能是中国古代最宽的城市街道），但却是土路，以致下雨天便泥泞不堪，而天街则是石路，相比之下就奢华多了。

其次，天街两旁种植着樱桃、石榴、榆、柳等花果树木，并修有水渠，与今天的道路相比，也差不到哪去，只是没有路灯。因此说它华丽绝不为过。

最后说园林。洛阳城最奢华的地方不是宫殿，也不是城楼，而是它的禁苑——西苑。

西苑，又名“会通苑”，唐代又称“芳华苑”“东都苑”“上林苑”，是一座规模巨大的皇家园林。其北至邙山，南抵伊阙，西边一直到今天的新安县境内，面积约为400平方公里，有“天下第一苑”之称。

除了大之外，西苑的内部构造也是极度奢华。据史书记载，西苑内建有一个水深数丈、方圆十余里的人工湖，称为“北海”。湖上建有方丈、蓬莱、瀛洲等山，高出水面百余尺，相隔三百步。山上有台观宫殿，内置机关，或升或降，时隐时现，有若神变。

不仅如此，为了使园林显得生机盎然，杨广还诏命“天下境内所有鸟兽草木驿至京师”。于是几年后苑内已是“草木鸟兽繁息茂盛，桃蹊李径翠荫交合，金猿、青鹿动物成群”。

这不就是皇家动、植物园吗？

可是，洛阳地处北方，秋冬一到，植物大多凋零，那“植物园”不就得关门了吗？

莫担心，杨广早想到了这一点，为了保证“植物园”能够四季开放，每到秋冬草木凋落之际，他就命人“剪彩为华叶，缀于枝条”，如果颜色脱落了，立马换成新的，总之要使苑内“四季常青”。

这就是隋朝的洛阳城，也是杨广的洛阳城，奢华到无以复加！

说了这么多，这座城有多大？

根据文献记载和考古发掘，隋朝洛阳城东城墙长7312米，南城墙长7290米，西城墙长6776米，北城墙长6138米，面积约47平方公里。

看到这样的数字，大家或许会觉得奇怪，既然杨广追求奢华雄伟，为什么建起来的都城比着大兴城小了这么多？

其实不是洛阳城建小了，而是大兴城建大了。大兴城的面积达83.1平方公里，几乎是世界古代史上最大的城市。如此“庞然大物”，实际上已经超出了寻常所需，以至于到了盛唐时期，城南的几排里坊仍然是空置的。

所以，杨广在营建洛阳城时，吸取了大兴城的教训，缩小了城市的规模。

规模可以小点儿，但人可不能少。为了使这座新都有充实的人口，杨广下令将洛阳旧城居民及各州富商大贾数万户迁入新城。若算每户有五口人的话，那就是几十万人，这还不算将要迁入洛阳的官员、将士及其家眷。

当一座城市集中了全国最有权势的达官显贵和最富有的商人，那么它想不繁荣恐怕都难，所以新生的洛阳城迅速就成了隋朝的政治、经济中心。而在不远的将来，它还会成为交通和物流中心。

因为，大运河就要来了！

第十一章
河运天下

杨广是个闲不住的人，就在营建东京洛阳的同时，他又启动了一项规模更大的工程——大运河。

为何而建

说起大运河，每个中国人应该都不会感到陌生，它与长城、坎儿井并称为中国古代三项伟大工程，并且使用至今，是中国古代劳动人民勤劳智慧的结晶，是中国文化地位的象征之一，是中华民族的骄傲。

这样一项宏伟工程，建起来不是件容易的事，不仅历时长久，而且还要耗费巨大的人力、物力以及财力，甚至要赌上整个国运。其投入之大、建设之难，足以让任何一个帝王望而却步。

可是杨广却没有把这些困难放在眼里，他迎难而上，即位不到一年就开始了大运河的建设。这不禁让人产生疑问，他为何要这么拼呢?

在回答这个问题之前，我们不妨先来看看中学历史教材是怎么说的。

“为了加强南北交通，巩固隋王朝对全国的统治，隋炀帝利用已有的经济实力，征发几百万人，从公元605年起，陆续开凿了一条贯通南北的大运河。”

教科书的这一说法是比较符合史实的，杨广开凿大运河的主要目的，就是加强南北之间在经济、文化以及交通上的联系，巩固隋王朝对全国，尤其是河北及江南地区的统治。

但可能有人就要质疑了：怎么听说杨广修大运河，是为了坐龙舟，下江南游乐呢？

客观来说，杨广确实可能有此私欲，但这最多只是促使他修建运河的一个极小因素，绝不会是主因。因为大运河不仅连通江南，还向北连通今天的河北、北京地区。倘若杨广真的只是为了游乐于江南，他干吗要费力去修建北边这段呢？只修南段不就行了吗？

所以说，杨广开凿大运河绝非为一己私欲，而应该是和营建洛阳城一样，为了心中的“大业”。

可是，既然是大业，为什么前代那么多帝王都没想过修大运河，却偏偏是杨广这么干了呢？

主要是因为前代没条件！

前面说了，大运河是一项非常宏大的工程，没有足够的国力是建不了的。而且光有国力还不行，还得国家统一、天下太平，不然也没法修。这些条件一摆出来，大部分朝代和帝王就没戏了，只剩下秦、汉、西晋三个统一王朝了。

那为什么秦汉和西晋有条件也不修呢？

其实秦汉时期也开凿过许多运河，只不过都是区域性的小运河，彼此没有联系。之所以没有修建大运河这种沟通南北的大型工程，是因为没有必要。

杨广修建大运河的主要目的是沟通南北，而之所以要沟通南北，是因为南方很重要，也很不稳定。可是秦汉时期却不存在这种情况，因为当时南方还没有得到开发，经济非常落后，人口也比较少，政治中心和经济重心都在黄河流域，统治者没有修大运河去沟通南方的必要。

至于西晋时期，虽然南方经济已经有所发展，但还是落后于北方太多，仍然不是很受重视，加上西晋统一时间较短，也来不及建设。

但到隋朝统一时，情况就不一样了。对杨广来说，他有条件，也有必要去开凿一条沟通南北的大运河。

条件好理解，隋朝国力强盛，积累了足够多的财富，能够建起这样一项全国性的大工程，但对于“有必要”怎么理解呢？

就像前面所说，隋朝时的南方变得重要，已经今非昔比。

西晋以来，大批中原人士南迁，给南方带去了大量劳动力以及先进的生产技术，南方经济因此得到迅速发展，到南北朝后期，已经差不多赶上甚至超越北方了。尤其是江南地区，经过六朝的经营开发，至隋朝建立时，这里已经成为全国经济最繁荣的地方之一，而且后劲十足。

到了这个时候，统治者们就不能再忽视南方了，加上之前南北分裂太久，彼此隔阂很深，不稳定因素比较多。所以无论是出于维系南北统一，还是加强南北经济联系的考虑，都有必要开通一条沟通南北的运河。

而恰好杨广曾是平陈总指挥，又长期镇守扬州，对江南的情况比较了解，所以他能想到这些，也敢于放手去做。因此开凿大运河这项伟业就由他完成了。

那么大运河究竟是怎样一项工程？又是怎么修建起来的呢？

凿通

在具体介绍大运河之前，我们先要区分两个概念。

第一，大运河不是杨广首先开凿的。大运河虽然是杨广首次开通的，但并不是他一人的功劳，在隋朝之前，历朝历代已经修建了众多的运河和水渠，只不过都是分散的个体。而杨广做的，是在已有运河体系的基础上，疏浚和扩展旧河道、开辟新河道，并首次将它们连接为一个全国性的大运河。

第二，大运河不等同于京杭大运河。我们今天提及的大运河，通常是指自北京至杭州的“京杭大运河”，是元朝才出现的。而我们现在要讲的大运河，则是隋朝时修建、沿用至唐宋的大运河，历史上称之为“隋唐大运河”。它可以算是京杭大运河的前身，或者说京杭大运河是它的 2.0 版。总之它们不是一个概念，不能等同视之。

隋唐大运河主要由四大部分组成，按开通顺序分别是：通济渠、邗沟（又名山阳渎）、永济渠、江南河。

先说通济渠，这是沟通黄河与淮河的一段运河，也是隋唐大运河最重要的部分，所以被列为首期工程。

大业元年（公元 605 年）三月，也就是洛阳城开建几天后，杨广诏命尚书右丞皇甫议征发河南、淮北等郡县一百多万民夫，开通通济渠。

之所以要与营建洛阳城同时进行，是因为这段运河始于洛阳。之前我们说杨广命宇文恺设计“洛水贯都”，是为了要把洛阳城与大运河连接起来，其实指的就是此项工程。

按照杨广的要求，皇甫议从西苑导引谷水（洛水支流）、洛水，向东穿城而过，经偃师、巩县，然后汇入黄河。

这是通济渠的第一段，主要由自然河流组成，但施工者也利用了一条旧有的运河——阳渠。这是东汉光武帝时期开通的一条水渠，目的是解决洛阳供水以及联系黄河和洛水。

由于洛水的其中一段河道不能通航，所以当时就在汉魏洛阳城西面开渠引洛水的一支绕城而东流，再接纳谷、瀍（chán）二水，至偃师境内注入洛水，直至黄河。虽然阳渠在北魏之后就已废弃，但河道遗迹尚在，所以施工者就循着故道重修水渠，并加深、加阔，使之能够承载大型船舶。

通济渠的第二段，自洛水入河口一直向东，到今河南荥阳汜水镇东北的板城渚口（黄河古渡口），利用的是黄河水道。

通济渠的第三段，自板城渚口引黄河水向南入荥泽（湖泊），再流入汴水，至今开封以后折向东南，转入睢水，经今河南杞县、睢县、宁陵到达商丘虞城县附近，然后再转入古蕲水河道，经夏邑、永城，以及安徽的宿州、灵璧、泗县等地，在今江苏盱眙北入淮河。

这段工程也大量利用了自然河流，比如睢水，原是泗水（淮河最大的支流）的支流；同时也利用了旧的运河，比如汴水，古称鸿沟，最早由战国时期魏国所开凿，后来成为秦末刘邦、项羽中分天下之处，此后一直到魏晋，始终是连通黄河与淮河的主要人工运河。汴水狭义上只包括鸿沟，广义上还包括了鸿沟所连通的自然河流，实际构成了通济渠的主体部分，所以整个通济渠也被称为“汴渠”，而为与之前的汴水区分，又称为“新汴渠”。

整个通济渠始于洛阳，终于盱眙，其中自板城渚口至盱眙全长650公里，沟通了黄河与淮河，是大运河最重要的部分，又称“汴水”“汴渠”“新汴渠”。

接下来是邗沟。

邗沟又名“山阳渎”，基本上是与通济渠同时开凿的。为了这段运河，杨广下诏征发了“淮南民十余万”。

看到这，有人可能会觉得奇怪，为什么开通济渠征发了百万民夫，而开邗沟却只用了十几万人呢？

用人少当然是因为工程量小，而工程量小则是因为这段运河里程短，而且有前人打下的基础。谁呢？就是大名鼎鼎的春秋霸主——吴王夫差。

其实说起来，夫差才是开凿大运河的第一人，因为大运河所利用的多数旧渠中，邗沟是最先开凿的。

春秋末年，夫差为北上中原，与齐国争霸，下令开凿了连通长江与淮河的运河，又因该运河自邗城起始，所以得名“邗沟”。

当时的邗沟，起自今扬州东南的古邗城之下，由人工挖掘深沟，引长江水北流，穿行于武广湖（今武安湖）和陆阳湖（今渌洋湖）之间，东北流入博芝湖，继而入射阳湖，然后经今江苏淮安东北注入淮水。

此后邗沟被历代沿用，至东汉顺帝时期，又大规模重修邗沟，另外开辟新道，由江都经樊良湖改道津湖，再由津湖直接由末口入淮，避免了射阳湖的风涛之险，给漕运带来了很大的便利。

杨广这次所开邗沟，其实只是把前朝的邗沟进行了疏浚，其河道主体部分相较于前代变化不大，但有所加深、加阔。

整个邗沟北起今江苏淮安之淮河口，南至扬州古邗城，连通长江与淮河两大水系，全长二百多公里。因淮安在隋朝称“山阳县”，所以邗沟又被称为“山阳渎”。需要注意的是，由于淮安与盱眙距离较远，所以从通济渠是不能直接到邗沟的，还需要沿淮河向东行百里左右，这段河道也是大运河的一部分。

再接下来是永济渠。

大业四年（公元 608 年），杨广下诏“发河北诸郡男女百余万开永济渠，引沁水，南达于河，北通涿郡”。

与通济渠和邗沟不同，永济渠是向北延伸的运河，主要沟通的是今河南、河北、天津、北京等地。

永济渠由南至北，也可以分为三段。第一段南起黄河，北至白沟，其关键工程是在黄河支流沁水左岸开渠，引沁水向东北流，中途汇合清水等河流，至今河南浚县后汇入白沟。这段渠道整体上都是新开凿的，但汇入了不少自然河流，使运河的水量有了保证。

永济渠的第二段，也即中段，南起浚县，北至今天津，主体是白沟。

白沟又名“宿胥渎”，是曹魏时期所修旧渠，也是黄河改道的产物。西汉末至东汉初，黄河南徙，从浚县宿胥口改向东流，而在它的故道上产生了一条河流，就是白沟。由于缺少了黄河上游水的输入，白沟早期水源缺乏，难以发挥灌溉和运输作用。因此，汉献帝建安八年（公元 203 年）曹操北征袁尚时“遏淇水入白沟，以通粮道”。

淇水原本是黄河北岸支流，流经今河南淇县（古称“朝歌”),《诗经·卫风·氓》中“淇水汤汤，渐车帷裳”指的便是这条河流。

淇水流入白沟后，白沟水量增加，连同与它接连的清河，成为河北水运干线。

永济渠中段正是以曹魏旧渠为基础，进行疏浚修缮，并拓展成为大渠的，在今天津市内与海河汇合。

进入海河后，就是永济渠北段了，从今天的天津市起，沿海河支流桑干河逆流而上，直达涿郡，也就是今天的北京。这段工程是改造古潞河、桑干水两条自然河流的下游而成的，即今天的永定河。

整个永济渠南起沁水，北达涿郡，沟通黄河与海河流域，全长八百公里，是大运河最长的一段。

永济渠凿通后，大运河已经算是贯通了南北，但杨广并不满足，又于大业六年（公元 610 年）下诏开通江南运河。

江南运河又称江南河，是大运河最后一期工程，也是最南端的一段运河。其北起京口（今江苏镇江），经今江苏丹阳、常州、无锡、苏州，浙江嘉兴，直至余杭（今浙江杭州），沟通长江与钱塘江两大水系，全长三百多公里。

与其他河段一样，江南运河的开凿也大量利用了前代旧渠。这些旧渠的历史相当久远，最早可以追溯到春秋时代。比如苏州至长江段的运河在春秋时期的吴国就已开通；秦朝统一后，又开凿了从镇江到丹阳的运河；汉武帝时，开通了苏州至嘉兴的运道；六朝时期又进一步修整、开凿，使江南运河初具规模。而杨广所开江南河，主要是将前代开凿留下的运河河道疏浚、扩展而成的。

至此，大运河全线贯通，整个工程以洛阳为中心，北起涿郡，南达余杭，分永济渠、通济渠、邗沟、江南河四段，沟通海河、黄河、淮河、长江、钱塘江五大水系，全长两千多公里，如果算上早已开通的广通渠那就更长了。

这样一项宏大的水利工程，对隋朝意味着什么呢？

意义

观察大运河地图我们会发现，整个运河呈“人”字形，其中的一撇是沟通南方的通济渠、邗沟和江南河，一捺是延伸至涿郡的永济渠，而它们的交汇处，也即“人”字的顶点，则是洛阳城。

这就不难理解杨广为何要同时修建洛阳城和大运河了，因为这是两项密不可分的工程，你中有我，我中有你。

对隋朝来说，洛阳就是心脏，居中而调度全身，而大运河则是两条手臂，一臂伸向南方，稳稳揽着江南，一手伸向北方，紧紧抱住燕赵大地。没有心脏的调度，两臂就无法伸展；没有两臂的延伸，心脏就跳动不起来。只有二者结合，才能发挥最大作用。

那么，洛阳城与大运河究竟有哪些作用呢？

第一，二者的结合彻底解决了隋王朝的粮食问题。

大运河尤其是通济渠的通航使洛阳的漕运事业大为振兴，从此以后，隋朝再也不用担心都城缺粮了。通过大运河，江淮产粮区的粮食可以源源不断地输送到洛阳。整体路线大概是这样：各地粮食集中到扬州、盱眙等地，在码头装船，走邗沟、通济渠运往洛阳。一部分供应城市需求，一部分储存起来。

而为了能够储备更多的粮食，杨广又命人在洛阳及其周边修建了许多大型粮仓，比较著名的有含嘉仓、洛口仓、回洛仓、河阳仓、常平仓等。这些粮仓是洛阳城和大运河的配套工程，起到了转运和仓储的作用。

就拿洛口仓来说，它位于洛水入河口，正处在大运河的中心位置，从仓城沿洛水向西南可直通洛阳，向西沿黄河及广通渠可入关中，向东北沿永济渠可达河北，向东南沿通济渠可通江淮，是绝佳的物流集散中心，因此也是隋朝规模最大的一座粮仓。整个仓城周围 20 余里，共有三千窖，每窖藏粮八千担，设官兵千人防守。按此记载计算，洛口仓约可容纳粮食两千四百万担，不仅供应洛阳绰绰有余，还可以供应关中，甚至是河北，是名副其实的“天下粮仓”！

第二，这两项工程能够有效巩固隋朝对全国的统治。

洛阳居天下之中，本身就有利于统治四方，如今再配合上大运河，交通属性变得更加强大，超过了前代任何一座城市，这就极大加强了中央政权对地方的控制。将来无论哪里有叛乱，坐镇洛阳的杨广都可以迅速做出应对，通过大运河运兵、运粮，一日千里，畅通无阻。

第三，这两项工程极大地加强了各地方的联系，使天下真正合为一家。

由于历史等方面的原因，隋朝实际上分为三大地理区域：关中、山东和江南。三地曾分别是北周、北齐和南朝的统治区，彼此分割了数十乃至数百年，文化差异巨大。虽然隋朝通过武力将它们拼合成了一个整体，但并不能完全消除彼此的隔阂。统一十几年来，三地仍各自独立发展，缺少经济、文化等方面的联系和交流，这对国家的整体发展是不利的。而大运河就像一个纽带，把三地紧紧拧在一起，共同朝向一个中心——洛阳。

这样三地的联系就会不断加强，直到真正合为一家。

第四，单就大运河来说，可以使各地互通有无，促进商业繁荣。

大运河不仅可以输送粮食，还能载人和各种货物，尤其是那些不便于陆路运输的大宗货物，这无疑为跨地区贸易提供了极大的便利。

假设一个河北人想去浙江做生意，以前没有大运河的时候，他可能是要肩挑背扛，跋山涉水，经年累月，效率极低，因此可能就不愿意去，或者一年只去一回。但现在不同了，他只需要租或买一条小船，沿大运河南下，就可以很轻松地把货物运到江南贩卖，既节约时间，也节约成本，因此积极性就高了。而江南人到北方做生意也是如此。这样全国的商业就活跃繁荣起来了。

第五，大运河带动了包括洛阳在内的沿线城镇的发展。

今天我们常常会听到一种说法，某某城市是铁路拉来的，意思是这座城市以前的面积很小，可能只是一个小镇，甚至是村庄、驿站，但通了铁路以后，交通条件大大改善，很快发展为一个大城市。

这种情况在近代铁路交通兴起后，就变得非常普遍。但其实古代也有类似现象，只不过那时候没有铁路，拉来城市的不是火车，而是运河上的商船。

大运河的开通，成就了许多城市，其中受益最大的当然就是洛阳。在成为隋朝新都之后，洛阳的地位已经大大提升，而大运河的问世，更是奠定了它作为全国经济、交通及仓储中心的地位。从此，洛阳城和大运河命运相连，只要运河不衰，洛阳就始终繁荣。哪怕后来的唐朝将都城迁回关中，也依然不能改变洛阳作为国家经济中心的地位。正如唐玄宗朝宰相张九龄在开元年间所描绘的那样：“三年一上计，万国趋河洛。”

除了洛阳外，还有许多因大运河而兴盛起来的城市，比如汴州、扬州、杭州等。尤其是扬州，作为大运河与长江的交汇点，其交通枢纽地位仅次于洛阳，是整个南方的物流集散中心，和今天上海的地位差不多。

扬州的繁荣持续更久。安史之乱后，洛阳、长安的经济地位下降，扬州成为全国最繁华的城市，因此便有了“扬一益二”的说法（扬州第一，益州第二）。此后历经宋、元、明、清朝，直到近代铁路出现以前，扬州始终是东南乃至全国最繁荣的城市之一。

“故人西辞黄鹤楼，烟花三月下扬州。”

“腰缠十万贯，骑鹤下扬州。”

“二十四桥明月夜，玉人何处教吹箫？”

扬州能成为诗一样的城市，大运河至少有一半功劳。

功在千秋

说完大运河在隋朝的作用，我们再来说说它对后世的意义。

杨广所开通的这条大运河，一直使用到宋末元初，共存在了近七百年，对中国历史影响深远。

我们知道，唐、宋是中国古代经济最繁荣的时代，因此有“盛唐富宋”的说法。而唐、宋之所以能够持续繁荣，一个重要因素就是大运河。

唐朝继承了包括大运河在内的大部分隋朝遗产，在漫长的岁月里，它将大运河的功能和价值发挥到了最大。不夸张地说，唐朝三百年间，前一半是靠大运河开创盛世，后一半是靠大运河延续国祚。

开创盛世好理解，延续国祚怎么说呢？

这还要说到安史之乱。作为唐朝历史的转折点，安史之乱的影响是巨大的，它持续了八年之久，严重消耗了唐朝国力，使唐朝由盛转衰。

但是请注意，仅仅是转衰，并没有因此灭亡，反而又延续了一个半世纪。这是为什么呢？

原因很多，但大运河绝对是其中之一。

安史之乱以后，唐中央政权衰微，地方上藩镇割据，频频发生叛乱，中央能有效控制的区域就只有关中和江南了。但当时的关中地区，经济已经衰落，粮食短缺问题比隋朝开皇年间更为严重。而唐王朝就靠着大运河，持续从江南往关中运粮输血，硬是扛了一百五十年。

在这一百五十年里，大运河通济渠段曾多次被叛乱的藩镇占据，每一次都能引起朝野恐慌。就拿唐德宗时期来说，贞元二年（公元 786 年），东南漕运被淮西节度使李希烈阻断，关中仓廪为之窘竭，连禁军都吃不饱饭，扬言要造反，朝野上下一片恐慌。

幸好不久之后，李希烈为部下所杀，浙江节度使韩滉（huàng）通过大运河把三万斛米运到了陕州（今河南陕县）。德宗听到消息竟然喜极而泣，立刻跑到东宫对太子说："米已至陕，吾父子得生矣！"粮食已经运到了陕州，很快就能通过广通渠运到京城，咱们父子的命算是保住了！

这样的事情在唐朝屡见不鲜，我们很难想象，倘若没有大运河，唐朝还能否有三百年的国运呢！

唐朝之后，关中地区因漕运不通，再也没能建都，而洛阳也因黄河淤塞变得交通不便，来自东南的粮食只能通过通济渠运到汴州，再往前就不行了。因此汴州，也就是开封，取代长安、洛阳，成为新的政治、经济中心，成就了北宋的繁荣，也成就了佳作《清明上河图》。

大运河影响的绝不只是这两个朝代，它更深刻的影响，是改变了中国古代的建都传统。在北宋以前，历代王朝建都主要有两个选择：洛阳和长安。正如《千字文》所言：“都邑华夏，东西二京。背邙面洛，浮渭据泾。”

邙山洛水即东京洛阳，泾河渭水即西京长安。为什么总是它俩呢？

在这个问题上，唐玄宗李隆基总结得很到位，他说：“帝业初起，崤函乃金汤之地；天下大定，河洛为会同之府。”

王朝创立之初，天下尚不稳定，定都长安能够凭借险要的山川形势，保障安全；国家统一之后，江山已经稳固，定都洛阳能够凭借优越的地理位置，统治四方。

总的来说，长安更适合创业打天下，因为它偏在西方，无论是攻是守，都只需要面对东边一面的敌人；而洛阳则更适合守业治天下，因为它位居天下之中，交通便利，“四方入贡道里均”。

但是，长安也好，洛阳也罢，建都都要有一个前提，那就是安全。长安就不用说了，其安全性无可比拟。而洛阳虽然处在中央，容易四面临敌，但四面也都是山河，属于险要之地。

这就是中国长期以来的建都传统：安全第一。

然而大运河却在一定程度上改变了这种传统。唐朝之后，第一次有统一王朝将都城选在了长安、洛阳之外的城市，而且是一座无险可守的平原城市：开封。

究其原因，无非是运河带来的经济效益太过优厚，有无运河对一个城市来说区别太大。统治者宁愿放弃把安全性当作建都第一要素的传统，也要首先考虑交通和经济。因此交通便利的开封才取代洛阳、长安，成为中原王朝的首都。

而后来元、明、清定都北京，一个重要原因也是运河。涿郡是隋唐大运河的北方起点，交通也是十分便利的。后来黄河泛滥，夺淮入海，通济渠废弃，忽必烈重修运河，裁弯取直，使运河不再向西绕道洛阳，而向北直通大都。这就是我们熟悉的京杭大运河，也是北京能连续作为元、明、清都城的交通基础。

从这个角度看，大运河确实深刻影响了中国历史。

虽然大运河是杨广在前人基础上建成的，虽然宋朝以后它就被京杭大运河所取代，但是，我们必须承认，杨广是第一个想到并做到将零散的运河连接起来，使之贯通南北、连接东西之人。

就凭这一点，杨广便能称得上功在千秋。

但是，功在千秋的代价往往是劳民伤财。对隋朝许多普通百姓来说，大运河就像是一个吃人的妖怪，他们没有机会享受它带来的福利，却真真切切地品尝到了它带来的苦难。

弊在当时

前面我们说，修建大运河不是一件容易的事，单从开凿过程来看，好像前后也没用几年时间，这岂不是说明工程没那么困难？

我们当然希望是这样，但事实正好相反，开凿大运河是真的不容易，即便是隋朝国力强盛，但在古代生产工具落后的情况下，要开凿运河，还是得靠人力一锹一锹地挖。而且光挖渠还不行，还要在运河两旁修筑御道，种上柳树，更难的是，还要修建离宫，以便于皇帝巡视时休息。

可以这么说，大运河有多伟大，建起来就有多困难。

那么为什么隋朝只用六年时间就建成了呢？

其实大运河的工期还不到六年，虽然看起来是大业元年开工，大业六年最终贯通，但中间不是连续的，有间歇期，真正开凿的时间总共不到两年。

工程量大，工期却很短，那么只有一种解释：投入的人力巨大。

从史料上来看，大运河整个工程下来，累计征伐民夫六百多万人次，这意味着有八分之一左右的隋朝人口参与了这项工程建设，几乎占到当时全国男丁总数的一半。而且越到后来，用工量越大，据《资治通鉴》记载，修建永济渠时，杨广一次性征发了五百余万人，丁男数量不足，就征发妇女来修渠。这对百姓们来说，无疑是沉重的负担。

其实如果只是过度征民倒还好，百姓再苦再累也就几个月，可偏偏督建大运河的官员为早日完成任务，督工极度严苛，这就难免造成大量民夫死亡。

至于具体死了多少人，正史中并没有记载，但《资治通鉴》记载了修建洛阳城时的一段惨状："东京官吏督役严急，役丁死者什四五，所司以车载死丁，东至城皋，北至河阳，相望于道。"

四五成的工程人员被累死、打死，这是多么恐怖的事情！如果大运河的致死率也这么高，那就意味着有上百万人为此而死，即使史书记载和真实数据有出入，打个折扣，起码也有十几万人，赶得上秦始皇修长城了。

我们都听过孟姜女哭长城的感人故事，反映了秦始皇筑长城时，民夫大量死亡的事实。其实大运河也有一个类似的故事，只不过并不感人，反而很吓人。

故事的主角名叫麻叔谋，相传是杨广任命的开河督都护，专门负责通济渠的开凿。

也不知道是不是工作太累了，麻叔谋修河期间竟然生了重病，在宁陵卧床不起。大夫诊断后，给他开了药方，用肥嫩的羊肉蒸熟后掺入药物，果然治好了他的病。自此麻叔谋便爱上了羊肉，每天都要命人提供羊羔，和杏酪、五味子一同蒸食，名为“含酥脔（luán）”。

这件事很快传开，十里八乡的百姓为了讨好他，纷纷来献羊羔。当时宁陵县下马村有个叫陶榔儿的，家里很有钱，但为人十分凶残，他因祖坟靠近河道，怕挖河时被破坏，便也想献肉贿赂麻叔谋。

但是他想了想，觉得给麻叔谋送羊肉的人太多，如果自己也送羊肉就显示不出分量，事儿可能就办不成，于是他换了一种更有分量的肉：人肉。

他先偷来一个孩子，取其身上的肉蒸熟，献给了麻叔谋，谎称是羊肉。

二麻叔谋从陶榔儿得知自己食的是人肉后，不仅没觉得不妥，还非常高兴，赏赐了他十两黄金，并令修河者在经过陶家祖坟时绕了个弯。

陶榔儿一看这招儿好使，便继续向麻叔谋进献“羊肉”。而附近恶徒见此法能讨赏，也争相效法，偷盗小孩，用小孩的肉来换取赏赐。

于是周围村庄孩子接连丢失，到处都能听见丢孩子父母的哭声。

当地百姓痛恨麻叔谋，却不敢报官，只能把孩子藏起来。此后遇到孩子不听话，当父母的就拿麻叔谋来吓唬他，说：“麻胡子来了！”小孩儿果然就不哭了。

后来麻叔谋吃人的事情被人告发，朝野为之震惊，杨广为平息众怒，派大将军来护儿将其逮捕，以“食人之子、受人之金、遣贼盗宝、擅易河道”等罪名将其腰斩，顺带还斩了陶榔儿等恶徒。

这就是“运河吃人”的故事，被记录在一部叫《开河记》的笔记小说中，作者不详，只知是唐朝人。

虽然这个故事有鼻子有眼儿，但可信度并不高。因为翻遍《隋书》

《资治通鉴》等史书，也找不到麻叔谋这个人，如果他真是杨广任命的开河总负责人，正史中不应该毫无记载。比较合理的解释是，麻叔谋及其故事是《开河记》的作者收集民间传说得来的，或者干脆是虚构出来的。

既然如此，那么我们为什么还要讲这个故事呢？

因为此故事和“孟姜女哭长城”一样，虽然本身不一定可信，但它所反映的时代问题却是真实的，大运河的开凿的确给隋朝百姓带来了沉重的苦难，说是“吃人”也不为过。

这就是大运河，一项造福后世的伟大工程，却是隋朝百姓用血肉铸成的。如果要用一句话来形容，“功在千秋，弊在当时”应该是最贴切的！

第十二章 一下江都

唐代诗人皮日休有一组诗，名为《汴河怀古二首》，其中一首写道："尽道隋亡为此河，至今千里赖通波。若无水殿龙舟事，共禹论功不较多。"

诗中写的"河"指的就是大运河，具体来说应该是通济渠，也即诗题中的汴河。而"水殿龙舟"则是指通济渠和邗沟竣工后，杨广乘坐龙舟巡游江都之事。

整首诗虽然肯定了杨广开凿大运河的历史功绩，但重点却是在批评他"水殿龙舟"之举，而这也正是杨广被后世诟病的地方之一。

那么杨广为何会游幸江都？又因此做错了什么，以致被后世批评呢？

在探讨这个问题之前，我们须得了解一下江都这座城市。

江都的前世今生

江都古称"广陵""扬州"，是扬州改郡后的称谓，之所以改叫这个名字，是因为郡的治所在江都县，也就是今天的江都区。

古时没有"区"这一概念，所有城市本质上都是县，州也好、郡也好，都是由若干县组成的，其中州、郡政府所在的县就是治所，相当于今天的市辖区，而其他县则相当于市辖县。

一般的州郡，只有一个“市辖区”，也就是说州郡政府所在的城只有一个县。这是因为古代城市规模都比较小，城墙之内仅能容纳一个县。但是也有少数特例，有的城市级别也比较高，规模也比较大，可以有两个“辖区”，是为“一城两县”。就比如大兴和洛阳，城内都有两个县。大兴城以中轴线划分，城西为长安县，城东为大兴县（唐朝改为“万年县”）；洛阳与之类似，只不过是南北向划分，城北为洛阳县，城南为河南县。而江都也是这样一座城市，城内有江阳和江都两个县，这在古代是极少见的，由此可见江都的地位。

其实江都自古就是繁华之地，尤其是大运河修通后，其地位进一步提升，逐渐发展为仅次于洛阳、长安的隋朝第三大城市。

而与洛阳、长安不同的是，江都是一座标准的南方城市，不仅风景独特，而且人文气息浓厚，有着独特的魅力和强大的吸引力。

在坊间传统观点中，杨广正是因为向往江都的美景和文化，所以不惜耗费民力，开凿大运河，建巨型龙舟，只为去享乐。

那事实是不是这样呢？

我们不妨先来看看“水殿龙舟”究竟是怎么一回事。

水殿龙舟

大业元年八月，通济渠、邗沟宣告竣工，杨广随即下诏游幸江都。他自洛阳附近的显仁宫（与洛阳城同时修建的离宫）出发，乘坐小船沿洛水向东，到达洛口后，换乘早已备好的龙舟，由此开启了江都之旅。

这次出行，是杨广即位后首次下江南。与以往不同的是，他这次的阵仗非常大，其奢华程度超过了历史上任何一次帝王出巡。

具体有多奢华呢？

我们首先来看他乘坐的龙舟。

这里说的龙舟，可不是我们端午节竞赛时划的龙舟，而是指皇帝所乘的大型舰船，也是古代规格最高的船。

同样是龙舟，不同时代不同帝王，差别是很大的，若论船的规格等级，杨广排第二，恐怕没人敢排第一。他的龙舟实在不同凡响，至少有四大亮点：一是船只体型大；二是船队规模大；三是装饰奢华；四是纤夫数量多。

先说船只体型。据史料记载，杨广所乘龙舟共有四层，高四五十尺，长二百丈。这是多大呢？换算成今天的计量单位，大概就是十四米高，五百八十米长。

古代的船基本都是木质结构，能建四层十四米高，着实不容易，要知道那时候陆地上都很难见到四层高的楼，何况是一艘船？说它是一座移动的离宫也不为过！而且高还不是主要的，关键是它的长：五百八十米！如果这个数字是真的，那就太吓人了。因为当今世界上最大的航母也才三百多米，古代要能造出五百多米长的船，就太不可思议了。所以我认为多半是记载有误，二百尺记作了二百丈。但即使如此，六十米长的船舰也是相当巨大了，何况这还是在运河中航行的船，如果是造海船，可能还要造得更大。

再说船队规模。杨广下江都可不是一个人拎着包就去了，他是拖家带口，率领满朝文武、僧尼道士、外国宾客、禁军卫士等一块儿去的。

如此庞大的队伍，得多少只船才能盛得下？如果这些“乘客”都像我们今天的游客一样，一人住一个房间，那可能也用不了多少船。可这些“乘客”都不是一般人，个个都是贵族，不可能挤在一条船上。像皇后、亲王这样的重要人物往往是一人一条船，船上还要配备大批宫女、太监、船夫等，这样算下来，没有几千艘船肯定是不够用的。

事实上，杨广这次出行所乘舰船可能还不止数千艘。根据史书记载，光是供后宫、诸王、百官、僧尼、道士、外宾等乘坐以及运载各地供奉物品的船，就有几千艘之多，虽然这些船不像龙舟那样体型巨大，但也都不是小船，有漾彩、朱鸟、苍螭、白虎、玄武、飞羽、青凫、陵波、五楼、道场、玄坛、板艓、黄篾等各种形制。此外，还有装载禁军卫士、装载兵器帐幕的船，分为平乘、青龙、艨艟、艚艟、八棹、艇舸等，也有数千艘。

所以整个算下来，船舰的数量可能上万。这样规模的船队航行在运河上，那场景不敢想象，用《资治通鉴》的话说就是“舳舻相接二百余里，照耀川陆”。

接下来再说舰船的装饰。从洛阳到江都几千里，路上要花费不少时间，这期间龙舟就是朝堂，杨广是要在此接见大臣、处理朝政的。

所以龙舟的形制和宫殿相似，最上一层是正殿、内殿、东西朝堂，供杨广上朝和休息用，中间两层是一百二十间房舍，供大臣办公用。这三层就相当于国都的宫城和皇城，是最高权力中心，也是行走着的“中央政府”。为了显示它的等级，整个船舱全部用金玉装饰，奢华程度不亚于洛阳的宫殿。只有最下一层供宦官居住，才没有特别装饰。

除了杨广所乘的龙舟外，其他船舰也都很豪华。就拿萧皇后所乘的翔螭舟来说，虽然比龙舟体型小了些，等级低了点，但装饰并没有什么不同，都是最高标准。这还不算什么，更奢侈的是，除了载人的船之外，船队中竟然还有九艘浮景船，船上各有三层水上宫殿，犹如皇家园林，是专供杨广游乐之处。

这不就是“水殿龙舟”吗？自古帝王之奢，莫过于此！

最后说纤夫之多。古代没有机械化螺旋桨，如果行船，主要有三种办法：一是扬帆，利用风力前行；二是划桨，靠船夫推动；三是绳拉，用纤夫牵引。

这三种办法适用于不同的水域，具体到运河的话，基本就只能靠绳拉了。因为陆地上风太小，不足以扬帆。至于划桨，小一些的船只或许没问题，龙舟恐怕不行，因为运河不比湖泊，深度有限，像龙舟这样体型的大船吃水太深，很难划得动，所以只能靠纤夫牵引。

那么杨广这次出行，动用了多少纤夫呢？

正史上说是有八万人之多。这个数字应该是可信的，因为船只毕竟有几千艘，平均十几二十人拉一艘，那可不就是将近十万人吗！不过这应该还不是全部的纤夫数量，从洛阳到江都那么远，不可能始终用同一批纤夫，中途肯定是要换人的，这样一算，数量就更大了。

那么如此多的纤夫，这么辛苦地拉船，是不是得有很多人累死呢？

关于这一点，正史、野史中都没有记载，估计是有，但数量不多，不然记史者不会放过这个批判杨广的机会。

不过，一些野史还是拿纤夫做了文章，编写了一件无比香艳的事。

按照《大业拾遗记》《隋炀帝艳史》等笔记小说的说法，拉龙舟的不是普通纤夫，而是一千名妙龄少女，称为“殿脚女”。据说她们是杨广选出来的，各个国色天香，身穿白衣，一起排成阵列，在船前拉纤。

可问题是，这么大的龙舟，一千名柔弱女子怎么拉得动？这也太假了吧！

对此，《隋炀帝艳史》给出了解释，说拉龙舟的除了这一千名美女，还有一千只小羊。

为什么要用羊呢？按照书中的说法，是因为有人给杨广提了建议，说：“古人以羊驾车，亦取美观，莫若再选一千嫩羊（小羊羔），每缆也是十只，就像驾羊车一般，与美人相伴而行。”

这里的“古人以羊驾车”指的正是晋武帝“羊车望幸”的故事。自从有了这个故事，羊，尤其是羊车，就有了一层“色情”含义，由此就不难理解为什么要用羊配合美女拉船了。

古有晋武帝“羊车望幸”，今有杨广“羊船观美”，他站在船上，欣赏着岸上那一排排美女，相中哪个就召上来临幸。据《大业拾遗记》说，有一个名叫吴绛仙的殿脚女，因为擅长画蛾眉，受到杨广青睐，被纳为嫔妃。杨广对她喜欢得不得了，经常“倚帘顾之，移时不去”，还对大臣们说：“古人言秀色若可餐，如绛仙，真可疗饥矣！”

这是一个多么香艳的故事。透过此事再看杨广，我们看到的不再是一个胸怀壮志的帝王，而是一个彻头彻尾的“昏君”，就和民间传言的一样。

但事实真是这样吗？这些野史的可信度有多高呢？

我们不妨先来看看这两部书。《隋炀帝艳史》是一部明末小说，与《隋唐演义》的性质差不多，只不过更侧重描写“宫廷艳史”，类似的书还有《唐代宫廷艳史》等。其内容主要来源于唐代笔记小说，外加作者的发挥，不仅不能当作正史来看，甚至连野史都算不上，基本不可信。

至于《大业拾遗记》，根据该书题跋的说法，这是一部唐代史学作品，是《隋书》的遗稿，作者为颜师古。

如果此说为真，那该书的可信度还是挺高的，因为颜师古不是普通人，他是颜之推之孙，亲身经历了大业时代，写隋朝历史就等于是写当代史，不大可能会在基本史实上犯错。而且他本身就是著名史学家和训诂学家，对待历史是很严谨的，不能随便质疑他。

但可惜的是，根据历史学家的考证，《大业拾遗记》并非颜师古所著，真正的作者是谁，现已无从知晓。但可以肯定的是，这是一部宋代传奇小说，是宋人伪托颜师古之名而作。

既然是伪作，那可信度就大打折扣了，正如鲁迅在《中国小说史略》中评论此书时所说：“叙述颇陵（凌）乱，多失实。”

叙事凌乱，而且多不符合实际，那肯定就不能当信史来看了，尤其是它的艳史部分，基本可以确定是虚构的。

所以杨广用美女作纤夫一事不能当真，他虽然爱奢华，但并非荒淫无道，怎么会做出这样荒唐的事来呢？

但话又说回来，即便美女纤夫不存在，但杨广过于奢华的江都之行，还是免不了落下浪费民力的坏名声。

说到民力，其实杨广这次游幸，最劳民伤财的，还不是他阵仗有多大，用的纤夫有多少，而是他给沿途百姓带来的负担有多沉重。

历朝历代，凡是有朝中大臣到地方视察，地方官吏必定想尽办法讨好，吃的、住的、用的，甚至是玩的，一定让其满意，目的只有一个：求提拔。

大臣来了尚且如此，何况是皇帝呢？

所以，杨广龙舟所经之处，地方官吏都想方设法来献殷勤。本来杨广下令五百里之内的州县来进献食物，但官员们为了讨好皇帝，不管远近，争相来献宝。他们准备了各种水陆奇珍，让百姓推车来进献，少的十几车，多的上百车。这样一路下来，龙舟再大也装不下呀，尤其是食物，根本吃不完，只能在开船前倒掉。

有多少百姓都还吃不饱饭？而这里却在暴殄（tiǎn）天物，这不是劳民伤财是什么？

下江都的目的

杨广游幸江都，并不是为了享乐这么简单，这件事的背后有着极为复杂的原因，我们需要一一分析。

首先，最明显的一个原因，是“回家的诱惑”。

江都是个好地方，这点不假，但真正让杨广爱上它的，不是它的美景，而是那段旧时光。

杨广做晋王时，曾在扬州生活过十几年，在此度过了整个青年时代。这里有他的青春，有他的梦想，他对这里的山山水水、一草一木都无比熟悉，对这里的百姓也有特殊感情。

甚至从某种意义上说，江都就是他的家，是他心灵的故乡。虽然现在当了皇帝，并且有了新家洛阳，但他始终忘不了江都。早在修通济渠时，他就已经命人在江都营建离宫，早做好了去巡游的打算，或者说是做好了“回家”的打算。

正所谓“富贵不归故乡，如衣锦夜行”(《汉书·项籍传》)，对杨广个人来说，此去江都有特殊意义，那就是衣锦还乡。

除了这个，杨广游幸江都的又一原因，应该是大运河。

杨广是一个很有野心的人，他迫切想要建立功业来实现自己的人生价值，所以刚一即位就推出了两大工程项目：修建洛阳城与开凿大运河。由于此时洛阳城还在建设中，所以已经竣工的大运河通济渠段和邗沟段就成了他登基后所建立的第一份功业。对杨广来说，这就是自己的“处女作”，是值得欣赏和炫耀的。

当然除此之外，杨广还有验收的目的。通济渠、邗沟是建好了，但质量怎么样？宽度、深度达标了吗？两岸的柳树按要求种植了吗？工程人员有没有偷工减料？杨广并不完全放心，势必要去检验一下，而检验运河的最好办法就是亲自试航，倘若龙舟能顺利通行，那其他船只自然也没有问题。

以上这些，都是促使杨广游幸江都的因素。细细看来，还是个人的原因比较多，好像并不比享乐好多少。

确实，杨广的“水殿龙舟”很大程度上是出于个人原因，但这并不是说他就完全没有为国家考虑。事实上，他下江都是带着明确的政治目的的。

前面说，江都正在逐渐成为全国第三大城市，但其实就政治地位而言，它已经是老三了。杨广在此建造江都宫，明显有把它作为第三都城的意思。

我们看隋朝这几座重要城市的定位：大兴是创业之地，根基所在，主要辐射关中地区；新建的洛阳城是最高统治中心，辐射全国，但重点还是关东地区；而扬州，则是整个东南的中心，辐射江淮地区。

这样问题就很清楚了，杨广修建出的三座都城，分别对应关中、关东、江南三个地理区域，既可以同时照顾三地人民的感情，又可以巩固对全国的统治。

因此，杨广巡幸江都便隐含了一层政治因素，他想通过下江都的举动，让自己亲近江南，最大限度地与江南民众联络感情，向他们释放友好信号，让他们知道，现在以及今后的隋朝将逐渐放弃关中本位政策，对各地区一视同仁，你们江南人也是我杨广的子民，不再低人一等，可以出来为国家效力了。

而对于江南民众来说，能近距离感受到天子的气息，无疑是一件让人振奋的事，以前天子远在关中，视江南人为二等公民，只想着防备江南，从江南索取财富，从来没关心过江南人的诉求；而现在，天子竟然亲自来了，他是带着诚意来的，是把江南当成了第二故乡，把江南人当成了自己的亲人。对这样的皇帝，这样的国家，我们江南人还有什么不满意的呢？

由此，在这次巡游江都后，江南民众必然会更加认同隋朝，隋朝对江南的统治也就会更加稳固。这对隋朝当然是有意义的。

这么说似乎只是推测，没有什么确凿证据。但好在，杨广到江都后做了几件对江南人民有益的事，由此证明了他不是来享乐的。

第一件事，免除租赋和徭役。

杨广八月从洛阳出发，九月到达江都，十月就下诏“赦江淮已（以）南，扬州给复五年，旧总管内给复三年”（《隋书·炀帝纪》）。

所谓“赦江淮已南”，就是赦免淮南和江南地区的囚犯；所谓“给复”就是免除赋税和徭役。

诏书中说“扬州给复五年”，就是说江都郡境内百姓可以免赋税和徭役五年；“旧总管内给复三年”，则是说原先扬州总管府辖区的百姓可以免赋税和徭役三年。而原扬州总管府辖区包括了淮南和江南大部，这就意味着整个江淮地区的百姓可以至少三年不用交税和服役。

这样的减税力度，在封建时代是非常罕见的。杨广一来江都，就赐给当地百姓这么大的恩惠，绝不只是因为他对江都感情深厚，更重要的原因是，他想以此安抚百姓，收服江淮人心。

如此高瞻远瞩的帝王，怎么会是只顾享乐的昏君呢？

还有第二件事，纳妃。

说到这儿，大家可能会觉得奇怪，纳妃不是正能说明杨广荒淫享乐吗？怎么还成了对江南人民有利的事了？

不错，通常而言，皇帝纳妃确实不关百姓什么事，只是个人喜好问题。但杨广这次纳妃不同寻常，不光是出于个人原因，还有政治考虑。因为他娶来的这名妃子的身份极为特殊，乃是陈叔宝之女陈婤。

关于陈婤，我们之前讲宣华夫人时曾介绍过，她是陈叔宝的第六女，也是宣华夫人的侄女，在大业二年被封为贵人，也就是杨广下江都之际。

作为亡国公主，陈婤一直随父亲陈叔宝生活在大兴，而杨广即位已经一年半了，应该早就见过她。为什么早不封，晚不封，偏偏在下江都之后封了贵人呢？

最合理的解释就是，杨广想以此来争取江南人心。

前面我们说，杨广下江都的一个重要目的是与江南民众联络感情。那具体怎么联络呢？最好的办法当然就是联姻了。封陈朝公主为贵人，给她崇高的地位和待遇，让她成为隋朝最尊贵的女人之一，以此告诉江南民众，隋朝对江南没有偏见，大家都是一家人，我杨广，大隋天子，就是江南的女婿。

这对江南百姓来说，当然是值得高兴和骄傲的事！

但也可能有人会说，之前杨坚不也封了宣华和容华两位江南籍妃子吗？好像并未见江南因此得到什么好处啊！凭什么说杨广这次封陈婤，就不是跟他老爸一样，出于对美色的喜爱呢？

不错，杨坚确实也纳了两个江南女子为妃，其中一个还是陈朝公主。但是这和杨广封陈婤为贵人不能相提并论，因为容华夫人也好，宣华夫人也罢，都只是杨坚晚年的伴侣，本身地位并不高，而且杨坚也不希望她们抛头露面，所以直到临终前，才封她们为夫人。

而陈婤则不同，她是被风风光光地封为贵人的，是杨广名正言顺的妃子，这是宣华、容华所不能比的。更重要的是，在她受封后，杨广又下令将陈氏子弟全部召还京师，并依据才能的不同，授予大小官职，有做县令的，有做郡守的，还有位列九卿的，一时间遍布天下。

表面上看，杨广是因为宠幸陈婤，爱屋及乌，所以召还了她的兄弟叔伯，但实际上，真相可能正好相反，杨广是因为想召还陈朝贵族，笼络江南人心，所以才封陈婤为贵人。

毕竟，放任前朝贵族在朝，是一件关乎国家安全的大事，杨广并不昏庸，他再宠爱陈婤，也不可能因为她就冒险做出这样的决定。

而且这么做一定会引起部分关陇贵族的担忧，甚至是恐慌，杨广不会不考虑这些。他让陈婤成为贵人，很可能就是为召回陈氏子弟铺路，这样关陇贵族才不至于太过惊慌。

总而言之，杨广通过封陈婤为贵人、召还陈氏子弟等举动，向江南民众传达了善意，加深了与江南民众的感情，减少了隔阂。

由此看出杨广和杨坚治国的区别。当初杨坚怕江南遗民造反，将除了陈叔宝外的陈氏子弟尽数安置到北方边境，并派人监视看管，这是以武制人；而杨广大胆地恢复陈氏子弟的自由，并授予他们官职，让他们发挥自己的才能，为隋朝效力，这是以德服人。

当然这并不是说杨坚就不好德，杨广就不尚武，只是在统治江南这个具体问题上，他们的理念截然相反。

再有第三件事，传播佛教。

虽然杨广、杨坚对江南的态度截然不同，但他们对佛教的感情是基本一致的。

杨坚一生信佛、礼佛，甚至动用皇权扶持和发展佛教。而杨广也差不多，早在开皇年间他就在扬州受戒，做了智者大师的弟子。这在当时的江南引起了不小的轰动，一定程度上缓解了江南民众对隋朝的抵抗情绪。

而今杨广以天子身份回到江都，这对江南佛教界来说，无疑是一件天大的喜事，是值得庆贺的。由于智者大师已经在开皇十七年圆寂，所以就由天台宗新领袖、智者大师的弟子智越派遣僧使来见杨广，一来对他登基表示祝贺，二来请求他为天台寺题赐寺额。

原来当初智者大师病重时，临终请求时任扬州总管的杨广为天台宗建一座寺院作为祖庭，并送来了亲手绘制的草图。杨广得知师父的死讯，悲痛不已，立志要帮他完成遗愿，于是动用朝廷的力量，按照草图建造了一座寺院，因为寺在天台山上，便俗称为“天台寺”。而这次智越派人来，是想让杨广为这座寺院取一个正式的名称，并题写寺额。

杨广知道智越的心意后非常高兴，便与他派来的僧使商议新寺名。其中一位僧使智璪（zǎo）便说陈朝时有一位定光禅师，佛法高深，他圆寂后，智者大师曾梦见他说：“今欲造寺，未是其时。若三国为一家，有大势力人，当为禅师起寺。寺若成，国即清，必呼为国清寺。”

这话的意思是：现在造寺不是时候，如果三国（北周、北齐、陈）统一，会有大势力的人来为你建造寺院。寺院如果建成，国家就会清平，那就一定要叫国清寺。

这里的“大势力人”指的自然就是杨广，因为天台寺正是他帮智者大师建造起来的。

所以智者大师这个梦很有玄机，暗含灵瑞。不过此梦是真是假很难分辨，或许是智越、智璪对杨广的逢迎之词也说不定。

但这并不重要，重要的是以智越为代表的江南佛教界已经认同了隋朝，他们用这样一个“灵瑞”事件，请求皇帝为天台宗祖庭取名“国清寺”，实际上是在歌颂杨广和隋朝伟绩，歌颂当下这个太平盛世。

杨广当然明白这其中的深意，当即拍板定了寺名，随后命人取来江都宫大牙殿的匾额，亲笔用大篆题写了“国清寺”三字，国清寺之名自此而始。

此后国清寺历经数次重建，但寺名始终未改，一直沿用到今天。这正是今浙江天台山国清寺，天台宗的祖庭，天下名刹。

对一个王朝来说，皇帝为寺院题写寺额并不是什么大事，因此《隋书》等正史对此只字未提。但对于佛教界来说，这绝对是件天大的事，是值得纪念的，所以就被清楚地记录在了众多的佛教典籍中。

这么看来，杨广“题写寺额”的举动似乎只是对佛教界产生了影响，与政治无关。但要知道，在当时的江南，佛教几乎是无处不在的，影响了佛教，不就等于是影响了人民大众嘛！

所以，通过这件小事，杨广将进一步赢得江南民众的拥戴，江南人对隋朝的认同感又将增强。

最后是第四件事，制定礼仪制度。

隋末唐初著名经学家孔颖达曾经说：“中国有礼仪之大，故称夏；有服章之美，谓之华。”（孔颖达《春秋左传正义》）

意思是：中国有先进的礼仪制度和漂亮的衣冠，所以称为华夏。

这是对“华夏”一词来源的经典阐释，它表明了“中国”与“非中国”的区别：有无礼仪之大和服章之美。

在古代，“中国”一词多指中原正统王朝，如果是统一时期，“中国”就没有争议，但如果是分裂时期，就不好说了。就比如南北朝，谁才是“中国”呢？

当时南、北两朝都认为自己是“中国”，互称对方为蛮夷、胡虏，但后世更多认为南朝才是正统，连《资治通鉴》都是用南朝纪年，直到陈朝灭亡，才改用隋朝纪年。这是因为南朝直接继承了两晋，完整地保存了华夏礼仪制度和服饰衣冠。

所以，在儒家观念中，谁为华夏正统，不是由武力强弱决定的，而是由礼仪制度和文化决定的。哪怕游牧民族占领了中原，建立了稳定的政权，但只要没有礼仪之大、服章之美，仍然不是华夏正统。

因此问题来了，统一后的隋朝是不是“中国”呢？

我们现在看这个问题，会觉得答案毫无疑问。但在当时的南方人眼中，隋朝还真不一定是“中国”。因为隋朝是从鲜卑政权继承来的，礼仪制度、服饰衣冠都不是华夏正统，相较于原来的陈朝，落后太多了，满是胡风。

所以很多江南士族打心里瞧不起关陇贵族甚至是山东士族，觉得他们不过就是暴发户、土豪而已，没什么文化。

这种心理与南宋人看待金、元政权时的心理相似，其带来的结果就是：即使被征服，也口服心不服。

而杨广此来江都，一个重要目的，就是用礼仪服章让江南人心服。

因此，大业二年二月，杨广诏命吏部尚书牛弘等议定舆服、仪卫制度，并命太府少卿何稠负责营造，送至江都。

牛弘此人，他称得上是关陇贵族中为数不多的一位读书人，自幼博览群书，熟知各种礼仪制度、服饰衣冠，曾先后担任隋朝的礼部尚书、太常卿等，参与制定了《开皇律》《五礼》等礼乐、法律制度，能力没的说，所以由他来领衔这次制度的议定，再合适不过了。

至于何稠，也不是什么陌生人，他是出了名的能工巧匠，与宇文恺齐名，曾负责修建杨坚和独孤皇后的陵墓；杨坚还在临终前嘱托杨广，说何稠这人办事用心，可以信任和重用。杨广听了父亲的话，就把何稠用起来了。

要说何稠这人，确实有过人之处，他不是云定兴那种只会摆弄古玩器物的小匠，而是一个博学多才、能搞大制作的工艺家。他按照杨广的意思，参考古今制度，择优而取，并改革创新，很快就营造出黄麾仪仗（车舆的装饰品）、车舆辇辂（lù）、皇后卤簿（仪仗）、百官仪服等各种礼仪用品，准时送到了江都。

那么何稠所造的车舆、服章等物有什么特别之处？凭什么就一定能让江南士族心服呢？

口说无凭，我们不妨举几个例子。

第一，何稠对服章中最重要的冠帽进行了改进。在华夏衣冠体系中，冠帽礼仪是最为重要的，被称为首服，而皮弁就是首服的一种，是皇帝和百官上朝时所穿戴，一般由白鹿皮制成，上有饰物，包括缨和簪导（束发用的簪子）等。

但自魏晋以后，皮弁有缨而无簪导。何稠认为戴这样的冠帽上朝，不符合礼仪，便对此进行改革，用漆纱做帽，用象牙做簪导，自此成为定制。

第二，改革天子车舆。古代帝王所乘之车分为五种：玉辂、金辂、象辂、革辂、木辂。无论是哪一种，驾车的人及陪乘者都与帝王同在车厢内，或是并排而坐，或是前后坐。

那么问题就来了，臣子怎么能跟皇帝并排而坐呢？这肯定是不合礼仪的，凸显不出皇帝的尊贵，必须要改变。

可怎么改呢？车舆可不比衣服、冠帽，想怎么设计都行。车要行驶，车夫必须坐在前面中间；皇帝要受到保护，陪乘就必须在他身边，这是没办法的事情，不然前人早就改进了。

要不说何稠是能工巧匠呢，他居然巧妙地解决了这个难题。首先，加大车子底盘，扩充空间；其次，在主车厢旁边另设一个围栏，让陪乘人员站在其中，而天子则单独坐在车厢内。

这样臣子和皇帝分开，一立一坐，就显示出高低贵贱了。但如此一来，新的问题又出现了，臣子站在车上，肯定会高于皇帝，还是不合礼仪啊！

不过这也难不倒何稠，他又在车厢里设置了一个“须弥平坐”，有数尺之高，皇帝坐上去，自然就不会低于陪乘了。

所谓“须弥”，本是佛教词汇，意为诸山之王、世界的中心，用在这里倒也合适，既能表示皇帝信佛，又能代表皇权至高无上。

第三，制造羽仪。所谓羽仪，是指用鸟兽羽毛装饰的旌旗、伞、扇等仪仗用物，也可代指仪仗。

自古天子出行，仪仗都是必不可少的，它不仅是护卫，更是门面，在礼仪制度中尤为重要。所以这次改造礼仪器物，何稠在仪仗方面下了大功夫，他用各种鸟兽羽毛做装饰，制作出精美华丽的旗帜、伞、扇等仪仗用物，在极短时间内打造出了一支三万六千人的羽仪。

除冠帽、车舆、仪仗外，何稠所造的礼仪器物还有很多，但无论制造什么、怎么制造，始终遵循一个原则：凸显礼仪之大、服章之美。

因为制造得好，所以杨广非常满意，立刻就用了起来。他从江都出游，率领文武大臣巡视江淮一带。附近的百姓纷纷来围观，只见礼仪盛大、衣冠精美，尤其是仪仗，数万人组成的羽仪，连绵二十余里，填街溢路，旌旗、伞、扇更是整齐划一，遮天蔽日。那场面除了震撼，还是震撼。

到了这个时候，江南士族不服都不行了，如此兴盛的礼乐、精美的服章，哪里像蛮夷的样子，分明就是礼仪之邦、华夏正统啊！

以上就是杨广到江都后所干的几件大事，客观地说，没有一件是为了个人享乐，反而都是有利于巩固统治、团结南北的。

由此可见，杨广下江都并非为一己私欲，至少不全是，他有着明确的政治目标，思路也很清晰。先是减免赋税徭役，让江南民众尝到好处；又纳陈朝公主为妃，拉近与江南的距离；再沟通佛教，增加江南人对隋朝的认同感；最后炫耀礼仪服章，用文化征服江南。

这样一场“江都行”，对巩固隋朝在江南的统治是有作用的，对加强南北联系也是有意义的。如果说有什么问题的话，那就是排场搞得太大、花费太高，在给江淮民众带来利益的同时，却给更多的百姓带来了沉重的负担。

就拿造羽仪来说。为了打造出三万六千人的羽仪，杨广命令各州县进献羽毛，州县官吏便驱使百姓捕猎鸟兽，天上飞的、地上跑的、水里游的，凡是有漂亮羽毛能做饰品的，一律捕抓，绝不放过。整个过程下来，共动用十万民力，花费金银钱帛数以亿计。

把如此巨大的人力、财力花费在捕捉鸟兽上，这么做值得吗？有必要吗？

这要看对谁而言了，对于杨坚这样节俭且爱惜民力的皇帝来说，这么做就是劳民伤财，不仅不值得，而且毫无意义。但对于杨广这样喜欢炫耀的皇帝来说，这么做就很有必要，因为它可以展示国家力量，显示天子威仪，最重要的是，它能满足自己的虚荣心，获得成就感。

所以下江都也好，造羽仪也罢，都有很大的炫耀和表演成分。无论是否有现实需要，他都会这么做，这就是他的性格特点，用一个词语形容就是：好大喜功。

这个词本来是形容汉武帝的，用在杨广身上也非常合适，他和汉武帝一样有雄才伟略，也一心想做大事建大功，但却忽略了黎民百姓，使国家机器超负荷运转。这种浮夸的行事作风，会把隋朝带向何方呢？

第十三章
制度改革

入城仪式

杨广在江都待了足足五个月，直到大业二年三月，他才率领文武大臣离开江都，沿大运河原路返回洛阳。

此时洛阳城刚刚竣工，杨广已经不需要再住离宫别苑，可以进入城中，正式入住紫微宫了。

按理说，杨广沿大运河入洛，应该乘船走洛水最为方便快捷，可以利用“洛水贯都”，直接驶到天津桥下、皇城门前。

但是杨广却选择了另外一条路，他乘坐小船沿伊水向洛阳城南驶去，到达伊阙后，弃船上岸，然后祭出他的车舆、服章、羽仪等，千乘万骑，浩浩荡荡地驶向建国门，沿天街进入皇城。

这是一条很远的路，杨广为什么要这样走呢？

多半还是那个原因：表演和炫耀。

走洛水入城固然方便，但却无法向民众展示新造的礼仪器物，也不能显示天子入京的气魄。而且，对于杨广来说，这是东京建成后自己第一次进城，是最荣耀的时刻，需要有仪式感，需要有大场面。

所以他舍近求远，特意绕到城南几十里外的龙门伊阙，沿着一条轴线从正门进入洛阳城。

庞大的礼仪队伍，配上气势宏伟的洛阳城，再加上两边山呼万岁的百姓，这场面得多么震撼人心！此时此刻，杨广感觉自己就是“天之骄子”！

恩泽天下

入城仪式完成了，但杨广并没有闲下来，为了庆贺新国都落成，他又于第二天登上洛阳皇城正南门端门，面对文武百官和城中百姓，宣布大赦天下，免除今年全国所有租赋。

这已经是他半年内第二次大赦天下和免租税了，而且比上一次赦免范围更广，可以说是惠及了全国的百姓。

要知道在古代，中央政府的主要收入来源就是农民缴纳的租赋，是不能轻易免除的。历史上虽然有过不少免除租赋的案例，但大都是针对某一地方，像杨广这样直接免除全国租税的极其少见，这意味着隋朝政府这一年的大半收入没了。

杨广能这么做，一方面说明隋朝确实富裕，有足够的财富积累；另一方面也说明他并非完全不顾百姓，他征发徭役的时候毫不心软，但该施恩惠的时候也毫不吝啬。关键在于他是折腾百姓的时候多，还是与民休息的时候多。

我们看杨广前面的作为，建东都、修运河、下江都、造羽仪，好像是折腾百姓多，但实际上，他给百姓的实惠也不少。早在即位的当年，他就下诏进行了一项改革，包括两方面的内容：一是免除妇人及奴婢、奴仆的赋税；二是将男子成丁的年龄，由二十岁改为二十二岁。

这意味着一个家庭可以少交一半左右的赋税，同时男子可以晚服

役两年，有了更多从事劳动生产的时间。这对百姓来说，无疑是实实在在的恩惠。

不仅如此，至大业元年，杨广又下诏兴办教育，重新恢复了杨坚晚年废除的太学、四门学和州县学。这使得隋朝的教育事业得到了复兴和发展，也使更多的平民子弟有了接受教育的机会。

但是客观地说，这些改革措施未必都得到了执行。就比如二十二岁成丁这项，在营建东都、开凿运河的过程中，杨广前后征发了数百万民夫，如此庞大的用工量，恐怕难免会出现因丁男不足而征发二十二岁以下男性的现象。毕竟妇女都被迫上阵了，二十岁的小伙子有什么理由不被征发？

所以，只要杨广不停止大规模征发，即使推出的政策再好，百姓也还是苦。

不过好消息是，在洛阳城建成后的这一年，杨广没有再搞大工程，也没有出远门，基本一直待在洛阳皇宫进行制度建设。这使百姓获得了休息时间，也使国家机器的运转回归至正常状态。

制度建设

大业初，杨广对多项制度进行了改革，首先一项就是法律。

隋朝以法治国，法律是国家建设的基础，杨坚即位伊始，曾命人修订《开皇律》，并颁布实施，至今已经二十多年。

但到大业三年的时候，《开皇律》“退役”了，它的隋朝宪法地位被《大业律》取代。《大业律》是一部新的法典，是杨广命吏部尚书牛弘等人组织编订的，共计十八篇，五百多条。

由于是在《开皇律》的基础上修订而成的，所以《大业律》的基本思想和内容与《开皇律》相同，主要变化是减少和减轻了部分罪刑。例如：降从轻典者二百余条；减轻大逆、谋反等罪的连坐；删去“十恶”中的两条，等等。

至于杨广修订颁布《大业律》的原因，史书中说是“以高祖禁网深刻，又敕修律令，除十恶之条”，意思是杨广觉得《开皇律》太严苛，因此重修律令。

那事实是不是这样呢？

表面上看是，毕竟《大业律》的确较《开皇律》更宽松。但我们认为这并不是主要原因，真正催生《大业律》的，是杨广的野心和虚荣心。

作为要成为“千古一帝”的男人，杨广迫切想拥有一套自己的典章制度，而不是一直活在父亲的阴影下。所以无论《开皇律》是否存在问题，他都会推出新的律法来取而代之。

不过无论如何，杨广的这一做法都是值得肯定的，因为宽松的律法对百姓有利，是人民群众喜闻乐见的。只是不知道《大业律》能否被严格执行，就怕杨广像当年杨坚一样，有法不依。

除律法外，杨广还改革了多项国家制度。

第一，改革中央官制。

我们都知道隋朝实行的是三省六部制，但实际上，隋朝中央一共有五省，在尚书、门下、内史（中书）省之外，还有秘书省、内侍省，一个专门管理国家藏书，一个管理宫廷内部事务，因为不是权力机构，所以不算入三省之内。而到大业三年，杨广又设立了一个殿内省，辖尚食、尚药、尚衣、尚舍、尚乘、尚辇等六局，掌管各类供奉之事。

这样一来五省就变成了六省，但真正掌握中央权力的仍是三省。

这样的话，那杨广设立殿内省的意义何在呢？

大概有两重意义。其一，满足个人需求。殿内省掌管皇帝的衣、食、住、行等日常供奉事务，原归门下省管，称为殿内局，机构比较简单。而杨广把它升格为省，提高它的地位，实际上是他工作和生活状态的一个反映。

以前杨坚在位时，因为生活俭朴，对衣食住行的要求比较简单，所以用局一级的机构就足够了；但杨广不一样，他在这方面的要求非常高，吃的、住的、穿的、乘的，都比以往要复杂得多，一个局根本管不过来，因此将局升为省就不奇怪了。

其二，完善“三省六部制”。杨坚虽然确立了三省制度，但三省的职能和分工并不十分明确。就像门下省，它实际上是皇帝的侍从机构，所以才会下辖殿内局这样掌管皇帝衣食住行的部门，只是后来权力逐渐扩大，开始参与政治，但仍然没有完全摆脱皇帝侍从、内廷宫官的性质。

而杨广将殿内局独立出来后，门下省就成了一个纯粹协助皇帝处理政务的权力机关，职能更加明确和专业化。另外，杨广还在门下省增设给事郎（唐改为给事中）四人，位列纳言、黄门侍郎之下，专门负责批阅奏本，处理本省日常事务。这就健全了门下省的组织架构，对三省六部制的完善和中国古代政治制度的发展都具有重要意义。

除了增设殿内省外，杨广对中央官制的改革还有很多，比如：在御史台之外增设谒者台、司隶台，与御史台合为三台；从太府寺中分出少府监，与长秋、国子、将作、都水监合为五监等。

第二，改革爵位制度和选官制度。

隋朝一直实行公、侯、伯、子、男五等爵制（除王爵外），但大业三年，杨广下诏废除了伯、子、男等爵位，只保留公爵和侯爵。

这一改革对隋朝贵族们的影响是巨大的，以前他们可以通过立功、荫封等途径获得爵位，然后步步高升，再荫封子孙，如此世代累积，维持贵族地位。可是此改革一出，侯爵以下的贵族们直接变成了“平民”，而且以后想重新获得爵位也变得非常困难，因为最低爵位由男爵变成了侯爵，封爵的门槛大幅度提高。

杨广为什么要这么做呢？

想必大家已经看出来了，杨广这项改革明显是在针对关陇贵族。因为山东士族也好，江南人也罢，有爵位的很少，不会受到太大影响。而关陇贵族就不一样了，他们大多凭军功封爵，而且荫封子孙，恨不能一个家族的男性都有爵位。就比如杨素，因屡立军功，子孙各个封侯、伯等爵，享受高级待遇。

正是这样的爵位制度，使关陇贵族日益强大，甚至左右国家政治、军事。这是杨广所不愿见到的，他要取消“关中本位政策”，打压关陇贵族，而减少他们的封爵是必不可少的措施。

不过光改革爵位制度还不够，关陇贵族仍然可以凭军功、门荫获得勋号和官职，所以接下来，杨广又对勋官制度和门荫制度进行了改革。

他下诏取消“都督以上至上柱国等十一等勋官”以及“以加泛授的四十三号将军”，只保留部分低级勋官；又规定“魏、周官不得为荫”，也就是取消北魏、西魏、北周的官荫，凡是隋朝以前高官的子孙，将不能再凭荫封获得官职。

这两条诏令就像两道天雷，狠狠地打在了关陇贵族身上。自此以后，他们不仅不能再靠父祖获得爵位，而且也很难再凭军功获得勋官，甚至连入仕也成了问题。总而言之，他们失去了几乎所有特权。

与打压关陇贵族相对应的，是对山东、江南士族的扶持。

作为北齐、南朝遗民，山东、江南士族在隋朝政治中一直处于劣势，他们不像关陇贵族那样天生拥有特权，也很难有机会凭军功提升地位，唯一的优势，是比关中人有文化。

可是有文化不管用啊！在隋朝当官主要是靠军功和出身，文化水平再高，出身不行就难以入仕，没有军功就难以升迁。

那有人就问了，早年杨坚不是已经开创科举，设明经、秀才等科选取人才了吗？怎么还说有文化没用呢？

不错，隋朝确实已经有分科取士的制度了，但杨坚早年设立的科目主要不是考文学才能，而是政治见解、治国方略等。在这方面，山东、江南的士族仍然没有优势，因为他们缺少接触政治的机会，政治见识不如关陇贵族，尤其是江南士族还深受南朝轻浮华丽文风的影响，让他们去切实地谈怎么治国，不免有点儿强人所难了。所以这二十多年来，真正通过科举入仕的人，屈指可数。

这是杨广不愿见到的，他想改变这种状况，让更多山东人、江南人为官。所以他结合实际，设立了一个主考学识和文才的科目——进士科。这是具有划时代意义的改革，在为山东、江南士族创造更多入仕机会的同时，也使科举制度进一步发展完善，甚至有人认为，进士科的创立是科举制正式形成的标志。

不过科举只是入仕途径，不能决定官员的选用。山东、江南士族缺少政治资本，即便通过科举入仕，想要获得升迁也还是困难。

对此，杨广又进行了另一项改革，那就是官员晋升途径。

以往官员晋升，多是论资计年，考核政绩，这对关陇贵族有利，对山东、江南士人不利。而杨广改变了这种做法，规定“必有德行、功能灼然显著者进擢之”。意思是官员擢升不再计年和考核，而是凭德行和才干。这其实就是唯才是举，对处于政治底层的山东人和江南人是有利的。

基于这种选擢原则，杨广对官员的晋升慎之又慎，任何官员，只要德行、才干达不到要求，即使资历再老、功劳再大、背景再硬，也不予提拔，最多让他兼任或暂代，哪怕有缺额也不补充。

原本选官应由吏部负责，但杨广却又令苏威、左翊卫大将军宇文述、左骁卫大将军张瑾、内史侍郎虞世基、御史大夫裴蕴、黄门侍郎裴矩等人参与选官，再加上吏部尚书牛弘，共七人，时人称之为“选曹七贵”。其中，真正掌握选官实权的，只有虞世基一人。

虞世基何许人也?

他是个地道的江南人，祖籍会稽余姚，世代在南朝为官，陈朝灭亡后才进入隋朝。不仅是他，像裴矩、裴蕴等人也不是关陇贵族，他们都是山东人，是北齐旧臣，齐亡后才入隋。

让这些人负责选官，其用意不言而喻。它既是杨广打击关陇军事贵族的重要手段，也是走向以德行和才能选人用人的重要一步。

再有第三项改革：军事制度。

隋朝沿袭了西魏、北周以来的府兵制，全国府兵由十二卫府分领，每个卫府统领一军，由大将军、将军担任最高将领；每个卫府又下辖若干军府，称作骠骑府、车骑府，由骠骑将军（正四品）、车骑将军（正五品）统领；其下再设大都督（正六品）、帅都督（从六品）、都督（正七品）等职务。

而杨广对此进行了大刀阔斧的改革，主要措施有二。

其一，将十二卫府增改为十六卫府。具体为：改左右卫为左右翊卫，军号骁骑；改左右备身为左右骁卫，军号豹骑；改左右领军为左右屯卫，军号羽林；改左右武侯为左右侯卫，军号佽（cì）飞；新置左右御卫，军号射声；左右武卫不变，军号熊渠；改左领左右府为左备身府、右领左右府为右备身府；左右监门府不变。

其二，改革地方军府。具体为：取消各地车骑府，改骠骑府为鹰扬府，以鹰扬郎将（正五品）、鹰扬副郎将（从五品，后改为鹰击郎将）为正副长官；大都督改称校尉，帅都督改称旅帅，都督改称队正。

改革之后，中央形成了十二卫四府的禁军体系，合称十六卫府。其中十二卫统领全国府兵，宿卫京城；而四府不统府兵，左、右备身府统领千牛左、右，专门负责侍卫皇帝，左、右监门府则分掌宫殿门禁。

值得注意的是，十二卫虽然有领兵权，但没有调动军队的权力，调兵权归兵部，但兵部又不具体领军。于是二者相互制约，相互配合，使军权牢牢掌握在皇帝手中，由此一来便革除了关陇军事贵族擅自领兵的弊端。另外，将军、都督等名号从此在府兵系统中消失，取而代之的是级别较低的郎将、校尉、旅帅、队正等名号，这也降低了关陇军事贵族的地位。

杨广的这次府兵改革，可谓影响深远，此后几百年，十六卫府的禁军体系始终保持不变，只是个别卫府的名称有所变化，比如唐朝时，左右备身府改称左右千牛府，后又改称千牛卫，职责仍是护卫皇帝。所谓“千牛”，指的是一种“千牛刀”，语出《庄子》，寓意“锐利可斩千牛”。凡持此刀者，皆称为“千牛备身”，是皇帝的贴身侍卫。

与军事相对应的是第四项改革：地方行政制度。

开皇初年，杨坚废除了郡一级的行政区，改州、郡、县三级制为州、县二级制，不久又恢复了总管制度，在全国普遍设置总管府，每个总管府统辖几至几十个州的军事，事实上形成了总管府—州—县这样军政合一的地方制度。

杨广即位不久，就一口气废除了全国所有的总管府，到大业三年（公元 607 年），又大力合并州县，改州为郡，形成了郡、县二级制。

这一改革有何意义呢？

主要是加强了中央集权。

总管是地方军事长官，基本全部由关陇贵族担任。之前杨坚在全国设置总管府，虽然有效地加强了朝廷对地方的控制，但也造成总管权力过大，增加了叛乱的风险。杨谅造反就是教训。因此杨广在叛乱平定后不久就废除了总管制。

但这样就带来了新的问题，全国的州太多，三百多个，中央管不过来。怎么办呢？最好的办法就是减少州县的数量，尤其是一级行政区的数量。所以杨广于大业三年在全国范围内并省州县，最终形成了 190 个郡、1255 个县的新行政区划。也就是说，杨广不仅减少了一级行政区的数量，而且把州改为了郡。

为什么要这么做呢？

主要有两个原因。第一个原因仍是加强中央集权。在州县制体系下，州刺史多由出身关陇的武将担任，不仅是本州的行政长官，也是军事长官，军政合一，权力极大。这对中央集权是不利的，容易造成刺史专权。

因此杨广把州改为郡，设置郡太守主管政事，不得过问军事，另外设置都尉和副都尉，专门掌管军事，不得干预民事。这样军权与政权分离，削弱了地方势力，加强了中央对地方的控制；同时也使地方管理由以军事为主转换为以民事为主，这对以军事见长的关陇贵族来说，仍是一次不小的打击。

改州为郡的第二个原因可能是复古。按理说，如果只为加强中央集权，那直接削弱州刺史的权力即可，没必要改州为郡。毕竟州县制和郡县制本质上是一样的，都是二级制。要说区别的话，那就是郡县制比州县制更为古老，至少在秦朝时期就已经出现，并且在全国范围内实行；而州县制则是新物种，是杨坚将“郡”从州郡县三级制中剥离出来后，形成的新制度。所以说，杨广改州县为郡县，有复古的意思，或许也有自比秦始皇之意。基于这种思想，杨广还改革了度量衡，基本恢复了秦汉时期的制度。

需要注意的是，州改郡后，许多地名会随之发生变化，除我们之前所说的扬州变为江都郡外，还有诸如幽州变为涿郡、苏州变为吴郡、杭州变为余杭郡、徐州变为彭城郡、并州变为太原郡，等等。

由此不难发现，州名基本都是一个字，而郡名大多是两个字。这是因为郡名多取自郡治所在县的名称，而县名以两字居多。所以，如果今后我们说到一个地名，比如“太原”，那既可以指太原县，也可以指包括太原县在内的太原郡。

最后说一项不太重要的改革：宗庙制度。

之所以说不重要，是因为它通常不会影响国家政治，与国家机器的运行和王朝兴衰没太大关系。

那既然如此，为什么还要介绍它呢？

这是因为从庙制改革中，可以窥见杨广的性格特点和人物形象，能帮助我们更深刻地认识、了解他。

在介绍杨广的改革之前，我们有必要解释一下什么是宗庙制度。宗庙制度简称庙制，比较权威的定义是：儒家为已故祖先建立灵魂依归之所而设立的次序和祭祀制度。说白了，就是如何建庙祭祀祖先的制度。

祭祀源于祖先崇拜，是华夏乃至东亚文明的典型标识，也是礼乐制度的重要组成部分。《左传》有言："国之大事，在祀与戎。"在古代，祭祀从来都是国之大事，可以与战争相提并论。所以宗庙制度在古代社会生活和政治中占据很重要的地位，庙建多少、怎么建都有严格规定，任何人不得逾越和破坏。

就庙的多少来说，庙制的规定是：天子建七庙，诸侯五庙，大夫三庙，士一庙，庶人不得设庙。也就是说天子可以建立七庙供奉七代祖先，具体是高祖庙、曾祖庙、祖庙、父庙、二祧（tiāo）庙和始祖庙。

这七代祖先是就现任皇帝而言的，也就是说现任皇帝可以在宗庙里供奉自己的父亲、祖父、曾祖、高祖，以及始祖和二祧。

始祖好理解，就是该王朝所追认的最远祖先，基本都是上古时期的人物。比如周朝追认的始祖是后稷（黄帝曾孙），唐朝追认的始祖是皋陶（只是追认，实际未立庙）等。那么二祧是什么呢？

所谓"祧"，既可以指祭祀祖先的家庙，也有迁庙的意思。庙制规定天子要建七庙，但很多王朝传承会超过七代，那就意味着超出七代时有人会被迁出宗庙。至于迁出谁，则按顺序，先进去的先出来。然而始祖和二祧是不能动的，始祖是王朝的得姓祖先，地位特殊动不得；二祧则是两位对王朝有特殊功劳的祖先，也不能动。

比如周朝的"二祧"是文王、武王，明朝的"二祧"是明太祖朱元璋和明成祖朱棣（明朝未追认始祖），他们的庙一直保留到王朝覆灭。值得一提的是，朱棣一开始并不是"二祧"，他在宗庙的特殊地位是明朝中叶确立的。由于明朝实行的是九庙制，所以直到第十一位皇帝嘉靖时，才出现要把前面的某一位皇帝移出太庙的问题。嘉靖本想移出朱棣，把自己的父亲放进去，但遭到大臣们的反对，最终只能把仁宗朱高炽移出，而朱棣的庙号则由太宗改为成祖，与朱元璋并为“万世不祧之君”，也就是永不迁出宗庙的祖宗。

说了这么多，让我们回到隋朝。话说杨坚即位之初，并没有遵循古制定立七庙制度，而只是立了父亲、祖父、曾祖、高祖四庙，称为四世亲庙。之所以出现这种情况，一来是因为杨坚乃开国之君，能供奉的祖先有限；二来则是因为杨坚及关陇贵族对儒家礼仪制度不够重视。

而杨广即位后，这种情况就不存在了。从前面所述建洛阳城和造车舆、服章、羽仪就能看出来，杨广非常重视礼仪，无论是吃的、住的、用的、穿的，都严格遵从华夏礼制，像宗庙祭祀这么重要的礼仪事项当然也不能例外。所以即位不久，他就命礼部、太常寺等有关部门议定了七庙制度。

经过一番研究，礼部侍郎许善心等人拿出了这样一套方案：效法周朝文、武王二祧之制，为太祖（杨忠）、高祖（杨坚）各立一殿，与始祖并为“不迁庙之君”，其余祖先及后世皇帝则分室而祭，遵从迁庙的传统，进去一个，迁出一个。

那么这套方案怎么样呢？

可以说非常好，既符合礼制，也符合隋朝的实际情况。杨坚就不用说了，开国之君，肯定不能迁，而杨忠呢，隋朝的奠基人，庙号“太祖”，也是不能迁出的，再加上一个遥远的“始祖”，组成三位“不祧之君”，正好能对应周朝的后稷、文王、武王。

但是，杨广对这个方案却很不满意，当有关部门请求依照此方案在洛阳建宗庙时，他一脸的不高兴，说道：“今始祖及二祧已具，后世子孙处朕何所？”

现在始祖、二祧都已经有了，那么子孙把我放哪儿？

原来杨广是怕自己百年后，会被子孙迁出宗庙。换句话说，他想死后永远留在宗庙中，成为“万世不祧之君”。然而礼部却将杨忠、杨坚列为“二祧”，外加一个始祖，这不就把“不祧”的名额占满了吗？他当然不会满意。

所以他想预留一个“祧”出来，以便自己将来可以万世不朽。可他既不是奠基之主，又不是开国之君，凭什么“不祧”呢？

或许他可以用皇权强制要求礼部为自己预留一个位置，但这样做无疑会违反礼制，而他一向是标榜尊崇礼制的，总不能自己打自己的脸吧？而且就算现在勉强这么做了，子孙也不一定认，到时再给迁出来那就丢人丢大了。

照这样说，那岂不是完全没有办法了？

其实也不是，只是条件非常苛刻。

首先，得把始祖、太祖、高祖中的某一位拿掉，留出一个位置来。太祖、高祖当然是不能拿的，但始祖却可以，毕竟太过遥远，追认一下就行了，不一定非得放进宗庙。这样的例子有很多，比如后来的唐朝追认了皋陶、老子等祖先，但都没有放入宗庙祭祀。

其次，作为皇帝，得有特殊的功德。这是最核心的条件，也是“不祧”的基础。就像唐太宗李世民一样，虽然不是开国皇帝，但却和唐太祖李虎、高祖李渊并列为“不祧之君”，就是因为他功德高，得到了后世和大臣的认可。

这样的条件，对于一个守成之君来说是相当苛刻的。但杨广有这个信心，他要等，等自己建立伟大功业后再重新确立宗庙制度，到时候自己就能顺理成章地成为“不祧之君”。

杨广有这样的雄心是值得肯定的，但是他过于追求“不祧”的心理也进一步暴露了他的缺陷：过分的形式主义。

从杨广即位后的所作所为不难发现，他非常在意形式上的东西，总想夸耀和粉饰自己，之前造车舆、服章是这样，现在建宗庙也是如此。他把功德和永垂不朽寄托在“不祧”这一形式上，却不知道真正的永垂不朽并非“万世不祧”，而是一直被人们怀念。一个皇帝，只要能使天下太平、百姓安居乐业，世人自然会念他的好，子孙自然会把他列为“不祧之君”。

其实很多人都多少会犯形式主义的错误，只要不太过分，也算不上什么大问题，但是杨广就太过了，几乎到了“变态”的程度，这是很严重的，将会使他在好大喜功的路上越走越远。

以上就是杨广对制度的改革，涉及政治、军事、礼仪等多个方面，这些改革大都是在大业二年至大业三年进行的，此后基本保持不变，至于它将会把隋朝带向何方，我们拭目以待。

第十四章 杨素之死

杨广大刀阔斧地改革国家制度，一个重要目的就是打击关陇贵族，而关陇贵族目前在朝中的领导人物正是杨广的老伙伴、首席宰相杨素。对于这个曾经为自己立下汗马功劳的人，杨广会如何相待呢？

君臣关系

表面上看，那是好得没话说。毕竟人家杨素是隋朝的大功臣，更是杨广的心腹和亲密战友。没有他的支持和帮助，杨广就当不了太子；没有他在仁寿宫变中的谋划和行动，杨广就很难顺利登基；没有他亲自出马平定杨谅之乱，杨广就不能这么快坐稳皇位。

总而言之，杨素是杨广的大恩人，是他当上皇帝的最大功臣。

既然是功臣，那就要论功行赏，不然怎么服众？！所以杨广即位两年来，多次下血本封赏杨素，给了最崇高的地位和最优厚的待遇。

先说地位。杨素早已官居尚书左仆射，做首席宰相，地位无人能及。按理说他的官已经算是做到了顶，没有上升空间了。但是大业元年时，杨广又给他升了半级，让他成为隋朝开国以来第一位尚书令。

提起尚书令，总让人感觉是既熟悉又陌生。熟悉是因为它是尚书省长官，是理论上的首席宰相；陌生是因为空有这么个职位，几十年来竟然从没人当过。

为什么没人当呢？形象地说，是因为这位子太烫！

我们之前介绍三省六部制时曾讲过，虽然尚书、门下、内史并称三省，互相配合和牵制，但尚书省明显要比内史、门下二省权力大，这从它们长官的品阶就能看出来。内史令也好，纳言也好，都是三品，而尚书令却是二品，无论地位还是权力，都“独孤求败”。倘若谁当了尚书令，甚至就能直接领导三省，那和丞相还有何分别？杨坚创立三省六部制，就是要分散宰相权力，加强皇权，如果让大臣做了尚书令，那不是给自己找麻烦吗？

所以几十年来，尚书令一直空缺，若不是杨素功劳太大，没官可封了，恐怕还会空缺下去。因为杨素之后就没人再当了，他因此成了隋朝历史上唯一一个尚书令，即便算上后来的唐朝，也是唯三的，除他之外，另外两人是李世民、李适（kuò），而这两人后来都当了皇帝。

再说待遇。杨广即位后，频繁对杨素进行赏赐，次数多得数不过来，而且每次都极为丰厚。比如杨谅之乱平定后，杨广为表彰杨素的功劳，封他的两个小儿子杨万石、杨仁行以及一个侄子为仪同三司，并赐给他丝织品五万段、绮罗一千匹，以及杨谅的妓妾二十人。

这是什么概念呢？简单来说就是无与伦比！

如果说像封赐子孙这种事在隋朝还算常见，那封赐侄子就太稀奇了，杨素就算不是头一个，也是少有的几人之一。他之所以能享受这样的待遇，一方面是因为功劳太多太大，儿子基本上都封完了，只能封侄子；另一方面也是因为杨广对他格外重视，愿意给他特殊的恩典。

至于赏赐丝织物五万段，那就更不得了了，要知道当初平陈那么大的事，高颎也不过受赏万段，而今杨广一下子就赏了杨素五万段，比平陈之后高颎、韩擒虎、贺若弼以及杨素自己获赏的总数还多，这绝对是隋朝历史第一。

除了平杨谅这次，大业元年，杨素晋升尚书令时，杨广又赏赐给他东京上等府第一处、织物两千段。

天子赐给大臣宅第，这在隋唐历史上也是不多见的，何况当时洛阳城还未竣工，而杨广却已经给杨素预定了一处上好的宅子，这待遇上哪找？纵观历史，除了杨素，恐怕再也找不出第二个人了。

如此崇高的地位，如此优厚的待遇，杨广对杨素可以说是恩宠至极、仁至义尽，好得不能再好，就差把皇位送给他了。

但是，正如我们开头所说，这是表面现象，是展示给人看的。实际上的情况是，杨广不仅不信任杨素，反而很猜忌他，恩情十分淡薄。

杨素的结局

这么说有什么依据呢？

最明显的证据就是，杨广虽然将杨素升为了尚书令，但却不令他掌权。

照理说，尚书令是首席宰相，应该参与所有国家大事的处理，有很多露脸的机会才对。但是我们也发现了，自杨谅之乱平定后，杨素就没有怎么出现过，除了营建东京的时候被任命为大监外，其他时间基本都处于隐身状态。

出现这种情况，当然不是因为杨素喜欢“潜水”，而是不得不“潜”。他虽然官拜尚书令，但基本上是有名无实。杨广有意限制他和尚书省的权力，不仅取消了左、右仆射的宰相地位，还任用一些地位较低的官员来参掌朝政，如虞世基、裴矩等人，尤其是虞世基，虽然本职是内史侍郎，不在宰相之列，但在杨广的支持下，他专典机密，行使宰相职权，凡事都不跟杨素商量。

这不就等于是把杨素架空了吗？和仁寿年间杨坚重用柳述、架空杨素的做法何其相似!

唯一的问题是，当初杨素被疏远，是因为有人告他，使杨坚产生了疑心。可是从来没有人在杨广面前说杨素的不是啊，杨广为什么还会猜忌他呢?

其实说起来，原因很简单，用四个字就能概括，那就是：功高震主!

杨素的功劳不必多说，大到已经快无官可封了。我们要说的是，对于他这样的功臣，当皇帝的一般都会很头疼，因为他威望太高、权力太大了，他所站的位置，离皇权只有一步之遥，你怎么知道他就一定忠心而没有别的想法呢?就算他没有，那他的兄弟、儿子、亲信会不会有呢?这些人为了自己的利益，保不准会怂恿、拥立他，把他推上皇位，一旦这种情况出现，他想不反都不可能。

所以说，对于那些功劳太高的大臣，皇帝通常不会真心喜欢，只会表面上恩宠，而背地里想方设法夺他的权，甚至是除掉他，以避免他威胁到自己的皇位。

这就不难解释杨广为什么要猜忌和架空杨素了，这是一个皇帝的正常反应，他要是始终信任并重用杨素，那才不正常呢。

而且杨广和杨素共事这么多年了，对他的为人非常了解，知道他不是一个志虑忠纯的臣子，而是一个自私自利之人，可以说为达目的不择手段，要不然也不会帮自己夺嫡。他当初能欺骗杨坚，现在就能为了自己的利益再次欺君。杨广怎么能放心呢?更何况，杨素参与了夺嫡、构陷杨秀、仁寿宫变等一系列事件，知道的内情太多了，他在一天，杨广就一天寝食难安。

难安怎么办呢?光架空他肯定不行，最好让他早点去世，这样一了百了。

可是杨素没灾没病，怎么才能让他早死呢?杀恐怕是不行的。杨素毕竟有大功，无缘无故把他杀了，必会招致非议，落下屠戮功臣的骂名。

但不杀的话，就只能等他自己死了，谁知道这得等到什么时候？

正当杨广为此烦恼时，掌管天文历法的太史突然上报了一个天象，说：随分野有大丧。

什么意思呢？

这还得说到古代天文学。古人研究星象，把天象中十二星辰的位置与人间的地理分区结合在一起。这种理论，就天文学来说，称为分星；就地理来说，则称为分野。我们应该都读过《滕王阁序》，其中有一句“星分翼轸”，意思就是滕王阁所在的南昌一带属于翼、轸二星所对应的地面区域。

所以，“随分野有大丧”就可以理解为：根据星象显示，随这个地方将有大丧，也就是将会有大人物去世。

随，就是今天湖北随州一带，隋朝国名就来源于此，就此来说，“随分野有大丧”可能指的就是隋朝皇室中将有人死。

这个星象是很不吉利的，所以杨广非常重视，准备设法来破解，正巧他想让杨素死，那刚好，就让杨素来对应这个星象吧！

怎么对应呢？

很简单，把杨素的封号跟“随”联系起来就行了。杨素不是越国公吗？越在今天的浙江一带，跟随相距太远，完全联系不上，所以杨广就下了一道诏令，改封他为楚国公，食邑两千五百户。

楚国的核心区在今天的湖北省，与随属于同一地理分区，这不就联系起来了嘛！而且历史上的随国就是被楚国吞并的，随地最终归入楚国，成了楚地的一部分。如果“随分野有大丧”，那也就意味着楚地有大丧。

理解了这层意思，我们真不能不佩服杨广，简单改一个封号，就巧妙地把原属于自己的“丧门星”转嫁给了杨素，真是一石二鸟的好计！

从越国公到楚国公，爵位没有变化，但实际地位是有提升的，因为楚国是先秦四大国之一，比越国强大得多，封楚肯定比封越更有排面。何况杨广在改封杨素为楚国公的同时，还加封他为司徒，让他成了三公之一。

理论上讲，隋朝最大的官应该是三师、三公，皆为正一品，虽然是虚衔，但起码也是一种荣誉，很多人都求之不得。此前杨广已经废除了三师，剩下的三公太尉、司徒、司空也是空置，没有授人。而现在，杨素受封司徒，不仅成为三公之一，也成为目前隋朝唯一的正一品官员，这是多么大的荣耀啊！

所以如果只看表面，你会觉得这就是一次晋升，是杨广宠信杨素的表现。

可杨素多聪明啊，他早就察觉到杨广对自己的态度有问题，每次看似加官晋爵、赏赐丰厚，实则是明升暗降、恩情寡薄。至于这次，那就更可怕了，改封楚国公，对应星象，这不是盼着自己死吗？

杨素很是恐惧，他明白自己功劳太大、声望太高，已经让皇帝不放心了，如果不赶紧想办法改变这种状况，那自己就危险了。

可要怎样才能让皇帝对自己放心呢？

杨素不愧是读过书的人，他偷师古人，学了一个聪明的办法：自污名声。

你不是觉得我功劳太大、声望太高吗？功劳是客观存在的，没法抹掉，但声望是可以改变的，我把自己搞臭，让天下人都讨厌我，这你总该放心了吧！

杨素说干就干，迅速开启了自污模式。他利用自己的财富，大肆求购“不动产”，一面把自己在洛阳、大兴的居宅打造得奢侈华丽，早上拆，晚上建，不停地挥霍；另一面在全国各大城市购置旅店、水磨、田地和房宅，处处与民争利。

如果大家对汉初的历史比较了解，那么看到杨素这种做法，一定不会觉得陌生，因为“汉初三杰”之一的萧何也这么干过。

当时萧何被评为功劳第一，并且官拜丞相，位高权重，威望甚高，因此引起了刘邦的猜忌。为求自保，萧何便故意欺男霸女、强占百姓田产，既把自己塑造成了一个贪财图利之人，又降低了名望，从而减轻了刘邦的猜忌。

时隔八百年，汉初的一幕再度上演，杨素效法前辈，拼命自污名声、自毁名节，只为让皇帝不再猜忌自己。

但同样的操作，能否达到和萧何同样的效果呢？

还别说，“自污”这招确实有用，没多久杨素的名声就臭了。以前，他在人们心中是文韬武略的宰相、元帅；可现在，他就是一个胸无大志的守财奴。

而这正是杨素想达到的第一层效果，他要告诉世人：我就是这么没追求没品位，尽情地鄙视我吧！

他以为世人越鄙视他，皇帝就越放心他，就能达到他自保的目的。可他却没有意识到，杨广不是刘邦，他也不是萧何，他们的矛盾是不可调解的，除非他死。

所以杨广并没有因为他名声变差就不再猜忌他，反而步步紧逼，日夜盼他死。

杨素见皇帝还是对自己不放心，难免惊惶恐惧，不久就生了病。杨广得到消息，立刻派遣名医去为他诊治，并赏赐各种珍贵药材。

表面上看，这是皇帝关心大臣身体，希望他早日康复，但实际上，杨广这是想借机了解杨素的病情，看他什么时候死。所以每次御医从杨素家回来，杨广总是私下里问道：“杨素还有多久死？”

这哪是给杨素治病，分明就是催命啊！也不知道杨素听到这句话会是什么反应，就算不病死，恐怕也得吓死。

其实他就算听不到，也应该能想得到，皇帝如此关心自己的病情，每天又是派御医，又是送药的，分明是想让自己赶紧死。到了这份上，自己要是还赖着不死，那恐怕就要不得好死，死无全尸了。

杨素算是想明白了，自己已经位极人臣，功名富贵达到了极限，再也没有什么可以追求和留恋的了。与其这样每天谨小慎微、战战兢兢地苟活，不如遂了皇帝的心愿，死了算了。这样至少还能保全自己的名誉和家族。

于是杨素决心求死，他不再服药，任由自己的病情一天天恶化，并时常对兄弟杨约说："我岂须更活耶？"

我还有什么活下去的必要呢？就让我死了吧！

终于，大业二年七月二十三日，杨素病逝于洛阳，享年六十三岁。

丧讯传出，杨广激动莫名，心里的一块石头总算是落了地。不过，高兴归高兴，杨素毕竟是国之重臣，他的死对于国家来说是一等一的大事，有无数双眼睛在注视着呢，作为皇帝，总得有所表示才行。

因此杨广伤悼不已，亲自过问杨素的丧事，给了他最高级别的死后待遇。

首先是荣誉。在古代，有一定地位的官员去世后，皇帝会根据他生前的官衔高低、贡献大小、德行优劣等，追封其官职，并给一个谥号，作为对其一生的评价。而杨素死后，杨广追赠他为光禄大夫、太尉公，以及弘农、河东、绛郡、临汾、文城、河内、汲郡、长平、上党、西河十郡太守，并谥号"景武"。这是非常高的死后荣誉，几乎已经到顶了。

其次是超高规格的丧礼。一般来说，除非皇帝有令，否则官员死后该用什么规格的丧车，用多少人的仪仗，坟建多高，都要按国家的规定来，不能僭越。而这次，杨广就专门下了令，提高了杨素的丧礼规格，赐给他载丧的辒（wēn）车（一种四面有帷帐的车辆），以及前后的仪仗、乐队百十人，又赐给粟麦五千石、丝织物五千段，并命鸿胪寺来监护丧事，让杨素风光大葬。

最后是一项特殊待遇——立碑。这个碑当然不是墓碑，而是一种丰碑，是用来记述和表彰一个人的功绩，并传之后世的。

一个大臣，死后被皇帝下诏立碑，记录丰功伟绩，这是多么大的荣耀！古往今来，有几人能享此殊荣？

生前位极人臣，功名达到顶峰；死后风光大葬，被人立碑记功。杨素这一生可以说是无憾了。

正所谓盖棺论定，如今杨素已经进了坟墓，是时候对他进行评价了。

文武双全

首先，不可否认的是，杨素是一代名将，用兵如神，功勋盖世。

我们常说“隋朝四大名将”，即杨素、韩擒虎、贺若弼、史万岁。那么这种说法是从哪来的呢？

当然不是我们发明的，而是自古有之，早在隋朝时，四人就已经并称名将了。

仁寿初年，杨广刚刚被册立为太子。有一次，他问贺若弼说：“杨素、韩擒虎、史万岁三人，俱称良将，优劣如何？”

贺若弼回答说：“杨素是猛将，不是谋将；韩擒虎是斗将，不是领将；史万岁是骑将，不是大将。”

杨广又问：“然则大将谁也？”

贺若弼说：“唯殿下所择。”

殿下您选择是谁就是谁。言下之意，自己才是大将。

这当然是贺若弼的自夸之言，但也说明，早在杨坚统治时期，四人就已经“俱称良将”了。

不过，这毕竟只是一种说法，不是官方认定。直到唐朝时，四人才真正被列为“隋朝四大名将”。

具体怎么列的呢？

其实跟现在的“名人堂”差不多。

当今社会，很多领域都会建“名人堂”，用以纪念该领域的杰出人物。但早在一千多年前，我们的伟大先辈就已经有类似的做法了，而且还不止在一个领域。

古时有文庙、武庙，文庙祭祀孔子及历代大儒，武庙则祭祀姜太公及历代名将，一个是文人追求的最高殿堂，另一个是武将追求的最高庙宇。

武庙始建于唐朝，最初只是祭祀武成王姜太公，并以历代良将张良、司马穰苴（ráng jū）、孙武、吴起、乐毅、白起、韩信、诸葛亮、李靖、李勣（jì）为十哲配祀。至建中三年（公元 782 年），在礼仪使颜真卿（颜之推的五世孙）的建议下，唐德宗诏令史馆考定古今，在姜太公和十哲之外，又选出名将六十四人列于武庙。

这六十四人大多为我们所熟知，如春秋战国的范蠡、孙膑、廉颇；汉朝的李广、霍去病、卫青；三国时期的周瑜、关羽、张飞；北周的宇文宪、韦孝宽。至于隋朝，共有四位，正是杨素、韩擒虎、贺若弼、史万岁。

这可能是历史上最难进入的“名人堂”了。试想几千年来，中华大地上涌现出了多少名将，而能配祀武庙的却只有几十人，具体到一个朝代，更是仅有几个人，这比现在任何一座“名人堂”的门槛都要高。

门槛高，证明含金量高。我们看这些入选的武将，各个大名鼎鼎，不说都是所向披靡、战功赫赫吧，至少是有勇有谋、功勋卓著。杨素能位列其中，说明他的军事能力确实强，是得到普遍认可的。

所以说，杨素绝对称得上是一代名将，甚至可以说是隋朝四大名将之首。

这个“首”字不是说他军事才能一定最高，而是说他在四人中战绩最卓著。

杨素一生，历经大小数百战，对外灭陈朝、破突厥，对内平江南、平汉王之乱，无往不胜。而且每次战役，他都是主帅或主帅之一，真正是独当一面。

相较之下，韩擒虎、贺若弼参加的重要战役就只有平陈之战，而且两人都不是主帅。至于史万岁，则主要是北击突厥。他们三人都不像杨素南征北战，渡过长江，翻过长城，到达过东南沿海，深入过漠北草原，水战、步战、骑兵战，无所不能。

如此全面的武将，纵观整个中国历史，恐怕也找不出几个来，因此就军事才能来说，给杨素再高的评价也不为过。

其次，就文才来说，杨素也很出色，他本就是文官出身，不仅能指挥千军万马，还能下笔成章，笔走龙蛇。

我们曾说牛弘是关陇贵族中为数不多的一位读书人，其实杨素也是。他少年时与牛弘志同道合，曾一起读书，十分好学。按史书的说法就是“研精不倦，多所通涉。善属文，工草隶，颇留意于风角”（《隋书·杨素传》）。

如果我们不了解杨素，且首次读《隋书·杨素传》，那么读到此处，八成会认为杨素是个文官。

实际上，杨素起初就是担任文职的，他的第一份工作，是宇文护的记室，专门负责撰写章表文檄。后来宇文护倒台，他又被宇文邕召去起草诏书，因“下笔立成，词义兼美”而被宇文邕称赞“善自勉之，勿忧不富贵”，意思是杨素将来能靠文才“发家致富”。直至开皇初年，杨坚还命他同高颎、郑译等人修订《开皇律》，这显然是把他当作博古通今的文臣看待了。

能得到周、隋两代明君的赏识，杨素的文才必然不凡。不过口说无凭，我们不妨品一品他流传下来的诗歌，看看到底如何。

漠南胡未空，汉将复临戎。飞狐出塞北，碣石指辽东。
冠军临瀚海，长平翼大风。云横虎落阵，气抱龙城虹。
横行万里外，胡运百年穷。兵寝星芒落，战解月轮空。
严鐎（jiāo）息夜斗，骍角罢鸣弓。北风嘶朔马，胡霜切塞鸿。
休明大道暨，幽荒日用同。方就长安邸，来谒建章宫。

这首诗名为《出塞》，应当是杨素北击突厥时所作，表现了他沙场征战、为国建功的豪情，读来令人振奋，即使放在盛唐，也是一首不错的边塞诗。

由此可见，杨素的文学水平是相当高的。

其实这不难理解，他出身于关中望族弘农杨氏，祖先是有“关西孔子”之称的大儒杨震。自汉朝以来，其家族世代重视文化教育，这是那些出身武川镇的关陇军事贵族所不能比的。

不过杨素同样也是关陇贵族的一员，他兼具传统士族崇文和关陇贵族尚武的双重特质，因此才能成为文武全才。

但是，有文才不代表有治国之才，从杨素一生的经历来看，他的治国能力并不突出，正如《隋书》中所说：“其才艺风调，优于高颎，至于推诚体国，处物平当，有宰相识度，不如颎远矣。”

杨素文才优于高颎，但在处理国家大事和做宰相方面则远不如高颎。

这一评价是相当公允的，杨素确实是将才，而非相才。

但要注意的是，杨素之所以治国不如高颎，并不是因为他能力不行，而是他思想出了问题。

高颎之所以是相才，不光是因为他文韬武略、知人善任，更是因为他一心为国，胸怀天下。这是成为名相必须要具备的品质。

而杨素恰恰缺少这一品质，无论是做宰相前，还是做宰相后，他心里装的都不是天下，而是自己的前途事业。他做的所有坏事，帮杨广夺储也好，构陷杨秀也好，几乎都是为了自己的利益，从未考虑国家如何。

而一个心中没有国家，只有自己的人，即使能力再出众，也不可能成为一名优秀的宰相，甚至还可能走向反面，危害国家。

所以这就是杨素不如高颎的原因，他太热衷于功名利禄了，一心只想着权贵往上攀爬，为达到目的不择手段、不讲原则。这样的人，怎么能治理好国家呢?

正如司马光所说:“是故才德全尽谓之圣人，才德兼亡谓之愚人，德胜才谓之君子，才胜德谓之小人。愚者虽欲为不善，智不能周，力不能胜，譬之乳狗搏人，人得而制之。小人智足以遂其奸，勇足以决其暴，是虎而翼者也，其为害岂不多哉！”(《资治通鉴》)

依照此标准，杨素就是典型的才胜于德，说是“小人”也不为过。他有智谋和才能，却用来搞阴谋诡计，比那些无才无德干不成事的人危害更大。

但杨素也并非全无道德，他在为人处世方面有很多值得称道的地方。作为朝中重臣，他赏识新人、提携后进，发掘的人才不计其数。更难得的是，他还有成人之美的品质，甚至为此忍痛割爱，促成了几段爱情佳话。

红拂夜奔

红拂女的故事大家应该都听过，她是唐代传奇《虬髯客传》中的人物，与李靖、虬髯客合称“风尘三侠”。

按照该传奇的说法，红拂女原是杨素身边的一名乐伎，年方十八，“肌肤仪状、言词气佳”，如同天人。更了不得的是，她还很有见识，能慧眼识英雄。某日，还是布衣的李靖来见杨素，进献治国之策，因谈吐不凡，受到杨素赏识，而红拂女当时正好在杨素身边，一眼便看中了李靖，当天夜里就乔装出走，与他私奔了。

按理说自己的乐伎跟人跑了，杨素应该非常气愤，把人追回来才对，可他竟然没有追究，就这么放他们去了。这不能不让人佩服他的器量。

虽然是传奇小说，情节多为虚构，但《虬髯客传》所描写的一些人物和人物的关系还是比较符合历史的。就比如说杨素对李靖的赏识，历史上真就有这么回事儿。据《旧唐书·李靖传》记载："左仆射杨素、吏部尚书牛弘皆善之。素尝拊其床谓靖曰：'卿终当坐此。'"

杨素非常赏识后生李靖，曾当面夸赞他，说他终将坐上自己的位置。而后来的历史神奇地印证了这一预言，李靖真就当上了宰相。这说明杨素的确有识人之能，而且愿意提携后辈。

李靖不是孤例，与他同样受杨素赏识并且同样幸运的，还有前内史令李德林之子李百药。

李百药在历史上也是赫赫有名，他才思敏捷，博通古今，乃是二十四史之一的《北齐书》的作者，活了八十多岁。

但就是这样一个寿星才子，年轻时差点因一时风流而丢掉性命。根据唐代史官刘悚（sù）的《隋唐嘉话》记载，李百药年轻时看上了杨素的一名宠妾，竟在夜里偷入杨宅，与之幽会私通，结果东窗事发，被杨素逮个正着。

杨素恼羞成怒，当即就要斩了李百药，但准备行刑时，却发现他是个"年未二十，仪神隽秀"的英俊少年郎，一向惜才的他不禁动了恻隐之心，便想给他个活命的机会，于是说："闻汝善为文，可作诗自叙，称吾意当免汝死。"

李百药不愧是才思敏捷，危急关头，下笔成章。杨素看完，表情欣然，当场就把爱妾赐予他为妻，并资助他数十万钱。

这个故事与“红拂夜奔”非常相似，但可信度可要高多了。它的出处《隋唐嘉话》，虽然不是正史，但所记内容基本可考，即便有所杜撰，杨素赏识李百药一事也假不了，因为《隋书·李百药传》有明确记载，说杨素和牛弘十分看重李百药，还推荐他为礼部员外郎。

李靖、李百药，一武一文，都受到杨素的赏识提携，都在日后取得大成就，这样看来，说杨素是个伯乐也不为过。

破镜重圆

杨素似乎是月老转世，接连促成了两段姻缘。但这两段姻缘一个是虚构的，另一个是“偷情”，都有瑕疵，只有下面这个爱情故事才真正是凄恻感人、千古流传，也只有这个故事才是杨素真正促成的爱情佳话。

话说开皇年间，隋军南下灭陈，陈朝太子舍人徐德言眼看国家将亡，怕国破后会与妻子分散，便将一面铜镜打破，二人各执一半，相约于他年正月十五在街市上卖破镜，以此寻找对方下落，再次相见。

后来陈朝灭亡，大批官员的女眷被俘至大兴，赏赐给了王公贵族。徐德言便从江南来到大兴，试图寻找妻子的下落。他依照约定来到街市，果然见到一个老者在卖半面铜镜，于是拿出自己所持的半面比对，结果完全相合。

徐德言激动不已，知道老者必是妻子委托来的，于是在那半面铜镜上题了首诗，托老者带给镜主人。他的诗是这样的：“镜与人俱去，镜归人不归。无复嫦娥影，空留明月辉。”

不久这首诗就和铜镜一起被送到了杨素宅中。原来这镜主人就是杨素的爱妾、陈叔宝的妹妹乐昌公主，也正是徐德言苦苦寻找的妻子。

陈朝灭亡后，乐昌公主就被杨坚赐给了杨素，虽然备受杨素宠爱，并且锦衣玉食，但她却始终惦念着徐德言，因此偷偷托人在市上卖铜镜，期盼能与之团聚。

如今见到徐德言的诗，乐昌公主悲泣不已，日日茶饭不思。杨素见她郁郁寡欢，便询问缘由。乐昌公主也不隐瞒，当即把实情道出。杨素听后不禁被二人的真情感动，便命人把徐德言召来，当面将乐昌公主还给了他。就这样，徐德言与乐昌公主“破镜重圆”，最终偕归江南终老。

这是一个流传千年的爱情佳话，想必很多人都听过，只是大多数人的关注点都在徐德言和乐昌公主对爱情的忠贞上，却很少有人注意到杨素在当中起到的作用。如果没有他的慷慨成全，破镜就不可能重圆，佳话就会变成悲剧。

读过这几个故事，我们会发现杨素也有道德高尚的一面，他一次次地提携后进，一次次地成人之美，颇有贤臣、君子之风，怎么看都不像是那个专搞阴谋诡计、为前途和利益不择手段的“小人”。

其实杨素就是这样一个复杂的人物，一半是天使，一半是魔鬼。我们绝不能只用一种眼光来看待他。

杨家的前景

杨素死后，其爵位由长子杨玄感继承，所以从大业三年开始，杨玄感就是隋朝新一任的楚国公了。

不过此时杨玄感的职位还只是鸿胪卿，并没有多少实际权力，远不能和杨素在世时相比。要说杨家真正有实力的人物，还得数杨素的弟弟杨约。

因为杨素的关系，杨约的仕途一直很顺利，从一个宦官做到了朝中大员，杨广即位后，更是晋封他为内史令，让他当上了宰相。

但现在杨素死了，杨家最大的靠山没了，杨约的仕途还能像从前那样顺利吗？

其实杨约还是很有能力的，凭自己本事也能安身立命，加上他为杨广立过大功（诛杀杨勇），杨广也没有理由抛弃他。所以杨素死后，他依然屹立朝中，继续当着内史令，并且还被加授了许多荣誉头衔。

然而好景不长，没多久他就因为一件事丢了官。

当时杨广在洛阳，命杨约回大兴祭祀宗庙，而从洛阳到大兴，必然要经过华阴，这里是弘农杨氏的祖籍地，也是杨素的墓地所在。杨约与杨素兄弟情深，便在途经华阴时去墓地祭拜了他，并且在墓前大哭了一场。

这本是很感人的一幕，不料却为杨约引来了麻烦。当时就有御史把他弹劾了，具体罪名是什么已不得而知，估计是因私废公之类，毕竟他是奉命去祭祀隋朝宗庙的，结果却半道拜祭自己哥哥去了，这不是公私不分吗？

因此杨约就被定了罪，最终丢掉官职，成了庶民。

看到这，大家可能会产生疑问，杨约堂堂宰相，就因为公干的过程中办了一件私事，便被免了官，这处罚未免也太重了吧？

确实，如果仅仅是因私废公，杨约应该不至于被免官，之所以出现这样的结果，应是因为他在杨素坟前大哭，触动了杨广的敏感神经。

杨素虽然是病死的，但也是被杨广逼的，杨广多少得负责任。这点杨约很清楚，他会不会因此而恨杨广呢？

杨广起初应该没往这方面想，不然早就采取行动了，但是杨约突然跑到杨素坟前哭拜，就不免让杨广“想入非非”了，本着“宁可信其有，不可信其无”的原则，杨广解除了杨约的职务。

所以这才是杨约被罢官的真正原因。

杨约解职后在家赋闲了一段时间，不久又被任命为淅阳太守。虽然重新被起用，但却远离了京城和亲人，这对杨约来说并不是值得高兴的事。

杨约在淅阳思念着京城，而他的侄子杨玄感也在京城思念着他。原来杨玄感自小与杨约感情好，虽是叔侄，却跟父子差不多，如今天各一方，杨玄感心里难免挂念，因而感慨悲伤，流露于外。

杨广见他整日愁眉苦脸，便猜到是因为杨约，于是问他说："你近来满脸忧愁，莫非是为了叔叔？"

杨玄感慌忙拜倒，流着泪说："确如圣上所言。"

听他这么一说，杨广不禁念起了杨约的功劳，当初若不是他说服杨素帮自己夺嫡，就没有今天的大业天子。无论如何，他都是为自己立过大功的人，而今年事已高，就让他回来安度晚年吧。

于是杨约又被召了回来。正当人们以为他要东山再起时，杨约却不幸病逝了，和他的兄长一起长埋在了华阴祖坟。

随着杨素、杨约的先后去世，杨家的势力急速衰落，逐渐在朝中没了声音。

但这只是暂时的，在不远的将来，杨素的子孙们将会掀起一场惊天巨浪，震撼整个大隋王朝。

第十五章
出巡塞北

从大业二年四月到大业三年（公元607年）三月，整整一年时间，杨广一直待在洛阳，没有任何巡游。正当世人以为他会长期待在都城，踏踏实实地治理国家时，他却又按捺不住出巡的欲望，开启了一段新的旅程。

与上次游江都不同的是，杨广这次选择向北出发，目的地是塞北草原。

如果说下江都是“国内游”的话，那么出巡塞北就应该是“国际游”了，因为塞北是突厥人的地盘，不在隋朝疆域范围内，对隋人来说可不就是国外嘛！

皇帝要“出国”，这事儿可太稀奇了，在中国几千年的历史上，除游牧民族建立的政权外（如元朝、清朝等），几乎没有哪朝天子会离开自己的统治区，更不用说是去遥远的塞北草原了。

一来塞北自古被称作苦寒之地，环境相当恶劣，对于习惯了中原温和气候的汉人来说，这里不仅不适宜生活，甚至不适宜生存，去了就等于自讨苦吃；二来塞北是游牧民族的统治区域，民风彪悍，对汉人来说属于极度危险之地，作为皇帝，当然不能轻易冒险！

然而这些对于杨广来说似乎都不是问题，他无惧环境的恶劣和路途的艰辛，也不怕可能发生的危险和国人的质疑，毅然决定前往塞北一游。

我们知道凡事皆有缘由，杨广在洛阳待得好好的，绝不会无缘无故地跑去大漠，究竟是什么原因促使他做出这一举动呢？

启民来朝

事情还要从大业二年说起。

这年冬天，东突厥启民可汗来洛阳朝见。这是杨广即位以来，启民第一次来朝，也是中国几千年历史上，为数不多的一次北方游牧民族首领亲自到中原王朝的都城朝见汉家天子。

这对于任何一个皇帝来说，都是一件非常荣耀的事，更何况杨广向来喜欢夸耀，对此更觉得自豪。为了向启民和突厥人展示隋朝的兴盛繁荣和礼仪之大，他做了精心的准备。

首先，命人收集周、齐、梁、陈等各朝的宫廷音乐和民间散乐，把天下所有优秀的乐人、舞者集中到洛阳，在芳华苑积翠池进行演练。

其次，命京兆、河南二郡制造舞者、乐伎等表演人员所穿彩衣，由于用料太多，致使“两京锦彩为之空竭”。

最后，亲自创作歌词，命乐工谱成新曲，词大多艳丽，曲则多哀怨。

以上工作完成后，启民正好来朝，杨广遂于大业三年正月初一在紫微宫接见他和他的部属，并大规模展示服章、礼仪，表演乐舞、技艺等。

启民长期生活在草原，哪见过这样华丽的服饰、精美的乐舞，当时就被震住了，倾慕得不得了，于是奏请退去突厥服饰，更换华夏衣冠。

堂堂草原之主，居然主动请求穿着汉人服饰，这在历史上恐怕是头一遭，足以说明当时隋朝的服章之美、礼仪之大。

启民的举动令杨广龙颜大悦，他如此费心地展示礼仪服饰，就是想在突厥人面前夸耀，使他们被华夏文化征服。现在目的达到了，杨广自然高兴，但他却没有答应启民的请求，反而果断拒绝了。

这是为什么呢？

因为他还没过瘾，虚荣心还没有得到满足，心想“我精心准备了这么久，你说穿就穿，那我岂不是很没面子？你至少得再求一次吧”。

也不知道启民是真心倾慕华夏衣冠，还是为取悦杨广，第二天又率部属恳切上表，再度请求更换汉人服饰。

杨广见表演得差不多了，这才答应他，并对牛弘等人说：“今衣冠大备，至单于解辫，卿等功也！”

意思是：“如今衣冠制度完备，使单于解开发辫，改易我汉家服饰，这是你们的功劳啊！”

于是赏赐牛弘等人丰厚的财物，以示表彰。

启民在洛阳待了数月，之后又回到了草原。他的这次来朝意义重大，既巩固了隋朝与东突厥的友好关系，也激起了杨广巡视塞北的欲望。

正所谓“来而不往非礼也”，人家启民可汗大老远跑来朝见了，自己身为大国天子，当然要回礼了，不然怎么称得上是礼仪之邦的皇帝？

不过回礼的方式有很多种，换作一般的皇帝，多半会派遣一位使者（比如长孙晟）去见启民，赏赐点中华特产，意思意思也就是了，毕竟隋朝是突厥的宗主国，双方的外交关系本来就是不平等的。

然而杨广却与众不同，竟然要亲自去，他是怎么想的呢？

夸耀还是扬威

在我们看来，除了回敬启民外，杨广执意出巡塞北还有两个重要目的。

其一，仍是展示和夸耀华夏礼仪文化。

此前启民来朝洛阳，领略了华夏礼仪文化之盛，不禁心向往之。这使杨广非常自豪和得意，虚荣心得到了极大满足。但他觉得这还不够，要让所有突厥人都见识到华夏文化才行。

而突厥少说有数十万人，不可能都来洛阳，要向他们宣传并让他们了解礼仪文化，就只能出巡塞北，把服章、车舆、羽仪、乐舞等统统带到草原上去。

其二，向突厥人展示隋朝强大的军力，使其真心畏服。

东突厥虽然早已臣服隋朝，启民可汗也对杨坚、杨广极为恭顺，但草原人性情多变，谁也不敢保证他们不会突然翻脸。只有以强大的军事力量为依托，才能使他们永远安分，专心在草原上放牧。

如今隋军已经多年没有踏入草原，突厥人或许已经忘了隋军有多么强大，是时候该向他们展示一下军容军姿、秀一秀肌肉了。而且杨广刚即位不久，突厥人还没有见识过隋朝新天子的威严，没有足够的敬畏心理，这怎么可以呢？必须得去立个威，让他们知道什么是强大。

这就是杨广出巡塞北的原因。总的来说就是扬威，宣扬隋朝的强大实力，其中礼仪文化是软实力，军事力量是硬实力。文武并用、“软硬兼施”，使突厥永存敬畏之心，不敢叛隋。

当然了，和下江都一样，出巡塞北也有夸耀和表演的成分，因此也决定了这次出巡的规模、排场将会无比盛大。

北巡

大业三年三月，杨广离开洛阳，西行前往大兴。一个多月后，他率后妃、诸王、百官、仪仗等自大兴出发，正式开始北巡。

他此行的第一站是同州赤岸泽（在今陕西大荔西南），这里仍属于关中地界，东濒黄河，南临华山，西距大兴只有二百多里，是内陆平原最大的一块沙草地，非常适宜放牧养马，颇有塞北草原的风貌。杨广停驻在此，多半是想提前体验一下草原生活。

不久，启民可汗听闻杨广即将巡视塞北，既震惊又激动，先后派遣儿子拓特勒、侄子毗黎伽特勒来赤岸泽朝见，并请求亲自入塞奉迎圣驾。

但杨广又拒绝了他，毕竟赤岸泽距大漠还远着呢，来一趟不容易，而且他是去看人家，才刚出门就要人家这么大老远跑来迎接，那多不合适。

因此杨广婉拒了启民的请求，然后率众东渡黄河，经河东郡（原蒲州）向北过太原、雁门，再由马邑转向西北，翻过长城，再渡黄河，到达榆林郡。

榆林郡即今内蒙古自治区托克托县南，北濒黄河，西距今包头市一百二十多公里，东北距今呼和浩特市七十多公里，是在隋朝的北部边境，也大致是当时农耕区与畜牧区的分界点。

杨广的计划就是从榆林出塞，深入突厥境内“扬文耀武”，然后向东转入涿郡，经河北进入太原，最后由太原南归洛阳。为此他征发了河北十余郡的丁男，凿通太行山，修建了一条连通太原的驰道。

到榆林后不久，杨广便派遣长孙晟前往突厥牙帐，向启民传达了自己的出巡计划，让他提前做好准备。

启民接到谕旨，当即表示奉诏，随后便把所部诸国奚、室韦等酋长数十人集中到牙帐，听取长孙晟指示：“怎么迎驾，您说吧，我们都听您的。”

长孙晟当然不会客气，他见牙帐中杂草丛生、脏乱不堪，便想令启民亲自除掉，以此向各个部落展示该如何敬重朝廷。但是除草这事儿不能直说，不然就显得人家启民太没有觉悟了。

于是他做了个引导，指着帐前的杂草说："这草真香啊！"

启民不禁讶异，立刻拔起草来闻了闻，说："一点儿也不香啊！"

长孙晟又说："依照礼仪，天子行幸之处，诸侯应亲自洒扫和修整御道，以表示致敬之心。而今牙帐内荒草丛生，我只能说是你们留的香草了！"

启民听言大悟，忙说："都是我的罪过！我的身骨都是天子所赐，现在有为天子效力的机会，我怎么敢推辞？只是我们边远之人不懂法度罢了，多亏将军教我，将军给我这样的恩惠，真是我的大幸！"

说完拔出随身佩刀，亲自割除庭前杂草。牙帐内的突厥贵族和各部落酋长见状争相效仿，纷纷弯腰割起了草。

在众人的努力下，牙帐内外很快被清扫干净。随后启民又召集全国牧民，开辟了一条从榆林北境到牙帐，再从牙帐到涿郡的御道，长三千里，宽百余步。

与此同时，启民则与可敦义成公主前往榆林行宫朝见，并上奏说："先帝可汗怜臣，赐臣安义公主，种种无乏。臣兄弟嫉妒，共欲杀臣。臣当是时，走无所适，仰视唯天，俯视唯地，奉身委命，依归先帝。先帝怜臣且死，养而生之，以臣为大可汗，还抚突厥之民。至尊今御天下，还如先帝养生臣及突厥之民，种种无乏。臣荷戴圣恩，言不能尽。臣今非昔日突厥可汗，乃是至尊臣民，愿率部落变改衣服，一如华夏。"

从内容上看，这份奏表主要是表达对杨坚、杨广的感恩之情和忠诚之心，并再度请求变改衣服，从此穿戴华夏衣冠，而且这次不是他一个人变，是全部落一起变更。这要是真实现了，那突厥人不就等于是汉化了吗？

杨广虽然高兴自得，但头脑还是很清醒的，他知道突厥改服不现实，也不符合自古以来的华夷之辩，是不可能实行的，而且人家启民

就是想表忠心，自己要是当真了，那就尴尬了。

所以他以“碛北未静，犹须征战”为由拒绝了启民，并安抚他说：“只要心存恭顺，何必变改衣服呢？”

启民也很知趣，没有再坚持，变服一事遂就此作罢。

杨广在突厥人面前炫耀华夏服章之美，起到了预期的效果，这让他受到很大鼓舞。为了进一步向突厥人展示中原的物质文化和技艺，他决定打造一个可以坐数千人的超级大帐篷，在此宴请启民及其部落首领。

帐篷本是草原民族特有的建筑，不在华夏物质文化之内，本没有什么可以夸耀的。可是如果把帐篷建得足够大，大到超出草原人的认知范围，那就另当别论了，因为这已经不再是帐篷的事，而是造物技术、国家力量的问题。

杨广正是要展示隋朝这方面的实力，他有足够的材料和资本，又有宇文恺这样的建筑大师，建一个可容纳数千人的帐篷并不是难事。

于是不久之后，一座宫殿般大小的帐篷就在榆林城东建了起来，杨广随即亲临大帐，摆仪仗，作散乐，宴请启民及其部落数千人。

启民等人应邀而至，一进大帐全都傻眼了，他们世代生活在帐篷里，可是从来没有见过这么大的帐篷，这已经完全超出了他们的认知和想象，他们实在不明白这是怎么造出来的。

看着启民和突厥人惊异的神情，杨广非常得意，他就是要让突厥人震惊、倾慕，让他们知道：“我有的你没有，你有的我都有，而且还比你的更大更好，就问你服不服！”

启民是真服了，各部落酋长则是既惊悚又喜悦：惊悚是因为没见过这么大阵仗，被隋朝的强大实力震慑到了；喜悦是因为杨广非常友好，招待得极为周到，因此各部落无不畏服，争献牛羊驼马数千万头。

杨广对此十分满意，当即赏赐启民二千万段绢帛，并赐给他辂车、坐骑、鼓乐幡旗等仪仗，特许他赞拜不名[①]，位在诸侯王上。

宴会结束后，杨广就要准备出塞了。身为汉家天子深入草原腹地，是有划时代意义的，但同时也是有很大风险的。虽说突厥早已服服帖帖，启民也就在身边随驾，但凡事就怕万一，万一突厥有异心，那后果不堪设想，所以必须要做好万全准备。

所谓的准备，其实就是布置好军队保卫工作，具体怎么布置呢？太府卿元寿首先提出了建议："昔日汉武帝出关，旌旗连绵千里。而今请陛下将御营的军队分为二十四军，每天派遣一军出发，前后相距三十里，旗帜相望，钲鼓相闻，首尾相连，千里不绝。这样既可以保证安全，也可以展现出师的盛况。"

元寿一定摸透了杨广的心理，知道他喜欢搞大阵仗、大排场，所以提出了这样一个"长蛇阵"方案，把队伍拉长，使场面足够壮观。

杨广对此也挺满意，就想采纳这套方案，但定襄太守周法尚却提出了反对意见。他说："这样不行。军队连绵千里，常有山川隔阻，如果突然遇到不测，就会四分五裂。若腹心有事，则首尾不知，而且道路险阻漫长，也难以相救。虽然有汉武帝出关兵连千里的故事，但这套方案可能会招致失败。"

周法尚说得很清楚，"长蛇阵"虽然看着壮观，但队伍拉得太长，前后不能相顾，也不好救援，很容易四分五裂，是为兵家大忌。

但是杨广太想要排场，一听这话就不高兴了，脸色变得很难看。不过，他还是问道："那你有什么好方案？"

周法尚说："请将军队列成方阵，四面向外防御，六宫及百官家属都在方阵内。倘若发生变故，就命令受敌的方向进行抵抗，并从阵内派奇兵，冲出阵外奋力攻击敌人，再用车舆作壁垒，设曲形钩阵，这与守城的战术原理是一样的。假若交战得胜，就抽调骑兵追击，万一

① 这是帝王给予大臣的一种特殊礼遇。（编者注）

不胜，可以屯营自守，此乃万全之策。”

周法尚不愧是武将出身，非但通晓用兵之道，而且深知突厥的优势在于机动性强，劣势则是不善攻城，所以按照守城的战术原理设计了这样一套简单实用的方案。其实之前隋军与突厥交战，基本上都是用这一方法，先摆下铁桶阵，防御突厥骑兵的冲击，等他们消耗得差不多了，再派主力出击，一举将其击溃。

杨广虽然喜欢排场，但还不至于不顾安全，他知道周法尚的方案是最为保险的，所以予以采纳，并任命他为左武卫将军。

方案定好了，接下来真的要出发了。

于是大业三年八月初六，杨广率众从榆林出发，经云中、溯金河（黄河古支流），深入塞北大漠。史载当时“天下承平，百物丰实，甲士五十余万，马十万匹，旌旗辎重，千里不绝”。

如此盛大的场面，只能用震撼来形容了。不过这还不算什么，更震撼的在后面。

天子出行得有交通工具，之前杨广下江都可以乘龙舟，既舒适又壮观，但是这次北巡没有运河，只能走陆路，那就必须得乘车了。而现有的车舆对杨广来说都太小，不适合长途旅行，也不能展现他的威严，所以他命宇文恺又现造了一辆车，名曰“观风行殿”。

明明是车，为什么叫“殿”呢？

因为这不是一辆普通的车，而是一座“行走的宫殿”。准确地说这是一辆宫殿样式的超级大车，可容纳侍卫数百人，还可以离合，而且下设轮轴，能够快速推移，跑起来不比普通车辆慢。

这不就是古代版的豪华房车吗？

的确如此，根据相关考证，它是目前已知世界上最早的活动房屋。杨广这真是一不留神，就创造了一项纪录啊！

但这还不算完，杨广没有满足于“行殿”，又命宇文恺造了一座

“行走的城”。史载此城“周二千步，以板为干，衣之以布，饰以丹青，楼橹悉备”。

怎么装饰的不重要，重要的是它的大小，周长二千步，什么概念？

古时迈出一足为跬，迈出两足才是步，三百步约合一里，二千步就是大约七里，约为今天的 3.7 公里，这相当于一座古代小型城市的规模了，实在很难想象它是怎么动起来的。

对于这样一座“行城”，我们现在仅看文字介绍都觉得不可思议，更何况是当时亲眼见到实物的人。因此当这个“行走的城”行走在草原上时，远近的牧民都惊以为神，只要望见了，哪怕远隔十里之外，也必然跪伏叩头，无人敢乘马。

万人敬仰、天下臣服，这就是杨广想要达到的效果。

经过几日的北行，杨广终于来到大漠深处的东突厥牙帐。而启民已在此前回到牙内，此刻正奉着庐帐等待杨广车驾的到来。

于是大业三年八月初九，古代中国迎来了历史性的一刻，大隋天子杨广亲临东突厥牙帐，接受东突厥可汗及各部落贵族、酋长的朝拜。

一位汉人皇帝能来到北方游牧民族的国都，友好往来也好，宣扬国力也罢，都是值得历史铭记的。

此刻牙帐内，启民跪伏在地上，捧着酒杯为杨广祝寿，表现得毕恭毕敬。而突厥王侯以下各贵族也都袒出右臂，割切牲肉，立于帐前，莫敢仰视。

至于杨广，则以王者的姿态俯视着眼前的一切。面对匍匐在自己脚下的突厥人，他抚今追昔，胸中豪情万丈，赋诗曰：“鹿塞鸿旗驻，龙庭翠辇回。毡帷望风举，穹庐向日开。呼韩顿颡至，屠耆接踵来。索辫擎膻肉，韦鞲（gōu）献酒杯。何如汉天子，空上单于台？”

此诗的前八句描写了他出巡塞北时的情景，而最后两句则是一番感慨，颇有深意。

话说西汉元封元年（公元前 110 年）十月，汉武帝统帅十八万骑兵巡视塞北。他从云阳（今陕西淳化西北）出发，向北经过上郡（今陕西绥德东南）、西河（今内蒙古鄂尔多斯左翼前旗）、五原等地，后越过长城，登上单于台，来到朔方（今内蒙古鄂尔多斯右翼后旗），一路上旌旗连绵千里，威震匈奴。

这可以说是隋唐以前汉人皇帝在对外关系上取得的最辉煌的成就了，但在杨广看来却不算什么。汉武帝将匈奴赶跑，只是空上单于台，怎么比得上自己征服突厥，在突厥人的簇拥和仰视下登上可汗王座呢！

此时此刻，杨广充满了自豪感，仿佛自己已经超越了秦皇汉武，成为有史以来最伟大的帝王了！

因此他心情大好，又赏赐给启民和义成公主（安义公卒后，隋文帝又将义成公主下嫁启民可汗）各一只金瓮以及衣服、被褥、锦彩等各种生活用品，其余突厥贵族、酋长等也各有赏赐。

值得一提的是，在杨广驾临启民牙帐的同时，萧皇后也率领女眷来到了义成公主的大帐。义成是隋朝皇室成员，与杨广同姓同根（多半是堂兄妹）。杨广这次率众出塞，她是最激动的，毕竟这是自己娘家人来了，多少年见不到一面，如今能在草原团聚，简直就像做梦一样。

因而义成公主与萧皇后相谈甚欢，自此结下姐妹之情。而令萧皇后没想到的是，多年以后天下有变，义成竟然成了她的依靠。

造访过突厥牙帐后，杨广的这次塞北之行就差不多结束了，他对此行取得的成果非常满意，高高兴兴地踏上了返程之路。而启民又不辞辛苦地一路护送，直到进入隋朝境内后，才在杨广的命令下返归牙帐。

同年九月二十三日，杨广回到洛阳，至此，这场历时半年之久的北巡活动正式落下帷幕。

利弊参半

那么，该怎么评价杨广的这次北巡呢？

恐怕和下江都一样，还得一分为二地看。

先说积极的一面吧。

常言道："花盆里长不出参天松，庭院里练不出千里马。"同样的道理，皇宫里也成就不了伟大的帝王。

自古以来，凡是有雄才伟略和大作为的皇帝，没有一个是整天待在宫里，足不出户的。他们一定会走出都城，巡视内外，这是宣德扬威、安抚天下的必有之为。就比如秦始皇、汉武帝，他们不辞辛苦，巡视四方，从东海到西部边陲，从江南到北方边塞，都留下了他们的足迹，所以他们是千古一帝。

而杨广也想成为千古一帝，因此他效仿秦皇汉武出巡塞北，并且比他们走得更远，阵仗更大。这种做法本身没有问题，是一个皇帝勤于政事、积极进取的表现，对于宣扬国威、输出文化、巩固北部边防都是有积极意义的。

但是，凡事都讲究个度，过犹不及。杨广此次出巡在排场、仪式等方面太过奢侈，不仅造成了严重的资源浪费，而且带来了很多不良影响。这是其消极的一面。

说到奢侈，最明显的表现就是造"观风行殿""行城"和千人大帐了。

虽然车舆和帐篷是出行的必需品，但造得如此巨大、奢华则是完全没有必要的，杨广命宇文恺打造这些东西，不过是为了在突厥人面前炫耀，其形式大于实际，白白浪费人力、物力和财力。

再有，杨广这一路上的吃、喝、玩、乐也过于奢侈。

以往的皇帝出行，通常都会尽量避免惊扰地方，不许地方官吏进献。而杨广恰恰相反，他每到一个地方，就鼓励当地官员献食，要是有人不献或献少了，那就等着挨批吧。

比如他经过雁门郡时，太守丘和进献了精美的膳食，令他十分满意；而到了马邑郡时，太守杨廓便没有进献，他因此不高兴，竟然改封丘和为博陵太守，命杨廓到博陵向丘和学习如何孝敬皇帝。

这不等于是助长奢靡之风吗？如此一来，各地官员纷纷效仿丘和，争相进献美食，生怕不够奢侈。

正所谓“上行下效”，当皇帝的带头奢侈，下面的官员必然会跟风。而一个王朝的社会财富是有限的，一旦上层奢侈了，那底层老百姓就要受苦了！

杨广的奢侈还表现为对突厥人赏赐太过丰厚。他出巡期间，前后赏赐启民及突厥各贵族、酋长的绢帛、器物等不计其数，光一次宴会就邀请数千人参加，美食、歌舞等极尽奢华，这无不是在烧钱。

或许杨广这么做是为了展示隋朝的富裕和自己的慷慨，但这种烧钱式的赏赐还是太过了，等于是用隋朝百姓的血汗奉养外人。如果突厥人知恩图报还好，倘若他们恩将仇报，那不等于是养虎为患吗？

突厥是不是虎暂且不论，就说杨广此次出巡塞北，一边“扬文耀武”，一边大肆赏赐，可谓是恩威并施，按理说突厥应该是服了，至少短期内不会对隋朝构成威胁，杨广应该放心才对。可是他却又下诏征发丁男百余万修筑长城，西起榆林，东至紫河（在今内蒙古自治区与山西交界处），长达数千里。

长城的作用人所共知，就是防御北方游牧民族的，从秦始皇开始，历朝历代大都有修建，本没有什么奇怪的。但是杨广在这个时候筑长城偏偏就很奇怪，怎么看都不正常。

首先，隋朝的军事力量完胜突厥，没有必要修筑长城，而且突厥已经臣服隋朝，多年没有再犯边，修长城只能当摆设。

其次，杨广已经连续建了洛阳城、大运河两大工程，这还没有几年又搞大工程，百姓吃不消，国力撑不住。

最后，也是最重要的，杨广刚刚访问了突厥，双方正处于蜜月期，数年之内都不可能发生战争，修长城显得不合时宜。

这么显而易见的道理，很多人都能够想明白，所以也都不理解杨广为何要修长城，连一向顺从他的苏威都觉得不妥，首先出来劝谏，可是杨广却不听，执意要修。这到底是为什么呢？

我想至少有两个原因。

其一，杨广想通过长城彻底解决北方边患问题。突厥虽然暂时臣服并且安分了，但历史告诉杨广，游牧民族和中原王朝之间没有永恒的友谊，只靠人心维持的和平是不可靠的，只有长城才能让自己“高枕无忧”。一方面，长城可以与怀柔相互配合，组成双保险，确保边境安全；另一方面，长城的存在，可以让突厥彻底死了侵扰中原的心，从此踏踏实实地在草原上放牧。

其二，杨广想要效仿秦皇汉武，建立伟大功业。历史上修过长城的帝王有很多，其中最著名的仍属秦始皇和汉武帝，他们都是在击败匈奴后开始大规模修筑长城的，虽不免劳民伤财，但也确确实实起到了作用，可谓功在千秋。而在杨广看来，长城就是他们功业的象征之一，甭管有用没用，摆在那就是成绩，就是好看，所以他也要修，也要得到这份功业。

由此能看出，杨广确实是一位有远大抱负和雄才伟略的帝王，他以秦始皇和汉武帝为榜样，试图建立像他们一样甚至是更伟大的功绩。

他的很多行为其实都是在学习和模仿秦皇汉武，秦皇汉武做过的，他也一定要做，而且要做得更大更好；秦皇汉武没做过的，他还要做，要超越他们。

但是，杨广只看到了秦皇汉武的功业，却看不见他们建立此功业所付出的沉重代价。秦皇汉武是伟大帝王不假，但同时他们也为了建立自己的功业，穷兵黩武，巡游无度，致使百姓疲敝、海内虚耗，民怨沸腾，天下不安，几乎导致亡国，这都是血淋淋的教训。

而今杨广比他们更激进，更好大喜功和巡游无度，这对隋朝来说恐怕不是幸事。

总而言之，杨广此次出巡塞北有利有弊，利在安定北边，弊在太过奢侈。至于说利弊哪个更多一些，还要看后续发展。

第十六章
西巡河右

杨广即位以来频繁出巡，待在都城的时间不到一半。他先是游幸江都，后又北巡大漠，不知疲倦地走了几千里，足迹遍布大江南北和长城内外。按照这个逻辑，那他接下来岂不是该东巡或者西狩了？

事实上的确如此，就在北巡结束一年多后，他又开启了西北之行，最远到达河西走廊。

游幸江都是为安抚江南，出巡塞北是为镇服突厥，那么巡游河西的动机又是什么呢？

简单来说，仍是为效仿秦皇汉武，建立伟大功业。

汉武帝一生开疆扩土，历史上首次征服河西并沟通西域，这是不可磨灭的伟大功绩。

河西又称河右，与河东相对，大致相当于今天的甘肃地区。而西域则在河西以西，更具体地说，是玉门关（今甘肃敦煌市）以西地区。

西域从汉代开始归属中原王朝。但西晋灭亡后，中原陷入了长达数百年的分裂，一度失去了对西域的统治。到隋朝建立时，西域则正被西突厥和吐谷浑控制。

而杨广野心勃勃，自比秦皇汉武，渴望像汉武帝一样打通西域，建立不世之功，所以就把目光投向了西北。

不过西域问题由来已久，解决起来并不容易，杨广为何会突然想起在这个时候打通西域，并御驾西巡呢？

裴矩

这与一位大臣有关。

此人名叫裴世矩，字弘大，生于东魏武定五年（公元547年），河东闻喜（今山西闻喜）人，乃北魏荆州刺史裴佗之孙，北齐太子舍人裴讷之之子。

虽然名为裴世矩，但此人在史书中却是以“裴矩”之名出现的，这是因为《隋书》乃唐朝修订，必须要避李世民的讳，而且裴世矩本人活到了唐朝，也正式改名为裴矩了，所以我们就姑且以“裴矩”之名来称呼他吧。

裴矩出身于关中士族河东裴氏（在今山西闻喜）。这是一个盛名久著的望世大家族，发轫于东汉，千余年里出过宰相五十九人，大将军五十九人，仅唐朝时期就出了十七位宰相，隋唐史书中出现的裴姓人物，大都出自此家族。而裴矩就是其中的佼佼者。

史载裴矩自幼丧父，由伯父裴让之抚养长大。他天分好学，颇爱文藻，有智计，曾被伯父称赞：“观汝神识，足成才士，欲求宦达，当资干世之务。”意思是裴矩有文学天赋，足以成为才子，但要想当大官，还得留心实务。

裴矩觉得很有道理，便听从伯父建议，从此留心世事，学习处世之道。成年后，他被北齐司州牧高贞征辟为兵曹从事，不久转为文学掾（古代官职，管理学校），齐亡后一度失去工作，后被时任定州总管的杨坚征辟为记室；等杨坚出任大丞相，又被征辟为丞相府记室，前后深受器重。

隋朝建立后，裴矩先后出任给事郎、代理内史舍人。开皇八年，杨广率军伐陈，他又被任命为元帅府记室，曾与高颎一同收集陈朝的地图、户籍等。

到此为止，裴矩基本都在从事文职工作，一直平平淡淡，没有特别突出的表现。如果照此发展下去，他可能一辈子都只是一个普通文臣，无法进入被关陇贵族垄断的高层。

然而裴矩不是一个甘于平凡的人，就在平陈后第二年，他为朝廷立下一份大功，令自己声名大噪，从此平步青云。

当时岭南刚刚纳入隋朝，裴矩奉命去安抚，但还没等出发呢，江南就爆发了起义，阻断了通往岭南的道路，不久俚族统帅王仲宣起兵反隋，围逼广州、衡州等城市，岭南也陷入动乱。杨坚觉得裴矩暂时应该去不了了，准备将此事推迟，但裴矩不愿错过立功的机会，竟主动请缨，坚持前往。

他先是到南康（今江西赣州），聚集当地残兵三千人，然后救援衡州，斩敌将周师举，再又进军南海，在冼夫人的配合下击败王仲宣，解除广州之围，最后又在冼夫人的陪同下巡抚二十余州，彻底安定了岭南。

消息传到京城，杨坚大喜过望，当着群臣之面称赞裴矩曰：“有臣若此，朕亦何忧！”于是进封裴矩为开府仪同三司，赐爵闻喜县公，赏物二千段，升其为民部侍郎（民部副长官），不久裴矩又转任内史侍郎（内史省副长官）。

至此，裴矩进入朝廷上层，成为隋文帝时期侍郎以上级别官员中为数不多的一位非关中人。

正是从这以后，裴矩开始崭露锋芒，时常参与国家大事的处理。

不知大家还记不记得大义公主，她本是北周的千金公主，突厥的可敦，不得已认杨坚为父，被赐封“大义”。大义为报国仇家恨，多次鼓动都蓝可汗侵犯边境，对隋朝的北境安全造成了严重威胁。当时杨坚派长孙晟出使突厥，无意中查出大义与一名胡人有私情，便加以利用，设计使都蓝杀了大义。而那个首先提出诛杀大义，并出使突厥说服都蓝的人，正是时任内史侍郎的裴矩。

想到利用奸情诛杀大义或许不难，但要实际操作可就难了，毕竟都蓝和大义是夫妻，你去离间人家，如果成功了还好，万一失败了，那可能就会把命留在草原。而裴矩不仅想出了计策，并且主动请缨出使突厥，成功说服了都蓝，这份智谋和勇气实在难得。

由此可见，裴矩此人有勇有谋，而且敢于冒大险。正因如此，他才能屡立奇功，在被关陇贵族垄断的朝廷上层占有一席之地。同时这也说明了，此人热衷功名，甘愿冒险以求富贵。

到文帝后期，裴矩已经官至吏部侍郎，是当时官职最高的关中士人。

杨广即位后，虽然提拔重用了不少江南士人，但由于裴矩工作能力强，也成了皇帝重点扶植的对象。

当时西域有许多小国，受西突厥和吐谷浑统治，虽然不归隋朝管辖，但他们常自发到张掖，与隋朝进行贸易。而杨广早有心经略西域，为了解西域各民族情况，就派遣裴矩以管理互市的名义前往张掖。

裴矩知道杨广有打通西域之心，因此他到张掖后积极了解西域情况，利用职务之便，频繁与西域各族商人打交道，每见到一个西域人，就采访他们：你们国家具体在什么位置？都有什么山什么河？国王叫什么？穿什么服饰？长什么样子？有哪些习俗？当地盛产什么……由此了解到了四十四个小国的山川风俗，撰写出《西域图记》三卷。

同时他又绘制出了各国地图，标注出西域交通和各处要塞。以交通来说，主要是标记了由敦煌通往西域的三条干道：其一为北路，从敦煌出发，经伊吾（今新疆维吾尔自治区哈密）向西，沿天山北麓到达今中亚地区；其二为中路，仍从敦煌出发，经高昌（今新疆维吾尔自治区吐鲁番）向西，沿天山南麓到达中亚、南亚；其三为南路，还是从敦煌出发，经鄯善（即古楼兰，今新疆维吾尔自治区若羌）向西，沿昆仑山北麓到达疏勒（今新疆维吾尔自治区喀什）后与中路线合并，通往中亚、南亚。

这三条路其实就是丝绸之路新疆段，虽然古已有之，但中原官方已经几百年没有走过了，早已经不知道具体路线，如今裴矩将这些道路绘制成图，无疑是对隋朝的一大贡献。虽然这幅地图今已不存，但其路线被记录在《隋书》中，这也为后世研究丝绸之路提供了材料。就这点来说，裴矩对中国历史是有功的。

言归正传，后来裴矩回到洛阳，将地图和《西域图记》一并献给了朝廷。杨广得到这一图一书如获至宝，欣喜之下，赐给裴矩绢帛五百段，然后每天拉着他聊西域，言语中充满了对西域的向往。

裴矩见皇帝如此兴奋，遂投其所好，说西域有很多奇珍异宝，还说西域诸国人都心向隋朝，凭隋朝的威德和将士的骁勇，翻越昆仑山、征服西域易如反掌。只是西突厥、吐谷浑分别统治着西域诸国，阻挡抑制他们，因此他们不能来朝贡。而今诸国胡商秘密送来诚款，翘首盼望，愿为大隋的臣属。倘若能够收服他们，认真安抚管理，然后派使者出使西域，统领诸国攻打吐谷浑和西突厥，那么不用劳师远征，就能灭亡吐谷浑和突厥。

他这一番话，说得杨广心花怒放、喜不自禁，以至于杨广“慨然慕秦皇、汉武之功，甘心将通西域”（《资治通鉴》）。

至此，杨广下定了经略西域的决心，并开始憧憬西巡。

以往游幸江都也好，出巡塞北也罢，那都是杨广个人的主张，群臣并不怎么认同，甚至还反对，搞得杨广只能唱独角戏。而此次经略西域则不同，那是裴矩首先提出来并在前面摇旗呐喊的，这让杨广信心倍增，同时也将裴矩视作知心之臣，把经略西域的事务全部委托给了他。不久杨广又任命裴矩为黄门侍郎（门下省副长官），派其到张掖招引西域各国胡人，许以利益，劝令他们入朝。

于是隋朝对西域的经略由此开始。

经略西域

西域小国林立，又有突厥、吐谷浑等各方势力，情况十分复杂，隋朝想插手绝非易事。而且西域脱离中原王朝的统治已经数百年，彼此交往甚少，仅存商业上的联系，想重新合为一家谈何容易。裴矩能否像他之前对杨广夸耀的那样招服西域诸国，甚至消灭西突厥和吐谷浑呢?

裴矩说西域胡人心向隋朝，其实有夸大的成分，但不可否认的是，西域诸国并不情愿受西突厥和吐谷浑的统治，并且向往隋朝的富裕，渴望与隋朝加强贸易和文化上的往来，这就为隋朝经略西域提供了可能。再加上西突厥、吐谷浑内部以及彼此之间存在各种矛盾和利益纠葛，如果能够加以利用，无疑又会为隋朝取得西域增加砝码。

而我们前面说过，裴矩是一个有勇有谋、敢于冒险的人，杨广派他来经略西域，其实是用对人了。在他的努力下，隋朝取得了西域的大片土地。

那么，裴矩具体都做了什么呢?

主要有三件事。

第一，招抚西域诸国。

按照杨广的命令，裴矩到达张掖后立即以利益招诱西域各国。正所谓“无利而不往”，对这些小国来说，生存发展永远是第一位的，哪个大国强盛、给的好处多、剥削少，就亲近哪个大国，这是生存法则。所以在利益的驱使下，前后有十余国遣使入隋，输送诚款。大业三年杨广出巡塞北，高昌等国就曾遣使至榆林朝见。这就加强了隋朝与西域各国的联系，动摇了吐谷浑、西突厥在西域的统治。

第二，招抚西突厥。

隋朝领土的最西端在敦煌，敦煌以西、高昌以东是吐谷浑的势力范围，而高昌以西的广大地区则由西突厥统治。关于西突厥，我们之前也讲过，它与东突厥本是一家，只是后来被长孙晟搞分裂了。

最初，西突厥由达头可汗统治，后来又加入了阿波可汗，再后来阿波可汗被东突厥莫何可汗生擒，其部落便立鞅素特勤（具体身份不详）之子为泥利可汗；泥利死后，其子达曼继位为泥撅处罗可汗。仁寿三年（公元603年），达头可汗被隋军和东突厥击败，逃入吐谷浑后不知所踪，泥撅处罗可汗由此成为西突厥大可汗。

处罗作为西突厥的领导人，实际上是西域最高统治者，西域大部分小国都臣服于他。隋朝如要打通西域，只有两个选择，要么消灭处罗和西突厥，要么招抚他，没有第三条路可走。

目前西突厥实力仍然很强大，想通过战争手段消灭它不太现实，所以最好的办法就是让处罗臣服。但是西突厥与隋朝对立已久，彼此仇怨颇深，裴矩有什么办法能让处罗归附呢？

其实也很简单，裴矩只是发现并利用了处罗的两个软肋。

其一，西突厥内部叛乱频发，处罗处境艰难。

处罗这个人能力很强，但治国无道，剥削压迫西域各部族，很不得人心。他曾仗着自己的实力强大，发兵袭击铁勒诸部，搜刮其财物，又猜疑薛延陀部（铁勒部落之一）背叛自己，杀其酋长数百人。因此铁勒诸部对处罗非常不满，纷纷起来反抗，多次发动叛乱，使得他应接不暇。

其二，处罗思念母亲，欲与母亲团聚。

说来真是天助隋朝，处罗虽贵为西突厥大可汗，但其母亲竟不是突厥人，而是一名汉人女子，姓向。向氏本是处罗父亲泥利的一个小妾，泥利死后按突厥习俗嫁给了处罗的叔叔婆实特勤。文帝末年，婆实与向氏入朝，不料遭逢达头可汗之乱，自此留在隋朝，寓居鸿胪寺。处罗是个孝子，与母亲分隔这些年，无日不思念之，常盼着母子团聚。

基于这两点，裴矩有足够的把握招降处罗，因此他向杨广奏请派人出使西突厥，直接向处罗下诏，令其臣服隋朝。杨广采纳了他的建议，派遣司朝谒者崔君肃持诏前往西突厥。

于是大业四年（公元 608 年）二月，崔君肃来到西突厥王庭，以天子向诸侯下诏的形式和态度向处罗宣读诏书。

处罗本有心与隋朝交好，因此接见了崔君肃，并允许他当面宣读诏书。但处罗毕竟是西突厥大可汗，好面子，一见崔君肃如此倨傲，心里就很不爽，不但不跪拜，甚至坐着不起身。

这是一个很危险的信号，说明处罗此刻对崔君肃乃至隋朝非常不满，正在暴怒的边缘。对崔君肃来说，如果处理不好，很可能有杀身之祸，甚至导致两国战争，所以这就要考验他的应变能力了。

其实之前在收服东突厥的过程中，也出现过类似的情形，好在长孙晟机智过人，巧妙化解了。而崔君肃虽不比长孙晟，却也不是吃干饭的，他抓住处罗的软肋，从容地对他说道："你们突厥本来是一个国家，后来一分为二，每年都要互相干架，几十年下来谁也没能灭了谁，这说明什么？说明你们势均力敌，都很强大。然而启民身为东突厥大可汗，拥有百万之众，却卑躬屈膝，臣服我大隋天子，你知道这是为啥吗？"

处罗默而不语。崔君肃接着又说："当然是因为他对可汗您有切齿之恨，独力又灭不了您，所以想借兵于大国，合力把您灭了！大隋群臣都主张答应启民的请求，天子也允许了，马上就要出兵了，结果您的母亲向夫人听说了，怕您国破身死，每天早晚守在皇宫外，匍匐在地上谢罪，哭着请求天子派使者来召您，令您归附大隋。天子可怜她，所以派我来此。可没想到可汗您还是如此傲慢，这么一来向夫人就是欺君之罪，免不了要被砍头，还要被传示首级到西域各国。然后呢？

天子肯定还会发大隋之兵，在东突厥的协助下夹击可汗，到那时您灭亡的日子就不远了！您说您为什么就吝惜膝盖和一句称臣的话，而不顾母亲的性命，使国家社稷遭到覆灭的下场呢？”

崔君肃一口气说了半天，其实主要就表达了两个意思：第一，从个人感情来说，你处罗的母亲在我们手里，你能不顾她的安危吗？能不想见她吗？第二，从国家层面来讲，东突厥对你虎视眈眈，你要是敢不听话，我们就联合东突厥灭了你，你能不顾社稷存亡吗？

所以崔君肃的这番说辞相当高明，像两把尖刀直击处罗要害，吓得处罗连忙起身，流涕下拜，跪受诏书，随后又派遣使者随崔君肃入朝，进贡汗血马，以表对隋朝的臣服之心。

如此西突厥的问题就解决了，接下来裴矩又做了第三件事：打击吐谷浑。

吐谷浑这个国家，我们前面已经多次提及，这里有必要对它做个正式介绍。

说起吐谷浑的历史，那还得从鲜卑讲起。鲜卑本是生活在蒙古高原的一支游牧民族，大致分为拓跋部鲜卑、宇文部鲜卑、慕容部鲜卑等。西晋末年中原大乱，北方游牧民族纷纷南下建立政权，其中拓跋部鲜卑建立了代国（即后来的北魏），而慕容部鲜卑则先后建立了前燕、后燕、南燕、西燕、北燕等政权，统称为燕国。小说《天龙八部》中慕容复一心要复兴的大燕，就是慕容部鲜卑在此期间建立的燕国。

那吐谷浑与慕容部鲜卑有什么关系呢？

简单来说，吐谷浑就是慕容鲜卑的一支，它的建立者全名叫慕容吐谷浑，是慕容鲜卑首任大单于慕容涉归的庶长子。西晋末年，慕容涉归死，其嫡子慕容廆（wěi）继位为单于，慕容吐谷浑因为与其不和，便率所部西迁至河西一带，后来吐谷浑的孙子叶延在沙州（今青海贵南县穆克滩一带）正式建国，以祖父吐谷浑之名为族名及国号，由此建立了吐谷浑。

从西晋末至南北朝，吐谷浑的势力不断增长，东晋十六国时期已基本控制了今青海、甘肃之间的广袤土地，公元420年又“兼并氐、羌数千里，号为强国”。北周时，其首领夸吕自称可汗，迁都今青海湖西的伏俟城，意为“王者之城”。至此吐谷浑达到鼎盛，其游牧范围“自西平临羌城（今青海湟源东南）以西，且末（今新疆维吾尔自治区且末县）以东，祁连（今祁连山）以南，雪山（今昆仑山和巴颜喀拉山、阿尼玛卿山）以北，东西四千里，南北两千里”。

虽然实力不弱，但吐谷浑却比较安分，很少入侵中原王朝，反而与各朝都保持睦邻友好关系，一度受到南朝刘宋政权和北魏的册封，还曾与隋朝和亲。开皇十六年（公元596年），夸吕之子世伏迎娶隋朝宗室女光化公主为妻，后来世伏死于内乱，其弟伏允即位，依照风俗，仍以公主为妻，直至今日。

这就是吐谷浑，与西突厥相比，可以算是隋朝的友好邻邦了。对于这样一个安分的国家，裴矩却没有像对待西突厥一样选择招抚，反而想要打击甚至是灭了它，这是为什么呢?

有两个原因。

首先，吐谷浑两面三刀，表面上与隋朝友好，背地里却利用这种友好关系收集隋朝机密，出卖给西突厥等国，这是杨广所不能容忍的；其次，相较于西突厥，吐谷浑算是好欺负的，又离隋朝比较近，以隋朝的实力，可以直接灭掉它，继而占据青海地区，扩大疆域。

基于这两点，杨广决心消灭吐谷浑，所以裴矩秉承他的意志，将吐谷浑列为重点打击对象。不过隋朝与吐谷浑的表面关系一直不错，前不久杨广北巡，伏允还派儿子慕容顺来朝见，现在有什么理由去打人家呢?

这难不倒裴矩，他根本不用隋朝出兵，而是说服铁勒去打吐谷浑。

铁勒也是一个游牧民族，主要分布在今蒙古高原及新疆维吾尔自治区、中亚地区，分属于东、西突厥。大业元年，西突厥铁勒诸部奋起反抗处罗暴政，共推契苾（bì）部首领契苾歌楞为易勿真莫何可汗，立牙帐于贪汗山（今新疆维吾尔自治区吐鲁番北博格达山），又推薛延陀部首领乙失钵为也咥小可汗，立牙帐于燕末山（今阿尔泰山中段）。于是铁勒汗国建立，其势力范围主要在今新疆东部地区，西与西突厥接壤，北与东突厥相邻，东与隋朝和吐谷浑相接，位置非常微妙。

由于处在几大强国之间，铁勒的生存环境可谓非常艰难，而他们偏偏还吃错药，竟然于大业三年冬公然进犯隋朝河西地区。这使杨广当然不能容忍，果断派兵还击，虽然没有取胜，但铁勒还是慌了，生怕隋朝派大军来围剿，赶紧遣使谢罪请降。杨广遂乘机命裴矩出使铁勒部，名为抚慰，实则是要挟他们攻打吐谷浑。

裴矩告诉铁勒，你们无故侵扰边境，天子极为震怒，不是谢罪认错就能了事的，必须得有所表示。正好吐谷浑也得罪了天子，你们就替天子去揍它吧，咱们东西夹击，把它灭了，天子一高兴，就宽恕你们了。

铁勒首领一听，觉得这交易挺划算，反正吐谷浑跟咱关系不怎么样，以前想打没敢打，现在有隋朝撑腰，正好灭了它。

铁勒人于是答应了裴矩，随即于大业四年七月发兵，由西面攻打吐谷浑。结果吐谷浑在缺少防备的情况下大败，伏允被迫率众向东逃遁，一直逃至隋朝西平郡（今青海西宁）境内，然后遣使向隋朝请降求救。

杨广听到消息，正中下怀，遂命杨雄、宇文述等率兵去迎。

不久，宇文述率领数万大军到了临羌城，伏允见他阵势这么大，当时就吓傻了，心说这哪是来迎我的，分明是想把我吞并啊！

因此不敢归降了，率领部众掉头就往西跑。宇文述一看他要逃，赶紧引兵追击，顺势攻克曼头、赤水二城，斩首三千余级，俘虏四千多人，仅王公以下贵族就捕获了二百人。只剩伏允率领残兵南奔雪山，不知所踪。于是隋朝乘势占领了吐谷浑全境，将青海地区纳入了版图。

至此，裴矩经略西域的目标基本完成，在他的努力下，隋朝征服了西突厥，击败了吐谷浑，与西域各国建立了联系，初步打通了丝绸之路。

西巡

丝路刚刚通畅，热衷于出巡的杨广就坐不住了，他决定亲自西巡河右，向西域各国宣扬大隋的德威。

于是大业五年（公元609年）初，杨广从洛阳回到大兴；三月从大兴出发，率领后妃、诸王、百官、僧侣、道士、艺人及军队、仪仗等，浩浩荡荡开赴西北，往青海而去。

四月，杨广由临津关北渡黄河，到达海拔两千多米的西平郡，距吐谷浑故地仅一步之遥。

而此时吐谷浑可汗伏允已逃到青海湖东北的覆袁川，率众据此凭险拒守，负隅顽抗。

为了彻底肃清吐谷浑的势力，方便日后在青海设立郡县，杨广决定派大军消灭伏允。于是他亲自在西平检阅部队，然后遣内史令元寿南屯金山，兵部尚书段文振北屯雪山，太仆卿杨义臣东屯琵琶峡，将军张寿西屯泥岭，四面围攻伏允。

由于青海地势复杂、环境恶劣，隋军对此又不熟悉，所以围攻伏允的过程并不顺利。一个多月下来，不仅未能消灭他，反而牺牲了右屯卫大将军张定和、左光禄大夫梁默等重臣。

不过伏允的日子也不好过，他被迫逃出覆袁川，投靠了党项人（西羌族的一支，生活在今青海东南部与四川西北部）。隋军最终收降了吐谷浑十余万人口，基本清除了青海的吐谷浑势力。

解决了吐谷浑的问题后，杨广没有停下脚步，他要继续向西走，到张掖去。

但西平已经够远了，以前从未有帝王到过，杨广西巡至此已经不被很多人理解，要是再往西，群臣恐怕就要有意见了。

杨广虽不怕群臣反对，但内心深处还是很希望获得世人的理解和支持的，所以他决定制造舆论，给自己西巡提供理论依据，增强其合法性。

为此，他对给事郎蔡征说："自古天子有巡狩之礼，而江东诸帝多爱涂脂抹粉，坐于深宫而不与百姓相见，这是什么道理啊？"

蔡征回答说："此其所以不能享国长久。"

杨广听言大喜，这正是他想要的答案。有了这样一条理论，他就可以告诉天下：为使国家长治久安，朕决定继续西巡。

于是大业五年六月，杨广率众到达张掖，再次刷新了自己保持的华夏帝王西行的最远纪录。

他的这一壮举前无古人，也将后无来者。

张掖条件艰苦，杨广来此自然不是为了旅游，那么他具体来干什么了呢？

其实主要就两件事。

其一，接见西域各国使节。

早在车驾从大兴出发之前，杨广就派裴矩去了西域，目的就是招诱高昌、伊吾等国来河西朝见。而裴矩不辱使命，成功说服高昌王曲伯雅、伊吾吐屯设（"吐屯"是突厥语，官名；"设"是领兵的武职）及西域二十七国来朝张掖。

六月十七日，杨广到达张掖附近的焉支山，在裴矩的安排下，曲伯雅、吐屯设以及西域各国的国王、使臣等佩戴金玉，身着锦衣，列于道路左侧参拜，并且焚香奏乐，歌舞欢腾。

如此隆重的场面，当然少不了杨广的表演。为了展示隋朝的富强和礼仪，他大摆仪仗，使车马充塞道路，绵延数十里。同时又令武威、张掖的男女老少都穿着盛装，出门来看热闹，要是谁家没有新鲜整齐的衣服和车马，就由郡县负责征收更换，总之必须把最好的一面展示给西域友人。

这还不够，四天后，杨广又在张掖举行盛会，大规模地陈列仪仗、礼仪，并登上“观风行殿”，命曲伯雅和吐屯设上殿宴饮，其余各国使臣在殿下陪宴，同时命人奏九部乐、百戏等进行娱乐，又对各国来使大加赏赐，极尽奢华。

此情此景，与之前杨广在塞北大宴启民和突厥酋长的场景何其相似！

以出巡塞北为参考，我们就能理解杨广西巡河右的目的了。一方面是为宣扬隋朝的德威，加强与西域各国的友好关系，建立丰功伟业；另一方面则是夸耀表演，满足自己的虚荣心。

再说第二件事：设置郡县。

正所谓“来而不往非礼也”，杨广如此厚待西域各国，各国当然也会有所回报。据史书记载，在杨广会见西域各国使节的过程中，伊吾的吐屯设进献了西域数千里之地。这个数字或许有夸张，但献地之事应该不假。因为就在杨广西巡后的第二年，隋朝设置了伊吾郡。

除伊吾郡外，杨广还设置了西海、河源、鄯善、且末等新郡。这些郡都是大业五年六月也就是杨广巡行张掖期间所设，大致分布于今青海大部和新疆维吾尔自治区东部地区，也即吐谷浑故地。这是有史以来，青海全境第一次纳入中国版图，而且是以郡县的直接统治方式。

在设郡县的同时，杨广还下了一道诏令，命天下所有死刑以下的罪犯迁至青海，作为戍卒守卫四郡。同时又命卫尉卿刘权镇守河源郡积石镇，率戍卒大开屯田，防御吐谷浑，保障西域之路的通畅。

有了戍卒和农业生产，隋朝对青海的统治就算是稳固了。

至此杨广完成了他的西巡目标，即将启程返京。有意思的是，他还准备带上部分西域各国的国王、使臣、商人等一起回去，这其中就包括高昌王曲伯雅。

为什么要带上他们呢?

因为杨广想要向西域各国充分展现隋朝的富强繁荣，使他们心悦诚服。而张掖地处边陲，无论是城市规模，还是繁荣程度，都比较有限，不能代表隋朝，只有到都城亲眼见到才能实现这一目标。

于是大业五年七月，杨广带领后妃、百官、将士及西域的客人等数万人离开河西，踏上了返京之路。

令人意外的是，他这次回京很不顺利，途中遭遇了重大挫折。

从河西到青海，要经过大斗拔谷，这里山路狭隘险峻，本就不易通行，而此时已是八月，所谓“胡天八月即飞雪”，杨广的车驾在经过大斗拔谷时，正好遇到大风雪，遭受了巨大损失。

当时天昏地暗，文武群臣浑身湿透，又累又饿，都半夜了还未到营地。士卒就更惨了，直接冻死大半，马和驴损失了十之八九。后宫嫔妃、公主也有不少走散的，被迫与军士混杂在山间过夜，多有冻死、病死者，杨广的姐姐、乐平公主杨丽华便在此时去世。

至于杨广本人，那必然也不好过，但这是他自己选择的路，咬着牙也得走下去。好在风雪很快过去，车驾也驶出了山谷。

虽然经历了不小的挫折，但杨广向西域诸国展示大隋国力的热情并未减少。接下来，他将带领西域的客人们参观都城，并举办一场大型表演秀。

万国来朝

隋朝有两座都城，西京大兴和东都洛阳，杨广会选择在哪座城市招待西域诸国呢？

这其实算不上一个难题，因为他完全可以两个都去。

九月，他先到大兴城，令各国参观了这座当时世界上规模最大的城市；十一月，他又回到洛阳，请诸国参观了这座有史以来最富丽豪华的城市。

两京也看过了，事情到此是不是该结束了？

不，好戏才刚刚开始。

大业六年（公元 610 年）正月，新的一年开始了。受杨广西巡影响，西北各国、部落此时纷纷遣使来朝贡，有的国王、酋长甚至亲自带队前来。一时间，洛阳聚集了大量胡人，颇有万国来朝之意。

事实上，“万国来朝”一词首次出现，就是在此时。

所谓“有朋自远方来，不亦乐乎”。面对如此众多的远方客人，杨广无比激动，表演欲空前强烈，迫切想要把隋朝最好的东西展现出来，以此招待各国。

裴矩很懂他的心，给他出了个主意：于正月十五在洛阳皇城端门天津街举行盛会，征召四方艺人在此表演，并在街道两边建造棚阁，勒令百官和百姓穿上鲜艳亮丽的衣服，列坐棚中，尽情观看。

裴矩这主意怎么样呢？

杨广觉得不错，既能展现隋朝的繁荣富裕和文化艺术之盛，又能体现官民和谐与天下大同。真是再好不过了。

于是正月十五这天，在洛水北岸端门之南的大街上，杨广命人摆下戏场，大规模地陈列百戏，并命百官、百姓都来观看。

整个戏场周围五千步，表演者达一万八千人，音乐一起，震撼全城，数十里之外都能听见，当真是“散入春风满洛城”。

这场表演一直从黄昏持续到第二天凌晨，全城灯火通亮，热闹非常。

此后的半个月里，这样的演出每天都在进行，直到月末才结束，洛阳由此成了不夜城。

东都炫富

这次演出过后，各国胡商都被隋朝的阔气深深震撼到了，纷纷请求到市场进行贸易。

杨广当然求之不得，但又恐市场太杂乱，影响国家形象，因此有些犹豫。这时裴矩又来出主意了。他建议提前派人去市场，把街道、店铺乃至商人都装饰起来，制造出繁荣的景象。具体措施是这样的：

一、当下正值年初，草木凋零很不美观，因此需要把丝绸缠到树上，打造出欣欣向荣的春日之景。

二、将所有店铺的屋檐样式整齐划一，在店内挂设帷帐，命店主把最珍贵和最稀有的货物摆满店堂，以此展示隋朝物产丰富。

三、命店主穿上华丽的衣服，打扮起来，即使是街边卖菜的，也命他用龙须草制成的席子铺地，以此展示百姓的富裕。

四、命人率领胡商统一到市场进行交易，凡是胡商经过的酒肆店铺，令店主务必热情主动地邀请人家入座，酒饭管饱，不能收钱。

以上四点总结起来，其实就是制造虚假繁荣，高调炫富。

杨广听后觉得这主意不错，很能展现隋朝的繁荣和谐，因此全盘接受，立刻命人去执行。

于是不久之后，洛阳北、西、南三大市场都成了“乌托邦”，凡胡商所经之处，皆是一派繁荣和谐的景象，所有店铺都光鲜整齐、百货齐聚，所有商人都衣着华丽、热情好客。饭随便吃，酒随便喝，谁付钱就跟谁急。

面对这样的景象，胡商们无不惊叹，同时也感到不解：“活了这么久，从没见过吃饭不收钱的，而且听都没听说过，为何你们这儿会有这样的好事呢？”

店主早已准备好了说辞，从容回答道：“中国物产丰富，酒菜一直都是免费吃，从来不要钱。”

胡人大多心思单纯，一听这话还真就信了，纷纷竖起大拇指：“中国真是神仙之国啊！”

但也不是所有胡人都这么好骗，其中就有个别机灵的，见外面的树都缠着丝绸，便问说：“我看中国也有穷人，衣服都没得穿，为什么不用丝绸给他们做衣服，却缠到树上呢？”

店主一听蒙了，这个胡人怎么不按套路出牌？问的问题太刁钻了，上面可没交代怎么回答啊！

于是店主一脸惭色，无言以对。

至此，杨广的这场大型表演秀就算落幕了。此后每年正月，西北各国都会遣使来洛阳朝贡，那时这样的“秀”还将重复上演。

射匮可汗

虽然已是万国来朝，但杨广仍有些不太满意，因为有一个重要人物始终没来。谁呢？西突厥处罗可汗！

此前杨广派崔君肃出使西突厥，处罗曾跪接诏书，并遣使向大隋朝贡，杨广以为他已经臣服，就在西巡张掖时，派人通知他来朝见。

可是没想到处罗竟然不肯来，编了个理由推辞了。这让杨广非常恼火，觉得处罗欺骗了自己。

其实处罗也有难处，他的日子很不好过，光一个铁勒叛乱就够闹心的了，何况其他部落？加之国家也不安定，他哪敢离开？而且从西突厥到张掖必须要经过铁勒的势力范围，搞不好会把命丢了，处罗可不想冒险。

可杨广不管这些，他只觉得处罗不给面子，诚心让自己难堪，所以一直对此事耿耿于怀，想找机会惩治处罗。

终于在大业七年，杨广等来了一个绝佳机会。

这年十月，西突厥射匮酋长遣使来朝，请求娶大隋公主。

虽然只是一个酋长，但射匮并不简单，他是达头可汗的孙子，祖上世代为可汗，在西突厥的威望很高，实力足以与处罗抗衡。

如今射匮遣使来求婚，那就是想和隋朝交好，并且有求于隋朝，这便给了杨广利用他对付处罗的机会。

不过杨广起初并没有往这方面想，还是裴矩提醒他，给他提了建议："处罗不来朝见，不过是仗西突厥势大罢了。臣请求以用计来削弱他，分裂西突厥，如此就容易制服他了。射匮是都六之子、达头之孙，世代为可汗，统治着西突厥西部。近来听闻他失去了可汗身份，附属于处罗，所以遣使来和亲以求援。臣请求厚待其使者，封他为大可汗，则突厥势力必分裂，处罗、射匮都得服从大隋！"

杨广听了深以为然，于是召见使者，当着他的面把处罗数落了一通，并夸赞了射匮恭顺亲善，还说："朕准备立射匮为大可汗，请他先发兵攻灭处罗，然后来迎娶公主。"说完命人取来一支桃竹白羽箭赐给使者，又说："告诉射匮，此事要尽快办，快得就如箭一样。"

使者得了箭，立刻返归西域回报射匮。射匮喜出望外，随即发兵袭击处罗。

处罗没有防备，被打得大败，连妻子都顾不上带，率领左右几千骑兵向东而逃，投奔了高昌。

高昌王曲伯雅随即派人到隋朝报告情况。杨广听到消息，派遣裴矩和处罗之母向氏西出玉门关，劝说处罗入朝。

处罗无处可去，又思念母亲，只得接受了裴矩的招抚，率领部众去朝见杨广。

杨广见到他，大为兴奋，此前的不愉快全部烟消云散，不仅没有为难他，还设宴款待，赏赐了各种好东西。

从此处罗就留在了隋朝，一直跟着杨广，再也没有回过突厥，而射匮则取代他成为西突厥大可汗。

至此西域问题告一段落，那么回过头来，我们应该怎么看待杨广的河西之行和对西域的经营呢?

盛极而衰

还是按老规矩，先夸一夸杨广吧。

杨广是一个富有开拓精神的帝王，他经略西域并打通丝绸之路，展现自己的雄才大略，这是不输于秦皇汉武的。而他不惧艰险、不辞辛劳、不远万里巡行河西，到达历代帝王都不曾到过的地方，这又是秦皇汉武所不及的。

最重要的是，通过经略西域和巡行河西，他取得了诸多成果。

首先，西巡之后，隋朝与西域大多数国家建立了朝贡关系，促进了双方在政治、经济和文化等方面的进一步交流，扩大了隋朝在西域的声望和影响力。

其次，在经略西域的过程中，隋朝灭了吐谷浑，将西域大部纳入版图，这是实实在在的开疆扩土之功。

最后，通过外交手段，收服了西突厥，解决了西部边患问题。

这一系列成果，使隋朝国力达到鼎盛，因此《资治通鉴》评论说：“（大业五年）天下凡有郡一百九十，县一千二百五十五，户八百九十万有奇。东西九千三百里，南北一万四千八百一十五里。隋氏之盛，极于此矣。”

隋朝的郡县、人口、疆域全部在大业五年达到鼎盛，这与杨广经略西域、西巡河右是分不开的。

然而，鼎盛并不一定是好事，也可能意味着隋朝接下来要走下坡路了。

事实上，就在大业五年后，隋朝已经出现了疲敝的迹象。

这当然还是杨广西巡和经略西域带来的后果。

从西巡河右到洛阳炫富，不到一年时间，杨广就耗费了数以亿计的资财。而且丝路畅通后，西域各国每年都要来京朝贡，所经郡县，都要高规格接待，这无疑会持续损耗国力，疲敝百姓。

此外，为了维护与西域诸国的朝贡关系，隋朝每年都要付出大量财物，而这些财物都来自百姓，由西京诸县和西北诸郡负责征调，并组织人力向塞外转运输送。由于路途遥远艰险，人畜往往损失大半，这时郡县还要再行征调，以致“百姓失业，西方先困矣”。

更严重的是，杨广对这一切视若无睹，他眼中只有自己的“大业”，眼前只有超越秦皇汉武。从建东都、修运河到游幸江都，从出巡塞北到经略西域、西巡河右，短短五年时间里，他做了多少帝王一生都不能完成的事，他的好大喜功和急功近利虽然暂时将隋朝推向了鼎盛，但也极大损耗了国力、疲敝了百姓，如果不及时刹车，隋朝恐将难逃盛极而衰的命运。

读了还想读的中国史

读了还想读的大隋史

陈若松 著

第三卷 从大业之变到二世而亡

中国经济出版社
CHINA ECONOMIC PUBLISHING HOUSE
·北京·

图书在版编目（CIP）数据

读了还想读的大隋史．第三卷，从大业之变到二世而亡 / 陈若松著．-- 北京：中国经济出版社，2024. 10.（2025.3 重印）
ISBN 978-7-5136-7888-9
Ⅰ．K241.09
中国国家版本馆 CIP 数据核字第 20246QG791 号

责任编辑　龚风光　张意妮
责任印制　马小宾
封面设计　柒拾叁号

出版发行　中国经济出版社
印 刷 者　三河市嘉科万达彩色印刷有限公司
经 销 者　各地新华书店
开　　本　710mm × 1000mm　1/16
印　　张　18.5
字　　数　239 千字
版　　次　2024 年 10 月第 1 版
印　　次　2025 年 3 月第 3 次
定　　价　138.00 元（全三卷）
广告经营许可证　京西工商广字第 8179 号

中国经济出版社　**网址** www.economyph.com　**社址** 北京市东城区安定门外大街 58 号　**邮编** 100011
本版图书如存在印装质量问题，请与本社销售中心联系调换（联系电话：010-57512564）

目　录

第一章
立储风波

大业三年至五年（公元 607—609 年），杨广的主要活动是北巡大漠、经略西域及西巡河右，这三件事是隋朝这三年历史的主线。而在此期间，朝廷还发生了不少事，这些事与塞北、西域的关系不大，是另一条线，但同样很重要，因此我们单独来说。

第一件事是杨广的家事，具体来说是立储之事。

此前我们曾不止一次提过杨广的子女，但都没有细说，在讲立储之事前，我们有必要正式介绍一下他的几个儿子。

根据史书记载，杨广共有四子：长子杨昭、次子杨暕（jiǎn）、三子杨铭及四子杨杲（gǎo）。其中杨昭、杨暕皆是萧皇后所生，是为嫡子，且都已成年；而杨铭早夭，生母不详；杨杲生于大业三年（公元 607 年），生母为萧嫔。

根据嫡长子继承制原则，杨昭应该被立为大隋储君。事实上杨广也是这么做的，在即位的第二年正月，他就将杨昭立为皇太子，准备让他将来接自己的班。

那么，他这个接班人怎么样呢？

太子杨昭

杨昭其人，史书记载不多，但从有限的资料中，仍能看出他的性格人品。

杨昭生于开皇四年（公元 584 年），是杨广和萧皇后的第一个孩子。史载萧皇后怀他时，杨坚刚巧梦见天神降临，说将会投胎杨家。不久，并州就传来了晋王妃怀孕的消息，杨坚觉得这正应自己的梦，因此非常高兴，就把当时的萧妃接到了大兴宫养胎待产。

几个月后杨昭出生，被杨坚和独孤皇后养于后宫，此后直至结婚，他一直生活在杨坚夫妇身边，因此在性格和德行方面受杨坚夫妇影响很大。

比如，他和杨坚一样生性俭朴，平时吃饭就只有几样简单的菜，所用帷布、席子等生活用品也都极其简约朴素。而且他不光在杨坚面前这样，自己私下里也是如此，即使后来当了太子也没变化，可谓非常难得。

不过他也有不像杨坚的地方。杨坚严厉刻薄，不能容忍臣子犯错，而杨昭则相反，他非常仁爱谦和，言色平静，从来不发怒，即使有人犯了大错，需要惩罚斥责时，他也只是说一句“你这样很不对”。

堂堂皇子皇孙，手握生杀大权，竟然待人如此宽容，实在是不容易。

此外杨昭还非常聪明懂事。史载他三岁时，有一天在大兴宫玄武门前玩弄石狮子，杨坚和独孤皇后下朝后过来看他。当时杨坚患有腰痛症，走路不方便，所以常扶着独孤皇后肩膀。没想到杨昭见了，立马躲到一边，如此再三。

为什么要这样呢？原来他觉得祖父祖母的这一动作过于亲密，不宜在人前展露，但既然已经展露了，那就应该非礼勿视，所以主动回避。

对此，杨坚不禁惊叹，称赞他说：“天生长者，谁复教之？”

意为这孩子天生具有长者的心性，还用谁来教吗？

由此可见，杨昭是个聪慧守礼之人。

不仅如此，他还非常孝顺。例如有一次，杨坚逗他说："给你娶个媳妇儿怎么样？"不料杨昭听后突然哭了。杨坚问是何故，他回答说："汉王未婚时，一直在您身边，但是结婚后就出宫了。我怕和您分离，所以哭。"

杨谅也是从小生活在杨坚身边，后来结了婚才出宫。杨昭不愿离开祖父，所以一听说要结婚就哭了。

杨坚不禁为小孙子的至孝所感动，从此更加宠爱他。

开皇十年（公元 590 年），杨昭七岁，受封河南王（郡王）。仁寿元年（公元 601 年），他继承父亲杨广的爵位，受封晋王。

这里需要说明的是，隋唐时期太子、亲王的儿子一般只封郡王，只有皇帝的儿子和亲兄弟才封亲王，像杨昭这样以皇孙身份封亲王的情况是极其罕见的。杨坚这么做，充分证明了对他的宠爱。

而且除了封亲王外，杨坚还任命杨昭为内史令兼左卫大将军，让他同时担任宰相和武官首领，相比于虚幻的爵位，这可是实实在在的权力。杨昭既得亲王之名，又得实权，足见受宠程度之深。

那么问题就来了，杨坚为何如此偏爱杨昭呢？难道就因为他聪慧孝顺？

这当然是一方面，但更重要的应该是杨昭的嫡孙身份。相较于杨广的其他几个儿子，杨昭的最大优势不是聪明，也不是孝顺，而是他母亲出身高贵，是杨广的正妃。自古嫡庶有别，在封建家庭中，嫡子的地位通常是要比庶子高的，至于高多少，那就要看家长的思想观念了。而杨坚和独孤皇后都非常在意嫡庶，所以即使杨勇的长子杨俨同样聪慧孝顺，却还是因为庶子身份而无法得到祖父母的更多宠爱。而杨昭就不一样了，他是杨广的嫡长子，在杨坚和独孤皇后眼里根正苗红，是王朝的理想接班人。

所以杨坚偏爱杨昭就不奇怪了。

不过杨坚已经是过去式了，杨昭这接班人是好是坏，命运如何，当下得是杨广说了算。那么杨广是怎么看待这个儿子的呢？

当然也是没的说。因为杨广的儿子本来就不多，成年的更是只有两个，杨昭和杨暕，而杨昭既是嫡长子，又十分出色，各方面都无可挑剔，杨广有什么理由不喜欢呢？立他为储君，杨广是不带任何犹豫的。

这就是杨昭，一个深受祖父、父亲疼爱的好孩子，两代帝王眼中的优秀接班人。他生性宽仁谦和，有仁君之风，将来如果当了皇帝，必是隋朝之幸。

但可惜的是，杨昭没能等到即位那天，因为他这太子没当多久就出事了，这倒不是说杨广想要废黜他，而是他命不好，英年早逝了。

杨昭才二十多岁，怎么会突然死了？

这还要从大业初说起。

大业元年（公元 605 年），杨广营建新都洛阳，此后长期围绕洛阳活动，很少再回关中，但关中是根基所在，需要有人留守，所以他就命杨昭留守大兴，就像当初杨坚出巡仁寿宫时，命杨勇留守一样。

虽然奉命留守西京，但杨昭隔三岔五就会去东京朝见杨广。大业二年（公元 606 年）时，他从大兴来洛阳朝见，在洛阳一待就是几个月，等到该返回时，他却不愿走，乞求再留些时日，但被杨广拒绝。

杨昭不甘心，又反复去求情，每次都哭拜哀求，结果拜来拜去就得病了，不久便不治而亡。

这就是杨昭之死的经过，听起来似乎不太正常，至少有三点疑惑之处。

首先，杨昭为什么一定要留在洛阳，还为此苦苦哀求？其次，杨广既然宠爱杨昭，为什么不肯答应他的请求，让他再多待几天？最后，杨昭的身体也太差劲了，怎么这么轻易就病了，还一病不起？

因为存在诸多疑惑，所以有人就提出了不同看法，认为杨昭不是正常死亡。

比如唐代传奇《大业杂记》就记载了杨昭之死的另一个版本，说是中毒而亡。

堂堂太子，怎么会中毒呢？谁这么大胆子敢下毒害他？

按《大业杂记》的说法，这下毒之人正是杨广，不过他要毒死的不是儿子杨昭，而是杨素。

杨昭来洛阳朝见期间，曾和杨素一起到宫中参加宴会。当时杨广正欲除掉杨素，于是便暗中命人在酒中下毒，打算毒死他。然而传酒的宫女却把毒酒误传给了杨昭。杨昭饮了毒酒，三天后毒性发作，吐血而亡。

如果事实真是这样，那就等于杨广间接害死了儿子。

但此说法疑点颇多，很难让人信服。

首先，杨昭死前那段时间，杨素已经病重，都不想活了，就在家等死，怎么可能入宫赴宴？

其次，杨广如果真想杀杨素，机会多的是，为什么偏偏选在宫里下毒，还把自己儿子捎上？是生怕别人不知道吗？

最后，杨广心思缜密，如果要毒杀杨素，一定会经过精心筹划，怎么可能出现如此重大失误？而且他派来给杨素下毒的人也太蠢了，连毒酒交给谁都搞不清楚，这玩笑开大了，莫非当初把杨素给杨广的回信“误送”给杨坚的就是此人？

所以说，杨昭被毒死的可能性不大。《大业杂记》之所以这样描述，无非是因为杨昭和杨素的死亡日期太过接近。

根据正史记载，杨昭死于大业二年七月二十二日，而杨素则死于当月二十三日，前后只差一天。两个重要人物几乎同时去世，难免会引人遐想。但实际上这应该只是巧合，没有什么关联。

那么话又说回来，杨昭的真正死因是什么呢？

我想应该就是病死，但此病不是突然染上的，而是一直就有。

史书中说杨昭身体很肥胖，这可能与他自幼生长在宫中，受杨坚夫妇宠爱有关。过于肥胖的杨昭身体应该一直不好，存在一些隐性疾病，反复哭拜之后因过度劳累、情绪激动而致病情发作，最终死亡。

这种解释是目前最合理的。但还有两个问题：杨昭为什么不肯离开洛阳？杨广为什么不肯答应他？

关于第一个问题，目前没有任何权威解释，只能推测是杨昭不想离开父母。

杨昭为人仁孝，曾因不想离开杨坚和独孤皇后而拒绝结婚，还为此大哭。并且他还非常关心下属的父母，只要听说有谁父母年老，一定亲问其安否，逢年过节还要给赏赐。

试想他对祖父母和别人的父母都如此关心，何况是自己的父母呢？所以他极有可能是因为不想离开父母而乞求留在洛阳，并反复哭拜。

那么杨广为何不同意呢？

如果只是普通父母，杨广一定会为杨昭的孝心感动，并允许他留在身边，共享天伦之乐。可杨广不是普通人，他是一国之君，凡事要先考虑江山社稷，而不是儿女私情。自从东京建成后，杨广的重心就在东方，而大兴作为后方，不能无人留守，其他人杨广又信不过，只能派太子去。而且命杨昭留守西京也是对他的历练，是一个储君必须要经历的。基于这些，杨广狠心拒绝了他，却没想到他会因此而死。

杨昭的死，使杨广失去了一个好儿子，也使隋朝失去了一位好太子。那么接下来，谁会接替他入主东宫，成为新储君呢？

齐王杨暕

目前来看，这个人只可能是齐王杨暕。因为杨广只有两个成年的儿子，现在死了一个，就剩一个，不立他还能立谁呢？

而且杨暕也不差，他和杨昭都是嫡子，只是晚生了一年，有长幼之别而无贵贱之分。如今杨昭病死，他就相当于嫡长子，照理说是要被立为太子的。

事实上杨广原本确实是这么打算的。在杨昭死后不久，他就命吏部尚书牛弘为杨暕妙选官属，准备让他接班。而满朝文武也都认为杨暕会成为储君，纷纷把自己的子弟推荐给牛弘，以便跟杨暕攀上关系。

到大业三年，杨广又先后任命杨暕为雍州刺史、河南尹，让他管理两京的治安，同时又将原先杨昭手下的两万多人全部划拨给了他。

然而直到大业六年（公元610年），杨暕仍然没有当上太子，不仅如此，他还失了宠，受到父亲的审查。

为什么会这样？简单来说，是因为杨暕自己不争气，犯了大错。

杨暕此人“美容仪，疏眉目”，是个美少年，并且涉猎经史、擅长骑射，可谓文武双全。但就是这样一个少年俊才，却有一个致命缺陷，那就是骄纵。

与杨昭的仁厚谨重不同，杨暕为人骄傲放纵，德行实在不怎样。原本做齐王时，他还能克制自己，但杨昭死后，百官都以为他即将成为太子，纷纷来巴结讨好他，把他捧上了天。因而他忘乎所以，愈加骄纵，干出许多不法之事和有违伦理道德的事，并且得罪了父亲杨广。

这些事总结下来，可以分为三类。

其一，亲昵小人，声色犬马。

作为首都的军政长官，杨暕掌管着洛阳及周边各县的治安，手下有一大帮官吏，权力极大。可惜他却不干好事，反而亲昵小人，纵容他们胡作非为。

他曾命亲信乔令则、库狄仲锜（qí）、陈智伟等人在洛阳寻求声色，而这几人都不是什么善茬，仗着杨暕撑腰，放纵不法，干了不少缺德事，与流氓恶霸差不多。

比如，他们经常四处打听谁家有年轻漂亮的姑娘，一旦发现，便声称是齐王的命令，直接送入王府，但不是献给杨暕，而是悄悄藏起来，供自己淫乱，然后抛弃掉。如此小人，真不知杨暕是怎么招揽到身边的。

此外，库狄仲锜、陈智伟等人还曾到陇西寻求名马，他们肆意抓捕各部落胡人，对其进行拷打烧烙，责令交出马匹，然后带回献给杨暕。不过杨暕还算是有良心，知道马是被夺来的后，便命他们将马归还给马主人，但他们竟然对外声称马是齐王所赐，偷摸牵回了自己家。

可笑杨暕，整天被一群小人围绕，被蒙骗了还不自知。

其二，行为骄纵，与父争利。

杨暕平时骄纵也就罢了，要命的是他把任何人都不放在眼里，竟然连父亲都敢得罪。

有一次，乐平公主杨丽华上奏杨广，说是有个姓柳的女子，长得那叫一个漂亮，应该选入后宫。杨广当时没在意，很长时间都未答复。杨丽华以为他不感兴趣，便把柳氏女进献给了风头正盛的杨暕。杨暕喜好女色，一听有美女，那当然是来者不拒，毫不客气地收下了。没想到不久之后杨广又想起了柳氏，询问杨丽华说："柳氏女现在何处？"杨丽华不敢隐瞒，如实回答道："在齐王家里。"杨广听后大不高兴，对杨暕便有了意见。

如果说柳氏女的事是杨暕不小心得罪了父亲，有些冤枉，那么接下来这件事就纯属于其自作孽不想活了。

大业四年（公元608年），杨广巡幸汾阳宫（在今山西宁武），杨暕也跟随而来。其间杨广率众进行围猎，命杨暕率领千骑一起入围，结果杨暕猎得大量麋鹿，而杨广却一无所获。杨广因此非常生气，冲左右侍卫发了一通火，斥责他们不争气，没有把猎物赶来。侍卫们纷纷叫冤，都说猎物全被杨暕拦下了，过不来。杨广一听大怒，想发火又没处发，于是命人收集杨暕的过失，准备给他定罪。

正所谓“欲加之罪，何患无辞”，皇帝想给谁定罪，那还不容易吗？何况杨暕骄纵惯了，平时没少犯错，根本不愁抓不住把柄，这不眼前就有一条。当时制度规定：县令无故不得离开县境。而杨暕因为宠信伊阙县令皇甫诩，竟公然违反禁令，私自将他带到了汾阳宫。

这原本可能算不上什么大错，如果换作以前，杨广最多也就是口头批评他几句。可是现在情况特殊，杨广因为狩猎之事对他有火，正想收拾他呢，一听有这事，立刻大做文章：先是授意御史韦德裕上书弹劾他，然后派出一千多名甲士搜查他的宅第，将皇甫诩揪了出来。

这样一来，杨暕的脸就丢大了，此后他日渐失宠，册封太子的事也没了动静。

不过这还不算什么，更严重的是他的第三条罪状：与人淫乱，暗搞巫术。

杨暕此人不仅好色，而且非常好色，毫无道德底线。他的原配妻子韦妃死得早，他竟然与韦妃的姐姐勾搭成奸，还生了一个女儿。而韦妃的姐姐是有夫之妇，丈夫姓元。

杨暕还迷信旁门左道，乱搞巫术。

由于越来越不得宠，杨暕深恐自己当不上太子，加上杨昭有三个儿子，虽然都只有几岁，但很得杨广喜欢，保不准将来就会被立为皇太孙。杨暕越想越不安，觉得必须做点什么，于是用起了旁门左道。他先是召相士入府，令其为自己的姬妾相面，想看她们是否有富贵之相。相士看了一圈，指着韦妃的姐姐说：“这个生孩子的能成为皇后。”杨暕很高兴，接着又用厌胜之术诅咒杨昭诸子，并祈祷自己早日当上太子。

杨暕的所作所为很快就被杨广知道了。

杨广是怎么发现的呢？

也怪杨暕倒霉，前面杨广不是因为皇甫诩的事派人搜查他的宅第吗？这一查不要紧，他的那点破事全被抖搂出来了。

这下杨广彻底怒了，我怎么养了这么一个儿子，亲昵小人胡作非为不说，竟然还与人私通败坏皇室门风。更可恨的是，他竟敢用巫术咒人，害自己的侄子。这当真是不忠不孝、不仁不义也！

杨广忍无可忍，下令将作恶多端的杨暕亲信乔令则等人处以极刑，并赐死了不守妇道的韦氏。而齐王府僚属也受到牵连，不是被免官，就是被贬至边远地区，连职位最高的长史柳謇也被除名为民。

说起来，柳謇也不算冤。他本是杨广专为杨暕选的“管家”，被杨广寄予厚望。他上任之初，杨广还告诫他说：“齐王德行、业绩修习完美，富贵自然就会来到你身边；齐王若是犯了什么错，那你也要被问罪。”而今杨暕果然犯错，柳謇自是难辞其咎，因而被除名。

此外与齐王府有关的大臣也有受牵连贬官的。比如太史令庾质，他是开国功臣、天文学家庾季才之子，家族世代为太史令。当初杨暕风头正盛，庾质为了家族的未来，就把儿子送到了齐王府当属官，他本以为这会前途无量，没想到却惹来了祸端。杨暕的罪行败露后，杨广迁怒庾质，质问他说：“你不能一心一意地侍奉我，却让儿子侍奉齐王，为何你的心意正反不一呢？”庾质解释道：“臣侍奉陛下，臣的儿子侍奉齐王，实在是一心一意，不敢有二心。”

庾质说的应该是真心话，但杨广仍然怒意难平，下诏将他调为合水县令。

不过庾质还是有真本事的，如今他只是暂时离开京城，不久之后就会再回朝廷，届时为杨广推算时运命数，将事事精准。

该杀的都杀了，该贬的也贬了，那么对于这件事的主犯杨暕该怎么处置呢？

按杨广的脾气，必然是想严惩他的，但奈何杨杲年幼，他就杨暕这么一个成年的儿子，实在是不忍心下手；何况杨昭去世不久，他和萧皇后已经失去了一个儿子，不想再失去一个。因此他强忍着怒火，对左右侍臣说："朕唯有暕这么一个儿子，如若不然，必将他斩首示众，陈尸闹市，以正国法！"

虽然免于死罪，但杨暕的前途算是完了，别说当太子没戏，连原先亲王的待遇也没了。从此以后，他恩宠日衰，虽仍担任河南尹，但已然是有名无实，不能再干预政事。此外，杨广还派出一名虎贲郎将监管齐王府之事，但凡杨暕稍有过失，虎贲郎将便上奏举报，搞得杨暕整日战战兢兢，不敢有任何逾矩的行为。

即使这样，杨广仍对杨暕不放心，生怕他铤而走险，发动叛乱，于是将齐王府的精卒全部调走，只分派给杨暕一些老弱残兵。

至此，杨暕退出了储君之位的争夺。那么除了他，还有谁有资格做太子呢？

想来想去，好像就剩一个赵王杨杲了。但是他才几岁，不具备当太子的条件，而且他是庶出，废嫡立庶是大忌，杨广轻易不会这么做。因而他只能暂时不立太子，等以后再说，反正他年富力强，也不着急。

小皇孙

虽然不再册立太子，但杨广心中已经有了未来储君的人选。只是这人不是皇子，而是他的小皇孙。

前面说杨暕乱搞厌（yā）胜之术，是因为担心杨昭之子抢走自己的储君之位。这还真不是杨暕杞人忧天，杨广确实非常宠爱杨昭之子，甚至有立皇太孙的打算。

杨昭英年早逝，死时仅二十三岁，因此留下的子嗣不多，只有三人：长子杨倓、次子杨侗、三子杨侑（yòu）。

下面我们来一一介绍他们。

先说老大杨倓。杨倓，字仁安，生于仁寿三年（公元 603 年），既是杨昭的长子，也是杨广的长孙，生母为大刘良娣。“良娣”是太子妃嫔的称号，地位仅次于太子妃，所以杨倓也算是出身高贵。史载他聪明英俊，好读书，重儒学，在杨广诸孙中最受偏爱，常被杨广带在身边。

虽然年纪不大，但杨倓的心性却很成熟，颇有点像他的父亲杨昭。他生母早逝，当时他话都还说不利索，却已经懂得在母亲忌日呜咽流泪，像成年人一样伤心。杨广听闻后觉得很惊奇，因此越发宠爱他。

再说老二杨侗。杨侗，字仁谨，生于仁寿四年（公元 604 年），只比杨倓小一岁，生母为小刘良娣。关于大小刘良娣的关系，史书中没有太多记载，估计是姐妹，同时嫁给了杨昭，大刘生了杨倓，小刘生了杨侗。

与兄长杨倓一样，杨侗也仪表俊美、聪明伶俐，而且他秉性宽厚，有仁爱之心，这点很像杨昭。

最后说老三杨侑。杨侑，字仁辅，生于大业元年，生母为杨昭正妃韦氏。与两个哥哥不同，杨侑是杨昭的嫡子，其生母韦妃家世显赫，出身关陇贵族京兆韦氏，乃是滑国公韦寿之女，而韦寿则是北周郧国公韦孝宽的第四子。

说起韦孝宽，大家应该都还有印象，他是西魏、北周名将，曾率军击败尉迟迥，为杨坚建立隋朝打下基础。如此大功臣，杨坚当然不能忘，因此一直善待其子孙，并选了他的孙女作为自己的孙媳妇儿。

由于母亲身份高贵，即便杨侑只排老三，地位也不比杨倓、杨侗低，加上他自幼聪明、气度非凡，因而备受杨广宠爱。

这就是杨昭的三个儿子，虽然才都只有几岁，但已经开始崭露头角，被祖父杨广寄予厚望。

杨昭死后第二年（公元607年），杨广一口气将他们三人都封了亲王：杨倓为燕王，杨侗为越王，杨侑为代王。

我们之前说过，太子、亲王之子一般封郡王，而且大多是七岁以后才封，即便当初杨广当上太子，杨坚也只是封了杨昭一人为亲王，而杨暕仍然是郡王。可是现在杨广竟然一连封杨昭的三个儿子为亲王，而且三人都还没到受封年龄，这在整个隋唐历史上恐怕都是绝无仅有的。

要知道，杨广的儿子杨杲只比杨侑小两岁，但他直到大业九年（公元613年）七岁时才被封赵王。

孙子封了亲王，儿子却还没封，这事很不正常。唯一的解释就是杨广太爱杨昭和这三个孙子，尤其是杨昭死后杨暕又不争气，他只能把对杨昭的爱倾注到孙子身上，培养他们成为王朝接班人。至于具体让哪个接班，还得看他们长大后的表现，杨广对此并不着急。

所以今后我们会经常看到杨广出巡时做如下安排：带燕王杨倓随行；命越王杨侗留守洛阳，命代王杨侑留守大兴，各自派大臣辅佐。这样的安排一直持续到隋灭，最终将影响杨倓、杨侗、杨侑三人的命运。因此请记住他们的名字，虽然他们现在年纪还小，但不久的将来就会登上历史舞台，扮演重要角色。

到这里立储之事就告一段落了，那么我们应该怎么看待这件事，又该怎么看待杨广对此事的处理呢？

家事国事

首先必须要说，杨昭之死是一个悲剧，无论对杨广而言还是对隋朝来说，这都是巨大的损失，是难以弥补的。他死了，没有人能够顶替他的位置，这使得储君之位长期空置，给隋朝的未来蒙上了一层阴影。

此外透过这件事，我们可以看到杨广作为父亲、祖父的慈爱与严厉。

杨广对儿子要求严格，从不包庇纵容，但他又不像周武帝宇文邕和隋文帝杨坚那样苛刻，动辄鞭打、废黜儿子。杨暕犯下大错，如果换作是宇文邕和杨坚的儿子，恐怕免不了受皮肉之苦以及被废黜幽禁。但是杨广并没有过分处置杨暕，只是削夺了他的权力，这固然有杨暕是他“唯一”儿子的缘故，却更多的恐怕还是他作为父亲对儿子的慈爱。

对杨暕尚且如此，更何况是对各方面都很优秀的杨昭。

一方面，杨广对杨昭很严格，面对他的苦苦哀求，不为所动；另一方面，杨广又非常疼爱他，在他死后下诏命内史侍郎虞世基撰写哀策文，深深地追悼，并给他上谥号“元德”，意即大德，足见对他的钟爱。

所谓“家事难断”，自古有多少英明君主，把国事处理得井井有条，却处理不好自己的家事，造成一个又一个的家庭悲剧，汉武帝、唐太宗莫不如此。而杨广虽然也出现了家庭危机，但最终的处理是比较妥当的：长子虽然病死了，但把三个孙子培养了起来，而杨暕在经过教训后也规矩了许多，基本没有再干什么坏事。

所以说，杨广作为家长，对子孙的管理比杨坚及历代许多帝王都要成功。

但是他也有失败的地方。

首先，他对儿子关心不够，没有真正了解他们。杨昭身体肥胖，不宜过度劳累，但杨广却任由他反复参拜，直至病倒，作为父亲这是失职的。

其次，他缺少作为父亲的胸怀，太过狭隘。杨暕确实犯了很多错，但有些是杨广强加给他的。就比如说柳氏女一事，杨广之所以愤怒，不是因为杨暕贪恋女色，而是因为柳氏女原本是杨丽华献给自己的，结果却被杨暕接纳了，因此他觉得颜面有损。还有围猎一事，杨暕做的是不对，但也是年轻好胜，杨广因此给他穿小鞋，找他的麻烦，就显得心胸狭隘了。

总的来说，杨广缺少心胸，任何人以任何形式、出于任何目的冒犯了他，他都要打击报复，即便是亲生儿子也不能例外。

那么，当大臣冒犯他时，他会怎么做呢？

第二章
老臣之死

通过立储一事，我们发现杨广缺少心胸，没有容人之量。但其实这还不算明显，在下面的这件事中，他狭隘的心胸才真正暴露无遗。

此事是关于几位老臣的，发生于杨广出巡塞北期间。

之前我们说出巡塞北有利有弊，利在安定北边，弊在太过奢侈。由于存在这样的弊端，所以当初出巡时就有大臣私下议论，或者说是批评。结果杨广知道后大怒，下令处死了他们。

三老

这些议论者都不是普通大臣，而是为隋朝立下过汗马功劳的元老重臣，他们是：太常卿高颎、光禄大夫贺若弼、礼部尚书宇文弼。

高颎就不用多说了，他当了近二十年的宰相，是隋朝第一元老，后来蒙冤罢相，被贬为庶民，赋闲了好几年。直到杨广即位后才被起用为太常卿，主管礼乐、祭祀等事。

贺若弼情况也差不多。隋文帝时期的元老名将，早先功勋卓著，位高权重，后来因为口出狂言被杨坚除名为民，还险些丢掉性命。而今也只有光禄大夫的散职，没有任何实权。

至于宇文弼，大家可能比较陌生，其实他也是一位元老，与高颎、贺若弼等人年龄相仿，早年参加过平齐、灭陈、北击突厥等重要战役，只不过多数时候都是以副统帅的身份出征，所以不够露脸。

比如开皇三年（公元 583 年）窦荣定北击突厥，宇文弼就是他的行军司马，相当于副帅；开皇八年（公元 588 年）杨素攻陈，宇文弼为行军总管，并且持节号令诸军，为杨素的副手；开皇十八年（公元 598 年），杨谅和高颎征伐高句丽，宇文弼为元帅府司马，仍然是副统帅。

虽然做主帅的机会不多，但宇文弼的功劳并不小，而且他德行很好，声望极高，以至于《隋书》评价他："慷慨有大节，博学多通……当官正色，为百僚所惮……物议时谈，多见推许……"

这样一看，宇文弼与高颎倒是挺像，不仅同为关陇贵族，年岁相仿，而且都是元老重臣，德高望重，受人尊崇。更关键的是，他们曾经共事过。

正因如此，二人志同道合，关系十分要好，私下多有来往。这是他们能够凑到一起议论北巡的前提条件。

那贺若弼呢？他不是瞧不起高颎吗？怎么也和他们凑到一起了？

不错，贺若弼早年是心高气傲，瞧不起高颎，不过后来他低调了许多，对高颎的态度也转变了，开始敬重和佩服他。当初高颎因王世积一案被杨坚调查，他和宇文弼都第一时间站出来为其鸣冤，关系可见一斑。再后来高颎被罢相，与贺若弼一样成了庶人，二人因此惺惺相惜，关系更好了。

三人有这样的关系，凑到一起就不奇怪了。不过他们到底议论了什么，又是怎么惹怒杨广的呢？

这还要从大业二年启民来洛阳朝见时说起。当时杨广为迎接启民，下令征集周、齐、梁、陈的宫廷音乐和民间散乐，此事需要主管礼乐的太常卿出面，因此高颎就参与其中了。而高颎对此颇有看法，他觉得散乐是民间杂戏，难登大雅之堂，因此劝谏杨广说："此乐久废。今或征之，恐无识之徒弃本逐末，递相教习。"

散乐已经废除很久了，现在要是征入宫廷，恐怕那些没有辨别能力的人会舍本逐末，争相学习散乐，从而抛弃雅乐。

客观地讲，雅乐、散乐各有千秋，一个是阳春白雪，一个是下里巴人，不应该分高低。但高颎是太常卿，主管音乐礼仪，反对把散乐征入宫廷也没有错，因为这不符合礼乐制度，而且会起到不好的示范作用。

但是杨广有自己的想法，为了向启民和突厥人夸耀华夏文化，他必须广征天下音乐，管他什么雅乐散乐，先征来再说，反正突厥人也不懂雅不雅，只要场面大、够热闹就行了，所以就没有听高颎之言，坚持把散乐征入了宫廷。

高颎因此很失望。后来随驾出巡塞北，见杨广太过沉迷享乐，他就更失望了，便对自己的下属太常丞李懿说："周天元（周宣帝宇文赟）因为沉迷享乐而亡，殷鉴不远，安可重蹈覆辙？"

之后他见杨广对启民过于优厚，深恐养虎为患，又对太府卿何稠说："此虏颇知中国虚实、山川险易，恐为后患。"

此后不久又对安德王杨雄（杨雄于仁寿元年改封安德王）说："近来朝廷很没有纲纪啊！"

总之高颎跟很多人都说过杨广的是非，只是这些人大多保持沉默，没有给回应，倒是宇文弼与他想法类同，私下里对他说道："天元之侈，以今日之情形比之，岂非更严重吗？"

不久高颎又针对修长城一事说："修筑长城并非紧急之事！"言下之意就是不该修。

等到杨广造千人大帐，宴请启民及其部落首领时，一直被冷落的贺若弼看不下去了，他也觉得杨广这样太过奢侈，于是就和高颎、宇文弼聊到了一起，私下议论杨广的是非。

三个元老重臣聚在一起聊天，这事本来就挺敏感的，更何况他们聊的还是当今天子，一旦被人发现，很容易被扣上结党之类的帽子。

而不幸的是，他们真就被人发现并且告发了。

也难怪，这毕竟是在出行途中，周围人多眼杂，哪是说话的地方？他们三个人整天聚在一起，难免不被人注意。

结果杨广勃然大怒，以诽谤朝政之罪处死了他们，并将高颎的几个儿子全部发配边疆，贺若弼的妻子被收入官府沦为奴婢。连苏威也因当初曾反对过修筑长城而受到牵连，被免去官职。

于是一日之内，三位元老大臣被诛杀，一位宰相被罢官，这无疑是隋朝开国以来最大一案。

平心而论，这是一场冤假错案，高颎、贺若弼、宇文弼议论朝政不假，但所言皆为客观事实，是为国家分忧，绝对不该被处死。而且三人都是开国元老，是为隋朝立下过汗马功劳的，按照大隋律法，即便有罪也应该宽大处理，就像当初杨坚处置高颎、贺若弼一样。

可是杨广竟然仅仅因为一番言论，就同时处死了三位元老，还将他们的妻子儿女发配为奴为婢，这种处理方式实在太过极端。

我们不禁要问：为什么？

杀人的理由

站在杨广的角度分析之后，可以总结出四个原因。

第一是杨广的性格使然。

我们说杨广缺少心胸，没有容人之量，那么他的这种性情是怎么形成的呢？

我想这与他太过自负有关。结合前面的历史我们不难看出，杨广是一个能力极强又极度自负之人，而这样的人一般自尊心都很强，容不得别人批评或冒犯自己，这种性格发展到极端，自然就变成心胸狭隘了。

所以当高颎等人私下批评他时，他的自尊心受到了伤害，他的愤怒是必然的。何况他自比秦皇汉武，把出巡塞北、修筑长城看作可以载入史册的“大业”，更不允许有人指指点点了。而今高颎等人在背后“搬弄是非”，在他看来，这就是在否定自己的路线和成绩，甚至是否定自己这个皇帝，他怎么能够容忍呢?

再有第二个原因：杨广与高颎等人的矛盾积累。

杨广与高颎的关系一直不怎么好，早在平陈时，二人就因张丽华而发生过矛盾，当时杨广还满怀怨恨地说：“我一定会对高颎有所回报！”虽然此事经后人考证可能为虚构，但二人不和却是事实。因为高颎是杨勇的支持者，一直反对废立太子，给杨广夺储造成了很大麻烦。

后来杨广即位，“不计前嫌”地任命高颎为太常卿，他本以为高颎会感恩戴德，从此对自己言听计从，但没想到高颎竟然屡屡提出反对意见，丝毫不给自己面子。这让他很有挫败感，对高颎的不满越积越深，终于在北巡的路上爆发了。

另外，贺若弼也与杨广的关系不好。当初平陈之役，他不听帅令擅自出战，夺了杨广的头功，这事杨广一直记着。而且贺若弼本人太过高傲自负，不把别人放在眼里，也让杨广很不喜欢。

至于宇文弼就比较无辜了，他与杨广没什么矛盾，只是声望太高，使杨广感到了不安。

总而言之，这三人都不得杨广喜欢，如今聚到一起议论杨广，杨广当然很生气，因而也就毫不留情地处死了他们。

第三个原因：杨广想通过诛杀老臣来立威。

历朝历代，年轻的新皇帝最怕的就是老臣不服自己。而杨广尤其如此，他知道那些老臣功劳大、声望高，即使没有实权，在朝中的影响力也不容小觑，要想坐稳皇位，必须获得他们的支持。所以即位后不久，他就起用了高颎等人，试图通过施加恩惠来赢得老臣们的心。

但是结果并没有达到他的预期。这些老臣依然不服自己，无论自己做什么决策，他们总会站出来提意见，还在背后指指点点，好像他们什么都懂，什么都是对的，而自己什么都是错的，什么都得听他们的，不然就是昏君。

这让杨广很不爽，他感觉自己的权威受到了挑战，因此他要杀人立威，让那些老臣从此畏惧自己，不敢再随便议论。而高颎等人正好撞到了枪口上，杨广顺势将他们处以极刑，以此警告那些老臣：不要仗着自己有功劳，就倚老卖老，不把我这个天子放在眼里！我连高颎都能杀，还有谁杀不得？！

第四个原因：杨广要借此清洗关陇贵族。

高颎、贺若弼、宇文弼三人有一个最大的共同点，那就是他们都出身关陇贵族。而我们知道，杨广正在逐渐抛弃“关中本位政策”，大力提拔重用关东、江南人。但是关陇贵族实在太过强大，他们挤占了太多的政治资源，有他们在，出身关东和江南的官员就很难上去，所以杨广要进行清洗，把那些跟自己不对付又影响力极大的关陇老臣连根拔起，彻底清除他们的政治影响。

以上就是杨广非杀高颎等人的原因。虽然分析了这么多，但其实很难说哪个是决定性的，哪些是次要的。唯一可以肯定的是，杨广并非一时冲动，而是经过深思熟虑的，所以他事后没有任何后悔的意思。

杀人的代价

可惜高颎、贺若弼、宇文弼一代名臣，就这么不明不白地死了，这对朝廷乃至天下来说都是极其重大的损失。尤其是高颎，他的才能和德行举世无双，是隋朝建国以来最杰出的宰相，很难再找出第二个。

正如《隋书·高颎传》对他的评价:“颎有文武大略,明达世务。及蒙任寄之后,竭诚尽节,进引贞良,以天下为己任。苏威、杨素、贺若弼、韩擒(虎)等,皆颎所推荐,各尽其用,为一代名臣。自余立功立事者,不可胜数。当朝执政将二十年,朝野推服,物无异议。治致升平,颎之力也,论者以为真宰相。”

因此他被杀后“天下莫不伤惜,至今称冤不已”。

还有贺若弼,虽然他为人高傲,但不可否认他是一位杰出的军事家,是隋朝军队的灵魂之一。杨坚一次次宽容他,就是因为感念他的功劳、爱惜他的军事才能。想当初,突厥遣使入朝,以射艺夸耀,杨坚就说:“非贺若弼不能相比。”于是命贺若弼射箭。贺若弼不负所望,一发而中。杨坚高兴地对突厥人说:“此人是上天赐我也!”

天赐神将,却因言论获罪被杀,岂不惜哉!

再有宇文弼,论才能品德,可比高颎,论军功战绩,可比贺若弼,同样可惜!

说来命运也真是捉弄人,想当年高颎初为相,他的母亲告诫他:“你如今富贵已极,只剩砍头而已,务必小心谨慎。”高颎听从母亲教导,一直踏踏实实做官、认认真真办事,后来被杨坚罢相,他还有一种超脱的感觉,以为终于可以免除灾祸了。可没想到躲得过初一,躲不过十五,躲得过杨坚,躲不过杨广,他最终还是没逃脱被砍头的命运。

贺若弼则更是个悲剧。他父亲贺若敦曾“锥舌诫子”,告诫他不要乱说话,结果多年以后他还是没有管住自己的嘴,死在了“舌头”上。

但实事求是地讲,贺若弼是一个值得尊敬的人。他之前被杨坚罢官确实是因为目中无人,说了不该说的话,但这次他说的话是公道话,是一个正直的大臣该说的话。我们应该为他正名。

人死不能复生,自此以后,隋朝将再无高颎、贺若弼,这个损失是无法弥补的。同时,他们的死也将给隋朝带来极其恶劣的影响,这同样是难以挽回的。

首先，高颎等人无辜被杀，将使大臣们变得人人自危。

正所谓“伴君如伴虎”，古时为官者最怕的莫过于皇帝猜忌和滥杀大臣，之前杨坚冤杀虞庆则、史万岁等功臣，已经让很多大臣感到恐慌，而今杨广连杀高颎、贺若弼和宇文弼，更是搞得人人自危。

试想皇帝连高颎这样德才兼备且有大功于社稷的人都能杀，更何况其他大臣呢？日后在他身边工作，恐怕稍有不慎，就会有性命之忧，这不是比“伴虎”还要可怕吗？为避免落入“虎口”，大臣们只能明哲保身，得过且过，能不说的就不说，能不做的就不做，反正江山是杨家的，他爱怎么折腾就怎么折腾。

其次，在杀害高颎等人之后，杨广变得越来越偏激和刚愎自用。

杨广这个人本来就很自负，总以为自己是对的，听不进大臣的劝谏，放眼朝中，敢于向他提意见的也就只有高颎这些老臣了。如今高颎等人因言获罪被杀，其他大臣又人人自危，还有谁敢向他提建议？

如果我们把隋朝比作一辆高速行驶的列车，那么杨广就是驾驶员，他是一个新手，能力很强，但缺少经验，急于表现自己，一心只想开快车，却不知道列车和乘客是否承受得住。在这种情况下，正需要高颎这样的“老师傅”在旁指导，给他减减速、刹刹车。可是现在高颎死了，还有谁能限制他、给他指导？他又会将这辆车开向何方呢？

在诛杀了高颎等人后，杨广对朝中老臣越来越不信任，不久就又迫害了两位重臣，一个废，一个杀。

萧琮的结局

被废的是梁国公萧琮，也就是萧皇后的长兄、西梁的最后一任皇帝。

萧琮虽是亡国之君，但因为西梁一直附属于隋朝，而他在隋灭西梁的过程中表现又比较好，所以国亡后受到了杨坚的优待，被封为莒国公。

后来杨广即位为帝，萧琮因为是皇后兄长而被杨广亲近器重，被任命为内史令，改封为梁国公。同时他的族人也都被提拔任用，兄弟、叔侄等在朝廷做官者不计其数，一时满门朱紫。

虽然是皇亲国戚，并且身居高位，但萧琮在朝中却非常低调，对政务并不热心，每日退朝后只是纵情饮酒而已。

之所以如此，一来是因为他性情淡泊高雅，风流倜傥，放荡不羁；二来是因为他曾当过皇帝，身份太敏感，如果表现过于突出，很容易招来祸端。

所以萧琮为人低调，不求有功但求无过。

可尽管如此，他还是没能逃过杨广的猜忌，以致惹祸上身。

杨广之前如此信任器重他，为什么突然又猜忌他了呢？

此事与高颎等人之死有关。

萧琮为人放荡不羁，在朝中朋友不多，唯独与贺若弼等人交情深厚。贺若弼获罪被杀后，萧琮就成了杨广重点关注的对象。此时京城恰巧又流行起一首奇怪的童谣，其中唱道："萧萧亦复起。"

一说到"萧"，当时的人首先想到的肯定是以萧琮为首的兰陵萧氏，而"亦复起"是重又崛起、兴起之意，正好萧氏曾经是皇族，国亡后等于是没落了。那"萧萧亦复起"岂不就是说萧氏又将复起，继续当皇帝？

也不知这童谣是谁编出来的，分明是在故意坑害萧琮。杨广本就因贺若弼之事对他起了疑心，听了童谣后更加猜忌他，遂将他废为庶民，命他不许离家。

萧琮心灰意冷，不久便郁闷死于家中，终年五十岁。

自开皇七年（公元 587 年）入朝，至大业三年去世，萧琮在隋为官整整二十年，也算是一位老臣了。这些年他虽无大功，但也无任何过错，结果就因为与贺若弼有交情，以及一首童谣，便被废而死，实在是够冤的。

不过他还算是幸运的，如果不是萧皇后的缘故，他可能早就与高颎等人一样被杨广杀了。

这就是杨广，常无端猜忌大臣，而一旦被他猜忌，不管是谁，下场都好不了。

接下来我们再说那位被他杀害的重臣。

薛道衡

这位大臣名叫薛道衡。

早在开皇初年（公元 581 年），他就曾奉杨坚之命出使陈朝，后来杨勇被废黜，又是他奉命宣读的诏书。

所以薛道衡也是位老臣，在朝为官已经几十年了。至于他的出身、履历和为人，我们下面做详细介绍。

首先让我们从“薛”这个姓氏说起。隋唐时期，河东（今山西地区）有三大名门望族，分别为：河东薛氏、河东柳氏、河东绛县裴氏。这三大士族合称“河东三著姓”，几百年里人才辈出，活跃在隋唐两朝的政治、经济、军事及文化舞台上。其中裴氏在隋朝的代表人物有裴矩、裴蕴，在唐朝有裴寂、裴行俭等；柳氏在隋朝的代表人物有柳述、柳彧，在唐朝有柳宗元、柳公权等；而薛氏在隋唐两朝的代表人物则分别是薛道衡、薛仁贵。

说过这一点，我们再来看薛道衡其人。

薛道衡，字玄卿，生于东魏天平二年（公元 535 年），河东郡汾阴县（今山西万荣）人，北魏、东魏大臣薛孝通之子。

说到薛孝通，那也是北魏末年的风云人物，他曾是北魏重臣，在北魏风雨飘摇之际，推荐贺拔岳、宇文泰经略关中，还与宇文泰结拜为兄弟，直接促成了西魏的建立。但北魏分裂之际，薛孝通却没有随孝武帝西迁关中投奔宇文泰，而是留在关东，成了东魏大臣。第二年，薛道衡便出生了。

公元 540 年，薛孝通去世，六岁的薛道衡成了孤儿，但他天生好学，少年成名，凭文才入仕北齐，待诏文林馆，并兼任主客郎，主要工作就是接待、应对北周及陈朝的使者，这是薛道衡从事外交工作的开始。

后来北齐灭亡，薛道衡又历仕北周、隋朝。开皇初年，他被杨坚任命为内史舍人，兼任聘陈主使，多次往还江南，由此了解到陈叔宝的荒淫和陈朝的腐败情况，然后数次上奏杨坚，要求对陈“责以称藩”，也就是命陈向隋称臣，实际上是鼓励杨坚平陈。

后来伐陈，薛道衡随杨广出征，担任秘书之职。在大军到达江北后，高颎曾问薛道衡：“此番举兵，能否克定江东，请君言之。”

薛道衡认为必能克陈，并列出了四条理由：

其一，南北分裂已久，战争不息，人民渴望太平，统一是大势所趋。

其二，有德者昌，无德者亡。大隋天子躬履恭俭，忧劳庶政，而陈叔宝穷奢极侈，荒淫无度。以有道伐无道，必胜。

其三，为国立体在于用人，陈重用小人，施文庆、江总皆不是经略之才，萧摩诃、任蛮奴只是莽夫。

其四，陈兵力只有十万，西至巫峡，东至沧海，分兵则势悬而力弱，合兵则守此而失彼。

薛道衡能对当时的局势分析得如此透彻，足见其政治才能。难怪高颎听完之后叹服说："君言成败，事理分明，吾今豁然矣！"

天下统一后，薛道衡受到杨坚重用，长年担任朝中机要职务，官至内史侍郎。当时的朝中重臣如高颎、杨素等人都很敬重他，太子、诸王也争相与之相交，因而他声名大盛，一时无双。

这就是薛道衡早年的仕途经历，虽然没有做出什么大事业，但作为一个关东人，他能够得到杨坚的信任做到内史省副长官，已经很了不起了。

不过，薛道衡真正出色的不是政治能力，而是文学成就，他实际上是一位诗人，而且是隋朝仅有的几个诗人之一。

隋朝第一诗人

薛道衡出身山东士族，受家庭影响，自幼便用心于文章词句。史载他十三岁时，读《春秋左氏传》，有感于子产相郑之功，作《国侨赞》一篇，文章"颇有词致，见者奇之"。

成年后，薛道衡才名更盛，与卢思道、李德林齐名，并称为北齐末年三大才子。他尤其长于诗作，特别是边塞诗，比如这首《出塞》："绝漠三秋暮，穷阴万里生。寒夜哀笛曲，霜天断雁声。"

此诗意象宏阔，体现了北朝文风的特点，可谓唐代边塞诗的先声。

此外，薛道衡多年从事外交工作，与江南接触较多，受南方文风的影响也很深，比如他的《昔昔盐》一诗，对仗工整，描写铺排极为细腻，其中"暗牖悬蛛网，空梁落燕泥"一句，为千古吟诵的名句。

薛道衡诗兼具南北诗歌之长，他是当时的文坛领袖，其诗歌在南北方都受推崇。当时就北方来说，能称得上诗人的不多，也就杨素、杨广等寥寥数人。杨素性格高傲，颇以文才自负，却唯独对薛道衡推崇备至，二人曾一起唱和，留下不少诗篇，杨素临死前还专门写了七百字的五言诗赠给他。就南方来说，陈朝文学繁盛，皇帝和满朝文武都是诗人，一向瞧不起北方，但他们却都喜欢薛道衡的诗作，以至“道衡每有所作，南人无不吟诵焉”。

性格高傲的杨素和文风极盛的南朝都推崇薛道衡的诗作，可见其成就之高。

但就是这样一位勋旧老臣和杰出诗人，竟然在古稀之年被逼令自尽，不得善终。他是哪里得罪了杨广呢？

诗人之死

其实薛道衡不止一件事得罪杨广，他最终被杀，是多起事件累积的结果。

这第一件事是不给杨广面子，具体还要从开皇年间说起。

开皇十二年（公元 592 年），右仆射苏威因朋党问题被罢相，当时薛道衡担任吏部侍郎，被人指为苏威的朋党，因而被罢官除名，贬至岭南。

当时杨广还是晋王，正在扬州担任总管，他爱慕薛道衡之才，想要将其召至幕府，于是派人告诉薛道衡，请他绕道扬州，以便自己奏请天子将他留下。

这对薛道衡来说本是好事，既能免于流放岭南，又能结交杨广。然而薛道衡为人正直孤傲，又洁身自好，一心只想侍奉天子，不愿去王府，因而在汉王杨谅的建议下，走江陵道去了岭南。

杨广被他拒绝，心里很不痛快，就此埋下了仇恨他的种子。

再有第二件事：“讽刺”杨广。

流放岭南后不久，薛道衡又被杨坚召还京城，并且升了官，备受宠信。至仁寿年中，因杨素专擅朝政，权力过大，而薛道衡又与他交好，杨坚为了限制杨素，不得已把薛道衡调到了地方。

杨广即位后，调任薛道衡为番州刺史，此时薛道衡已年过七十，眼见仕途无望，遂生退隐之心，在番州干了一年多后，便上表请求致仕。

这其实就有点儿不太会做人了，你想杨广新皇登基，给你安排了新职务，你甭管喜欢不喜欢，最好先干着，你这刚一年就要退休，让人怎么想？是对新皇帝不满吗？

好在杨广仍旧爱惜他的才华，想着既然你不满足于当刺史，那就把你调回京吧，于是便答应了他的请求，打算趁他来京之际给他个职位，将他留在朝中。为此，杨广还专门嘱咐内史侍郎虞世基说："道衡将至，当以秘书监待之。"

秘书监乃秘书省长官，虽不掌握朝政大权，但地位和待遇都很高，很适合养老，唐代贺知章晚年就曾担任此职。由此不难看出，杨广对薛道衡还是相当不错的。然而万万没想到的是，这竟成了薛道衡悲惨命运的开始。

薛道衡到洛阳后，不知出于何心，上了一篇《高祖文皇帝颂》，对刚刚去世的杨坚极力赞颂。

按照我们一般人的逻辑，父亲被人赞颂，做儿子的应该感到高兴和自豪。但杨广不是一般人，他看了颂文后不仅不高兴，反而很愤怒，对苏威说："道衡致美先朝，此《鱼藻》之义也。"

什么意思？我们不妨先看看何谓《鱼藻》。

所谓《鱼藻》，乃是《诗经·小雅》中的一首诗："鱼在在藻，有颁其首。王在在镐，岂乐饮酒。鱼在在藻，有莘其尾。王在在镐，饮酒乐岂。鱼在在藻，依于其蒲。王在在镐，有那其居。"

此诗表面上是在赞颂周武王居镐京饮酒、君民同乐，而后人认为此诗是借歌颂周武王来讽刺周幽王的。

因而所谓“《鱼藻》之义”就是借古讽今之意，也就是说，杨广认为薛道衡赞颂先皇，是为了讽刺当朝。

那薛道衡是不是这个意思呢？

我想八成是杨广过于敏感了，薛道衡性格狷介，无论说话还是做事，一向都直来直去，从不绕弯子，他上这篇颂文应该只是纯粹想歌颂杨坚，同时激励、鞭策杨广，说他“借古讽今”有点过了。

不过话又说回来，薛道衡此时写文章赞颂杨坚确实不大合适，因为杨广即位后一改杨坚与民休息、轻徭薄赋的治国政策，大搞工程、巡游无度，你这时候去赞颂杨坚，不就等于是批评杨广吗？以杨广的性格，他肯定会往这方面想。

再联想到之前薛道衡拒绝了绕道扬州一事，杨广更加认为他轻视自己，因而改授他为司隶大夫，打算治他的罪。

司隶大夫是杨广新设的官职，职责是巡察京畿及全国郡县，若遇不称职的郡守和县令可免其官职，遇到有功的则上报其事迹，加以旌勉。

这个职位权力很大，但也很容易得罪人、做错事。杨广如此安排，八成是想寻机找薛道衡的麻烦，对他进行打击。

如果薛道衡懂得揣摩人心，应该不难想到这一点，但他太耿直，完全没有理解杨广的意图，反而以为皇帝很看重自己。

所谓“当局者迷，旁观者清”，薛道衡没明白的事，他的好友司隶刺史房彦谦却看得很清楚。他见薛道衡被杨广针对，怕他招致祸端，就劝他“杜绝宾客，卑辞下气”，也就是让他拒绝与人来往，在皇帝面前谦卑一些。

还得说人家房彦谦会做官，怪不得能培养出一代名相房玄龄。他看清了杨广的性格脾气，知道杨广好面子，只要薛道衡放低姿态，学着低声下气，杨广就不会再找他麻烦。

但可惜，薛道衡没有听从房彦谦的建议，仍旧坚持自己一贯的作风，直来直去，这就注定他会继续得罪杨广。

于是接下来就发生了第三件事：说错话。

薛道衡出任司隶大夫后，经常参与朝政大事的处理。当时杨广正要出台新律令，也就是《大业律》，命众臣讨论商议，拿出方案。结果众臣争论了很长时间也没定下来。而此时高颎、贺若弼等人刚获罪被杀不久，薛道衡心中感慨，随口就对同僚说了句："向使高颎不死，令决当久行。"

如果高颎没有死，新令一定早就推行了。

薛道衡真是太实诚了，净说大实话，也不管杨广爱不爱听。

结果很快就有人把他的这句无心之言报给了杨广，杨广听罢当即怒道："汝忆高颎邪？"

你是在怀念高颎吗？

薛道衡当然怀念，何止是他，很多大臣都怀念，只是没人敢像他这样公然表达出来而已。毕竟高颎是皇帝杀的，是"罪臣"，你去怀念他，说他的好话，不就等于是在说杨广不该杀高颎吗？杨广焉能不怒？

虽然杨广已经怒了不止一次了，但这次的后果很严重，直接导致薛道衡被执法部门拘捕审查。

不过此时杨广尚未动杀心，薛道衡命运如何，还得看执法部门怎么判。而当时朝廷执掌司法大权的是御史大夫裴蕴，此人很会揣摩和迎合杨广的心意，见杨广痛恶薛道衡，便准备把薛道衡往死里整，因而上奏说："薛道衡自负才华，又仗着自己是老臣，目无君上，为害国家，妄造祸端。论他的罪名，好像是比较隐晦，但是他用心险恶，实为大逆之罪。"

这番话说出来，就等于是给薛道衡判了死刑。杨广本来还有些犹豫，现在被裴蕴这么一鼓动，便觉得薛道衡确实该死，因而说："你说得很对。朕年少时和他一起伐陈，他轻视朕年少，与高颎、贺若弼等人专擅威权。朕即位后，他内心不安，得亏天下无事，才没有造反。你认为他悖逆，这很符合朕的心意。”

话说完，便给薛道衡下了判决书：令自尽。

可怜薛道衡，都已经被立案审查了，却还没有意识到事情的严重性。他以为自己就是不小心说错了一句话，算不上大罪，一定会获得皇帝的赦免，为此他还催促御史台快点审，审完好上报，报完好获赦。此外，还让家里人准备好饭菜，以便获赦后招待那些来问候自己的宾客。

现在宾客他是等不来了，能等来的只有死神。

不过当判决下来时，薛道衡并没有自尽。这倒不是因为他胆敢抗旨不遵，而是因为他反应太迟钝，没有明白杨广的意思。

这也难怪，他压根儿就没想过会有这样的结果，一心等待着杨广的赦免。

他不自杀，执法部门也没办法，只能再次上报皇帝裁决。杨广怎么处理呢？还是要让薛道衡死，既然薛道衡自己不死，那就帮他死。

于是下令将薛道衡缢死，并将其妻子儿女流放且末郡。

至此隋朝第一诗人薛道衡被杀，终年七十五岁。

薛道衡的死当然是个悲剧，是心胸狭隘的杨广无端猜忌造成的。但从主观上说，薛道衡自身也有责任，他太过“迂诞”了。

所谓“迂诞”，乃是“迂阔荒诞”之意，通俗地说就是不通人情世故，思想行为不切实际事理。

早在开皇时期，杨坚就已经多次告诫薛道衡不要太迂诞，但薛道衡始终改不了，或者说根本不愿改。他过于忠直耿介，凡事都不知变通，不会揣摩别人的心意，更不会迎合、讨好别人。

他这种性格很容易得罪人，在开皇时期可能还没什么，但在大业时代是很难存活的。因为杨广无容人之量，得罪他后果很严重，而薛道衡显然高估了他的心胸，也高估了自己的分量。

所以薛道衡可能至死也不明白，自己究竟哪里做错了？为何会落得如此下场？

但这可能就是诗人的性格吧，如果他处世圆滑，善于阿谀奉承，或许也成不了“隋朝第一诗人”。

说到“第一诗人”，其实他和杨广都配得上这个称号，二人正是隋朝艺术成就最高的两个诗人，至于他们谁更高一些，那还真不好说。不过薛道衡死后，杨广便独占第一了。

或许就因为这样，一些野史干脆说杨广杀薛道衡是因为嫉妒他的文才。如《隋唐嘉话》载：炀帝善属文，而不欲人出其右。司隶薛道衡由是得罪，后因事诛之，曰：“更能作‘空梁落燕泥’否？”

什么意思？就是说杨广擅长诗赋，不愿别人超过自己，因此薛道衡就得罪了他，后来他就借故杀了薛道衡，并说：“你还能作出‘空梁落燕泥’吗？”

这段记载当然不符合历史，但它却反映了两个事实：其一，薛道衡迂诞，不会揣摩和迎合圣意；其二，杨广心胸狭隘，不愿别人比自己强。

所以我们会发现高颎、宇文弼也好，贺若弼、薛道衡也好，这些被杀的老臣能力都很强，至少在某一方面非常突出。这样的大臣本应受重用，而杨广却容不下，他究竟喜欢什么样的臣子呢？

第三章
大业五贵

大业以来，杨素、高颎、贺若弼、宇文弼、薛道衡等元老重臣先后被杨广抛弃，不仅退出了朝堂，也彻底退出了历史舞台。

有人谢幕，就有人登场。杨素等人死后，谁来扮演大业时代的朝堂主角呢？

不知大家还记不记得，开皇时期朝廷中有四贵，即左仆射高颎、右仆射虞庆则、纳言苏威、左卫大将军杨雄。

这本是当时人们对高颎等朝中重臣的一种称谓，表示他们身份特别尊贵，共同执掌朝政大权。不过自虞庆则被杀后，“四贵”的格局就被打破了，此后逐渐瓦解，不复存在。

而今时过境迁，朝廷又同时出现了几位掌握大权的重臣，也被人冠以“贵”字，只不过不再是四贵，而是五贵。

既然称“五贵”，那就意味着有五个人，他们都是谁呢？

其实都不是生人，之前多少都露过脸，他们分别是：纳言苏威、左翊卫大将军宇文述、内史侍郎虞世基、黄门侍郎裴矩、御史大夫裴蕴。

下面我们来一一介绍。

“不倒翁”苏威

苏威，这是我们的老熟人了，从开皇到大业，从“四贵”到“五贵”，他是唯一一个同时被杨坚、杨广两代帝王重用的大臣，可谓政坛“不倒翁”。

但苏威并非一帆风顺，这二十多年来，他经历了三次大落大起。

第一次发生在开皇十二年。当时苏威之子苏夔与国子博士何妥因音乐产生纠纷，何妥一气之下把苏威告了，说他与下属卢恺、薛道衡等人私结朋党，在朝中任人唯亲、滥用职权。结果杨坚大怒，罢免了他的官爵。但仅仅一年多后，他就被起用，不久出任纳言，又当起了宰相。

第二次发生在开皇十四年（公元 594 年）。当时苏威刚刚复起，随杨坚祭祀泰山，因为不敬又一次被免官，但很快又官复原职，并在仁寿初年升任右仆射。

第三次则发生在大业三年（公元 607 年）。当时杨广正在北巡，忽然下令要修长城，苏威认为这会加重百姓负担，便劝谏了几句。不久高颎、贺若弼、宇文弼因为私下议论修长城等事被杀，苏威受到牵连，再次被免官。但一年多后，他又被起用为鲁郡太守，不久被召回朝中，担任太常卿，并跟随杨广西巡，进位左光禄大夫；至大业六年，再次出任纳言。

转了一大圈，苏威又回到了最初的位置，此时距离他第一次拜相已经过去了将近三十年。这个时间跨度可谓相当之长，以至于当初那些和他并称“四贵”的开国功臣都快凋零殆尽了。

不仅如此，连后来崛起的杨素都已经被逼死了，他却还屹立不倒，起起落落之后又当上了宰相。他到底有什么特殊本事，竟然能让杨坚、杨广这对猜忌心如此严重的父子始终信任、重用？

首先得说苏威这个人确实有能力，虽然不如高颎全面，但很擅长处理具体政务，是个能办实事的行政人才。一个国家任何时候都离不开这样的人。

当然，光有能力是远远不够的。高颎能力远胜他，最后不还是被杨坚、杨广狠心抛弃了吗？苏威之所以能够三落三起，最重要的原因是他性格怯懦。

开皇末期，国子祭酒元善曾对杨坚说："杨素粗疏，苏威怯懦，元胄、元旻正似鸭耳。可以付社稷者，唯独高颎。"

之前讲高颎罢相时，我们曾引用过这段话，当时认为元善说得非常中肯，而现在再次引出，仍然感觉很有道理。杨素有文才，但性格粗疏，不善于处理政事；苏威心细，但性格怯懦，难以独当大任；只有高颎德才兼备，可以托付社稷。

苏威的怯懦由来已久。当初他老丈人宇文护要重用他，他怕招来灾祸，逃到了深山中；后来杨坚要搞禅让，他不敢参与，又卷铺盖逃回了老家。

如此三番五次地"逃跑"，苏威还不够怯懦吗？以前我们说他逃入深山是因为担心宇文护不能长久，不参与禅让是因为担心名声受损。这确实没错，但归根结底，苏威担心这担心那，岂不就是怯懦怕事吗？

说白了，苏威缺乏胆略，做事不敢冒风险，尤其是在这种关乎身家性命的大事上，他更是处处谨慎，生怕出错，能退一步就不向前。

虽然为相之后，苏威经常和人发生争执，与李德林更是争得头破血流，但我们会发现，他与人争的都是些琐碎事务，比如法律条例要不要改、乡正要不要废除等，一旦遇到涉及国家兴亡的大事，他就缩到后面去了。而且他只敢与同僚争，从不敢得罪皇帝，早先或许还能劝阻杨坚勿滥杀大臣，但自从经历过一次罢官后，就再也不敢违背杨坚的意愿了。

比如当初高颎罢相，苏威作为他的亲密伙伴，又受他举荐之恩，竟然没有为他说一句话，反倒是人家贺若弼站了出来；还有在太子废立的问题上，苏威作为宰相竟也没有参与，既没有像高颎、元旻等人一样力保杨勇，也没有像杨素一样帮助杨广，完全置身事外。

凡此种种，都说明苏威此人性格怯懦，处事谨慎。

这一性格在世人眼中或许是缺点，但在皇帝眼中可能恰恰是优点，因为怯懦的人即使能力再强，也威胁不到皇权。

这就是苏威能成为隋朝政坛“不倒翁”的原因。因为谨慎，所以他洁身自好，不贪不腐不结党；因为怯懦，所以他顺从皇帝，不争不斗不出风头。这样的人担任宰相，杨坚、杨广很放心，能够完全掌控，加上他确实有行政才能，长期屹立朝堂就不奇怪了。

第一宠臣宇文述

再说宇文述，这也是我们熟悉的人物，出身关陇贵族，曾在杨广夺嫡和仁寿宫变的过程中扮演重要角色。

大家应该都还记得，当初正是宇文述为杨广出谋划策，提出了结交杨素的建议，并且从扬州千里迢迢来到大兴，拉拢杨约，以此说服杨素，然后杨广才能在杨素的全力支持下登上太子之位。

此后宇文述被任命为太子左卫率，负责东宫保卫工作，成了杨广的左膀右臂。仁寿宫变之际，他和左宗卫率郭衍奉命带兵包围仁寿宫，控制住局势，为杨广即位铺平了道路。

大业元年初，杨昭被册立为太子，宇文述随即接任左卫大将军（后改称左翊卫），成为武官之首。后来杨广经略西域，宇文述奉命率军迎接伏允，随后大败吐谷浑，攻占了青海数千里地。

总的来说，宇文述对杨广有大功，杨广也非常信任和器重他，他甚至可以称得上是杨广最宠信的大臣，没有之一。

那么问题来了，对杨广有功的大臣并不少，比如杨素、杨约、张衡等，其中杨素的功劳比宇文述还大，为什么杨素等人不得善终，而宇文述却能始终受宠呢？

我想至少有三个原因。

其一，宇文述与杨广是亲家。他的第三子宇文士及是杨广嫡长女南阳公主的驸马，而南阳公主“姿容俱美，言行有节”，深得杨广钟爱，杨广爱屋及乌，便对宇文述一家恩礼有加。

其二，与杨素相比，宇文述的能力要差很多。他没有什么文化，就是一个纯粹的武将，只懂带兵打仗，对政治几乎一窍不通，而且也不感兴趣。这样一个人，即使权力再大也很难成大事，所以杨广对他很放心。

其三，宇文述非常听话，甘心做杨广的打手。杨广指向哪儿他就打向哪儿，让他往东他绝不往西，杨广认可的，他也一定赞同，杨广否定的，他也跟着说不，做人做事完全没有原则；如果非要说原则，那就是以让杨广高兴为原则。

正如《隋书》评价的那样：“宇文述、郭衍以水济水，如脂如韦，便辟足恭，柔颜取悦。君所谓可，亦曰可焉，君所谓不，亦曰不焉。无所是非，不能轻重，默默苟容，偷安高位，甘素餐之责，受彼己之讥。”

有此三点，宇文述想不受宠都难，成为“五贵”之一是理所当然的。

外交专家裴矩

接下来再说裴矩。裴矩其人，我们之前也介绍过，他出身河东裴氏，历仕北齐、北周、隋朝，在杨广经略西域的过程中发挥了重要作用，是一名出色的战略家、外交家。

裴矩成为“五贵”之一，丝毫不让人意外，他不仅能力强、功劳大，而且会揣摩杨广的心思，投其所好。比如杨广有经略西域之心，他便主动访察西域风土人情，撰写书册、绘制地图，提出解决西域问题的一揽子方案；又比如杨广好炫耀、爱排场，他便提出在端门举行大型会演，在三市制造繁荣景象，使杨广在胡人面前赚足了面子。

总之，他能想杨广之所想，及杨广之所及。这样的大臣，杨广焉能不喜欢？

因此杨广曾对群臣说道：“裴矩大识朕意，凡所陈奏，皆朕之成算，未发之顷，矩辄以闻。自非奉国用心，孰能若是！”

裴矩很能体会朕的心意，凡是他上奏的事情，都是朕心里想的，在朕还没有说出来时，他就已经上奏了。如果不是尽心为国，他怎么能做到这样呢！？

这就是裴矩，以其杰出的外交才能和“奉国用心”的办事态度，取得了杨广的宠信，成为大业时代的“五贵”之一，官居黄门侍郎，是为门下省副长官。

最后多说一句，大业五年（公元 609 年），裴矩的同行、隋朝第一外交家长孙晟病逝，终年五十八岁。此后，裴矩便成为杨广处理对外问题的首席专家。

秘书虞世基

再说虞世基，之前我们也提到过他，现在做正式介绍。

虞世基，字懋（mào）世，生年不详，会稽郡余姚县（今浙江慈溪）人。

从籍贯不难看出，虞世基是江南人。确实，他祖上一直在南朝为官，父亲虞荔和叔父虞寄都是梁、陈之际的名臣，所以他最初是在陈朝为官的。

与北人的粗犷尚武不同，出身南朝的虞世基性格沉静，喜怒不形于色，并且博学有高才，擅长写诗作赋，兼善书法，尤其是草书和隶书。隋唐之际的著名书法家虞世南就是他的亲弟弟。

因为才能出众，虞世基早年的仕途还算顺畅，历任陈朝祠部殿中二曹郎、太子中舍人、中庶子、散骑常侍、尚书左丞等职。又因文笔好、书法美，深得陈叔宝喜欢。有一次陈叔宝出门打猎，专门令他作了一篇《讲武赋》，史载“陈主嘉之，赐马一匹”。

陈朝覆灭，虞世基被迫入隋，虽然也混得一官半职（通直郎，散官，从六品衔），但却难以维持生计，一度到了“贫无家业，每佣书养亲”的地步，也就是靠替人抄书养活亲人。

好在他是真有才，凭着一支笔，逐渐在隋朝立稳脚跟，几年后就做到了内史舍人（内史省中层官员）。

杨广即位，提拔重用关东、江南人，虞世基因此得到赏识，并受到群臣推崇。当时礼书监柳顾言博学有才，很少推崇谁，但见到虞世基后却惊叹说：“海内当共推此一人，我们这些人都不及他。”

因而虞世基名声大振，日益受杨广宠信，不久便升至内史侍郎。

虽然只是内史省副长官，但虞世基的权力非常大，诸如任免官吏、起草诏令之类的大事，皆由他负责。

比如之前提到过的“选曹七贵”，他就是其中之一，而且是那个最后拍板的人。还有如今朝廷每天的大事小事，也都由他协助杨广处理，其基本流程是这样的：先是众臣在朝堂上讨论，杨广不当即决定，而是进入内阁，召虞世基口头交代旨意，虞世基回到内史省后，按照杨广的意思拟定诏书，最后传达至有关部门。

根据史书的记载，虞世基每天起草的诏书多达上百份，却没有出现过任何遗漏和错误。其处理公务的能力可见一斑。

但还是那句话，仅仅能力强是很难一直被杨广宠信重用的，虞世基能长期担任杨广的专职秘书，成为“五贵”之一，还因为他“言多合意”，也就是说话办事符合杨广的心意。

执法官裴蕴

最后说裴蕴。前面讲薛道衡时，我们就曾提及裴蕴。毫不客气地说，他是杨广杀害薛道衡的第一帮凶，是有污点的。那么他究竟是个什么样的人？他又为什么要置薛道衡于死地呢？

裴蕴姓裴，按我们之前所说，隋唐时期的裴姓名人几乎都出自河东裴氏。裴蕴祖籍河东闻喜，和裴矩是本家。

但是裴蕴又和裴矩不同，他祖上在西晋末年就举家迁到了南方，之后历经东晋、宋、齐、梁、陈等朝，所以他其实是个江南人。

不过裴蕴又和虞世基不一样，他家世代尚武，祖父裴之平、父亲裴忌分别是梁、陈时代的名将，所以他早年凭父荫入仕时，是从武官做起的。

说到他的父亲裴忌，还有一段趣事。当初北齐灭亡，陈朝与北周争夺淮南之地，裴忌奉命迎战北周，结果兵败被俘，成了北周、隋朝的将领。

但当时裴蕴还在陈朝为官，一见父亲被北朝俘虏，他也“身在江南心在北”。不久隋朝建立，大有统一之势，裴蕴担心陈朝不能长久，加上思念父亲，便暗中派人送信给杨坚，表示愿意做内应。

杨坚当然答应了，于是裴蕴就成了他安插在陈朝的卧底，二人单线联系，连高颎都不知道。后来隋朝能够顺利吞并江南，和裴蕴的情报工作不无相关。所以入隋后他被杨坚破格提拔，官至开府仪同三司，历任洋、直、隶三州刺史。

裴蕴是能干实事的人，任刺史这些年做出不少政绩。大业初，朝廷对全国地方官进行考核，裴蕴连续获得上等，声名闻于朝廷。杨广听说后，征他为太常少卿，不久又升他为民部侍郎。

处理民政是裴蕴的强项，就在担任民部侍郎期间，他又做出了一份重要政绩。

由于天下承平已久，国家对户籍的管控有所放松，各地出现了很多户口不实的情况，尤以瞒报人丁和谎报年龄最为严重。比如明明有五口人，却上报说只有三口；明明已经三十了，却说自己未成年；明明还不到五十，却说自己已年过六旬。这种现象在古代其实很普遍，百姓这么做多是为了少交租赋，免服兵役、徭役，所以越是赋役沉重的时代，这种情况越严重。

裴蕴曾长期担任刺史，对民间的这些事非常清楚，因此逐条上奏，请求重新清查全国户口，只要查到一人户口不实，则相关官吏就要免职，乡正里长皆流配边远地区。同时鼓励百姓互相告发，规定如果谁纠得一个人丁，则他们全家的赋税和劳役就由被纠之家代替。

他这一清查户口的方法与开皇初年的“大索貌阅”差不多，效果也是同样明显的。当时是大业五年，杨广采纳了他的建议后，当年就新增男丁二十四万三千、人口六十四万一千五百，总计四千六百零一万九千九百五十六口人。这是隋朝最后一次人口普查，也是隋朝人口数量的峰值。

户口增加自古就是国家兴盛的表现，也是帝王们孜孜追求的功绩，所以杨广对此非常高兴，当着文武百官说："前代无好人，致此罔冒。今进民户口皆从实者，全由裴蕴一人用心。古语云'得贤而治'，验之信矣。"

裴蕴的"用心"换来的是杨广的亲信和高官厚禄，在户口清查工作结束后不久，他就被升为御史大夫，成了隋朝最高执法官。

此后不久，裴蕴就遇到了薛道衡一案，在他的"用心"办理下，薛道衡被定为死罪，上了黄泉路。

裴蕴与薛道衡是有什么仇怨吗？没有。他之所以要置薛道衡于死地，只是因为杨广憎恶薛道衡。也就是说，裴蕴断案不是依据法律制度，而是依据皇帝的心意。皇帝讨厌某个人，那他就编织罪状，把犯人往死里整；皇帝想宽宥某个人，那他就从轻解释法律，把犯人无罪释放。

这就是裴蕴的"用心"，用心察言观色，用心讨好杨广。

如此执法官，文武群臣无不畏惧，但杨广却很钟爱，将大小刑狱案件全部交由他负责。

本来刑部、大理寺也有司法权，与御史台是并列关系，许多案件需要一起处理。但由于裴蕴得宠，刑部和大理寺都不敢和他争论，凡事全由他做主。而且他这人特别机智善辩，论起法理来口若悬河，犯人判罚轻重全凭他一张嘴，剖析明敏，解释清楚，让人无话可说。因而刑部、大理寺都只能秉承他的意思断案，完全成了他的从属。

事实上的宰相

苏威、宇文述、虞世基、裴矩、裴蕴，这就是大业时代的“五贵”，也是隋朝当下最有权势的五个人，他们是事实上的宰相。

为什么说是“事实上”呢？因为除了苏威以外，其他人名义上都不是宰相。

从制度上讲，隋朝宰相是三省长官，尚书省尚书令或左右仆射、内史省内史令、门下省纳言等。除此之外，其他任何官员都不是理所当然的宰相。

那既然如此，为什么还说这五个人最有权势，称为“五贵”呢？

这是因为他们有一个共同的头衔，叫“参与朝政”。

有了这一头衔，就可以参与最高决策，即使不是三省的长官，也可以拥有相权。相对地，如果没有此头衔，即使是三省长官，也可能没有相权。比如当初柳述不是三省长官，却能执掌朝政大权，而杨素身为尚书左仆射，却不能参与国家大事的处理。

谁掌握最高行政权、决策权，谁就是宰相，无论他本来的官职是什么。

说白了，你是不是宰相，完全由皇帝说了算，他让你参预朝政你就能参预，不让你参预你就不能参预，哪怕你是正二品的尚书令。

以前，三省长官默认可以参预朝政，而其他官员则不行，所以只有他们是宰相。那时候我们可以说宰相等同于三省长官。

但自从柳述以兵部尚书的身份执掌朝政后，宰相的成分就变复杂了，已经不能再和三省长官画等号了。

如今杨广又令内史侍郎虞世基、黄门侍郎裴矩等三省副长官及左翊卫大将军宇文述、御史大夫裴蕴等非三省官员参预朝政，使他们成为事实上的宰相，这就彻底打破了三省六部制的原始结构，开创了隋唐时期非三省长官担任宰相的先河。

道理我们已经懂了，但还有一个问题是，既然杨广如此宠信虞世基等人，并且愿意让他们参预朝政，那么为什么不直接令他们担任三省长官呢？

原因其实也很简单，只要联系柳述的经历，我们就不难明白。

首先，虞世基等人和当初的柳述一样，资历和声望都太浅，不够资格担任三省长官。这也难怪，虞世基也好，裴矩、裴蕴也好，都是从陈朝、北齐投降或被俘过来的，既不是开国功臣，也不是关陇贵族，本身的爵位并不高，甚至没有爵位，即便现在权力很大，但实际地位仍然比较低，让他们担任三省长官很难服众。

其次，杨广这么做也是为了限制相权，加强皇权。我们曾说过，皇权和相权是一对矛盾体，相权太大会威胁到皇权。当初高颎、杨素受到猜忌，就是因为他们相权太大，使皇帝感到了威胁。所以杨广要限制和削弱相权，把权力集中到自己手中，而削弱相权最好的办法，就是降低宰相的地位。以前宰相都是三省长官，品级在三品至二品之间，地位非常高，可现在宰相变成了内史侍郎、黄门侍郎这样的四品官，地位不就降低了吗？有地位的没权力，有权力的没地位，皇权自然就不会受到威胁，也就稳固了。

综合而论，杨广破格提拔虞世基等人为相，根本目的是加强皇权，将权力集中到自己手中。因此“五贵”虽为事实上的宰相，但他们地位大都不高，权力也有限，与开皇初年的“四贵”是有差别的。

那么这样一套宰相班子是否合理？对隋朝是利还是弊呢？

“五贵”的缺陷

相比于之前的宰相班底，杨广的这套班子至少有四个突出的特点。

第一点就是之前说过的宰相本人的地位比较低。这当然是有好处的，可以避免宰相专权，防止再出现杨素那样权倾朝野的情况。

第二点是这五位宰相的出身比较多元化。在过去二十多年间，隋朝先后出现了几十位宰相，但除了开国功臣李德林外，其余基本上都是关中人，这就造成了地域上的不平衡，是不合理的。

但我们再看现在这五个人，除了苏威、宇文述之外，剩下的虞世基、裴矩和裴蕴都不是关陇贵族。裴矩原是北齐人，代表山东士族；虞世基、裴蕴原是陈朝人，代表江南知识分子。他们三个人的存在，打破了关陇贵族对相权的垄断，从此以后，关中、关东、江南三大地理区域在朝中就都有了代表，而且人数还差不多，非常均衡，这是比较合理的。

第三点是这五位宰相都是某一方面的专家，只负责某一方面的工作。苏威是行政专家，主要负责执行政令；裴矩是外交专家，主管对外事务；裴蕴是法律专家，主管全国刑狱；虞世基是秘书长，负责起草诏令和选拔官吏；宇文述干脆就是一个武将，只负责军事。

这样的宰相组合好不好呢？是有好处的，可以使每个人都各司其职、各展所长。但同时也有不妥之处，那就是缺少全能型人才，没有人能够总理全局。

所谓全能型人才，其实就是高颎这样的人，有文武大略，明达世务，以天下为己任，能总理朝政，平衡各方。而虞世基、宇文述、裴矩、裴蕴都不是这样的人，他们是“专家”，只能在自己擅长的领域发挥作用。

所以严格地来说，虞世基等人并不是真宰相，而是看似宰相的部门领导。正如北周柱国李弼六世孙、唐朝宰相李泌论相时所说：“宰相之职，不可分也。非如给事则有吏过、兵过，舍人则有六押，至于宰相，天下之事咸共平章。若各有所主，是乃有司，非宰相也。”意思就是说宰相的职权不可分，而应该总理天下事。如果各自分工，只掌管某一方面，那是部门领导，不是宰相。

李泌之言很有道理，宰相就相当于“总理”，眼中得有天下，如果只管某方面，处理国事时难免就会考虑不周，缺少大局观念。

虽然在三省六部制下，宰相原本就有分工，但所分乃是权力运行的环节与过程，而不是具体事务。之前左右仆射也好，内史令、纳言也好，是集体参与全国政务的处理，只不过有的负责拟订方案，有的负责审议，有的负责执行，没有听说谁是主管外交的，谁是主管刑狱的。

现在杨广组建这样一套宰相班子，虽然确实是削弱了相权，杜绝了大臣专擅朝政的现象，但同时也造成了权力过于分散，无人主持全局的局面。

也许在杨广看来，他自己就是那个掌控全局的全能型人才，那些专家只需要为自己出谋划策、写写诏令就行了。

这当然不是不可以，但杨广这人我们也知道，既好大喜功，又刚愎自用，这样的君主是很需要一个全能型的宰相来辅佐、限制他的，如果让他自己去主持全局，他的缺点就会被无限放大，进而将隋朝带向危险的境地。

若这五位专家型宰相都是贤臣、直臣，能时时劝谏他，把他朝正确的方向引导，那结果可能不会太糟。可不幸的是这“五贵”大都不是贤良之臣，反而多是佞臣和贪婪、谄媚之徒，这也是“五贵”的第四个特点。

五人之中，苏威算是最“贤”的了，他虽然性格怯懦，不敢违背杨广意愿，但在大是大非面前，还是敢于说真话的。比如之前修长城一事，他不就站出来劝谏杨广了吗？虽然可能没什么用，但好过逢迎取悦。此外他为官清正廉洁，不结党营私，也不贪污腐败，是一个能独善其身之人。

如果给他评分的话，在满分十分的情况下，他能获评六分。

其次“贤”的是裴矩。从经略西域之事便能看出，裴矩此人有远略，能力很强，能够帮杨广成就大业，这是他的优点所在。但同时他的缺点也很明显，他不是一个直臣，积极经略西域不是为了国家，而是为了迎合和取悦杨广，只是这件事恰好有利于国而已。如果遇到不利于国的事，而杨广偏又想去做，那裴矩会不会为了迎合他而违背本心，像经略西域一样积极为他筹划呢？恐怕是会的，要不然也不会有“洛阳炫富”这档子事。所以裴矩具有两面性：他可能用自己的才略帮杨广开疆拓土、建立功业，也可能助长杨广好大喜功的缺点，把他引向罪恶的深渊。

如果给他评分的话，五分最合适。

再次是虞世基。作为杨广的高级秘书，虞世基在这五人中算是权力最大的，他不仅掌管诏令的出台，还能决定官吏的任免升降。同时，他也是“五贵”中最复杂的一个人。一方面，他处理政务的能力很强，有远见卓识，并且能明辨是非对错，会为国家考虑，敢于劝谏；另一方面，他恣意奢靡，贪污受贿，并且贪生怕死，唯唯诺诺，一旦劝谏受挫，就转而逢迎取悦。

说到贪，其实虞世基原本不是这样的人，早年他清贫无产业，一度替人抄书贴补家用。可是自从当上内史侍郎，他就像变了一个人，从受人敬仰的素士，变成了人人鄙夷的“巨贪”。

虞世基为什么会发生这么大的转变呢？

按照史书的说法，是因为他受到了妻子孙氏的迷惑。

孙氏是虞世基的继室，也就是他原配妻子死后，又续娶的妻子，俩人都是二婚。史载这位孙氏生性骄奢淫逸，虞世基被她迷惑，逐渐变得“恣意奢靡，雕饰器服，无复素士之风”。后来孙氏又把和前夫生的儿子夏侯俨带到虞世基家，而夏侯俨“顽鄙无赖”，和孙氏一样骄淫。为了满足他们娘俩的奢靡生活，虞世基便大肆聚敛，“鬻（yù）官卖狱，贿赂公行”，以至于“其门如市，金宝盈积”。

照这么看，虞世基是毁在了女人手里，但是他自己就没有责任吗？如果他立场足够坚定，又岂会受惑于妻？真正腐蚀他的恐怕不是女色，而是权力。

从清贫到贪腐，这个变化已经够大的了，但虞世基前后期还有一个更大的转变，那就是从敢于直言的忠臣变成了逢迎谄媚的佞臣。这是值得后人思考和引以为戒的，具体我们以后会讲到。给他打分的话，三分。

第四是宇文述。作为“五贵”中唯一一个武官，宇文述的最大优点就是能打仗，堪称一代名将。尤其是杨素、贺若弼等人死后，他几乎就成了隋朝第一武将，对外征伐吐谷浑，对内平定叛乱，军事能力相当强。

但除此之外，宇文述几乎就没有优点了，全身都是缺陷。

首先，他不是直臣，比裴矩、虞世基等人更会察言观色、迎合取悦杨广。比如他知道杨广喜欢精巧器物，便“数以奇服异物进献宫掖”，使得杨广更加喜欢他。这还不算什么，为了讨好杨广，他甚至可以不顾国家安危，毫无底线。关于这一点，我们后面会讲到。

其次，他和虞世基一样腐败，也是一个“巨贪”，只要听说谁家里有奇珍异宝，必定要想方设法占为己有。不过他聚敛的方式可不是卖官鬻爵，而是结交富商大贾和陇西胡人子弟，接受他们的“馈赠”。

隋朝什么人最有钱？不是达官显贵，而是各地富商和胡人子弟。这些人有钱但没地位，都想结交上层贵族，抬高自己的地位。宇文述就抓住这一点，凭借自己的身份亲近他们，认他们当干儿子，由此获得大量金银珠宝。

除了认儿子，宇文述还认过哥。这个哥我们都认识，正是杨勇的老丈人云定兴。当初杨勇被废，云定兴也跟着被除名，后来杨广即位，云定兴仕途更加无望，本该“潜身缩首，苟图衣食”，但他脸皮太厚，竟还想当官，因见宇文述受宠，便凭着一双精巧的手，制作各种精美器物贿赂宇文述。

宇文述就好这口，对云定兴的手艺也非常满意，因而和他结为了好友，自此称他为“兄”，并在杨广面前为他美言。但过了许久，云定兴还是没有得到官职，宇文述于是心生一计，对他说道：“老兄你制作的器物很合圣上的心意，之所以迟迟得不到官职，只是因为杨勇的几个儿子还没死罢了！”

云定兴一听大悟，忙说：“这几个废物，留着干什么？应该劝圣上早点把他们杀了。”宇文述听言大喜，随即劝杨广诛杀了杨俨等人。他这一番操作，既取悦了杨广，又为云定兴谋得了官职，真可谓一石二鸟。

在这样的疯狂聚敛下，宇文述很快就成了超级大富翁。富到什么程度？史载他“后庭曳罗绮者数百，家童千余人，皆控良马，被服金玉”。上千名家童，全部配备宝马、穿金戴玉，其豪奢可想而知。

这样的人，本该零分，但冲着他的军事才能，就打一分吧。

最后是裴蕴。本来他是一个能臣，在中央和地方都做出过政绩，但是他同样有逢迎谄媚的毛病，为取悦杨广而置薛道衡于死地就是例证。

而且他不是慢慢学会逢迎的，早在大业初他被征入朝时，就已经开始揣摩杨广的心思，“用心”讨好杨广了。

当时裴蕴从地方入朝，出任太常少卿，也就是太常寺的二把手，主管音乐礼仪，他虽然这官没当多久，但却做了很大一件事。

此前，因杨坚不好声乐，前太常卿牛弘在定乐时，便将除了正声清商及九部四舞之外的音乐全部遣归了民间。而裴蕴入职太常寺后，敏锐地发现杨广喜好音乐，为了逢迎取悦他，便上奏将周、齐、梁、陈的乐家子弟全部划为乐户。凡六品以下官员及百姓，有擅长音乐及倡优百戏者，皆征入太常寺。

看到这一幕，大家是否想起点什么？回想当初启民可汗入朝时，杨广下诏征集天下音乐，不就是这么干的吗？

没错，这是同一件事。那个建议杨广征集音乐的人就是裴蕴，要不然他怎么能那么快升任民部侍郎呢？当时杨广采纳了裴蕴的建议后，时任太常卿高颎曾极力反对，由此惹怒了杨广，不久就招致杀身之祸。这个锅也得裴蕴来背。

总而言之，现在的裴蕴只会逢迎取悦杨广，为此不择手段，不顾国家社稷安危，堪称“佞臣”的典范，评分当为零。

这就是“大业五贵”，能力确实有，但胸怀和道德上基本都不怎么样，比“开皇四贵”差的不是一点儿半点儿。这样的一群人围绕在杨广身边，整日逢迎献媚，杨广能好得了吗？他的缺点一定会被进一步放大，直到不可收拾。

但话又说回来，杨广身边为什么全是这样的人？就没有一个刚正耿直的忠臣吗？

本来是有的，但可惜都被杨广杀了。在大业时代，想要活命，想要升官，只能像“五贵”这样迎合杨广的心意，别无他活法。

所以，根本问题还是出在杨广自己身上，是他刚愎自用、听不进劝谏，才致使小人乘虚而入。更可悲的是，许多大臣原本并不奸恶，就因为他不听劝谏，竟也被迫变成了曲意逢迎的佞臣。

于是逢迎谗佞之辈充斥朝堂，骄淫腐败之徒遍布内外，隋朝的危机已然显现。

当此之时，杨广又会有什么大动作呢？

第四章
东征高句丽

大业七年（公元611年）初，继游幸江都、出巡塞北、西巡河右之后，杨广又做出了一项重大决定：东征高句丽。

我想不用说大家也都知道，高句丽是杨广一生的痛，他帝王生涯的拐点乃至整个隋朝历史的转折点就是征讨高句丽。

那么杨广为何要打高句丽，又得到了什么结果呢？

在讲这些之前，我们先来讲一下高句丽的历史。

高句丽

之前讲高颎被罢相时，我们已经大致介绍过高句丽，知道它是古代存在于中国东北及东北亚大陆的区域民族政权，又称高丽，在隋朝前几百年就已经存在了。

那么这个历史悠久的地方政权是怎么建立起来的？与中原王朝又有着怎样的恩怨纠葛呢？

这还要从辽东的历史说起。

所谓辽东，即辽河以东地区，狭义上是指今天的辽宁省东部和南部，而广义上则还包括今吉林、黑龙江两省及朝鲜半岛北部等地区。

狭义上的辽东自古就是中国疆土，早在战国时期，燕国就在这里设立了辽东郡（郡治在今辽宁辽阳），此后历经秦、汉、魏、晋等朝。而辽东郡之外的广义辽东地区也曾归属中原王朝，西汉元封四年（公元前 107 年），汉武帝出兵攻灭了位于今吉林省南部和朝鲜半岛的卫氏朝鲜（燕国灭亡后，燕人卫满率千余人进入朝鲜半岛，推翻箕子朝鲜自立；箕子朝鲜是周武王灭商后，商纣王的叔父箕子在朝鲜半岛建立的政权），在该地区建立了四个郡，分别为乐浪郡、玄菟（tú）郡、真番郡、临屯郡，合称为“汉四郡”。

四郡是西汉的东北边境，四郡之外则是一个个少数民族建立的小国，其中吉林省北部有一个扶余国（又称“夫余”），南临玄菟等郡。汉元帝建昭二年（公元前 37 年），扶余国的一位王子朱蒙因王国内部纷争而被迫南奔，逃至玄菟郡高句丽县（今辽宁新宾境内），建立高句丽国，从此以“高”为姓氏。

这就是高句丽的由来，由扶余人建立，主体民族为濊貊（huì mò）和扶余人，后来又吸收了一部分靺鞨（mò hé）人、古朝鲜遗民及三韩人。

高句丽建立之初，国土范围很小，基本上不出高句丽县。西汉原始三年（公元 3 年），高句丽把都城迁到了今天吉林省集安市境内的“国内城”，此后四百多年 ，一直定都于此。东汉以后，高句丽不断兼并周边政权，逐渐强大起来。魏晋以后，中原长期战乱，无暇顾及东北，高句丽乘机扩张，占领了四郡。

其间，中原王朝也曾对高句丽进行过打击，公元 3 世纪和 4 世纪，曹魏和慕容鲜卑政权先后重创高句丽，一度遏制住了高句丽扩张的步伐。但由于中原战乱不休，高句丽很快又卷土重来，继续在东北扩张，并于公元 404 年攻占了辽东郡。

此后朝鲜半岛南部的百济、新罗崛起，不断向北侵扰。高句丽为加强对两国的控制，于公元 427 年迁都平壤（今朝鲜首都平壤）。

之后北魏统一北方，高句丽扩张的势头被遏制，疆域基本固定了下来，“东临日本海，南至牙山湾，西至辽河，东北尽有挹娄之地”，大概包括了今辽东半岛、朝鲜半岛大部和吉林省大部。

虽然不断扩张，并且攻占了许多郡县，但高句丽长期受到中原王朝册封，在政治上依附中原王朝，可以视作一个独立性很强的地方政权。隋朝建立后，杨坚册封高句丽婴阳王高元为开府仪同三司、辽东郡公、高句丽王，继续与高句丽保持宗藩关系。这一时期，双方相安无事。

但这种和平关系很快被打破。开皇十七年（公元597年），高元联合靺鞨进攻隋朝辽西军事驻地，被营州总管韦冲击退。杨坚忍无可忍，命汉王杨谅、高颎、王世积等人率领三十万大军东征，结果无功而返。

尽管如此，高句丽还是受到了打击，高元畏惧隋朝军力，上表请降服软，自称“辽东粪土臣元”。

杨坚也不愿再战，便顺势赦免了高元，继续与高句丽维持宗藩关系。

这就是高句丽与中原王朝的恩怨纠葛。

那么时隔十四年，杨广为何突然又要打高句丽呢？

这得说到一个人，那就是“五贵”之一的裴矩，杨广征讨高句丽正是受了他的鼓动。

先前杨广北巡东突厥，曾驾临启民可汗牙帐，而当时高句丽也遣使到了东突厥，使者就在牙帐中。启民不敢隐瞒，便引使者出来拜见杨广。从史书上看，杨广当时并没有生气或怎么样，这件事就这么过去了。

但事后不久，裴矩突然上奏杨广说：“高丽本箕子所封之地，汉、晋皆为郡县；今乃不臣，别为异域。先帝欲征之久矣，但杨谅不肖，师出无功。当陛下之时，安可不取，使冠带之境，遂为蛮貊之乡乎！今其使者亲见启民举国从化，可因其恐惧，胁使入朝。”

裴矩的意思很明确，就是要杨广征召高元入朝，如同启民一样。

至于为什么征召，裴矩也说了，辽东之地自古就是中原王朝的疆土，汉、晋时期皆为郡县，但是现在却被高句丽占据，成了蛮夷之邦。杨坚在位时就想讨伐高句丽，只是杨谅无能，没有成功，现在杨广在位，怎能不征服它呢？而今高句丽使者见到启民举国归化，内心恐惧，应该趁机胁迫高元入朝。

裴矩这番话真是说到了杨广的心坎儿里。杨广好大喜功，一心想要超越秦皇汉武，而秦、汉时期，中原王朝据有辽东之地，汉武帝更是攻灭卫氏朝鲜，设立四郡，将疆域范围扩展到了朝鲜半岛。可如今呢？隋朝不仅没有四郡之地，连辽东也没有，相较于汉朝版图，东北缺失了一大块。虽然这块地早在几百年前就已经被高句丽占据，怪不到隋朝头上，但对杨广来说，只要是秦、汉曾经统治过的区域，那就是中原王朝的固有领土，不管是谁丢失的，他都有责任收回来，或者说重新征服它，不然怎么比肩秦皇汉武？而且他已经征服突厥、打通西域，比着汉武帝，就差征服辽东了，这是他“大业”的最后一块拼图，他怎么能不心动？

所以当裴矩提出征召高元入朝时，杨广就感觉是被他道出了心声，当即便问道：“具体应该怎么做？”

裴矩接着说：“请派人当面向高丽使者宣诏，然后放他回国告知高元，令高元速速入朝，如若不然，当率突厥讨伐之。”

杨广觉得这办法可行，便听从他的建议，命吏部尚书牛弘向高句丽使者宣旨说：“朕以启民诚心奉国，故亲至其帐。明年当往涿郡，尔还日，语高丽王：宜早来朝，勿自疑惧，存育之礼，当如启民。苟或不朝，将帅启民往巡彼土。”

这份诏书充满了威胁意味，用一句话概括就是：不来朝见就灭了你！

那面对这样赤裸裸的威胁，高句丽王高元会做何反应呢？

不出裴矩所料，高元很害怕，深恐隋朝发兵来打自己。

但是怕归怕，高元却没有想要入朝。为什么？因为他不傻，他想：

你说像对启民一样厚待我，谁知道是不是真的？万一像对吐谷浑一样，趁机把我们吞并了怎么办？而且我跟启民怎么能一样？他是你们扶植起来的，去朝见你是理所当然，我又不是你们扶植的，向你称臣纳贡已经很给你面子了，你竟然还让我入朝，真不把我当外人啊！

所以高元是绝不可能入朝的，不仅不入朝，连之前的朝贡也断绝了，显然是要与隋朝对抗到底。

这不就彻底把杨广得罪了吗，杨广即位以来西征北巡无往不利，何时受过这样的气？因此他勃然大怒，决定亲征高句丽，让高元为自己的傲慢付出代价。

战前准备

为了打好这场战争，杨广做了长达数年的准备。

第一项准备工作是开凿永济渠，沟通洛阳与涿郡。

大运河虽然在大业元年就已经开工建设，但永济渠段直到大业四年才开始开凿。之所以选在那个时候，是因为当时杨广听了裴矩的建议，打算北巡涿郡，接受高元的朝见。但如今高元拒绝来朝，那永济渠的意义就不再是用于北巡了，而是转运兵马粮草，为征讨高句丽服务。

第二项准备工作是打造战舰，为渡海做准备。

高句丽不同于突厥和吐谷浑等国，它是一个沿海国家，海岸线很长，除了陆上与隋朝接壤外，还与隋朝隔海相望，因而隋军可以从海上发起进攻，与陆军相配合，两面夹击平壤城。

为此，杨广命前幽州总管元弘嗣前往东莱海口（在今山东烟台）监造战船，数量为三百艘。元弘嗣是有名的酷吏，为人残暴不仁，他为早日完成任务以讨好杨广，督工极为严苛，强迫造船的木工昼夜劳作，一刻也不能停，结果木工们因为立在海水中时间过长，腰身以下都生出了蛆，死者十之三四。

因此可以说，攻打高句丽的战船是隋朝工匠们用生命造出来的。

第三项工作是征调军队和物资，集中至涿郡。

此次征讨高句丽，杨广将以涿郡为大本营，故而需要将军队、粮草、作战器具等调至涿郡附近。为此，他在数月之内连续下了多道诏令。

其一，命天下兵马无论距离远近，全部集中到涿郡待命。这意味着杨广将调动全国军队，以举国之力东征高句丽。

其二，在常规部队之外，再征发江淮以南水手一万人、弩手三万人，岭南排镩（cuān）手三万人，也全部集中至涿郡。水手、弩手、排镩手都是特种作战部队，其中水手适合水战，因为隋军将士大多为北方人，不习水性，所以需要从江淮以南征发；弩手则适合步战，尤其是阵地战，因为弩的射程比较远，杀伤力强，命中率高，但相较于弓，弩箭的装填时间比较长，对使用者有一定要求，而江淮地区的弩手天下闻名，号称精锐；最后的排镩手也适合步战，镩类似于长矛，对使用者的要求比较高。以上三个兵种都不在府兵之列，因而需要单独征发。

其三，敕命河南、淮南、江南等地打造戎车五万乘，由当地士兵送至高阳（今河北高阳），以装载衣甲幔幕等物；同时征发河南、河北民夫，以运送军需。

其四，征发江淮以南民夫及船只，运送黎阳、洛口等粮仓的米到涿郡。

这些诏令一出，隋朝各地的官吏、百姓纷纷忙碌起来，大运河上运送兵甲器械的船只数不胜数，绵延千余里；南北道路上往来的行人昼夜不绝，日常达数十万。一时间，整个隋朝都动了起来，全部的人力、物力都在向涿郡集中，一场规模空前的大战即将爆发。

各项准备工作正紧锣密鼓地进行着，而另一边，杨广也于大业七年二月自江都出发，沿大运河北上涿郡。

与杨广一同出发的，还有后妃、王公、文武官员、僧众道士、西域各部族首领等，共计有数万人。

这么多随行人员，不可能都乘船，相当一部分人只能在运河两岸徒步随船行进，而从江都到涿郡数千里地，一路下来受累受冻，真是苦不堪言，以至于有十分之一二的人都死在了半道。

可能有人会问，明明是去打仗，杨广为什么要带这么多“闲杂人等”？

这是因为杨广把东征高句丽当作了一次出巡。在他眼里，这和北巡突厥、西巡河右没有什么区别，只是排场更大、军队数量更多而已。所以打仗只是一个方面，宣扬大隋国威才是主要的。

军事部署

当一切准备就绪，时间已经来到大业八年（公元 612 年）初。全国府兵及各地特种部队全部集结至涿郡，总数达一百一十三万三千八百人。

古时冷兵器作战，战争的胜败很大程度上取决于士兵人数，所以领兵者往往会夸大军队数量，以震慑敌军。而杨广也不例外，虽然他已经拥有百万大军，但仍然觉得不够，又翻了一倍，对外号称二百万。反正一百万、二百万都是天文数字，谁也数不过来。

如此规模的军队，从来没有人指挥过，几无经验可循，杨广该怎么部署呢?

首先就编制来说，杨广将这一百多万人分成了左右二十四个军，每军各有大将、亚将一人；骑兵四十队，每队百人，十队为一团；又有步兵八十队，分为四团，每团各有偏将一人。此外，每军又有受降使者一人，负责安抚降兵和俘虏，直接听命于杨广，不受大将节制。

为了区分这些部队，杨广又命令各军、团使用不同颜色的铠甲、旗幡等。这就等于是把各军番号对外公布了，敌人凭颜色就能分辨哪军是哪军。所以客观地说，这并不利于隋军。

其次就进军路线来说，杨广下诏命左十二军出镂方、长岑、溟海、盖马、建安、南苏、辽东、玄菟、扶余、朝鲜、沃沮、乐浪等道，右十二军则出黏蝉、含资、浑弥、临屯、候城、提奚、蹋顿、肃慎、碣石、东暆（yí）、带方、襄平等道，最终全军会合于平壤。

这样的安排本身没有问题，问题是杨广高调地把它公布了出来，如此高句丽就知道了。人家也不傻，肯定会提前部署防御，这无疑会给隋军的进攻增加难度。

最后就进军方式来说，杨广做了如下安排：正月初三，第一军先出发，此后每天出发一军，前后相距四十里。各军前进、停止、设营等，都必须按照一定的次序礼法，不得擅自行动。

如此行军法，怎一个慢字了得？全军光是从涿郡出发就用了足足四十天。各军首尾相继，鼓角相闻，旌旗连绵九百六十里，宛如一条长蛇。

各军出发完毕后，杨广也率领禁军及后妃、王公、文武官员等出发了。他的御营包含十二卫、三台、五省、九寺等，分别隶属内、外、前、后、左、右六军，同样是前后相继，连绵八十里。

开战

随着杨广从涿郡出发，隋朝征讨高句丽的战争正式开始。关于这场战争的过程，《资治通鉴》记载得非常清楚，可以概括为四大战役。

第一战是渡辽之战，战役的主角是左屯卫大将军麦铁杖、工部尚书宇文恺及少府监何稠。

大业八年三月，杨广率领百万大军进至辽水，于西岸临水列阵，准备渡河进攻辽东城。而此时，高句丽已派重兵拒守辽水东岸，隋军没有舟楫，一时难以横渡。好在工部尚书宇文恺就在军中，杨广遂命其建造浮桥三座，以便大军渡河。

宇文恺不负所望，很快造好了浮桥。于是杨广点将发兵，命各军引着浮桥向辽水东岸靠近。

此次渡辽，担任前锋的是左屯卫大将军麦铁杖。乍一听这个名字，大家可能会觉得他是个少数民族，但实际上他是一个地地道道的汉人，姓麦，号铁杖。不过“麦”并不是他的本姓，据《麦氏族谱》记载，麦铁杖原本姓刘，名饶丰，号铁杖，乃陈朝岭南人，曾给陈叔宝做过撑伞侍卫，陈亡后入隋为将，跟随杨素南征北战，屡立战功，深得杨坚宠信。有一次杨坚问他想要担任什么职务，他回答说：“愿能日食斗麦足矣！”杨坚遂赐他姓“麦”，从此便有了麦铁杖之名。

后来杨广即位，麦铁杖更加受重用，不到四十岁就出任左屯卫大将军，他自感皇恩深重，常怀竭诚报国之志。此次征发辽东，大军受阻于辽水，他主动请缨为前锋，并对人说：“大丈夫自当战死沙场，岂能老来病死儿女怀中！”

杨广被麦铁杖的诚心感动，于是任命他为先锋大将，率部先行渡河。临行前，麦铁杖似乎预感到自己将有去无回，对三个儿子说：“吾深受国恩，今日便当为国捐躯！我若牺牲，你们必当富贵。”

抱着这样的必死之心，麦铁杖辞别亲友，踏上了辽东战场。他率兵带着造好的浮桥横渡辽水，在距离东岸一丈多远时，却发现浮桥太短，够不着陆地。这时高句丽大军赶来，迅速占据东岸，开始攻击渡河的隋军。

通常遇到这种情况，将士们就只能放弃渡河，率军后撤了。但麦铁杖却不肯退，率精卒涉水登陆接战。隋兵虽然骁勇，但面对居高临下的高句丽士兵，还是难以登岸，一个接一个地倒在了河滩上，只有麦铁杖与虎贲郎将钱士雄、孟叉等少数人跃上河岸，与高句丽短兵相接，杀伤甚多，但终因寡不敌众，皆殉国。

前锋大将战死，各军只得撤退。杨广听闻麦铁杖牺牲，不禁为之流涕，花重金赎回了他的尸体，并下诏追赠他为宿国公，令其长子麦孟才承袭爵位，次子仲才、三子季才一并授予正议大夫（散官，正四品）。

首战的失利并没有动摇杨广渡辽的决心，几日后，他又命少府监何稠加长浮桥，使其能够连接东岸。何稠的工艺技术不在宇文恺之下，只用了两日就改造完成，将浮桥延长到了辽水东岸。

于是各军依次渡河登陆，在东岸与高句丽兵展开大战。隋军既然上了岸，那高句丽兵就没有优势了，战斗的结果可想而知，用《资治通鉴》的话说就是："高丽兵大败，死者万计，诸军乘胜进围辽东城。"

至此渡辽战役结束，虽然遭遇了不小的挫折，并牺牲了麦铁杖、钱士雄等勇将，但隋军好歹是成功攻入辽东地区，完成了东征的第一步。

渡过辽水后，杨广做了两件事。

第一件是率领西突厥处罗可汗、高昌王曲伯雅等部族首领参观战场。之所以这么做，主要是为了震慑处罗等人，趁机告诉他们：这就是对抗隋朝的下场，看着吧，高句丽很快就要亡了！

第二件事是下诏大赦天下，命刑部尚书卫文升、尚书右丞刘士龙安抚辽东百姓，免除赋税和徭役十年，并设置郡县进行管理。这是时隔二百年之后，中原王朝再度统治辽东。不过此时隋军只是占领辽东部分地区，最重要的辽东城还没有攻下，隋朝能否彻底收复辽东，还要看接下来的战役。

所以第二战随即打响，这是一场攻城战，目标是拿下辽东城。

所谓辽东城，即汉魏时辽东郡郡治所在之襄平城，故址在今天的辽宁辽阳。公元 4 世纪初，高句丽乘中原战乱之际攻陷辽东郡，废除襄平之名，改称为辽东城。此后二百多年，中原王朝的军队再也没能踏入这座城市。

幸运的是，在经历二百多年的战乱后，华夏终于又迎来了一个强盛的大一统王朝，以及一个雄心勃勃，迫切想要开疆扩土、建立丰功伟业的帝王。这使得收复辽东成为可能。

对于这座汉朝古城，杨广可谓志在必得，他拥有百万大军，对攻城充满了信心，甚至觉得高句丽守卒会不战而降，为此还专门叮嘱诸将说：“高句丽如若请降，立即招纳安抚，不得随意纵兵。”

结果不出所料，高句丽守卒几次出战隋军皆遭败绩，只得退入城中固守。隋军四面围攻，眼看就要攻克时，城中突然有人表示请降，诸将不敢再战，赶紧回报杨广。杨广听闻大喜，立即派人前去接受投降，不料到了城下却见辽东城门紧闭，高句丽仍在固守顽抗。

原来高句丽人听说了杨广的不杀降政策，因此假意投降，以拖延时间，趁机修缮防御工事。杨广白欢喜一场，只能命各军继续攻城。不多久高句丽人撑不下去了，又表示要投降。诸将没办法，只得再请示杨广，杨广觉得这次该是真的了，于是又派人去纳降，但结果又和上次一样，投降是假，拖延时间是真。

事情到此，正常人应该都看出来了，高句丽这明摆着是欺骗隋军，根本不可能真投降。可是杨广不知哪根筋不对，上了两次当却还不醒悟，人家敢骗，他就敢信，竟然再三派人纳降，然后再三错失破城良机。

所谓“一鼓作气，再而衰，三而竭”，隋军本来士气挺高，攻克辽东指日可待，可如今被高句丽再三耍弄，一个个都泄了气，再要破城可就难了。

因此几个月下来，隋军还是没能攻下辽东城。眼看夏季过半，再不破城天就要转冷了，杨广这才着急起来，亲自来到辽东城南观察城池形势，然后召集诸将，怒而斥责道："公等自以官高，又恃家世，欲以暗懦待我邪！在都之日，公等皆不愿我来，恐见病败耳。我今来此，正欲观公等所为，斩公辈耳！公今畏死，莫肯尽力，谓我不能杀公邪！"

听杨广这意思，辽东城久攻不下全是因为诸将怕死，不肯尽心尽力，缺少麦铁杖的牺牲精神，与他自己无关。

这显然是推卸责任，不知道他是真的没有醒悟，还是醒悟了却不愿意承认自己的错误。

不管怎么说，他这番话确实起到了作用，诸将听了之后个个战栗失色，深恐获罪被杀，所以接下来更加卖力攻城。而杨广为了监督诸将，也不顾危险，移驾至辽东城西几里外观战。

皇帝亲临战场，隋军士气重振，但是辽东城就突然如铁城一样，任凭隋军将士怎么努力，就是攻不下来。

隋军主力困于辽东城下，迟迟无法向前推进，征讨高句丽的正面战场陷入僵持状态。

接下来让我们将目光转向第二战场，看一看隋军与高句丽的第三场战役：平壤之战。

之前我们说隋军此次征讨高句丽是水陆并进，那么水军现在在哪儿呢？答案是：他们已经在右翊卫大将军来护儿的率领下渡海登陆朝鲜半岛了。

说起来护儿，大家应该还有印象，他也算是一位名将了，早年曾随贺若弼平陈，随杨素平江南叛乱，因为作战英勇及战功卓著而受到杨坚的宠信。

后来杨广即位，来护儿被召入朝中，历任右骁卫大将军、左骁卫大将军、右翊卫大将军，进封上柱国、荣国公。可以说，他是当今除了宇文述之外，地位最高、最受杨广宠信的武将了。

宠信到什么程度？大业六年，杨广二度游幸江都，曾对来护儿说："衣锦昼游，古人所重，卿今是也。"来护儿是淮南人，生长在江都，如今随驾荣归，可不就是衣锦还乡吗？杨广专门提起这件事，可见对他的重视。

不仅如此，杨广还赏赐他二千段绸缎以及牛车和酒，令他拜祭祖先之墓、宴请乡里父老，还令三品以上官员一起到他家中宴饮，给他撑场子。

如此待遇，没几个人能享有，满朝文武对此都羡慕得不得了，来护儿可谓赚足了面子。而来护儿也对得起杨广对他的这份宠信，不仅能征善战，而且极为忠诚，就如杨广的左膀右臂。

所以此次征讨高句丽，杨广将水路进攻的重任交给了他，他是南方人，又有水战的经验，出任水军总管确实很合适。

除来护儿之外，杨广还任命前定襄太守周法尚为水军副总管，与来护儿一同率江淮水军渡海进攻高句丽。

周法尚也是南方人，早年在陈朝为官，后来因得罪长沙王陈叔坚而被迫投奔北周，后又在隋为官，常年担任武职。此前杨广出巡塞北、西巡河右，他都参与，立过不少功，是一员上将。

在来护儿、周法尚这两位名将的率领下，隋朝水军很快由浿（pèi）水（今朝鲜大同江）登陆朝鲜半岛，进入高句丽腹地。在距离平壤城不足六十里时，高句丽的军队突然出现，这不是小股部队，而是高句丽的主力，为首的正是高句丽王高元。在他身后，高句丽的十几万精锐南北列阵，长达数十里，声势浩大。

面对数倍于己的敌人，隋军诸将不禁心惧，唯有来护儿神态自若，笑着对周法尚及诸将说："吾本以为高元会坚壁清野，等待王师到来，不想今来送死，我正当灭之。"话刚说完，高元之弟高建率死士数百人来攻，来护儿遂命武贲郎将费青奴及自己的第六子来整迎战。

常言道："虎父无犬子。"来整作为来护儿之子，同样是骁勇善战，人称"荣公六郎"。此次虽是首次出战高句丽，但来整毫不心怯，与费青奴奋力冲杀，大破高建，斩其首级而还。

首战告捷，隋军士气大增，来护儿遂打算乘胜追击，一举拿下平壤城。但周法尚担心高句丽有埋伏，认为不可孤军冒进，劝来护儿等各路大军到达后再一同进攻。

周法尚的担忧不无道理，他和来护儿毕竟只有几万水军，阵地战容易打，但攻城并不容易，而且孤军深入是兵家大忌，万一中了埋伏，恐有全军覆没的危险。

然而来护儿立功心切，完全听不进劝阻，当即挑选精兵四万人，直趋平壤城下。平壤守军出城接战，不久即败退，来护儿乘胜追击，直入城中。他以为这就能攻下平壤了，便放松了对部下的约束，任由士卒四处掠夺。

如此一来，隋军队伍就散乱了，而正在这个时候，周法尚所担心的事情发生了，早已埋伏多时的高句丽精兵突然出现，隋军猝不及防遭受大败，来护儿拼死杀出城外，所带士卒损失大半，只剩数千人。更要命的是，高句丽兵在后面穷追不舍，一直追到隋军停船的地方，好在周法尚早有准备，率领余下的将士严阵以待，高句丽兵这才退去。

经此一败，来护儿不敢再贸然进攻，便固守浿水渡口，等待其他几路大军到来。至此，平壤之战结束。

接下来就是第四场战役了，同样发生在朝鲜半岛，主角是左翊卫大将军宇文述、右翊卫大将军于仲文等人。

在杨广率领隋军主力进攻辽东城的同时，宇文述、于仲文以及左骁卫大将军荆元、右翊卫将军薛世雄、右屯卫将军辛世雄、右御卫将军张瑾、右武将军赵孝才、涿郡太守崔弘升、检校右御卫虎贲郎将卫文升等人也各率一军分路进军朝鲜半岛，最终会合于鸭绿水（今中朝边界之鸭绿江）西岸，总兵力达三十余万。

隋朝大军压境，高句丽自然不会坐以待毙，为探听隋军虚实，高元派遣大臣乙支文德来到鸭绿水边诈降。乙支文德是高句丽的重臣，以文武双全、智谋过人闻名，杨广听说他的名字后，还专门给于仲文下了一道密旨："若遇高元及文德来者，必擒之。"

高元当然不可能来，但乙支文德是真送上门来了，于仲文哪能错过这好机会？当即打算遵从杨广密旨逮捕他。可即将行动时，却被尚书右丞刘士龙阻止了。这刘士龙是杨广任命的慰抚使，职责就是抚慰投降的高句丽官员和将士，如今听说于仲文要抓捕乙支文德，心想这不是有违皇帝的旨意吗？于是赶来劝阻，死活不让抓。

左右都是圣旨，于仲文深感为难，反复思量后还是听了刘士龙的话，任由乙支文德离开了军营，但没过多久他就后悔了，赶紧派人追上乙支文德，诓骗他说："我还有话没跟你说，你回来吧。"

乙支文德不傻，任务已经完成了，怎么可能再回去送死？遂不顾于仲文的劝留，渡过鸭绿水向南而去。

于仲文放走了乙支文德，心里很不安，生怕回去后被杨广责罚，于是打算率精锐追击乙支文德。但这时诸军的粮草已经快要耗尽，宇文述等人认为不能再战，力主退军返回辽东。于仲文当然不肯，怒斥道："将军仗十万之众，不能破小贼，何颜以见帝！且仲文此行，固知无功，何则？古之良将能成功者，军中之事，决在一人。今人各有心，何以胜敌！"

看到这，大家可能会觉得奇怪，这于仲文到底是什么人，竟然敢这么对"五贵"之一的宇文述说话？

于仲文敢当面训斥宇文述，自然有其底气。首先他和宇文述官职相当，一个左翊卫大将军，一个右翊卫大将军，谁也不比谁高多少；其次他是一位老臣，战功赫赫，有训人的资格；最后，也是最重要的一点，他这人比较有谋略，因此杨广令他节度诸军，负责指挥军事行动。也就是说他实际上是这三十万大军的最高统帅，是有权给宇文述等人下命令的。

所以面对于仲文的怒斥，宇文述完全不敢吭声，只能照他说的，与诸将率军渡水追击乙支文德。

乙支文德不愧是高元的心腹重臣，的确有勇有谋，他见宇文述等人在身后追击，首先想到的不是赶紧跑，而是想趁隋军将士缺粮饥饿之际，将其拖垮。

于是他边战边退，故意消耗隋军体力。宇文述不知是诈，一天之内与他交战七次，七战皆胜，继而乘胜进击，东渡萨水（今朝鲜清川江），兵临平壤城北三十里外，依山建营。

这时乙支文德又派人来请降，对宇文述说："若您能班师，我一定让高元去朝见天子。"

宇文述心知他说的不是真心话，只不过是想骗自己退兵而已，但奈何隋军粮草耗尽，士卒疲敝不堪，已经无力再战，而且平壤城险固异常，短时间内难以攻克，再耗下去也占不到便宜，因此他只能将计就计，率军原路返回。

然而宇文述还是小看了乙支文德，他的真正目的不是骗走隋军，而是消灭隋军。当宇文述等人率军开拔时，高句丽兵瞬间出动，四面包抄袭击。宇文述且战且行，勉强能够保全。但大军横渡萨水时，高句丽兵乘机偷袭后军，右屯卫将军辛世雄不幸战死，各军随之溃散，无数将士殒命河畔，幸存者拼命向北逃亡，一天一夜狂奔四百五十里，直到鸭绿水边。而身后高句丽兵仍穷追不舍，就要渡鸭绿水时，被殿后的将军王仁恭击退。

至此，第四场战役结束，此战隋军惨败，三十万大军死伤殆尽，资储器械损失数以万计，只有卫文升一军得以保全。

事后看来，这场战役是决定性的，原本等待与各军会合的来护儿听说后，不得已率水军渡海返回。而杨广听说后勃然大怒，将宇文述、于仲文等人下狱，继而也被迫班师还朝。第一次东征高句丽以失败告终。

此次东征，隋朝的损失不可谓不大，除了几十万人命丧萨水外，还损失了大量物资、器械、粮草等。这是隋朝建国以来从未有过的惨痛失利。

现在回过头来看这次东征，我们不禁要替杨广反思，为什么他以举国之力征讨一个边陲小国却不胜反败？

原因当然有很多，但大致可以分为主观和客观两个方面。

首先就主观来说，杨广过于自信，没有真正重视对手，而且瞎指挥。

这是从哪儿看出来的呢？

第一，他御驾亲征，却带了那么多闲杂人等，把打仗和出巡混为一谈，这是对战争的无知和轻视。

第二，他高调公布各军的进军路线和番号，完全无视对手，又命各军依次出发，致使行军缓慢，给了高句丽太多备战时间。

第三，他自恃军势强盛，以为高句丽会不战而降，总想着招抚人家，致使高句丽一次又一次诈降成功，隋军一次又一次错失战机。

第四，他太相信自己的军事指挥能力，不肯放权给诸将，规定所有军事行动必须上报，诸将不得擅自行动。这等于是束缚住了诸将的手脚，诸将纵然再有才能，也无法施展。

然后就客观来说，高句丽虽然看起来不是很强大，但却极难应对，甚至比突厥更难对付。

为什么这么说呢？

第一，辽东气候异于中原，隋军将士难以适应，仗还没打就已病倒一片，连观王杨雄（于大业五年改封观王）、纳言杨达、左候卫大将军段文振都病死在了途中；另外，工部尚书宇文恺也在回京后不久病逝。

第二，高句丽是农耕政权，到处建有城池，隋军不大能像打突厥一样长驱直入，必须得攻城，并且只有攻下城池才算胜利。而在敌我力量对等的情况下，攻城战可要比野战难多了，耗时也会更长，一场战役打几个月都有可能。

所以我们会发现，在这次东征过程中，凡是野外战斗，隋军基本都能轻松获胜（除萨水之败），但只要一攻城就会遇挫。

第三，高句丽与中原王朝打了几百年交道，对中原非常了解，称得上知己知彼。而且他们的制度、文化与中原王朝接近，是一个先进的封建政权，不像突厥和吐谷浑那样原始落后，只会使用蛮力，而且他们有着乙支文德这样智勇双全的人。

第四，高句丽内部比较稳定，隋朝没有可乘之机。之前隋朝能征服突厥，很大程度上是利用了突厥内部的矛盾，可高句丽不存在这样的矛盾，内部非常团结，几乎是铁板一块。

因此我们说，高句丽比突厥更难对付，它的实力远比表面看起来强大。

综上所述，杨广没有意识到高句丽的顽强，低估了征讨它的难度，以至于盲目自大，妄图像征服突厥、吐谷浑一样轻易征服它，这是他失败的主要原因。

其实自大的又何止杨广，隋军诸将起初也没有真正重视高句丽，要不然来护儿、宇文述也不会轻敌冒进，招致惨败。

不过隋军之中也有不少明白人，比如左候卫大将军段文振，早在东征开始之前，他就曾上表杨广，说高句丽多诈，一定要小心防范，不可轻易接受投降。此外，他还提出了进军策略，即“严勒诸军，星驰速发，水陆俱前，出其不意”，直取平壤城，倾覆高句丽的根本。

只可惜杨广没有采纳，不仅进军缓慢，而且屡次接受投降，再三中计。

像段文振这样的明白人不在少数，太史令庾质也是其中之一。

庾质之前因杨暕一案被贬为合水县令，后来杨广为了东征，又专门把他召了回来，咨询他说：“高句丽之众不能当我一郡，今朕以此众伐之，卿以为克不？”

庾质当时回答说：“伐之可克。然臣窃有愚见，不愿陛下亲行。”

杨广听后很生气，怒道：“朕今总兵至此，岂可未见贼而先自退邪？”

庾质又回答道：“战而未克，惧损威灵。若车驾留此，命猛将劲卒，指授方略，倍道兼行，出其不意，克之必矣。事机在速，缓则无功。”

庾质的意思是希望杨广留在涿郡，派精兵猛将迅速进击高句丽，以达到出其不意的效果。他的这一建议与段文振不谋而合，都强调兵贵神速，出其不意。

怎奈杨广就是不听，一定要亲临辽东，这非但拖慢了全军，也使得诸将束手束脚，难以施展才能。

失败的原因已经大致清楚了，那杨广接下来又会怎么做呢？

第五章
黎阳兵变

大业八年九月，杨广率军回到东都洛阳，结束了与高句丽的战争。但仅仅半年后，他就又下诏征讨高句丽，开始了第二次东征。

这一次，杨广吸取教训，做了更为充分的战争准备。

首先，再次征召天下兵马集于涿郡，并在全国范围内招募百姓为骁果。

所谓骁果，即骁勇果敢的战士，表示这些人勇猛刚毅不怕死。我们知道隋朝实行府兵制，所有士兵都是义务兵，不管愿意不愿意，只要国家召唤，就必须服役参战，所以很多人是被迫上阵的，斗志并不高。但是骁果就不一样了，这是招募来的志愿兵，因为待遇优厚，所以斗志高昂，不怕死，而且他们都是百里挑一的骁勇之士，各个身手了得，战斗力超强。

在杨广看来，第一次东征的时候之所以迟迟攻不下辽东城，就是因为将士怕死，不肯尽力，而现在有了骁果，拿下辽东城应该就不成问题了。

其次，下诏修筑辽东古城，用以储存粮草。

此前东征失利，一个重要原因就是粮草短缺。毕竟大运河只能通到涿郡，从涿郡到辽东上千里，必须陆路运输，效率非常低。而要解决这一难题，最好的办法就是在辽东修建一座城，提前将粮草储存在此。

所以早在大业九年元月，杨广就已经下诏修城储粮，为二次东征做准备了。

还有最后，释放宇文述等将领，命他们继续领兵出征。

之前萨水惨败，隋军损伤数十万，作为指挥官的于仲文、宇文述等将难辞其咎，因而被逮捕下狱，听候发落。但杨广宠信宇文述，又与他有姻亲，不忍心杀之，便将他与于仲文等人除名为民，并斩刘士龙以谢天下。

如今二次东征，正是用人之际，杨广便下诏赦免了宇文述，恢复其官爵，命其继续领兵征讨高句丽。

至此一切准备就绪，杨广遂从洛阳出发，再次踏上东征之路。

这次征讨高句丽，所用战术与上次基本一样，仍是兵分多路，水陆并进。

第一路，由杨广亲率主力大军渡过辽水，攻取辽东城。

第二路，由宇文述与上大将军杨义臣等人率军进入朝鲜半岛，直驱平壤城。

第三路，由来护儿、周法尚率水军渡海登陆，会合宇文述等人进逼平壤。

但不同的是，杨广这次不再瞎指挥了，而是给予诸将便宜之权，令诸将见机行事，随机应变，不用事事上报。

如此，诸将的积极性就被调动起来了，战斗力自然也会提高，再加上英勇无畏的数万骁果军，征讨高句丽的胜算无疑大了许多。

但即便如此，攻打辽东城的过程仍然十分艰难。大业九年四月，诸军进围辽东，连续攻城二十多个昼夜，楼车、云梯、地道全都用上了，但就是攻不下来，并且死伤惨重。

正当此时，隋军之中出现了一位战斗英雄，他的名字叫沈光，是一名骁果。

沈光武力过人，勇猛异常，在一次攻打辽东城的战斗中，他带着冲梯攀登城池，临城与高句丽短兵相接，斩杀十数人，眼看就要登上城墙时，却被蜂拥而来的高句丽兵击下冲梯。但还没等落地，他又抓住冲梯上的绳索，重新爬了上去。

杨广在城外望见他的壮举，不禁大为惊奇，赶紧命人将他召来，询问姓名出身。原来沈光是江南吴兴人，出生在大兴，父亲沈君道原是陈朝吏部侍郎，陈亡后入隋担任学士，后任汉王杨谅的府掾（yuàn）。仁寿四年杨谅谋反失败，沈君道因受牵连而被除名为民，沈光从此家道中落。前不久朝廷招募骁果，沈光认为是个建功的机会，于是果断应征，并从几万人中脱颖而出，来到了辽东战场。

与沈光一番交谈后，杨广更加喜欢他了，当即任命他为朝请大夫，并赏赐宝刀和良马，将他留在了身边。

由于被杨广召到了身边，沈光的辽东之战到此就算结束了，但请大家记住这位勇士，他还有更英勇的事迹在后面。

透过沈光，不难看出骁果的英勇，但就算是这样，辽东城还是久攻不下。这就不能怪隋军将士不尽力了，只能怪高句丽太过顽强，防御工作做得太好。

面对如此坚固的城池，杨广心知普通的攻城手段已无用，必须得出奇招。于是他命人制作了一百多万个布袋，全部装满土，打算在城下堆出一条宽三十步的坡道，称为“鱼梁大道”，尾端接近地面，首端迫近城头，将士可以由此登城作战。同时他还命人打造了数架八轮楼车，高出城池，放置在鱼梁道两侧，以便弓弩手从高处向城内射击，辅助大军登城。

有了鱼梁道和八轮楼车这两样攻城神器，隋军登城就容易多了，因此杨广相信，只要再有几天时间，隋军一定能攻下辽东。

然而就在这个时候，都城洛阳突然传来一个令人震惊的消息：礼部尚书杨玄感反了！

对于杨玄感，大家应该不陌生，他是杨素的长子，在杨素死后承袭楚国公爵位，出任鸿胪卿，官拜礼部尚书。

作为功臣之后、朝廷重臣，杨玄感有享不尽的荣华富贵，为什么会造反呢？

要弄清楚这个问题，我们首先要了解杨玄感是个什么样的人。

杨玄感

史籍中没有记载杨玄感的出生年月，但从他父亲杨素的生年（公元 544 年）来看，他应该生于公元 570 年左右，与杨广年纪差不多，四十多岁，正值壮年。

史载杨玄感幼时不成器，很多人甚至觉得他是痴呆，唯独杨素不这么看，常对人说："此儿不痴也！"

所谓"知子莫若父"，杨素确实是最了解儿子的人，正如他说的那样，杨玄感长大之后，一改幼时的"痴傻"面貌，不但生得体貌雄伟、美须髯，而且好读书、爱骑射，学就一身本领，年纪轻轻的就受封柱国，官居二品。

当然，杨玄感能够平步青云，主要还是靠杨素的军功。但是作为一个"官二代"（实际上是好几代了），杨玄感的政治素养确实很高，他曾在地方担任刺史，提拔良吏，惩治贪官，取得不少政绩，为当地官吏和百姓所称颂。

杨玄感跟杨素很相像，生性骄傲，自视甚高，对一般人瞧不上眼，而且他也遗传了弘农杨氏的士族基因，爱重文学，礼贤下士，因此四海之内的知名之士纷纷投奔到他门下，与之交游。

这样一个人，既有家世，又有才能声望，只要好好干，将来出将入相肯定不成问题。但是他却放着大好前途不要，铤而走险去造反，这是为什么？

自古以来，一个大臣如果造反，无非有以下三种原因：

第一，被皇帝猜忌，不得不反；

第二，个人有野心，想谋朝篡位；

第三，皇帝无道，替天行道。

那么杨玄感是其中哪种原因呢？他比较特殊，三种原因都有。

首先，他自认为受到杨广猜忌，内心很不安。

我们知道杨广曾经猜忌杨素，甚至将他逼死，而在杨素死后，杨广还曾私下对人说："使素不死，终当夷族！"

倘若杨素不死，我必灭他全族！这话说得多狠，不知道是不是一句气话，但杨玄感听说后可当真了，然后就不淡定了。皇帝这是什么意思？要灭了我们杨家吗？这可如何是好？

自此杨玄感常怀不安之心，深恐皇帝哪天不高兴，真灭了他全族。

与此同时，杨广的猜忌心越来越重，先后诛杀了高颎、贺若弼、宇文弼、薛道衡等老臣，这使得杨玄感更为不安，逐渐产生了造反的念头。

其次，杨玄感本人有野心，不是省油的灯。

杨玄感家世显赫，兄弟叔侄都在朝担任要职，满朝文武又多是他爹杨素的旧部，这使得他自我感觉良好，自认为能一呼百应。此外，他本人声望很高，有盛名于天下，支持者众多。在这种情况下，他产生野心就不奇怪了。

最后，杨玄感觉得杨广是无道昏君，想要为天下除害。

杨广即位以来，大兴土木，四处巡游，不仅苦了百姓，也苦了文武群臣。这让血气方刚的杨玄感非常不满，急欲除之而后快。

关于这一点，早在西巡河右时，杨玄感就已经有所表现了。

当时杨广西巡结束，归京途中经过大斗拔谷，因为遭遇暴风雪，随从官员又冻又饿，各个狼狈不堪，杨玄感看在眼里，愤愤不平，便打算袭击杨广行宫，还好他的叔父杨慎及时劝阻，他才作罢。

由此可见，杨玄感早有反心。

有了这些原因，杨玄感造反就不奇怪了。但问题是，他为什么早不反晚不反，偏偏选在这个时候反呢？

这个问题倒不复杂，只要我们知道当时隋朝国内的形势，就不难明白了。

动荡的时局

从大业七年开始，隋朝各地开始接连出现“盗贼”，至大业九年时已是“群盗蜂起”，天下骚动。

这些“盗贼”从何而来？他们原本都是普通百姓，之所以“上梁山”，完全是被杨广逼的。更具体地说，是被杨广东征高句丽逼的。

我们知道杨广即位以来建东都、修运河、筑长城，不停地搞大型工程，同时游幸江都、出巡塞北、征讨吐谷浑，巡游无度。凡此种种，给百姓带来了沉重负担，如今又东征高句丽，更使百姓疲敝不堪。

为了详细说明百姓的处境，我们举两个例子。

其一是民夫的处境。

杨广为征讨高句丽，数次下诏征发民夫运送粮草，而运粮需要牛车，由于路途遥远艰辛，百姓的牛往往死在半路，即使侥幸活着回来了，也会错过收割和耕种的时节，以至于大量田地抛荒。《孟子·梁惠王上》说：“不违农时，谷不可胜食也。”这里则正好相反。加上当时关东闹水灾，三十多个郡被淹，更使得粮价暴涨，尤其是东北边境地区，一斗米竟要数百文钱，百姓自然是负担不起的。

此外，杨广还征发鹿车（一种小车）夫六十余万，使二人共推三石米，因为道途险远，米还没运到地方，就被车夫吃尽了，车夫没法交差，只能潜逃。而即使完整运到了地方，负责此事的官吏也会说米质量不行，令运送者自掏腰包买进这些米，以补偿官府的损失。

大量百姓因此家财丧尽，穷困不已，除了坐等冻死、饿死外，就只能聚众为盗，四处剽掠了。

再说其二，服兵役者的处境。

受东征影响最大的还不是民夫，而是那些需要服兵役的人。本来为国征战是每个府兵应尽的责任和义务，不应该逃避，可是杨广征发的兵丁实在太多了，远超正常范围。很多人被迫服役，毫无战争经验，根本不愿上战场。而且辽东实在是太远了，谁知道这一去还能不能回来？万一死在那，连个收尸的人都没有。

更重要的是，大部分人觉得杨广征讨高句丽是好大喜功。是胜是败与自己无关，死了也是白死，既然如此，为什么还要去呢？

所以两次东征期间，有大批民众逃避征役，聚众为盗。最典型的是齐郡邹平县（今山东邹平）一个叫王薄的人，他为了逃避征役，聚众占据长白山（在今山东境内），于齐郡、济北郡一带劫掠。为了壮大队伍，他还自称是“知世郎”，声称能预知天下局势，并且创作了一首《无向辽东浪死歌》，劝告百姓莫去辽东，来和他一起进行反抗。

这首歌很有意思，是这样唱的：“长白山前知世郎，纯着红罗锦背裆。长矟（shuò）侵天半，轮刀耀日光。上山吃獐鹿，下山吃牛羊。忽闻官军至，提刀向前荡。譬如辽东死，斩头何所伤。”

我是长白山前的知世郎，穿着红罗锦背裆，手里的长槊伸到半空中，刀片发出比太阳还耀眼的光。我上山打獐鹿吃，下山抢牛羊吃，大碗喝酒大口吃肉，好不快活。要是官军来了怎么办呢？那就提刀上去跟他们拼了。反正去辽东也是死，还怕什么砍头！

有道是“话粗理不粗”，这首歌虽然粗俗，但却揭示了一个真理：有压迫就有反抗。这首歌不仅道出了大众的心声，也点燃了他们反抗暴政的怒火，因此迅速传播开来，引得大批逃避征役者争相投奔王薄，至大业九年，他已经聚集十几万人，声势浩大。

王薄并非个例，在当时关东，像他这样的造反者遍地都是，他们少则聚众数万，多则十数万,四处劫掠郡县，令官府头疼不已。

正是在这种动荡的局势下，杨玄感看到了推翻杨广统治的希望，他觉得以自己的地位和声望，只要振臂一呼，天下必然群起响应。而且杨广远在辽东，国内十分空虚，这乃是天赐良机，此时不反，更待何时！

起兵

下定决心后，杨玄感随即开始密谋起兵，为了增加成功的砝码，他做了许多准备工作。

第一项：减少东征军的粮草供应，削弱杨广的力量。

起兵之前，杨玄感正奉命于黎阳（今河南浚县）督运粮草，负责东征的后勤保障工作。黎阳西濒永济渠，东临黄河，是大运河的重要枢纽，城外建有大型粮仓黎阳仓，各地供应东征的粮食、物资大都在此集中，然后运往涿郡。

而杨玄感正是黎阳漕运的总负责人，这一身份为他起兵创造了诸多有利条件。比如，他可以减缓运粮速度，令杨广和他的军队在辽东挨饿，以此削弱官军的战斗力。运气好点的话，官军还可能因缺粮而惨败，再也回不来，这样他起兵成功的概率就大多了。

杨玄感是这么想的，也是这么做的，在诸军开赴辽东后不久，他就与虎贲郎将王仲伯、汲郡赞治赵怀义等人密谋，故意迟滞漕运，拖延进发时间，以此使诸军缺粮。而当杨广派人来催促时，他便说运河两岸盗贼太多，无法按时进发。

这个理由编得实在太好，不由得杨广不信。

接下来是第二项：拉人入伙，壮大力量。

在打定起兵的主意后，杨玄感决定拉人入伙，壮大自己的队伍。而他首先想到的拉拢对象便是自己的亲友。

当时，杨玄感的几个兄弟分散在各地，三弟杨玄挺身在大兴，二弟杨玄纵及五弟杨万硕都在辽东。于是杨玄感暗中派人将他们召至黎阳，共商大计。

杨玄挺、杨玄纵、杨万硕都是杨玄感的忠实追随者，一听他要起兵，二话不说，立刻朝黎阳奔来。多日后，除杨万硕在奔至高阳时被监事许华捕获斩首外，其他人基本上都赶到了黎阳。

除了亲友之外，杨玄感还试图拉拢黎阳的官吏入伙。六月初三，他率领部众进入黎阳，随后关闭城门，以运粮的名义将郡县官吏召集到一起，挑选其中有才干者予以重用，比如任命赵怀义为卫州刺史、东光县尉元务本为黎州刺史、河内郡主簿唐祎（yī）为怀州刺史等。

细心的读者发现了，杨玄感奉行的是隋文帝时期的州县制，而非现行的郡县制。为什么会这样？

因为杨玄感打的旗号是反对杨广暴政，凡是杨广推行的制度他都要打倒，恢复为开皇旧制。所以他把郡改称为州，把太守改称为刺史。而所谓卫州，就是黎阳所在的汲郡，州治在卫县；黎州则是杨玄感以黎阳为治所而新设的州；至于怀州，就是河内郡，在洛阳以北。

言归正传，杨玄感任命了大量官吏，这些人或是图利，或是身不由己，大多选择了入伙。但也有少数例外，就比如唐祎，本是河内郡官员，奉命在黎阳督运粮草，一听杨玄感要造反，赶紧跑回了河内。

此外，还有治书侍御史游元，本是朝中重臣，当时也在黎阳督运粮草。杨玄感为了拉拢他，亲自找到他说："独夫肆虐，身陷辽东，这是天要亡他。我今亲率义兵以诛无道，卿意如何？"

结果游元一听立刻变了脸，当即把杨玄感训斥了一顿："您父亲杨素受国宠遇，近世无人能比；您的兄弟全都身居高位，您正应当竭诚尽节，上答鸿恩。岂料您父亲坟土未干，您竟然意图谋反！我只有一死而已，不敢从命！”

杨玄感听罢大怒，命人将其囚禁，又强迫他跟随自己起兵。但是游元倔强得很，宁死不屈。杨玄感无奈，只能杀了他。

游元的不合作并没有动摇杨玄感起兵的决心。在拉拢官吏的同时，他又在黎阳大肆索要民夫，凡是年轻体壮的车夫、船工，不管是哪来的，也不管你愿意不愿意，先召来再说。于是他很快聚集了上万人，又用帆布制成头盔铠甲给这些人穿上，组成了一支庞大的军队。

为了加强队伍团结，让民众死心塌地地追随自己，杨玄感又召集部众宰杀三牲（牛、羊、猪）誓师，然后演讲说：“主上无道，不以百姓为念，天下骚扰，死辽东者以万计。今与君等起兵，以救兆民之弊，何如？”

听他这意思，他起兵只是为了讨伐昏君，替天行道，拯救生民于水火。这是不是他的真实想法我们不知道，但他的这番话确实是说到了民众心里，因而众人踊跃响应，高呼万岁，俨然把他当成了救世主。

再有第三项工作：召集周边各郡兵马，进一步壮大力量。

杨玄感虽然在黎阳招募了上万人，但毕竟是杂牌军，战斗力有限，很难成大事，因此他又以官府名义，发送文书给周边各郡，令他们发兵到黎阳集合。

可是各郡官员也不傻，无缘无故地为什么要去黎阳？

对此，杨玄感想了个主意，他派家奴伪装成从东方来的使者，诈称来护儿谋反，以此要求各郡出兵讨伐。

诈称大臣谋反好理解，当年杨谅就这么干过，但问题是杨玄感为什么要说来护儿谋反，而不是其他人呢？

因为只有说来护儿才有人信。当时隋军其他的重要将领都已经随杨广奔赴辽东，根本没有谋反的机会，只有来护儿正率水军在东莱渡口准备渡海，从理论上讲，只有他有可能谋反。

所以杨玄感把这顶谋反的帽子扣在了来护儿头上。

至此一切准备就绪，到了该起兵的时候了。但紧接着新的问题又来了，起兵之后该攻打何地？又该怎么打呢？

这不是一个小问题，是关乎成败的战略大计。之前杨玄感只想着起兵，压根儿没有仔细考虑过这个问题，现在事到临头，不考虑是不行了。

幸运的是，就在他拿不定主意时，一个远道而来的老朋友给他提供了具体方案。这个人就是后来的隋末枭雄李密。

李密

说到李密，想来大家都不陌生。他是隋唐之际的风云人物，是隋末瓦岗起义军首领，隋唐名将秦琼、程咬金、单雄信等，都曾是他的部下。

不过这都是后来的事情，早年的李密又有哪些经历呢？

李密，生于开皇二年（公元 582 年），字玄邃，出身赵郡李氏辽东房，辽东襄平（今辽宁辽阳）人。

辽东早已被高句丽占据，所以襄平只是李密的祖籍地，大兴才是他出生和成长的地方，而他的曾祖父就是西魏八柱国之一、北周太师李弼。

李弼家族是关陇集团的核心家族之一，历经西魏、北周、隋三朝而不衰，数十年来人才辈出。李密出生在这样的家庭，注定不会平凡。

史载李密此人善于筹谋，才兼文武，志气雄远，常以济世救民为己任。开皇时，承袭父爵蒲山郡公，散尽家财，周济赡养亲朋故友，收养门客，礼遇贤才，毫不吝啬。大业初，凭借父荫出任左亲侍，成为杨广侍从。

这原本是一份前途光明的好差事，很容易获得提拔，但他却没干多久就请辞了，原因是杨广不待见他。

有一次杨广见到李密，发现他眼神奇异，心里很不喜欢，就问宇文述："刚才在左边宿卫的黑小子是谁？"

宇文述答曰："是已故蒲山公李宽之子李密。"

杨广又说："这小子瞻视异常，以后不要令他宿卫了。"

宇文述不敢不听，但又不好直接赶走李密，便委婉地对他说："贤弟这么聪明，应该凭才学做官，宫廷宿卫是个琐碎差事，不能培养你成为贤才。"这意思是李密担任侍卫太屈才了，他应该多读书，将来干大事。

李密一听，觉得很有道理：我是要济世救民的人，宿卫宫廷算怎么回事？

于是称病辞职，自此闭门读书，极少再露面。

直到有一天，他去拜访国子助教包恺，才不得不乘黄牛出门。但即便这样，他也不忘读书，竟将一册《汉书》挂在牛角上，一手捏着牛绳，一手翻书阅读。

正巧这时杨素从附近经过，见他读书如此专心，觉得很惊奇，便悄悄跟在后面，然后赶上去问道："哪来的书生，如此好学？"

李密识得杨素，连忙下牛拜了两拜，并报上姓名。杨素又问他所读何书，他回答说《项羽传》。杨素更惊奇了，便与他交谈起来，结果大悦，忍不住对儿子们说："我看李密才识风度过人，你们都不及他。"

杨玄感听在耳中记在心上，自此与李密相交，常结伴同游，对他的才识也是十分钦佩。等杨玄感在黎阳起兵时，第一时间就想到了李密，专门派家童去大兴召他。

李密常以"济世救民"为已任，自然不会拒绝，接到消息后立即动身，终于在起兵前夕赶到黎阳。杨玄感大喜，将他奉为军师，向他咨询说：“你常以济世救民为己任，现在正是时候！你说应该怎么做？”

李密早有准备，当即献上三策。

第一策：“杨广远在辽东，距涿郡千里之遥。南有大海，北有强敌，要想回来，只能走中间一条险道。您可以出其不意，拥兵北上，长驱入蓟（涿郡），据守临渝关（今山海关），扼其咽喉。如此杨广无路可走，高句丽闻之，必出兵攻其后。不出旬月，杨广资粮皆尽，其众不降则溃，可不战而擒。”

这是李密提出的上策，大意是要杨玄感率兵攻取涿郡，然后扼守临渝关，与高句丽前后夹击，将杨广困死在辽东。

或许是觉得这方案太冒险，杨玄感并未采纳，而是说：“更言其次。”

李密遂又献上第二策：“关中四塞，天府之国，虽然杨广派了卫文升留守长安，但不足为惧。今可率众鼓行而西，经城不攻，直取长安，收其豪杰，安抚士民，据险而守。这样，即使杨广归来，也失去了根本，可以慢慢对付他。”

这是所谓的中策，核心是攻取关中，占领杨广老巢。

相比于上策，中策的收益可能不高，却更为保险，可以说是万全之策。但杨玄感仍没有采纳，又说：“更言其次。”

李密遂献出第三策：“挑选精锐，昼夜兼程，袭取东都，以号令四方。”

此策是攻取洛阳。按李密的说法，这是一条下策，因为唐祎已逃出黎阳，八成会向洛阳告密，洛阳守军恐怕已经做好防备，如果久攻不下，天下之兵四面而至，后果难以预料。

然而杨玄感偏偏看中了这条下策，对李密说道：“不然，今百官家属皆在东都，如果能先攻下，足以动摇百官之心。况且东都近在眼前，经城而不攻，何以示威？公之下计，乃上策也。”

在杨玄感看来，李密的下策才是上策，因为百官家眷都在洛阳，只有占据洛阳才能号令群臣，继而号令天下，而且洛阳离黎阳是最近的，能在最短时间内攻下，如果舍近求远，经而不攻，那如何立威？

因此，杨玄感决定采用李密的下策，引兵攻取洛阳。

洛阳攻守战

从黎阳到洛阳，主要有三条路线可走。其一是向西走河内郡（今河南沁阳），渡过黄河后直抵邙山；其二是向西走临清关（在今河南新乡），渡河后经荥阳郡（今河南郑州）西进洛水；其三是直接从黎阳所在的汲郡渡河，然后再向西走荥阳郡。

前两条路线更为便捷，所以杨玄感兵分两路，先派其三弟杨玄挺率一千精兵为前锋攻取河内郡，然后自率主力攻临清关。

但正如李密事前担心的那样，唐祎已经逃回河内，做好了防卫工作，并且派人通知了东都留守樊子盖及附近各郡县，其中就包括临清关所在的修武县，当地民众得到消息后自发守卫临清关，挡住了西去之路。

结果不难预料，河内郡和临清关都攻不下来，杨玄感只得改走第三条路，由汲郡渡河。

这次渡河倒是很顺利，而且又吸收了不少民众，队伍规模进一步壮大。

渡河后，杨玄感再次兵分两路，派遣七弟杨积善率兵三千自偃师南沿洛水西入，三弟杨玄挺自白马山翻越邙山南入，他自己则率三千余人跟在两人后面，故意相隔十余里，营造出大军来袭的气势。

早已没人记得清这是洛阳历史上第几次遭受侵犯了，但可以肯定的是，这是新洛阳城建成以来，首次面对来犯之敌，是对它城防的第一次考验。

照理说洛阳城池坚固，城内守军数万，根本不惧杨玄感这区区一万多人。而且杨广在东征之前，已命越王杨侗留守洛阳，并令民部尚书樊子盖辅佐，就是防备有人造反作乱，这就更不惧杨玄感了。

可是，这仅仅是表面，实际上洛阳的防御非常差，别看兵不少，其实没有多少战斗力，最关键的是没有一个像样的武将，因为大部分精兵和武将都被杨广带去辽东了。

所以当叛军来袭时，樊子盖只能派遣文官去迎敌。一是令河南县令达奚善意率兵五千至城南抵御杨积善，二是令河南赞治裴弘策率兵八千至白马山抵御杨玄挺。

这二人哪有什么作战经验？面对骁勇善战的杨家兄弟，达奚善意不战自溃，丢盔弃甲而逃；裴弘策则五战五败，被杨玄挺追到天津桥。

于是洛阳郭城被攻破，杨玄挺率军直抵皇城端门。裴弘策的八千人除少数骑兵驰入宫城外，其余全部投降。

随后杨玄感率军入城，驻屯上春门（洛阳郭城东垣最北门），对宫城发起攻势。为了激励士卒，也为发展更多民众，杨玄感每次出兵誓师都要公开演讲，说道：“我身为上柱国，家财万贯，对富贵已无所求。如今不顾灭族，起兵来取洛阳，只是为天下解倒悬之急耳！”

他这番慷慨陈词，效果非常明显，不仅将士大悦，士气更加高昂，而且百姓也高兴，纷纷来献牛和酒，连贵族子弟也争相投奔，每日达千人。

至此，杨玄感觉得人心已经归附，而樊子盖孤立无援，应该不难劝降，于是命人写信给他，细数杨广的罪恶，表示要另立明君，请他开城投降。

书信送到，是战是降只在樊子盖一念之间，他会做何选择呢？

我们不妨先看看宫城内的情况。虽然樊子盖是杨广亲自任命的东都留守，但他刚从地方入京，缺少人脉和威望，洛阳不少官吏都对他很轻慢，不仅不听他的命令，连军事部署也不向他汇报。就比如河南赞治裴弘策，仗着与樊子盖班次相同，竟公然抗令，死活不肯再次出战。

外面大军压境，内部还不团结，樊子盖这个东都留守当得真是艰难，意志稍微差点恐怕就开城投降了。

但樊子盖不是等闲之辈，他没有辜负杨广的信任，毅然选择战斗到底。

为建立威信，樊子盖先将抗命不从的裴弘策斩首示众，然后又打算将对自己不敬的国子祭酒杨汪处死。杨汪及时认㞞，顿首流血才保住一命。至此“将吏震肃，无敢仰视，令行禁止”。

内部稳定后，樊子盖便有了守住宫城的底气，此后杨玄感每日派兵来攻，他都从容应对，次次击败敌军，使得杨玄感久攻无果。

视线移回杨玄感这边。紫微城迟迟不能攻克，形势对杨玄感似乎很不利，但好在追随他的人越来越多，他的力量在不断壮大。而且这些追随者大多不是无名小卒，相当一部分是朝中重臣之子。

比如韩擒虎之子韩世咢、杨雄之子杨恭道、虞世基之子虞柔、来护儿之子来渊、裴蕴之子裴爽、大理卿郑善果（郑译之侄）之子郑俨、周罗睺（hóu）（原陈朝水军都督）之子周仲等，共四十余人。

这些贵族子弟原本是被樊子盖招募来守卫宫城的，但在听说裴弘策因作战不利而被斩后，都吓破了胆，竟不敢入城，转而投降了杨玄感。

要知道这些人都是高官子弟，谁家没有百十口人和上百家仆？他们这一投降，少说附带几千人，极大地壮大了杨玄感的力量，使他的队伍增至五万余人。

随着兵力的增加，杨玄感已不再一味进攻紫微城，而是在攻城的同时，分兵攻占洛阳附近关隘，拒守各处要塞，以阻挡官军援兵。

例如：发兵五千驻守慈磵（jiàn）道（洛阳西出要道）、五千驻守伊阙道（洛阳南出要道），派遣韩世咢率三千人围攻荥阳、顾觉率五千人东取虎牢关。

不久虎牢关守军投降，杨玄感遂任命顾觉为郑州刺史，镇守虎牢关。

这样洛阳东、西、南三面的要冲都被杨玄感占据，只有北面的河内郡不在其控制范围之内，而这也将成为杨广解救洛阳的唯一突破口。

此时杨广已经得到杨玄感叛乱的消息，接下来他会如何应对呢？

第六章
平乱前后

杨广正全力进攻辽东，不料国内传来急报：杨玄感叛乱，东都洛阳被围。

面对这突如其来的变故，杨广不由得大惧，也顾不上征高句丽了，急忙密召诸将，下达指令曰：即刻撤军，回救洛阳。

诸将家眷大都在洛阳，听说洛阳被围，哪能不着急，赶忙收拾东西，跟着杨广“回家救火”。

为了赶时间，各类军资、器械、攻城设施都不带了，全部丢弃在辽东，堆积如山。另外，各军营垒、帐幕、案堵也都未携带，尽皆丢于原地。

走得这么急，知道的是赶着回去平乱，不知道的还以为是吃了败仗，赶着逃命呢。而士卒们知或不知，心里都很慌，既恐无家可归，又恐被高句丽袭击，以至于队伍混乱，散不成军。

此时高句丽已经察觉到隋军在撤退，如果出兵追击，隋军必然伤亡惨重。但有意思的是，高句丽怀疑隋军有诈，不敢出城追击，只是一个劲儿在城内鼓噪，直到次日午时才渐渐出城，但仍怀疑隋军使诈，派人四面侦察。又过了两天，终于确信隋军是真撤退，这才派数千人追击。但又畏惧隋军人多势众，不敢逼近，始终保持八九十里的距离，直到追至辽水，得知隋军主力已全部渡河，才敢进逼后军。当时后军有几万人，在渡河之际被高句丽抄击，死伤数千。

虽然付出了一些代价，但隋军主力好歹是安然撤离了辽东。接下来便是平乱，杨广随即调兵遣将，命虎贲郎将陈棱进攻黎阳，遣宇文述与左候卫将军屈突通进军河阳，召令来护儿引兵入洛阳。

话说来护儿本来在东莱准备渡海，忽闻洛阳被围，不等杨广诏令，立即召集诸将商议回军救援。但诸将因为没有接到诏令，不敢擅自撤军，都不肯从命。来护儿脾气上来，厉声呵斥道：“洛阳被围，乃心腹之患；高句丽逆命，不过疥癣之疾。国家之事，知无不为，擅自撤军的是我，罪责我一人承担，与尔等无关，有胆敢阻挠者，军法从事！”

诸将这才不敢吭声。于是来护儿即日回军向洛，并令儿子来弘、来整驰报涿郡。杨广本已诏令他回军，只是诏书还未送到，听说他已经发兵，又惊又喜，赐给他玺书说：“公旋师之时，是朕敕公之日，君臣意合，远同符契。”

君臣心意相通，如同符节一样默契。有这样的将领，杨广怎能不高兴？

至此，参与平乱的各路大军纷纷奔向洛阳，一场决定隋朝命运的大战即将在河洛大地拉开帷幕。

平乱

首先赶到洛阳战场的不是来护儿，也不是宇文述、屈突通，而是时任西京留守、刑部尚书卫文升。

说起此人，大家应该还有印象，第一次东征时，隋军遭遇萨水之败，三十万大军死伤殆尽，唯有卫文升一军得以保全。正是这件事，令杨广对卫文升另眼相看，在二次东征之前任命他为西京留守，辅佐代王杨侑镇守关中。

作为西京留守，卫文升的职责是守卫大兴，至于洛阳被围，那是东都留守樊子盖的事，与他无关，没必要掺和，完全可以事不关己。

但卫文升这人与樊子盖一样，责任心非常强，面对国家危难，想到的不是逃避，而是挺身而出，于是便和杨侑商议，率兵四万东出潼关，救援洛阳。

当时大兴约有十万大军，卫文升带走四万，还剩六万有余，既能起到救援洛阳的作用，又不至于使大兴防卫空虚，是比较合理的选择。

不久，卫文升率军行至华阴。华阴是弘农杨氏祖籍地，也是杨玄感家祖坟所在，这点卫文升是清楚的。为表示死战的决心，他找到杨玄感他爹杨素的墓，命人挖掘出骸骨，当众给烧了。

如此一来，他与杨玄感就势不两立了，只能决一死战。不仅是他，他手下这四万将士也成了杨玄感不共戴天的仇敌，谁也甭想叛变投降，必须战斗到底。

由此不难看出，卫文升的确智勇双全、赤胆忠心。只是可怜了杨素，生前何等威风，死后竟被人挖坟掘冢、挫骨扬灰。事情到这份上，杨玄感要是最终成不了事，那可真是对不起他爹、对不起杨家了。

个人仇恨暂且不论，单就卫文升要来驰援洛阳，杨玄感就不能答应，因此在收到消息后，立刻率军出击。卫文升远道而来，不敢贸然决战，于是且战且行，进至金谷（西晋石崇所筑金谷园，在洛阳城北）驻扎。

杨玄感的目标是攻取洛阳，既然卫文升不来决战，他自然也不会主动去找麻烦，只是一心攻打紫微城。

这就轮到卫文升不答应了，在经过几天的休整后，他亲率步、骑兵二万横渡瀍水，向杨玄感发起挑战。

敌人逼至门口，杨玄感不战也不行了，于是领兵出击，至洛阳城北迎战卫文升。两军刚一交锋，杨玄感便诈败而走，卫文升不知是计，引兵急追，结果被杨玄感的伏兵突袭，前军数千人全部阵亡。

初战不利，卫文升并没有气馁，休整几日后又来挑战杨玄感。他刚列好阵形，忽听前方有人大呼："官军已经捕获杨玄感了！"卫文升经过前面的教训，不敢再轻易相信，但他麾下将士大多信以为真，已经开始懈怠。

就在这时，南面突然杀来数千骑兵，当头一将正是杨玄感。原来刚才那呼声是他故意派人放出的，目的就是麻痹官军。此刻他手舞长矛，身先士卒，喑呜叱咤，所向披靡。卫文升大溃，率领八千人败走。

此战过后，杨玄感威名大震，官军士兵皆知他骁勇善战、足智多谋，因而无不畏惧，将他比作西楚霸王项羽。

这还真不是吹捧杨玄感，就战斗指数来说，他确实能媲美项羽。而且他还善于安抚人心和驾驭士兵，将士们都乐意为他效命，无有贪生怕死者，故而他屡战屡胜，队伍规模不断壮大，达十万之众。

卫文升本就不是杨玄感的对手，现在人数劣势进一步拉大，更加寡不敌众，因而一败再败，士卒死伤大半，被迫退至邙山南麓驻守。杨玄感乘胜追击，率领全部精兵向邙山发起进攻，打算一举将其歼灭。卫文升别无选择，只得列阵决战。

一日之内，双方激战十余次，杨玄感占尽上风，步步紧逼。眼看就要攻占邙山时，不幸的事情发生了，杨玄挺被流矢击中，当场阵亡，杨玄感军中大乱，这才稍稍后却。卫文升乘机翻越邙山，在山北驻军坚守。

经此一战，卫文升已无力再出击，只好按兵不动，等待其他援军到来。

而杨玄感也不好过，起兵一个多月以来，他已经连死两个弟弟，父亲的坟也被人掘了，而攻取洛阳的目标却还是没有达成。

这时杨玄感就要想了，为什么自己能轻松攻克洛阳郭城，却迟迟拿不下紫微城呢？是城防太坚固，还是策略有问题？

杨玄感在想这个问题，他的老朋友李密也在想。说到李密，不知大家发现没有，自从黎阳起兵以后，他就像消失了一样，也没见为杨玄感谋划什么。难道是怪杨玄感没有采纳他的上策，跟杨玄感闹情绪？

李密当然不是这样的人，他之所以“消失”，实在是因为杨玄感不重视他了。

自从杨玄感攻占洛阳郭城，来投奔他的人越来越多，其中不乏有才干者。这样杨玄感的选择就多了，便不再专听李密之言，转而重用他人。

比如内史舍人韦福嗣（韦孝宽的侄孙），本是东都官员，在随军抵御杨玄感时被俘。杨玄感对他优礼相待，视作心腹，不仅让他参与谋划，还让他掌管公文信札，之前劝降樊子盖的文书就是他写的。

但杨玄感却不知道，韦福嗣并非真心投降，而是身在曹营心在汉，每次谋划时，他都模棱两可，从未尽心尽力。

他的这种观望态度最终被李密识破，为避免他搞破坏，李密劝杨玄感说：“韦福嗣本非同盟，虽已投降，实则在观望。明公初起大事而有奸人在侧，若听其谋划，必为所误，请斩之！”

李密的意思很明确，韦福嗣是被迫入伙的，他就是棵墙头草，风往哪吹他往哪倒，让这样的人参与谋划，早晚得出事，应该赶紧把他除掉。杨玄感如果足够英明果断，听了李密的话就应当醒悟了，即使不杀韦福嗣，也该将他囚禁。但是他的回应却只有四个字：“何至于此！”

李密失望不已，无奈退去，随后对亲信说：“楚公好谋反却不想得胜，吾等即将成为俘虏矣！”

这话简直太丧气，可见他是有多失望，但事已至此，他哪还有别的路可走，只能跟着杨玄感一条道走到黑了。

于是李密调整心态，继续为杨玄感谋划，思考洛阳久攻不下的原因，以及接下来应该怎么办。正当他想出一些眉目时，杨玄感突然找到他，跟他商议说：“我欲尽早称帝以号令天下，你以为如何？”

李密听言大惊，心说洛阳还没攻下，你就敢想称帝之事，谁给你的勇气？

不等李密问，杨玄感便道出了缘由，说这是李子雄倡议的。

李子雄本是右武候大将军，曾受杨素举荐，参与平定杨谅之乱，不久前因为犯事被杨广除名为民，发配至来护儿军中效力自赎。杨玄感起兵后，杨广疑心李子雄会从乱，便下诏将他锁至涿郡，结果他半路杀了使者，跑来投了杨玄感。

虽然入伙晚，但李子雄很得杨玄感的信任，得以参议大事。而与韦福嗣不同的是，他没有退路，只能全力辅助杨玄感，所以索性劝其称帝。而杨玄感呢，自以为天下归心，竟然被他说动，产生了称帝的念头，于是来问李密。

杨玄感鬼迷心窍，可李密不糊涂，一听他要称帝，赶紧劝谏说："昔日陈胜自欲称王，张耳劝谏而被外放；曹操将求九锡，荀彧阻止而被诛杀。如今我要直言规劝您，只恐落得同样下场；若阿谀逢迎，则又非我本意。为什么呢？因为起兵以来，我们虽然屡次奏凯，但是各郡县却没有响应，而且东都守御尚强，天下救兵越来越多，当此之时，您应当挺身力战，早定关中。奈何急欲称帝，让人以为您没有气度呢！"

李密这段话虽然很长，但其实就表达了两个意思：一是天下人心未附，称帝不是时候；二是攻取洛阳已基本不可能，趁着还没被包围，赶紧转战关中。

不得不说李密是聪明人，对当前形势判断得非常准确，心知这伙人若再在洛阳耗下去，就要被官军包饺子了。所以他坚决反对杨玄感在洛阳称帝，并劝他赶紧撤离，转移到关中去。

经李密这么一说，杨玄感也意识到称帝不现实，便打消了这一念头。但是他接下来并没有照李密之意转战关中，而是继续攻打洛阳。

这样一来，他就不得不面对朝廷的各路援军了。继卫文升之后，屈突通、宇文述也先后率军赶至河内，驻屯河阳城，大有渡河之势。

杨玄感不知如何应对，又来向李子雄问计。李子雄献策说：“屈突通深晓兵事，若让他渡河，则胜负难料，不如分兵拒之。屈突通不能渡河，则樊子盖、卫文升就会失去援助。”

杨玄感深以为然，便打算亲自率军抵御屈突通，将他挡在黄河以北。但不承想消息走漏，樊子盖得知了他的计划，数次发兵攻击其营。杨玄感受到牵制，竟无法出兵。于是屈突通顺利渡河，驻军于破陵（在今河南孟津东），与卫文升一东一西，形成掎（jǐ）角之势。

杨玄感见此情况，也兵分两部，西抗卫文升，东拒屈突通，两头忙活。这本已经够疲于奔命的了，不料樊子盖突然又从背后杀来，杨玄感三面受敌，难以抵挡，因而大败。

此后杨玄感屡战屡败，别说是攻取紫微城了，就连自保都难。至此他已无计可施，只得召集众人商议出路。李子雄说：“东都援军愈来愈多，我军数败，不可久留，不如直入关中，开永丰仓以赈百姓，则三辅可指挥而定，据有府库，东面而争天下，这也是霸王之业。”

李密也说：“弘化留守元弘嗣在陇右手握强兵，可声称其造反，遣使来迎我们，因此入关，可以骗取大众。”

众人皆主张转战关中，杨玄感再不甘心，也只能放弃洛阳了。正好这时弘农杨氏族众遣使来迎，表示愿当向导，杨玄感遂解围洛阳，率众西进关中，临走时对外宣称：“我已破东都，取关西矣！”

自己骗自己，听起来有些好笑，但这恰巧是杨玄感的高明之处（实则是李密的主意）。此时关中吏民尚不清楚洛阳战况，倘若误以为洛阳已经失陷，那么抵抗的意志就会下降，而杨玄感就更有机会攻取关中了。

在信息不发达的古代，这是战争中常用的计谋。但它有一个前提条件，就是动作一定要快，不然关中吏民收到消息，知道你杨玄感打了败仗，一定会严防死守，到时候前路不通，后有追兵，可就危险了。

杨玄感明白这个道理，所以起初是全速行军，直奔关中。但可惜的是，他没有坚持到底，在到达弘农郡时，突然停了下来。

为什么要停呢？原因是他经过弘农宫时，当地父老拦住了他，劝他说："宫城防卫空虚，储粮又多，很容易攻下，您不试试吗？"他因此心动，便率军来到城下，想观察城防后再做决定。

弘农宫是大业初年（公元605年）杨广在弘农郡所建离宫，位于郡城之中，目前由弘农太守杨智积镇守。

杨智积可不是普通人，乃是杨广已故二叔杨整之子，袭爵蔡王。作为皇室成员，他跟叛乱分子肯定是不共戴天的，为了阻止叛军西进关中，他故意登上城头大骂杨玄感，欲以此激怒之。

结果杨玄感真就怒了，也不管形势允许不允许，当即就要攻城。李密一看这哪行，赶紧劝阻说："我们如今蒙骗众人西入，兵贵神速，况且追兵将至，安能在此逗留？若向前不能占据潼关，退后又无地可守，大众一散，何以保全自己？"

杨玄感不肯听，执意要攻城，令人放火焚烧城门。杨智积也不示弱，你放我也放，而且比你火还大，看你怎么进城！

杨玄感傻眼了，城门是破了，可周围一片火海，士兵们根本攻不进去啊！

就这样，他连攻三天没有结果，最后只能放弃，继续率众向西走。

然而未等他走出弘农地界，身后宇文述、卫文升、来护儿、屈突通已率军追来。杨玄感避无可避，只得横向列阵，且战且行。由于寡不敌众，士气低落，他已难复当初之勇，一日之内三战三败，被迫退守董杜原（在今河南灵宝西）。

不久，诸军合力来攻，杨玄感又败，仅率十余骑向西逃往山林，打算奔往上洛（今陕西商洛）。

官军哪能让他走，立刻派出骑兵追击，眼看就要追到了，只听杨玄感一声大喝，声似虎啸，势如雷震，官兵无不震颤，竟不敢上前，皆掉头而逃。

不得不说，杨玄感是真英雄！光是个人气势，就能吓退敌人。

但是英雄也有末路的时候，项羽何等英雄，最终不也没逃过乌江自刎的命运吗？杨玄感再英勇，也只能暂时吓退追兵，想逃出生天是不可能了。

此时他的十余骑已死伤殆尽，仅剩弟弟杨积善一人，连战马也已亡失，兄弟二人只能徒步而行，处境实在窘迫。杨玄感自知已不能幸免，绝望之下对杨积善说："事败矣，我不能受人戮辱，汝可杀我！"

事已至此，我不愿做俘虏而被人折辱而死，你是我弟弟，可来杀我！

杨积善也是条硬汉，二话不说，抽刀杀了杨玄感，随即自杀，结果没有死成，被追兵捕获，送至东都。

至于李密、韦福嗣、李子雄等人，或是被捕，或是归降，也全部被押解东都。

至此，杨玄感之乱被平定，或者说，杨玄感起兵以失败告终。

失败的背后

从六月进占黎阳，到八月初兵败身死，杨玄感发动的这场兵变看似热闹，实际上只持续了短短几十天，几乎杨广大军一到，他就溃败了。这就不能不让人思考：为什么他会败？而且败得这么快？

从整个起兵过程来看，杨玄感之所以失败，似乎是因为没有攻下洛阳，导致被官军合围，腹背受敌，寡不敌众。而之所以攻不下洛阳，是因为洛阳城防太坚固，且樊子盖已提前收到消息，做好防备。就如李密事前预料的那样："但恐唐祎告之，先已固守。若引兵攻之，百日不克，天下之兵四面而至，非仆所知也。”

所以归结起来就是：进攻洛阳是一个重大的战略失误，是杨玄感起兵失败的根源所在。

这是很多后来人的看法，也是人们为杨玄感惋惜的地方，所以有人就进行了假设，说如果杨玄感没有进攻洛阳，而是采纳了李密的上策或中策，引兵攻取涿郡或大兴，那他是不是就能成功呢？

历史当然没有假设，谁也不敢说上策中策一定成功或不成功。但通过分析杨玄感起兵的过程和当时的形势，我们可以大胆地推测说：无论采用哪种战略，杨玄感最终都会失败。

何以见得呢？道理很简单，杨玄感既然攻不下洛阳，那凭什么就能攻下涿郡或大兴？虽说洛阳作为杨广苦心经营的东都，城防更为坚固，但大兴作为西京，驻有十万大军，同样不是那么好打的。至于涿郡，那是北方军事重镇，城防也不是纸糊的。杨玄感连弘农郡都攻不下，拿什么攻这些大城市？而且大兴也好，涿郡也好，距离杨玄感起兵的地方都太远了，要是从黎阳向这两地进攻，以当时的交通条件，光赶到那里就得半个多月，那时人家早得到消息，做好防备了，如果硬要打，结果恐怕也不会比进攻洛阳好到哪里去。

更何况，杨玄感的队伍是从黎阳临时拼凑起来的，成员大都是关东人，尤其是以河南、河北、江淮人居多，在这些人心目中，洛阳就等同于家乡，所以一说要打洛阳，他们的热情比谁都高。而如果让他们背井离乡，千里迢迢去打大兴和涿郡，他们恐怕就没这么热心了，可能还没到地方，队伍就散了。

所以说，杨玄感选择攻打洛阳并不是战略失误，而是他根据当时形势所做出的最好选择。这也正是后来李密自己领导瓦岗军起义时，没有进取关中，而是一直围攻洛阳的原因，因为他手下的瓦岗好汉同样都是关东人。

正是基于这样的原因，我们才敢断言杨玄感必然失败，即使他侥幸攻下了洛阳，或是攻下大兴、涿郡，也很难守得住，只要杨广的东征大军一回来，他还是会败亡，只是时间早晚的问题罢了。

这样看来，杨玄感起兵失败的根本原因应该是实力不济，虽然说他在短短两个月内聚集了十万之众，但相比于杨广的百万大军还是差太多，在缺少其他力量支持的情况下，是不可能取胜的。

其实杨玄感不是不清楚这一点，他当初之所以敢起兵，是因为他觉得杨广无道，各地民怨沸腾，起义蜂起，只要他站出来振臂一呼，天下就会云起响应，以此推翻杨广，如同秦末陈胜、吴广一样。

他这么想也没有错，在他起兵之后确实有大批民众响应支持，有的甚至聚众十几万，声势比他还大，并且听他调遣、受他册封，纷纷往洛阳而来。

可是，这些响应者到杨玄感死也没能赶到洛阳，为何？除因路途遥远外，还因为受到了沿途郡县的阻击。

这也就是说，虽然有民众响应，但各地方政府对杨玄感起兵是不支持的，反而都坚定地站在朝廷一边，严守城池，镇压起义军，维护统治。

所以归根结底，杨玄感失败是因为没有获得统治阶级的支持，仅靠底层民众的力量，尚不足以推翻隋王朝。

从这也能看出，尽管农民起义不断，但隋朝统治阶级内部仍然比较团结，大多数人还是拥护杨广的。

对于这一点，太史令庾质看得最明白。在这次东征之前，他见到国内局势动荡，曾劝杨广不要亲征，杨广不听，结果发生兵变。杨广有所追悔，又问他杨玄感能否成事，他当时的回答是：“玄感地势虽隆，素非人望，因百姓之劳，冀幸成功。今天下一家，未易可动。”

杨玄感虽然地位高，但在朝中素来没有声望，只是想趁着百姓困苦、民怨沸腾，侥幸获得成功。如今天下一家，不是轻易能撼动的。

庾质不愧为太史令，上知天文下知地理，中间还通晓人事，杨广如果早听他的良言，又何至于引发兵变。

虽然杨玄感之乱已经平定，但它所带来的影响才刚刚开始。

平乱之后

正如前面所说，天下本已起义蜂起，而杨玄感这一起兵，更是一石激起千层浪，彻底点燃了全国民众反抗暴政的大火。

原本各地民众只是因为生活困苦，不得已上山为寇，最多也就是“上山吃獐鹿，下山吃牛羊”，混个山大王当当。但是杨玄感起兵后，情况就不一样了，民众一看连杨玄感这样的顶级贵族都造反了，看来隋朝已天怒人怨，是该推翻的时候了。这就极大增强了他们反抗隋朝统治的信心和决心，因此各地起义者越来越多，而且开始称王称帝，攻打郡县，从“山贼”变成了造反者。

最具代表性的是来自余杭郡的造反者刘元进。

刘元进，生年不详，余杭人，虽无官无职，但“手长尺余，臂垂过膝”，自认为相貌非常，有当皇帝的命，因而常怀异志。

这种人历代都有，天下太平时，他们没有机会造反，就只能想想而已，一旦天下有变，他们立刻就会跳出来带头起事。

这不杨玄感起兵后，刘元进觉得机会来了，遂聚集当地民众发兵响应。正好这时杨广又在三吴征兵（今上海、南京、苏州、镇江、杭州一带），三吴人不愿远赴辽东，大多逃避兵役，因而被郡县追捕，听说刘元进举兵造反，纷纷前往投奔，旬月间聚众数万。

刘元进随即率众北上，打算到洛阳会合杨玄感，但没等渡江，杨玄感就已败亡，刚好这时吴郡（今江苏苏州）人朱燮（xiè）、管崇等也在造反，见刘元进势力大，便响应迎接，推举他为首领，占据吴郡。

刘元进随即自称天子，以朱燮、管崇为尚书仆射，设置百官。附近豪杰闻之，争相来投。

刘元进并非个例，整个隋朝东部北起涿郡，南至余杭，遍地是造反者，与秦朝末年的情形颇为相似。

这就是杨玄感起兵带来的连锁反应。

其实早在平乱前，宰相苏威就预见到了这一结果。当时杨广问他："此儿聪明，得无为患？"他分析说："夫识是非，审成败，乃谓之聪明。玄感粗疏，必无所虑，但恐因此浸成乱阶耳。"

杨玄感不足为虑，但只恐他这一叛乱，将会引发天下大乱。

如今苏威的预言正在应验，事情发展到这一地步，按理说杨广应该进行反思了：为什么会有这么多人造反？为什么杨玄感振臂一呼，就有大批民众响应？为什么杨玄感已死，造反者还是层出不穷？

按照我们后来人的看法，当然是因为杨广统治残暴，百姓负担太重，不得不反。所以他应该及时调整政策，停止征发兵役、徭役，与民休息，同时赦免造反者（称帝者可以除外）。只要这时他肯这么做，农民起义自然会慢慢平息。

可是杨广却不这么想，他虽然也反思了，但不是反思自己，而是将责任全部归于百姓。在处理杨玄感造反案时，他对裴蕴说："玄感一呼而从者十万，益知天下人不欲多，多即相聚为盗耳。不尽加诛，无以惩后。"

天下人太多，所以聚而为乱，只有将暴徒杀光杀尽，才能警示后来者。

这话听着让人不寒而栗，恐怕也只有暴君能说得出来。

其实现在的杨广离暴君已经不远了，在平定了杨玄感之乱后，他非但不安抚人心，反而以武力残酷镇压农民起义军。

而历史早已证明，当底层农民被迫揭竿而起时，单纯的暴力镇压是无法制止的，只会使暴乱愈演愈烈，一发不可收拾。

还拿刘元进来说，尽管杨广派遣左屯卫大将军吐万绪、光禄大夫鱼俱罗率兵镇压，斩首五千余人，基本消灭了其势力，但是很快又有更多百姓参与叛乱，刘元进迅速恢复元气，势力更胜从前。

由此不难得出一个结论：越是镇压，造反者越多，而多到一定程度，量变引发质变，总有压不住的时候。

但杨广似乎不明白这个道理，只是一味迷信暴力，在镇压叛乱的同时，又推行严刑峻法，大肆残杀所谓的“杨玄感同党”。

本来杨玄感已死，主要从犯也都被抓获，只要将这些人交由司法机关依法处置，事情就可以完结了，但杨广却又命裴蕴、樊子盖与大理卿郑善果、刑部侍郎骨仪追查杨玄感同党，准备大开杀戒。

裴蕴这人我们都知道，为人残忍，为逢迎杨广不择手段。而樊子盖也不是善茬，同样性格残酷，之前诛杀裴弘策就是证明。由这二人参与审理杨玄感案，其结果不难想象。

在杨广“不尽加诛，无以惩后”的理论指导之下，裴蕴、樊子盖等人大肆追查“叛党”，凡是平时与杨玄感有来往的人，不管有没有参与叛乱，一律列为反贼，因此被杀者达三万之多，流放者六千余人。

这些人中确有从乱者，但大半都是被冤枉的。冤到什么程度？《资治通鉴》专门举了例子，说当初杨玄感攻打东都时，曾开仓放粮赈济灾民，而裴蕴竟将那些接受粮食的民众全部列为杨玄感同党，坑杀于洛阳城南。

坑杀无辜百姓，这够残忍了吧？但还有更残忍的。

杨玄感虽然已经死了，但杨广却不愿放过他，将他的尸体五马分尸，将残肢扔到洛阳闹市暴晒三日，然后再剁成肉泥，焚为灰烬，直到尸骨无存。

不过有人也许会说，杨玄感是造反者，在封建专制时代，造反失败就是这样的下场，没什么残忍不残忍的。

这话是没错，可我们别忘了，早在开皇初年，隋朝就已经废除了五马分尸之类的残忍刑罚，只保留了绞、斩两种死刑，到杨广修《大业律》时，又将绞、斩的处刑方式的原则继承了下来。

因此我们会发现，自隋朝建国以来，从没听说过有谁被五马分尸，最多就是斩首。

可现在，杨广公然破坏自己制定的律法，首开五马分尸之先河，手段残忍至极。这不是暴虐，是什么呢？

如果说杨玄感是死后被五马分尸，还不算真正残忍的话，那么杨广处置杨积善等人的方式就很好地阐释了什么是心狠手辣。

杨积善自杀未遂后，被官军俘至洛阳，后被押解至杨广驻跸（bì）的河间郡高阳县。在宇文述的建议下，杨广将他和十余名从犯拉到野外，绑在木格上，用车轮箍住脖子，然后令九品以上官员拿箭射击，不会射箭的文官则拿刀来砍。半晌下来，木格上的人都被射成了刺猬，肢体破碎，面目全非。

而这还不算完，事后杨广又将半死不活的杨积善等人五马分尸，并且焚尸扬灰，不留下一点尘迹。

杨积善如此，杨玄感的其他兄弟当然也好不了，除了已经死了的杨玄挺、杨万硕外，其他如杨玄纵、杨玄奖也全部被斩。这使得杨素彻底绝后，子孙无一人存世。

一代名将杨素，落得这种结局，不免教人唏嘘。

不过幸运的是，杨素尚有一个女儿和一个孙女在世，若干年后，她们进入宫廷，分别成为唐高祖李渊和唐太宗李世民的妃子。

这恐怕是杨广做梦也想不到的。

不过比着这件事，还有更令他意想不到的。他大开杀戒，以残忍手段大肆屠杀杨玄感同党，以为这样就能杜绝叛乱，可千算万算，他还是漏杀了一个人，正是这个人日后埋葬了他的江山。

说到这儿大家应该猜到了，这个“漏网之鱼”就是李密。

杨玄感败亡后，李密跑路逃命，不久被官兵抓获，送到了洛阳。

按理说他是主要从犯，被俘后应该是死定了，但偏偏活了下来，这是怎么回事？

说起来，这还多亏了杨广，正是他的残忍“放跑”了李密。

本来李密在洛阳蹲大牢，无论如何是逃脱不了的，只要杨广一声令下，马上可以让他人头落地。可是杨广却不想让他死得太容易，硬是命樊子盖将他和杨积善、韦福嗣等主要从犯押到千里之外的高阳，准备亲自折磨死。

后来的事我们都知道了，杨积善等人被五马分尸，其状惨不忍睹。李密原本也应该是这个下场，可是他却在半路设计逃脱了。

关于他逃跑的过程，《隋书·李密传》和《资治通鉴》都有详细记载。

当时李密一伙十几人都被上了枷锁，由官兵负责押送，凭武力是肯定逃不掉的。所以李密想了个主意，他拿出随身携带的金子交给军官，假意说：“我就要死了。我死之后，这些金子留给您，请您用来给我们收尸，剩下的就当报答您了。”军官是爱财之人，更何况死囚的钱，不拿白不拿，于是收下金子，答应了李密。

此后一段时间，李密每日出钱请人买酒，宴请一众官兵，每次宴饮，都要喧闹一夜。久而久之，官兵对李密等人的看守逐渐松弛，甚至已经不把他当囚犯看待。走到邯郸一处驿站时，李密看准时机，再次宴请官兵，并将他们灌醉，然后穿墙而逃。

就这样，李密成功逃生，从此四处躲藏，浪迹江湖，直到加入瓦岗寨。

值得一提的是，李密逃亡之前，曾叫同行的韦福嗣一起走，可韦福嗣却拒绝了，说道：“我跟你不一样，我无罪，天子不过责骂我两句罢了。”

韦福嗣这么说是有底气的，他投降杨玄感本来就是迫不得已，跟李密等人是有差别的，而且后来杨玄感率军入关时，他也没有跟着去，直接逃回了洛阳。

被迫从乱，同时又有自首情节，按理说是可以宽大处理的，所以韦福嗣放弃了逃亡的机会，打算坦然面对杨广的责骂。

可是他没想到，到高阳后，他等来的不仅是杨广的责骂，还有死刑宣告。

杨广见到韦福嗣后，将一样东西甩在了他面前，那是一份文书，是当初杨玄感为劝降樊子盖，特意命韦福嗣写的，其中有这样一句话："今欲废昏立明，愿勿拘小礼，自贻伊戚。"

这句话可太要命了，不仅称杨广是昏君，还说要废了他，以杨广的性格，他岂能容忍？

所以杨广发话了，你韦福嗣大逆不道，与杨玄感一样罪不容诛，想宽大处理是不可能的，等着五马分尸吧！

于是韦福嗣就和杨积善一起被挫骨扬灰了。

得到这样的结果，韦福嗣估计要后悔死了。

可惜世上没有后悔药，他的人生到此结束了。

同时结束的还有杨玄感造反案。在车裂了杨积善、韦福嗣等人后，杨广终于收起了他的屠刀，然而这只是暂时的。

回过头来看杨广对杨玄感案的处理，可以总结为一句话：杀了不该杀的，跑了不该跑的。

不该杀的人太多了，领米的百姓、韦福嗣等，这些人没有反心，也没有造反的能力，对杨广构不成威胁，杀他们不仅不能杜绝叛乱，还会使得天下人心惶惶，从而滋生更多叛乱。

杨广唯一必须要杀的是李密，因为他是杨玄感阵营中唯一有雄才且又坚决反隋的人，所蕴藏的能量比杨玄感还大，足以掀起惊涛骇浪。站在杨广的立场看，这样的人是绝不能留的，可杨广却偏偏让他跑了，这不能不说是失策。

但话又说回来，杨广失策的事还少吗？之前很多，之后还会更多。

第七章
内忧外患

杨玄感掀起的风浪还未平复，杨广就又做出了一个震惊天下的重大决定：第三次亲征高句丽。

看到这，很多人一定觉得杨广是疯了，国内局势动荡至此，他竟然还想着东征，这是要拿命死磕高句丽吗？

确实，杨广的这一决定让人难以理解，似乎很不理智。但凡事都有缘由，杨广这次东征，究竟是抱了什么样的心理呢？

对于这个问题，史书没有给出答案，而我们也不是杨广肚子里的蛔虫，无法准确知道他的想法，唯有通过分析他的性格来进行推测。

杨广一路走来，平陈朝、夺天下、讨杨谅、征突厥、灭吐谷浑，始终顺风顺水，几乎没有遇到过任何挫折，这使得他对自己的期望值越来越高，也越来越自负，只能接受成功，不能接受失败。

也就是说，杨广的心理承受能力其实很差，缺少对逆境的适应力，一旦遇到重大挫折，他就会丧失正常的判断力，从而做出不理智的举动，要么是自暴自弃，要么是孤注一掷，不死不休。

而今两次征讨高句丽失败后，杨广进入到一个巨大逆境之中，他没有普通人的平常心，适应不了这里的环境，只有不顾一切地冲破它，以便重新回到顺境中。

所以他要再次征讨高句丽，通过战争的胜利来打破逆境。在他看来，第一次东征失败是因为准备不足，低估了高句丽；第二次失败是因为杨玄感兵变，打乱了原计划。那么第三次只要准备充分，稳固好后方，必是有机会成功的。一旦成功，自己就可以重新树立威信，国内的叛乱自然会平息。

这就是杨广的心理，性格决定了他一定会发动第三次东征，这与理智与否无关，是心性使然。

不管什么原因，此时发动对外战争显然是不合时宜的，文武群臣应该都明白，他们会支持吗？

群臣的态度

大业十年（公元614年）二月，杨广诏令群臣商议东征事宜。结果一连几天下来，竟无一人发言。

为什么都不说话？很显然，他们不支持东征。

作为朝廷的重臣，谁不知现在国内农民起义不断，谁不清楚天下已疲敝不堪，谁不晓得东征有弊无利！只要不是阿谀逢迎之辈，都不可能支持杨广的决定。

但杨广什么性格，群臣都很清楚。仅仅几个月前，杨广还对虞世基之弟、秘书郎虞世南说："我性不喜人谏，如果是达官显贵想进谏以求名，我更不能容忍他。如果是卑贱士人，我还可以稍宽容，但决不让他有出头之日，你且记住！"

杨广自己都承认了，他不喜欢别人劝谏，尤其是达官显贵，在他眼里这些人只是为了求取直言进谏的名声，是沽名钓誉之徒，所以他不能容忍。

杨广都这么说了，群臣还能说什么？说东征不合时宜吗？谁如果说了，那保证他明天就会从朝堂上消失。

所以大家都不敢说话，只能用沉默来表达自己的态度。

但沉默在杨广面前并没有什么用，他下定决心的事，谁也改变不了。二月二十日，他正式下诏：征天下兵，分命六师，百道俱进。

士兵的选择

从诏书内容不难看出，杨广这次东征仍和前两次一样，举全国之力，分路进兵。

但现在的形势已经不同之前了，国内到处是盗贼，在他们的号召下，各地逃避兵役的人越来越多，朝廷能征发的兵员已十分有限，即便是强行征来了，也会有大量士兵在半路寻机逃走。

对此，杨广非常震怒，为了杜绝士兵逃亡现象，他在到达临渝关后做了两件事。

其一，率全军上下祭祀黄帝。黄帝是华夏人文初祖，祭祀他并不奇怪，但杨广为什么要在行军途中祭祀呢？

这是因为黄帝不仅是人文初祖，还是一位古代圣君，曾经以武力平定四方诸侯，统一华夏各部族。正如杨广在《三征高丽诏》中所言："黄帝五十二战，成汤二十七征，方乃德施诸侯，令行天下。"意思是说黄帝经过大小五十二战，成汤经过二十七次征伐，才平定诸侯，令行天下。

在杨广看来，征讨高句丽就是效法黄帝、成汤等古代圣君。他在军中祭祀黄帝，就是想重申这个问题，并以此告诉三军将士：三征高句丽是效法古圣贤，是为了天下，你们不要再跑了。

其二，在祭祀黄帝的同时，将抓捕回来的部分叛逃士兵斩首，并将他们的血涂抹在鼓面上，擂鼓誓师，号令三军。

这场面看起来很血腥，但在古代其实是很常见的，它是上古时的一种祭祀礼仪，常用于战争中，称为“衅鼓”。不过古时衅鼓所用的血多是牛、羊、猪或俘虏之血，很少有用自己士兵血的。杨广这么做无非是为杀一儆百，震慑士兵们。

祭祀配合上衅鼓，一边劝导，一边警告，可谓煞费苦心。但可惜，白费了他这么大力气，逃亡现象并未因此减少，仍有大量士兵舍命往回跑，以至于最后真正到达辽东的士兵已不足所征兵数的一半。

逃兵这么多，按理说这次隋军的战斗力应该不如前两次，更难以征服高句丽才对。但神奇的是，这次东征反而取得了一些成果，是最成功的一次。

倔强的来护儿

隋军的胜利，得益于来护儿的出色表现。大业十年七月，来护儿第三次率水军渡海进击高句丽。不久，全军登陆辽东半岛，兵临高句丽重镇毕奢城（在今辽宁复县西北）。高句丽举兵来战，被来护儿一举击破，斩首数千级。来护儿随即率军东进，直驱平壤。

这已经不是来护儿第一次进军平壤了，大业八年初征高句丽时，他就曾率军打进平壤城，虽然最后中了埋伏，没能攻下城池，但还是对高句丽造成了不小的打击，高元对此是有心理阴影的，很不愿见到隋军再次兵临城下。而且高句丽与隋朝连年战争，国力消耗巨大，日子很不好过，这要是再被隋人攻入都城，真不好说还能不能撑得下去。

所以当来护儿向平壤进军时，高元心里是很忧惧的。为了阻止来护儿，他决定暂时认㞞，遣使向杨广请降求和，表示愿意臣服隋朝。为表诚意，还送回了隋朝叛臣斛斯政。

说起斛斯政，这里有必要介绍一下。此人复姓斛斯，出身鲜卑贵族，原本是隋朝的兵部侍郎，并且实际主管兵部，参与军国大事，深得杨广信任。“辽东之役，兵部尚书段文振卒，侍郎明雅复以罪废，帝弥属意，寻迁兵部侍郎。于时外事四夷，军国多务，斛斯政处断辩速，称为干理。”（《隋书·斛斯政传》）

但就是这么一位朝廷重臣，却在二次东征时叛逃到了高句丽。

其中缘由，大家应该已经想到了，不错，与杨玄感有关。斛斯政与杨玄感交情深厚，之前杨玄感起兵，他曾参与谋划，杨玄纵、杨万硕兄弟能顺利从辽东逃回，也是因为得到了他的帮助。所以他是杨玄感叛乱的主谋之一。

后来兵变的消息传到辽东，杨广怀疑军中有杨玄感同党，命人彻查。斛斯政做贼心虚，惊恐之下投奔了高句丽。

之前杨玄感败亡，其党羽基本都伏了法，只剩下斛斯政还在高句丽逍遥，这是杨广的一块心病，也是促使他三征高句丽的因素之一。

如今高元派人请降，并且送归斛斯政，杨广当然非常高兴。他觉得，这就是胜利，再打下去未必能占得更多便宜，既然高句丽服了软，面子已经赚到，不如顺坡下驴，就此撤军。

于是，杨广接受了高元的投降，派遣使者持节召还来护儿。

然而来护儿不甘心就此撤军，在接到杨广命令后，他聚集部将说：“大军三出，未能平贼，此番归去，不可复来。劳而无功，吾深感羞耻。而今高丽已然困窘，率军攻之，不日可克。吾欲继续进兵，围攻平壤，生擒高元，献捷而归，不亦善乎！”于是不肯奉诏，上表请求进军。

他这一抗旨，长史崔君肃急了，以君命不可违为由极力劝谏。但来护儿根本听不进去，坚持道：“吾行军在外，君命有所不受，我宁可擒得高元返回而获责罚，也不能放弃这次成功的机会！”

崔君肃见他这么倔，知道自己一个人是劝不住了，于是又对众将说：“若是尔等随元帅抗旨进军，我必当上奏天子，尔等皆应获罪。”

诸将果然被吓住，一起苦劝来护儿。来护儿见众意难违，这才奉诏退兵。

至此，第三次东征结束，杨广如愿“战胜”高句丽，带着他的战利品（高句丽使者、斛斯政）踏上了回京之路。

凯旋之后

大军得胜而归，杨广心里是有一些小得意的，以为能够借此得到天下人的认可，甚至是赞颂，遂减少造反现象。然而令他没有想到的是，百姓完全没有把他的胜利当回事，该反还是反，而且愈加“猖獗”，甚至都敢劫掠圣驾了。

在杨广此次东征期间，隋朝国内的农民起义愈演愈烈，等到他班师时，河北、河南、江淮已经遍布造反者，以至于他途经河北邯郸时，竟受到当地起义军首领杨公卿的袭击，被抢走了四十二匹御马。

盗贼都敢公然抢劫皇帝了，这还得了？杨广好不容易“征服”了高句丽，本来还挺自得，结果一回来，就被狠狠打了一记耳光，这让他脸上怎么挂得住？

挂不住怎么办？只能从高句丽身上找面子了。这年冬天，杨广回到洛阳，随后又至大兴，以高句丽使者告祭太庙，并征召高元及西域各部族首领入朝，想以此宣示对高句丽的征服，展示自己这么多年来东征西讨所取得的成就。

然而，高元却不肯来，完全不搭理杨广，就好像从来没有投降过一样。

为什么会这样呢？其实不难理解，高元当初请降本就不是真心，不过是为阻止来护儿进军平壤而已。现在平壤的危机已经解除，高元没什么好怕的了，所以就耍起了无赖，反正你已经退兵了，难道还能再打回来不成？

不能不说高元是聪明人，他知道隋朝国内局势动荡，已无暇顾及辽东，即使他不去朝见，杨广也不能把他怎么着。

是啊！杨广能怎么办呢？总不能第四次东征吧？

还别说，杨广真有这个打算。在被高元拒绝后，他勃然大怒，心想自己辛苦东征三次，就换来这么个结果，传出去岂不被人笑话？天子威严何在？他无论如何接受不了，遂诏令诸将厉兵秣马，准备再度东征。

可就国内这情况，还能允许他再东征吗？上次东征士兵跑了一半，班师途中还被起义军袭击，这要是再去，估计没到地方，士兵就纷纷逃散，变成起义军了，就算勉强到了辽东，战斗力和士气也大不如前，又能取得什么成果呢？

所以杨广也只是说说，想真正实现第四次东征几乎是不可能的了。

但是杨广又实在咽不下这口气，在奈何不了高元的情况下，只能把满腔怒火发泄到斛斯政身上了。

怎么发泄呢？跟处置杨积善、韦福嗣差不多，拉到金光门（大兴城西面第二门）外，先万箭穿心，再五马分尸。但接下来的做法就不同了，杨广没有立即将他的尸体挫骨扬灰，而是命人切成一块一块，煮熟之后，命百官分而食之。

如此酷刑，简直骇人听闻。杨广这么做，与以残暴著称的商纣王有何区别？

按理说，吃人这种事不是正常人能干出来的，更何况是有教养的士大夫。但偏就有些佞臣，为了逢迎杨广，不仅敢吃，还一口气吃到饱。而最后剩下的一些残渣剩骨，杨广也不放过，命人焚而扬之。

从这件事就能看出，杨广的心理已经发生了严重扭曲，他自负过了头，不允许任何人冒犯自己，更无法接受失败，当这一切来临时，他内心极度愤懑，但又无法发泄，只能用变态的杀人手段来抚慰自己。

高句丽之事总算告一段落，不管杨广愿意不愿意，他都必须把工作重心转向内政，正视国内乱局，着手解决农民起义的问题了。

但是这么大个烂摊子，杨广从无应对经验，该如何收拾呢？

好在朝中尚有贤臣及时给他提了建议。谁呢？太史令庾质。

在结束第三次东征后，杨广先是回到洛阳，然后又到了大兴，目的是告祭太庙。到当年的十二月，杨广处理完斛斯政之事，又准备到洛阳去，这时庾质劝谏说："比岁伐辽，民实劳弊，陛下宜镇抚关内，使百姓尽力农桑，三五年间，四海稍丰实，然后巡省，于事为宜。"

庾质的意思很明白，就是希望杨广先不要去洛阳，留在关中劝课农桑，几年后经济慢慢恢复，百姓有了生计，造反现象自然会减少，那时再出关也不迟。

这其实就是劝杨广与民休息，通过施行仁政，让百姓休养生息，逐渐安定下来，从而消弭叛乱，稳定国内局势。

庾质的建议不失为良策，历史上有不少例证，就比如我们多次举过的汉武帝的例子。汉武帝早年好大喜功，连年的战争和频繁的出巡，给百姓带来了沉重负担，以至于激起民变，到他晚年时，国内已经"盗贼滋起，大群至数千人，小群以百数"，与隋朝当下的形势颇为相似。当时汉武帝是怎么做的呢？他及时调整政策，颁下《轮台诏》，提出"禁苛暴，止擅赋，力本农"，力图恢复生产，安定民心，这才避免了天下大乱，才有了后来的昭宣中兴。

不夸张地说，倘若杨广能够听从庾质的建议，及时劝课农桑，安定生产，减少不必要的出巡，不说恢复治世，至少稳定国内局势是没有问题的。

但可惜，杨广不是汉武帝，让他安安稳稳待在关中，他做不到，而且他早已听不进劝谏，一旦认定了某件事，任谁也改变不了。所以结果不难想见，他没有听取庾质的建议，仍旧去了洛阳。

庾质对此非常失望，为表示抗议，上书说自己有病，无法随驾前往洛阳，请允许他留在大兴。这可把杨广惹恼了，我不听你的建议，你就给我闹情绪，这是想让我难堪吗？

杨广越想越生气，命人将庾质锁至洛阳，收入监狱。结果庾质悲愤交加，不久就死在了狱中。

可惜了庾质，既有远见卓识，又正直不阿，堪称隋朝张衡，结果就因为一句劝谏的话，被杨广逼死了。这不得不说是隋朝的悲哀！

既然杨广没有听庾质之言留在关中，那杨广当然也不会照庾质说的劝课农桑，与民休息了。面对国内的乱局，杨广依旧实行高压政策，暴力镇压造反者，甚至下诏规定“为盗者籍没其家”，试图用连坐来威慑百姓，使人们不敢为盗。

但局势发展到这个份上，连坐早已经起不了作用了。百姓们但凡是能活得下去，谁愿意冒险去造反？既然要造反，那肯定是做好了被抄家的准备，又岂会被连坐吓住？所以杨广出台这样的政策，只会事与愿违，将更多人逼上造反的道路。

既然这政策不管用，那要解决盗匪问题，就只能靠官军武力讨伐了。按理说官兵们南征北讨，四处为杨广灭火，杨广应该厚待他们才对吧？可是杨广不仅对百姓不仁，对诸将也不宽宏，竟在一年内连续杀了多位有功的将领。

鱼俱罗

首先一位就是我们之前提到过的光禄大夫鱼俱罗。

提起鱼俱罗这个名字，相信不少人都听说过，在《兴唐传》等小说中，他是开隋九老之一，是隋唐第二条好汉宇文成都的师父。

这虽然是民间艺人们的演义，但也是有一定历史根据的，比如说鱼俱罗的资历确实很老，领兵打仗的能力确实很强。早在开皇初年，他就是禁军军官，曾参与平陈、平江南、北征突厥等大小战役，立下赫赫战功，官至柱国、丰州总管。

到大业初年，鱼俱罗又任赵郡太守，不久因被人弹劾结交朝中大臣而坐罪除名，直到大业九年第二次东征，才被起用为军将，率兵出碣石道作战。东征回来后正赶上刘元进在三吴造反，于是他又被杨广任命为光禄大夫，同左屯卫大将军吐万绪一道领兵征讨。

后来的事我们就知道了，鱼俱罗与吐万绪屡战屡胜，很快将刘元进打垮，歼灭了他的部众。但无奈造反的人越来越多，刘元进侥幸逃脱后，很快又聚集起一大批人继续反抗朝廷。

这时鱼俱罗就想了国内叛乱如此严重，不是一年半载能平定的。现在自己身处江南，几个儿子却都在洛阳，随着局势越来越乱，往来的道路很有可能会断绝，那时父子异地，想见面就难了。

于是鱼俱罗派人偷偷将儿子接到了身边。这虽然是出于私心，但也算不上罪过。然而杨广听说后竟怀疑鱼俱罗有异心，派出使者前去调查。此后在未查出罪证的情况下，杨广仍然不放心，又命大理司直梁敬真将其锁至洛阳。

看到这，大家可能会奇怪，不就是接个儿子吗，多大点事，杨广为什么如此疑心鱼俱罗呢？

除了杨广生性好猜忌之外，还有一个重要原因，那就是鱼俱罗的相貌有些不同寻常。怎么个不寻常呢？史载他“相表异人，目有重瞳”，也就是每只眼睛生有两个瞳孔，属于对子眼。

这种相貌的人确实少见，现代医学认为，人之所以出现重瞳，是因为瞳孔发生了粘连畸变，是早期白内障的表现。但在古代医学不发达的情况下，这被认为是大富大贵的象征，是帝王之相，例如隋朝之前的虞舜、晋文公、项羽、高洋等人，传说就是重瞳。

所以这就使得杨广不放心鱼俱罗了。加上杨玄感叛乱刚过去不久，杨广正在猜忌心最重的时候，遇到鱼俱罗这种情况，是宁可错杀，也绝不放过的。

杨广的心思既已显露，下面办事的人自然就知道该怎么做了。大理司直梁敬真为迎合他，编织罪名说鱼俱罗平乱不利，曾打败仗。鱼俱罗因此被斩于街市，全家被籍没。

这显然是一桩冤案，难怪《隋书》评论说："俱罗欲加之罪，非其咎衅。"

鱼俱罗没有过失，是欲加之罪。

鱼俱罗如此，和他一起平乱的吐万绪又当如何呢？

吐万绪

吐万绪是鲜卑人，资历比鱼俱罗还老，北周时就已在朝为官，也曾参加隋灭陈之战，当时担任行军总管，等到陈国灭亡后，升迁为夏州总管，深受杨广亲遇。后来杨广被立为太子，特意引他为东宫左虞候率。大业时，他历任左武候将军、光禄卿、东平太守等职，大业八年至九年，以左屯卫大将军的身份参加第一、二次东征。杨玄感之乱后，奉命与鱼俱罗一道进讨刘元进。

吐万绪的军事能力也是没的说，他与鱼俱罗协同作战，将刘元进打得节节败退，乘胜追击至建安郡（今福建建瓯）。此时杨广命他继续进军镇压，但吐万绪觉得士卒连续作战十分疲敝，需要休整，因而请求暂时息甲，等来年春天再战。结果杨广不高兴了，竟然秘密派人寻找其过错，欲加之罪。

不久，大理寺上奏说吐万绪为将怯懦，违抗诏令。杨广遂以此为名将吐万绪削职为民，配守建安郡。此后鱼俱罗被杀，杨广不放心吐万绪，下诏将他召至行宫。吐万绪悲愤忧惧，走到永嘉（今属浙江温州）时发病而死。

不过相比于他们二人，下面这位更冤。

董纯

这人名叫董纯，也是一位老臣，北周时曾随宇文邕平齐，开皇末出任左卫将军，深受杨坚信任，大业初又随杨素讨平杨谅，后转任左骁卫将军、彭城（今江苏徐州）留守。

大业八年，彭城人张大虎彪、宗世模等人聚众造反，杨广命董纯领兵镇压。董纯深谙用兵之道，起初闭营不战，任凭张大彪等人屡次挑战就是不出。张大彪以为董纯胆小怯弱，因此放松了防备，纵兵四处劫掠。董纯看准时机，挑选精兵出击，大破其众，斩首万余级。

大业九年，东海郡（今江苏连云港）又爆发起义，盗贼彭孝才聚众数千,四处劫掠。董纯再次奉命出击，生擒彭孝才，击破其众，大获全胜。但此时天下起义蜂起，董纯虽然屡战屡捷，却也无法安定淮北，反而使起义军越来越多。

结果有人就诬告董纯，说他为将怯懦，不能平定贼寇。杨广不辨是非，怒而将董纯锁至洛阳，命大理寺审查定罪。大理寺见杨广如此愤怒，便给董纯定了死罪，董纯就这么被冤杀了。

平乱有功反被杀，董纯真是千古奇冤。故而《隋书》评价说:“吐万绪、董纯各以立效当年，取斯高秩。绪请息兵见责，纯遭谮毁被诛。大业之季，盗可尽乎！淫刑暴逞，能不及焉！”

吐万绪、董纯为国立功，却都不得善终。究其原因，乃是杨广滥用刑罚，只想诛杀盗贼，却不想从根本上解决问题。盗贼那么多，岂能杀得完？杀不完怎么办？杨广当然不会从自身找原因，只会把责任归于平乱将领：你是不是怯懦不敢进兵？是不是有异心？总之只要你没达到他的要求，就会被免职，甚至被杀。

所以鱼俱罗、吐万绪也好，董纯也好，都是杨广暴力镇压政策行之无效的替罪羊。

杨广杀了“怯懦”“有异心”的将领，那么会用什么人来接替他们呢？这人又是否会步鱼俱罗等人后尘呢？

王世充

继鱼俱罗之后，杨广起用江都郡丞王世充讨伐刘元进。

说起王世充这个人，那可是比鱼俱罗有名多了，他乃隋末枭雄之一，曾与唐朝争夺天下，在隋末唐初的历史中存在感极高。

不过那都是后来的事了，此时的王世充还只是一个小小的江都郡丞，早年更是名不见经传，甚至连出生年月都无记载。只知道他是氐族人，出身西域析支（今甘肃临夏），本姓支，字行满，因祖父去世早，父亲跟随祖母改嫁至霸城（在今陕西西安）王氏，从此冒姓王。

霸城王氏是关中大族，王世充生长在这样的家庭，进入仕途并不难，加上他从小受到良好的教育，广泛涉猎经史，精通兵法以及卜卦算命、推算天文历法等学问，所以很快就凭军功升任仪同三司、兵部员外郎。

当时是开皇年间，皇帝还是能够纳谏的，因而王世充经常进言奏事，并且用心钻研律法，通晓各种律令条文。

乍一看，他这官当得还挺不错，但实际上，他这是别有用心。

奏事当然是为了逢迎取悦杨坚，学法律就更厉害了，他是为了利用法律条文徇私舞弊，干些见不得人的勾当。由于精通律法，加上口才特别好，所以当有人批评斥责他时，他就巧言诡辩，文过饰非，言辞激烈，驳得批评者哑口无言。

由此可见，王世充不是善类。他在杨坚面前尚且不安分，遇到杨广这样的皇帝，那还不妥妥一个佞臣！

大业初年，王世充被任命为江都郡丞，兼任江都宫监。这虽然不是什么重要职位，但贵在能接近杨广，跟杨广说上话。每次杨广游幸江都，王世充必定察言观色，逢迎杨广的心意，尽说些他爱听的话，同时又雕饰各类工艺品献给他，谎称是远方进贡来的奇珍异宝。一来二去果然讨得杨广欢心，杨广因此非常宠信他，以至于在鱼俱罗和吐万绪出事后，命他接替二人职务征讨刘元进，并在淮南募集了一万多人，全部交由他指挥。

王世充人品虽不怎么样，但打仗确实很厉害，他率兵渡江后，在三吴连战连捷，消灭了刘元进，解决了叛乱。

刘元进死后，其部众或降或散，势力基本瓦解。但王世充仍不放心，为防起义军死灰复燃，他召集投降者在吴郡通玄寺佛像前焚香立誓，相约降者不杀，以此招降逃散的人。

他这一招还真管用，本来逃散者已经准备入海为盗，一听说降者不杀，便纷纷回来自首，王世充就这样收降了刘元进的大部分部众。

如果事情到此结束，那么我们可以说王世充有勇有谋，不失为将帅之才，但是这并不算完，王世充接下来干的事，才真正反映了他的为人。

当刘元进部众归降差不多后，王世充将他们聚集在吴郡城外的黄亭涧，干吗呢？三万余人，全部坑杀。

直到这时，降者们才知道上了王世充的当：这个看起来满脸仁义之人，竟然是一个阴险狡诈、言而无信、凶暴残忍之徒。

其实这就是王世充的本来面目，假仁假义，为达目的不择手段。

杀降事件过后，三吴地区很快又爆发了起义，并且叛乱者比以往更凶猛，轻易不投降，官兵屡次征讨都不能成功，直到隋朝灭亡。

不管怎么说，王世充确实消灭了刘元进，在镇压起义军方面取得了巨大成果。这让杨广大为振奋，从此将王世充视作将帅之才，对他更加信任。大业十年，齐郡长白山的起义军首领孟让辗转南下，聚众十余万进犯盱眙，占据都梁宫（杨广在盱眙都梁山所建离宫），拒守淮河，与朝廷抗衡。王世充再次奉命讨伐，于都梁山大破叛军，斩首万余级，俘虏十万余人。孟让仅率数十骑遁去。

此战过后，王世充又奉命讨伐各地小股起义军，所到之处，战无不胜。这使他进一步得到杨广宠信，同时也发展了自己的势力，成为后来起家的资本。

以上我们介绍了四位将领，说起来也都是响当当的人物，但其实他们都不是镇压起义的主力军，已经谢幕的鱼俱罗不是，风头正盛的王世充也不是。在这场波及隋朝全境的镇压起义斗争中，真正起到中流砥柱作用的是另一位普通地方官，他的名字叫作张须陀。

对于这个人，大家可能不太熟悉，但当大家了解他的事迹后，一定会不自觉地记住他：因为他真的是一位英雄！

张须陀

张须陀生于北周保定四年（公元564年），字果，弘农阌乡（今河南灵宝）人。他早年的经历比较平凡，见于史书的只有两件事，一是开皇十七年跟随史万岁征讨西南羌族起义，二是仁寿四年跟随杨素讨伐杨谅。这两次战役，张须陀都立了功，勋至开府仪同三司。

能够先后跟随隋朝两大名将出征，并且因功受赏，说明张须陀的军事素养不赖，是一位将才。不过他最令人敬佩之处不在于此，而在于他的人品。

大业六年，张须陀调任齐郡丞。当时正值第一次东征前夕，关东百姓十分困苦，而齐郡一带又遭逢饥荒，粮价飞涨，百姓食不果腹。张须陀果断决定开仓赈济百姓，但因为没有诏令，齐郡众官吏怕天子降罪，都劝他不要擅自开仓。而张须陀却说："今天子远隔千里，遣使往来，得一年时间。而百姓有倒悬之急，如果等待诏令，必定饿殍遍野。我若因此获罪，死无所恨。"于是力排众议，坚持开仓放粮，同时奏明朝廷。

幸运的是，杨广收到奏报后并没有发怒，仍令张须陀担任齐郡丞。而后来的事情证明，这是杨广做得最正确的一件事。

虽然张须陀开仓放粮拯救了部分百姓，但在民不聊生的国内大环境下，齐郡一带的百姓仍纷纷走上造反之路。大业七年，齐郡邹平人王薄在长白山揭竿而起，首举反隋大旗，随后齐郡孟让、北海郡郭方预、清河郡张金称、平原郡郝孝德、河间郡格谦、渤海郡孙宣雅等纷纷聚众起义，劫掠临近州县。而齐郡正好处于这些郡县之间，遂成为农民起义最严重的地区。

当时天下承平日久，各郡官吏长期不训练，都不怎么熟悉军事，突然遇到叛乱，竟不知如何应对，因而屡屡作战失利，甚至望风而逃。唯有张须陀深得众心，勇猛善战，率领齐郡官兵转战各地，屡战屡胜。

张须陀第一个镇压对象不是别人，正是《无向辽东浪死歌》的作者王薄。王薄是齐郡人，起义后常在齐郡境内活动，多次率众击败官军。直到张须陀带兵镇压，王薄才引军南下，转战到鲁郡（今山东兖州）。

起义军出了辖境，换作一般地方官，多半就不管了，但张须陀不是，他把平乱当作了自己的责任，率军跨境追击王薄，一直追至泰山下。王薄因为刚刚战胜鲁郡官兵，心里正得意，就没有太把张须陀当回事，连防备都不做。张须陀哪能放过这个好机会，当即率精锐出击，大败其众，斩首数千级。

王薄这才知道张须陀的厉害，再也不敢待在齐鲁了，赶紧带着残兵万余北渡黄河，准备到河北去开辟新天地。此时此刻，他心里八成在想：我打不过你，去河北总行了吧，你总不能还追吧！

张须陀还真就追了，跟着王薄渡河，追至临邑（今山东济南北）将其击败，斩首五千余级，缴获牲畜数以万计。

好不容易抢来的牲畜，又都送了回去，王薄"下山吃牛羊"变成了吃瘪，那叫一个难受。

因此王薄决定反击，把丢的东西抢回来。他一人力量不够，就联合孟让、孙宣雅、郝孝德等叛军，聚集十几万人，渡河来攻章丘县（今山东章丘北）。

章丘是齐郡地界，张须陀更加责无旁贷，得到消息后立刻整顿兵马，准备救援。为防王薄等人逃到河北，他先派遣水军扼守黄河渡口，断绝他们的退路，然后亲率两万步骑兵奔赴章丘。

二万对十万，人数绝对劣势，按理说不好打，但张须陀不愧是名将，从容指挥，身先士卒，一举将敌众击溃。王薄等人随即向北逃散，到了黄河渡口，又被隋朝水军阻击，前后无路，狼狈不堪，只能丢下物资辎重，各自逃命去了。

经此一战，王薄元气大伤，好长时间不敢露头。孟让也损失惨重，被迫率领部众转掠江淮，直到后来被王世充击破。

此后的一年多时间里，张须陀又引兵四处征讨，历经大小数十战，无往而不胜。例如：于齐郡击败裴长才、石子河二万余人；于北海郡（今山东益都）击破秦君弘、郭方预数万之众，解除北海之围；于东莱郡蹲狗山（今山东招远北）收降左孝友，击破王良、郑大彪等十万余众……

张须陀由此威震关东，河南、河北、江淮的起义军没有不知道他大名的，连杨广也听说了他的事迹，特意遣使慰问犒劳，并升其为齐郡通守（郡级副长官，仅次于太守），领河南道十二郡黜陟讨捕大使。

虽然升了官，张须陀却高兴不起来，因为这时一个强大的对手正在逼近齐郡。

大业十年冬，涿郡起义军首领卢明月率十余万人南下渡河，驻军至齐郡祝阿县（今山东济南西北），准备大肆掠夺。

涿郡与齐郡相隔千里，卢明月辛苦跑来，分明是要挑衅张须陀。尽管他人多势众，张须陀也毫不示弱，率军万人迎击。

以一万对十万，这差距太大了，张须陀不是战神，自知无法正面匹敌，便在敌营六七里外下寨，与卢明月对峙。而卢明月愣是坚壁不出，与官军对峙了十多天。眼看官军粮草殆尽，张须陀只得退兵，并对将士们说："贼见吾退，必会大举来追，我军若以千人袭占其营，必能取得大胜。但此事风险甚大，谁敢领兵前往？"

原来张须陀退兵是假，趁机袭营是真。但正如他所说，袭营有很大风险，成功了当然好，万一失败，那八成是要做烈士的。所以当他话音落下后，诸将一片沉默，无人敢应答。

不过，沉寂很快被打破，有两个人突然站了出来，目光坚毅地说："末将愿往！"

张须陀定眼看这二人，乃是两个年轻小将，秦叔宝与罗士信。

不错，就是我们熟悉的隋唐好汉秦琼与罗士信，他们终于登场了。

秦琼与罗士信

说起这二人，我想应该是无人不知无人不晓的，尤其是秦叔宝，作为当今中国人的招财祈福门神，一到过年，家家户户都要在门上贴上他的画像，真正是家喻户晓。所以我们在此不多介绍，只说一下他的主要信息。

秦琼，字叔宝，齐郡历城（今山东历城）人，大约出生于开皇后期，此时应该还不到二十岁。

秦琼祖上几代都是北朝（北魏、东魏、北齐）的下级文官，到他这一辈才从军。起初他在来护儿帐下任职，虽然只是个小卒，但深受来护儿赏识。当时他母亲去世，来护儿专门派人去吊唁。军士们都很诧异，问："士兵家有丧事的很多，将军为何只吊唁秦叔宝的母亲呢？"来护儿说："此人骁勇彪悍，并且有志向，有气节，将来一定能取得富贵，岂能当作卑贱之人对待？"

这段小故事不仅说明来护儿慧眼识人，也说明秦琼少年不凡。或许就因为他的能力，秦琼在跟随来护儿从辽东回来后，被分派到张须陀麾下，参与镇压各地起义军。此次征讨卢明月，正是秦琼平乱的第一战。

说完秦琼，我们再来介绍罗士信。

在一些小说和评书中，罗士信是秦琼的义弟，天生力大无穷，与来护儿等人并称"四猛"，能与隋唐第一好汉李元霸打成平手，同时也和李元霸一样憨傻，是个非常讨人喜欢的人物。

而历史上的罗士信也同样很勇猛，只是他并不傻，反倒是聪明过人、英俊潇洒，与演义中的另一位好汉罗成比较像。事实上，演义中的罗成和罗士信都是以历史上的罗士信为原型塑造出来的，把这两个人的优点拼合在一起，基本上就是真实的罗士信了。

罗士信与秦琼是同乡，都是历城人，年纪比秦琼还小，只有十五岁，并且在十四岁时就已经随张须陀征战了。

当时罗士信来投奔张须陀，请求从军效命。张须陀见他稚气未脱，有些小瞧他，笑说："你这身板连盔甲都穿不上，怎么打仗啊？"

張

罗士信一听不高兴了，当即穿上两副甲，悬挂两壶箭，飞身上马，一脸从容，直接把张须陀惊住了，这才被允许从军。

就这样，十四岁的罗士信踏上了战场，并很快用行动诠释了什么叫勇猛。

大业十三年（公元617年），张须陀在潍水（在今山东潍坊东）与起义军交战，双方刚摆好阵形，罗士信便单枪匹马驰入敌阵，连续斩杀数人，并斩下一人首级抛向空中，再用长枪接住，于敌军阵前来回巡走。

这已经不能用勇猛来形容了，简直是“嚣张”。起义军们什么反应呢?

他们无不惊愕，无一人敢上前接战。张须陀乘机进兵，起义军随即大溃。罗士信纵马追击，每杀一人，便割下其鼻，回去后以鼻子数量报功。

如此英雄，张须陀也不由得叹服赞赏，遂将自己的战马赠给了他，并将他留在了身边。

此后每次作战，张须陀先冲敌阵，罗士信紧随其后，二人并肩作战，所向披靡。

很快，罗士信的名字就传到了杨广耳中，杨广非常高兴，专门派画工将他和张须陀的作战场景绘成图画，传示给朝廷官员。罗士信由此声名大噪，成了平乱的标兵。

这就是秦琼与罗士信，都堪称少年英雄，而英雄是不怕牺牲的，所以他们在关键时刻站了出来，主动承担了袭营重任。

对此，张须陀非常高兴，命二人各率一千军埋伏在芦苇丛中，自率大军佯装撤退。他这一退，卢明月果然率军来追，等他追出一定距离后，秦琼、罗士信趁机率领伏兵突袭其营。

但营中守军也不傻，一见官军来袭，立刻关闭营门，拒营而守。

这样一来事情就麻烦了，一旦卢明月回来，官军就会被包围在营外，几乎插翅难逃。所以秦琼、罗士信此时只有两个选择，要么赶紧撤，要么攻破营寨。但区区两千人，怎么攻营呢？

二人不愧是少年英雄，危急关头，双双登上营楼，各自击杀数人，并取下敌军旗帜，敌营因此大乱。二人随即打开营门放入官军，然后四处纵火，焚烧营寨。

眼见火光漫天，卢明月这才发现被人偷袭了营寨，赶忙率部驰返大营。他这一回头，阵形和军心就都乱了，张须陀乘机回军追击，一战下来大败其众，斩获无数，只剩卢明月带着几百骑兵狼狈逃走。

此战后，卢明月便退出了黄河流域，不久转战到南边，找王世充去了。而张须陀则率领秦琼、罗士信等骁将四面征讨，连续击破吕明星、帅仁泰、霍小汉等起义军，无往而不胜，直到遇见瓦岗军。

以上就是平乱的一些具体情节，在张须陀等将领的努力下，隋朝官兵几乎每战必胜，但起义军数量丝毫不减，甚至越平越多，这就不是军事问题，而是政治问题了。如果杨广不改变政策，即使张须陀表现再出色，内乱问题也还是难以解决的。

第八章 李氏当兴

由于各地农民起义蜂起，加上杨玄感、斛斯政等人的背叛，杨广的猜忌心变得越来越重，动辄滥杀大臣。之前鱼俱罗、吐万绪、董纯的死已经说明了这一点，而接下来，还将有更多的朝中重臣因此丧命，比如郕（chéng）国公李浑。

李浑

说起李浑，大家应该还有印象，他是北周元老、隋初太师李穆的第十子。对于李穆，大家应该也不陌生，他跟宇文泰、杨忠是同辈人，从北魏活到了隋朝，一朝比一朝地位显赫，甚至被杨坚评为隋朝第一开国功臣。

当初尉迟迥叛乱，李穆正任并州总管，杨坚为防止他倒向尉迟迥，便派李浑前去规劝。不久李浑回京，带来了一方熨斗及李穆的一句话："愿执威柄以熨安天下也。"杨坚由此得到李穆的支持，顺利击破尉迟迥，扫除了改朝换代的障碍。

因此隋朝建立后，李穆被封为太师，官居正一品，成为隋朝历史上唯一一个三师级官员，地位无人可及。

作为李穆的儿子，李浑早年的仕途可谓一帆风顺。隋朝建立前夕，他就因功被授上仪同三司，封爵安武郡公。说起他这功劳，那来得真是太容易了，当时杨坚派他去见韦孝宽，传达李穆的心意，结果到邺城时正赶上尉迟迥败亡，他就白捡了这么一份功劳。

当然了，如果没有李穆，杨坚是绝不会把功劳算到他身上的。

开皇初年，李浑进位象城府骠骑将军，不久随杨广出镇扬州。仁寿元年，以行军总管的身份随杨素北击突厥，斩首五百级。这表现虽然一般，但起码是军功，比之前“平尉迟迥”的功劳实在是太大了，所以他又升了职，进位大将军，出任左武卫将军、太子宗卫率。

从扬州到大兴，李浑先后两次在杨广身边任职，按理说他和杨广应该关系不错，为什么杨广还会杀他呢？

这还要从一起“遗产继承案”说起。

开皇六年（公元586年），李穆去世，由于长子李惇（dūn）死得早，其爵位和家产便由嫡长孙李筠（yún）继承。李筠为人比较吝啬，继承了这么大家业，也不知道照顾一下几个叔叔。李浑因此很不高兴，竟然指使另一侄子李善衡暗杀了他。这事在当时引起了轩然大波，杨坚非常震怒，将李穆子孙全部禁足，并命人严查凶手。

由于李筠平时与堂弟李瞿昙关系不好，司法部门首先怀疑到了他头上，李浑为防止事情败露，赶紧出来作证，一口咬定是李瞿昙杀了李筠。结果李瞿昙被判死罪，而李浑、李善衡竟都逃脱了制裁。

事后杨坚与大臣们商议，打算再从李穆子孙中选出一人来做他的继承者，李浑当然不愿放过这个致富的机会，便找到了自己的大舅哥宇文述，请他帮自己取得继承人资格，并许诺他说：“您若是能帮我继承父爵，我就将每年一半的国赋收入奉献给您。”

宇文述的人品我们都知道，那是见钱眼开的主，他一听有这好事，立刻就答应了，寻机对杨广说：“立嗣应该立长，不然就应当立贤。今申明公（李穆）长子长孙皆已去世，遍观其余子孙，都没有什么出息，不足以享有这等荣宠。唯金才（李浑的字）有功于国，除了他没人能继承爵位。”

杨广听后觉得很有道理，李浑跟了自己这么多年，也算是亲信了，让他继承李穆的爵位也没什么不好。于是杨广上奏杨坚，请立李浑为嗣。杨坚本就对李浑印象不错，经杨广这么一说，遂拍板决定，封李浑为申国公，继承李穆家业。

就这样，李浑以李穆第十子的身份继承了父爵。大业六年，杨广追封李穆为郕国公，仍令李浑承袭父业，不久又升李浑为右骁卫大将军，对他恩宠至极。

事情到此，李浑可以算是人生赢家了。或许是因为富贵来得太突然，李浑继承父爵后逐渐奢靡起来，李穆那点家业和国赋不够他挥霍的。这倒也没什么，关键是他还不守信用，当初许诺给宇文述的每年奉献一半国赋，结果只给两年就不给了。宇文述是什么人，岂能受这气？从此就恨上了他，一心要找机会报复。

终于在第三次东征期间，宇文述等来了一个绝佳机会。

当时杨广刚到辽东，突然有一个叫安伽陀的方士来访，自称通晓图谶，能预知未来，他告诉杨广：“当有李氏应为天子，应尽诛海内凡姓李者。”

什么意思呢？就是说将来会有一个姓李的人取代杨氏成为天子，所以应该将天下所有李姓之人全部杀死，以绝后患。

这安伽陀也不知是从哪来的，如果他不是跟姓李的有仇，故意编造这么一个谶语，那就实在太厉害了，因为取代隋朝的唐朝皇帝就是姓李！

我们知道杨广是信命的，听到这样的谶语，心里肯定会起涟漪，继而采取行动。不过天下姓李的人这么多，他不可能都杀，最多杀几个重点怀疑对象。所以问题的关键是：哪个姓李的最有嫌疑？

杨广把朝中李姓大臣都排查了一遍，最终锁定了一个叫李敏的人。

李敏

李敏是何许人也？他的身份有点复杂，首先他是李浑的堂侄，其次他是周宣帝宇文赟的女婿，最后他还是杨坚的外孙女婿、杨广的外甥女婿。

对于这几重身份，我们一一来解释。先说他和李浑的关系。李浑乃是李穆之子，李穆有两个哥哥。大哥叫李贤，是西魏、北周重臣。李贤有五个儿子，第三子名叫李崇，曾在隋初担任幽州总管，而李敏正是他的长子。所以按辈分，李敏得管李浑叫堂叔，二人是同宗，关系相当亲密。

再说和宇文赟的关系。李敏的妻子名叫宇文娥英，正是宇文赟与杨丽华的女儿。开皇初年，身为乐平公主的杨丽华为女儿挑选夫婿，在杨坚的张罗下，京城数百贵公子先后入宫参选，其中就包括李敏。李敏当时二十岁左右，正值青春年少，不仅长相俊美，而且擅长骑射，歌舞弦管无所不通，因而被杨丽华选中，从数百名竞争者中脱颖而出，成功迎娶了宇文娥英。这样他就成了宇文赟的女婿。

当然，他同时也成了杨坚的外孙女婿、杨广的外甥女婿，这是他的第三重身份，与第二重身份是一体的。但我们想说的是李敏与杨坚的关系不止如此，他实际上是杨坚看着长大的。

这是怎么回事？原来他幼年时，父亲李崇在与突厥的战争中不幸战死，杨坚便把他接到了宫中抚养，直到成年。

有这样一重关系在，李敏想不富贵都难。不过真正让他取得显赫地位的还是乐平公主女婿这一身份。我们知道杨丽华不是一般的公主，她是北周皇后，没有她就没有后来的隋朝。这点杨坚是很清楚的，也因此对她心怀愧疚，常想弥补她。

原本杨丽华孤女寡母，杨坚也没什么可封赏她们的，但是自从杨丽华有了女婿之后就不一样了，杨坚大可以封她女婿官爵啊！

所以李敏结婚后，从一个无勋之人，一跃成了柱国。

说起他这柱国的来历，中间还有一段有趣的故事。李敏结婚后不久，跟随杨丽华入宫参加宴会，杨丽华知道杨坚一定会封赏他，想乘机为他谋个大官，便对李敏说："这天下都是我给圣上的，我只有你这么一个女婿，定要为你求取柱国。若是圣上授你其他官，你不要接受。"

李敏点头答应。进宫后，杨坚亲自于宴会上弹奏琵琶，并令李敏歌舞。李敏表现不错，杨坚非常高兴，对杨丽华说："李敏现在什么官衔？"

杨丽华答道："一个白丁而已。"

杨坚一听这哪行，转头就对李敏道："现在授你仪同三司。"

按理说这勋位不低了，但因为有杨丽华的交代，李敏并没有作答。

杨坚见他不吭声，便说："不满意吗？那授你开府仪同三司。"

李敏还是不答。杨坚这才意识到自己太小气了，赶忙说："公主有大功于我，我何以对她女婿吝啬？今授卿柱国。"

李敏这才拜谢。杨坚遂当场下发诏书，授他为柱国。

柱国乃勋官第二等，正二品，一般人努力一辈子都得不来，而李敏凭一段婚姻就得到了，这人生简直是开挂。

不过这还只是开始，此后李敏富贵上门，躲都躲不开。

因与杨丽华的关系，李敏备受杨坚宠信，长期担任宫廷侍卫，出入皇宫就像进出自己家一样，还经常随杨坚出行。

而杨广即位后，他仍然受宠，待遇有增无减。大业三年，杨丽华在随驾西巡的途中病故，临死前乞求杨广说："我只有一女，我不怕死，只是放心不下她，我请求将我的食邑转给李敏。”

杨广答应了，李敏自此食邑五千户，满朝文武，无人可及。

此后，李敏又随杨广东征，领新城道军，进位光禄大夫。第三次东征时，奉命在黎阳督运粮草。要知道不久之前杨玄感才在黎阳造反，杨广把这么重要的任务交给他，可见对他的信任。

那既然如此，杨广又为什么会把他列为重点怀疑对象呢？

这和当年杨坚的一个梦有关。开皇初年的时候，杨坚曾做过一个噩梦，梦见长安城被洪水淹没，成了一片汪洋。梦醒之后，杨坚更加不满旧长安，于是下定决心营建新都大兴。

这件事我们之前讲过，当时是为了说明杨坚为什么迁都大兴，而现在旧事重提，则是为了说明杨广为什么怀疑李敏。

杨坚这个梦是真是假其实是要打问号的，很有可能只是他为迁都而编造出来的。但不管怎么样，他事后把这个梦告诉了群臣，使得朝野都知道了，一直到今天百官都还记得，杨广当然更不会忘。

那这又和李敏有什么关系呢？

关系就是，李敏有一个小名，叫洪儿，而洪儿可以理解为洪水。如果把杨坚洪水淹没长安城的梦和“当有李氏应为天子”的谶语结合起来，那就正好对应李敏，完全可以理解为李敏要倾覆隋朝江山，改朝换代。

所以杨广很快锁定了李敏，加上李敏家族势力庞大，确实有造反的资本，杨广就更怀疑了，越想越觉得“李氏应为天子”指的就是他。

是他怎么办呢？以杨广的性格，当然不会让他活着。但他毕竟是自己外甥女婿，姐姐杨丽华临终前又嘱托要照顾他，杀了也不合适。而且现在并没有他造反的证据，总不能就因为一句谶语杀了他吧？这理由恐怕难以服众。

思来想去，杨广觉得还是暂不杀他，先当面开导一下，让他自行了断。

于是之后一段时间，杨广经常召见李敏，没事就跟他聊一聊谶语和洪水的事儿。你看，谶语上说“李氏应为天子”，你正好姓李；先帝梦见洪水没城，你正好小名洪儿。真是巧啊！

李敏多聪明，哪能听不懂杨广的话外之音。这又是李氏应为天子，又是洪水没城的，分明是说自己要谋反啊！

明白这层意思后，李敏差点儿吓个半死，但他并不想死，为了寻一条生路，他找到了和自己关系要好的堂叔李浑及族兄弟李善衡，将事情告诉了他们，请他们帮着出主意。二人对此也很上心，自此常和李敏聚在一起，秘密商议对策。

这一来二去，他们之间的小秘密就被宇文述知道了，宇文述正愁抓不到李浑的把柄，一看他和李敏来往密切，立刻上奏杨广说：“安伽陀之言应验了。臣与李浑是亲戚，近来听说他行为怪异，常和李敏、李善衡等私下聚会，日夜密语，甚至一夜不眠。李浑是朝中大臣，家族世代隆盛，又是禁军将领，实在不该如此。陛下您可得好好查查。”

杨广本就不放心李敏，听宇文述这么一说，疑心更重了，于是道：“卿说的是啊，你且为我查一查他们。”

宇文述大喜，立刻安排武贲郎将裴仁基上表诬告李浑谋反。裴仁基是李浑下属，由他“告发”李浑，这事就变得可信了。

杨广接到奏表，果然深信不疑，即刻命宇文述率兵抓捕李浑、李敏、李善衡等人，又命尚书左丞元文都、御史大夫裴蕴立案审查。

冤案

裴蕴等人一连查了好几天，但一丁点儿李浑谋反的证据都没找到。这也难怪，李浑也好，李敏也好，都不是能干大事的人，借他们十个胆，他们也不敢谋反，当然找不到证据了。因而裴蕴只能如实上报，说李浑谋反查无实据。

看到这，大家或许会感到奇怪，裴蕴不是一向擅长给人安排罪名吗？既然找不到证据，他为什么不自己造一个呢？

不错，裴蕴确实可以伪造证据，但他凭什么这么做呢？想让李浑死的是宇文述，又不是他裴蕴，他和李浑、李敏并无仇怨，干吗要整死人家？还有更重要的是，裴蕴和宇文述不怎么对付，虽然他们都是“五贵”之一，但彼此之间也是有嫌隙的，没理由帮他干坏事。而且这事要是办成了，受赏的也只会是宇文述，他也捞不着什么好处，干吗费力不讨好呢？

所以裴蕴干脆如实上报，没查出来就是没查出来。

对于这个结果，杨广肯定是不满意的，不满意怎么办？那就只能派宇文述去查了，李浑谋反是他先揭发的，证据也应该他来找。

宇文述接过这差事，心里开始琢磨，怎么才算是证据确凿呢？

别看他是个武夫，脑子还挺灵活，干起这种构陷人的事来，手段丝毫不逊于裴蕴，很快他就想到一个突破点：李敏之妻宇文娥英。

于是他来到狱中，命人召来宇文娥英，对她讲：“夫人您是天子外甥女，何愁没有好夫君！李敏、李浑，名字对应谶语，国家要杀他们，谁也救不了。夫人应该想想怎么自保，要是听我的话，可以免于连坐。”

听宇文述这意思，是想让宇文娥英做证人，证明李敏谋反。

宇文娥英自幼锦衣玉食，杨丽华把她捧在手里都怕化了，从来没让她受过苦。现在突然进了牢狱，面临生死危机，她内心极度恐惧，强烈的求生欲早已超越了亲情和爱情。而且她心思单纯，一听宇文述有办法救她，当即就信了，因而问道：“我不知道怎么办，请你教我！”

宇文述一听心中大喜，把早已准备好的“证词”教给她说：“你就说李家要谋反，并且亲耳听到李浑对李敏说：‘你对应符谶，应当为天子。而今皇帝好大喜功，劳累百姓，这也是天要灭亡隋朝啊，我们正可以一起谋取天下。下次再征辽东时，你我一定会被任命为大将，各自率领二万余兵，加起来就是五万人。此外，我们再让各房的兄弟子侄、内外亲戚一并招募从军，以我们李氏子弟的地位和声望，一定能当主帅，到时就可以分领兵马，散在各军之中，等待时机，首尾呼应。我二人在前发动兵变，袭取御驾，其余子弟随即响应，杀掉各军主将。一日之间，天下就可以定了！’”

不得不佩服宇文述，“供词”编得跟真的一样。

宇文娥英并不懂这些，也不知道这样会有什么后果，只知道照他说的做。不过宇文述一口气说了这么多，她可记不住。宇文述只能放慢语速，重复一遍，让她一字不差地写下来，当作密奏封好。

这样宇文述的目的就达成了，他随即拿着“密奏”来见杨广，上报说：“李浑、李敏造反的证据找到了，这里有李敏之妻的密表，请陛下过目。”

杨广接过一看，顿时惊出一身冷汗。

杨广随即下令诛杀李浑、李敏等李氏子弟三十二人，其余无论老幼，全部流放岭南。至于宇文娥英，杨广最终也没放过，几个月后赐给了她一杯毒酒。

随着宇文娥英饮鸩自尽，这起由符谶引发的冤案终于落下了帷幕。那么回过头来，我们该怎么看待这起案件呢？

首先，我们要先思考一个问题，在整个事件中，究竟是谁起了主导作用？杨广还是宇文述？

表面上看，宇文述似乎是主导者，如果不是因为他和李浑有恩怨，一心要报复李浑，李浑和李敏就不会入狱，也不会被判死罪，是他利用谶语和杨广的猜忌心，一手制造了这起冤案。

但实际上呢？宇文述不过是个鹰犬，真正将李浑、李敏送入鬼门关的还得是杨广。当他开始猜忌李敏时，就已经注定李敏甚至整个李氏要遭殃了，即使没有宇文述的诬告，李敏也难逃一死，宇文述只不过是推波助澜，将案件扩大了而已。

所以杨广才是主导者，是他的猜忌心制造了这起冤案。

但杨广制造的冤案那么多，高颎、贺若弼、薛道衡、鱼俱罗等，早已经见怪不怪了，李敏案有什么特别的值得我们这么重视？

其实李浑、李敏也好，宇文娥英也好，虽然地位都很高，但政治影响力并不大，和高颎、贺若弼等人相比差远了，所以他们的死本身并不重要，甚至像李浑这样的人本就该死，没什么好惋惜的。

但是，他们不该在这个时候以这样的方式死，这对隋朝的统治太不利了，将会加剧统治阶级内部的分裂。

自杨玄感之乱后，隋朝的统治基础就出现了动摇，关陇集团与杨广的矛盾加剧，彼此越来越不信任，已经是离心离德了。这时杨广的正确做法是安抚关陇贵族，加强统治阶级内部的团结，共同应对愈演愈烈的农民起义。可他非但没有这么做，反而制造冤案，诛杀功臣勋贵，这不是加剧内部分裂吗？

李浑、李敏所在的家族都是关陇集团的核心家族，结果就因为一句“李氏应为天子”的谶语而被抄家，被杀的被杀，被流放的被流放，这让其他贵族怎么想？他们或许会庆幸，还好自己不姓李，名字也跟洪水无关；但更多的恐怕是忧惧，皇帝猜忌心越来越重，今天因为谶语诛灭了李氏，明天可能又会因为别的什么原因诛灭王氏、刘氏，谁知道什么时候轮到自己呢？

大臣们惶惧不安，最终只会离心离德，当隋朝赖以生存的关陇集团彻底背离杨广时，那就是隋朝走向毁灭之时。

从这个角度来看，李浑、李敏之死的影响不可谓不大。

可惜杨广看不到这些，他只看到李敏对应符谶，将要倾覆隋朝江山，现在李敏死了，“李氏应为天子”的谶语破除了，隋朝江山能够保全了。

但是谶语真的破除了吗？天下姓李的人还有那么多，其中不乏比李敏地位更高、势力更大、能力更强者，如果真有李姓之人要做天子，那也不应该是李敏或李浑，而是那个比他们更厉害的人。

说到这，大家应该都猜到了，不错，我们说的这个人就是李渊。

幸运的李渊

关于李渊其人，我们暂不细讲，大家只需要知道他的两重身份即可：一是他是西魏八柱国之一李虎的孙子，世袭唐国公爵位；二是他是西魏另一柱国独孤信的外孙，也即独孤皇后的外甥，杨广的表兄。

单凭这两点，李渊就比李敏更有资本成为天子。虽然李穆、李虎家族都是关陇集团的核心家族，在隋朝的地位差不多，但李敏仅是李穆的旁系，而李渊却是李虎的直系子孙，继承了唐国公爵位，个人的地位高多了。何况李渊的母亲与独孤皇后是亲姐妹，与隋朝皇室的关系也比李敏更近，并且背后还有独孤家族势力的支持。放眼整个天下，还有哪个姓李的比他资本更雄厚？

更重要的是，李渊能力还特别强，才识谋略远胜李敏，这是无形的资本，也是最大的资本。

这些杨广应该是知道的，为什么他杀了李敏，却不怀疑李渊呢？

其实杨广不是没有怀疑过李渊，早在谶语刚出来时，杨广就想到了李渊。当时李渊正奉命在关中平乱，杨广担心他对应符谶，会乘机谋反，便下诏传他至行宫。李渊已经听说了“李氏应为天子”的谶语，心知杨广不放心自己，怕这一去有生命危险，所以就称病没去。

他不来，杨广的疑心就更重了。正好李渊的一个外甥女王氏在

后宫，是杨广的妃嫔，杨广便问王氏："你舅舅为何迟迟不来？"王氏回答说他病了，暂时来不了。结果杨广又问："病到什么程度，要死了吗？"

王氏一听大惊，皇帝这话太吓人了，是要盼舅舅死吗？她越想越不安，随后就把这话传给了李渊，让他想办法自保。李渊知道后更加忧惧，自此开始纵情饮酒、收受贿赂，拼命污毁自己的名声，以便让杨广对自己放心。

他这一招还真管用，杨广逐渐打消了对他的疑心。此后李敏等人被诛，杨广以为谶语已经破除，对李渊就更放心了，心说这好歹是自己表兄，现在天下到处是造反者，正是用人之际，不用他用谁呢？

于是杨广调任李渊为山西河东慰抚大使，负责整个太行山以西的平乱工作。

正是这一任命，给了李渊起家的资本。

李氏当兴的故事至此告一段落。我们很难想象，如果杨广杀的不是李敏而是李渊，历史会如何发展？

第九章
雁门之围

时间来到大业十一年（公元615年）三月，此时第三次东征才过去半年，李敏、李浑刚刚被杀，杨广还没在洛阳待上几天，就又决定出巡，目的地是塞北草原。

对此，一定有很多人感到不解，隋朝国内已经烽烟四起，杨广不好好待在都城平乱，为什么还要巡游呢？而且还是“出国游”？

在我们看来，至少有三方面的原因。

其一，这是杨广性格使然。杨广是个闲不住的人，生性就喜欢出巡，他即位至今，下江都、出塞北、巡河右、征高句丽，十年里出巡了十几次，几乎每年都要出去走一圈，除洛阳城建成的那一年外，从未在都城持续待满一年。所以说他出巡并不奇怪，一直待在都城才是怪事。

其二，杨广要挽回面子，重新树立威信。此前三次东征失败，杨广可以说是颜面扫地，去年高元拒绝入朝，更是令他下不来台，以至于还想再发动第四次东征。但目前的环境已经不允许他再东征了，为挽回面子，他便打起了东突厥的主意，试图通过第二次出巡塞北，复制当年首次北巡的荣光，重新树立隋朝的威信。

其三，杨广想联合东突厥，一起打击高句丽。虽然国内时局已经乱成一锅粥，但杨广仍然没有彻底打消东征的念头。他觉得前几次东征之所以失败，一个重要原因是没有得到东突厥的支持。东突厥与高句丽相距不远，又习惯北方气候，倘若能够发兵帮助隋朝，那击破高句丽就容易多了。

基于这几点原因，杨广不顾国内乱局，毅然开启了他的第二次北巡。

当年三月末，杨广率领文武群臣、后妃宫人、禁军将士等十几万人从洛阳出发，向北来到太原，随后住进汾阳宫避暑。当时天下起义军蜂起，河东、山西地区的叛乱虽然不像河南、河北那么严重，但形势也不容乐观。杨广估计是感受到了起义军的威胁，因此任命李渊为山西、河东抚慰大使，坐镇太原，讨捕群盗。

到了八月，天气渐渐凉爽，杨广这才离开汾阳宫，继续向北行进，不久就来到了雁门关附近。

雁门距塞北已经不远，按照惯例，突厥可汗也该来迎接了。事实上他确实来了，不过并不是来迎接杨广，而是来袭击他的。

这就奇怪了，隋朝和东突厥的关系一直不错，东突厥为什么要袭击杨广？

这事说来话长，其实杨广首次北巡后的这些年，东突厥发生了很多事，比如汗位的更替。

始毕可汗

大业五年，启民可汗阿史那染干病逝，其长子咄吉（一作咄吉世、吐吉）继承汗位，是为始毕可汗。

始毕即位之初，继续奉行启民可汗的亲隋政策，与隋朝保持良好关系，除每年定期朝贡外，还在大业十一年初亲自到洛阳朝见。

可也就是在大业十一年前后，始毕突然改变了对隋朝的态度，一下由亲近变成了怨恨。

之所以发生这么大变化，主要是因为两件事。

这两件事都发生在大业十年。当时杨广正进行第三次东征，为防止高句丽勾结突厥、契丹等势力，便命裴矩总领北蕃军事，安抚塞北各部族。裴矩对这份工作很上心，他见东突厥势力日渐强大，心里隐约有些担忧，便想效法当年的长孙晟，用计分化东突厥。

大家应该都还记得，东突厥与西突厥本是一家，开皇初年时被长孙晟设计分裂，自此势力变弱，开始臣服隋朝。但经过这么多年的发展，东突厥的势力又重新强大起来，对隋朝构成了威胁。因此裴矩感到不安，打算再次分裂突厥。

具体怎么分裂呢？裴矩决定用当年长孙晟对付都蓝可汗的策略，扶持一名东突厥小可汗，让他与始毕分庭抗礼。

当年都蓝可汗势力强大，屡屡入侵隋朝，杨坚在长孙晟的建议下扶持染干，击破都蓝，这才有了后来的启民可汗。这事裴矩是亲身参与过的，他自认为能照葫芦画瓢，也来一个离强合弱之计，因而建议杨广将宗室女嫁给始毕之弟叱吉设，并封其为南面可汗，以此分化始毕的势力。

叱吉设居住在东突厥南部，与隋朝临近，和当年的启民情况类似，按理说应该很乐意接受和亲才对。但他却拒绝了，为什么呢？因为今时不同往日，当年启民之所以敢与都蓝为敌，是因为都蓝多次侵犯隋朝，树敌太多，已经不得人心。可是始毕从来没有入侵过隋朝，他在东突厥声望极高，地位无可撼动。

所以叱吉设不敢接受，拒绝了。不久始毕知道了此事，他明白隋朝这么做是为了削弱自己的势力，因此心里很不痛快，开始怨恨隋朝。

这是第一件事，接下来是第二件事。裴矩一计不成，又心生一计，他觉得始毕虽然势力强大，但其实和大多数突厥人一样，心思单纯，没有谋略，是很容易被离间的。只是他身边有不少西域胡人，非常狡猾，尤其是一个叫史蜀胡悉的，诡计多端，备受始毕信任，只有除掉他，才好对付始毕。

于是裴矩又向杨广进言除掉史蜀胡悉。在得到杨广的许可后，他以互市的名义命人将史蜀胡悉骗到马邑郡，然后抓住杀了。为了隐瞒真相，他于事后派使者回报始毕说："史蜀胡悉背叛可汗，私自来降，我已经替您把他斩了。"

但始毕并未相信裴矩的话，派人对此事进行了调查，得知真相后，他彻底被激怒了，于是自此不再朝贡。

就是因为这两件事，始毕对隋朝的态度由忠顺转为了怨恨，并且一心想要报复，而这次杨广北巡正好给了他机会。他得到消息后立刻整顿兵马，随即亲率大军南下雁门，打算袭击圣驾，生擒杨广。

对于始毕的突袭，杨广是始料未及的，他出巡塞北本是为加强与东突厥的友好关系，重新建立隋朝的声望，从没有想过要打仗，所以没有任何防备措施。而且他还带了大量闲杂人等，累赘太多，一旦与突厥骑兵在野外遭遇，后果不堪设想。

但好在，在始毕大军来袭之前，突厥可敦义成公主获知了消息，提前派人通知了杨广。义成本是启民的可敦，启民死后，遵照突厥习俗改嫁始毕，仍为可敦。始毕虽然怨恨隋朝，但并没有迁怒义成，两人关系依然和睦，所以义成才有机会获知始毕的计划，并提前告知杨广。

杨广收到这个消息后，整个人都惊呆了，此时他正在去塞北的路上。为保万全，他只得匆忙率领大众退入雁门郡城，并命齐王杨暕率后军镇守崞（guō）县。

围城

不久，始毕兵临雁门城下，数十万大军将这座边地小城围得水泄不通，一场城市防御战就此打响。

对杨广来说，这场守城战实在有些艰难，难在什么地方呢？至少有四个方面。

一是士气不振。虽然杨广握有十万兵马，又有雁门作为壁垒，但突厥骑兵突然来袭，将士们都没有思想准备，上下一片惶恐，战斗力大打折扣。

二是城防不坚。突厥已经臣服隋朝多年，雁门一带许久没有受到侵袭，防御十分松懈，连守城器具都凑不够，只能拆毁民屋，用取下来的木头临时打造武器。凭这想挡住突厥大军，恐怕不容易。

三是粮草不足。雁门毕竟只是一个边地小郡，人口比较少，粮食储量非常有限，这一下涌入十几万人，粮食供应立刻紧张起来，仅够吃二十天而已，即便是精打细算省着吃，那也只能支持一个多月。这就意味着，如果一个多月后雁门没能解围，那城里的人就会饿死，到时候不用突厥进攻，雁门内部就得先乱起来。

四是孤城无援。雁门郡共计有四十一座城，而突厥大军数日之间就攻占了其中的三十九座，只剩下郡城雁门和崞县。这样一来，雁门就将面临突厥的全力进攻，周边没有任何能来策应和救援的部队。

以此四点，雁门的形势便只能用“严峻”两个字来形容了。当时突厥每日急攻，箭矢像狂风中的密雨一样飞入城中，扎得遍地都是，有的甚至落到了杨广门前。杨广因此大惧，精神接近崩溃，仪态尽失，居然抱着幼子赵王杨杲哭了起来。父子二人泪流不止，把眼睛都哭肿了。

皇帝尚且如此，那些妃子、公主、文武百官就更不用说了，一个比一个着急恐慌。但是慌也没用，这时候最重要的是想办法自救，不然城破了谁也跑不了。所以杨广也好，文武百官也罢，都不得不镇定下来，共同商议对策。

接下来大臣们就开始各抒己见了，首先发言的是宇文述。他是武官之首，又是杨广的第一宠臣，如今杨广面临危险，他不挺身而出恐怕说不过去。所以他适时地站了出来，向杨广提出建议，劝他率领数千骑兵精锐突围出雁门。

突围无疑是件冒险的事，通常是万般无奈下的选择，宇文述既然提出来，那看来是已经对守城失去信心了。但是其他人并没有放弃，他话音刚落，纳言苏威就反对说："守城的话我们还有希望，而骑兵作战乃是突厥所擅长的，陛下万乘之主，岂可轻易行动！"

苏威不愧是经验丰富的老宰相，深知突厥不善于攻城，擅长的是野外骑兵作战，巴不得城里人突围，一旦出去，那就等于是羊入虎口，九死一生。即使最后侥幸取得生路，那其他人怎么办？那么多女眷，还有像苏威这样一把年纪的文臣，肯定都跑不了，这不是把他们害了吗？

所以于公于私，苏威都不能同意突围，他的观点得到了很多人的支持，比如樊子盖。苏威进一步说："陛下冒险而出，指望侥幸突围，万一不成功，悔之何及！不如坚守城池以挫突厥锐气，征召四方兵马入援。与此同时，陛下再亲自抚慰士卒，宣布不再征辽，凡有功者皆重赏勋爵，则将士们必人人奋力守城，何需担心不能退敌！"

樊子盖毕竟是守过都城的人，当时形势那么危急他都坚持下来了，更别说现在。所以他对守城很有信心，苏威提出的两条建议也非常实用，可以说是提升全军士气、解除雁门之围的最有效方法。

紧接着，萧皇后之弟、内史侍郎萧瑀也发表了意见。他认为：“按突厥人的习俗，可敦是可以参与军事谋划的，而且义成公主以帝女的身份出嫁外夷，她肯定要把大隋作为外援，绝不会眼见陛下被突厥欺辱，若派遣一人告知公主城中情况，使她设法救助，即使没有效果，也不会有什么坏处。另外，将士们所担心的是陛下解除雁门之围后，又东征高句丽，如果明确下诏，宣布赦免高句丽，专讨突厥，则众心皆安，人人自发奋战矣！”

萧瑀的话可以总结为两点：一是派人请义成公主相救，二是下诏终止征讨高句丽。这两条建议的核心也是提升士气，设法解围，与樊子盖不谋而合。

同样不谋而合的还有虞世基，他也劝杨广重赏士卒，下诏停止辽东之役，以激励将士守城。

总的来说，除了宇文述之外，其他重臣都主张坚守城池，反对突围。杨广虽然宠信宇文述，但在这生死关头，也不能不听从大多数人的意见。于是他下令坚守雁门，并根据苏威、樊子盖、萧瑀等人的建议，做了三项重要工作。

第一项工作，抚慰将士。守城最重要的是士气，士气高昂则城池可固若金汤，士气低迷则一触即溃。而今隋军的士气就很低迷，一来敌强我弱，将士也是人，心里当然恐惧；二来就像萧瑀等人说的，将士们怕解围之后，杨广又下诏东征高句丽，到时候免不了要客死异国，那还不如死在这儿。

所以将士们都没有斗志，急需激励和安抚。杨广也明白这一点，随即来到军中，激励将士说：“大家一定要努力击贼啊！如果此次能够保全，凡是参加战斗的人，都不用担心没有富贵，我一定不会让有关部门埋没你们功劳的！”说完当场下令：“凡守城有功者，没有官职的直接授予六品官，赐物百段；有官职的品级和赏赐依次增长。”此后又每天派遣使者来慰问将士，前一个使者刚离开，又派一个去，就这样络绎不绝。

他这一番慰抚，果然起到了作用，将士们为了富贵，为了报答皇帝恩情，都拼命战斗，视死如归，硬是抵挡住了突厥的昼夜进攻。

接下来是第二项工作，征调援兵。城虽然还能勉强守住，但城中粮草快支撑不住了，要想解雁门之围，必须得有援兵。于是杨广下诏广征天下兵马，令各郡县无论道路远近，皆来雁门勤王救驾。

诏书顺利传了出去，各地郡守得到消息，竞相募兵奔赴雁门。在这勤王大军中，有一个人不能不提，他就是李渊的次子、长孙晟的女婿李世民。

这位被后世传颂了千年的明君终于出场了，此时的他不过才十六岁，放到现在应该正读高中。但作为关陇军事贵族子弟，十六岁已经不小了，自幼习武的他早已熟读兵书，弓马娴熟，堪称英雄少年。

因为李渊的关系，李世民前不久刚从关中来到太原，而太原是距离雁门最近的郡之一，杨广被围的消息很快就传到了这里。李世民少年意气，哪能错过这个立功的机会，于是应募从军，跟随屯卫将军云定兴奔赴雁门。

说起云定兴，大家应该都还记得，他是杨勇的老丈人，在杨勇被废后丢了官职，后来通过贿赂宇文述而东山再起，居然做到了屯卫将军。他接到杨广的诏令，募兵前去救援，行进到太原附近时，李世民应募加入了他的队伍。

正是因为李世民的加入，云定兴的这支援军才起了作用，原本云定兴只会摆弄珍玩器物，压根不会打仗，去了也是白去。但李世民就不一样，他足智多谋，满腹韬略，自然有办法对付突厥。

什么办法呢？他对云定兴说："始毕之所以敢举兵围困天子，必是以为我大军仓促之间不能赴援。将军您兵力有限，应当设疑兵来迷惑突厥。白天广布旌旗，连绵数十里；夜晚则击钲擂鼓，制造大动静。如此一来，突厥必以为大军将至，继而望风遁去。若不然，敌众我寡，若突厥全军来战，我们必不能敌。”

这意思是要云定兴布置疑兵，壮大声势，令始毕以为隋朝大军将至，从而退兵。他这计策虽然平常，但很适用于当时的情况，云定兴毕竟兵少，正面打不过突厥，要想解雁门之围，只能虚张声势。

云定兴也是聪明人，知道李世民所言是上策，于是予以采纳，一路上广布疑兵，伪装成大军的样子。这样一来，始毕就有压力了，心里便琢磨：隋朝大军来了，要不要退兵？

就在他犹豫的时候，有人促使他做了决定。谁呢？正是他的妻子义成公主。

这就要说到杨广做的第三项工作了，那就是派人求助于义成公主，请她设法相救。

义成公主虽是突厥可敦，但也是隋朝宗室女，心里始终装着隋朝，要不然之前也不会把始毕即将袭击圣驾的消息告知杨广。而且隋朝是她的依靠，若是隋朝倒了，她也不会有好结果，恐怕就会成为下一个大义公主，所以无论如何，她都要救杨广，救隋朝。

但是怎么救呢？说来也简单，她只是遣人给始毕带了一句话：“北边有急。”

不要小看这四个字，其威力可是很大的。想当年，沙钵略入侵隋朝边境，长孙晟派人请染干相助，染干谎称铁勒叛乱，成功把沙钵略骗了回去。如今义成公主说北边有急，其实就跟染干说铁勒叛乱差不多，言下之意都是：家里出事了，可汗你赶紧回来吧！

始毕收到这一消息，果然很担忧，再一看隋朝这边的援军越来越多，已经到了忻口（在今山西忻州北），马上就要抵达雁门，就更不安了，于是决定撤军，率全部兵马回了塞北。

他这一走，雁门就算是解围了，但杨广不敢掉以轻心。为防突厥使诈，他先派人出城侦察了一番，直到发现山谷空荡，没有任何伏兵后，才确信突厥是真撤了，遂派遣二千骑兵追击，追至马邑郡，俘获突厥老弱二千余人而还。

这段剧情是否似曾相识呢？就在两年前，杨广因杨玄感之乱而被迫从辽东撤军，高句丽起初也是不信，反复侦察后才出兵追击，杀了隋军几千人。如今时隔两年，这一幕竟又重演，只是角色反转，杨广由围城者变成了被围者。

不管怎么说，雁门终是转危为安了，从八月十三日被围至九月十五日始毕撤军，雁门足足被围困了三十三天。对于杨广来说，这三十三天绝对是自己人生当中最难熬的日子，没有一天不提心吊胆，没有一夜能睡得安稳。

回京

九月十八日，杨广率众出雁门，向南进入太原。太原是个很特殊的地方，往南可直通洛阳，往西可进入关中，所以这时的杨广面临着两个选择：一是返回东都，二是去往西京。

具体选哪边呢？宰相苏威首先发表了看法，他对杨广说："今盗贼不息，士马疲敝，愿陛下速返西京，巩固根本，此乃社稷大计。"

苏威的意思是回大兴，因为关中才是国家的根基所在，如今天下大乱，到处是造反者，士卒疲惫不堪，应该立刻终止出巡，回到关中把根稳住。只要根还在，隋朝就能恢复元气，天下就能恢复太平。

他这一主张与一年多前太史令庾质的建议实际是一致的，当时杨广没听，现在会听吗？

正所谓"此一时，彼一时"，一年前杨广还能笑着说我要四征高句丽，必须去洛阳号令天下，但现在他已经笑不出来了。雁门之围的打击让他暂时冷静了下来，他知道自己的命是将士们救的，得先顾及他们的感受，而回到关中就等于给他们吃了一颗定心丸，是符合大多数人心意的。

所以杨广认可了苏威的建议，准备照他说的先回关中。但还没等动身，宇文述突然又冒了出来，建言说：“百官家眷大多在东都，应该先回洛阳，然后从潼关进入关中。”

听宇文述这意思，他也赞成去关中，只是不能直接去，而是得先到洛阳，接上百官的家眷后再西行入关。

这似乎也有道理，但问题是，杨广到洛阳后还会去大兴吗？

以杨广的性格，他八成就待着不走了，就算走也绝不是往西。

宇文述那么聪明，不可能不知道这一点，他提出这样的建议，恐怕是别有用心，这个用心就是邀宠。

虽然杨广答应了苏威要去关中，但内心深处更想去的还是洛阳，只是不好违背群臣与将士罢了。宇文述跟在杨广身边这么多年，很清楚杨广的心思，为了逢迎和讨好杨广，就替他把真实想法说了出来，并给他提供了一个非去洛阳不可的理由。这样杨广就没有了顾虑，就能心安理得地回洛阳了。

所以最后的结果不难推测，杨广改变了主意，率众向洛阳而去。

行赏

回洛阳就回洛阳吧，对于大臣和将士们来说，东西二京都是家园，去哪都可以，只要皇帝能论功行赏，兑现雁门之围时的承诺就行了。

杨广当初许诺过，凡是守城有功者皆有封赏，最低给六品官和百段物，现在回到都城了，也该兑现了吧？

原本杨广是打算兑现的，但苏威却不赞成这么做，声称“勋格太重，宜加斟酌”。意思是说参与守城的将士太多，当初许诺的封赏又太重，如果全部兑现的话，国家恐怕承担不起，所以应该好好斟酌。

苏威的话也有道理，眼下农民起义不断，朝廷忙于镇压，财政已十分吃紧，如果再大肆封赏将士，那财政负担必会进一步加重，到时候国库空虚，国家疲敝，拿什么来应对日益严重的农民起义？

作为王朝的老管家，苏威确实很会精打细算，懂得为国家省钱，这本无可厚非。但问题是别的钱能省，赏给士兵的钱能省吗？士兵是国家的保卫者，没有他们，何来大隋江山？克扣他们的封赏，那就等于是在给隋朝掘墓。

苏威是文臣，或许不懂这个道理，但武将们都懂啊，就比如樊子盖，他也是雁门之围的亲历者，深知士兵们浴血奋战不容易，现在都盼着封赏，要是不兑现，他们一定会有怨言，后果难以预料。所以他坚决请求兑现封赏，认为既然已经许诺将士，就不可失信。

但是杨广这时候已经不想兑现了，他本就吝惜官爵和赏赐，即使是在太平时期，也不怎么封赏大臣和士兵，更何况现在国家财政困难。原先打算兑现封赏是因为承诺在先，在没有适当理由的情况下不好失信，现在宰相苏威带头提出减少赏赐，他便有了理由，就又可以心安理得了。

所以杨广在听了苏威的话后就已决定失信于将士了，根本听不进樊子盖的谏言。樊子盖不甘心，又反复上奏。结果杨广不高兴了，冷着脸对他说：“你想借赏赐来收买人心吗？”

这话太要命了，直接给樊子盖扣上了一顶反动的帽子，樊子盖要是再劝谏下去，估计就要下牢狱了。因此樊子盖怕了，惊出一身冷汗，再不敢接话。

于是，杨广背弃诺言，减少了士兵们的封赏。

其实这已经不是杨广第一次对将士失信了，早在平杨玄感之乱时，他就失信过一次。当时平乱有功的士兵比较多，杨广不愿意都封实职，便新设八尉为武散官，以建节尉为正六品，其下依次是奋武、宣惠、绥德、怀仁、秉义、奉诚、立信等尉，从从六品至从九品递减。

这么做有什么用呢？散官只表示品级，没有任何实际职务和俸禄，朝廷除了费几张纸出个任命书外，其他什么钱都不用花。这不是就等于变相减少封赏了吗？士兵们只得到一个称号，别的什么都没有。

而这一次，杨广仍然只封散官，并且比照平杨玄感时的行赏标准，规定：每立一次一等功晋升一级；此前没有军职的人最多只能授予立信尉；立三次一等功的人授予秉义尉；那些虽在战场但未立功的人参与四次战斗才能晋升一级。

这比着当初许诺的封赏真是差远了，都是些散官不说，要求的条件还如此苛刻，恐怕只是少数人能满足条件。据隋朝官方统计，参加雁门保卫战的将士共一万七千人，最后得到勋位的才有一千五百人，不足十分之一。而且即使是得到勋位的，也大多没有赏赐物品，只是赚个称号而已。

对于这样的结果，士兵们当然不满意，当初在雁门说得好好的，立什么功给什么赏，怎么一回到洛阳就变样了？这不是欺骗士兵、言而无信吗？

于是士兵们开始有情绪，对杨广的忠诚出现动摇。杨广如果有心的话，这时候应该赶紧安抚士兵，哪怕没有任何实质补偿，只说几句好话也行啊，但他却不闻不问，反而一意孤行地再次提出东征高句丽。

这可彻底惹恼士兵们了，他们拼死拼活地守卫雁门，不就是想着胜利后可以不用再去辽东，并且能得到封赏吗？现在倒好，封赏没捞着，还得去辽东，合着白忙活一场，换谁也接受不了啊！

因此士兵们无不愤怨，哪怕是得到封赏的人也高兴不起来，到处是不满之声。

事情发展到这个地步，杨广要当真敢发动第四次东征，估计立刻就会引起兵变，并且后果一定比杨玄感之乱严重得多。好在现实已经不允许他再去东征，虽然他提出了此事，但并没有真正进行下去，最后不了了之。

可即使这样，士兵们仍然心怀怨愤，毕竟杨广这事做得太不厚道。

没办法，这就是杨广的性格，对士兵如此，对大臣更是如此。

先前雁门之围时，大臣们陪着杨广历经劫难，还建言献策，没有功劳也有苦劳，按理说应该嘉奖，但杨广事后是怎么对待他们的呢？不仅没有进行任何赏赐，反而贬谪了不少人。

就比如说内史侍郎萧瑀，他是萧皇后的亲弟弟，又有才能品行，工作也很突出，这次雁门解围，他出了不少力，正是他提议向义成公主求救，才使始毕退了兵。可就是这样一位有功大臣，却在回京后被杨广贬为了河池郡守。

至于贬谪的理由，用杨广的话说就是：“突厥狂悖，势何能为？少时未散，萧瑀遽相恐动，情不可恕！”意思是突厥本不足畏惧，但萧瑀却恐慌动摇，影响军心，实在是罪不可恕。

萧瑀的表现我们都看到了，只见他建言献策来着，从没见他恐慌动摇。杨广这理由恐怕难以让人信服。

事实上，这不过是杨广欲加之罪而已，他之所以把萧瑀逐出京城，是因为不喜欢他的性格。

萧瑀是什么性格？他是出了名的清正耿直，说话直来直去，从不会逢迎讨好别人，即使在皇帝面前也是有一说一。这样的人，杨广当然是不会喜欢的，要不是因为他是皇后的弟弟，杨广早把他贬了。

那既然如此，杨广为何又在这个时候贬他呢？

这其实还和东征高句丽有关。雁门之围时，萧瑀提了两条退敌的建议：一是请义成公主相救，二是向士兵宣布终止征讨高句丽。当时形势危急，杨广虽然不愿停止东征，但也只能这么做。可是脱险之后他就后悔了，竟然觉得突厥没什么可怕，自己都是被萧瑀吓的，萧瑀为了骗自己终止东征，故意制造恐慌，实在可恨。

因此杨广便恨上了萧瑀；加上萧瑀性子直，以前没少冒犯他，他终于忍无可忍，就以制造恐慌为由，把萧瑀贬到了河池，并且令其即日离京，不得逗留。

这样一来，萧皇后就没有机会为弟弟求情了，甚至连告别的机会都没有，不能不说杨广做得太绝情，岂不知他们姐弟这一分离，就是整整十五年。

继萧瑀之后，候卫将军杨子崇也以类似原因被贬至离石郡。

杨子崇是隋朝宗室，论辈分，杨广应该叫他一声族叔，这关系甚至比萧瑀还亲，但却也免不了被贬，而且罪名更让人不能信服。

事情还得从雁门说起。其实这次北巡，杨广事先并没有明确说要去塞北，直至后来到了汾阳宫，才宣布要出塞。当时杨子崇以武官身份随行，在得知他的计划后，曾屡次劝阻，并请他早日回京。他之所以这么做，是因为察觉到了突厥与隋朝关系的变化，知道始毕对隋朝不满，一旦圣驾进入边塞，必会遭其突袭。

杨子崇有此洞察力，不失为能臣，只可惜杨广没有听取他的谏言，执意要出塞。结果杨子崇之言应验，突厥果然包围了雁门。

在我们一般人看来，杨广此时应该很懊恼，后悔没有听杨子崇的话早点回京城，事后应该嘉奖和重用杨子崇才对。

但事实正好相反，杨广后悔可能是后悔了，却一点儿也不感念杨子崇，反倒迁怒于他，公开指责说："子崇怯懦，妄有陈请，惊动我众心，不可居爪牙之寄。"意思是说杨子崇怯懦，之前妄自奏请回京，惊扰动摇了人心，不适合继续做武官。

杨子崇明明是有预见性，却被杨广说成是怯懦，这得是多糊涂啊。

可杨广真有这么糊涂吗？恐怕不是的。他表面上是是非不分，实则是心胸狭隘，既不承认错误，更容不下为自己纠错的人。

杨广即位以来犯过很多错，可他从没有反省过自己，甚至从不承认有错。这次北巡也是一样，明明自己已经错了，但他却不愿承认，刻意在事后贬低突厥，声称突厥不足为惧，雁门之围不算什么，以此掩饰自己的狼狈和错误。

而杨子崇是最早为杨广纠错的人，杨广既然不愿承认错误，当然也就不愿承认杨子崇为他纠错的正确性，因此给其扣上怯懦的帽子，把其逐出朝廷。

随着萧瑀、杨子崇被贬，雁门一事就算完结了。对于杨广来说，他一定不愿有人再提起甚至想起此事，因为这是他人生的污点。但对于我们来说，是有必要对这件事进行总结的，因为我们需要知道它究竟为何发生，又会带来哪些影响。

原因

雁门之围的起因经过，我们已经很清楚了，突厥之所以发动袭击，是因为杨广对突厥不义，惹恼了始毕可汗。而杨广之所以不义，是因为急功近利，迫切想在突厥身上取得利益，以弥补东征高句丽的失败。因为他太过性急，所以不择手段、考虑不周，导致隋突关系恶化。

其实分化突厥本身没问题，只是必须在适当的时机，以适当的方式进行，就像当年长孙晟利用突厥内部矛盾制造分裂一样。而现在的东突厥很稳定，并没有可以攻破的地方，杨广贸然出手，结果当然会失败。

虽然分化突厥的建议是裴矩提出的，但主导者却是杨广，裴矩只不过是揣摩他的心思，逢迎他而已。

影响

至于说雁门之围的影响，总结下来有三个方面。

其一，使隋朝声望受损，国际地位下降。在三次东征失败后，隋朝的大国地位就已经出现动摇，如今杨广又被突厥围困，丢尽了面子，西域各国和东北各部族会怎么看隋朝？隋朝的声望和大国形象恐怕又要受损了。

其二，加剧了隋朝内部的矛盾，使大臣和士卒离心。这一点应该不用多说，杨广失信于将士，致使将士怨愤，又贬谪有功之人，致使大臣离心，这些无疑都会加剧统治阶层内部的矛盾，动摇隋朝的统治，尤其是在这局势动荡的特殊时期。

其三，沉重打击了杨广的信心，使他丧失了斗志。杨广曾经是多么骄傲的一个人，修运河、建东都、开疆拓土，一心想建立前无古人的大业，但雁门之围却给他当头一棒，打碎了他的梦想，也打落了他的信心，从此他开始自暴自弃。

这三点影响不可谓不大，它将在未来几年内逐渐显现出来，直接改变杨广和隋朝的命运。

第十章
三下江都

在杨广北巡的这一年，隋朝国内局势进一步恶化，农民起义问题愈加严重。按照惯例，各郡每年都要遣使进京报告郡政及经济情况，称为“上计”，但大业十二年（公元616年）正月，全国竟有二十多个郡未到洛阳。这当然不是因为他们不肯来，而是因为来不了，要么被起义军阻断了道路，要么已经被起义军围困，总之无法进京。

形势到了如此地步，杨广也不禁忧心恐惧起来。这年五月，他问群臣：“最近盗贼情况如何？”

宇文述回答道：“日渐少了。”

杨广又问：“比原来少了多少？”

宇文述答：“不足原来的十分之一。”

这个答案是杨广想要的，但杨广听后并没有很高兴，因为他知道这数字不真实，宇文述不过是在安慰他。正好这时他看见苏威在往柱子后面躲，好像有什么事，于是把他叫上前，又问：“你说盗贼少没少？”

苏威答道：“臣不管这件事，不清楚盗贼有多少，只知道越来越近。”

杨广很诧异，追问：“这话怎么说？”

苏威道：“往日盗贼仅占据长白山，如今却近在荥阳，难道不是近了吗？况且如今租赋丁役减少，男丁都去哪了呢？岂不是都化为盗贼了吗？近来朝廷见到关于盗贼的奏报都不属实，所以措施失当，使盗贼不能及时剪除。另外，昔日在雁门，陛下已经许诺停止征辽，如今又征发兵役，盗贼怎能平息？”

难怪苏威刚才要躲到柱子后，看看他说的这些大实话，没有一句是杨广爱听的，换谁也不敢说啊。但当杨广点名问他时，他还是说了出来，这或许就是一个老臣的良心吧！

但是这个良心，大隋朝廷最后的良心，也终究逃不过杨广的猜忌。

最后一次罢相

听了苏威的回答后，杨广的脸色顿时阴沉下来，随即结束了这次问答。

几天后，适逢五月初五端午节，群臣纷纷献礼，多献珍宝奇玩，唯有苏威进献了一部《尚书》。

杨广本是一个爱读书、藏书的人，苏威献书也没什么不对，但偏偏有人拿这事做文章，向杨广进谗说：“《尚书》有《五子之歌》，苏威这是大不敬。”

所谓《五子之歌》，乃是《尚书》中的一篇，记述了有关太康失国的故事。

夏朝第三位君主太康贪图享乐，不理政事，在外打猎长期不归，致使民怨沸腾。有穷国国君后羿（非射日的后羿）利用百姓的不满，占领夏国都，驱逐了太康。太康的五个弟弟和母亲流落到洛水之畔，追述先祖大禹的告诫而作《五子之歌》，表达亡国的悔恨。

就主题和内容来说，《五子之歌》实际上是一篇亡国之歌，而且是最早的一篇感叹亡国的文学作品。对比一下就会发现，夏朝当时的情况与现在的隋朝是有些相似的，都是国君长期不在都城，四处巡游

（打猎），致使百姓怨愤，大臣叛乱。而且《五子之歌》的创作地在洛水，也对应着隋朝都城洛阳，所以就有人说苏威别有用心，想以太康来影射杨广。

苏威是否有此用意我们不得而知，即便有，也是为劝谏杨广，无可厚非。反倒是那个攻击他的人鼓唇弄舌，才是真的别有用心。

但可惜，杨广并不这么认为，之前苏威说造反者增多，他已经很不高兴了，如今听了小人谗言，对苏威则更加不满。

不过苏威毕竟是元老，杨广还不至于因为这些事就罢免他，真正导致他们君臣关系破裂的是接下来的一件事。

杨广一直不甘心放弃东征，虽然条件已经不允许，但还是经常和大臣们论及此事。有一次他拿这事问苏威意见，苏威回答说："如今要征辽东，可以不用发兵，只要赦免天下的盗贼，自然就能得到数十万兵。这些人高兴被免罪，如派他们东征，他们一定争相立功，高句丽必然可灭。"

苏威的回答相当高明，他不赞同杨广东征，却没有直接反对，而是建议赦免起义军，让起义军去打高句丽。如果真能实现，那农民起义问题和高句丽问题就都解决了。即使不能实现，那至少也能让杨广知道，现在造反者真的很多，都够打高句丽的了。

杨广何其聪明，很快就听出了苏威的言外之意。

因而杨广又不高兴了，叱令苏威退下。结果苏威前脚刚走，一直在殿内的裴蕴就上奏说："苏威说这番话真是太不敬了，天下哪有那么多盗贼！"

杨广本就在气头上，被他这么一挑拨，就更怒了，冷着脸说："这老东西太狡诈，拿盗贼来吓唬我！我真想打他嘴巴，看他一把年纪了，我就再忍忍吧。"

杨广勉强忍下了，可裴蕴却不想放过苏威，他见杨广对苏威不满，便想逢迎杨广的心意，把苏威变成又一个薛道衡。

于是裴蕴暗中使人诬告苏威，说他昔日在高阳选拔官员时，曾滥用职权，随意给人安排官职，并且畏惧突厥，多次请求回京。

高阳是河北重镇，距离涿郡不远，之前征高句丽，许多物资都是在那里转运的，杨广本人也在那停留过，还在那杀了杨积善、韦福嗣等人。大概就是在东征那段时间，苏威曾奉命到高阳选拔督运物资的官吏，这本是很正常的一件事，谁承想时隔这么久，竟有人拿来做文章，试图诬陷苏威。

杨广的性格我们都知道，他是宁可信其有，绝不信其无，何况他本就不满苏威，正想治其罪，所以一见有人告苏威，立刻命裴蕴立案调查。

裴蕴的手段我们也知道，落到他手里不死也得脱层皮。好在苏威这事不算严重，虽然被定了罪，但罪不至死，最后判了个免官除名。

然而事情并没有结束，仅仅一个月后，苏威就又被人告了，具体谁告的不知道，但应该和裴蕴脱不了干系，八成是他故技重施，又指使人诬陷苏威，至于这次的罪名，那可比上次大多了，乃是：与突厥勾结，图谋不轨。

勾结外敌绝对是重罪，判个死刑都很正常，况且苏威已“有罪在身”，要是罪加一等的话，他这把老骨头估计就要交代了。

大多数人遇到这种情况，第一反应应该是自辩，设法证明自己的清白。但苏威不是一般人，他在朝廷这么多年不是白混的，什么风浪没经历过？什么人没见过？他很清楚杨广的脾气，知道越辩解越会惹怒他，下场只会更惨；相反，如果承认有罪，向他低头服软，则或许还有一线生机。

于是苏威也不辩解，只是说自己侍奉两朝三十余年，没有做出什么贡献，不能报答天子，反而是屡次犯错，实在罪当万死。

听他这么一陈述，杨广还真就动了恻隐之心。

因此杨广把他放了，只是将他的子孙全部除名为民。

虽然保住了命，但苏威的政治生涯已经基本结束了。纵观他这一生，四起四落，前后当了三十多年宰相，虽然没有做出特别突出的贡献，可也算是兢兢业业。尤其是最后这几年，面对满朝污秽，他始终保持良心，坚决不逢迎谄媚，不同流合污。

或许是杨广意识到朝中不能没有苏威，不久就又打算起用他，但奈何裴蕴、虞世基进谗，说苏威年老昏聩多病，已不适合在朝。杨广只得作罢。

由此不难看出，杨广已经被奸臣包围，很难再听到真话，也很难再做出正确的决策了。

所以接下来，杨广又做了一个极不明智的决定：下江都。

我梦江都好

杨广即位以来，已经两次游幸江都。第一次是在大业元年，当时大运河通济渠和邗沟段刚刚竣工，他就迫不及待乘龙舟南下江都，在那待了半年多；第二次是在大业六年，也即第一次东征之前，待了足有一年，然后就去了辽东。

这两次南巡都是在太平时期，虽然耗资巨大，但也无可厚非，可这次就不同了。天下早已大乱，到处都是起义军，作为皇帝，不好好在都城组织平乱，竟还要游幸江南，这恐怕有些不明智。

所以，我们首先要弄清楚杨广为什么会做出这样的决定。

其实自打从雁门回来后，杨广就已经在为三下江都做准备了。早前杨玄感围攻洛阳，焚毁了停泊在洛口的所有龙舟水殿，而杨广从雁门回到洛阳的当月，就诏令江都重新打造舰船，共计数千艘，制造规模比原来更大。

旧龙舟已经被毁很长时间了，杨广为何早不造晚不造，偏偏在雁门之围后重造呢？这两件事有何关联？

我们之前讲过，雁门之围对杨广打击很大，作为大国天子，他颜面尽失，作为要建立大业的帝王，他理想破灭；再加上国内大乱，他无力收拾残局，便逐渐丧失了斗志，开始自暴自弃。

原本杨广仍对征辽抱有希望，想用第四次东征来挽回失去的一切，但当他发现现实已经不允许他再东征时，他就彻底失去了奋斗下去的信念，他的精神世界已然随着征辽希望的破灭而崩塌了。

当一个人失去信念，失去奋斗的目标之后，那他还能干什么呢？对杨广来说，恐怕也只能享乐了。

可是，享乐和下江都又有什么直接联系呢？待在洛阳就不能享乐了吗？

这个问题很关键，客观地说，江都确实比洛阳更适合杨广享乐，原因有两点。

一是感情因素。我们都知道杨广钟爱江南，那里的风土人情更符合他的口味，他更愿意生活在那儿。如果洛阳是他的战场，那江都就是他的娱乐场。既然他不想再奋斗了，那还留在洛阳干什么呢？当然是去江都享乐了。

二是现实因素。正如苏威所说，如今起义军不仅是越来越多，而且还越来越近，距哪越来越近呢？当然是洛阳，因为洛阳处在黄河中下游，而叛乱最严重的地区就是河南、河北，更具体地说是黄河下游两岸地区，所以起义军对洛阳的威胁是很大的，已经逼近荥阳、汜水一带了。

荥阳郡就是今天的郑州，大家如果对地理有所了解，应该知道洛阳与郑州是相邻的，只隔了一百多公里，这么近的距离，让杨广怎么能安心？

所以杨广在洛阳是享不了乐的，他整日提心吊胆，生怕起义军逼近都城，一有风吹草动，就吓得不行。就说大业十二年四月的一天，紫微城三大殿之一的大业殿西院突然起火，杨广第一反应就是起义军来了，吓得赶紧跑出紫微城，躲进了西苑，并且一头扎进草丛中，直到大火被扑灭才回宫。

堂堂帝王，竟然不顾形象地躲到草丛中，可见他有多恐慌。虽然事后查明这场火只是意外，但杨广仍不放心，经常睡不安稳，不时做噩梦，梦见有反贼要杀自己，然后就会惊醒，再也睡不着，必须得让人摇抚才能入眠。

基于这两点原因，杨广是真不想再在洛阳待下去了，他知道江南相对比较安全，造反者没有那么多，可以睡上安稳觉，因此打算三下江都。

总的来说，杨广对自己失去了信心，不敢面对日益严峻的中原局势，只能选择逃避，逃到一个安全的地方，眼不见，心不烦。

杨广决心已定，只等龙舟造好，就可以出发了。

终于，大业十二年七月，江都那边造好新龙舟，派人送到了洛阳。这就等于释放了一个信号，表明皇帝又要巡游了，是支持还是反对，抑或是保持沉默，百官们必须得站队了。

首先站出来的是宇文述。宇文述早已看出杨广的心思，知道他想下江南，为了邀宠，便劝他游幸江都。

对此，杨广非常高兴。

但也不是所有人都像宇文述这样逢迎他。右候卫大将军赵才便坚决反对下江都，劝谏说："今百姓疲劳，府库空竭，盗贼蜂起，禁令不行，希望陛下归还关中，安抚黎民。"

听赵才这意思，他不仅不同意杨广南巡，还想让他回到大兴。但是杨广连自己一手打造的洛阳城都不想待了，又怎么愿意待在关中呢？赵才这么说，只会惹得杨广不悦罢了。

果然，杨广很生气，一怒之下将赵才关进了牢狱。不过杨广并没有杀他，十天后怒气渐消，就把他放了。

赵才的劝谏失败了，但他不是一个人在战斗；继他之后，来护儿也上奏杨广说：“今天下纷乱，盗贼未平，游幸江都实在不合时宜。愿陛下留在洛阳，与民休息，出兵命将，扫清群盗，凭陛下的英明，盗贼必能指日克除。江都是臣之故乡，陛下今幸江都，臣本应高兴，但臣深受国恩，不敢只为自身考虑。”

来护儿真是好样的，作为一个江都人，他没有为杨广游幸江都而欢呼，反而直言规谏，劝杨广留在洛阳组织平乱。

但可惜，杨广心意已决，来护儿虽然受宠，却也无法改变他的决定，反倒让他很生气，直接厉色而起。自那以后，杨广一连好几天都不召见来护儿，显然是在冷落他；直到杨广后来怒火平息，才又把来护儿召入宫。杨广对来护儿说：“若是连你都反对下江都，朕还有何指望？”

他这样说，表明对来护儿很重视，但同时也是在警告来护儿：你是我最亲信的人，别人反对我下江都也就罢了，你怎么能反对？

来护儿心中惶恐，由此不敢再进谏。

连来护儿这么受宠的人都劝不住杨广，反遭冷落，更何况其他人呢？百官虽然都不愿意随杨广去江都，但一看他这么坚决，动不动就发怒，谁也不敢劝阻，只能默不作声。

不过总有些人是不怕死的，就在朝廷大臣集体沉默之时，竟有一个品级低下的小官上书劝谏，言辞极为激烈。

这位官员叫任宗，是一名军人，现为正六品建节尉。说到这个官名，大家应该还有印象，它是杨广新设的武散官，无实际职权，只是个表示等级的称号，地位很低。但是能获得这个称号的人并不简单，要么在杨玄感之乱中立过大功，要么在雁门之围时有突出表现，总之，他是个战斗英雄。

由于级别太低，轻易见不到杨广，他只能上书劝谏，将想说的话

写入奏章中。

奏章当天就送了上去，但杨广连大臣的规劝都不听，又怎么可能听一个小军官的谏言呢？不仅不听，他还很愤怒，心想你一个小小的建节尉，竟然也敢反对我下江都，真是不知死活，不杀你，何以震慑群僚！

于是命人将任宗拖入朝堂，当着满朝文武百官的面对其施以杖刑，活活打死了他。

百官见到这血腥的一幕，都很惊恐，一个个噤若寒蝉，更不敢劝谏了。

至此，杨广扫清了所有障碍，随即出发前往江都。临走之前，他对洛阳的留守工作做了安排，由于樊子盖已经过世，便命光禄大夫段达、太府卿元文都、检校民部尚书韦津、右武卫将军皇甫无逸、右司郎卢楚等共同辅佐杨侗。

这个安排不能说有什么问题，毕竟杨侗是他仅有的几个子孙之一，是他最信得过的人，除杨侗之外还能把洛阳交给谁呢？只是杨侗年龄太小，是否能承担这个责任还要打问号。

不仅是洛阳，大兴方面也有人留守，是代王杨侑与卫文升。这也没太大问题，唯一的隐患是杨侑年纪更小，而卫文升又年事太高，这一老一少能否守住大兴，同样要打问号。

除洛阳和大兴外，隋朝最重要的城市就数太原了，这是当年北齐的别都，是北方军事重镇，北可通突厥，西可入关中，南可下洛阳，位置很关键。杨广也早已命人留守，正是他大表哥，唐国公李渊。

对杨广来说，除了儿孙之外，李渊应该是他最亲近的人了，而且李渊很有能力，能够担负起镇守太原的重任，把山西交给他似乎也没问题。

安排好这些后，杨广就真的要走了，大部分妃嫔、官员、将士、僧道都随他而去，但也有一些宫人留了下来。她们似乎预感到杨广不会再回来了，都舍不得他走，竞相挽留、送行。杨广也舍不得她们，与之依依惜别，作诗曰：“我梦江都好，征辽亦偶然。但存颜色在，离别只今年。”

我梦见江都好，征辽只是偶然，只要你们姿色还在，离别就只是暂时的。

读了这首诗，不仅让人感叹英雄气短。曾经的杨广是多么意气风发，一心要建立前无古人的大业，如今却说那不过是偶然，江南的花花世界才是自己向往之地，这不是气短是什么呢？

对杨广而言，洛阳是梦开始的地方，十年前他率千乘万骑驶入建国门，开启大业时代，那是何等风光，如今梦破灭了，要离别了，那就沿着原路走出去吧。

于是杨广再次舍近求远，率领队伍跨过洛水，沿天街向南出城而去。而正当他要出建国门时，突然有人拦住了车驾。只见这人手捧一份奏表，口中说道：“臣奉信郎崔民象斗胆拦驾，今盗贼充斥，请陛下勿要离京！”

奉信郎只有从九品，是个小得不能再小的小官。

因为平时见不到杨广，崔民象便赶在杨广出城的时机，跑到建国门拦驾上表。

崔民象是可敬的，也是可惜的，在他踏入建国门的那一刻，死神就已悄悄降临。

试想杨广都要走了，一只脚已经踏出了洛阳城，结果却被一个小人物当街拦驾劝谏，他能不愤怒吗？

由于愤怒值太高，杀人已经不能解气，杨广竟残忍地令人卸掉了崔民象的下颚，让他不能说话，然后才将他处斩。

于是崔民象成了又一个因劝谏杨广而被杀的人。但他绝不是最后一个，从洛阳到江都千里路，还将有无数勇士出现。

离开洛阳后，杨广率众东行，一路没少见起义军。不久车驾到了巩县，内史侍郎虞世基见县内的洛口仓防御薄弱，便劝杨广发兵屯守仓内，以防范造反者。

洛口仓位于洛水入黄河处，是隋朝最大的粮食仓储中心，也是洛阳的经济命脉，其得失关系到洛阳的存亡，重要性不言而喻。之前天下太平无事，洛口仓没有重兵驻守倒也无妨，但如今农民起义充斥，洛口已然受到威胁，加强粮仓防守绝对是当务之急。

然而杨广似乎一点儿也不担心，虞世基说了几遍，他都没有回应，最后实在听烦了，才说了句："卿是书生，到底还是胆怯退缩。"

照他这意思，虞世基未雨绸缪是怯懦的表现，区区反贼根本不足为惧。可既然如此，先前他为什么又吓得躲进草丛呢？

所以他说这话其实是没有底气的，最终还是免不了听虞世基的建议，调了附近的两支兵马驻守洛口仓内，并命人在外围建造城墙，以加强粮仓防御。

不容易啊，杨广终于接受了大臣的谏言，做了一次正确的决定。得亏虞世基是他的宠臣，平时没少逢迎他，不然他还不一定听呢。

在洛口稍做停留后，杨广换乘龙舟，沿大运河驶往江都。刚走到汜水（在今河南荥阳），又有一个叫王爱仁的奉信郎拦驾上表，劝他掉头回关中。结果呢？杨广自己没掉头，反倒让王爱仁掉了头，然后继续前行。

不久船队到了梁郡（今河南商丘），当地一位无官无职的无名氏又拦驾上表，声称："陛下若幸江都，天下非陛下之有！"

这意思是杨广一旦去了江都，隋朝就会灭亡，天下将不再姓杨。

以目前的形势看，这话还真不是危言耸听。我们知道洛阳和大兴（长安）自古就是帝王之都，在北宋以前，几乎所有统一王朝（包括只统一北方的王朝）都定都于这两座城市，毫不夸张地说，控制了这两座城市，就等于掌控了大半个天下，而且也只有控制了这两座城，才能掌控天下。可是现在杨广却主动抛弃了它们，跑到了千里之外的江南，这跟放弃天下有多大区别呢？

难得一个普通百姓能有这样的认识，并大胆进言。只可惜杨广是铁了心要去江都，即使撞到南墙也不会醒悟，更不会回头，所以对于这位来自底层的劝谏者，他只会用一贯的方式处理，杀！

就这样，杨广一路走，一路有人拦，拦一个，杀一个，简直是踏着尸体在前行，终于在一个多月后，他如愿到了江都。

说来也是巧，就在他到江都几天后，一直怂恿他下江都的宇文述突然得了重病，不久就一命呜呼了。

都说好人不长命，祸害遗千年。这话放在宇文述身上真是一点不假，他的人品我们就不多说了，堪称隋朝第一佞臣，就说这么坏的一个人，竟然活了七十多岁，寿终正寝，死后还被追封司徒、尚书令、十郡太守。

不过他终究是死了，杨广身边总算少了一个佞臣。按理说这是好事，但实际上却成了坏事，至于为什么，我们日后便知。

宇文述本是武官之首，左翊卫大将军，现在他死了，谁来接替他呢？

可能大家已经想到了，不错，就是来护儿。来护儿是右翊卫大将军，地位仅次于宇文述，接替他也正常，而且他是杨广最信任的大臣之一。虽然之前杨广因为下江都的事冷落了他一段时间，但内心深处还是很宠爱他的，只有把兵权交给他，杨广才放心。

隋朝大多数官员都认为杨广不应该游幸江都，但江都的官员可不这么想，他们巴不得皇帝来，以便乘机逢迎讨好。

杨广到江都后，江、淮各郡官吏立刻行动起来，争相赶去谒见。杨广见到他们，一不问政绩，二不问起义军情况，只问："你进献什么？"凡是献礼比较丰富的，一律升官加爵，没有进献或者进献较少的就惨了，直接罢官停职。比如江都郡丞王世充进献铜镜屏风，杨广很满意，升其为通守；历阳郡丞赵元楷进献山珍野味，杨广也挺喜欢，升他为江都郡丞。

这么一来，后面再来的官员就都不敢空手了，纷纷收集珍宝进献。为此，他们加重税赋，大肆盘剥百姓。原本百姓被起义军劫掠，生活已经够艰难了，现在又遭官府剥削，更加难以生存。很多人因此家徒四壁，无粮可食，只能采树皮树叶吃，不久树皮树叶也被吃完了，只能煮土吃，最后实在活不下去，只能人吃人了。

百姓困苦至此，而杨广却在江都享乐，这比着当年的陈叔宝也差不了多少了。

更可气的是，官府的储粮其实是很充足的，只是各郡官吏没有得到杨广的诏令，都不敢开仓救济灾民，就这么眼睁睁地看着饥民们饿死。

有灾不赈，有民不救，这样的朝廷，谁还愿意拥护呢？

江淮还只是冰山一角，如今全国的百姓大都吃不饱、穿不暖，对隋朝的忍耐已经快到极限了。如果朝廷不及时赈济和安抚，恐怕不久的将来他们就会纷纷化为造反者，加入推翻隋朝江山的队列。

到了那一天，隋朝离灭亡就真的不远了。

第十一章
瓦岗崛起

从大业七年王薄在长白山发布《无向辽东浪死歌》算起，隋朝的内乱已经持续六年之久了，虽然这六年来造反的人越来越多，起义军规模也越来越大，但并没有形成一个足以威胁隋朝统治的强大力量。

这是因为几乎所有造反者都出身底层，能力和号召力都有限，缺少一个有战略眼光、能干大事的人来领导他们。

不过就在杨广三下江都之后不久，造反者中出现了这样一个人物，在他的领导下，一支名叫“瓦岗”的起义军迅速崛起，一发不可收。

这个人我们都不陌生，他就是在杨玄感之乱中侥幸逃出生天的李密。

逃亡中的李密

李密与瓦岗军走到一起，其实是历经了波折的。

当初他逃出邯郸后，一路向东来到平原郡（今山东陵城），投奔了当地的起义军首领郝孝德。郝孝德是个大老粗，舞枪弄棒还行，书真是没读多少。他见李密一介书生，手无缚鸡之力，就有些看不上他，对他很是怠慢。

李密不愿受此屈辱，于是离开平原，转而投向了王薄。

王薄能作出《无向辽东浪死歌》，那也是有些文化的，对李密还算不错，但也仅仅是不错，并没有像当初杨玄感一样把李密奉为座上宾，当作军师对待。李密郁郁不得志，不久就又离开了。

后来他辗转于河南各郡，而始终没找到安身之所。因为害怕被官府发现行踪，他既不敢住店，也不敢出入城镇，只能在山林村落中活动，没多久就穷困潦倒，连口饭都吃不上，不得不削树皮充饥。

此时的李密，跟个灾民比也差不了多少，唯一强于灾民的地方是他有满腹的学问和一腔抱负。虽说学问不能当饭吃，但有时候却是能挣钱糊口的。李密想到了这一点，所以在逃到淮阳（今河南淮阳）乡下时停了下来，化名刘智远，在当地当起了教书先生。

至此李密终于安定下来，能吃上饱饭了。只是他志向宏远，并不甘心当教书匠，每每想到自己才能不能施展，抱负不能实现，他就悲伤感慨。有一次情不自禁，还作了一首五言诗，曰："金风荡初节，玉露凋晚林。此夕穷途士，郁陶伤寸心。野平葭苇合，村荒藜藿深。眺听良多感，徙倚独沾襟。沾襟何所为？怅然怀古意。秦俗犹未平，汉道将何冀？樊哙市井徒，萧何刀笔吏。一朝时运会，千古传名谥。寄言世上雄，虚生真可愧。"

这首诗名曰《淮阳感秋》，共十八句。前八句写淮阳秋景，满目荒凉，暗合自己当下的处境；后十句借怀古抒发情怀，以秦末乱世比喻如今的隋朝，又以樊哙、萧何自比，表示要推翻隋朝，辅佐明主，建立一个清明的王朝。

古语云"诗以言志"，李密这首诗就很好地表达了自己的志向。只是他现在虎落平阳，有志难伸，作这首诗时缺少了几分豪壮，多了几分感伤，以至于写完后就忍不住落下了眼泪。

正巧有人看到了这一幕，再结合他写的诗，很快意识到他这个教书先生不单纯，于是上报淮阳太守赵佗，称他可能是疑犯。赵佗是知道李密的，一听那人描述，便觉得八九不离十，遂派人前去抓捕。李密听到消息，不得已逃了去。

离开淮阳后，李密来到了梁郡雍丘县（今河南杞县），投奔县令丘君明。虽说丘君明是他妹夫，但他这一举动还是很冒险，万一丘君明见利忘义，出卖了他，那他不就完了吗？

好在丘君明人还不错，没有拿他去邀功。但他毕竟是朝廷重犯，丘君明好歹是个当官的，府上常有宾客，人多眼杂，怎敢留他？因此便把他秘密转移到了当地一个姓王的秀才家里。

王秀才是个游侠，为人慷慨仗义，早就听说过李密的事迹，对他很是敬佩，不仅收留了他，还把女儿嫁给了他。

只可惜好景不长，李密最终还是被人出卖了。但出卖李密的人不是丘君明，而是丘君明的侄子丘怀义，他直接把李密的行踪上告到了洛阳朝廷。杨广听说后立刻下发敕书，令丘怀义通知梁郡通守杨汪拘捕李密等人。杨汪接到命令，遣兵包围了王秀才家，将王家男女老少全部拘捕，却唯独缺了李密。说来李密运气是真好，这天他正巧出门不在，否则必死无疑。只是可惜了丘君明和王秀才，二人最终以窝藏朝廷重犯之罪被处死。

亲人的死使李密更加痛恨杨广，誓要推翻隋朝。所以李密逃离雍丘后，没有继续躲藏，而是往来于河南、河北各郡县之间，游说各起义军首领，劝他们夺取天下，并献上了自己的计策。

当时梁郡附近的起义军还不少，有外黄（今河南民权县）王当仁、济阳（今河南兰考县）王伯当、韦城（今河南滑县）周文举、雍丘李公逸等。起初这些人都不怎么信李密的话，没把他当回事，但奈何李密来回说，反复说，久而久之，他们就有些信了，互相商议道："这人是公卿子弟，又有这么大志气，如今人人都说杨氏将灭，李氏将兴，莫非说的就是他？我听说王者不死，这人被官府追杀，却再三逃出生天，岂非就是天选之人？"

这段话再次证明了李密运气之好，当时"李氏为天子"的谶语非常流行，姓李的往往被高看一眼，而李密正是天下最著名的李姓人物，没有之一（毕竟全国通缉），加上他几次虎口脱险，大难不死，就难怪王伯当等人认为他是王者了。

由此，李密得到了各起义军的尊敬和重视，成了一个香饽饽。这时他就面临选择了，那么多起义军，加入哪一支呢？

经过一番考察，李密最终决定入伙东郡韦城瓦岗寨，与瓦岗军首领翟让一起谋大事。

翟让与瓦岗

说到瓦岗，大家应该再熟悉不过了，它是隋唐之际的好汉聚集地，是英雄豪杰的代名词，知名度堪比梁山。但对于它的创始人翟让，大家可能就不那么熟悉了，他在演义和民间传说中存在感很低，风头都被混世魔王程咬金抢了。那么在真实的历史当中，他是怎样的一个人物？他又是如何一手建立了瓦岗寨的呢？

其实翟让也是有头有脸的人物，他是韦城本地人，原为东郡司法参军，后来不知犯了什么罪，突然进了牢狱，还被判了死刑。不过他运气和李密一样好，遇到了一个好人。这人名叫黄君汉，是一名狱卒。黄君汉见翟让骁勇过人，觉得他能成大事，死了太可惜，于是趁夜潜入牢中，悄悄对他说："翟法司，天时人事，或许是可以预料的，怎能在狱中等死呢？"

翟让又惊又喜，恭敬地道："我翟让如今是关在圈里的猪，生死全凭黄曹主吩咐了。"

黄君汉二话不说，当即打开枷锁，将他放了出来。

翟让感激不尽，再三拜谢说："我蒙黄曹主再生之恩得以幸存，可是曹主您怎么办呢？”说完泣如雨下。

结果黄君汉怒道：“我本以为你是大丈夫，可以救生民之命，所以才冒死来救你，你怎么倒像个女儿家一样流泪拜谢呢！你只管逃走就是了，莫担心我！”

翟让这才离开监牢，随后逃至瓦岗寨，在当地聚集豪杰，发动起义。瓦岗军由此建立。

但那时候的瓦岗还只是个小山寨，也就千八百人，势力范围不出韦城。直到不久后两位好汉的加入，才使瓦岗壮大起来。

这两个好汉都是大名鼎鼎。一个叫单雄信，乃是山西潞州二贤庄庄主，九省绿林总瓢把子，人送外号“赤发灵官”，又称“义薄云天小关公”。

当然了，这只是演义，历史上的单雄信没那么多名头，就是东郡一个平民子弟，为人勇猛强健，善用马槊，喜欢结交英雄豪杰。单雄信早听说过翟让的名头，对他很是仰慕，听说他在瓦岗寨聚众起义，便聚集了一帮少年前去投奔。

另一个叫徐世勣，东郡离狐（今山东东明县）人，演义中他是瓦岗寨军师，称作徐懋功（茂公），实际上懋功是他的字，世勣才是他本名，后来他改姓李，叫李世勣，再后来又把“世”字去掉，改叫李勣。

没错，他就是日后与李靖齐名的唐朝名将李勣。

唐朝的事我们先不说，就说徐世勣是怎么入瓦岗的。

徐世勣也是个平民子弟，不过他家里相当有钱，史称“家多童仆，积粟数千钟”。按理说这样的家庭不愁吃穿，完全可以闭门过好日子。可徐世勣偏是个乐善好施之人，见不得百姓疾苦，因而常和父亲徐盖接济灾民，救助贫苦。后来发现天下大乱，贫苦人太多，根本救不过来，他便想到了聚众反隋。正好这时翟让在瓦岗起义，他便就近投了山寨。

有了徐世勣和单雄信的加入，翟让可真是如虎添翼，尤其是徐世勣，他年纪轻轻便勇略过人，一到瓦岗寨就给翟让献上一策，说：“东郡是咱们家乡，乡里乡亲的都认识，不宜在此劫掠。不如去荥阳、梁郡，那里是汴水所经之地，可以劫掠行船，抢夺商旅，足以养活全寨人。”

翟让觉得很有道理，就带领队伍跑到荥阳和梁郡一带，专门打劫汴渠上的行船。汴渠沟通洛阳与江淮，是大运河最繁忙的一段，每日往来船舶数以千计，无论官船还是商船都满载物资。瓦岗军到了这，那真是来对了地方，很快就成功“致富”。而有钱就有人，随着瓦岗军经济实力的提升，前来投奔的人越来越多，其队伍迅速发展到万余人，成了这一带势力最强的起义军。

入伙

正因如此，李密才看中了瓦岗军，决定前去入伙。但不承想这一去不仅没见到翟让，还被囚禁了。原来翟让手下有人得知李密是杨玄感部将，担心接纳他后会招致朝廷大军的围剿，便劝翟让把他杀了。翟让有些犹豫，没立即杀他，就暂时把他关到了营外。

这样一来，李密又陷入了困境，不过他已经习惯了，一点也不慌，他知道翟让是个人物，只要让他知道自己的谋略，一定能赢得他的尊重。于是他秘密联络济阳起义军首领王伯当，通过他向翟让献策。

说到王伯当，大家应该也不陌生。他本名王勇，字伯当，在演义中，他是瓦岗五虎将之一，与单雄信等人并列，号称“白衣神箭”。而实际上呢，他箭术怎样我们不知道，但能力确实不凡，而且重义气。之前李密在各起义军间游说，他是最早相信李密，并决心追随李密的人。

这次李密入伙瓦岗寨，其实也是他推荐的，不料翟让不识英雄，竟囚禁了李密。王伯当得到消息，立刻来见翟让，传达李密的话说："今天子昏庸暴虐，致使百姓怨声载道，先前征辽损兵折将，又因和亲决裂突厥，如今又巡游江都，舍弃京都，这正是秦末刘邦、项羽奋起的时机，以足下之雄才大略、士马之精悍骁勇，必能席卷二京，诛灭暴虐，推翻隋朝。"

翟让一听大受鼓舞，开始佩服李密的雄心和谋略，加上王伯当这等人物都追随了李密，更让他觉得李密不简单，具有号召力，于是立刻命人将李密放了，令其去招降各起义军，一起加入瓦岗寨。

李密不负所望，很快将附近大小起义军全部招来，统归于翟让。翟让大为高兴，自此更加亲近李密，但对于李密提出的推翻隋朝的建议，他却没有回应。这也难怪，他创立瓦岗寨不过是想要安身立命，并没有想过像刘邦、项羽一样推翻暴秦夺取天下，现在李密突然给他规划这么大一个蓝图，他哪那么容易接受，压根儿就不相信能实现。

就在这关键时刻，李密的运气又来了，两个人物的出现，帮他一步步赢得了翟让的信任。

这第一个人叫李玄英，生平不详，只知道他原本居住在洛阳，前不久逃了出来，在各起义军间跑了个遍，四处打听李密的下落，声称李密当取代隋朝。人们听后都很奇怪，问他这么说有什么依据，他便引出了一首歌谣："桃李子，皇后绕扬州，宛转花园里。勿浪语，谁道许！"

此歌名曰《桃李章》，又名曰《杨花落，李花开》，根据李玄英的解释，它预示了三件事。其一，"桃"与"逃"同音，"桃李子"寓指逃亡中的李氏之子；其二，"皇"与"后"皆是天子的称谓，"宛转花园里"指天子下江都后难回京，将会身亡；其三，"勿浪语，谁道许"是"密"的意思。所以整首歌谣的意思就是隋朝将亡，取而代之者乃李密也。

这歌谣简直就是专为李密量身打造的，比“李氏当为天子”的谶语更有说服力。翟让听说后很受震动，对李密又高看了一眼，越来越相信他能成大事。

接下来又出现了第二个人物，房彦藻。对于此人，大家可能比较陌生，但说起他的侄子房玄龄，应该就熟悉了。房彦藻正是房玄龄的亲叔叔，原为梁郡宋城县尉，因郁郁不得志而参加了杨玄感起兵。后来杨玄感兵败，房彦藻被迫隐姓埋名，四处流亡，正巧在梁郡遇见李密，便和他一起南下汉水，走访各起义军，凭着一副好口才，取得了大批豪杰的支持。不久李密回到梁郡，留他继续在汉水招人，如今他回来见李密，足足带了数百好汉。

翟让见众多豪杰都归附了李密，心里愈加敬慕他，便想听从他的建议，和他共同谋取天下。只是事关瓦岗寨的前途命运，他一时难下决心，还有所犹豫，因此找来了军师贾雄，向其征询意见。

贾雄是瓦岗寨首任军师，其形象和演义里的徐懋功差不多，也是通晓阴阳术数，擅长星象占卜，所以他深得翟让的信任。凡是翟让决定不了的事，都会召他来推算吉凶，这次也不例外。

那么贾雄占卜的结果如何呢？他只说了四个字：“吉不可言。”

这对李密可太有利了，等于是在说：听李密的，准没错！

难道李密真是天选之子，竟然连占卜结果都显示他能成大事？

世上哪有什么天选之子，贾雄之所以这么说，不过是因为受了李密之托罢了。

李密早就看出了翟让的纠结，为了让他彻底相信自己，便暗中结交贾雄，托贾雄用占卜和术数来劝服翟让。贾雄答应了下来，正想着怎么跟翟让说呢，翟让却先找了他，他随即抛出“吉不可言”四字，并解释说：“翟公您自立未必能成大事，如果立李密，则事无不成。”

翟让听言将信将疑，又问：“若如你所说，蒲山公（李密在隋朝的爵号）应该自立为主，何必来投我？”

贾雄答曰:“有些事是相互依托的。李密之所以来，是因为将军您姓翟。翟者，水泽也，蒲没有泽不能生，所以须得将军相助。”

这套说法听起来不免牵强附会，但翟让却觉得很有道理，心里非常高兴，因为他从中找到了自己的价值。虽说你李密是天选之人，但没有我翟让，你这蒲山公也成不了气候啊！

事情到此，翟让总算是彻底相信了李密，不仅开始和他谋划天下，还把他摆到了瓦岗寨二当家的位置上。瓦岗寨由此完成了“重组升级”，从一个“小企业”发展成了“大集团”。翟让是“集团创始人兼董事长”，而李密是“总经理”，“集团”二号人物，其下则是“技术骨干”单雄信、徐世勣、王伯当、房彦藻等，可谓人才济济。

有这么大的家底，李密怎甘心只做劫掠行船的小买卖，他决定让“集团”转型，今后改打城市，于是对翟让说:“如今我们人多势众，粮食是个问题，时间久了必会人马困弊，一旦大敌来临，恐怕就将死无葬身之地！不如先攻取荥阳，休养兵马，取食仓储之粮，待兵强马壮之时，再出来争利。”

翟让深以为然，遂率军开赴荥阳郡，一举攻破金堤关（在今荥阳市北黄河道中），随后又引兵攻打荥阳诸县，无不克捷。

瓦岗军势如破竹，荥阳太守杨庆不禁慌了神。杨庆是隋朝宗室，乃郇王杨弘（杨坚族弟）之子，治理地方还可以，打仗却不在行，屡次出兵迎战瓦岗军皆不利而还，只得派人上江都求救。杨广听闻荥阳危急，倒也挺重视，当即任命“讨贼标兵”张须陀为荥阳通守，率军万人讨伐瓦岗军。

张须陀的军事能力我们已经见识过了，这些年来他东征西讨，无往不胜，击败过的起义军不下几十支，其中规模最大的有十万之众，比瓦岗军势力还强。如今他奉命来打瓦岗军，结果还会像以前一样大获全胜吗？

大海寺之战

其实说起来，张须陀与瓦岗军早就交过手了，而且不止一次。当时李密还没入伙，翟让带着单雄信、徐世勣等人在河南、河北劫掠，曾多次被身为河南讨捕大使的张须陀击败，以至于心理都产生了阴影，一听说张须陀来了，竟吓得两腿发软，当即就要率军撤走。

这时李密拦住了他，对他说："张须陀虽然骁勇，但并无谋略，其部队又多次打胜仗，士兵们都很骄傲轻敌，我们正可以一战而擒之。您只管在此列阵迎战，我保证为您破敌。"

翟让很无奈，只得勒兵备战，并将军队指挥权交给李密。李密知道张须陀勇猛，不能正面硬拼，于是分兵千余人埋伏于大海寺北面林间（今河南郑州西），教翟让率主力在前方诱敌，并且嘱咐他："只能败，不能胜。"

不久，张须陀率军杀奔而来，见着瓦岗军主力后想都不想，立刻列阵冲了过来。翟让真是被他打怕了，心里虚得很，刚一交战就开始败退，连演戏都省了。

而张须陀也没觉得有什么不对，他打了那么多仗，从来只有自己用计，怎会想到起义军也会用计？而且翟让曾多次被他击败，他根本就没把翟让放在眼里，以为翟让还跟以前一样不堪一击，因此直接率军追了上去，一连追出十几里。

等他追至大海寺附近，李密立刻发动伏兵，从侧翼杀来，官军猝不及防，顿时乱了阵脚。这时翟让又与徐世勣、王伯当等人率军杀回，对官军形成了合围之势。张须陀这才知中了计，只得奋战突围。好在他骁勇过人，又有秦琼、罗士信等人掩护，很快冲出了包围圈。

但转眼一看身后，就只有少数人跟了出来，大部分将士仍然被围。

通常遇到这种情况，主帅们都会选择独自逃生，毕竟自己的命最重要。但张须陀却不是，他不忍舍弃自己的兵，竟又跃马冲入包围圈，往来营救士兵，如此连续四次。

正所谓“兵败如山倒”，官军的败势已不可挽回，张须陀虽然拼了命，最终还是没能救下太多士兵。他因此自责，认为是自己的指挥失当导致了这次惨败，愧对天子和将士，于是仰天叹道：“兵败至此，我有何面目见天子！”说完下马力战，奋不顾身，直至战死。

可惜一代名将，就这样牺牲在了荥阳战场上。虽然他因为轻敌而战败，留下了不光彩的一页，但他最终放弃逃生的机会，用生命救助自己的士兵，捍卫了自己的尊严，亦不失为大丈夫！

孟子云“爱人者，人恒爱之”，张须陀爱惜士兵，不惜以命相救，士兵们又怎能不爱他、敬他？他死后，众将士无不悲泣，日夜号哭，数日不止，连河南各郡县都为之悲伤丧气。

而反观瓦岗军这边，那可真是一片欢腾，士气高昂。大海寺这一战，他们大获全胜，收获实在太多了。

首先，缴获了大量物资、器械，还收降了不少官兵，势力进一步壮大。

其次，首次击败并斩杀老对手张须陀，大大提振了士气，从此瓦岗人开始相信他们真能推翻隋朝。

最后，也是最重要的，经此一战，瓦岗军声名大振，不仅吸引了越来越多的人加入，更极大震慑了隋朝官兵，自此各郡一听瓦岗军来了，往往望风而降。

以上是瓦岗军的集体收益，若是具体到个人，那收益最大的无疑是李密。

李密刚加入瓦岗寨，虽然受到了翟让的礼遇，但还没有得到大多数人的认可，而这一次，他一出手就打了个大胜仗，把瓦岗军的克星张须陀都斩杀了，从此谁还敢不服？

从一定意义上讲，大海寺之战就是李密的成名之战，此战的胜利不仅让他在瓦岗寨站稳了脚跟，还让他赢得了极高的声望，甚至超过了翟让。此后越来越多的瓦岗人相信，跟着他是能干成大事的。

除了这些，李密还有一项更实在的收益，那就是拥有了自己的队伍。

如果说之前翟让对李密的能力还有所怀疑，那么这一战之后他真是彻底服了，心里不禁想：既然李密这么能打仗，又深得人心，那不如让他独立建一支队伍，以后方便指挥。

于是令李密另建一营，独立统领部众，号为蒲山公营。

这样瓦岗军就分成了两部，一部由翟让率领，另一部由李密率领，虽然翟让仍是名义上的寨主，但李密已经基本上和他平起平坐了，这收益不可谓不大。

分营之后，李密和翟让领导水平的差距就逐渐体现出来了。而随着时间的推移，他们部队的差别也越来越大，一边已像正规军，一边仍是山贼模样。

像正规军的当然是李密这边，由于他纪律严明，赏罚分明，所以将士们都很规矩，整个队伍看起来非常严肃整齐。又因他本人节俭朴素，所得金宝全部赏赐麾下，大家都乐意为他效力。

而翟让这边就不同了，士兵们还和以前差不多，大碗喝酒，大口吃肉，只讲义气而不讲纪律。而且他们还很骄横，常常欺辱李密这边的士卒，只是李密对部下管束严格，士卒即便受了委屈，也不敢私下报复，所以两边倒也没起太大冲突。

除了李密，作为瓦岗寨寨主的翟让也收获不小，他在荥阳这段时间夺取了大量物资、钱粮，赚得盆满钵满。

要说翟让这个人，格局确实是小，这才哪到哪啊，他竟然就心满意足了，想就此返回瓦岗寨去，为此向李密辞行说："今钱粮已经充足，我想返回瓦岗，你若是不想回，那就自便吧，咱们就此别过！"

翟让不仅想中途退出，还想分家，这进一步说明他没什么志气，就是想当个山大王，过好日子，现在如愿以偿了，干吗再去冒险呢？

李密知道他那点心思，也没有挽留，任由他带着辎重向东回了瓦岗寨，自己则率领队伍向西挺进，旬月之间就取得数座城池，获得了大量物资和粮食。而且他取得这些并没有费一兵一卒，全是凭借瓦岗军声威，派人招降来的。

消息传到瓦岗寨，翟让登时傻眼了，他追悔莫及，赶紧又率兵到荥阳找李密去了。

他这一来一回，情况可就变了，以前他是主，李密是客，瓦岗寨完全由他说了算，现在他主动来找人家，那就等于角色反转，让李密变成了主人，今后谁说了算可就不一定了。

这一变化影响巨大，将使李密逐渐成为瓦岗军的最高领导者。

江河日下

瓦岗军的崛起对各地造反者是鼓舞，但对隋朝却是沉重打击。它越是蒸蒸日上，大隋王朝就越是江河日下。

原本中原有张须陀坐镇，起义军虽然闹得凶，但都翻不起什么大浪，最多就是抢劫个郡县而已。可现在张须陀战死了，麾下士兵也损失大半，只剩下五千余人，还有谁能镇得住这些造反者呢？

除非杨广返回洛阳，亲自指挥平乱，否则局势只会越来越难以控制。

可是杨广好不容易去了江都，在那待得正舒服呢，岂会轻易回去？虽然接到张须陀的死讯后他很震惊，但从没想过要北归，只是任命光禄大夫裴仁基为河南道讨捕大使，带领张须陀部众移镇虎牢关，守卫洛阳。

那裴仁基是何许人也？又凭什么得到杨广的青睐呢？

裴仁基

关于裴仁基，其实我们之前已经提到过，当初宇文述为构陷李浑，令人上书告其谋反，那个人正是裴仁基。

不过这件事只在李浑的传记中有记载，并且没有交代裴仁基为何受宇文述指使，而在裴仁基本人的传记中，完全没有任何关于这件事的记录，所以不能据此评定他的为人，要真正了解他，还得从他的传记入手。

据《隋书·裴仁基传》记载，裴仁基，字德本，河东绛州闻喜人（与裴矩、裴蕴同宗），父祖皆在北周为官，长期担任武职。而他本人也继承了家族的尚武传统，年少时便有骁勇之名，尤其擅长骑射。

开皇初年，裴仁基出任杨坚亲卫，这是他军旅生涯的开始。几年后，他参与隋灭陈之战，每战都冲锋在先，屡立战功，因此升为仪同三司，并在不久后被任命为汉王杨谅的亲卫长官。

再往后，杨谅于太原起兵造反，裴仁基虽然是他的侍卫长，却没有参与，而且还苦苦劝谏，惹怒了他，被关入牢中。杨谅兵败，汉王府多数官吏都获了罪，只有裴仁基因曾劝谏杨谅而幸免，并且受到杨广的嘉奖，越级晋升为护军。

此后，裴仁基升任武贲郎将，先后参与讨伐吐谷浑、高句丽的战役，因功进位光禄大夫。

这就是裴仁基的简历，虽不算特别出彩，但也说得过去，对付一般的起义军应该没有问题。至于对付瓦岗军，则还需看形势发展。

第十二章 逐鹿中原

在李密的带领下，昔日的瓦岗小寨迅速崛起，成了反隋的先锋军。这个先锋不仅体现在它反隋最积极上，也体现在它离隋朝的统治中心最近。

瓦岗寨位于东郡韦城县，也就是今天的河南安阳滑县。早期瓦岗军的活动区域也主要是东郡、梁郡一带，可李密一来，就把队伍拉到了西边的荥阳郡，虽然嘴上说是为了夺取荥阳的钱粮物资，养活瓦岗寨日益扩增的人口，但实际上，他真正的目标是洛阳。

荥阳郡紧邻洛阳，是洛阳的东方门户，著名的虎牢关就位于郡内。李密急着攻打荥阳，就是想问鼎中原，夺取隋朝的政治中心。

如今瓦岗军已在荥阳站稳脚跟，李密自然就把目光朝向了洛阳，大业十三年初，他向翟让献策说："今东都空虚，士兵疏于训练；越王年幼不更事，留守官员政令不一，士民离心；段达、元文都之辈，暗弱且无谋略，皆非将军之敌。若将军能用我的计策，天下可指麾而定也。"

翟让哪懂这些，他只知道李密雄才大略，说到就能做到，听他的准没错。

于是李密就在翟让的支持下对洛阳展开了攻势。为了解洛阳虚实，他派亲信裴叔方潜入城内暗中探察。此时洛阳留守官员尚未切身感受到瓦岗军的威胁，警备是比较松懈的，但不料裴叔方行踪暴露，留守官员们发觉城中有人潜入，全都紧张了起来，便开始加强防御，并派人向江都报信。

这么一来，李密就要着急了，洛阳正在四处布防，如果不赶紧行动，先发制人，那就被动了。

但具体怎么行动呢？直接打洛阳肯定不行，最好先攻取周边据点。于是李密目光一转，望向了洛阳东面的洛口仓。

奇袭洛口

洛阳附近城邑众多，为什么一定要先取洛口仓呢？

关于此问题，李密是这样对翟让说的："今百姓饥馑。洛口仓粮食巨多，距洛阳百里有余，将军若亲率大众轻装奇袭，洛阳必来不及救援，而且洛口无所防备，取之易如反掌。等洛阳方面听到消息，我们已经攻下仓城了。到时开仓放粮，赈济贫苦百姓，则远近之人谁不归附！如此一朝之内便可聚集百万之众，然后养精蓄锐，以逸待劳。纵使隋军能来，我们也早已做好防备。此后再传檄征召四方义军，引用豪杰贤士，听取谋略，挑选骁勇之将，授以兵权，推翻隋朝，号令天下，岂不盛哉！"

李密是生怕翟让不懂，把攻取洛口仓的原因、策略以及凭什么能成功、成功后怎么做都讲得清清楚楚。

照他的意思，"民以食为天"，只要夺取洛口这个隋朝最大的粮仓，那自然能够吸引大批加盟者，进而提升瓦岗军声威，号令天下群雄，推翻隋朝。

一座粮仓，竟有这么大的作用，难怪之前杨广下江都时，虞世基再三劝他加强洛口防御，如今看来是真有先见之明。

李密与虞世基，那是高手之间的隔空对决，而翟让远没有这么高的境界，过了半晌才反应过来，答复李密说："此英雄之略，非仆所堪；唯君之命，尽力从事，请君先发，仆为后殿。"

您这真是英雄的谋略啊，不是我能想到和做到的。但是我愿意听您的，尽力帮您完成此事，请您先行进发，我殿后。

从翟让的回答来看，他这人还是蛮不错的，虽然没什么谋略，也没有多大志向，但为人是真厚道。作为瓦岗寨的大当家，甘愿放权给李密，听他指挥，全力帮他。

所以还得说李密运气好，遇到翟让这么个厚道人。

有了翟让这句话，李密便无后顾之忧了，遂与翟让率精兵七千人袭击洛口仓。

关于洛口仓，我们已经多次提及，它是隋朝最大的粮仓，位于今河南巩义市的一片黄土岭上，距离洛水入河口不远，故名洛口仓，又名兴洛仓。

洛口仓有多大呢？根据史料记载和考古发掘，洛口仓仓城周围二十余里，共有三千窖，每窖藏粮八千担。如果所有窖都储满粮的话，那就是两千四百万担，合今天的二十四亿斤。

这么大的粮仓，得养活多少人？怪不得李密要拿下它。不过此前杨广已经听从了虞世基的建议，在洛口修筑了仓城，并且屯了好几千兵马，防御力还是有的。那么李密能像之前对翟让说的那样，轻而易举地拿下它吗？

这就要说到李密的高明之处了。荥阳与巩县东西相邻，按理说由东面进攻洛口是最便捷的，但李密却舍近求远，绕道南面的阳城（今河南登封东南），由此翻越嵩山，自罗口（在今河南巩义南）袭击洛口仓。

这样进攻有什么好处呢？最大的好处就是绕开了虎牢关。

虎牢关的名头不用多说，它自古就是伊洛盆地东边的门户和重要关隘，北接黄河，南连嵩山，地势险要，易守难攻，想从这里进入巩义，那可不容易。而且裴仁基就镇守在虎牢，手握数千精兵，哪是瓦岗军轻易能过的？

李密深知这一点，所以率领精兵绕到了嵩山南面，只要翻过此山，那前面就是一马平川的伊洛盆地，洛口就是囊中之物。

结果毫无疑问，洛口守军根本没想到会有起义军从背后突袭，几乎没有任何防备。瓦岗军轻松拿下了仓城，随后开仓放粮，赈济贫苦百姓。

这一开仓不得了，远近的饥民听说后纷纷赶来洛口领粮，男女老幼，数以万计，不绝于路。

领完了粮，百姓可不是直接就走了，有不少人都留在了洛口，申请加入瓦岗军。李密、翟让当然乐意了，不管青壮和老幼，只要来了就收下，使得瓦岗军迅速扩充到十几万人。

由此，瓦岗军威名大震，不仅吸引了越来越多的百姓加入，还引来了各路起义军加盟；更了不得的是，一些官僚士大夫也开始投奔瓦岗军。比如朝散大夫时德睿，他听说李密攻陷洛口并开仓放粮后，立刻在东郡尉氏县起兵响应。此外，还有前宿城县令祖君彦，他本远在涿郡，却也千里迢迢赶来投奔。

这些士大夫的加入对瓦岗军意义重大。

一来，士大夫本是王朝的拥护者，与造反者是对立的，如今加入起义军，意味着隋朝的统治阶层正逐渐分裂，统治基础正在崩溃，这将更有利于瓦岗军号令天下，推翻隋朝。

二来，士大夫通常具有影响力，他们的加入将起到示范作用，使越来越多的官僚、豪杰倒向瓦岗军或其他起义军。

三来，士大夫通常具有文武才能，瓦岗军目前人众虽多，但大都是粗人，当士兵可以，能为官为将的没有几个，而士大夫加入后，可以优化瓦岗军的人才结构，大幅度提升瓦岗军的实力。就像之前李密对翟让说的“引用豪杰贤士，听取谋略；挑选骁勇之将，授以兵权”。

这三点尤以最后一点最为现实，在李密看来，瓦岗军最需要的就是人才，出谋划策的、撰写文书的、带兵打仗的、管理钱粮的等，多多益善。

正好，时德睿、祖君彦等人就是他最需要的人才，尤其是祖君彦，博学强记，才识过人，是隋朝出了名的才子，曾受到隋朝第一诗人薛道衡的赏识。

按理说这种人是不该背叛隋朝的，但他偏偏不远千里跑来投奔李密，这是为何呢？

原因其实跟李密差不多，都是自负才华，却不得重用，无处施展。

当初薛道衡将他推荐给杨坚，杨坚说了这么一句话："是歌杀斛律明月人儿邪？朕不需此辈！"原来祖君彦的父亲祖珽是北齐奸臣，曾利用北周编造的歌谣诬陷斛律光，致使斛律光被杀。杨坚痛恨其为人，因而不肯重用其子。后来杨广即位，嫉妒祖君彦的才华，也未重用他。因此他便郁郁不得志，常怀谋乱之心，闻李密之名，遂来投奔。

李密早闻祖君彦之名，相见后非常高兴，当即引为座上宾，并将军中文书全部交由他负责。

如此祖君彦总算是得到重用了，不久之后他就会用文笔证明自己绝对胜任这份工作，也绝对担得起"才子"之名。

洛阳的反击

瓦岗军攻克洛口仓，搞出这么大动静，洛阳方面将如何回应呢？

在与段达、元文都等大臣商议后，越王杨侗决定主动出击，命虎贲郎将刘长恭、光禄少卿房崱（zè）率步骑兵二万五千人讨伐李密。

刘长恭、房崱接到命令，立刻整顿兵马，并在洛阳城内招募士卒。尽管瓦岗军已经声名远播，但洛阳统治阶层并没有特别重视它，以为它和其他起义军一样，不过是乌合之众，只会抢劫钱粮，一攻就破，所以洛阳的贵族子弟们一听要讨伐起义军，争相应募从军，只为立功封赏。

既然是由贵族子弟组成的军队，装备自然不会差，引用史书原话就是“器械修整，衣服鲜华，旌旗钲鼓甚盛”。这么豪华的装备，也只有洛阳的贵族们出得起。

士兵募齐后，刘长恭等人一面率军赶赴洛口，一面派人通知裴仁基，令其率部自虎牢关西入巩县，以突袭瓦岗军后方，并相约于二月十一日在仓城南会合。

但他的这一作战方案很快被李密获知，李密随即挑选精兵，分为十队，令其中四队在横岭下进行埋伏，以应对西边的裴仁基；另外六队在洛水支流石子河的东岸列阵，以应对刘长恭等人。

不久，洛阳的兵马先行赶到，当时天刚大亮，刘长恭等人不等吃早饭，就驱赶着将士横渡洛水，至石子河西岸列阵。这时他们发现，对面的瓦岗军没有多少人，于是就不等裴仁基赶到，直接率军杀向了对岸。

面对来敌，翟让首先率部迎了上去，不用说他肯定打不过，但不要紧，李密随后也率军出动，横向冲入敌阵。李密这一上场，形势立刻扭转，隋兵很快便吃不消了，加上他们没吃早饭，越打越没力气，于是大败，士卒死伤十之五六，刘长恭等人脱了身上的鲜艳衣服，才侥幸潜窜逃脱。

这一战，瓦岗军又是大获全胜，所获器械、甲胄等不计其数，而且件件精美难得。

不过这并不是最大的收获，最大的收获是经过这次战役，瓦岗军又提高了声望。以前瓦岗军虽然曾也战胜过官兵，但打的都是地方军，而这一次却是打败了洛阳朝廷的部队，意义大不相同。至此人们终于相信，瓦岗军不是一群流民草寇，而是一支强大的武装力量，有与隋朝政府抗衡的实力。

魏公

随着瓦岗军军威日盛，李密的声望也越来越高，完全遮盖住了大当家翟让的光芒。这时候瓦岗军中开始出现一种声音：李密更应该做大当家。

瓦岗人产生这样的想法，一点都不奇怪，自从李密来后，瓦岗寨简直就是开了挂，短短几个月内，规模扩大了数十倍，钱粮、物资、器械等收获无数，现在更是打到了隋朝都城脚下。照这样发展下去，夺取天下真不是梦。但是这个梦要实现，非得由李密做瓦岗寨大当家不可，因为事实早已证明，只有他才能带领瓦岗军走向辉煌。

因此，瓦岗军中支持李密当老大的呼声越来越高，连元老徐世勣都持这种观点。为使李密上位，他和王伯当等人来见翟让，劝他以瓦岗军的前途命运为重，以天下苍生为念，退位让贤。

翟让做何反应？一般人碰上这种事，八成不会乐意，甚至当场闹翻，毕竟瓦岗寨是自己一手创立起来的，凭什么让别人当老大？而且老大的位置谁坐上去了还能再退下来？

但翟让不是一般人，他是一个极其厚道的人，见李密这么能干，为瓦岗军建立了这么大功劳，是真心佩服他，并没有觉得让位给他有什么不妥。而且他也有自知之明，眼下这么多人支持李密，再不让贤恐怕就要被赶下去了。

于是翟让接受徐世勣、王伯当的建议，主动让位，推举李密为主，上尊号为魏公。

李密稍微客气了几下，随后于大业十三年二月十九日在巩县城南设立祭坛，祭天登位为魏公，定年号为永平，建立行军元帅魏公府。魏公府设置三司、六卫，元帅府设置长史等官属。

至于说为什么叫“魏”而不叫其他，那是因为瓦岗寨所在的东郡古时属魏国，瓦岗人现在虽然发达了，但不能忘本。

在即位魏公的同时，李密也对瓦岗众将进行了册封。首先是翟让，作为瓦岗军的前任领导，他的封爵是最高的，乃是上柱国、司徒、东郡公，其府内也设长史等官，规格较元帅府小一半。

其次是单雄信、徐世勣等元老，二人分别被封为左、右武候大将军，各领所部。此外，还有房彦藻、邴元真为元帅府左、右长史，杨德方、郑德韬为左、右司马，祖君彦为记室等。

这次的册封，对李密和瓦岗寨都有重大意义。对于李密来说，他不仅取代翟让成了瓦岗军的最高领导人，而且开府建元，成了半个帝王，从此他和瓦岗人不再是大哥小弟的关系，而是君臣关系，这更有利于他领导瓦岗军；对于瓦岗寨来说，则是脱胎换骨，以前的山寨就是个草台班子，组织松散，而现在的“魏”是一个政权，组织严密。孰优孰劣，显而易见。

降者如云

从夺取洛口仓，到李密即位魏公，瓦岗军的威名传遍了关东，引得各路义军争相来投。比如孟让、郝孝德、王德仁以及济阴郡房献伯，上谷郡王君廓，长平郡李士才，淮阳郡魏六儿、李德谦，谯郡张迁，魏郡李文相，谯郡黑社、白社，济北郡张青特，上洛郡周北洮、胡驴贼，等等。这些人少则聚众数千，多则数万，如今全部归了李密。

有人来入伙，李密当然热烈欢迎，只是一下子来这么多人，怎么安置呢？

对李密来说，这倒也不难。他首先是给各军首领封了官爵，使他们继续统领自己的部众；其次设置了百营簿来总管各军；最后又命护军田茂扩筑洛口城，建成了一座方圆四十里的大城，供全军居住。

于是洛口就成了瓦岗军的大本营，几十万大军驻扎于此，声势震天。

不过洛口只是起点，李密的目标是洛阳乃至天下。所以在经营好洛口后，他迅速开展对外扩张计划，派遣房彦藻率兵攻略河南郡县，夺取了安陆、汝南、淮安、济阳等郡。

距离这么远的郡县都被攻下了，瓦岗军眼皮子底下的巩县又怎能顶得住？

自从瓦岗军攻陷洛口仓，巩县县令柴孝和眼看李密的声势越来越大，他便与监察御史郑颋（tǐng）献城请降。

面对这二人的投诚，李密大为欣喜，不仅是因为得了一座县城，更是因为得了两个人才，这价值是不可估量的。所以他对二人非常重视，当即以柴孝和为护军，郑颋为右长史，各自委以重任。

柴孝和等人的投降，使李密更有信心了，他相信一定还能招降更多、更重量级的人物，比如裴仁基。

裴仁基最近的日子很不好过，先前他接到来自洛阳的命令，率领全军西出虎牢关，会合刘长恭等人夹击瓦岗军。但不幸迟到了一步，他还没行至洛口，刘长恭等人已经大败。他见瓦岗军势大，不敢孤军前进，便驻屯到百花谷（在今河南巩义东南），固垒自守。

按理说这场战役的失利应该由刘长恭负主要责任，与裴仁基没多大关系，但裴仁基却很不安，担心自己会获罪，因为他身边有一个与他不和的监军御史萧怀静。此人是杨广委任的军事监督员，打仗不会，打小报告却很在行，经常找裴仁基的过失，向杨广告状。之前裴仁基讨伐各起义军，每次得胜都将战利品分给士卒，萧怀静就不允许，说他是收买人心。这次裴仁基配合刘长恭作战失利，是个大把柄，他怎能不担心萧怀静上书弹劾自己？

因此裴仁基的处境非常艰难，既要应对瓦岗军的威胁，又要防着自己人在背后捅刀子。

人在这个时候，通常是最容易动摇的，稍微添一把火，就可能倒戈。李密看到了这一点，于是派人去招降裴仁基，对其许以厚利。

面对李密的招降，裴仁基陷入了两难：一方面他进退狼狈，不降不行；另一方面他受隋朝之恩，又不忍背叛。

正当他为难之际，他的部将贾闰甫给他提了建议，劝他投降李密。贾闰甫是张须陀副将贾务本之子，贾务本在大海寺之战后伤重而死，按理说贾闰甫应该恨瓦岗军才对，但不知为何，他竟劝裴仁基投降瓦岗军。

裴仁基一看连他都主张归降李密，就更倾向于投降了，只是仍然不放心萧怀静，担心他提前打报告，因而对贾闰甫说："那萧御史怎么办？"

贾闰甫道："萧君现在就像栖身在树枝上的鸡，如果他不知道随机应变，那也就是您一刀的事。"

至此裴仁基终于下定决心，随即派遣贾闰甫去见李密，向其表示投诚。李密不禁大喜，直接任命贾闰甫为元帅府司兵参军，兼直记室事，并命他带着自己的书信向裴仁基复命。

裴仁基接到书信，立刻率军返回虎牢关，准备择机献关投降。不料事情被萧怀静发觉，还被他上表告发了，裴仁基遂诛杀了萧怀静，率众举关投降李密。

就这样，杨广任命的讨捕大使投敌了，并且还是带着虎牢关和数千将士投敌的，这对杨广和隋朝来说，打击真是太大了。

但对于李密和瓦岗军来说，裴仁基的投降可谓振奋人心，意义重大。

首先，瓦岗军拿下虎牢关，解除了东面的威胁，自此可以全心攻取洛阳，再无后顾之忧。

其次，瓦岗军获得了一支有完整编制的军队，战斗力得到提升。虽然裴仁基的这支军队只有数千人，但却是隋朝的正规军，是张须陀一手带出来的，战斗力极强，比着各路起义军厉害太多了。

最后，瓦岗军招降裴仁基后，从他那获得了不少猛将，比如秦琼和罗士信，这二人的能力不用多说，都有万夫不当之勇，正是瓦岗需要的将才。我们重点要说一下另一员猛将，名字叫作裴行俨，乃裴仁基之子，与秦琼、罗士信年纪差不多，为人骁勇善战，有“万人敌”之称。

对于裴行俨之名，大家可能有些陌生，但如果说到裴元庆这个名字，应该就都比较熟悉了。在《隋唐演义》《说唐》等小说中，裴元庆是隋唐第三条好汉。裴行俨正是裴元庆的历史原型，他们的身份和经历都很相似，能力当然也同样出众。

正所谓“千军易得，一将难求”，瓦岗军得到这几员上将，真是顶得上千军万马了，估计此刻李密做梦都能笑醒。

至此瓦岗好汉们就差不多聚齐了，单雄信、徐懋功（徐世勣）、王伯当、秦琼、罗士信、裴行俨等，如果说还缺谁的话，那就是“混世魔王”程咬金了。

在演义中，程咬金是个大老粗，就会三板斧，被迫当上了瓦岗寨的大当家，后来主动禅位给李密。而在历史上，程咬金加入瓦岗军是比较晚的，别说在李密之前了，很可能还在秦琼之后。那么他究竟是怎么加入瓦岗军的？又是个什么样的人呢？

据史书记载，程咬金生于开皇九年（公元 589 年），字义贞，乃济阳郡东阿人。父祖曾在北齐为官，但都不是什么大官，到他这一辈就基本变成平民了。不过他天性好武，少年骁勇，使得一手好马槊。

后来济阳一带爆发起义，起义军竟然抢到了程咬金家乡，程咬金便召集远近乡亲，组建了一支数百人的武装保卫乡里。再后来，这些起义军大都投了瓦岗军，济阳郡也被瓦岗军占领，程咬金就开始注意瓦岗军，很快发现瓦岗军跟别的起义军不一样，不仅不抢百姓，还赈济贫苦大众。这让他很惊喜，觉得瓦岗军是一支有前途的义军，便带领手下一帮人来归附。

至于他投瓦岗军的具体时间，史籍则没有记载，但估计就在秦琼前后，因为二人几乎是同时得到李密重用的。

在招降裴仁基后不久，李密从全军中选出八千骁勇之士，组成了一支精锐部队，号曰“内军”，也就是他的近卫军。这支近卫军战斗力超强，用李密自己的话说就是：“此八千人足当百万。”

俗话说“精兵还需强将带”，这么强的兵，当然得有同样强的将帅统领。对此，李密设置了四骠骑来分领这八千人，每位骠骑各领兵两千，而秦琼、程咬金都是骠骑之一。

要知道他二人才刚刚加入瓦岗军，这一来就被任用为亲信大将，足见他们的骁勇。也正是从这个时候开始，二人结下了深厚友谊，同荣辱，共进退，成了隋唐之际的黄金搭档。

历史上的瓦岗军虽无五虎将，却有四骠骑，也值得后人津津乐道了。只是这四骠骑只有秦琼、程咬金是明确有记载的，另外两骠骑是谁却无从得知。但可以肯定不是罗士信，也不是裴行俨。裴仁基投降时，罗士信不在虎牢关，稍晚才加入瓦岗军，被任命为总管，仍统领原班人马。至于裴行俨，作为裴仁基之子，在瓦岗军地位极高，被封为上柱国、绛郡公，也不大可能出任骠骑。

不管另两人是谁，既然他们能与秦琼、程咬金并为骠骑，那一定不是寻常之辈，足以说明瓦岗军藏龙卧虎，人才济济。

总而言之，裴仁基的归降解除了李密的后顾之忧，同时大大提升了瓦岗军的实力，从此刻开始，李密才真正具备了攻打洛阳的条件。

洛阳攻略

在裴仁基归降几天后的四月十三日，李密派他和孟让出兵洛阳城，对城北的回洛仓发起进攻。

回洛仓是一座大型粮仓，规模虽不如洛口仓，但储粮也不少，而且它紧邻洛阳城，是专门用来供给宫城、皇城的。目前洛阳官吏、将士数十万人，就靠这座粮仓养活，如果把它攻占了，那洛阳城内必会缺粮。

裴仁基、孟让率两万人赶至回洛仓，一举攻破仓城，然后顺势冲入洛阳，焚烧天津桥，纵兵大掠。

这一掠可糟了，阵形全乱了，很快隋兵攻来，裴仁基、孟让应对不及，皆战败而走。好在李密随后率军赶到，及时驻屯回洛仓，才没使仓城得而复失。

失去回洛仓后，洛阳城形势越发危急，杨侗等人压力倍增，传令全军高度戒备。此时洛阳城内尚有兵力二十余万，众将士轮番在城头巡逻，昼夜不解甲，瓦岗军竟全无可乘之机。

李密见此情况，深知洛阳城非一日可破，于是转移火力，出兵攻打附近的偃师县与金墉城[①]，试图孤立洛阳，但奈何二城防御严密，皆未能攻克。李密因此不敢再回洛仓久留，率军返回了洛口。

他这一撤，杨侗等人可是喘了一口大气，赶紧出兵收复回洛仓，命人把粮食运到宫城，同时派五千人驻屯在丰都市，五千人驻屯在上

---

① 金墉城：古城名，三国魏明帝时筑为当时洛阳城（今河南洛阳市东）西北角上一小城。

春门，五千人驻屯在北邙山，共分为九营，首尾呼应，以防备瓦岗军。

几天后，李密卷土重来，亲率三万人进逼洛阳。杨侗闻讯大为慌张，急忙派遣光禄大夫段达、虎贲郎将高毗、刘长林等引兵拒敌。

四月二十一日，段达等人率兵七万出城，与瓦岗军三万人战于回洛仓北，结果被李密以少胜多，大败而归，李密于是重新占领了回洛仓，并大规模修建营垒战壕，打算以此为基地进攻洛阳。与此同时，他还命记室祖君彦撰写檄文，历数杨广罪恶，传与各郡县，以争取更多人的支持。

这篇檄文列举了杨广"十大罪状"，分别是弑父篡位、荒淫乱伦、荒废政事、营建宫殿、横征暴敛、巡幸无度、穷兵黩武、拒谏戮忠、卖官鬻爵、背信弃义等，其中有这么一句话："罄南山之竹，书罪未穷；决东海之波，流恶难尽。"

什么意思呢？就是说杨广罪恶深重，即使用完南山的竹子，也写不完他的罪行（指以竹简书写），即使竭尽东海的水，也洗不尽他的罪恶。

这句话很经典，后来衍生出一个成语，叫"罄竹难书"，用以形容一个人罪行极多，数不过来。

在李密的宣传下，这篇檄文很快传遍大江南北，成了天下人反抗隋朝统治的共同口号。

瓦岗军在洛阳掀起这么大风浪，杨广想不知道都难，他终于开始担心洛阳的安危了，下诏调监门将军庞玉、虎贲郎将霍世举率关中兵马救援。

这样一来，关中就变得更加空虚了，瓦岗军中有人敏锐地发现了这一点，向李密献策说："秦地山川险固，秦、汉正是凭此成就王业的。以我之见，应该令翟司徒驻守洛口，裴柱国（裴行俨）守回洛，魏公您自率精锐西袭长安，百姓见了必然迎接，关中唾手可得。攻克关中后，先稳定基业，厉兵秣马，然后再挥师向东平定河、洛，之后传布檄文，天下可定。方今隋失其鹿，豪杰竞逐，若不早些行动，必会被人捷足先登，到时悔之晚矣！”

说这番话的不是别人，正是不久前投降瓦岗军的巩县县令柴孝和。按照他的意思，李密应该暂时放弃攻打洛阳，转而向西突袭关中，等在关中立稳脚跟后，再出关夺取洛阳，平定天下。

正如他所说，关中偏于西部，为四塞之地，进可攻，退可守，历史上秦、汉等朝都是以此为基业夺取天下的，就连时代最近的北周也是在关中发展壮大，逐步统一北方，继而由隋朝统一天下的。而反观洛阳，虽也有山河之险，但毕竟地处中央，四面临敌，在此治理天下容易，打天下就难了。何况洛阳城防坚固，兵力众多，一时半刻也难以攻下。

李密不是不知道这一点，早在几年前他追随杨玄感起兵时就分析过这个问题，当时他为杨玄感提供了上、中、下三条计策：上策是攻占涿郡，切断杨广的退路；中策是夺取关中，动摇隋朝的根基；下策才是攻打洛阳。结果杨玄感偏偏选了下策，在洛阳白白耗了几个月，最后被赶来平乱的隋军合力消灭。

如今轮到李密自己起兵，他是否会吸取当年杨玄感的教训，改打关中呢？

对于这个问题，李密给出的回答是：“攻取关中确实是上策，我也考虑很久了。但昏君杨广尚在，追随他的人仍然很多，我手下皆是关东人，见洛阳没有攻下，谁肯随我西入关中？而且诸将都是盗贼出身，我若西去，他们群龙无首，必定内斗，如此，则大业败矣。”

从这段话中，我们可以看出李密的三点担忧。其一，天下虽然已经大乱，但仍有相当多的官吏、士卒追随杨广，关中也不是那么容易攻取的，如果攻不下怎么办；其二，瓦岗军将士全部出身关东，在他们心中，洛阳就是圣城，代表了天下，现在洛阳还未攻下，就让他们西去关中，他们恐怕不会愿意；其三，瓦岗军及加盟来的各路起义军都出身草莽，缺少组织纪律，现在能够听话守规矩，完全是靠李密的个人魅力，一旦李密走了，他们很快就会乱起来，继而被隋军击破。

李密的这些担忧都很有道理，尤其是第二点，不正是当初杨玄感担心的问题吗？当时李密不理解杨玄感，现在自己做了领导，才明白杨玄感的苦衷。

如今柴孝和扮演的就是李密当初的角色，不过他听了李密的分析后理解了他的难处，没有再坚持，而是退了一步说：“如果大军不能西去，我请求率一小队潜行入关，窥伺官军的间隙，看看有没有可乘之机。”

不能不说，柴孝和真是有勇有谋，不仅提出了方案，还主动请缨上阵。他都做到这个份上了，李密还有什么理由拒绝呢？于是当即答应，命他率队西行入关。

事实证明，柴孝和的预测是对的，瓦岗军声名远播，各地起义军、百姓等看到旗号纷纷来投，他离开洛阳时只带了数十骑，才走到陕县，就把队伍就发展到了上万人。照这样下去，不用李密来，柴孝和自己说不定就能夺取关中。

然而就在这个时候，瓦岗军那边却出事了。柴孝和离开后，李密继续攻打洛阳，为激励将士，他常常身先士卒，带头冲锋，结果一不小心中了箭，虽然没有性命之危，但也伤得不轻，只能卧床休养。

瓦岗军因此士气大减，不得不暂停攻打洛阳。而隋军正好相反，上下一片振奋，士气高昂，杨侗遂抓住这一时机，派遣段达、庞玉等人乘夜出兵，突袭洛口仓。李密被迫出兵应敌，终因士气不振而大败，三万将士死伤过半，不得已弃守洛口仓，返回了洛口。

随后段达收复回洛口仓，庞玉等人则率军进驻偃师，威逼洛口。

瓦岗军由此陷入被动。

消息传到陕县，柴孝和手下那一万多人全都慌了，瞬间一哄而散。柴孝和因此不敢再西进，只得率余下的人返回洛口，不料途中遭隋军袭击，魏公府左、右司马杨德方、郑德韬等人皆战死，柴孝和只率数人侥幸逃回。

这次事件给瓦岗军带来了不小的打击，不仅损兵折将，还延迟了攻取洛阳的时间。更重要的是，瓦岗军从此失去了夺取关中的机会，而柴孝和事先已经说过，觊觎关中的人不在少数，李密不取，自会有人取，一旦关中落入他人之手，那天下最终归谁就不好说了。

第十三章
太原起兵

在《说唐》等小说中，有“十八路反王”的说法，指的是隋末的十八路起义军，其中为首的便是瓦岗军。

这说法虽然是小说家的杜撰，但也是有一定历史依据的。就在瓦岗军崛起的同时，各地豪杰并起，纷纷称王称帝，大大小小加起来，远不止十八路。这些人虽然不是历史的主角，但也扮演着重要角色，是值得一提的，只是他们数量实在太多，我们不能一一列举，仅介绍其中几位比较重要的。

群雄并起

首先要说的是窦建德。此人也是隋唐之际的风云人物，是除李密外所有“反王”中能力最强、势力最大的。

据史书记载，窦建德生于公元573年，乃东汉大司空窦融之后，清河郡漳南县（今河北故城县）人，曾担任里长，为人重信守诺、仗义疏财，深受乡里人爱戴。大业七年，杨广初征高句丽，窦建德被郡里选为二百人长。当时河北发生水灾，很多人流离失所，有个叫孙安祖的人，房屋被毁，老婆孩子也饿死了，却还被强征入伍，便一怒之下杀了县令，跑来投奔窦建德。

窦建德见民不聊生，知道将来天下必乱，便在县里招诱逃避兵役和无家可归者，聚集数百人，让孙安祖带着他们到县城外的高鸡泊落草为寇。后来蓨（tiáo）县（在今河北景县南）人高士达聚众造反，在清河郡烧杀劫掠，却唯独不去窦建德乡里。郡中官员因此认定窦建德与起义军勾结，便抓捕他的家人，并全部处死。窦建德当时在军中听到消息后，就率手下两百人投奔了高士达。

不久，孙安祖为鄃（shū）县起义军首领张金称所杀，手下几千人群龙无首，纷纷投了窦建德。窦建德由此聚集一万多人，于高鸡泊一带活动。大业十二年，涿郡通守郭绚率军至高鸡泊讨伐高士达，高士达自料不是对手，便把军权交给了窦建德，让他指挥退敌。窦建德初次掌兵便展现出了卓越的军事才能，他假意向郭绚投降，趁其不备突然发动袭击，大败其众，并斩其首级。

自此窦建德威望日增，大有超越大当家高士达的趋势，就像后来李密超越翟让一般，只是高士达还没等到禅让的那一天，就被杨广派来平乱的左光禄大夫杨义臣杀了。他这一死，窦建德自然就成了高鸡泊的大当家，但窦建德的日子也不好过，手底下只剩几百号人，还被迫踏上了逃亡之路。

好在没过多久，杨广就听信虞世基谗言，猜忌杨义臣，把他召回了江都。窦建德乘机招集流散的部众，又将队伍发展到几千人，并攻占了不少郡县。当时河北大多数起义军都仇恨官吏和士人，抓到一个杀一个，但窦建德不同。他为人仁义，从不滥杀官吏和士人，并且以礼相待，故而很得河北人心，引得郡县纷纷来投，队伍迅速发展到十万人。

大业十三年正月，窦建德在河间郡郊外设立祭坛举行典礼，登位为长乐王，确立年号，大封百官，建立了政权。

然后再说下一位，萧铣。看到这个姓氏，大家应该不难想到梁朝皇族兰陵萧氏，萧铣正是梁朝皇室后裔，乃梁武帝萧衍六世孙、西梁宣帝萧詧（chá）曾孙、安平王萧岩之孙、萧皇后堂侄。

当初杨坚灭亡西梁，萧岩叛逃陈朝，后来隋朝灭陈，萧岩负隅顽抗，被擒斩于大兴。他的子孙因此受到牵连，被禁止为官，直到杨广即位后，萧铣才凭借与萧皇后的关系获得任用，当上了罗川县令。

罗川地属巴陵郡（今湖南岳阳），乃人杰地灵之地。大业十三年，巴陵校尉董景珍、雷世猛等人密谋起兵反隋，因众人都出身寒微，怕不能服众，便决定拥立萧铣为主。萧铣本就深恨隋朝，见有机会反隋，便以讨伐盗贼为名在县里募兵，准备响应董景珍等人。

大业十三年十月，萧铣自称梁公，以恢复梁朝的名义在罗川县树起反隋大旗。南方百姓本就对梁朝有感情，加上不满杨广暴政，于是纷纷到罗川归附，数日之内就聚众数万。萧铣遂率领这些人前往巴陵郡，在董景珍等人的迎接下进了城，随后在城南郊外筑坛祭天，即位为梁王，建年号为“凤鸣”。

梁政权再度“复活”，此时距离西梁灭亡已过去整整三十年。

再说下一位，刘武周。此人身世和生年皆不详，只知其出身于马邑郡一富豪之家，年轻时骁勇善射，喜好结交豪侠义士；曾三次从征高句丽，因功升为建节校尉；东征结束后回到马邑郡担任鹰扬校尉，深受马邑太守王仁恭的信任。

此后不久天下大乱，马邑遭受饥荒，百姓饥馑，饿殍遍野，而王仁恭非但不开仓赈济，反而大肆敛财，由此引起郡人不满。刘武周时任王仁恭的亲兵队长，经常出入太守府邸，一来二去便和王仁恭的小妾好上了，因怕事情败露，便谋划造反，先是利用人们的不满情绪，煽动对王仁恭的仇恨，然后聚集豪杰，趁拜谒王仁恭的机会进入太守府，将其诛杀。

事后刘武周开仓赈灾，赢得了军民的支持，又传檄郡内各城，成功招降了马邑诸县，收得兵马万余人，遂自称太守，树帜反隋。为应对即将到来的隋军，他遣使依附突厥，获得了突厥的骑兵支援。不久雁门郡丞陈孝意、虎贲郎将王智辩合兵来讨马邑，刘武周引突厥骑兵将其击败，斩杀王智辩，并乘势攻破楼烦郡，占据汾阳宫，随后将俘获的汾阳宫宫女献给突厥，换得突厥数千战马，由此兵威大振，攻陷定襄郡。

之后刘武周获得了突厥进一步的扶持，被始毕封为“定杨可汗”，并自称皇帝，改元“天兴”，接着引兵围攻雁门，迫使雁门投降。至此，刘武周占据了马邑、雁门、定襄、楼烦等郡，拥兵数万，雄踞边塞。

最后要说的这位名叫薛举，祖籍河东，出生于金城郡金城县（今甘肃兰州），本为金城校尉。

史载薛举容貌魁岸，骁勇善射，家财万贯，喜好结交豪杰，在西北边地享有盛名。大业十三年四月，陇西年荒民饥，百姓纷纷起义，金城县令郝瑗为了镇压起义军，招募兵卒数千人，任命薛举为将。薛举则乘机与儿子薛仁杲等人劫持郝瑗，囚禁郡县官员，开仓赈济饥民，随即起兵反隋，自称“西秦霸王”，建年号为“秦兴”。

此后薛举招抚附近起义军，劫掠郡县，势力迅速壮大，击败前来平乱的隋将皇甫绾，乘势攻陷枹罕郡（今为甘肃临夏回族自治州），并接连攻破西平、浇河（今青海贵德县）二郡，占据了整个陇西之地，拥兵十三万。

到了七月，薛举在金城称帝，立长子薛仁杲为太子，大封文武百官，建立宗庙、陵邑。不过他并不满足于割据陇西，随后便派薛仁杲率军攻破天水郡（今甘肃天水），并迁都至此，然后又进军关中，兼并唐弼起义军，兵力发展至近二十万，成为关陇地区最大的割据势力。

以上就是各地主要的割据势力。除此之外，还有像河西李轨，延安梁师都，涿郡罗艺，阴孟海公，江淮杜伏威、辅公祏（shí）、李子通等，也都各自拥兵数万至十数万，不容小觑。

截至大业十三年，隋朝全境已遍布割据势力，能反的基本上都反了。局势发展到这个地步，忠于隋朝的人是越来越少，意图争夺天下的人是越来越多，连统治阶级内部也出现了造反者，比如李渊。

李渊和他的子女们

关于李渊其人，我们之前已经做过介绍，知道他是西魏八柱国之一李虎的孙子、独孤信的外孙。除此之外，我们还要再补充几点：第一，李渊，字叔德，生于北周天和元年（公元566年），比杨广年长三岁；第二，李渊七岁丧父，自幼受到姨母独孤皇后的垂爱和姨夫杨坚的亲近和器重，十几岁出任禁卫武官，后又任刺史、郡守、殿内少监、卫尉少卿等职；第三，李渊的妻子窦氏乃北周襄阳公主之女、宇文泰的外孙女。

综合这几点我们发现，李渊的家世实在是太显赫，关陇集团八柱国有三家跟他有直接关系，再加上一个隋朝皇室，集四大家族名誉于一身，试问除了皇族之人，还有谁能与之相比？

家世显赫只是一方面，李渊还有一个了不起的地方是他拥有一群出色的子女。

窦氏虽然早逝，但仍为李渊生了四个儿子和一个女儿：长子李建成、次子李世民、三子李玄霸、四子李元吉、长女名不详。除李玄霸早夭外（李元霸原型，死于大业十年），其余子女皆英姿不凡，尤其是次子李世民，聪明勇决，曾有相士称他是“龙凤之姿，天日之表”，还说他二十岁时必能济世安民，因此李渊为他取名“世民”。

而今李世民年将二十，面对这纷乱的天下，他是否真能济世安民呢？

这个问题的答案我们都知道，不过我们还是得说一说，李渊、李世民父子是如何谋划起兵，并一步步取得成功的。

谋划起兵

大业十三年，李渊被杨广任命为太原留守、晋阳宫监，成为山西北部地区最高军政长官，这为他起兵创造了条件。

不过按照史书说法，李渊起初一心平乱，并没有想过谋反，反而是他的儿子李世民见起义军蜂起，知隋朝必亡，心生安天下之志，暗中结交豪杰，招纳流亡之士，积蓄力量。

在他结交招纳的这些人中，有几个非常重要的人物，在后来起兵的过程中起到了关键作用。比如右勋卫长孙顺德、右勋侍刘弘基、左亲卫窦琮等。其中长孙顺德是长孙晟的族弟，也即是李世民妻子长孙氏的族叔，为躲避辽东之役而投奔李渊，与李世民结下厚谊。至于刘弘基、窦琮，也都因逃避兵役而依附李渊，受到李世民礼遇，相与深交。

不过这些人都是武人，是起兵计划的执行者，真正同李世民谋划这件事的是几名文官，比如晋阳县令刘文静、晋阳宫副监裴寂等。

先说刘文静，其人生于北周天和三年（公元 568 年），乃京兆武功（今陕西武功县）人，早年因父亲刘韶战死，袭任父职为仪同三司，后来出任晋阳县令，但前不久因与李密有姻亲而被捕入狱。

李世民与刘文静相交已久，深知他有大才，可共谋大事，见他不幸入狱，遂前去探望，向其咨询天下之事，说："我今日来看你，非为儿女私情，而是想与你商议大事。你觉得我应该怎么做？"

刘文静明白他的心思，回答说："今天子南巡江、淮，李密围逼东都，天下盗贼数以万计。当此之际，若有真天子能驱使驾驭群盗，顺天应人，高举义旗，则取天下易如反掌。而今太原百姓为躲避盗贼都迁入了城中，我做县令数年，了解其中的豪杰之士，一旦收集起来，可得十万人，加上令尊麾下数万兵马，一言既出，谁敢不从！以此乘虚入关，号令天下，不过半年，便可成就帝业！”

李世民听后大喜，笑道：“君言正合我意。”于是照他说的部署宾客，暗中筹划起兵，并打算告知李渊，但又怕他不同意，迟迟没敢开口。犹豫之际，刘文静向他引荐了一个人，让他请此人帮忙，这个人便是晋阳宫副监裴寂。

裴寂出身河东裴氏，比刘文静小两岁，比李渊小四岁，史载他自幼丧父，由兄长抚养成人，十四岁时入仕，为并州主簿，后历任左亲卫、齐州司户参军、侍御史、驾部承务郎、晋阳宫副监等。

由于都在太原为官，又年龄相仿，裴寂与刘文静结为好友，并且住在一起。裴寂与李渊有旧交，关系好得不行，经常和他宴饮、下棋、赌博，以至于通宵达旦，不知疲倦。

基于这两层关系，刘文静将裴寂引荐给了李世民。李世民听说裴寂好赌，为了取得他的信任，便出钱数百万令人和他对赌，故意输给他。裴寂因此十分高兴，每日与李世民交游，情谊日深。李世民见时机差不多了，就把起兵的想法告诉了他，请他设法劝说李渊。裴寂当即许诺。

不久之后，裴寂又和李渊一起宴饮，并私下从晋阳宫挑选了几名宫人来服侍他。酒酣之时，裴寂从容地对李渊说：“二郎正暗中招兵买马，准备举大事。”

李渊听言大惊。裴寂接着又说：“我安排宫人侍奉您，泄露出去可是要杀头的。我冒这么大险，就是为了劝您下定决心起兵啊！”

话刚说完，李世民突然进来，将整个计划和盘托出。李渊大为惊惧，坚决不许，还说要把李世民送去报官，并拿起纸笔就开始写表状。

李世民倒也不慌，说道：“世民是看天时人事到了如此地步，才敢说出这样的话。父亲如果一定要送我报官，我不敢辞死。”

李渊其实也就是吓唬吓唬他，哪能真拿他报官？再说他自己就是太原最大的官，报谁啊？于是收起了纸笔，安抚他说：“我怎么忍心告发你，但你一定得慎言，不要随便乱说。”

李世民知道父亲有起兵之意，只是还未下定决心，于是暂时退下，到第二天又来劝他说：“如今盗贼日增，遍布天下，父亲受诏讨贼，可贼讨得尽吗？恐怕终究不免获罪。而且世人都说李氏当应图谶，所以李浑无罪被杀。即使父亲能将贼剿灭尽，那也不会受赏，反而会更加危险。如今只有起兵才能避祸，此乃万全之策，望父亲切勿疑虑。”

李渊似乎被他说动，叹息道：“我昨夜一直在思考你的话，感觉确实很有道理。今天家破人亡也由你，变家为国也由你！”

兴亡皆由李世民，这意思不就是听他的话，准备起兵了吗？

然而事情并没有这么简单，李渊嘴上这么说，实际却没有什么行动。直到大业十三年二月，刘武周杀害了马邑太守王仁恭，并联合突厥攻破楼烦郡，进占汾阳宫，他才真正行动起来。

为什么刘武周一反，李渊就开始行动了呢？

这是因为马邑、楼烦、汾阳宫都归他管辖，如今发生叛乱，他难辞其咎，杨广大怒之下，要拿他到江都治罪，他怎能不慌？再加上李世民、裴寂等人反复劝说，他终于决定起兵了。

于是李渊以防备刘武周和突厥为名，派李世民、刘文静、长孙顺德、刘弘基等人到各地募兵，同时派人潜入河东，秘密召回长子李建成、四子李元吉，又派人到长安，召还女婿柴绍。这三人皆是李渊至亲，此时都不在太原，李渊一旦起兵，他们就成了人质，所以得赶紧召回来。

募兵从来都是大事，动静肯定小不了，虽然李渊拿刘武周和突厥做幌子，但时间长了还是难免被人察觉。

当时太原有两个副留守，一个是郡丞王威，另一个是武牙郎将高君雅，这二人跟李渊都不是一条心，可以说是杨广派来监视李渊的。他们见李渊大规模集结军队，怀疑其有异心，便打算抓他向杨广请功。

正好这时太原连日大旱，王、高便以求雨为名，请李渊到郊外晋祠祭天，意欲在此设伏擒之。

但不幸的是，他们布置伏兵时被当地乡里人察觉，乡长刘世龙心向李渊，将此事密报给了他。

李渊闻讯后深知箭在弦上不得不发，便决定先下手为强，除掉王、高二人。

至当年五月十五日，李渊照常与王、高到晋阳宫城处理政事，三人刚坐下不久，刘文静便带着一个人来到庭中。此人名叫刘政会，乃是太原鹰扬府司马，自称有密报上呈。李渊看了一眼王、高，示意他二人先看，二人也不客气，便令刘政会呈上状纸，但刘政会却不给，说："告的就是你们，只有唐公能看。"

李渊听言大惊道："岂有这种事！"说着命人取来密报，对着念道："威、君雅潜引突厥入寇。"

此言一出，便轮到王、高大惊了，他二人也不傻，立刻明白这是李渊设下的圈套，目的就是想除掉自己。高君雅因此又气又急，撸起袖子大呼道："这是造反之人欲杀我也！"

但现在明白太迟了，李世民早就率兵将宫城围住，他二人已成了瓮中之鳖。

只听李渊一声令下，二人便被刘弘基、长孙顺德拿下，关入了大牢。说来也巧，几天后突厥正好来攻太原，太原人以为真是王、高引来的，纷纷要求处死二人。李渊遂乘机将他们斩首示众，除掉了心腹大患。

之后不久，李建成、李元吉、柴绍等安全抵达太原，李渊没有了顾虑，遂开始筹划起兵。

准备工作

起兵的目标早已经定了，那就是攻入关中，占领大兴。但此时入关有一个问题：太原怎么办？

要知道突厥、刘武周正觊觎太原，在北面虎视眈眈，一旦李渊率军西行，他们必会引兵南下，到时候太原就危险了。所以在起兵之前，必须先解决突厥和刘武周的问题。

关键时刻，刘文静给李渊出了主意，建议他与突厥联合，以此解除突厥的威胁，并获得突厥的资助。

李渊觉得此策可行，便准备了厚礼，又写了封亲笔信，派人送给始毕说："我欲大举义兵，到江都远迎天子，重新与突厥和亲，一如开皇之时。您若与我一起南下，请不要侵暴百姓；若只想和亲，那就坐收财货吧。全凭可汗选择。"

始毕入侵太原本就是求利，一看李渊送来厚礼，又如此谦卑，便打算答应联合。但对于李渊说的迎回杨广，他却有不同看法，对身边大臣说："隋主（杨广）为人，我是知道的，如果把他迎回来，他一定会害唐公，然后来打我。倘若唐公为天子，我当不避酷暑，以兵马助之。"

于是派人回信给李渊，要求他自立为天子。

李渊怎么说呢？其实他本就有称帝之心，迎回杨广只是个旗号，是为争取关陇贵族及各郡县的支持，乃权宜之计，但没想到始毕当真了，竟然提出这样的要求，这可给他出了个难题。

现在称帝显然不合适。经过一番商议，李渊最终采纳裴寂等人的建议，尊杨广为太上皇，立代王杨侑为帝；并改易旗帜，使用红、白掺杂的颜色，以此向突厥表示与隋朝不同。

始毕哪懂得这么多，只要皇帝不是杨广，他就放心了，随即答应发兵。

李渊接到回复，立刻派遣刘文静出使突厥，令其去接收骑兵，并叮嘱说："胡骑进入中土，是百姓的大害。我之所以要突厥发兵，是怕刘武周勾结突厥入侵边境。此番我只是要借突厥的兵马壮声势，几百人就够了，不用太多。"

突厥问题就算搞定了，与此同时，李渊还为起兵做了以下几件准备工作。

一是传檄山西诸郡县，命各郡听从号令起兵。对此，大部分郡县都表示听令，唯独西河（今山西汾阳）太守高德儒不从。李渊随即派遣李建成、李世民出兵西河，只用数日便攻陷郡城，擒斩高德儒。

二是开仓放粮，赈济贫民。这几乎是所有起义者都必须做的事，因为只有这样才能争取到百姓的支持，继而招募到更多士兵。李渊也这么做了，果然引来大批百姓应募投军，兵力因此大增。

三是加尊号，设置官署。既然要起兵，那就得建立一个军事机构以方便指挥。在裴寂等人的建议下，李渊自称大将军，建大将军府；以裴寂为长史，刘文静为司马，唐俭、温大雅为记室，武士彟为铠曹，刘政会等为户曹，太谷县县令殷开山为府掾，长孙顺德、刘弘基、窦琮等为左、右统军；另外，又以李建成为陇西公、左领军大都督，统领左三军；李世民为敦煌公、右领军大都督，统领右三统军；也各自设置官属。并以柴绍为右领军府长史，归李世民调遣。

以上这些人都不是等闲之辈，今天他们随李渊起兵，明天就可能是开国功臣。

西取长安

至此一切准备就绪，该是起兵的时候了。大业十三年七月，李渊任命四子李元吉为太原太守，留守晋阳宫，然后亲率三万将士从太原誓师出发，以尊立代王杨侑之名西行入关。

尊隋的口号或许骗得了民众，但要骗杨侑是不可能的。早在李建成等人逃归太原时，杨侑便知李渊要造反，早已派人在大兴与太原之间屯兵驻守。七月十四日，李渊兵至西河郡贾胡堡，遇到了杨侑给他设置的第一道难关：霍邑。

霍邑即今山西省霍州市，位于临汾盆地与太原盆地交界处，地扼山西南北，乃是从太原到关中的必经之地，位置十分重要，因而杨侑派遣虎牙郎将宋老生率领两万精兵在此驻防。

从贾胡堡到霍邑只有五十里路，一日就能赶到，但就在李渊准备进军时，天突然下起大雨，道路上积满了泥水，大军难以前进。李渊不得不暂时驻扎在贾胡堡，一边令人回太原运粮，一边派人送信给正在攻打洛阳的李密。

运粮好理解，霍邑一时半会打不了，运更多粮来有备无患，但送信给李密是什么意思呢？

其实也很简单，李渊想与李密结盟，让他随自己去打关中。毕竟李密也出身关陇贵族，应该会对攻取关中感兴趣。

可是李密正在全力围攻洛阳，哪有心思西去关中？而且他兵强马壮，声势浩大，天下群雄都争相归附他，他为什么要听李渊的呢？就算是要一起反隋，那也应该由他做盟主啊！

因此李密拒绝了李渊，命祖君彦回信给他，说自己已经被四海英雄共推为盟主，希望大家勠力同心，互相扶持，一起完成反隋大业；并且要求李渊率领步骑数千至河内，当面缔结盟约。

一般人收到这样的回复八成要大怒，但李渊却笑着对左右说：“李密妄自尊大，不是书信能招来的。我正欲西取关中，若立刻与他断绝来往，则是多生一敌人。不如故作谦卑以使其骄傲志满，使之为我堵住成皋之道，牵制东都之兵，以便我专心西征。待关中平定，我据险要之地养精蓄锐，静观其鹬蚌相争以收渔人之利，亦不晚也。”

李渊真不白比李密多吃了十几年饭，果然是成熟老到，竟能为了大局放下姿态，主动抬举李密，这智慧和心态不是常人能及的。

于是李渊命记室温大雅回复李密，对他一通吹捧，言辞极其谦卑，比如说什么自己年纪大了，没有那个心思了，能管理天下的只有李密，拥戴他是自己的荣幸，希望他早点应验图谶，安定天下，到时候自己能沾沾光，被他重新封为唐国公就知足了。至于会盟河内，就算了吧。

要说李密还是年轻啊，被李渊这么一吹，就有些飘飘然了，竟真以为他会奉自己为盟主，将书信传示给诸将说：“唐公推举我，天下指日可定矣！”由此和李渊往来通信，连续不绝。

虽然没有招来李密，但李渊这也算是跟李密结盟了，有李密在东边牵制，他至少不用担心洛阳方面会救援关中，可以全心入关了。

可是入关并不容易，起兵这么多天了，李渊还没进军霍邑，更不要说关中了。

这当然不是他不想进，而是天不作美，雨一直下，别说进军了，连运粮都困难。李渊之前不是派人回太原运送粮草了吗？可那人到现在还没回来，军中已经开始缺粮了。更糟糕的是，刘文静出使突厥，到现在也没回来，军中有传言说突厥与刘武周连兵，将要乘虚突袭太原。

形势至此，李渊终于坐不住了，召集将佐商议北还太原。裴寂等人当即表示赞同，分析说："宋老生据险而守，短时间内难以攻下；李密虽嘴上说联合，但奸谋难测；突厥贪而无信，唯利是图；刘武周更是唯突厥马首是瞻。太原乃一方都会，且将士家属都在那，不容有失，不如先回救太原，以后再图关中。"

话音一落，李世民立刻反对说："今稻谷遍野都是，何愁缺粮；宋老生轻狂浮躁，一战可擒；李密顾恋仓粟，顾不上图谋关中；刘武周与突厥表面联合，实则互相猜疑；刘武周虽远图太原，但也不敢久离马邑！我们本是兴大义，奋不顾身以救苍生，当先入咸阳，号令天下。今遇小敌，便急于班师，只恐追随我们的人会立刻解散，这样回守太原一城之地，只能为贼而已，何以保全自身！"

李世民这番话，等于是逐条反驳了裴寂，条条都有道理，连李建成也表示支持。但李渊却不听，急令大军返回太原。李世民不甘心，想要再单独去劝谏，不巧天色已晚，李渊休息了，守卫不让进帐。

李世民不禁着急，在帐外号啕大哭，脸上泪雨交加。很快他的哭声惊动了李渊，李渊随即命人把他召进帐内，问他哭什么。他说："当今起兵是为大义，进战则能克敌，退还则会兵散，一旦大军溃散在前，而敌军追击在后，那便是我们灭亡之日，怎能不悲！"

李渊恍然醒悟，问道："但军队已经出发，能怎么办？"

李世民说："右军整装未发，左军虽已去，估计也未走远，我去追回来。"

李渊笑道："吾之成败皆在你了，既然如此还说什么呢？你去决定吧。"

李世民大喜，遂与兄长李建成连夜出营，将左军追了回来。

就这样，在李世民的苦苦坚持下，李渊取消退兵命令，留在了贾胡堡。而事实证明这么做是对的，几天后军粮运到，大雨也停歇，李渊随即下令进军霍邑。

但此时新的问题又出现了，霍邑易守难攻，强攻肯定不行，必须

引宋老生出战，可怎么才能引他出来呢？

关键时刻，李世民又站了出来，和李建成一起献策说：“老生有勇无谋，以轻骑挑战，他没有道理不出；倘若他一定要固守，那就诬陷他与我们通谋，他怕被人举报，安敢不出？”

李渊深以为然，便令二人率数十骑兵至城下，举鞭指挥，假装是要围城的样子，并且破口大骂宋老生。宋老生果然中计，大怒之下引兵自东、南两门分道而出。李世民见机不可失，劝李渊立刻出战。李渊于是兵分两路，与李建成列阵城东，令李世民列阵城南。

随后战斗打响，李渊、李建成这边不敌隋军，稍稍后却，而李世民则身先士卒，与军头段志玄自南原引兵横冲敌阵，左右挥刀，连续斩杀数十人，直杀得刀口全缺，血满征袍。李渊军受其鼓舞，士气很快重振，父子联手，大败隋军。宋老生狼狈逃窜，坠入沟堑，为刘弘基所斩。李渊随即率军登城，将士们战意高昂，奋勇争先，当日便攻克了城池。

进入霍邑后，李渊安抚军民，论功行赏，随后继续引兵向前，连下临汾、绛郡，入驻河东龙门。

这时摆在李渊面前的有两条路，一条是直接从龙门渡河进入关中，另一条是攻下河东郡，从河东渡河。

这两条路各有利弊。龙门固然可渡，但入关后容易腹背受敌，腹面对的是大兴，背面对的就是河东。但如果不走龙门，非要从河东渡河，那就要面临攻城问题，而攻打河东绝非易事，因为它的守将是屈突通。

屈突通的威名就不用说了，那是隋朝最杰出的将领之一，非是宋老生之辈可比。

因此唐军分成了两派，有人主张先入关占据永丰仓，并招抚起义军和百姓，在关中立稳脚跟；也有人主张先攻河东，由河东渡河。李渊想来想去，决定双管齐下，先写信招降关中群盗，然后派一部分兵力渡河，绕至河西，两向夹击河东。

不久，关中势力最大的起义军领袖孙华接到招降书，渡河来投李渊。李渊遂任命他为冯翊太守，派他和左右统军王长谐、刘弘基及左领军长史陈演寿、金紫光禄大夫史大奈等率步骑六千渡河，从背后进攻屈突通。

按李渊的想法，刘弘基等人绕到河西后，屈突通一定会有压力，继而引兵出击，等他出了城，自己率大军攻河东，一定能攻下。如果他坚守不出，那就命刘弘基等人烧毁桥梁，前后夹击，将他困死在河东。

李渊的策略可谓高明，怎么算都不亏。但屈突通也不简单，他明白必须出击，但自己绝不能出，所以派虎牙郎将桑显和率领数千骁果军夜袭刘弘基等人大营。刘弘基等不能敌，快要兵败时，孙华、史大奈率游骑赶到，自后方突袭桑显和，大破其众。桑显和被迫退入河东，还不忘焚毁桥梁，阻止追兵。

经此一败，屈突通就只能坚守不出了。李渊随即率大军聚围河东，但围城容易，想破城还是难。

李渊也清楚屈突通的能耐，心知破城不易，不禁为此忧虑。而这时从关中来归附他的官吏、豪杰越来越多，都说关中空虚，容易占领，他由此产生了放弃河东，引兵直驱关中的想法，于是与麾下商议。

裴寂首先说："屈突通率大军坚守河东，我们绕过他去打长安，若长安不能克，退路又为河东所阻，腹背受敌，那就危险了。不如先克河东，然后西上。长安认屈突通为援，屈突通既败，长安必破矣。"

这意思还是要攻打河东，不愧是裴寂，一贯的保守求稳。

与之相反的是李世民，他主张西进关中，理由是："兵贵神速，我们乘屡胜之势，抚归附之众，鼓行而西，长安之人必望风震骇，应付不及，取之易如反掌。若在河东逗留迁延，则长安便有了准备时间，到时久攻不下，众心离散，则大事去矣。且关中之将纷纷起义，尚未有所归属，不可不早日招抚。屈突通仅能自守而已，不足为虑。”

李渊不禁为难，思虑再三后决定兼顾两个方案，一方面留诸将继续围攻河东，另一方面亲率主力西进关中。

虽说是兼顾，但既然李渊自己都率军渡河了，那就等于是采纳了李世民的建议。而事实很快又证明，听李世民的就是没错。

九月十二日，李渊统率大军渡河；四天后进驻朝邑县长春宫（在今陕西大荔县），随即进行军事部署：命李建成、刘文静率王长谐等军数万人南下驻屯永丰仓（在今陕西华阴北），以防备关东之兵；令李世民率刘弘基、殷开山等军数万人西巡渭北，以逼大兴。

他这边刚部署好，河东那边突然有了动静。屈突通见李渊渡河，担心大兴有失，命鹰扬郎将尧君素镇守河东，自率甲兵数万来救大兴。由于河东西面已被李渊占据，屈突通只能从南边渡河，然后向西奔往大兴。但途经华阴时，为刘文静等人所阻，无法前进，只能就近退守潼关。当时潼关有南、北两城，王长谐先行一步攻入南城，斩了将军刘纲，屈突通只得退保北城。

屈突通困于孤城，自身难保，再没有人能阻止李渊攻取大兴了。不仅如此，还将有越来越多的人脱离大兴，来到李渊的阵营。就在李渊入驻长春宫后，关中士人、百姓纷纷来归附，每日数以千计，其中不乏重要人物，比如西魏八柱国之一于谨的曾孙、前冠氏县令于志宁，颜之推之孙、前安养县尉颜师古，长孙晟之子、李世民妻兄长孙无忌等。

这还不算什么，更令李渊欣喜的是，还有人率军队来归附，比如他的女儿（第三女）平阳公主、堂弟李神通、女婿段纶（第四女高密公主的丈夫）等。

尤其是平阳公主，虽是女儿身，但巾帼不让须眉，聚集了数万人来响应李渊。

当初平阳公主和柴绍身在大兴，李渊决定起兵后，派人去召他们。

为避免被人发现，柴绍不敢带家眷，只能独自出城，临行对李氏说："你父亲在太原举兵，你没办法随我去，留在此地又不免受牵连，怎么办？"

李氏不慌不急道："你赶紧走吧，我一个女儿家，很容易藏匿，自有办法。"

柴绍见她这么说，便独自上了路。他走后，李氏回到位于鄠（hù）县（今陕西鄠邑）的庄园，散尽家财，招募豪杰，起兵响应李渊。不久，她听说堂叔李神通等人也在附近山中起兵，便派人与之联合，一同攻克了鄠县。此后她又派人招降各路起义军，先后攻克盩厔（zhōu zhì）（今陕西周至县）、武功、始平等县，部众增至七万人。如今李渊兵至关中，她遂与李神通、姐夫段纶（也可能是妹夫）等各自遣使迎接。

有女如此，李渊别提多高兴了，当即命柴绍率兵去迎她。

见到女儿后，李渊本想将她留在身边，但她却坚持要上前线，于是李渊便把她和她的部队划到了李世民麾下，号为"娘子军"。

这是历史上第一支被正式命名为"娘子军"的部队，一千多年来不知激励了多少巾帼。

有了这支娘子军，李世民的军势更加强盛。此时他率军屯于泾阳（今陕西泾阳县），距大兴只有六十里。在他的招抚下，附近的官吏、豪杰多来归附，其兵力已达十万。在这些归附的人当中，有一人不能不提，他虽然是独自来投，但抵得上千军万马，他叫房玄龄。

房玄龄比李世民年长二十岁，以前从未有交集，但李世民与他一见如故，当即任命为记室参军，视为第一谋士。而房玄龄也自认为遇到了知己，自此鞠躬尽瘁，知无不为。

随着越来越多的人归附李渊，大兴已基本失去了对关中的控制，变成了一座孤城。李渊觉得时机已经差不多了，遂传令李世民，令他派遣刘弘基、殷开山分兵南渡渭水，进逼大兴城。

不久，刘、殷二将率军至大兴城北，进驻旧长安城。杨侑遣兵出战，被二将击退。随后李世民也率兵渡河进驻盩厔，十三万大军浩浩荡荡，所过处军令严整，秋毫无犯。几天后，在李世民的建议下，李渊亲率大军赶赴大兴，然后聚集诸军共二十余万人，驻扎于春明门西北（大兴东城墙正中门），对大兴宫城展开攻势。

而此时的大兴宫内，代王杨侑早已乱了方寸，他才十三岁，哪应付得了这局面，只能靠身边的大臣。可是大兴已经没有能担负重任的大臣了，留守卫文升年近八十，在李渊入关之初就忧郁成疾，不问政事了。其余能帮杨侑守城的仅剩左翊卫将军阴世师、京兆郡丞骨仪而已。

到了这个份上，大兴已不可能守得住了，只要李渊一声令下，二十万大军顷刻间就能破城。然而李渊并没有立刻发起进攻，而是先礼后兵，派人到宫城下晓谕卫文升，劝他开城投降，直到得不到任何回应后，他才号令大军攻城。

李渊仅用十二天的时间就攻陷宫城，完全占领了大兴。此时距他从太原起兵仅过了百日。

除了后加盟的关中起义军领袖孙华牺牲外，其他将领都安好。

挟天子

占领大兴城后，李渊没有自满和懈怠，紧接着就做了三件重要的事。

第一件事，安定人心。大兴发生这么大变故，人心肯定混乱，为安抚官民，李渊约法二十条，废除苛政酷令，并率军回到旧长安城长乐宫，以表示与民无犯。

第二件事，铲除奸恶。在安抚官民的同时，李渊也没有忘记杀掉其中的“奸恶之徒”，当时卫文升已经病死，他便将阴世师、骨仪等十余人处死，其余一概不追究。而之所以一定要杀阴世师等人，是因为他们掘了李氏祖坟，罪大恶极。

除阴世师等人外，李渊原本还打算杀一人，此人名叫李靖，也就是韩擒虎的外甥，后来的唐朝名将李靖。先前李靖在马邑担任郡丞，曾随李渊抗击突厥，后来他发现李渊暗中招兵买马，有造反的势头，便乔装到了大兴，打算向杨广告发李渊，但准备去江都时，道路已经不通，只能留在大兴。

如今李渊攻破大兴，第一时间就想到了李靖。李靖不甘心就这么死了，临刑前大呼说：“唐公起义兵，本是为天下平暴乱，如今不去完成大业，竟要因私怨杀壮士吗？”

李渊本不是小肚鸡肠的人，原以为李靖是为邀功而告发自己，所以才要杀他，现在听他这么一说，发现并不是这么回事，不禁开始欣赏他了。同样欣赏李靖还有李世民。李世民一向爱才，见李靖胆识过人，心下很是喜欢，便为李靖向李渊求情。李渊遂顺水推舟放了他，任由李世民把他招到了麾下。

这一招，就为唐朝招来一位盖世名将。

还有第三件事，也是最重要的事：拥立代王杨侑为帝。李渊虽然夺取了大兴城，但尚未立稳脚跟，还需要打着尊隋的旗号，挟天子以令不臣。

于是在攻克大兴六天后的十一月十五日，李渊迎杨侑即位，遥尊杨广为太上皇，并以杨侑的名义封自己为假黄钺、持节、大都督内外诸军事、尚书令、大丞相，同时建立丞相府，晋封唐王。

接下来，李渊开始经略关中，派秦公李世民打击薛举，同时向关外发展势力，派堂侄李孝恭出秦岭，巡抚汉中、巴蜀；窦轨出散关，安抚陇右；府户曹张道源出潼关，招慰关东。

最后的倔强

除了薛举之辈，屈突通也还在关中抗拒李渊，他在潼关和刘文静相持了一个多月，为救援大兴，他曾派桑显和乘夜袭营，结果大败。因此他的处境愈加窘迫，部下也纷纷丧气，开始劝他投降，但他坚决不肯，泣涕说："我历事两代天子，受隋朝厚恩。食人之禄而在困难时背叛，我做不到！"于是勉励将士，继续坚守潼关，并斩杀了李渊派来劝降的人。

不久大兴失陷的消息传来，屈突通大悲，不得已留桑显和镇守潼关，自率军去投洛阳。结果他刚一走，桑显和就献关投降了刘文静，刘文静随即派桑显和与窦琮去追他，二人很快追上，并派其子屈突寿上前劝降。

虽然是自己的儿子，但屈突通对他一点儿也不客气，大骂道："你这个逆贼来干什么？我昔日与你是父子，今日与你为仇敌！"说着命人朝屈突寿放箭。桑显和见此情形，知道屈突通难以劝降，便改变思路，上来劝士卒说："今京城已陷，尔等皆是关中人，打算去何处？"

他这一劝，士卒们瞬间泄了气，纷纷弃械而降。屈突通见状，自知难逃，下马朝东南拜了三拜，号哭道："臣力尽至此，非敢负国，天地神祇实知之。"

随后屈突通被人送往大兴，李渊当即封他为兵部尚书，赐爵蒋国公，兼秦公元帅府长史。

屈突通已经够倔强了，但还有比他更倔强的，那就是河东守将尧君素。

尧君素本是屈突通的部将，受屈突通之托镇守河东。

屈突通投降后，被李渊派去招降尧君素。屈突通劝尧君素说："吾军已败，唐王义旗所指，莫不响应。事势如此，卿宜早降。"

尧君素悲不自胜，哽咽道："公为国家大臣，天子将关中托付于公，奈何负国投降，还替人做说客！公所乘之马，乃代王所赐，公有何面目乘之！"

屈突通也泪流不止，满脸无奈地说："唉，君素，我是力尽才来的！"

尧君素道："我如今尚未力尽，何须多言！"

屈突通不禁惭愧，默默退开了。

这就是尧君素的倔强，他将一直坚守河东，直到为部下所害。

悬案

至此太原起兵告一段落。回顾李渊起兵的整个过程，我们会发现真正起主导作用的并不是他，而是李世民。是李世民生拉硬拽，把他逼上造反之路的；又是李世民奋力征战，为他取得关中的。

这其实很不合理，试想李渊雄才大略，成熟老到，怎么偏在太原起兵这件事上犹犹豫豫，还被一个二十岁的少年牵着鼻子走？相对地，李世民才刚成年，怎么就如此老练，谋划出起兵这么大的事？这太不正常了。

但奈何史书就是这么记载的，不管是两唐书，还是《资治通鉴》，在太原起兵这件事上，李世民都是光芒最耀眼的那个人，完全掩盖了李渊。因此很多人都怀疑史书记载的可靠性，认为李世民篡改了史书，夸大了自己在太原起兵过程中的作用，弱化了父亲李渊。

这种推测不是没有道理，毕竟史书是胜利者书写的。但这也只能是推测，如今一千多年过去，这件事早已成了悬案，真相究竟如何，已经难以考证，只能是仁者见仁智者见智了。

第十四章
大厦将倾

在李渊起兵入关的同时，李密也在加紧围攻洛阳。

大业十三年六月，李密伤势痊愈，再次率兵进逼洛阳，于城东平乐园大败隋军，重新夺取了回洛仓。

随着隋军屡战屡败，洛阳的形势已岌岌可危，越王杨侗惊惶无措，多次派人上江都求援，请杨广速回京城。

由于河南、江淮已遍布造反者，去江都其实非常困难，好不容易有个太常丞元善达历经艰险到了江都，结果却没能说动杨广，反而白白送了性命。

当时元善达奏称："李密拥众百万围逼东都，如今占据洛口仓，城内严重缺粮。如果陛下速还，乌合必散，不然东都必将陷没。"

说着唏嘘呜咽，泪流不止。杨广不禁为之动容，似已有回京之意。但这时虞世基却进言说："越王年少，这些人故意夸大其词诓骗他，若盗贼势力真有这么大，善达是怎么到江都的呢？"

杨广信以为真，勃然大怒道："善达小人，竟敢欺骗我！"随即下令，命元善达前往起义军盘踞的东阳郡催运粮食。结果可想而知，元善达终为起义军所杀。

可怜元善达，好不容易躲过起义军来到江都，又被杨广送到了"贼窝"。这充分证明，杨广已经闭目塞听，不愿听到有关起义军的消息。既然如此，大臣们就只能跟着装聋作哑，闭口不提起义军之事，杨广由此再难知道洛阳的真实情况。

可是，江都官员能装聋作哑，杨侗和洛阳官吏装不了啊！他们见杨广没有回应，就不停地派使者求援，各种文书像雪片般飞至江都。直到这时，杨广才意识到洛阳形势危急，虽然还是不打算北归，但好歹开始调兵救援了。七月，他命左御卫大将军涿郡留守薛世雄、江都通守王世充、将军王隆、河北大使太常少卿韦霁、河南大使虎牙郎将王辩等各率兵马奔赴洛阳，共同征讨李密。

这几路军加起来不下十万人，由薛世雄统一指挥调度。薛世雄也是一员老将了，曾随北周武帝宇文邕平齐，先前还随杨广东征高句丽，东征结束后一直留守涿郡。此时他接到杨广诏令，当即率三万兵马南下救援洛阳。由于杨广在诏书中说各路援军可以随意镇压沿途起义军，他便在经过河间郡时顺便打了一下窦建德。一开始薛世雄确实打出了效果，但因为轻敌大意，反被窦建德击败，全军覆没，只率几十人逃归涿郡，不久就因惭愧忧愤，发病而死。

援军还没到，统帅先死了，这对洛阳来说无疑是雪上加霜。好在杨广很快又任命王世充为总指挥，令他接替薛世雄统率各军救援洛阳。

王世充的军事能力确实很强，但他的人品实在不怎么样，把这么多军队和救援洛阳的重任交给他，是福是祸可难说。

当年九月初，王世充与各路援军如期赶至洛阳；随后，在杨侗的安排下联合洛阳、偃师共十余万兵马进军洛口，与瓦岗军隔洛水对峙。

此后一个多月，双方交战多次，始终难分胜负，直到十月末一场大战后，才略见高下。

当时王世充主动出击，引兵夜渡洛水，偷至洛南扎营，天亮后又留部分兵守营，自率精兵再渡洛水，于洛北列阵。李密听到消息，亲自引兵渡洛水接战，结果大败于王世充，伤亡无数，连柴孝和也溺水而死。

之后李密率精骑渡至洛南，其余兵马则向东退至月城。王世充不管李密，引兵猛追瓦岗军主力，围攻月城。不料李密突然调转方向，直驱王世充大营，王世充闻讯大惊，赶忙回军救援，李密回身迎战，大破其众，斩首数千。

这一战李密先败后胜，总体上还是胜了。而王世充则损失惨重，自此坚壁不出。杨侗见他迟迟不出战，心里不免焦急，遂遣使来慰问，予以鼓励。王世充没办法，只能硬着头皮迎战。

十一月初九，王世充再次出击，与李密隔石子河列阵对垒。鼓声一响，双方各自出兵，瓦岗军这边仍是翟让先上，结果不敌隋军，很快败下阵来。王世充求胜心切，纵兵急追翟让。李密早有准备，立刻令王伯当、裴仁基引兵出击，从旁截断其后路，然后亲率中军正面迎击。王世充因此大败，引兵西遁。

这一战李密又是先败后胜，而且败也是故意败，目的就是引王世充来追。此招数他已经使了多次，每次都有奇效。

经过这两次的胜利，李密重新掌握了战场主动权，对洛阳隋军形成了绝对优势。而就在这个时候，瓦岗军中突然出现内讧，发生了一场火并：李密火并翟让。

火并

李密与翟让，一个是瓦岗军现任领导，一个是前任寨主，关系一直不错，为什么会发生火并呢？

这还要从翟让禅位一事说起。

当初李密连胜隋军，在瓦岗军中声名大振，翟让便主动让贤，推举他做了魏公。对于翟让来说，禅位李密虽是形势所迫，但也是心甘情愿的，他本就是厚道人，是真心敬重和佩服李密。

可是他情愿了，有人不情愿。谁呢？主要是他那帮亲信，比如他的司马王儒信。此人没什么大本事，心机倒是很重，见瓦岗军形势大好，竟鼓动翟让担任大冢宰，总统一切事务，夺回瓦岗军大权，以便将来当皇帝。

大冢宰我们都不陌生，那是西魏、北周设立的官职，权力极大，甚至超过皇帝。翟让要是真当上了这个官，那瓦岗军可就乱套了。

好在翟让厚道，又有自知之明，压根没听进王儒信的话，这事也就这么过去了。

可是没多久，又有人鼓动他夺权，这人身份还很特殊，乃是他的亲哥哥荥阳公翟弘。

翟弘完全是个粗人，脑子也不怎么灵光，要不是有翟让的关系，根本在瓦岗军中混不下去，更别说当上荥阳公了。

偏偏这么一个没本事的人，还特别不自量力，竟然对翟让说："你应该自己当天子，奈何让给别人！你要是不当，我来当！"

翟让为人豁达，听了他的话一笑了之，一点儿没当回事。

可是他一笑了之，李密却笑不出来。听说翟弘的"大言"后，李密非常不高兴，心想：翟弘这是什么意思？是要夺我的权吗？翟让是怎么想的？会不会听他的，万一听了怎么办？

这么想来想去，李密就不放心翟让了，便对他有了戒心。不过这还不足以让他火并翟让，真正让他起杀心的是接下来发生的几件事。

我们说翟让这人很不错，优点挺多，但他不是完人，也有不少缺点，比如贪财、残暴等。原先他是"盗贼"，有这些缺点也正常，但他现在是大魏的司徒，在李密的手下做事，还有这些缺点就要命了。

当时瓦岗军中有个叫崔世枢的总管，老早就跟了李密，在瓦岗军的地位相当高。或许是因为他掌管瓦岗军的府库，翟让竟然私下将他囚禁，向他索要财货。崔世枢不敢给，只能苦苦求饶。不料翟让求财不成，竟对他施加大刑。

要知道崔世枢可是李密的亲信，打他不就是打李密的脸吗？李密知道后虽然嘴上没说什么，但心里肯定不舒服。

可惜翟让是个粗人，根本不明白这些，他觉得他和李密是兄弟，有福同享有难同当，李密的部下就是自己的部下，打一顿怎么了？

所以没过多久，他又把李密的部下打了，这次打的人更不得了，是李密的元帅府记室邢义期。翟让平时喜欢赌博，没事就找人玩个骰子什么的，有一次他命人召邢义期来赌博，邢义期估计是嫌他赌品不好，怕他输了打人，便没有去。结果翟让就怒了，命人将邢义期抓来，暴打了八十杖。

说到这大家可能会觉得奇怪，翟让明明是厚道人，怎么老是动不动就打人呢？

其实仔细想想也不难理解。一来他"盗贼"当久了，身上不免沾染匪气；二来他落草前曾是东郡司法参军，专门负责断案，估计没少对犯人用刑，因而养成了滥打手下人的坏毛病。

不管怎么样，他这么随意打人就是不对，何况打的还是李密的人。

李密这次仍没说什么，又忍了，但下一次可就说不准了。

不久，翟让贪财的毛病又犯了，竟然威胁左长史房彦藻说："你之前攻破汝南，获得大批财宝，却都给了魏公，一点儿没给我。魏公是我所立，将来的事如何发展，还未可知呢！"

房彦藻是了解翟让性格的，怕被他暴打，回去后就跟李密告了状，并且和左司马郑颋劝李密说："翟让贪愎不仁，有无君之心，宜早图之。"

李密本就已经对翟让不满了，经他们这么一鼓动，骤然起了杀心。但他又担心这么做会破坏瓦岗军的团结，影响大局，因此迟疑道："今安危未定，我们就自相诛杀，让天下人怎么看？"

郑颋不以为然，说："所谓'蝮蛇螫（shì）手，壮士解腕'，为了大局必须当机立断，若使翟让先得手，那后悔就来不及了！"

李密被他说动，终于下了决心。

正巧，在击败王世充的第二天，翟让主动来找李密，准备和他一起宴饮，陪同来的还有翟弘、翟弘之子翟摩侯及徐世勣、单雄信等。

李密见他送上门来，便打算乘机下手，于是命人摆酒招待。

宴席上，李密和翟让、翟弘、裴仁基、郝孝德等瓦岗军主要领导入席就座，其余单雄信、徐世勣等将佐皆在一旁侍立，房彦藻、郑颋则来回招呼众人，借机查看翟让这边的情况。

李密见翟让身边人多，意欲将他们引开，便说：“今日与司徒等人共饮，不需这么多人，左右留下几人服侍即可。”

话音一落，李密身边的人纷纷退了下去，而翟让这边却没有人动，都还站在原地。房彦藻见此情况，赶紧出来对李密说道：“今天是宴乐之日，天气这么寒冷，请给司徒手下的人也分配些酒食。”

李密遂朝翟让道：“听司徒决定吧。”

翟让也没想那么多，张口答了声：“甚好。”然后就听由房彦藻将他的属下全部引到了隔壁。

此时宴厅里除了在座的几个人，只剩李密麾下一个叫蔡建德的壮士在一旁侍立，手中还握着刀。

翟让并未发觉不对劲，仍和李密有说有笑。李密说着说着取出一张弓，递给他道：“我近日得到一张好弓，自己不敢私藏，打算赠予司徒，趁酒菜还没有上来，司徒不妨先试一试。”

翟让本就好武，一听是好弓，顿时来了兴致，顺手接过来准备试射。正当他全神贯注，使尽力气将弓弦拉满时，蔡建德突然闪到他身后，挥手就是一刀，他的注意力全在弓上，完全没有防备，当即就被砍倒在血泊中，发出牛吼一样的呻吟声，随后一命呜呼。

紧接着，不等其他人反应过来，蔡建德又连砍三刀，先后杀死了翟弘、翟摩侯和王儒信。这时正在隔壁用餐的徐世勣、单雄信等人听到动静跑了过来，见到眼前一幕全都吓傻了，徐世勣下意识地朝门外跑，却被门卫截住，一刀砍在了脖子上，好在王伯当及时呵止门卫，才保住了他的命。单雄信见状惊恐万分，慌忙跪求饶命。李密本就没打算杀他，令人将他扶了起来。

除徐、单二人外，在场的翟让部将还有不少，各个惊魂未定，不知所措。李密赶紧安抚道："我与君等同起义兵，本是为除暴乱。怎奈司徒专行贪虐、凌辱同僚，无上下尊卑之分，今所诛仅其一家，与诸君无关。"说完命人扶徐世勣坐下，亲自为他处理伤口，众人这才稍稍安定。

随后翟让被杀的消息在瓦岗军中传开，翟让帐下的士卒惶惶不安，说是要散伙。李密听闻后赶紧命单雄信前往军中宣慰，不久又单骑入营亲自抚慰，并将他们一分为三，交由徐世勣、单雄信、王伯当三人统领，由此稳住了军心。

以上就是李密火并翟让的前因和过程，那么它带来了什么后果呢？

由于翟让平日里暴虐残忍，动辄杖打部下，所以士兵们对他并没有太深的感情，他死之后，竟无一人哀悼。至于翟弘、翟摩侯、王儒信之辈，贪婪放纵，一向不得人心，更没人同情他们了。所以暂时看来，翟让等人的死并没有对瓦岗军造成太大影响。

可是，这毕竟是瓦岗军的一次内乱，诸将眼见大当家杀了二当家，怎能不惶惧？自此以后，他们和李密之间便有了隔阂，开始互相猜疑。

而另一边，王世充闻知李密杀了翟让，竟然大失所望。原来他早就看出李密与翟让不睦，就盼着他们互相攻杀，自己好乘隙突袭。结果翟让就这么轻易死了，瓦岗军一点没乱，他怎么能不失望呢？因此叹息说："李密天资聪明果决，是龙是蛇，实在难以预测！"

这无疑是在称赞李密，而李密也确实当得起，火并翟让这事他虽然做得不厚道，但计划周密，以最小的代价达成了目的，并且没有牵连翟让手下将领，避免了瓦岗军陷入分裂，这不是一般人能做得到的。

如日中天

火并翟让后，李密忙于稳定军心，连续一个多月没有出兵，直到这年年底才又开始和王世充交战。

由于王世充军中缺粮，处境十分窘迫，一些意志不坚定的士兵便叛逃到了瓦岗军。李密全部接纳，询问他们说：“王世充现在在干什么？”

士兵答说：“最近见他大量募兵，又犒劳将士，也不知是何故。”

李密一听便猜出了王世充的打算，对裴仁基说：“我几乎被王世充这个奴才骗了，你知道吗？我这么久不出兵，他储粮将竭，求战不得，所以募兵并犒劳将士，想乘月末夜黑来偷袭仓城，趁他还没来，赶紧设防。”

于是命郝孝德、王伯当、孟让等分兵屯守仓城周围据点以做防备。

不出所料，当夜王世充果然率兵来袭营。王伯当首先与他遭遇，结果初战不利，被迫退入城寨。王世充军顺势登城，却被总管鲁儒击退，王伯当乘机出兵再战，大败其众，斩其骁将费青奴及士卒千余人。

此后王世充又屡次与瓦岗军交战，无不败北。杨侗听说后又派人来慰问，王世充乘机说自己兵少，士卒连续作战太疲惫，所以不能取胜。杨侗信以为真，便从洛阳抽调七万兵马供他调遣。

如此一来，洛阳大半兵力就落入了王世充的手里。这对杨侗来说可不见得是好事，如果王世充生出异心，那他就危险了！

杨侗应该也清楚这一点，但他没有办法，别的武将都被李密打怕了，放眼整个洛阳，也只有王世充能和瓦岗军掰掰手腕了。虽然王世充也掰不过，但至少还能挺住，还没让李密打到洛阳城来。

但令杨侗始料未及的是，王世充得到这七万兵马后不仅没能战胜李密，反而败得一塌糊涂，差点把命丢掉。

因为兵力大增，王世充突然底气足了，又来进攻瓦岗军。大业十四年（公元618年）正月十五，他率领十几万大军至洛水北岸，然后命各军分别造浮桥渡河进击瓦岗军。由于各军造桥的进度不一，为避免贻误战机，他便规定谁先造好浮桥谁就先渡河，不用等后面的部队。

这样规定本身没问题，毕竟兵贵神速，但他没有执行到底，中途改变了策略，这就有问题了。当时虎贲郎将王辩率先造好浮桥，随后率军渡河，一举攻破了瓦岗军的外栅，瓦岗军大有溃败之势。可王世充却不知道，竟在此时鸣金收兵了。

这一收兵可坏事了，李密乘机率精锐追击，大败王辩等军，其他隋军随即陷入混乱，竞相争桥渡河，溺死者万余人。王世充见诸军大溃，不敢回洛阳，率残兵往河阳而去。岂料当夜天降大雨，隋军将士衣服全湿，冻死者大半，最终到河阳时仅剩下数千人。

损失如此惨重，王世充自知难辞其咎，遂在河阳上书请罪。杨侗虽然对他很失望，但奈何无人可用，只能将他赦免，并召还洛阳，赐以金帛、美女安抚。王世充回来后收合逃散的部众，又得到一万多人，自此屯于含嘉城（在紫微城东北角），再不敢出战。

反观李密这边，全军士气大振，乘胜攻陷了金墉城，随后统帅三十余万大军在邙山列阵，向南侵逼上春门。杨侗不得已，派遣金紫光禄大夫段达、民部尚书韦津出兵拒战。然而段达见瓦岗军势大，竟然未战先怯，也不跟韦津打招呼，带着部队就往回撤，结果被李密乘隙进击，段达全军大溃，连韦津也战死城外。

经过这一战，瓦岗军声威大振，李密个人更是名震华夏，如日中天，以至于偃师、柏谷二县及河阳都尉独孤武都、检校河内郡丞柳燮、职方郎柳续等主动投降。各地起义军如窦建德、朱粲、孟海公、徐圆朗之流纷纷遣使称贺，奉表请他即天子位。瓦岗诸将如裴仁基等人也上表劝进，共请他登基。

李密不愧是做大事的人，竟然抵住了皇位的诱惑，说："东都未平，不可议此。"

洛阳还没有平定，怎么能想着当皇帝呢？

李密头脑很清醒，心知不拿下洛阳就无法站稳脚跟，称帝只会坏事。

所以接下来，他一面继续围攻洛阳，一面派房彦藻、郑颋东出黎阳，招抚河南、河北各郡县以及窦建德、孟海公等各路起义军。

截至大业十四年初，河南全境基本被瓦岗军控制（隋朝的河南还包括今山东地区），河北各路"反王"也都向李密表示臣服。同时汉中、巴、蜀地区则纷纷归降李渊，不再受杨广统治。整个淮河以北，除了洛阳之外，几乎都脱离了隋朝。隋朝江山已是摇摇欲坠，到了最危险的时刻。

当此之时，杨广在做什么呢？

昏君

不夸张地说，此时的杨广已经完全堕落，彻底沦为了昏君，比当年的陈叔宝犹有过之。

他具体怎么昏呢？主要体现在两个方面。

第一个方面是不听忠言，宠信佞臣。虽然他一直都有这方面的问题，但现在极其严重。自从宇文述死后，虞世基就成了最受杨广宠信的大臣，朝中大小事都要经他处理。而虞世基这人我们也知道，他一家人都贪财好奢，为满足私欲，公然卖官鬻爵，收受贿赂，致使朝纲堕坏，人怨沸腾。

这还不算什么，他更大的问题是谄顺逢迎，欺骗蒙蔽杨广。比如先前杨侗派元善达来江都求援，虞世基心知杨广不愿听到坏消息，愣是说元善达等人哄骗杨侗，导致元善达遇害。

此外太仆卿杨义臣原本在河北镇压起义军，先后清灭张金称、高士达数万人，并遣使上报。虞世基见起义军情况瞒不住了，竟然扭曲事实，说起义军都是小股势力，数量虽多但终不能成气候，不必担忧，反倒是杨义臣长期拥兵在外，不得不防。结果杨广听信他的话，把杨义臣调回了江都，最终导致窦建德等人在河北做大。

这就是虞世基，一个典型的佞臣，比着当年陈叔宝身边的奸臣孔范、施文庆等有过之而无不及。

但客观地说，这不能全怪虞世基，他原本没这么坏，也想做个忠臣。之前杨广下江都时，他见起义蜂起，建议加强洛口防御，不是很能体现他的忠正吗？之所以变成现在这样，主要是因为杨广越来越听不进真话，容不下正直的大臣，他为了保住自己的性命和地位，只能曲意逢迎，报喜不报忧。

另外他沦落为佞臣还有一个原因，那就是受了小人的蛊惑。这个人名叫封德彝，大家应该还有印象，他是杨素的亲信，也是杨素的堂妹夫，为人聪敏多谋，心思缜密。近来他见虞世基受宠，便投到他门下，为他出谋划策，教他谄媚奉承杨广，扣押违背圣意的奏章，并抑制贤能，以此巩固地位。虞世基就是在他的教唆下，才逐渐“炼”成佞臣的。

不管怎么说，先是因为杨广闭目塞听，不听劝谏，然后才有虞世基的谄媚逢迎，根源还是在杨广自己身上。

再有第二个方面，他的昏还体现为奢靡荒淫，不思进取。

杨广本就是一个奢侈的人，无论修建宫殿、龙舟，还是到各地巡游，一定最高规格，极尽奢华。以前他勤于政事尚且如此，现在到了江都，没有了奋斗目标，整个人都颓废了，生活便更加奢侈，仿佛人生就只剩下享乐。

当时江都宫有一百多间房，每间都雕梁画栋，摆设奢华，并且还都住着一位美人。杨广为了享乐，每天入住一间房，让房中美人轮流服侍自己。此外，他还命江都郡丞赵元楷负责供应酒食，每天与萧皇后及妃嫔、宫女一千多人宴饮取乐，酒杯从不离口，不仅自己常常喝得烂醉，也逼得妃嫔、宫女们一起大醉。

这样奢靡荒淫的作风，倒是和陈叔宝有些相似，也很符合我们印象中的“隋炀帝”的形象。后世称杨广是昏君，说他荒淫无道，多半就是从这找到的证据。

但是杨广真如表面看起来那样挥霍无度、荒淫好乐吗?

事实并非如此，杨广看似在享乐，实际上是在麻醉自己，他很清楚眼下的局势，也很为此忧虑，但没办法，也没心气去挽救这摇摇欲坠的大隋江山，只能假装看不见，通过沉浸享乐来逃避现实。

可现实哪能逃避得了，他再麻醉自己，醒了也还是要面对。所以在江都宫廷里，宫人们常常能看到这样一幅场景：皇帝下朝后，头戴巾帻，身穿短衣，拄着木杖，独自在宫中踱步，走遍楼台馆舍，不停地观赏四周景色，生怕看不够，直到太阳下山才停下脚步，仿佛第二天就见不到了一样。

试想一个人如果真的沉溺享乐，哪会有功夫做这样的事？只有当内心极度忧虑不安时，才会有这种不寻常的举动，而这正是杨广目前的真实状态。

另外，杨广还常常在夜间饮酒，仰观天文星象，并用吴语对萧皇后说：“外间大有人图侬，然侬不失为长城公，卿不失为沈后，且共乐饮耳！”

这里的“侬”乃是“我”的意思，长城公则是陈叔宝，沈后即陈叔宝皇后沈氏。杨广这句话的意思是：天下有很多人要图谋害我，我拿他们没办法，但还可以像陈叔宝一样，只管纵酒享乐。

这显然是一种“今朝有酒今朝醉”的心理，对于现在的杨广来说，只有酒能让他暂时忘却烦恼，只有萧皇后能抚慰他的心灵。所以他就和她把酒对饮，倾诉心声，共度这漫漫长夜。

说到倾诉，有一次杨广还对镜自照，随口对萧皇后说：“这一颗好头颅，谁来砍之？”

萧皇后听言大惊，忙问：“陛下何出此言？”

他笑了笑说：“贵贱苦乐，更迭无常，又有什么可感伤的？”

这话有一种大限将至的意味，杨广应该是预感到了什么，才会这么悲观吧！

但悲观归悲观，接下来何去何从，杨广总得拿个主意。眼下关中失守，洛阳被围，他是彻底不敢北归了，只求偏安东南一隅，再现南北朝故事。于是，在经过一番考量后，他决定渡江而南，定都丹阳。

为什么是丹阳呢？

有三个原因。其一，丹阳位于江南，有长江天险作为屏障，相对于江北的江都更为安全。

其二，丹阳也即金陵、建康，是东吴、东晋、宋、齐、梁、陈六朝都城，有建都的历史和条件。

其三，杨广做过一个梦，梦中指示他渡江。据《隋书·五行志》记载，杨广曾梦见两童子唱歌，歌曰：“住亦死，去亦死。未若乘船渡江水。”

联系当前的局势，我们不难理解这首歌谣的意思：在江都是个死，北归也是死，不如乘船到江南去。杨广是信梦的，按梦境的指示，他应该迁都江南，而江南能定都的地方只有丹阳。

基于这些原因，杨广决意迁都丹阳，并命群臣在朝堂上商议定夺。

说是商议，但了解他的人都明白，群臣是没有选择的，只能服从而已。所以他刚提出这一议案，虞世基等人就迫不及待地表态支持，生怕被人抢了先。

不过朝中仍有直臣，右候卫大将军李才随即站了出来，坚持说不可渡江，并劝杨广回归关中，还和虞世基争论起来。但杨广显然是站在虞世基一边，李才争不过，最后愤然而出。

他离殿后，门下录事李桐客又站出来说："江东地势低洼，气候潮湿，环境险恶，地域狭小，如果定都于此，则百姓对内要奉养朝廷，对外要供奉三军，必然承受不起，恐怕最终不免要造反。"

门下录事不过是八品小官，但李桐客官小胆不小，一句"百姓造反"，直接说到了杨广的痛处。结果可想而知，他当场被御史弹劾，说是谤毁朝政。虽然最终没有获罪，但朝臣们可都吓坏了，纷纷谄媚逢迎说："江东之民盼望陛下已久，陛下过江抚慰百姓，此乃大禹之作为。"

这马屁拍得够响，完全不输于虞世基。杨广经过不懈的努力，终于把大臣们都"改造"成了曲意迎合之徒。这究竟是他的喜呢，还是他的悲呢？

也许这一刻他是喜的，迁都的事情敲定了，他长舒了口气，随即下诏营建丹阳宫，并准备渡江。

可眼下局势这么乱，他真能迁都成功吗？迎接他的将会是什么呢？

第十五章
江都宫变

在杨广的威逼下，百官被迫赞成了迁都丹阳的计划，但是江都的数万将士可没有赞成，他们大多是关中人，家都在北方，怎么会愿意长留江南？眼见关中失守，皇帝不思北归，他们惶惶不安，纷纷开始叛逃。

这一逃就是成群结队的，少则数十人，多则上千人，其中规模最大的一次是郎将窦贤率部西逃关中，虽然最终被杨广派人追回，窦贤也被斩首示众，但叛逃现象仍无法禁止，反而愈加严重。

杨广对此非常忧虑，便向裴矩询问对策。为什么问他呢？因为他是目前唯一能为杨广分忧解难的人了。

裴矩与虞世基等人不同，他虽然也逢迎取悦杨广，但却是有原则的，不会在大是大非面前违心迎合。之前杨广初到江都，各地有关起义军的奏报纷至沓来，群臣都不敢上报，唯有他敢于奏明实情。后来李渊攻入关中，杨广向其问策，他又大胆提议北归平乱。虽然这两次进言，杨广都没有听，甚至还大发雷霆，但他的忠心杨广是知道的。在这危急关头，杨广不向他问策还能向谁问呢？

面对皇帝的问询，裴矩着实有些纠结，可心里明白，只有北归才能杜绝将士叛逃现象，但也知道，杨广不可能回去了，劝他回去只会惹怒他。想来想去，裴矩提出了这样一条建议：为将士娶妻。

将士之所以叛逃，大多是因为思家，既然如此，那不妨让他们在江都娶妻成家，这样说不定就能留住他们的心。

还得说裴矩足智多谋，竟然连这样的招数都能想得出来。杨广听后兴奋得不得了，直道："公定多智，此奇计也！"遂令他全权负责为将士娶妻之事。

裴矩随即召集江都未婚少女及寡妇至行宫，又聚集骁果军将士，任其配对结合。将士们当然高兴，一时乐不思归。

但这也只是暂时的，很快将士们过了娶妻的兴奋劲儿，思家的情绪再次占领高地，叛逃现象越发严重起来。

而随着叛逃者越来越多，骁果军几个主要领导不淡定了，他们担心被杨广问罪，竟也萌生了叛逃的念头。

骁果军是目前杨广所掌握的最重要的一支部队，由虎贲郎将司马德戡等人统领。这个人物非常关键，在此有必要对他做个介绍。

司马德戡

司马德戡，扶风郡雍县（今陕西凤翔县）人，时年三十九岁，早年以杀猪为生，后入宫为禁军侍官，渐升至大都督。大业初年，随杨素讨平汉王杨谅叛乱，授仪同三司，后又授鹰扬郎将。之后从征高句丽，进位正议大夫、虎贲郎将，深得杨广宠信。杨广至江都后，命其率骁果军驻屯东城。

以上就是司马德戡的基本信息，其中有一点很重要，那就是他的籍贯。他出生于扶风郡雍县，是关中人，家人基本都在关中。如今关中被李渊占据，他岂能不忧心？加上他麾下士卒逃亡者不计其数，他无法禁止，怕杨广降罪，就更不安了，因此打算和骁果军一起逃归关中。

为确保万无一失，他决定拉更多人加入叛逃队伍，这样就算杨广知道了，也无法阻止。于是他找到了与自己交情不错的虎贲郎将元礼、直阁裴虔通，与二人商议说：“今骁果人人欲逃，我欲报知皇帝，又恐被诛杀；但如果不说，事后皇帝发觉，我仍不免遭灭族，可如何是好？我又闻关内沦陷，李孝常在华阴叛归李渊，皇帝囚禁了他两个弟弟，准备处死。我辈家属皆在关中，万一其中有人叛变，岂非也要落得同样下场？”

二人听言大惧，忙问道：“既如此，那该怎么办？”

司马德戡说：“骁果若要逃亡，不如与之一同逃去。”

二人毫不犹豫，当即表示赞成。

于是三人一起在朝中、军中联络思归之人，短短数日就招引了内史舍人元敏，虎牙郎将赵行枢，鹰扬郎将孟秉，符玺郎李覆和牛方裕，直长许弘仁、薛世良，城门郎唐奉义，医正张恺，勋士杨士览等数十人。

随着叛逃队伍的壮大，司马德戡等人的胆子逐渐大了起来，也不再偷偷摸摸了，就在大庭广众之下集会，公然讨论叛逃计划，没有一点顾忌。

如此明目张胆，想不被别人知道是不可能的。很快就有宫人发现了他们的计划，并向萧皇后禀报说：“外面好多人要造反。”

萧皇后听了道：“那你去报给皇帝吧。”

宫人于是上奏杨广。岂料杨广勃然大怒，不仅没听进去，还斥责宫人妄议朝政，下令处死了她。

这就让人难以理解了，杨广疑心那么重，听了宫人的举报竟然没有反应，这若不是神志不清，那应该就是放弃治疗了。

可是宫人们并没有放弃，她们见外面的动静越闹越大，便又向萧皇后报告。萧皇后也很无奈，她太了解杨广了，知道他不愿意听到这些，也根本听不进去，之前已经有宫人因此而死，她怎忍心再叫她们送命，因此说道：“天下事到了今日这个地步，已经无可挽救，又何须再跟皇帝说呢？这只会令他徒增烦恼罢了！”

宫人们听言默然，从此再也无人奏报此事。

这样一来，司马德戡之辈就无人能管了，他们的叛逃计划越搞越大，招引来的人越来越多。终于随着一个投机者的加入，这个计划发生重大改变，其性质由原先的叛逃变成了叛乱。

宇文兄弟

这个投机者名叫宇文智及，乃是宇文述的次子，是个十足的奸恶之徒。

史载其人凶顽好斗，常常聚众斗鸡，豢养鹰犬，还仗着宇文述的权势奸淫掳掠，无恶不作，简直令人发指；甚至连他的父亲宇文述都看不惯他，多次要杀他，但每次都被他大哥宇文化及求情救下。

这宇文化及也是个纨绔子弟，为人贪婪凶险，横行不法，早年凭父荫入职东宫，公然收受贿赂，多次被免官，但因为有宇文述的关系，不久就被杨广复职。而他不仅不改过，反而更加骄纵妄为，经常凌辱同僚，贪求他人财物，还常骑着高头大马，带着弓弩和家仆在长安街道上肆意狂奔，到处胡作非为，长安人见之如见豺狼，送其绰号“轻薄公子”。

总之这对兄弟都不是善类，可谓臭味相投，只是宇文化及驽钝怯懦，胆小怕事，大奸大恶之事他一般不敢做，所以并没有像他弟弟宇文智及那样被父亲宇文述痛恶，反倒是多次为宇文智及求情，救了他的命。

因此，二人的关系更加要好。宇文智及胆子大，便带着宇文化及干各种不法之事，直到有一次他们闯下大祸。

那是在大业初年，当时杨广出巡塞北，宇文兄弟随驾而行。在车驾到达榆林时，宇文智及动了歪心思，他为牟取暴利，怂恿宇文化及遣使出塞与突厥人做买卖，而这是被杨广明令禁止的，一旦被发现，那就是死罪。

结果这俩兄弟被人举报，杨广雷霆大怒，当即将二人缉拿，并准备依法处死。但宇文述很快出来求情，说这事与宇文化及无关，都是宇文智及干的，求陛下开恩，把他一个人处死。

宇文述的分量我们也知道，他这么一说，杨广就犹豫了，而这时宇文述的第三子宇文士及之妻南阳公主也出面为这俩兄弟求情。杨广心疼女儿，不愿为这事影响与亲家的关系，便免了二人死罪，将他们赐给宇文述为奴。宇文述哪能真拿他们当奴隶，这实际上是把他俩贬为了庶人。

这一贬差不多就是十年，如果不是宇文述死了，他们可能永远也没有机会复出。大业十二年，宇文述病重，临终哀求杨广说：“化及是臣之长子，早年在东宫侍奉陛下，愿陛下哀怜之。”

杨广闻言潸然泪下，心想宇文述跟了自己大半辈子，劳苦功高，现在人要死了，就这么一个遗愿，于是便答应了宇文述。在其死后不久杨广重新起用宇文化及为右屯卫将军，并让他继承了许国公爵位，顺带也起用了宇文智及，任命他为将作少监。

就这样，这俩兄弟时隔多年又回到了朝廷。按理说杨广法外施仁重新起用他们，也算是皇恩浩荡了，他们应该感激才对，但令杨广做梦也没想到的是，这二人竟然恩将仇报，做了他的掘墓人。

由于宇文智及与赵行枢交情深厚，又是杨士览的舅舅，所以便从他们口中得知了司马德戡的叛逃计划，而他随后的反应是“大喜”，一个大胆的想法在他脑海中产生。他随即找到司马德戡等人，对他们说：“天子虽然无道，但仍然有威令，你们这样逃走，恐怕会落得与窦贤一样的下场。如今天要亡隋，英雄并起，同心而叛者已有数万人，何不因此干一番大事，此乃帝王之业也。”

这意思很明显，就是要司马德戡变“叛逃”为“叛乱”，带领将士们发动兵变，推翻杨广，自己当家做主。

不得不说，宇文智及的胆子是真大，那么多人没敢想的事，他却敢想，这种人实在可怕，难怪连他亲爹宇文述都要杀他，估计就是怕他闯大祸，连累整个家族。

可惜宇文述死了，再没有人能约束他，他的邪念终于完全释放。

听他这么一说，司马德戡立刻就心动了，因为他已经招引了数万人，这么多人聚集起来可是一股不小的力量，真有机会成大事。

于是司马德戡听从了宇文智及的建议，取消叛逃计划，改为发动兵变。不过他毕竟只是一个郎将，官阶比较低，声望也有限，带着大家叛逃可以，率领群臣造反恐怕有困难，所以他又在宇文智及、赵行枢、薛世良等人的建议下，将宇文化及立为了领导者。

宇文化及虽然没什么声望，但好歹是宇文述的长子，当今的许国公、右屯卫将军，地位在那摆着，由他做带头人，比司马德戡更能服众。

只是宇文化及怯懦无能，一听要造反，当时就吓得脸色煞白、大汗直流，后来经宇文智及反复劝说，他才勉强答应。

说服宇文化及后，司马德戡随即展开兵变计划。

宫变

兵变的第一步就是发动骁果军。

骁果们原本只想叛逃，现在突然说要他们造反，他们肯定不会轻易服从，所以司马德戡想了个办法，令直长许弘仁、医正张恺进入左右备身府，告诉认识的骁果说：“皇帝听闻骁果要叛逃，准备了很多毒酒，打算在宴会时将你们全部鸩杀，独与江南人留在此地。”

听者信以为真，无不惊慌害怕，之后一传十，十传百，骁果们基本就都知道了，整个军府一片恐慌。这时司马德戡召集众军官，宣布兵变计划，众人别无他路，纷纷表示愿意从命。

此后司马德戡开始实施计划的第二步：控制江都宫。三月初十这日，天刮起大风，整个江都暗不见日，到黄昏时，天色更暗，司马德戡乘机盗取御马，暗中磨砺兵器，准备起事。当天虎贲郎将元礼、直阁裴虔通在宫内当值，负责宿卫玄武门和成象殿（江都宫主殿），城门郎唐奉义则主掌外城门。几人根据司马德戡的指示，将各门都下了锁。至三更时分，司马德戡在东城聚集数万骁果，举火为号，与城外宇文智及呼应。宇文智及随即与鹰扬郎将孟秉在城外聚集千余人，劫持候卫虎贲冯普乐，分兵把守各处街巷，控制了外城。

杨广在宫中望见城内火起，又听见喧嚣声，觉得不对劲，问侍卫说：“外间发生了何事？”

裴虔通就在殿外宿卫，便欺骗他说：“草坊失火，外间人在救火。”

由于宫城内外已经隔绝，杨广没有别的途径获知城外事，便相信了裴虔通的话，不再过问。

不久，他的长孙燕王杨倓也发觉情况不对，连夜穿过芳林门边的水闸潜入宫中，至玄武门外求见。因为不知道宫内有多少人参与叛乱，杨倓不敢说实话，便对门卫谎称：“臣突然中风，命不久矣，请让我当面向皇帝告别。”

难为杨倓才十六岁，竟然这般机智，但裴虔通也不是吃素的，这么紧要的关头，他怎会轻易让外人见到杨广。不管杨倓所言是真是假，裴虔通都不会通报，更不会放他入宫，不仅如此，为防他坏事，还命人将他关了起来。

这一关，就关掉了杨广最后的希望。

次日天未亮，司马德戡至宫城外，将数百骁果交与裴虔通，命他替换各门卫士。裴虔通先是换了玄武门的守卫，然后率骑兵至成象殿，准备把殿内的守卫也替换了。不料守卫们发现异常，大呼有贼，裴虔通遂又返回，关闭了宫中各门，只开东面一门，然后率兵驱赶殿内守卫。

守卫们一片慌乱，纷纷丢下武器向东门外逃去。此时宫内尚有右屯卫将军独孤盛等人宿卫。独孤盛见此情形，大觉异常，质问裴虔通道："你这是哪里来的兵，想干什么？"

裴虔通道："形势已然至此，不关将军的事，将军千万不要轻举妄动！"

独孤盛这才知他要谋反，大骂道："老贼，说的是什么话！"说完顾不上披甲，率左右十余人拒战骁果，无奈寡不敌众，终为乱兵所杀。

除了独孤盛，宫内还有千牛备身独孤开远忠心宿卫。他见裴虔通已反，急忙率仅剩的数百卫士赶到玄武门，在左阁（应为成象殿周边建筑）外请见杨广，呼拜道："士兵、武器尚且完备，仍能破贼。陛下若出面指挥，人情自然安定，不然今日便大祸临头矣！"

但是连呼数声，阁内始终未有回应，卫士们失去耐心，逐渐散了去。此时正有骁果赶来，独孤开远无力抵抗，遂被生擒。

他一被擒，就真没人能保卫杨广了。原本宫内还有数百甲士，乃是杨广从官奴中挑选出来的，个个骁勇强健，称为"给使"，屯于玄武门，目的就是防备突发事件，所以给他们的待遇非常优厚，甚至将宫人赐给他们为妻，而他们也对杨广非常忠诚。只可惜，这些人今天都不在宫中，全被人诓走了。诓他们的人名叫魏氏（也可能只是姓魏），是宫里的总管太监，极受杨广信任，但不久前被宇文化及等人收买，做了他们的内应，伪造诏书将他们调出了宫。

至此司马德戡的计划已成功大半，接下来就是最关键的一步：解决杨广。

很快，在裴虔通的引领下，司马德戡等人率骁果军进入玄武门，直奔成象殿而来。杨广听到外间的喧闹声，知道大事不妙，赶忙换装逃往了西阁。裴虔通与元礼随后赶来，带兵冲撞左阁门，阁中魏氏听见动静，从内将门开启，裴虔通由此进入永巷（宫女、嫔妃居住的长巷），问宫人们道："皇帝何在？"

宫人不敢不答，伸手指向了西阁。骁果校尉令狐行达随即拔刀冲进阁内，杨广见他带着刀，不禁惊惧，躲在窗扉后面问："你是要杀我吗？"

令狐行达道："臣不敢，只是想奉请陛下西归关中而已。"说完扶杨广出了西阁。杨广见到裴虔通，心里惊了一下，问道："卿岂非是我故人？有什么仇恨非要造反？"原来早在杨广还是晋王时，裴虔通就是他的亲信侍从，直到今日宫变之前仍然是，他实在想不到裴虔通会造反，故而有此一问。

裴虔通的回答与令狐行达如出一辙，也是："臣不敢反，只是将士思乡，想奉陛下回西京而已！"

杨广见他们都这么说，便明白他们是为什么造反了。此时他的命捏在人家手里，哪还敢耍天子脾气，只能迎合他们说："朕正准备西归，之前是因为长江上游的运粮船未到，现在就和你们回去吧！"

这句话士兵们真是盼了很久，可是现在说已经太迟了，造反这种事情一旦开始，就没有回头路。裴虔通当然不会杀杨广，但也不会听他的，乃命人将他看管起来，等待宇文化及和司马德戡来处置。

终于，天亮了，该是了结的时候了。此时江都的主人已不再是杨广，而是宇文化及。

在鹰扬郎将孟秉等人的奉迎下，宇文化及骑上高头大马，迎着朝阳朝宫城赶来。虽然兵变已经成功，但他心里还是很害怕，一路上都在战栗，什么话也不敢说。有人途中拜见他，他就只是在马上俯首道："罪过，罪过……"

他很快到了宫城，司马德戡亲自出迎，引入朝堂，号为“丞相”。

此时百官例行来上朝，也都到了殿内，裴虔通随即去请杨广，说：“百官皆在朝堂，陛下须亲自出去慰劳。”说完牵来一个士兵的马，逼着杨广乘坐。而杨广竟然嫌马鞍破旧，坚持不肯骑，直到裴虔通给他换了新鞍，他才上马。

随后裴虔通一手牵马，一手持刀，率领部从前往朝堂。聚集在朝堂外的士兵们见皇帝来了，纷纷争上前围观，欢噪声惊天动地。而宇文化及见到杨广，心里还是虚得慌，扬言道：“哪用得着把这家伙带过来，赶紧弄回去给结果了吧！”

裴虔通不好违拒他的意思，便又准备将杨广带回寝殿，这时杨广扫了一眼朝堂，突然问道：“虞世基何在？”

原来他是发现朝堂上少了虞世基等人，所以才这么问。他话音刚落，军官马文举站出来说：“已经枭首了！”

杨广没有再说什么，他其实已经想到了，虞世基是他最宠信的大臣，裴虔通等人既然发动了兵变，肯定不会放过他。只是没想到他已经被杀，他们君臣连见最后一面的机会都没有了。

其实虞世基原本是有机会活命的，只是他自己没有把握住而已。兵变之前一夜，御史大夫裴蕴接江阳县令张惠绍告密，得知宇文化及、司马德戡等人将要谋反，于是派人告知虞世基，请他矫诏调集禁军及外城兵民，命杨倓、来护儿等人统领，清剿反贼，援救天子。但是虞世基怀疑造反之事不实，竟不敢矫诏，由此错过了自救的机会，与裴蕴等人一同被杀。

可叹虞世基手握大权，明明可以平乱，却优柔寡断，丧失良机，不仅害了自己，也误了杨广。

得知虞世基死讯后，杨广已近绝望，他知道自己今日是在劫难逃了。

果不其然，回到寝殿后，司马德戡、裴虔通等人立刻变了脸，一个个拔刀相向，杀气腾腾。

但杨广并没有慌乱，只是叹息道：“我何罪至此？”

马文举厉色道：“陛下抛弃宗庙，四处巡游不息，对外穷兵黩武，对内穷奢极欲，使丁壮尽死于刀刃，女弱皆填于沟壑，民不聊生，盗贼蜂起；又专任奸佞阿谀之臣，文过饰非，拒绝纳谏。何谓无罪！？”

这番话着实道出了天下人的心声，也只有在这种时候，杨广才能听到这逆耳之言。他似乎终于认识到了自己的错误，没有再做辩解，乃问：“我确实有负百姓，但对于你们，没少荣华富贵，何至于此？今日之事，谁为主谋？”

司马德戡站出来说：“普天同怨，何止一人！”

这话倒也没错，杨广无言以对。这时宇文化及派人来，说要当面列举他的罪过。他一见来人，怒道：“卿乃是士人，为何也做这种事？”

原来来者是个文臣，正是我们之前提到的封德彝。这家伙在虞世基死后，火速投靠了宇文化及，因为比较有文化，所以被宇文化及派来“骂”杨广。

但是有文化的人一般也都有羞耻之心，封德彝被杨广这么一说，立刻就心虚了，满脸愧色地退了下去。

可这也改变不了杨广的命运，随着时间一点点流逝，司马德戡等人逐渐失去耐性，纷纷举起了手中的刀剑。而此时年仅十二岁的赵王杨杲因为惊恐，在大殿里号哭不已，裴虔通不耐其烦，一刀将他杀死，血溅了杨广一身，随后又提刀向前，准备杀杨广。

面对即将到来的死亡，杨广没有惊慌，只是说：“天子自有天子的死法，岂可刀剑加身，取鸩酒来！”

这意思是想饮毒酒自尽，其实他老早就这么想了。他知道总有一天会发生叛乱，身边已经备好毒酒，令众妃嫔保管，还对她们说：“叛贼若来，你们先饮毒酒，然后我饮。”但是昨夜裴虔通等人杀来时，众妃嫔都逃命去了，他竟然连一瓶毒酒都寻不到，如今只能向叛贼索求。

好歹君臣一场，司马德戡、裴虔通也不是无情之人，都不忍拒绝他最后的要求。但是马文举等人却坚持不许，执意要杀他。众人只得各退一步，使令狐行达摁着杨广坐下，准备将他缢死。

事已至此，杨广也不再奢望其他，便解下头巾交给令狐行达，又整理了下仪容，然后扬起头颅，从容就死。

大业十四年三月十一日，即公元618年春，隋朝第二位皇帝杨广被叛军缢杀于江都，终年五十岁。

后事

杨广死后，萧皇后与宫人们撤下寝殿里的漆床板，做成两口小棺材，把他和杨杲草草埋在了西院流珠堂下。

堂堂一国之君，死后竟只有床板安身，实在是凄惨！

但更惨的还在后面。他这一死，他的兄弟子侄也难幸免，几乎全部被杀。

首先是他四弟蜀王杨秀。早在仁寿年间，杨秀就已经被囚禁了，杨广即位后对他仍不放心，走到哪儿把他带到哪儿，这次来江都，就把他囚在骁果营。杨广被杀后，宇文化及成了掌权者，但不敢僭位，便提议立杨秀为帝，结果众人都不同意，于是宇文化及杀了杨秀和他的七个儿子。

还有就是齐王杨暕和燕王杨倓。杨倓早已落入裴虔通之手，兵变之后就被杀害，年仅十六岁。而杨暕更可怜，他失宠已久，心中常常不安，当宇文化及派人去杀他时，他竟然以为来人是杨广所遣，呼叫说："且放开孩儿，儿没有辜负国家！"来人也不解释，硬将他拖至街道上斩杀。他至死也不知是谁杀了自己，始终怨恨着杨广。而杨广起初也以为是杨暕造反，叛军冲入宫殿时，他曾对萧皇后道：“岂非是阿孩？”可怜这父子二人互相猜忌多年，至死也没能消除嫌隙。

杨暕死时，他的两个儿子也一起被杀。其余皇室成员，只要是个男的，不论老幼，基本都难逃一死。只有秦王杨浩（杨坚之孙，杨俊之长子）因为平日与宇文智及关系不错，在宇文智及的庇护下，侥幸活了下来。

除了皇族，许多大臣也遇了难。虞世基、裴蕴固然死不足惜，但左翊卫大将军来护儿、右翊卫将军宇文协、梁国公萧钜（萧琮与萧皇后之侄）、给事郎许善心等人被诛，就不免令人惋惜了。

尤其要说许善心，他死得实在悲壮。杨广被弑后，百官皆至朝堂拜贺宇文化及，只有许善心未到。其侄许弘仁担心他招惹灾祸，赶忙驰奔到他家中，告诉他说：“天子已崩，宇文将军摄政，满朝文武集于朝堂。天道要亡隋朝，与叔父有何相干，以至于这样留恋不舍？”

许善心听后大怒，坚持不肯去。许弘仁无奈，流着泪返回了朝堂。宇文化及听到回报，随即命人将许善心擒至朝堂，然后当面放了他，以为这样就能打动他。但许善心实在刚烈，一点也不给宇文化及面子，转身出了大殿。宇文化及大怒，又命人将他擒回，杀害于朝堂外。

许善心原是南朝人，陈亡之际他哭得最悲，如今隋朝将亡，他又坚守到了最后。这不禁让人好奇，他为何能如此忠贞？

或许这与他的母亲有关吧。他死时，他母亲范氏已经九十二岁，为他治丧时竟然不哭，扶着他的灵柩说：“能死于国难，真是我的好儿子啊！”于是卧床绝食，十余天后去世。

有这样的母亲，难怪许善心这么有气节。但同样是范氏的子孙，许善心的儿子许敬宗就太没有节操了。他为了活命，竟然伏地叩首，苦苦哀求宇文化及，真是把他父亲的脸都丢尽了。

不过许敬宗这节操也没白扔，他不仅活了下来，而且一活就是五十多年，熬死了隋唐之际的所有重要人物。

像许敬宗这样的人不在少数。对于大多数人来说，生命都远比气节重要。就连曾经的“五贵”裴矩、苏威也难例外。

按理说像裴矩这样的重臣应该很容易被造反者列为诛杀对象，但由于他之前为骁果张罗娶妻，骁果心怀感激，都说：“非裴黄门之罪。”再加上他没什么气节，主动迎拜宇文化及，因此得以免死。至于苏威，他早已被杨广免职，许久不在朝堂，骁果本就没打算杀他，但他为求安稳，还是去参见了宇文化及，接受了封赐，这就不免晚节不保了。

随着百官的俯首，宇文化及完全掌握了朝政大权。此时他就住在江都宫，和皇帝也差不多了，只是还不敢戴上皇冠而已。为了便于统治，他自称大丞相，以萧皇后的名义立杨浩为帝，让他住到别宫，只管签发诏书，并派人日夜看守；然后以宇文智及为左仆射，宇文士及为内史令，裴矩为右仆射，共掌朝政。

西归

至此这场政变就算结束了，不过对于以宇文化及为首的造反者来说，政变只是开始，接下来还有很多事情要做，其中最重要的就是西归。

不管宇文化及是否情愿，他都必须带领百官和将士离开江都，因为骁果们造反的最终目的就是要回家。如果宇文化及敢在江都逗留不归，那骁果们也不怕再来一次兵变。

于是十多天后，宇文化及令左武卫将军陈棱留守江都，自率文武群臣、后宫妃嫔、各营将士十余万人启程西归。此时距杨广三下江都已经快过去两年了，天下形势早已大变，河南、淮北遍布起义军，通济渠几乎阻绝，而且江都的船只也不够，宇文化及只得抢了百姓的船，改走彭城水路。

这一路走下来，宇文化及也算历尽了艰险，险些把命丢了。这倒不是说他遭到了起义军袭击，而是他队伍内部出了问题。

作为大丞相，宇文化及的住行那得是皇帝标准，所以这次北归，他按照原先杨广出巡的惯例，将后宫设置为御营，又在营前单独建一大帐，供自己居住和办公，所用仪仗、侍卫的规格都跟天子差不多。为了保障安全，他还专门命折冲郎将沈光率领给使屯于御营中。

正是这个沈光，给了宇文化及一击，差点要了他的老命。

关于沈光其人，我们之前也提到过，他出身骁果，曾参加第二次东征，因在攻打辽东城时表现突出，受到杨广的重用，被提拔为折冲郎将。他因此感念杨广之恩，常怀报效之心。如今宇文化及弑杀杨广，他便打算诛杀宇文化及报仇。

而他并非一个人，和他有同样想法的还有虎贲郎将麦孟才和虎牙郎将钱杰等人。麦孟才其人，我们之前也提到过，第一次东征时，其父麦铁杖英勇牺牲，其兄弟三人受到杨广的厚待，恩宠无比。他也因此感恩杨广，誓要为其报仇。

于是，在队伍行至江都东北的显福宫时，麦孟才、钱杰、沈光三人聚到了一起，暗中密谋诛杀宇文化及。他们原本打算由麦孟才纠合亲朋故友，于次日凌晨率麾下数千人袭击御营，由沈光在内响应。但不料计划泄露，宇文化及连夜出了营，并令人通知司马德戡，叫其来平乱。

司马德戡随即率兵进入御营，就要围剿沈光。沈光听见营内喧闹声，知道事情不妙，便不等天亮，立刻突袭宇文化及的营帐，结果扑了个空，只遇见内史侍郎元敏。这元敏本是内史舍人，因投靠宇文化及而高升，坐上了虞世基的位子。沈光恨他助纣为虐，就当面列举他的罪行，把他斩了。这时司马德戡率兵包围过来，沈光率众力战，英勇就义，麾下数百人无一降者，全部战死。而麦孟才、钱杰等人，也都相继被杀。

虽然行动失败，但沈光、麦孟才、钱杰不失为英雄，他们忠勇无畏，以死报恩，正可谓是“君待我以礼，我还君以命”。

至于宇文化及，他这次侥幸躲过了一难，但前面的路还很长，现在才是刚开始，接下来还有更多劫难等着他。

继沈光、麦孟才等人之后，宇文化及很快又遭到内部人的反叛，这次要杀他的人非比寻常，正是一手把他抬上丞相宝座的司马德戡。

司马德戡要杀宇文化及，有两个原因。

第一个原因是看不惯宇文化及的为人和做派。宇文化及本就是个贪婪凶险之徒，如今掌握朝政大权，就更加骄奢淫逸、残暴不仁了。就比如他下面的这些行为。

霸占六宫，奢侈享乐。自从当上了大丞相，他就将后宫据为己有，所有奉养一如杨广，甚至犹有过之。

宠信奸佞，疏远大臣。在西归途中，他常在御营大帐内面南而坐，每当有大臣来奏事，他都默然不答，直到大臣离开后，才取出奏状与唐奉义、牛方裕、薛世良、张恺等亲信商议决定。

挟持天子，败坏朝纲。杨浩明明是皇帝，但却被他关押在尚书省，毫无自由不说，连和百官见面的机会都没有。百官见不到皇帝，朝会无法举行，他这个大丞相又不和大臣议事，那朝纲不就乱了吗？

横行霸道，不恤士卒。自启程西归以来，他是走到哪抢到哪，前面夺了江都人的船不说，到彭城时，由于水路不通，又夺了百姓的牛车两千辆，专门装载宫人和珍宝，而兵甲器械这些东西，却令将士背负着。

凡此种种，不胜枚举。司马德戡也是有正义感的人，弑杀杨广就是想除掉昏君，如今宇文化及比杨广还昏，他当然有意见。

再有第二个原因，司马德戡被宇文化及夺了兵权，心中怨愤。

宇文化及虽然怯懦无能，但也不是傻子，司马德戡统领数万骁果军，权力极大，万一哪天他又搞兵变，把自己拉下马怎么办？所以他想了个招，任命司马德戡为礼部尚书，表面是给他升官，实际上是夺了他的兵权。

司马德戡因此不平，为取回兵权，便拿珍宝贿赂宇文智及。宇文智及见钱眼开，为他说了好话，宇文化及这才让他重新掌兵，统领后军万余人。

虽然拿回了部分兵权，但司马德戡仍旧抑郁不平，加上对宇文化及的行径不满，担心他会把队伍带向毁灭，便决定再次发动兵变，拨乱反正。于是他联合了赵行枢与李本、尹正卿、宇文导师等将领，打算率领后军袭杀宇文化及，并派人联络济阴起义军孟海公，使他在外援助。

为了等孟海公的回信，司马德戡等人迟迟没有动手，结果走漏风声，被许弘仁、张恺知道了谋划。二人都是宇文化及的心腹，立刻向他告了密。宇文化及高度重视，与亲信商议后，假意派宇文士及率兵游猎，借机来到后军。司马德戡不知事情败露，出营去迎接，宇文士及趁机发难，当场将他擒住，押至御营。

宇文化及见到他，责问说："我冒着万死的风险，与公勠力共定海内。如今大事刚成，正要共享富贵，公为何谋反？"

司马德戡道："我杀昏君，本就是因为苦于他的荒淫暴虐，没想到你比他更甚。人情如此，我也是没办法。"

宇文化及大怒，随即将其缢杀，并杀其党羽十余人。

几天后，孟海公终于赶来了，但此时已经太晚了，没有司马德戡的协助，他哪是骁果的敌手？一看宇文化及兵力强盛，他直接就尿了，赶紧把兵器收起，换成牛车，拉着酒食来"欢迎"政府军。宇文化及也不想树敌太多，便笑纳了。

至此司马德戡等人算是失败了，宇文化及也真是命大，两次叛乱都没把他杀死。不过他的好日子已经到头了，随着他率众进入中原，前面的敌人越来越多，想取他性命的大有人在。而且入关的道路也被李密阻断，他西归不成，只得引兵向东郡，暂时在此安身。

中原已经够乱了，宇文化及这一掺和，形势更加复杂，各方势力就要展开角逐。隋朝命运最终如何，即将见分晓。

第十六章 斜阳落尽

随着宇文化及北归，杨广遇弑的消息也传到了洛阳和关中。

杨广活着的时候，人人喊骂，现在他死了，天下人却都不骂了，反而哭了起来。其中李渊哭得最伤心，流着泪对人说：“吾北面侍奉人主，人主失道我却不能救，怎敢不哀伤!?”

谁都明白，他这只是哭给天下人看的。随后他就逼迫杨侑禅位，自己当了皇帝，立国号为“唐”，改年号“武德”，以长子李建成为太子，次子李世民为秦王，四子李元吉为齐王，并改郡为州，改大兴为长安。

至此唐朝建立，时维唐武德元年（公元618年）五月二十日。

但是隋朝并没有灭亡，除了宇文化及扶持的傀儡皇帝杨浩，还有洛阳的杨侗代表着隋朝。五月二十四日，杨侗在洛阳留守官员的拥立下即位，改元皇泰，以段达为纳言、陈国公，王世充为纳言、郑国公，元文都为内史令、鲁国公，皇甫无逸为兵部尚书、杞国公，卢楚为内史令，郭文懿为内史侍郎，赵长文为黄门侍郎，共同执掌朝政，时称“七贵”。

杨侗时年十五岁，史载其“眉目如画，温厚仁爱，风格俨然”，十分有天子风度。更难得的是，他手中握有实权，可以号令群臣，是真天子，史称“皇泰帝”。

只是眼下天下大乱，杨侗能统治的地方只有洛阳一座城，还要面对李密的围攻，处境很不好。而且除了李密，宇文化及也来了，他很可能要同时应对两个强敌，这对他就更不利了。

不过就在他忧心之时，有个叫盖琮的人上书献了一计，直接帮他解决了难题。

驱虎吞狼

盖琮的计策很简单，就是联合李密，共同抗击宇文化及。经元文都等人商议，又修改为：赦免李密，命其率兵攻打宇文化及，使二人两败俱伤，然后乘李密疲敝，用封赏离间其士卒，瓦解其势力。

元文都这一计高明了许多，可称为“驱虎吞狼”。李密是虎，宇文化及是狼，无论最终是虎吞了狼，还是狼伤了虎，受益的都是驱虎之人。

所以对于杨侗及洛阳朝廷来说，这绝对是一条上策。唯一的问题是，李密是否肯受驱使，去做那只虎呢？

以李密的性格，他是绝不愿意给人当枪使的，但眼下他没有更好的选择，宇文化及已经到了他的地界，正在黎阳进攻徐世勣。他既要打洛阳，又要应对宇文化及，两面临敌，形势很不乐观。当此之时，他要么联合杨侗，要么联合宇文化及，没有其他选择。正好杨侗抛来了橄榄枝，就算明知被当枪使，他也得抓住机会，先稳住西边，全力消灭宇文化及再说。

因此当杨侗派盖琮来说降时，李密大喜不已，立刻上表请降，表示愿意讨灭宇文化及赎罪。为表诚意，他还专门送去了之前擒获的宇文化及党羽雄武郎将于洪建，并派元帅府记室参军李俭、上开府徐师誉等至洛阳朝见。

杨侗非常高兴，遂将于洪建五马分尸，然后册封李密为太尉、尚书令、东南道大行台行军元帅、魏国公等，令他先平宇文化及，再入朝辅政。

李密接了诏书，便等于是与杨侗握手言和了，他由此不用再担心西面，遂率全部精兵东击宇文化及。

宇文化及远道而来，粮草是个大问题，李密便假意向他请和，诈称要送他军粮，打算以此麻痹他。宇文化及果然上当，自此开始挥霍粮食。

但不久瓦岗军中有人叛逃，将此事告诉了宇文化及。此时，宇文化及粮食已吃尽，再也耗不起，只得率军渡过永济渠，与李密决战。

七月，两军战于河北汲郡，打了一天不见胜负。黄昏时，李密突然被乱箭击中，坠马晕厥，左右慌乱奔散，大有溃败之势。好在秦叔宝拼死护卫，将李密救下，随后又收兵力战，将宇文化及击退，才扭转了败势。

这次交锋算是打了个平手，李密受了伤，暂时不能上阵，而宇文化及军粮耗尽，日子也不好过。接下来几天，宇文化及四处求粮，为此不得已拷打东郡官吏百姓。东郡通守王轨本已投降于他，但见他如此凶暴不仁，便又率众与许敬宗、苏威等人投降了李密。

王轨这一走，宇文化及可慌了，他知道已经打不过李密，于是率领兵众向北而去，打算攻略河北诸郡。可令他没想到的是，他刚一上路，将士就纷纷叛逃，都投降了李密，最终只剩两万人随他到了魏县，其中还包括后宫人员。

这点人显然已经掀不起什么大浪了，李密没心思也没时间追击他，就留徐世勣镇守黎阳，率军回了洛口。

此次出兵，李密可真是赚大发了，不仅解除了东面的威胁，还收降了数万精兵，又得到了不少厉害人物，如王轨、苏威、许敬宗等人。最重要的是，他完成了对杨侗的承诺，按照事前的约定，他可以入朝辅政了。

李密确实打算入朝，因为他有足够的实力，只要进入洛阳，很容易成为掌权者，到时候挟天子以令诸侯，天下谁敢不从？

怀着这样的想法，李密高兴地朝洛阳而去，但他没想到，洛阳局势已发生巨变，有人先他一步掌握了军政大权。

这个人正是王世充。

洛阳之变

对于李密入朝，洛阳上下都表示欢迎：一来李密击破了宇文化及，有大功于隋朝，洛阳人都很感激他；二来洛阳被围这么久，已经很难支持下去了，如果能和李密和解，那是皆大欢喜。

可唯独王世充不欢迎李密，他和李密打了这么久，彼此仇怨太深，李密一旦入朝，他就倒霉了，就算不被整死，也得被排挤出朝廷，因此他坚决反对让李密进入洛阳。为此他多次在元文都等人面前发牢骚，还故意激怒麾下将士说："元文都之辈不过是刀笔吏而已，我看他们早晚必为李密所擒。况且我们多次与李密交战，杀了他那么多人，一旦成为他的部下，还能活命吗？"

很快这番话传到了元文都等人耳中，元文都大惧，为防王世充造反，便与段达、卢楚等人密谋，准备在宫中埋伏甲兵，趁上朝时诛杀王世充。

计划已定，就要着手实施，可没想到段达怯懦，害怕事败招来杀身之祸，竟然派人向王世充告了密。王世充当时在朝堂，听到消息赶忙逃回含嘉城，当夜便率兵袭击含嘉门，攻打皇城。

元文都闻讯，急忙保着杨侗前往乾阳殿，陈兵自卫，严守各门。但他一介文臣，打仗哪是王世充的对手，很快皇城失守，卢楚被杀。

王世充兵临宫城东门，扬言元文都和卢楚造反，要杨侗杀了他。

杨侗不得已，只能牺牲元文都，命人把他交给王世充。元文都深知王世充为人，临去对杨侗说："臣今朝死，晚上便轮到陛下矣！"杨侗恸哭不已，流泪与他告别，将他送了出去。

结果不用多说，元文都被杀，王世充率兵进入乾阳殿，控制了紫微城。

不过他还没敢对杨侗下手，反而以忠臣自居，在杨侗面前流泪发誓说："臣蒙先皇提拔，粉身难报。元文都等包藏祸心，妄图勾结李密，危害社稷，又怕臣阻拦，怀疑猜忌臣。臣被迫求生，来不及上奏。若内怀不忠，违背辜负陛下，天地日月明鉴，使臣满门不得好死，一个不留！"

这誓言发得实在是毒，连杨侗都感动了，相信了他的话，当日便任命他为尚书左仆射、总督内外诸军事。

至此王世充掌握了洛阳军政大权，之后他又广结党羽，安排兄弟子侄及亲信进入朝堂和军队，彻底控制了洛阳。而杨侗则权力尽失，沦为了摆设。

到这个时候，隋朝就真没希望了，杨侗虽然还有天子的名号，但终有一天会被王世充取代。至于那天具体何时到来，那就要看王世充和李密角逐的结果了。

最后的较量

洛阳被王世充控制，李密肯定是不能去了，于是回到金墉城，准备讨伐王世充。

而王世充在稳固了自己的权势后，也在厉兵秣马，积极备战，志在消灭瓦岗军。

双方剑拔弩张，大战一触即发，事关生死存亡，谁会成为最后的胜利者呢？

我们不妨先来分析一下双方的形势。

洛阳这边，虽然刚经历了政变，但王世充厚赏将士，修治器械，不仅稳定了人心，而且使洛阳更加团结稳固。唯一的问题是粮食不足，士兵和百姓吃不饱饭，每天都有叛逃者。

李密这边，粮食完全不成问题，但士兵刚打过仗，都很疲惫，体力还没有恢复。而除了粮食，其他物资都紧缺，以至于将士打了胜仗都得不到赏赐，只能不停领粮。这还不算，关键是缺少衣服，都夏天了，士兵还穿着冬装。

总的来看，双方各有优势和劣势，李密粮食够多，但缺少衣物；王世充正相反，他物资充足，就是缺粮。

于是王世充便主动联系李密，请求用衣服换粮食。

李密很纠结，他想要衣服，但不想让王世充得到粮食，因为粮食比衣服更不可或缺，这样的交换显然对王世充更有利。

可是他麾下的将佐并不这么想，长史邴元真等人贪图私利，见此交易有利可图，都劝他答应交换，说什么反正粮食多，不换白不换。

李密被这些人说动心，最终与王世充达成了交易。但是很快他就发现自己亏大了，原先洛阳缺粮，每天来投降他的人不下数百，现在有了粮食，投降者日渐减少，都趋近于零了。

因此他追悔不已，急忙停止了交易。

然而现在停止交易已经有些迟了，王世充得到粮食后缓了一大口气，立刻整顿兵马，要趁李密疲惫时一举将其攻灭。

九月中旬，决战的时刻到了。王世充率领二万精兵东至偃师，驻屯于洛渠南岸（在洛水北，与洛水相连），并在渠上建了三座浮桥，准备大举攻城。

李密收到消息，命王伯当留守金墉，自率精锐出偃师，屯兵邙山与王世充对垒，然后召诸将商定作战方案。

对于如何打这场仗，诸将意见不一。裴仁基认为，王世充出兵偃师，洛阳必然空虚，应当率精兵直逼皇城。若王世充回师，则按兵不动；若他再次出城，则继续围逼洛阳。如此再三，使其疲于奔命。

而单雄信等人认为，王世充兵少，又几经惨败，都已破胆，应当与之正面决战。况且瓦岗军刚收降了数万江淮士卒，这些人急于立功，一定会拼命战斗，趁此机会出击王世充，必能取得大胜。

两种意见截然不同，孰优孰劣呢？

其实还是裴仁基的方案好，因为王世充粮草不足，求的是速战速决，瓦岗军避而不战才是正道。

李密也明白这个道理，所以十分赞同裴仁基的方案。

但奈何诸将大多不认同，反而是持第二种意见的居多，占了八成，都吵嚷着要打王世充。

李密见这么多人都要求出战，立场便出现了动摇，加上之前屡次战胜王世充，没有太把他放在眼里，觉得这次依然可以战胜他，因此就放弃了裴仁基的方案，决定正面决战。

裴仁基对此很失望，苦争无果后，跺脚叹道："公必后悔之！"

结果不幸被他言中，李密最终真就后悔了。

与王世充这一战，一开始就不顺利。当时李密率主力屯于邙山，单雄信率外马军屯于偃师城北，二营相距数里。九月十一日，王世充派出骑兵数百人北渡洛渠，进逼单雄信军营。李密闻报，怕单雄信独木难支，急忙派裴行俨、程咬金前去相助。裴行俨先赶到战场，但不幸被流矢击中，落马坠地。危急时刻，程咬金拍马赶到，连杀数人，救下裴行俨。这时隋军冲上来，瓦岗军不能抵挡，节节败退，程咬金顾不上杀敌，赶忙抱起裴行俨，与自己同乘一马，驰奔邙山而去。但这马压力太大跑不快，顷刻间就被隋军骑兵追上，眼看身后敌人长槊刺来，程咬金一个反身，徒手将槊折断，又连杀数人。隋军被他震慑住，不敢再穷追，正好天色已晚，两边便各自收兵回营。

此役瓦岗军十几员大将身负重伤，可谓开局不利。但这并没有引起李密的重视，他仍然瞧不起王世充，面对王世充的进逼，竟然不设壁垒。

王世充哪能放过这机会，趁夜派二百骑潜入邙山北，埋伏于山谷中，然后于次日凌晨号令全军出击，北攻李密大营。为激励士卒，他在战前誓师说："今日之战，不但是要决胜负，也要决生死。如果取胜，富贵不在话下；如若不胜，必无一人幸免。故我等争相赴死，不单是为国家。愿众将士勉之！"

他这番演讲效果甚佳，将士们没有退路，都抱着必死之心出战，求胜的欲望无比强烈。王世充的目的达到，随即率领大军进击邙山。李密不甘示弱，立刻出兵迎战，但还未及列阵，王世充已纵兵冲来，他麾下士卒皆是江淮骁勇之士，身手矫捷，出入如飞，瓦岗军人数虽多，却占不到丝毫便宜。

正当两军相持不下时，王世充不知从哪里弄来一个貌似李密之人，将其绑到阵前，命人鼓噪说："已捕获李密矣！"隋军将士信以为真，高呼万岁，士气大振。这时邙山上的伏兵突然发动，二百余骑乘高而下，直冲李密大营，纵火焚烧屋舍。瓦岗军登时大乱，四散而溃，大将张童仁、陈智略等人投降，李密支撑不住，率残兵万余人奔往洛口。

这一战李密惨败，士卒伤亡过半。但这还不是最致命的，当夜王世充围攻偃师，城中有人叛降，开城将他迎入，结果郑颋、裴仁基、祖君彦等数十位将佐被俘，邴元真的妻子、郑虔象的母亲等瓦岗将士家属也沦为俘虏。

对于这些人，王世充一个没杀，反而亲自安抚，令他们暗中派人说降亲友。

这一说不当紧，直接把邴元真等人策反了。

郦元真原本也是个官吏，为人贪婪浅薄，早先因贪污犯法而被迫逃亡，到瓦岗军投了翟让。翟让因他做过官有文化，便让他在军中担任书记。后来李密当上瓦岗军首领，开设幕府妙选精英，翟让觉得郦元真不错，就推荐了他。李密不好拒绝，便用他做了长史，但却从不让他参与军事谋划。

郦元真因此心中不平，之后翟让被杀，他便对李密更加不满，日渐离心。当时就有人劝李密杀了他以防后患，但李密认为他不会背叛，没有回应。而郦元真知道后惊惧不安，自此开始阴谋反叛。不久有人察觉，告知了李密，李密这才开始怀疑他，但仍然没有杀他，反而在出兵邙山时令他留守洛口。

正是这一任命坏了大事，郦元真本就有背叛之心，见李密战败，自己家属被俘，遂立即投靠了王世充，派人引其来取洛口。王世充大喜，随即率军东进，直逼洛口仓。李密此时正要进入仓城，听闻郦元真与王世充勾结，突然心生一计，假装不知情，趁王世充半渡时发动突袭。

计划已定，李密遂派出斥候到洛水边侦察，以便获知王世充渡河的时间。然而斥候不知打了瞌睡还是怎么的，竟然没有及时发现隋军，等他们来向李密报告时，王世充已经全军渡过洛水。李密没办法，只能与之正面决战。但这时更糟糕的事情发生了，单雄信竟然勒兵自守，不肯出战。

不用说，这是李密火并翟让的后遗症。单雄信与翟让关系密切，几乎亲如兄弟，自翟让死后他就日渐离心，之前李密兵势强盛，他不敢有异心，但现在是危急关头，李密处境艰难，他于是按兵不动，任李密自生自灭。

李密也知道他生了异心，已经指望不上，眼下王世充大军逼近，诸将又接连背叛，他独木难支，只得放弃洛口，率麾下骑兵东奔虎牢关。

他这一走，单雄信、郦元真随即率军投降了王世充。

至此这场决战有了结果，李密最终败了，失去了几乎全部家底，郑颋、祖君彦、裴仁基、裴行俨、秦琼、罗士信、程咬金等谋士猛将全部被俘，数万将士死伤，只剩几千残兵随他到了虎牢关。

不过他虽然败给了王世充，但还没到山穷水尽的地步，因为徐世勣还在。

徐世勣是瓦岗军的元老大将，先前被李密派去镇守黎阳，如今发展得很好，控制着河南、河北、淮北大片土地，拥兵数万，足以抗衡王世充。

李密逃至虎牢关后，第一时间就想到了徐世勣，准备率众去往黎阳。但这时他麾下有人说了一句话，使他又犹豫起来，那人说："当初杀翟让时，徐世勣差点丧命，现在失利了去投奔他，他能容下我们吗？"

这话提醒了李密，徐世勣本是翟让的亲信，当初险些被杀，他岂能无怨？而且之前在洛口，徐世勣曾当面批评李密，说他不体恤士卒，他随后就把人家调到了黎阳，表面是重用，实则是疏远。如今李密去投人家，人家岂会容他？

事关身家性命，李密不敢冒险，因此陷入了两难。正好这时王伯当弃守金墉城，率众退到了河阳，李密于是改变主意，率军至河阳与王伯当会合，然后召集诸将商议今后的打算。此时李密的想法是以河阳为基本，南阻黄河，北守太行，东连黎阳，伺机再取洛阳。但诸将却不同意，纷纷说："如今我军刚刚失利，众心惊惧，若继续停留，恐怕没几天士兵就都叛逃了。而且人心不愿再战，也难以成功。"

李密听后无奈道："我所倚仗的就是将士们，既然将士们不愿意，那我便无路可走了。"说着就要引刀自刎。王伯当赶忙上前将他抱住，号哭劝慰，几乎晕厥，诸将见了，也都悲泣流涕。李密这才收起刀，又说："幸而诸君不弃，当同往关中，我虽没有什么功劳，但诸君一定能保住富贵。"

这意思是要去投奔李渊，府掾柳燮对此表示支持，分析说："公与唐公乃同族，而且之前曾结盟，虽然没有随唐公起兵，但阻隔东都，切断了隋军归路，使唐公不战而据有长安，此亦是公之功也。"

诸将听了皆以为然，纷纷表示愿意入关。于是李密率领全军二万余人西投关中，归附了李渊。

至此，围绕洛阳的争斗告一段落。从大业十三年初到大业十四年九月，洛阳被围将近两年，最后还是守住了，并且彻底击败了李密和瓦岗军。只是此时的洛阳早已成了王世充的天下，杨侗无力回天，隋朝灭亡已成定局。

结局

王世充战胜了李密，对隋朝来说是大功一件，至少看起来是这样。所以杨侗只能给他加官晋爵，封他为太尉、尚书令、都督内外诸军事，并准许他开设太尉府，设置官属，自选官员。

自此王世充独揽大权，一面打着隋朝旗号征讨周边郡县，扩展势力范围，一面积极培植亲信，为篡位做准备。

至皇泰二年（公元619年，唐武德二年）三月，王世充逼迫杨侗封自己为相国，晋爵郑王，加九锡，总揽朝政。

至此王世充距离皇位就只有一步之遥了。一个月后，他终于迈出了这一步，遣段达、云定兴等人劝杨侗禅位。

段达和云定兴都曾是隋朝重臣，受过杨广厚恩，但如今却受利益驱使，做了王世充的鹰犬，在朝堂上恬不知耻地上奏说："天命不常，郑王功高德重，愿陛下效仿尧、舜，行禅让之事。"

到了这个时候，杨侗哪还有说"不"的权力？但他偏偏就说了，并且拍案而起，怒斥道："天下，乃高祖之天下；东都，乃世祖之东都。若隋祚未亡，就不该说此话；若天命已改，则又何须禅让！公等或是先帝旧臣，或是当朝高贵，既然说出这番话，朕还能指望什么！"

说话间神色凛然，尽显天子威严。在场的大臣都被他的气势震住，一个个大汗直流，无一人敢吭声。

于是杨侗拒绝了禅让，顽强地守护着隋朝最后的一丝气息。

可这终究改变不了什么，很快王世充又派人对他说："今海内未宁，须立年长之人为君。待四方安定统一，我发誓必当归还皇位。"

威逼不成，改为哄骗了，可这种誓言也就只能骗骗小孩子，杨侗早已不再相信他的鬼话，再次拒绝了他。

王世充没办法，干脆假传杨侗诏命，自导自演了一场禅让大戏，于四月初五正式僭位为帝，立国号为"郑"，年号"开明"。

整个禅代过程，杨侗完全没有参与，等他知道时，王世充已经成了皇帝，而他则"被"降为了潞国公。

自古被人篡位的皇帝大都难以善终，杨侗又岂能逃脱此命运？他退位后被王世充囚禁于含凉殿，仅仅两个月后，就惨遭杀害。

王世充之所以杀他，根本原因是对他不放心，直接原因则是一起叛乱事件。

这场叛乱的发起者不是别人，正是我们熟悉的裴仁基、裴行俨父子。他二人被俘后投降了王世充，起初也受到了礼遇，但王世充为人阴险，气量狭小，见裴行俨勇猛善战，便心生忌惮。裴仁基父子因此不安，便联络朝中大臣，密谋诛杀王世充，拥立杨侗复位，但不幸事情败露，惨遭杀害。

事后，王世充之兄王世恽鼓动王世充说："裴仁基等人谋反，是因为杨侗还在，不如将其除掉，以断绝人们的复辟之念。"

王世充深以为然，便派侄子王行本送毒酒与杨侗。杨侗自知难逃一死，请求与母亲诀别，但被王行本拒绝。绝望之下，杨侗设席焚香拜佛，祈祷道："愿自今以后，不复生于帝王家！"

说完从容饮下毒酒，但不知何故，竟没能气绝，最终被王行本缢杀。

他死后，王世充给他上谥号为"恭"，所以历史上称之为"隋恭帝"，又称"皇泰主""皇泰帝"。

有意思的是，一个多月后杨侑去世，也被李渊谥为"恭"，也称"隋恭帝"。谥法中曰："逊顺事上曰恭。"或许李渊和王世充都觉得禅位是恭顺之举，所以给了他们这么一个谥号吧。

至于杨侑的死因，正史中没有任何记载，但其实也不难推测，杨侗一死他也死，恐怕不是巧合，多半是李渊觉得他没有利用价值了。

没有利用价值的又何止杨侗和杨侑，杨浩同样如此。

在被李密击败后，宇文化及兵势日蹙，麾下将卒逃的逃叛的叛。眼看大势将去，他自叹道："人生难免一死，为何不当一天皇帝呢？"于是鸩杀杨浩，于魏县僭位为帝，立国号"许"，年号"天寿"。

杨浩被杀是在唐武德元年（公元 618 年）九月，远在杨侗退位之前，所以杨侗的退位就标志着隋朝的彻底灭亡。

逝如流星

自公元 581 年建立，至公元 619 年亡国，隋朝仅存在了三十七年，是一个十足的短命王朝。

所以故事的最后，我们有必要探讨一个问题，隋朝为何会迅速灭亡？

要解答这个问题，还得回到杨广身上，是他一手把强盛的大隋王朝带向毁灭的，隋朝的悲剧也是他个人的悲剧。

而杨广之所以成为悲剧，与他的性格密不可分。他性格中存在重大缺陷，这一点我们已经多次分析过，现在总结起来，可以归为四点。

其一，急功近利，好大喜功。不可否认，杨广是一个有抱负的帝王，一心要建立伟大功业，超越秦皇汉武。这本没有错，但错在他操之过急，做事浮夸，完全不顾百姓的承受能力，致使民怨沸腾，天下大乱。有人说他用十年时间完成了别人一辈子也完不成的事，这并非夸张。

其二，刚愎自用，不喜人谏。纳谏是一个明君最基本的品格，可杨广偏偏没有，他自己就曾说过："我性不喜人谏。"所以他从不考虑别人的意见，永远都固执地认为自己是正确的，只要是他想做的事，大臣们只能顺从，一旦违背他的意思，非死即贬，这就使他在错误的道路上越走越远，身边的阿谀奉承之辈越来越多，最终陷入万劫不复之地。

其三，不会回头，自欺欺人。历史上很多大人物都会犯刚愎自用的错误，但大多数人经历过挫折后都能够悬崖勒马，像杨广这样撞了南墙也不回头的人实在少见。就拿东征高句丽来说，早年杨坚也曾不听高颎劝谏，执意征讨高句丽，但经历一次失败后就知难而退了。可杨广不是这样，他越是失败，就越是执迷，就越要死磕高句丽，到后来，征讨高句丽已经不是为了建立功业，而更像是在跟自己怄气。直到他发现东征已经不可能，才彻底放弃，而这一放弃，就把自己给放弃了，从此他开始自暴自弃，逃避现实，致使国内叛乱愈演愈烈。

其四，猜忌刻薄，不能容人。杨广名"广"，但他的心胸并不宽广，反而很狭隘。他总是无端猜忌大臣，屡屡冤杀忠臣，这使得统治阶层内部人人自危，关陇集团日渐离心。而且随着形势越来越糟，他的猜忌心就越来越重，而他越是猜忌，背叛他的人就越多，越多人背叛，他就越要杀人，如此陷入恶性循环。所以，最后杨广不是毁在起义军手中，而是为自己人所杀。

这些性格缺陷集于一身，杨广成为悲剧就不难理解了。

但是隋朝的灭亡也不能全归咎于杨广个人，其中也有不可忽视的客观原因。

不知大家是否思考过这样一个问题，为什么完成大一统的朝代都很短命？秦朝、隋朝，都是结束了数百年的大分裂，完成了大一统，却都“二世而亡”，而它们之后的朝代汉、唐又都很强盛长久。这是为什么呢？

除了一些偶然因素，恐怕也有其必然性。

无论秦还是隋，都是通过武力结束长期分裂，完成统一的。这种统一极不稳固，因为被统一地区的百姓原本都有自己的国家，而且这些国家存在的时间都不短，内部比较稳定，百姓已经形成“国家认同感”，认为自己就是六国人或是齐人、陈人。所以当国家被灭后，这些百姓作为“遗民”，难免会怀念故国，对新政权缺少认同，这本就很容易引起分裂。

容易分裂怎么办呢？当然应该采取措施加强统一，秦始皇、杨坚、杨广都这么做过，只是方式不同。杨坚是稳坐关中，背靠关陇集团，在关东、江南普遍设置总管，用武力压制反叛势力，从而维护统一。这种方式确实能起到作用，但不是长久之计。所以杨广走出了关中，撤掉了总管，建东都、修运河、下江南，从政治和文化心理上加强统一。这其实与秦始皇“车同轨、书同文”以及五次东巡的做法比较相似，是能够加强人民的“国家认同感”，将天下彻底合为一家的。

但是这么做也有一个问题，那就是劳民伤财。如果把握不好度，很容易适得其反，激起民变。而秦始皇也好，杨广也好，显然都用力过度了，在百姓还没有完全认同这个国家的情况下，这种过度消耗民力的做法是致命的。

因此我们看到，在隋末的农民起义浪潮中，闹得最凶的是关东，其次是江淮，而关中并不怎么严重。这一方面是因为关东百姓受到的伤害比较大，另一方面也是因为他们对隋朝缺少认同感。

故而很多人都说，杨广生错了时代，如果他不是隋朝第二任皇帝，而是第三任、第四任，也许他的作为就不会引起那么大规模的叛乱，隋朝就不会亡了。

这种说法像是在为杨广辩解，但仔细想来也有一定道理。汉武帝也曾穷兵黩武，四处巡游，过度消耗民力，但却没有引发秦末、隋末那样的大起义，其中一个重要原因就是他有文景之治打下的基础。他即位时，汉朝已经过六十年的休养生息，百姓早已认同自己的“汉人”身份，即使生活困苦，也不会轻易叛乱。

而汉朝乃至唐朝之所以长期采取轻徭薄赋、与民休息的政策，很大程度上是因为吸取了前朝灭亡的教训。所以从某种意义上说，秦、隋的“二世而亡”成就了汉、唐的长治久安。

这就是历史偶然中的必然，因此不能说隋朝的灭亡全是杨广个人的责任。纵观他即位后的作为，我们应该相信他的出发点是好的，内心也渴望做一个有为之君，只是在他那个时代，有为不如无为。

一千多年来，无论学界还是民间，对于杨广的争议都从未停止。作为一个“亡国之君”，他的确应该受到批判，但作为一个曾对中国历史做出巨大贡献的封建帝王，他也应该值得后人纪念。

2014 年，大运河申遗成功，多处遗址入选《世界遗产名录》，其中就包括了回洛仓、含嘉仓、黎阳仓等。同一年，“丝绸之路”也申遗成功，在众多的申遗点中，隋唐洛阳城定鼎门遗址显得格外亮眼，那正是一千四百年前杨广的杰作。

到这里，隋朝的历史就讲完了，最后我想用这样一段话来总结这个短暂而又辉煌的大一统王朝：

它犹如一道流星划破三百年黑暗的夜空，在极短的时间内释放出了自己的全部光亮，也燃尽了自己的全部生命。纵使你来不及抬头仰望，也一定能感受到它璀璨的光芒。